에듀윌과 함께 시작하면,
당신도 합격할 수 있습니다!

대학 진학 후 진로를 고민하다 1년 만에
서울시 행정직 9급, 7급에 모두 합격한 대학생

직장생활과 병행하며 7개월간 공부해
국가공무원 세무직에 당당히 합격한 51세 직장인까지

누구나 합격할 수 있습니다.
시작하겠다는 '다짐' 하나면 충분합니다.

마지막 페이지를 덮으면,

**에듀윌과 함께
공무원 합격이 시작됩니다.**

공무원 1위

70개월 베스트셀러 1위
에듀윌 공무원 교재

기초부터 확실하게 기본·이론

기본서 국어 독해 | 기본서 국어 문법 | 기본서 영어 독해(생활영어·어휘 포함) | 기본서 영어 문법

기본서 한국사 | 기본서 행정법총론 | 기본서 행정학

다양한 출제 유형 대비 문제집

유형별 문제집 국어 | 유형별 문제집 영어 독해·생활영어 | 유형별 문제집 영어 문법·어휘 | 단원별 기출&예상 문제집 한국사 | 단원별 기출&예상 문제집 행정법총론 | 단원별 기출문제집 행정학

* YES24 수험서 자격증 공무원 베스트셀러 1위 (2017년 3월, 2018년 4월~6월, 8월, 2019년 4월, 6월~12월, 2020년 1월~12월, 2021년 1월~12월, 2022년 1월~12월, 2023년 1월~12월, 2024년 1월~7월, 9월~10월 월별 베스트, 매월 1위 교재는 다름)
* YES24 국내도서 해당분야 월별, 주별 베스트 기준

에듀윌 공무원

출제경향 파악 기출문제집

| 기출 품은 모의고사 국어 | 기출문제집 영어 | 기출문제집 한국사 | 기출문제집 행정법총론 | 기출문제집 행정학 |

7급 대비 PSAT 교재

7급/민간경력자 PSAT 기출문제집

더 많은 공무원 교재

* 교재 이미지는 변경될 수 있습니다.

eduwill

1초 합격예측 모바일 성적분석표

1초 안에 '클릭' 한 번으로 성적을 확인하실 수 있습니다!

활용 GUIDE — 실시간 성적분석 방법!

- STEP 1: QR 코드 스캔
- STEP 2: 모바일 OMR 입력
- STEP 3: 자동채점 & 성적분석표 확인

STEP 1

QR 코드 스캔
- 교재의 QR 코드를 모바일로 스캔 후 에듀윌 회원 로그인
- QR 코드 하단의 바로가기 주소로도 접속 가능

STEP 2
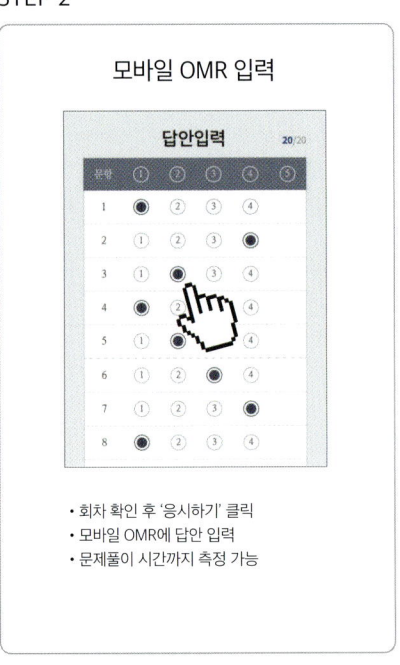

모바일 OMR 입력
- 회차 확인 후 '응시하기' 클릭
- 모바일 OMR에 답안 입력
- 문제풀이 시간까지 측정 가능

STEP 3
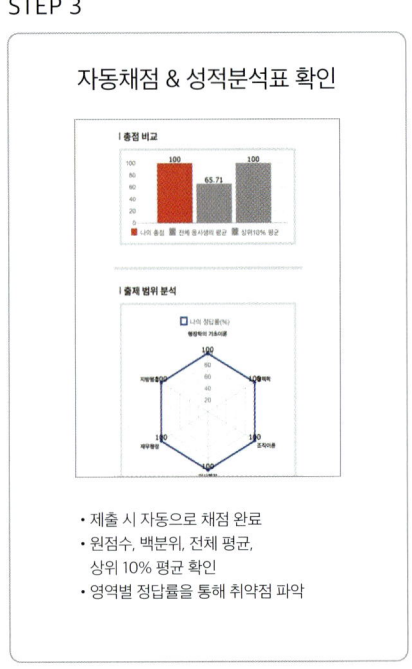

자동채점 & 성적분석표 확인
- 제출 시 자동으로 채점 완료
- 원점수, 백분위, 전체 평균, 상위 10% 평균 확인
- 영역별 정답률을 통해 취약점 파악

※ 본 서비스는 에듀윌 공무원 교재(연도별, 회차별 문항이 수록된 교재)를 구입하는 분에게 제공됨.

공무원, 에듀윌을 선택해야 하는 이유

합격자 수 수직 상승
2,100%

명품 강의 만족도
99%

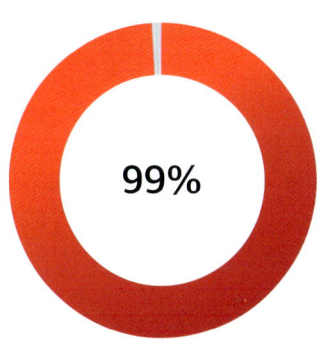

공무원

베스트셀러 1위
70개월(5년 10개월)

5년 연속 공무원 교육
1위

* 2017/2022 에듀윌 공무원 과정 최종 환급자 수 기준   * 9급공무원 대표 교수진 2023년 7월 ~ 2024년 4월 강의 만족도 평균(배영표, 헤더진, 한유진, 이광호, 김용철)
* YES24 수험서 자격증 공무원 베스트셀러 1위 (2017년 3월, 2018년 4월~6월, 8월, 2019년 4월, 6월~12월, 2020년 1월~12월, 2021년 1월~12월, 2022년 1월~12월, 2023년 1월~12월, 2024년 1월~7월, 9월~10월 월별 베스트, 매월 1위 교재는 다름)
* 2023, 2022, 2021 대한민국 브랜드만족도 7·9급공무원 교육 1위 (한경비즈니스) / 2020, 2019 한국브랜드만족지수 7·9급공무원 교육 1위 (주간동아, G밸리뉴스)

공무원 1위

1위 에듀윌만의
체계적인 합격 커리큘럼

원하는 시간과 장소에서
온라인 강의

① 업계 최초! 기억 강화 시스템 적용
② 과목별 테마특강, 기출문제 해설강의 무료 제공
③ 초보 수험생 필수 기초강의와 합격필독서 무료 제공

쉽고 빠른 합격의 첫걸음 **합격필독서 무료** 신청

최고의 학습 환경과 빈틈 없는 학습 관리
직영 학원

① 현장 강의와 온라인 강의를 한번에
② 확실한 합격관리 시스템, 아케르
③ 완벽 몰입이 가능한 프리미엄 학습 공간

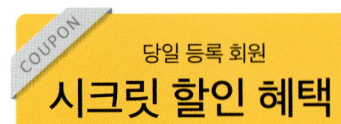

합격전략 설명회 신청 시 **당일 등록 수강 할인권** 제공

친구 추천 이벤트

"**친구 추천**하고 한 달 만에
920만원 받았어요"

친구 1명 추천할 때마다 현금 10만원 제공
추천 참여 횟수 무제한 반복 가능

※ *a*o*h**** 회원의 2021년 2월 실제 리워드 금액 기준
※ 해당 이벤트는 예고 없이 변경되거나 종료될 수 있습니다.

친구 추천 이벤트
바로가기

---

* 2023 대한민국 브랜드만족도 7·9급공무원 교육 1위 (한경비즈니스)

시작하는 방법은
말을 멈추고
즉시 행동하는 것이다.

– 월트 디즈니(Walt Disney)

설문조사에 참여하고 스타벅스 아메리카노를 받아가세요!

에듀윌 9급공무원 8개년 기출문제집 한국사를 선택한 이유는 무엇인가요?
소중한 의견을 주신 여러분들에게 더욱더 완성도 있는 교재로 보답하겠습니다.

- **참여 방법** QR코드 스캔 ▶ 설문조사 참여(1분만 투자하세요!)
- **이벤트 기간** 2025년 10월 1일~2026년 9월 30일
- **추첨 방법** 매월 1명 추첨 후 당첨자 개별 연락
- **경품** 스타벅스 아메리카노(tall)

2026
에듀윌 9급공무원
8개년 기출문제집
한국사

당신의 미래를 응원합니다

시험은 경험하는 것이 아니라, 합격하는 것이 목표!

이 교재는 수험생들의 합격을 위해, 기출문제집을 푸는 목적에 충실하게 구성되었다. 직렬별 8개년 기출문제는 실제 시험과 같은 배치를 구현하였으며, 해설은 약점을 커버할 수 있도록 자세한 풀이는 물론 철저한 기출분석을 기반으로 한 전략까지 제시하고 있다. **기출문제는 곧 예상문제이다.** 기출문제가 동일한 주제로 반드시 다시 출제된다는 확신을 가지고 철저히 풀이하고 학습해야 한다.

수험생들은 틀린 문제를 계속 틀리는 경우가 많다. 그래서 '왜 틀렸는가'를 빠르게 확인하고 필요한 경우 이론서에서 복습할 수 있도록, 자세한 해설뿐만 아니라 전 문항에 출제영역 카테고리를 기재하였다.
또한 〈에듀윌 합격예측 풀서비스〉 및 〈1초 합격예측 서비스〉에 누적된 데이터를 기반으로 **모든 선지의 선택률과 회차별 오답률 TOP 1, 2, 3 문항을 제시하였다**(일부 데이터 누적 기간이 충분하지 않은 회차는 제외). 이를 통해 경쟁자들은 어떤 문제와 선지를 특히 어려워했는지 확인하고 본인과 비교해 볼 수 있을 것이다.

짧은 시간에 고득점을 획득하게 하는 것은 전적으로 저자의 역할이다. 따라서 저자는 오늘도 '공부'를 한다. 그만큼 수험생의 절박함을 잘 알고 있기 때문이며 여러분들의 합격을 너무나도 염원하기 때문이다.

이 기출문제집이 합격으로 가는 튼튼하고 빠른 길이 되기를 기원한다.

신형철

기출문제가 학습의 기준이 되는 이유

WHY

☑ 주요 빈출 개념은 반드시 반복 출제된다.
☑ 매년 출제되는 문제 유형은 정해져 있다.

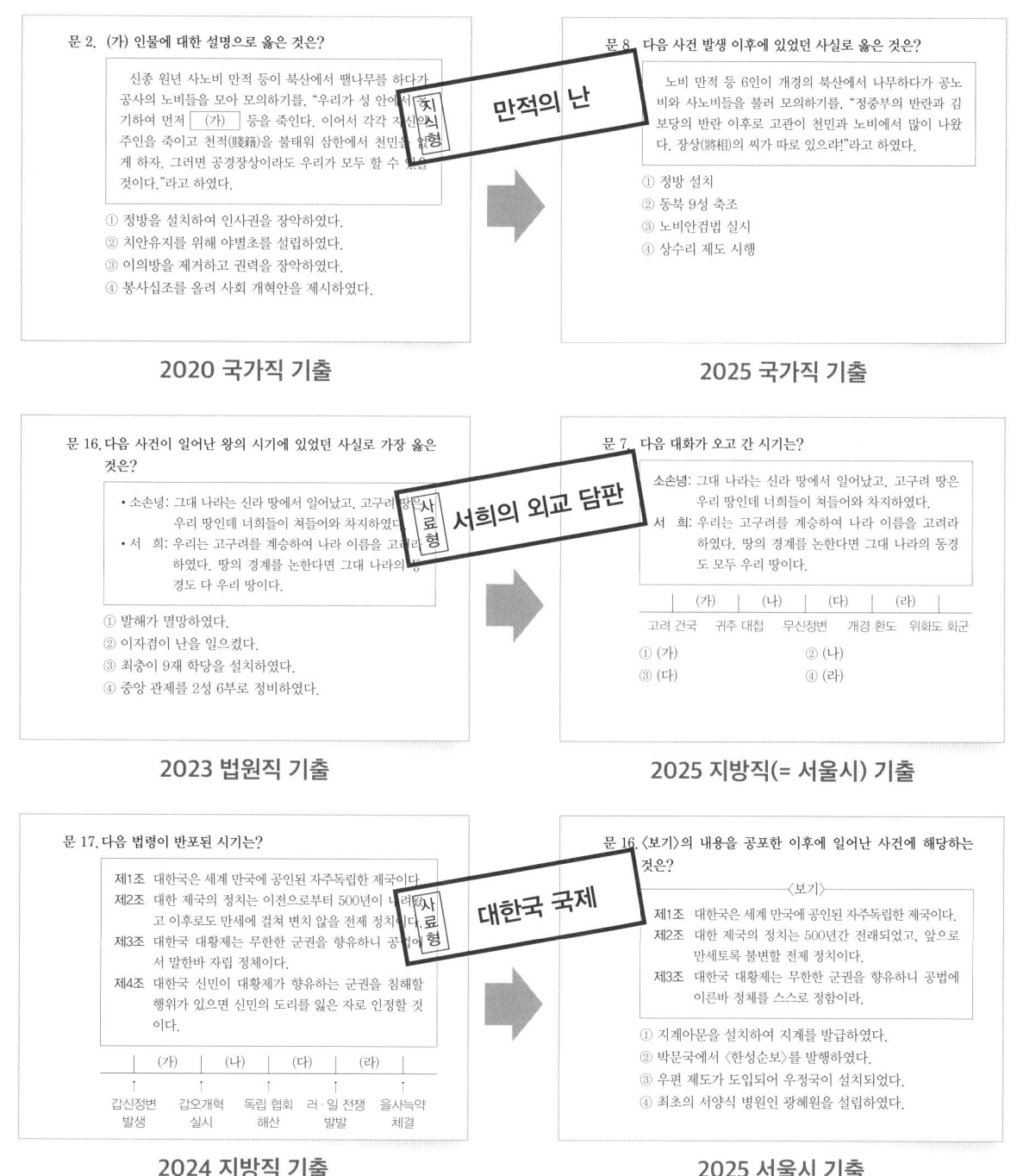

이 책의 구성

문제편

2025~2018년도 8개년 기출문제 36회

❶ **1초 합격예측 서비스**
회차별 QR코드 스캔 후, 모바일 OMR을 이용하여 기출문제를 실전처럼 풀이할 수 있습니다.

해설편

직렬별 기출분석 REPORT

수준&약점 체크 가능한 해설

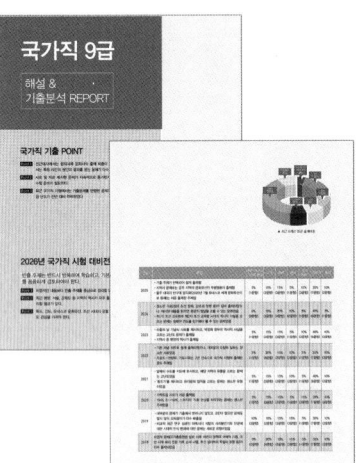 

❶ **출제 POINT & 대비전략**
과년도 기출의 핵심 내용과 2026년도 시험 대비 전략을 한눈에 파악할 수 있습니다.

❷ **최근 8개년 출제경향 & 출제비중**
회차별 출제경향과 영역별 출제비중을 확인할 수 있습니다.

❶ **합격예상 체크 + 취약영역 체크**
채점 후 나의 수준을 파악하고 취약영역을 체계적으로 분석할 수 있습니다.

❷ **자세하고 풍부한 해설**
선택지 하나하나를 꼼꼼히 분석한 해설과 보충이론으로 출제개념을 충분히 학습할 수 있습니다.

❸ **문항별 오답률 + 선택지 선택률**
함정 선택지와 오답률 높은 문항을 확인하여 문제풀이 정확성을 높일 수 있습니다.

SPECIAL

에듀윌 기출문제집의 자신감
완벽한 학습을 도와줄 무료 합격팩

1. 최신기출 해설특강

2025 최신기출 해설특강

에듀윌 도서몰(book.eduwill.net) 접속 → 동영상강의실 → 공무원 → '[최신기출 해설특강] 9급공무원 한국사(국가직/지방직)' → 수강
(또는 좌측 QR코드를 통해 바로 접속)

2. 1초 합격예측 서비스

1초 합격예측! 모바일 성적분석표 발급 서비스
- 회차별 QR 스캔 후 모바일 OMR 자동채점으로 점수 확인
- 모바일 성적분석표 즉시 발급(전체&상위 10% 평균, 백분위, 영역별 정답률 등)
  ※ 자세한 내용은 앞광고 4페이지를 확인하세요!

3. OMR 카드 + 빠른 정답표

실전 연습을 위한 OMR 카드 + 빠른 정답표
- 여러 번 사용할 수 있는 특수 OMR 카드로 실전처럼 마킹하며 문제풀이와 회독 가능
- 한 장으로 제공되는 정답표를 활용하여 빠른 채점 가능

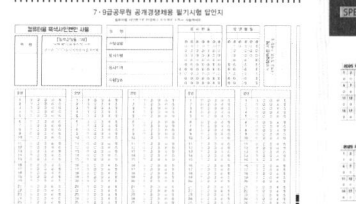

※ 1~2 서비스는 에듀윌 회원가입 후 이용하실 수 있습니다.

이 책의 차례

- INTRO   4
- WHY   5
- STRUCTURE   6
- SPECIAL   7
- 회독용 OMR 카드   문제편 맨 뒤
- 빠른 정답표   해설편 맨 앞

국가직 9급

	문제편	해설편
2025 국가직 9급	12	6
2024 국가직 9급	16	10
2023 국가직 9급	20	14
2022 국가직 9급	24	18
2021 국가직 9급	28	21
2020 국가직 9급	32	25
2019 국가직 9급	36	29
2018 국가직 9급	40	33

지방직 9급

	문제편	해설편
2025 지방직(= 서울시) 9급	46	38
2024 지방직(= 서울시) 9급	50	42
2023 지방직(= 서울시) 9급	54	46
2022 지방직(= 서울시) 9급	58	50
2021 지방직(= 서울시) 9급	62	54
2020 지방직(= 서울시) 9급	66	58
2019 지방직 9급	70	61
2018 지방직 9급	74	65

서울시 9급

	문제편	해설편
2025 서울시 9급(자체출제)	82	70
2024 서울시 9급(자체출제)	86	74
2023 서울시 9급(자체출제)	90	78
2022 서울시 9급(자체출제)	94	82
2021 서울시 9급(자체출제)	98	85
2020 서울시 9급(자체출제)	102	88
2019 서울시 9급	106	91
2018 서울시 9급	110	94
2018 서울시 기술직 9급	114	98

계리직 9급

	문제편	해설편
2023 계리직 9급	120	104
2022 계리직 9급	124	107
2021 계리직 9급	128	110

법원직 9급

	문제편	해설편
2025 법원직 9급	134	116
2024 법원직 9급	140	120
2023 법원직 9급	146	124
2022 법원직 9급	152	128
2021 법원직 9급	157	132
2020 법원직 9급	162	136
2019 법원직 9급	167	140
2018 법원직 9급	172	144

국가직 9급 공개경쟁채용 필기시험

응시번호	
성명	

문제책형

【시험과목】

제1과목	국 어	제2과목	영 어	제3과목	한 국 사
제4·5과목	행정법총론, 행정학개론				

응시자 주의사항

1. **시험 시작 전**에 시험문제를 열람하는 행위나 **시험 종료 후** 답안을 작성하는 행위를 한 사람은 「지방공무원 임용령」 제65조 등 관련 법령에 의거 **부정행위자**로 처리됩니다.

2. 시험 시작 즉시 **과목편철 순서, 문제누락 여부, 인쇄상태 이상 유무 및 표지와 개별과목의 문제책형 일치 여부 등을 확인**한 후 문제책 표지에 응시번호, 성명을 기재합니다.

3. 반드시 본인의 **응시표에 인쇄된 시험과목 순서에 따라** 제4과목과 제5과목의 **답안을 표기**하여야 합니다. 과목 순서를 바꾸어 표기한 경우에도 **본인의 응시표에 기재된 과목 순서대로 채점**되므로 반드시 유의하시기 바랍니다.

4. 시험이 시작되면 문제를 주의 깊게 읽은 후, **문항의 취지에 가장 적합한 하나의 정답만을 고르며**, 문제 내용에 관한 질문은 받지 않습니다.

5. **시험시간 관리의 책임**은 전적으로 응시자 본인에게 있습니다.

2025 국가직 9급
4월 5일 시행

한 국 사 | ㉯책형 | 1쪽

문 1. 다음 설명에 해당하는 문화유산은?

> 고래 잡는 사람, 호랑이, 사슴, 물을 뿜고 있는 고래, 작살이 꽂혀 있는 고래 등이 바위에 묘사되어 있다. 당시 이 지역 사람들의 생활 모습과 신앙, 예술 세계를 이해하는 데 중요한 자료이며 국보로 지정되어 있다.

① 고령 장기리 암각화
② 황해 안악 3호분 행렬도
③ 경주 천마총 장니 천마도
④ 울주 대곡리 반구대 암각화

문 2. (가)에 해당하는 기구는?

> (가) 은/는 원래 여진족과 왜구의 침입에 대비하기 위해 만든 임시회의 기구였다. 임진왜란을 거치면서 전·현직 정승을 비롯한 주요 관원이 참여하였고, 군사 문제뿐 아니라 외교, 재정, 인사 등 국정 전반을 다루었다. 이로 인해 의정부와 6조의 기능이 축소되었다.

① 비변사
② 삼군부
③ 상서성
④ 집사부

문 3. 밑줄 친 '이 나라'에 대한 설명으로 옳은 것은?

> 이 나라는 고구려의 옛 땅이다. …(중략)… 곳곳에 촌락이 있는데 모두 말갈의 부락이다. 그 백성은 말갈이 많고 토인(土人)이 적은데, 모두 토인을 촌장으로 삼는다.
> —『유취국사』—

① 골품제를 실시하였다.
② 군사 조직으로 9서당 10정을 두었다.
③ 영락이라는 독자적인 연호를 사용하였다.
④ 지방 행정 구역을 5경 15부 62주로 나누었다.

문 4. 다음 업적이 있는 왕의 재위 기간에 볼 수 있는 모습은?

> • 우리 풍토에 맞는 농서인 『농사직설』을 편찬하였다.
> • 최윤덕과 김종서를 파견하여 4군 6진을 개척하였다.

① 송파장에 담배를 사려고 나온 농민
② 금난전권 폐지에 항의하는 시전 상인
③ 전분 6등법을 처음 시행하기 위해 찬반 의견을 묻는 관료
④ 천주교 신자가 되어 어머니 제사를 거부하는 유생

문 5. 밑줄 친 '왕'의 재위 기간에 있었던 사실로 옳은 것은?

> 왕이 신돈에게 국정을 맡겼다. 신돈은 힘 있는 자들이 나라의 토지와 약한 자들의 토지를 모두 빼앗고 양민을 자신들의 노비로 삼고 있는 현실을 지적하였다. 그리고 관청을 만들어 그 문제를 개혁하려고 했다.

① 사심관 제도를 실시하였다.
② 정동행성 이문소를 폐지하였다.
③ 광덕, 준풍 등의 연호를 사용하였다.
④ 최승로의 시무 28조 건의를 수용하였다.

문 6. 밑줄 친 '이곳'에 대한 설명으로 옳은 것은?

- 이곳의 고인돌 유적은 유네스코 세계 문화유산에 등재되었다.
- 고려 정부는 이곳으로 천도하여 몽골의 침략에 대항하였다.

① 장보고가 청해진을 설치하였다.
② 정묘호란으로 인조가 피신하였다.
③ 원나라가 탐라총관부를 두었다.
④ 영국군이 러시아를 견제한다는 구실로 주둔하였다.

문 7. 다음 설명에 해당하는 기구는?

개항 이후 정세 변화에 대응하여 개혁을 추진하기 위해 설립된 기구로 외교, 군사 등 개화와 관련된 정책을 총괄하였다. 또한 그 아래 12사를 두어 실무를 담당하게 하였다.

① 교정청
② 삼정이정청
③ 군국기무처
④ 통리기무아문

문 8. 다음 사건 발생 이후에 있었던 사실로 옳은 것은?

노비 만적 등 6인이 개경의 북산에서 나무하다가 공노비와 사노비들을 불러 모의하기를, "정중부의 반란과 김보당의 반란 이후로 고관이 천민과 노비에서 많이 나왔다. 장상(將相)의 씨가 따로 있으랴!"라고 하였다.

① 정방 설치
② 동북 9성 축조
③ 노비안검법 실시
④ 상수리 제도 시행

문 9. 밑줄 친 '그'에 대한 설명으로 옳은 것은?

그는 「양반전」을 지어 양반 사회의 허위의식을 고발하였다. 그는 상공업 진흥에도 관심을 기울여 수레와 선박의 이용 등에 대해서도 주목하였다.

① 효종의 북벌 운동을 지지하였다.
② 『과농소초』에서 한전제를 주장하였다.
③ 화성 건설을 위해 거중기를 설계하였다.
④ 우리 역사를 체계화한 『동사강목』을 저술하였다.

문 10. 다음 사실이 있었던 왕대의 설명으로 옳은 것은?

- 김흠돌의 난을 계기로 진골 귀족 세력 등을 숙청하였다.
- 녹읍을 폐지하여 귀족의 경제적 기반을 약화하고자 하였다.

① 국학을 설립하였다.
② 불교를 공인하였다.
③ 독서삼품과를 시행하였다.
④ 이사부를 보내 우산국을 정벌하였다.

문 11. (가), (나) 사이 시기에 있었던 사실로 옳은 것은?

(가) 왕이 보병과 기병 5만 명을 보내 신라를 구원하게 하였고, 이에 왜군이 퇴각하였다.
(나) 백제 왕이 가야와 함께 관산성을 공격하였다. 신주군주 김무력이 나아가 교전을 벌였고, 비장인 도도가 백제 왕을 죽였다.

① 고구려가 낙랑군을 몰아냈다.
② 신라가 금관가야를 병합하였다.
③ 고구려가 안시성에서 당군을 물리쳤다.
④ 백제가 평양성에서 고국원왕을 전사시켰다.

문 12. 다음 자료를 통해 알 수 있는 단체에 대한 설명으로 옳은 것은?

> 남만주로 집단 이주하려고 기도하고, 조선에서 상당한 재력이 있는 사람들을 그곳에 이주시켜 토지를 사들이고 촌락을 세워, …(중략)… 학교를 세워 민족 교육을 실시하고, 무관 학교를 설립하여 문무를 겸하는 교육을 실시하면서, 기회를 엿보아 독립 전쟁을 일으켜 구한국의 국권을 회복하려고 하였다.
> －105인 사건 판결문－

① 만민 공동회를 개최하였다.
② 민립대학 설립 운동을 추진하였다.
③ 비밀 결사의 형태로 활동을 전개하였다.
④ 광주 학생 항일 운동이 일어나자 진상 조사단을 파견하였다.

문 13. 밑줄 친 '왕'의 재위 기간에 있었던 사실로 옳은 것은?

> 영의정 이원익은 공물 제도가 방납인에 의한 폐단이 크며, 경기도가 특히 심하다고 생각하였다. 그래서 별도의 관청을 만들어 경기 지역 백성들에게 봄과 가을에 토지 1결마다 8두씩 쌀로 거두고, 이것을 방납인에게 주어 수시로 물품을 구입하여 납부하게 하자고 왕에게 건의하였다. 왕은 그 의견을 받아들였다.

① 삼수병으로 구성된 훈련도감을 설치하였다.
② 조광조 등 사림을 등용하여 훈구 세력을 견제하였다.
③ 유능한 관료를 재교육하는 초계문신 제도를 시행하였다.
④ 일본과 제한된 범위의 무역을 허용하는 기유약조를 맺었다.

문 14. 밑줄 친 '이 개혁'의 내용으로 옳은 것은?

> 이 개혁에 따라 의정부를 내각으로, 8아문을 7부로 고쳤다. 또한 지방 8도는 23부로 개편하였다.

① 외국어 통역관 양성을 위한 동문학을 세웠다.
② 미국인 교사를 초빙한 육영 공원을 창립하였다.
③ 교원 양성을 위해 한성 사범 학교 관제를 발표하였다.
④ 상공 학교와 광무 학교 등의 실업 학교를 설립하였다.

문 15. 밑줄 친 '이 지역'에 있는 문화유산은?

> 백제는 5세기 고구려의 공격으로 한강 유역을 상실하면서 수도가 함락되어 이 지역으로 도읍을 옮겼다.

① 몽촌토성
② 무령왕릉
③ 미륵사지 석탑
④ 용현리 마애여래삼존상

문 16. 밑줄 친 '이 지역'에 대한 설명으로 옳은 것은?

> 이 지역에서 권업회라는 독립운동 단체가 조직되었고, 권업회는 국외 무장 독립 단체들을 모아 대한 광복군 정부라는 독립군 조직을 만들었다.

① 동제사가 창립되었다.
② 경학사가 조직되었다.
③ 한인촌인 신한촌이 형성되었다.
④ 대조선 국민 군단이 창설되었다.

문 17. 밑줄 친 '그'에 대한 설명으로 옳은 것은?

> 그는 문종의 넷째 아들인데, 출가하여 승려가 되었다. 송나라로 유학을 가서 화엄학과 천태학을 공부하였다. 이후 천태학을 부흥시켜 천태종을 창립하였다.

① 유·불 일치설을 주장하였다.
② 백련사에서 결사를 조직하였다.
③ 정혜쌍수의 수행법을 제시하였다.
④ 『신편제종교장총록』을 편찬하였다.

문 18. 다음 글을 쓴 인물에 대한 설명으로 옳은 것은?

> 대저 우리나라가 아시아의 중립국이 된다면 러시아를 방어하는 큰 기틀이 될 것이고, 또 아시아의 여러 대국이 서로 보전하는 정략도 될 것이다. …(중략)… 이는 비단 우리나라만을 위한 것이 아니라 중국의 이익도 될 것이고, 여러 나라가 서로 보전하는 계책도 될 것이니 무엇이 괴로워서 하지 않겠는가.

① 영남 만인소 사건을 주도하였다.
② 미국에 파견된 보빙사의 일원이었다.
③ 제2차 수신사로 『조선책략』을 조선에 가지고 왔다.
④ 왜양일체론을 내세우며 개항 반대 운동을 전개하였다.

문 19. 다음 강령을 발표한 단체에 대한 설명으로 옳은 것은?

> 1. 부호의 의연금 및 일본인이 불법 징수하는 세금을 압수하여 무장을 준비한다.
> 6. 일본인 고관 및 한국인 반역자를 수시 수처에서 처단하는 행형부를 둔다.
> 7. 무력이 완비되는 대로 일본인 섬멸전을 단행하여 최후 목적의 달성을 기한다.

① 「조선 혁명 선언」을 활동 지침으로 삼았다.
② 일본에 국권 반환 요구서를 보내려 하였다.
③ 박상진을 총사령으로 하여 공화정체를 지향하였다.
④ 대한민국 임시 정부의 김구가 중심이 되어 창설하였다.

문 20. 밑줄 친 '이 헌법' 공포 이후에 있었던 사실로 옳은 것은?

> 제헌 국회는 "유구한 역사와 전통에 빛나는 우리들 대한 국민은 기미 삼일 운동으로 대한민국을 건립하여 세계에 선포한 위대한 독립 정신을 계승하여 이제 민주 독립 국가를 재건함에 있어서"라고 명시한 이 헌법을 공포하였다.

① 미군정청이 설치되었다.
② 5·10 총선거가 실시되었다.
③ 반민족 행위 처벌법이 공포되었다.
④ 한국의 독립을 언급한 카이로 회담이 개최되었다.

2024 3월 23일 시행 국가직 9급

한국사 (가)책형 1쪽

문 1. 밑줄 친 '이 나라'에 대한 설명으로 옳은 것은?

> 5세기 후반 가야의 주도 세력으로 성장한 이 나라는 낙동강 유역이라는 지리적 이점과 풍부한 철을 활용하여 후기 가야 연맹의 맹주가 되었다.

① 진흥왕에 의해 멸망하였다.
② 사비로 천도하고 국호를 남부여로 하였다.
③ 지방 행정 구역을 5경 15부 62주로 나누었다.
④ 평양으로 수도를 옮기고 남진 정책을 추진하였다.

문 2. 고려의 경제 상황에 대한 설명으로 옳은 것은?

① 진대법이라는 구휼 제도를 시행하였다.
② 건원중보가 발행되었으나 널리 이용되지 못하였다.
③ 광산 경영 방식에서 덕대제가 유행하기 시작하였다.
④ 전통적 농업 기술을 정리한 『농사직설』이 편찬되었다.

문 3. 다음 자료에 대한 설명으로 옳은 것은?

> 조선이라는 땅덩어리는 실로 아시아의 요충을 차지하고 있어 그 형세가 반드시 다툼을 불러올 것이다. 조선이 위태로우면 중동(中東)의 형세도 위급해진다. 따라서 러시아가 강토를 공략하려 한다면 반드시 조선이 첫 번째 대상이 될 것이다. …(중략)… 러시아를 막을 수 있는 조선의 책략은 무엇인가? 오직 중국과 친하며, 일본과 맺고, 미국과 연합함으로써 자강을 도모하는 길뿐이다.

① 강화도 조약 체결 이전 조선에 널리 퍼졌다.
② 흥선 대원군이 척화비를 세우는 계기가 되었다.
③ 이만손 등 영남 유생들의 반발을 불러일으켰다.
④ 청에 영선사로 파견된 김윤식에 의해 소개되었다.

문 4. (가)에 들어갈 말로 옳은 것은?

> 정부의 개화 정책이 추진되면서 구식 군인과 도시 하층민이 반발하였다. 제대로 봉급을 받지 못한 구식 군인들이 난을 일으키고 도시 하층민이 여기에 합세하였으나 청군에 의해 진압되었다. 이후 청은 조선에 군대를 주둔시키고 조선의 내정에 개입하였다. 또 (가) 을 체결하여 조선이 청의 속방임을 명문화하고 청 상인의 내륙 진출을 인정받았다.

① 한성 조약
② 톈진 조약
③ 제물포 조약
④ 조·청 상민 수륙 무역 장정

문 5. 위화도 회군 이후에 있었던 사실로 옳지 않은 것은?

① 과전법이 실시되었다.
② 정몽주가 살해되었다.
③ 한양으로 도읍을 이전하였다.
④ 황산 대첩에서 왜구를 토벌하였다.

문 6. 다음의 논설을 작성한 인물에 대한 설명으로 옳은 것은?

> 이 날을 목 놓아 우노라[是日也放聲大哭]. …(중략)… 천하만사가 예측하기 어려운 것도 많지만, 천만 뜻밖에 5개 조가 어떻게 제출되었는가. 이 조건은 비단 우리 한국뿐 아니라 동양 삼국이 분열할 조짐을 점차 만들어 낼 것이니 이토[伊藤] 후작의 본의는 어디에 있는가?

① 〈한성순보〉를 창간하였다.
② 『한국통사』를 저술하였다.
③ 「독사신론」을 발표하였다.
④ 〈황성신문〉의 주필을 역임하였다.

문 7. 밑줄 친 '왕'의 재위 기간에 편찬된 서적으로 옳은 것은?

> • <u>왕</u>은 집현전을 계승한 홍문관을 설치하고 중단되었던 경연을 다시 열었다.
> • <u>왕</u>은 훈구 세력을 견제하기 위해 사림 세력을 등용하였다.

① 『대전통편』
② 『동사강목』
③ 『동국여지승람』
④ 『훈민정음운해』

문 8. 밑줄 친 '반란'에 대한 설명으로 옳은 것만을 모두 고르면?

> 웅천주 도독 헌창이 <u>반란</u>을 일으켜, 무진주·완산주·청주·사벌주 네 주의 도독과 국원경·서원경·금관경의 사신 및 여러 군현의 수령들을 위협하여 자신의 아래에 예속시키려 하였다.

ㄱ. 천민이 중심이 된 신분 해방 운동 성격을 가졌다.
ㄴ. 반란 세력은 국호를 '장안', 연호를 '경운'이라 하였다.
ㄷ. 주동자의 아버지가 왕이 되지 못한 것에 대한 불만으로 일어났다.
ㄹ. 무열왕 직계가 단절되고 내물왕계가 다시 왕위를 차지하는 결과를 가져왔다.

① ㄱ, ㄴ
② ㄱ, ㄹ
③ ㄴ, ㄷ
④ ㄷ, ㄹ

문 9. 다음 사건 이후에 있었던 사실로 옳은 것은?

> 홍서봉 등이 한(汗)의 글을 받아 되돌아왔는데, 그 글에, "대청국의 황제는 조선의 관리와 백성들에게 알린다. 짐이 이번에 정벌하러 온 것은 원래 죽이기를 좋아하고 얻기를 탐해서가 아니다. 본래는 늘 서로 화친하려고 했는데, 그대 나라의 군신이 먼저 불화의 단서를 야기시켰다."라고 하였다.

① 삼전도비가 세워졌다.
② 이괄이 난을 일으켰다.
③ 인조가 강화도로 피난하였다.
④ 정봉수가 용골산성에서 항전하였다.

문 10. (가) ~ (라)를 시기순으로 바르게 나열한 것은?

> (가) 13도 창의군이 결성되었다.
> (나) 지방군은 10정으로 조직하였다.
> (다) 친위 부대인 장용영을 설치하였다.
> (라) 중앙군은 2군 6위제로 운영하였다.

① (나) → (라) → (가) → (다)
② (나) → (라) → (다) → (가)
③ (라) → (나) → (가) → (다)
④ (라) → (나) → (다) → (가)

문 11. 밑줄 친 '이 회의' 이후에 있었던 사실로 옳지 않은 것은?

> 미국, 영국, 소련 3국의 외무 장관이 모인 <u>이 회의</u>에서는 한국의 민주주의적 임시 정부 수립과 이를 위한 미·소 공동 위원회의 설치, 최대 5년간의 신탁 통치 방안 등이 결정되었다.

① 5·10 총선거가 실시되었다.
② 좌·우 합작 7원칙이 발표되었다.
③ 조선 건국 준비 위원회가 결성되었다.
④ 반민족 행위 특별 조사 위원회가 구성되었다.

문 12. 밑줄 친 '가람'에 대한 설명으로 옳은 것은?

> 우리 왕후께서는 좌평 사택적덕의 따님으로 지극히 오랜 세월에 선인(善因)을 심어 이번 생에 뛰어난 과보를 받아 만민을 어루만져 기르시고 삼보(三寶)의 동량(棟梁)이 되셨기에 능히 가람을 세우시고, 기해년 정월 29일에 사리를 받들어 맞이하셨다. 원하옵나니, 영원토록 공양하고 다함이 없이 이 선(善)의 근원을 배양하여, 대왕 폐하의 수명은 산악과 같이 견고하고 치세는 천지와 함께 영구하며, 위로는 정법을 넓히고 아래로는 창생을 교화하게 하소서.

① 목탑의 양식을 간직한 석탑이 있다.
② 대리석으로 만든 10층 석탑이 있다.
③ 성주산문을 개창한 낭혜 화상의 탑비가 있다.
④ 돌을 벽돌 모양으로 만들어 쌓은 모전 석탑이 있다.

문 13. 조선 세조 대에 있었던 사실로 옳은 것만을 모두 고르면?

> ㄱ. 사병을 혁파하였다.
> ㄴ. 집현전을 폐지하였다.
> ㄷ. 『경국대전』을 완성하였다.
> ㄹ. 6조 직계제를 시행하였다.

① ㄱ, ㄷ
② ㄱ, ㄹ
③ ㄴ, ㄷ
④ ㄴ, ㄹ

문 14. (가)~(라)는 대한민국 임시 정부와 관련한 사실이다. 이를 시기순으로 바르게 나열한 것은?

> (가) 한인 애국단 창설
> (나) 한국광복군 창설
> (다) 국민 대표 회의 개최
> (라) 주석·부주석제로 개헌

① (가) → (다) → (나) → (라)
② (가) → (라) → (다) → (나)
③ (다) → (가) → (나) → (라)
④ (다) → (나) → (가) → (라)

문 15. (가) 시기에 있었던 사실로 옳은 것은?

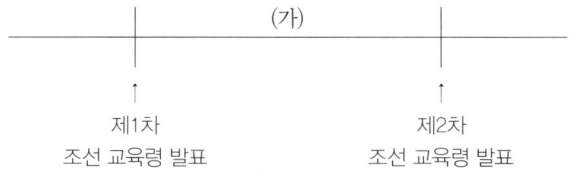

① 경성 제국 대학이 설립되었다.
② 근대 교육 기관인 육영 공원이 설립되었다.
③ 일본에서 「2·8 독립 선언서」가 발표되었다.
④ 보안회의 주도로 일본의 황무지 개간권 반대 운동이 일어났다.

문 16. (가)의 재위 기간에 있었던 사실로 옳은 것은?

> 강조의 군사들이 궁문으로 마구 들어오자, 목종이 모면할 수 없음을 깨닫고 태후와 함께 목 놓아 울며 법왕사로 옮겼다. 잠시 후 황보유의 등이 (가) 을/를 받들어 왕위에 올렸다. 강조가 목종을 폐위하여 양국공으로 삼고, 군사를 보내 김치양 부자와 유행간 등 7인을 죽였다.

① 윤관이 별무반 편성을 건의하였다.
② 외적이 침입하여 국왕이 복주(안동)로 피난하였다.
③ 서희의 외교 담판으로 강동 6주 지역을 획득하였다.
④ 불교 경전을 집대성한 초조대장경 조판이 시작되었다.

문 17. (가)와 (나) 사이의 시기에 있었던 사실로 옳은 것은?

> (가) 순종의 인산일을 기하여 '동양 척식 주식회사를 철폐하라!', '일본인 지주에게 소작료를 바치지 말자!' 등의 격문을 내건 운동이 일어났다.
> (나) 광주에서 한국인 학생과 일본인 학생 사이에 일어난 충돌을 계기로 학생들이 총궐기하는 운동이 일어났다.

① 신간회가 창설되었다.
② 진단 학회가 설립되었다.
③ 진주에서 조선 형평사가 창립되었다.
④ 대구에서 국채 보상 운동이 시작되었다.

문 18. 1930년대에 있었던 사실로 옳은 것은?

① 비밀 결사인 조선 건국 동맹이 결성되었다.
② 중국 관내에서 조선 의용대가 창설되었다.
③ 연해주 지역에 대한 광복군 정부가 설립되었다.
④ 서일을 총재로 하는 대한 독립 군단이 조직되었다.

문 19. 밑줄 친 '이 나라'의 문화유산으로 옳지 않은 것은?

> 송나라 사신 서긍은 그의 저술에서 이 나라 자기의 빛깔과 모양에 대해, "도자기의 빛깔이 푸른 것을 사람들은 비색이라고 부른다. 근래에 와서 만드는 솜씨가 교묘하고 빛깔도 더욱 예뻐졌다. 술그릇의 모양은 오이와 같은데, 위에 작은 뚜껑이 있고 연꽃이나 엎드린 오리 모양을 하고 있다. 또, 주발, 접시, 사발, 꽃병 등도 있었다."라고 하였다.

① 안동 봉정사 극락전
② 구례 화엄사 각황전
③ 예산 수덕사 대웅전
④ 영주 부석사 무량수전

문 20. 다음에서 설명하는 단체는?

- '가갸날'을 제정하였다.
- 기관지인 〈한글〉을 창간하였다.

① 국문 연구소
② 조선 광문회
③ 대한 자강회
④ 조선어 연구회

2023 국가직 9급

4월 8일 시행

한국사 | 나책형 | 1쪽

문 1. 다음 유물이 사용된 시대에 대한 설명으로 옳은 것은?

> 미송리식 토기, 팽이형 토기, 붉은 간 토기

① 비파형 동검이 사용되었다.
② 오수전 등의 화폐가 사용되었다.
③ 아슐리안형 주먹도끼가 사용되었다.
④ 철이 많이 생산되어 낙랑과 왜에 수출되었다.

문 2. 밑줄 친 '왕'에 대한 설명으로 옳은 것은?

> 16년 겨울 10월. 왕이 질양(質陽)으로 사냥을 갔다가 길에 앉아 우는 자를 보았다. 왕이 말하기를 "아! 내가 백성의 부모가 되어 백성들이 이 지경에 이르게 하였으니 나의 죄로다." …(중략)… 그리고 관리들에게 명하여 매년 봄 3월부터 가을 7월까지 관청의 곡식을 내어 백성들의 식구 수에 따라 차등 있게 빌려주었다가, 10월에 이르러 상환하게 하는 것을 법규로 정하였다.
> ―『삼국사기』―

① 낙랑군을 축출하였다.
② 진대법을 시행하였다.
③ 백제의 침입으로 전사하였다.
④ 영락이라는 독자적인 연호를 사용하였다.

문 3. (가)에 대한 설명으로 옳은 것은?

> 신돈이 (가) 을/를 설치하자고 요청하자, …(중략)… 이제 도감이 설치되었다. …(중략)… 명령이 나가자 권세가 중에 전민을 빼앗은 자들이 그 주인에게 많이 돌려주었으며, 전국에서 기뻐하였다.
> ―『고려사』―

① 시전의 물가를 감독하는 임무를 담당하였다.
② 국가 재정의 출납과 회계 업무를 총괄하였다.
③ 불법적으로 점유된 토지와 노비를 조사하였다.
④ 부족한 녹봉을 보충하고자 관료에게 녹과전을 지급하였다.

문 4. 다음과 같이 말한 인물에 대한 설명으로 옳은 것은?

> 우리나라가 곧 고구려의 옛 땅이다. 그리고 압록강의 안팎 또한 우리의 지역인데 지금 여진이 그 사이에 몰래 점거하여 저항하고 교활하게 대처하고 있어서 …(중략)… 만일 여진을 내쫓고 우리 옛 땅을 되찾아서 성보(城堡)를 쌓고 도로를 통하도록 하면 우리가 어찌 사신을 보내지 않겠는가?
> ―『고려사』―

① 목종을 폐위하였다.
② 귀주에서 거란군을 물리쳤다.
③ 여진을 몰아내고 동북 9성을 쌓았다.
④ 소손녕과 담판하여 강동 6주를 획득하였다.

문 5. 밑줄 친 '이곳'에 대한 설명으로 옳은 것은?

> • 장수왕은 남진 정책의 일환으로 수도를 이곳으로 천도하였다.
> • 묘청은 이곳으로 수도를 옮길 것을 주장하였다.

① 쌍성총관부가 설치되었다.
② 망이·망소이가 반란을 일으켰다.
③ 제너럴셔먼호 사건이 발생하였다.
④ 1923년 조선 형평사가 결성되었다.

문 6. 다음 전투 이후에 일어난 사건으로 옳은 것만을 모두 고르면?

> 이근행이 군사 20만 명의 대군을 이끌고 매소성(買肖城)에 머물렀다. 우리 군사가 공격하여 달아나게 하고 전마 30,380필을 얻었는데, 남겨놓은 병장기도 그 정도 되었다.
> —『삼국사기』—

ㄱ. 웅진도독부가 설치되었다.
ㄴ. 김흠돌이 반란을 일으켰다.
ㄷ. 교육 기관인 국학이 설립되었다.
ㄹ. 복신과 도침이 부여풍과 함께 백제 부흥 운동을 일으켰다.

① ㄱ, ㄴ
② ㄱ, ㄹ
③ ㄴ, ㄷ
④ ㄷ, ㄹ

문 7. 다음 사건을 시기순으로 바르게 나열한 것은?

(가) 신라의 우산국 복속
(나) 고구려의 서안평 점령
(다) 백제의 대야성 점령
(라) 신라의 금관가야 병합

① (가) → (나) → (다) → (라)
② (가) → (라) → (나) → (다)
③ (나) → (가) → (라) → (다)
④ (나) → (다) → (가) → (라)

문 8. 고려 시대 문화유산에 대한 설명으로 옳지 않은 것은?
① 황해도 사리원 성불사 응진전은 다포 양식의 건물이다.
② 월정사 팔각 9층 석탑은 원의 석탑을 모방하여 제작하였다.
③ 여주 고달사지 승탑은 통일 신라의 팔각원당형 양식을 계승하였다.
④ 『직지심체요절』은 세계기록유산으로 등재된 현존하는 가장 오래된 금속활자본이다.

문 9. 조선 시대 지도와 천문도에 대한 설명으로 옳지 않은 것은?
① 대동여지도는 거리를 알 수 있도록 10리마다 눈금을 표시하였다.
② 혼일강리역대국도지도는 중국에서 들여온 곤여만국전도를 참고하였다.
③ 천상열차분야지도는 하늘을 여러 구역으로 나누고 별자리를 표시한 그림이다.
④ 동국지도는 정상기가 실제 거리 100리를 1척으로 줄인 백 리척을 적용하여 제작하였다.

문 10. (가)에 대한 설명으로 옳지 않은 것은?

> 임진왜란 이후에 우의정 유성룡도 역시 미곡을 거두는 것이 편리하다고 주장하였으나, 일이 성취되지 못하였다. 1608년에 이르러 좌의정 이원익의 건의로 (가) 을/를 비로소 시행하여, 민결(民結)에서 미곡을 거두어 서울로 옮기게 하였다.
> —『만기요람』—

① 장시의 확대에 기여하였다.
② 지주에게 결작을 부과하였다.
③ 공납의 폐단을 막기 위해 실시하였다.
④ 공인에게 비용을 지급하고 필요 물품을 조달하였다.

문 11. (가) 인물이 추진한 정책으로 옳지 않은 것은?

> 선비들 수만 명이 대궐 앞에 모여 만동묘와 서원을 다시 설립할 것을 청하니, (가) 이/가 크게 노하여 한성부의 조례(皀隷)와 병졸로 하여금 한강 밖으로 몰아내게 하고 드디어 천여 곳의 서원을 철폐하고 그 토지를 몰수하여 관에 속하게 하였다.
> —『대한계년사』—

① 사창제를 실시하였다.
② 『대전회통』을 편찬하였다.
③ 비변사의 기능을 강화하였다.
④ 통상 수교 거부 정책을 추진하였다.

문 12. 다음과 같은 선포문을 발표하면서 성립한 정부의 정책으로 옳지 않은 것은?

> 제1조 대한민국은 민주공화제로 함
> …(중략)…
> 민국 원년 3월 1일 우리 대한민족이 독립을 선언한 뒤 …(중략)… 이제 본 정부가 전 국민의 위임을 받아 조직되었으니 전 국민과 더불어 전심(專心)으로 힘을 모아 국토 광복의 대사명을 이룰 것을 선서한다.

① 독립 공채를 발행하였다.
② 기관지로 〈독립신문〉을 발간하였다.
③ 비밀 행정 조직인 연통부를 설치하였다.
④ 재정 확보를 위하여 전환국을 설립하였다.

문 13. 밑줄 친 '나'가 집권하여 추진한 사실로 옳은 것은?

> 나는 우리 국민이 선천적으로 타고난 재질을 최대한으로 활용하여 다각적인 생산 활동을 더욱 활발하게 하고, …(중략)… 공산품 수출을 진흥시키는 데 가일층 노력할 것을 요망합니다. 끝으로 나는 오늘 제1회 수출의 날 기념식에 즈음하여 …(중략)… 이 뜻 깊은 날이 자립경제를 앞당기는 또 하나의 계기가 될 것을 기원합니다.

① 대통령 직선제 개헌을 추진하였다.
② 3·1 민주 구국 선언을 발표하였다.
③ 반민족 행위 특별 조사 위원회를 구성하였다.
④ 베트남 파병에 필요한 조건을 명시한 브라운 각서를 체결하였다.

문 14. 다음과 같이 상소한 인물이 속한 붕당에 대한 설명으로 옳은 것만을 모두 고르면?

> 상소하여 아뢰기를, "신이 좌참찬 송준길이 올린 차자를 보았는데, 상복(喪服) 절차에 대하여 논한 것이 신과는 큰 차이가 있었습니다. 장자를 위하여 3년을 입는 까닭은 위로 '정체(正體)'가 되기 때문이고 또 전중(傳重: 조상의 제사나 가문의 법통을 전함)하기 때문입니다. …(중략)… 무엇보다 중요한 것은 할아버지와 아버지의 뒤를 이은 '정체'이지, 꼭 첫째이기 때문에 참최 3년복을 입는 것은 아닙니다."라고 하였다.
> — 『현종실록』 —

> ㄱ. 기사환국으로 정권을 장악하였다.
> ㄴ. 인조반정을 주도하여 집권 세력이 되었다.
> ㄷ. 정조 시기에 탕평 정치의 한 축을 이루었다.
> ㄹ. 이이와 성혼의 문인을 중심으로 형성되었다.

① ㄱ, ㄴ
② ㄱ, ㄷ
③ ㄴ, ㄹ
④ ㄷ, ㄹ

문 15. (나) 시기에 일어난 사실로 옳은 것은?

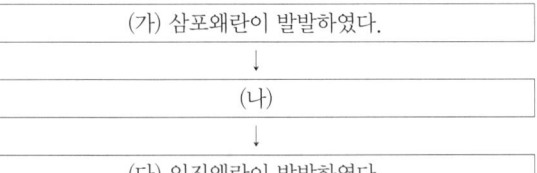

① 을사사화가 일어났다.
② 『경국대전』이 반포되었다.
③ 『향약집성방』이 편찬되었다.
④ 금속활자인 갑인자가 주조되었다.

문 16. 다음 법령이 시행된 시기에 있었던 사실로 옳은 것은?

> 제1조 회사의 설립은 조선 총독의 허가를 받아야 한다.
> 제5조 회사가 본령이나 본령에 따라 나오는 명령과 허가 조건을 위반하거나 공공질서와 선량한 풍속에 반하는 행위를 할 때 조선 총독은 사업의 정지, 지점의 폐쇄 또는 회사의 해산을 명할 수 있다.

① 산미 증식 계획이 폐지되었다.
② 국가총동원법이 제정되었다.
③ 원료 확보를 위한 남면북양 정책이 추진되었다.
④ 보통학교 수업 연한을 4년으로 정한 조선교육령이 공포되었다.

문 17. 다음과 같은 결의문에 근거하여 시행된 조치로 옳은 것은?

> 소총회는 …(중략)… 한국 인민의 대표가 국회를 구성하여 중앙정부를 수립할 수 있도록 선거를 시행함이 긴요하다고 여기며, 총회의 의결에 따라 국제연합 한국 임시위원단이 접근할 수 있는 지역에서 결의문 제2호에 기술된 계획을 시행함이 동 위원단에 부과된 임무임을 결의한다.

① 미군정청이 설치되었다.
② 5·10 총선거가 실시되었다.
③ 좌우 합작 위원회가 구성되었다.
④ 미·소 공동 위원회가 개최되었다.

문 18. (가), (나) 조약 사이의 시기에 있었던 사실로 옳은 것은?

> (가) 제10관 일본국 인민이 조선국 지정의 각 항구에 머무는 동안에 죄를 범한 것이 조선국 인민에 관계되는 사건일 때에는 일본국 관원이 재판한다.
>
> (나) 제4관 중국 상인이 조선의 양화진 및 한성에 영업소를 개설할 경우를 제외하고, 각종 화물을 내륙으로 운반하여 상점을 차리고 파는 것을 허가하지 않는다. 단, 내륙행상이 필요한 경우 지방관의 허가서를 받아야 한다.

① 개항장에서는 일본 화폐가 통용되었다.
② 러시아가 압록강 유역의 산림 채벌권을 획득하였다.
③ 황국 중앙 총상회가 조직되어 상권 수호 운동을 전개하였다.
④ 함경도의 방곡령에 불복하여 일본 상인이 손해 배상을 요구하였다.

문 19. 밑줄 친 '14개 조목'에 해당하는 것만을 모두 고르면?

> 이제부터는 다른 나라를 의지하지 않으며 융성하도록 나라의 발걸음을 넓히고 백성의 복리를 증진하여 자주독립의 터전을 공고하게 할 것입니다. …(중략)… 이에 저 소자는 14개 조목의 홍범(洪範)을 하늘에 계신 우리 조종의 신령 앞에 맹세하노니, 우러러 조종이 남긴 업적을 잘 이어서 감히 어기지 않을 것입니다.

ㄱ. 탁지아문에서 조세 부과
ㄴ. 왕실과 국정 사무의 분리
ㄷ. 지계 발급을 위한 지계아문 설치
ㄹ. 대한 천일 은행 등 금융기관 설립

① ㄱ, ㄴ
② ㄱ, ㄹ
③ ㄴ, ㄷ
④ ㄷ, ㄹ

문 20. (가) 시기에 볼 수 있었던 모습으로 옳지 않은 것은?

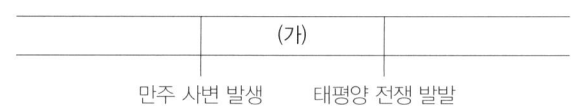

① 소학교에 등교하는 조선인 학생
② 황국 신민 서사를 암송하는 청년
③ 〈제국신문〉 기사를 작성하는 기자
④ 쌍성보에서 항전하는 한국독립당 군인

2022 4월 2일 시행 국가직 9급

한 국 사 | ㉮책형 | 1쪽

문 1. 다음 풍습이 있었던 나라에 대한 설명으로 옳은 것은?

> • 가족이 죽으면 시체를 가매장하였다가 나중에 그 뼈를 추려서 가족 공동 무덤인 커다란 목곽에 안치하였다.
> • 목곽 입구에는 죽은 자가 먹을 양식으로 쌀을 담은 항아리를 매달아 놓기도 하였다.
> — 『삼국지』 위서 동이전 —

① 민며느리제라는 혼인 풍습이 있었다.
② 제가가 별도로 사출도를 다스렸다.
③ 소도라는 신성 구역이 존재하였다.
④ 무천이라는 제천 행사를 열었다.

문 2. 우리나라 유네스코 세계 유산에 대한 설명으로 옳지 않은 것은?

① 미륵사지에는 목탑 양식의 석탑이 있다.
② 정림사지에는 백제의 5층 석탑이 남아 있다.
③ 능산리 고분군에는 계단식 돌무지무덤이 있다.
④ 무령왕릉에는 무덤 주인공을 알려주는 지석이 있었다.

문 3. 조선 시대의 관청에 대한 설명으로 옳은 것은?

① 사간원 – 교지를 작성하였다.
② 한성부 – 시정기를 편찬하였다.
③ 춘추관 – 외교 문서를 작성하였다.
④ 승정원 – 국왕의 명령을 출납하였다.

문 4. (가)에 대한 설명으로 옳은 것은?

> 3·1 운동 직후에 만들어진 (가) 은/는 연통제라는 비밀 행정 조직을 만들었으며, 국내 인사와의 연락과 이동을 위해 교통국을 두었다. 또 외교 선전물을 간행하여 일제 침략의 부당성을 널리 알리고자 하였다. 그러나 이러한 활동은 뚜렷한 성과를 내지 못하였다. 그러한 가운데 (가) 의 활동 방향을 두고 외교 운동 노선과 무장 투쟁 노선 사이에서 갈등이 빚어지기도 하였다.

① 외교 운동을 위해 미국에 구미 위원부를 설치하였다.
② 비밀 결사 운동을 추진하고자 독립 의군부를 만들었다.
③ 이인영, 허위 등을 중심으로 서울 진공 작전을 추진하였다.
④ 영국인 베델을 발행인으로 한 〈대한매일신보〉를 창간하였다.

문 5. 다음 (가), (나) 승려에 대한 설명으로 옳은 것은?

> (가) 중국 유학에서 돌아와 부석사를 비롯한 여러 사원을 건립하였으며, 문무왕이 경주에 성곽을 쌓으려 할 때 만류한 일화로 유명하다.
> (나) 진골 귀족 출신으로 대국통을 역임하였으며, 선덕 여왕에게 황룡사 9층탑의 건립을 건의하였다.

① (가)는 모든 것이 한마음에서 나온다는 일심 사상을 제시하였다.
② (가)는 「화엄일승법계도」를 만들었다.
③ (나)는 『왕오천축국전』이라는 여행기를 남겼다.
④ (나)는 이론과 실천을 같이 강조하는 교관겸수를 제시하였다.

문 6. (가) 왕에 대한 설명으로 옳은 것은?

> 당 현종 개원 7년에 대조영이 죽으니, 그 나라에서 사사로이 시호를 올려 고왕(高王)이라 하였다. 아들 (가) 이/가 뒤이어 왕위에 올라 영토를 크게 개척하니, 동북의 모든 오랑캐가 겁을 먹고 그를 섬겼으며, 또 연호를 인안(仁安)으로 고쳤다.
> — 『신당서』 —

① 수도를 상경성으로 옮겼다.
② '해동성국'이라고 불릴 만큼 전성기를 이루었다.
③ 장문휴를 시켜 당의 등주(산동성)를 공격하였다.
④ 고구려 유민과 말갈족을 이끌고 동모산에 도읍을 정하였다.

문 7. (가)~(라) 국왕 대에 있었던 사실로 옳지 않은 것은?

> 조선 시대 국가를 운영하는 핵심 법전인 『경국대전』은 세조 대에 그 편찬이 시작되어 (가) 대에 완성되었다. 이후 여러 차례의 전쟁으로 혼란에 빠진 국가 체제를 수습하고 새로운 정치·사회적 변화에 대응하기 위해 법전 정비가 필요하게 되었다. 이에 따라 (나) 대에 『속대전』을 편찬하였으며, (다) 대에 『대전통편』을, 그리고 (라) 대에는 『대전회통』을 편찬하였다.

① (가) – 홍문관을 두어 집현전을 계승하였다.
② (나) – 서원을 붕당의 근거지로 인식하여 대폭 정리하였다.
③ (다) – 사도세자의 무덤을 옮기고 화성을 축조하였다.
④ (라) – 삼정의 문란을 바로잡기 위해 삼정이정청을 설치했다.

문 8. 밑줄 친 '사건'의 명칭은?

> 중종에 의해 등용된 조광조는 현량과를 통해 사림을 대거 등용하였다. 그는 3사의 언관직을 통해 개혁을 추진해 나갔고, 위훈 삭제를 주장하기도 하였다. 이러한 움직임은 반발을 불러일으켰으며, 중종도 급진적인 개혁 조치에 부담을 느껴 조광조 등을 제거하였다. 이 사건으로 사림은 큰 피해를 입었다.

① 갑자사화
② 기묘사화
③ 무오사화
④ 을사사화

문 9. (가), (나)에 대한 설명으로 옳은 것은?

> (가) 역사서의 저자는 다음과 같은 글을 지어 왕에게 바쳤다. "성상 전하께서 옛 사서를 널리 열람하시고, '지금의 학사 대부는 모두 오경과 제자의 책과 진한(秦漢) 역대의 사서에는 널리 통하여 상세히 말하는 이는 있으나, 도리어 우리나라의 사실에 대하여서는 망연하고 그 시말(始末)을 알지 못하니 심히 통탄할 일이다. 하물며 신라·고구려·백제가 나라를 세우고 정립하여 능히 예의로써 중국과 통교한 까닭으로 범엽의 『한서』나 송기의 『당서』에는 모두 열전이 있으나 국내는 상세하고 국외는 소략하게 써서 자세히 실리지 않았다. …(중략)… 일관된 역사를 완성하고 만대에 물려주어 해와 별처럼 빛나게 해야 하겠다.'라고 하셨다."
> (나) 역사서에는 다음과 같은 서문이 실려 있다. "부여씨와 고씨가 망한 다음에 김씨의 신라가 남에 있고, 대씨의 발해가 북에 있으니 이것이 남북국이다. 여기에는 마땅히 남북국사가 있어야 할 터인데, 고려가 그것을 편찬하지 않은 것은 잘못이다."

① (가)는 동명왕의 업적을 칭송한 영웅 서사시이다.
② (가)는 불교를 중심으로 고대 설화를 수록하였다.
③ (나)는 만주 지역까지 우리 역사의 범위를 확장하였다.
④ (나)는 고조선부터 고려에 이르는 역사를 체계적으로 정리하였다.

문 10. 다음 주장을 한 실학자가 쓴 책은?

> 토지를 겸병하는 자라고 해서 어찌 진정으로 빈민을 못살게 굴고 나라의 정치를 해치려고 했겠습니까? 근본을 다스리고자 하는 자라면 역시 부호를 심하게 책망할 것이 아니라 관련 법제가 세워지지 않은 것을 걱정해야 할 것입니다. …(중략)… 진실로 토지의 소유를 제한하는 법령을 세워, "어느 해 어느 달 이후로는 제한된 면적을 초과해 소유한 자는 더는 토지를 점하지 못한다. 이 법령이 시행되기 이전부터 소유한 것에 대해서는 아무리 광대한 면적이라 해도 불문에 부친다. 자손에게 분급해 주는 것은 허락한다. 만약에 사실대로 고하지 않고 숨기거나 법령을 공포한 이후에 제한을 넘어 더 점한 자는 백성이 적발하면 백성에게 주고, 관(官)에서 적발하면 몰수한다."라고 하면, 수십 년이 못 가서 전국의 토지 소유는 균등하게 될 것입니다.

① 『반계수록』
② 『성호사설』
③ 『열하일기』
④ 『목민심서』

문 11. (가) 시기에 있었던 사실로 옳은 것은?

> 한국을 식민지로 삼은 일제는 헌병에게 경찰 업무를 부여한 헌병 경찰제를 시행했다. 헌병 경찰은 정식 재판 없이 한국인에게 벌금 등의 처벌을 가하거나 태형에 처할 수도 있었다. 한국인은 이처럼 강압적인 지배에 저항해 3·1 운동을 일으켰으며, 일제는 이를 계기로 지배 정책을 전환했다. 일제가 한국을 병합한 직후부터 3·1 운동이 벌어진 때까지를 (가) 시기라고 부른다.

① 토지 조사령이 공포되었다.
② 창씨개명 조치가 시행되었다.
③ 초등 교육 기관의 명칭이 국민학교로 변경되었다.
④ 전쟁 물자 동원을 내용으로 한 국가 총동원법이 적용되었다.

문 12. 밑줄 친 '그'에 대한 설명으로 옳은 것은?

> 한국 국민당을 이끌던 그는 독립운동 세력을 통합하고자 한국 독립당을 결성해 항일 운동을 주도하였다. 광복 직후 귀국한 그는 정부 수립을 위한 활동을 이어나갔으며, 남한 단독 선거가 결정되자 김규식과 더불어 남북 협상을 위해 평양을 방문하기도 하였다.

① 좌우 합작 위원회를 구성해 좌우 합작 7원칙을 발표하였다.
② 광복 직후 안재홍 등과 함께 조선 건국 준비 위원회를 만들었다.
③ 무장 항일 투쟁을 위해 하와이로 건너가 대조선 국민 군단을 결성하였다.
④ 모스크바 3국 외상 회의의 결정 사항이 알려지자 신탁 통치 반대 운동을 펼쳤다.

문 13. 제헌 국회에 대한 설명으로 옳은 것은?
① 반민족 행위 특별 조사 위원회를 구성하였다.
② 한·일 기본 조약 체결에 반대하는 성명을 내놓았다.
③ 통일 3대 원칙이 언급된 7·4 남북 공동 성명을 발표하였다.
④ 통일 주체 국민 회의에서 대통령을 뽑는다는 내용의 개헌안을 통과시켰다.

문 14. 밑줄 친 '그'에 대한 설명으로 옳은 것은?

> 고종이 즉위한 직후에 실권을 장악한 그는 러시아를 견제하기 위해 천주교 선교사를 통해 프랑스와 교섭하려 했다. 하지만 천주교를 금지해야 한다는 유생의 주장이 높아지자 다수의 천주교도와 선교사를 잡아들여 처형한 병인박해를 일으켰다. 이후 고종의 친정이 시작됨에 따라 물러난 그는 임오군란이 일어났을 때 잠시 권력을 장악했지만, 청군의 개입으로 곧 물러났다.

① 미국에 보빙사라는 사절단을 파견하였다.
② 전국 여러 곳에 척화비를 세우도록 했다.
③ 국경을 획정하고자 백두산정계비를 세웠다.
④ 통리기무아문을 설치하고 그 아래에 12사를 두었다.

문 15. 밑줄 친 '이 왕'에 대한 설명으로 옳은 것은?

> 백제 개로왕은 장기와 바둑을 좋아하였는데, 도림이 고하기를 "제가 젊어서부터 바둑을 배워 꽤 묘한 수를 알게 되었으니 개로왕께 알려드리기를 원합니다."라고 하였다. …(중략)… 개로왕이 (도림의 말을 듣고) 나라 사람을 징발하여 흙을 쪄서 성(城)을 쌓고 그 안에는 궁실, 누각, 정자를 지으니 모두가 웅장하고 화려하였다. 이로 말미암아 창고가 비고 백성이 곤궁하니, 나라의 위태로움이 알을 쌓아 놓은 것보다 더 심하게 되었다. 그제야 도림이 도망을 쳐 와서 그 실정을 고하니 이 왕이 기뻐하여 백제를 치려고 장수에게 군사를 나누어 주었다.
> —『삼국사기』—

① 평양으로 도읍을 천도하였다.
② 진대법을 처음으로 시행하였다.
③ 낙랑군을 점령하고 한 군현 세력을 몰아내었다.
④ 신라에 침입한 왜군을 낙동강 유역에서 물리쳤다.

문 16. 다음 설명에 해당하는 문화유산은?

> 이 건물은 주심포 양식에 맞배지붕 건물로 기둥은 배흘림 양식이다. 1972년 보수 공사 중에 공민왕 때 중창하였다는 상량문이 나와 우리나라에서 가장 오래된 목조 건물로 보고 있다.

① 서울 흥인지문
② 안동 봉정사 극락전
③ 영주 부석사 무량수전
④ 합천 해인사 장경판전

문 17. (가) 단체에 대한 설명으로 옳은 것은?

> 아관파천 이후 러시아의 영향력이 강화되고 열강의 이권 침탈이 가속화되었다. 이러한 가운데 서재필 등은 (가) 을/를 만들었다. (가) 은/는 고종에게 자주 독립을 굳건히 하고 내정 개혁을 단행하라는 내용이 담긴 상소문을 제출하였으며, 만민 공동회를 개최하여 외국의 간섭과 일부 관리의 부정부패를 비판하였다.

① 「교육 입국 조서」를 작성해 공포하였다.
② 영은문이 있던 자리 부근에 독립문을 세웠다.
③ 개혁의 기본 강령인 「홍범 14조」를 발표하였다.
④ 일본에 진 빚을 갚자는 국채 보상 운동을 일으켰다.

문 18. (가) 시기의 사실로 옳지 않은 것은?

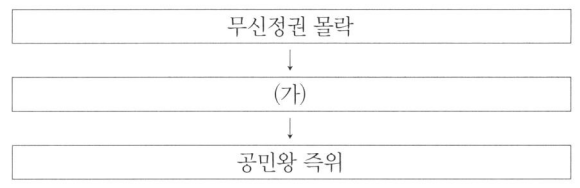

① 만권당이 만들어졌다.
② 정동행성이 설치되었다.
③ 쌍성총관부가 수복되었다.
④ 『제왕운기』가 저술되었다.

문 19. 밑줄 친 '이 나라'의 경제 상황에 대한 설명으로 옳지 않은 것은?

> 이 나라에는 관리에게 정해진 면적의 토지에서 조세를 거둘 수 있는 권리를 나누어주는 전시과라는 제도가 있었다. 농민은 소를 이용해 깊이갈이를 하기도 했으며, 시비법의 발달로 휴경지가 점차 줄어들었다. 밭농사는 2년 3작의 윤작법이 점차 보급되었다. 이 나라의 말기에는 직파법 대신 이앙법이 남부 지방 일부에 보급될 정도로 논농사에 변화가 나타났다. 또한 이암에 의해 중국 농서인 『농상집요』도 소개되었다.

① 재정을 운영하는 관청으로 삼사를 두었다.
② 공물 부과 기준이 가호에서 토지로 바뀌었다.
③ 생산량의 10분의 1에 해당하는 조세를 거두었다.
④ '소'라는 행정 구역의 주민이 국가에서 필요로 하는 물품을 생산하였다.

문 20. (가) 시기에 있었던 일로 옳은 것은?

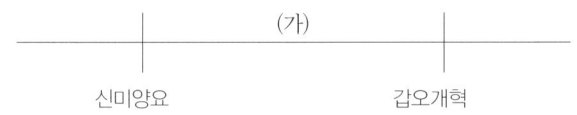

① 을사늑약 체결
② 정미의병 발생
③ 오페르트 도굴 미수 사건
④ 조·미 수호 통상 조약 체결

2021 국가직 9급 (4월 17일 시행)

한 국 사   나책형   1쪽

문 1. 다음 시가를 지은 왕의 재위 기간에 있었던 사실은?

> 펄펄 나는 저 꾀꼬리
> 암수 서로 정답구나
> 외로울사 이 내 몸은
> 뉘와 더불어 돌아가랴

① 진대법을 시행하였다.
② 낙랑군을 축출하였다.
③ 졸본에서 국내성으로 천도하였다.
④ 율령을 반포하여 중앙 집권 체제를 강화하였다.

문 2. 밑줄 친 '유학자'에 대한 설명으로 옳은 것은?

> 풍기군수 주세붕은 고려 시대 유학자의 고향인 경상도 순흥면 백운동에 회헌사(晦軒祠)를 세우고, 1543년에 교육 시설을 더해서 백운동 서원을 건립하였다.

① 해주향약을 보급하였다.
② 원 간섭기에 성리학을 국내로 소개하였다.
③ 『성학십도』를 저술하여 경연에서 강의하였다.
④ 일본의 동정을 담은 『해동제국기』를 저술하였다.

문 3. 밑줄 친 '왕'에 대한 설명으로 옳은 것은?

> 1919년 3월 1일 탑골 공원에서 민족대표 33인이 서명한 독립선언서가 낭독되었다. 이 공원에 있는 탑은 왕이 세운 것으로 경천사 10층 석탑의 영향을 받았다.

① 우리나라 전쟁사를 정리한 『동국병감』을 편찬하였다.
② 우리나라 역대 문장의 정수를 모은 『동문선』을 편찬하였다.
③ 6조 직계제를 실시하여 국왕 중심의 정치 체제를 구축하였다.
④ 한양으로 다시 천도하면서 이궁인 창덕궁을 창건하였다.

문 4. (가) 인물에 대한 설명으로 옳은 것은?

> [(가)] 이/가 올립니다. "지방의 경우에는 관찰사와 수령, 서울의 경우에는 홍문관과 육경(六卿), 그리고 대간(臺諫)들이 모두 능력 있는 사람을 천거하게 하십시오. 그 후 대궐에 모아 놓고 친히 여러 정책과 관련된 대책 시험을 치르게 한다면 인물을 많이 얻을 수 있을 것입니다. 이는 역대 선왕께서 하지 않으셨던 일이요, 한나라의 현량과와 방정과의 뜻을 이은 것입니다. 덕행은 여러 사람이 천거하는 바이므로, 반드시 헛되거나 그릇되는 일이 없을 것입니다."

① 기묘사화로 탄압받았다.
② 「조의제문」을 사초에 실었다.
③ 문정왕후의 수렴청정을 지지하였다.
④ 연산군의 생모 윤씨를 폐비하는 데 동조하였다.

문 5. 신석기 시대 유적과 유물을 바르게 연결한 것만을 모두 고르면?

> ㄱ. 양양 오산리 유적 - 덧무늬 토기
> ㄴ. 서울 암사동 유적 - 빗살무늬 토기
> ㄷ. 공주 석장리 유적 - 미송리식 토기
> ㄹ. 부산 동삼동 유적 - 아슐리안형 주먹도끼

① ㄱ, ㄴ   ② ㄱ, ㄹ
③ ㄴ, ㄷ   ④ ㄷ, ㄹ

문 6. (가) 시기에 신라에서 있었던 사실은?

> 고구려의 침입으로 한성이 함락되자,
> 수도를 웅진으로 옮겼다.
> ↓
> (가)
> ↓
> 성왕은 사비로 도읍을 옮겼다.

① 대가야를 정복하였다.
② 황초령 순수비를 세웠다.
③ 거칠부가 『국사』를 편찬하였다.
④ 이차돈의 순교를 계기로 불교가 공인되었다.

문 7. 시기별 대외 교류에 관한 설명으로 옳지 <u>않은</u> 것은?

① 백제: 노리사치계가 일본에 불경과 불상을 전하였다.
② 통일 신라: 장보고가 청해진을 설치하여 해상권을 장악하였다.
③ 고려: 예성강 하구의 벽란도가 국제항으로 번성하였다.
④ 조선: 명과의 교류에서 중강개시와 책문후시가 전개되었다.

문 8. 우리나라 세계 유산과 세계 기록 유산에 대한 설명으로 옳은 것만을 모두 고르면?

ㄱ. 공주 송산리 고분군에는 전축분인 6호분과 무령왕릉이 있다.
ㄴ. 양산 통도사는 금강계단 불사리탑이 있는 삼보 사찰이다.
ㄷ. 남한산성은 병자호란 때 인조가 피난했던 산성이다.
ㄹ. 『승정원일기』는 역대 왕의 훌륭한 언행을 『실록』에서 뽑아 만든 사서이다.

① ㄱ, ㄴ
② ㄴ, ㄷ
③ ㄱ, ㄴ, ㄷ
④ ㄱ, ㄷ, ㄹ

문 9. 다음은 발해 수도에 대한 답사 계획이다. 각 수도에 소재하는 유적에 대한 탐구 내용으로 옳은 것만을 모두 고르면?

㉠ 정효 공주 무덤을 찾아 벽화에 그려진 인물들의 복식을 탐구한다.
㉡ 용두산 고분군을 찾아 벽돌무덤의 특징을 탐구한다.
㉢ 오봉루 성문터를 찾아 성의 구조를 당의 장안성과 비교해 본다.
㉣ 정혜 공주 무덤을 찾아 고구려 무덤과의 계승성을 탐구한다.

① ㉠, ㉡
② ㉠, ㉣
③ ㉡, ㉢
④ ㉢, ㉣

문 10. 다음 상소문을 올린 왕대에 있었던 사실은?

> 석교(釋敎)를 행하는 것은 수신(修身)의 근본이요, 유교를 행하는 것은 이국(理國)의 근원입니다. 수신은 내생의 자(資)요, 이국은 금일의 요무(要務)로서, 금일은 지극히 가깝고 내생은 지극히 먼 것인데도 가까움을 버리고 먼 것을 구함은 또한 잘못이 아니겠습니까.

① 양경과 12목에 상평창을 설치하였다.
② 균여를 귀법사 주지로 삼아 불교를 정비하였다.
③ 국자감에 7재를 두어 관학을 부흥하고자 하였다.
④ 전지(田地)와 시지(柴地)를 지급하는 경정 전시과를 실시하였다.

문 11. 이승만 정부의 경제 정책으로 옳지 않은 것은?
① 한·미 원조 협정을 체결하였다.
② 농지 개혁에 따른 지가증권을 발행하였다.
③ 제분, 제당, 면방직 등 삼백 산업을 적극 지원하였다.
④ 제1차 경제 개발 5개년 계획을 추진하였다.

문 12. 중·일 전쟁 이후 조선 총독부가 시행한 민족 말살 정책이 아닌 것은?
① 아침마다 궁성 요배를 강요하였다.
② 일본에 충성하자는 황국 신민 서사를 암송하게 하였다.
③ 공업 자원의 확보를 위하여 남면북양 정책을 시행하였다.
④ 황국 신민 의식을 강화하고자 소학교를 국민학교로 개칭하였다.

문 13. 밑줄 친 '조약'에 대한 설명으로 옳지 않은 것은?

> 1905년 8월 4일 오후 3시, 우리가 앉아 있는 곳은 새거모어 힐의 대기실. 루스벨트의 저택이다. 새거모어 힐은 루스벨트의 여름용 대통령 관저로 3층짜리 저택이다. …(중략)… 대통령과 마주하자 나는 말했다. "감사합니다. 각하. 저는 대한 제국 황제의 친필 밀서를 품고 지난 2월에 헤이 장관을 만난 사람입니다. 그 밀서에서 우리 황제는 1882년에 맺은 조약의 거중조정 조항에 따른 귀국의 지원을 간곡히 부탁했습니다."

① 영사 재판권이 인정되었다.
② 임오군란을 계기로 체결되었다.
③ 최혜국 대우 조항이 포함되었다.
④ 『조선책략』의 영향을 받았다.

문 14. 고려 시대 향리에 대한 설명으로 옳은 것만을 모두 고르면?

> ㄱ. 부호장 이하의 향리는 사심관의 감독을 받았다.
> ㄴ. 상층 향리는 과거로 중앙 관직에 진출할 수 있었다.
> ㄷ. 일부 향리의 자제들은 기인으로 선발되어 개경으로 보내졌다.
> ㄹ. 속현의 행정 실무는 향리가 담당하였다.

① ㄱ
② ㄱ, ㄴ
③ ㄴ, ㄷ, ㄹ
④ ㄱ, ㄴ, ㄷ, ㄹ

문 15. 밑줄 친 '이 농법'에 대한 설명으로 옳은 것만을 모두 고르면?

> 대개 이 농법을 귀중하게 여기는 이유는 다음과 같다. 두 땅의 힘으로 하나의 모를 서로 기르는 것이고, …(중략)… 옛 흙을 떠나 새 흙으로 가서 고갱이를 씻어 내어 더러운 것을 제거하는 것이다. 무릇 벼를 심는 논에는 물을 끌어들일 수 있는 하천이나 물을 댈 수 있는 저수지가 꼭 필요하다. 이러한 것이 없다면 벗논이 아니다.
> -『임원경제지』-

> ㄱ. 세종 때 편찬된 『농사직설』에도 등장한다.
> ㄴ. 고랑에 작물을 심도록 하였다.
> ㄷ. 『경국대전』의 수령 칠사 항목에서도 강조되었다.
> ㄹ. 직파법보다 풀 뽑는 노동력을 절약할 수 있었다.

① ㄱ, ㄴ
② ㄱ, ㄹ
③ ㄴ, ㄷ
④ ㄷ, ㄹ

문 16. 밑줄 친 '헌법'이 시행 중인 시기에 일어난 사건은?

> 이 헌법은 한 사람의 집권자가 긴급 조치라는 형식적인 법 절차와 권력 남용으로 양보할 수 없는 국민의 기본 인권과 존엄성을 억압하였다. 그리고 이러한 권력 남용에 형식적인 합법성을 부여하고자 …(중략)… 입법, 사법, 행정 3권을 한 사람의 집권자에게 집중시키고 있다.

① 부·마 민주 항쟁이 일어났다.
② 국민 교육 헌장을 선포하였다.
③ 7·4 남북 공동 성명이 발표되었다.
④ 한·일 협정 체결을 반대하는 6·3 시위가 있었다.

문 17. 밑줄 친 '회의'에서 있었던 사실은?

> 본 회의는 2천만 민중의 공정한 뜻에 바탕을 둔 국민적 대화합으로 최고의 권위를 가지고 국민의 완전한 통일을 공고하게 하며, 광복 대업의 근본 방침을 수립하여 우리 민족의 자유를 만회하며 독립을 완성하기를 기도하고 이에 선언하노라. …(중략)… 본 대표 등은 국민이 위탁한 사명을 받들어 국민적 대단결에 힘쓰며 독립운동이 나아갈 방향을 확립하여 통일적 기관 아래에서 대업을 완성하고자 하노라.

① 대한민국 건국 강령이 상정되었다.
② 박은식이 임시 대통령으로 선출되었다.
③ 민족 유일당 운동 차원에서 조선 혁명당이 참가하였다.
④ 임시 정부를 대체할 새로운 조직을 만들자는 주장이 나왔다.

문 18. 다음 법령에 따라 시행된 사업에 대한 설명으로 옳은 것은?

> 제1조 토지의 조사 및 측량은 본령에 따른다.
> 제4조 토지 소유자는 조선 총독이 정한 기간 내에 주소, 성명 또는 명칭 및 소유지의 소재, 지목, 자번호, 사표, 등급, 지적, 결수를 임시 토지 조사국장에게 신고해야 한다. 단, 국유지는 보관 관청이 임시 토지 조사국장에게 통지해야 한다.

① 농상공부를 주무 기관으로 하였다.
② 역둔토, 궁장토를 총독부 소유로 만들었다.
③ 토지 약탈을 위해 동양 척식 회사를 설립하였다.
④ 춘궁 퇴치, 농가 부채 근절을 목표로 내세웠다.

문 19. 개항기 무역에 대한 설명으로 옳지 <u>않은</u> 것은?
① 개항장에서 조선인 객주가 중개 활동을 하였다.
② 조·청 무역 장정으로 청국에서의 수입액이 일본을 앞질렀다.
③ 일본 상인은 면제품을 팔고, 쇠가죽·쌀·콩 등을 구입하였다.
④ 조·일 통상 장정의 개정으로 곡물 수출이 금지되기도 하였다.

문 20. 밑줄 친 '그'에 대한 설명으로 옳은 것은?

> 군역에 뽑힌 장정에게 군포를 거두었는데, 그 폐단이 많아서 백성들이 뼈를 깎는 원한을 가졌다. 그런데 사족들은 한평생 한가하게 놀며 신역(身役)이 없었다. …(중략)… 그러나 유속(流俗)에 끌려 이행되지 못하였으나 갑자년 초에 그가 강력히 나서서 귀천이 동일하게 장정 한 사람마다 세납전(歲納錢) 2민(緡)을 바치게 하니, 이를 동포전(洞布錢)이라고 하였다.
> ― 『매천야록』 ―

① 만동묘 건립을 주도하였다.
② 군국기무처 총재를 역임하였다.
③ 통리기무아문을 폐지하고 5군영을 부활하였다.
④ 탕평 정치를 정리한 『만기요람』을 편찬하였다.

2020 국가직 9급 (7월 11일 시행)

한 국 사 / ㉮책형 / 1쪽

| 풀이 시간: ___:___ ~ ___:___ / 점수: ___점

1초 합격예측! 모바일 성적분석표
QR 코드로 접속하여 문제 풀이시간을 측정하고, 〈1초 합격예측 & 모바일 성적분석표〉 서비스를 통해 지금 바로 실력을 점검해 보세요.
http://eduwill.kr/3G46

문 1. (가) 시기의 생활상에 대한 설명으로 옳은 것은?

> 1935년 두만강 가의 함경북도 종성군 동관진에서 한반도 최초로 (가) 시대 유물인 석기와 골각기 등이 발견되었다. 발견 당시 일본에서는 (가) 시대 유물이 출토되지 않은 상황이었다.

① 반달 돌칼을 이용하여 벼를 수확하였다.
② 넓적한 돌 갈판에 옥수수를 갈아서 먹었다.
③ 사냥이나 물고기잡이 등을 통해 식량을 얻었다.
④ 영혼 숭배 사상이 있어 사람이 죽으면 흙 그릇 안에 매장하였다.

문 2. (가) 인물에 대한 설명으로 옳은 것은?

> 신종 원년 사노비 만적 등이 북산에서 땔나무를 하다가 공사의 노비들을 모아 모의하기를, "우리가 성 안에서 봉기하여 먼저 (가) 등을 죽인다. 이어서 각각 자신의 주인을 죽이고 천적(賤籍)을 불태워 삼한에서 천민을 없게 하자. 그러면 공경장상이라도 우리가 모두 할 수 있을 것이다."라고 하였다.

① 정방을 설치하여 인사권을 장악하였다.
② 치안유지를 위해 야별초를 설립하였다.
③ 이의방을 제거하고 권력을 장악하였다.
④ 봉사십조를 올려 사회 개혁안을 제시하였다.

문 3. 조선 전기 문화에 대한 설명으로 옳은 것은?

① 『어우야담』을 비롯한 야담·잡기류가 성행하였다.
② 유서(類書)로 불리는 백과사전이 널리 편찬되었다.
③ 『동문선』이 편찬되어 우리 문학의 독자성을 강조하였다.
④ 중인층을 중심으로 시사가 결성되어 문학 활동을 벌였다.

문 4. 다음 자료에 나타난 사상에 대한 설명으로 옳은 것은?

> 군신, 부자, 부부, 붕우, 장유의 윤리는 인간의 본성에 부여된 것으로서 천지를 통하는 만고불변의 이치이고, 위에 존재하는 것으로서 도(道)가 됩니다. 이에 대해 배, 수레, 군사, 농사, 기계가 국민에게 편리하고 나라에 이롭게 하는 것은 외형적인 것으로서 기(器)가 됩니다. 신이 변혁을 꾀하고자 하는 것은 기(器)이지 도(道)가 아닙니다.

① 왜양일체론(倭洋一體論)을 주장하였다.
② 근대 문물 수용의 사상적 기반이 되었다.
③ 갑신정변 주도 세력의 견해를 대변하였다.
④ 우등한 사회가 열등한 사회를 지배하는 것이 당연하다고 보았다.

문 5. (가)에 들어갈 기관으로 옳은 것은?

> 5월에 조서를 내리기를 "개경 내의 사람들이 역질에 걸렸으니 마땅히 (가) 을/를 설치하여 이들을 치료하고, 또한 시신과 유골은 거두어 묻어서 비바람에 드러나지 않게 할 것이며, 신하를 보내어 동북도와 서남도의 굶주린 백성을 진휼하라."라고 하였다.
> —『고려사』—

① 의창
② 제위보
③ 혜민국
④ 구제도감

문 6. 밑줄 친 '이 지역'에 대한 설명으로 옳은 것은?

> 장수왕은 군사 3만을 거느리고 백제를 침공하여 왕도인 이 지역을 함락시켜, 개로왕을 살해하고 남녀 8천 명을 사로잡아 갔다.

① 망이, 망소이가 반란을 일으켰다.
② 고려 문종 대에 남경이 설치되었다.
③ 보조국사 지눌이 수선사 결사를 주도하였다.
④ 고려 태조가 북진 정책의 전진 기지로 삼았다.

문 7. 다음 사건이 일어난 왕의 재위 기간에 있었던 사실로 옳은 것은?

> 그들 조선군은 비상한 용기를 가지고 응전하면서 성벽에 올라 미군에게 돌을 던졌다. 창칼로 상대하는데 창칼이 없는 병사들은 맨손으로 흙을 쥐어 적군 눈에 뿌렸다. 모든 것을 각오하고 한 걸음 한 걸음 다가드는 적군에게 죽기로 싸우다 마침내 총에 맞아 죽거나 물에 빠져 죽었다.

① 군포에 대한 양반들의 면세특권이 폐지되었다.
② 금난전권을 제한하려는 통공정책이 시작되었다.
③ 결작세가 신설되면서 지주들의 부담이 증가하였다.
④ 영정법이 제정되어 복잡한 전세 방식이 일원화되었다.

문 8. (가)~(라)에 해당하는 사실로 옳지 않은 것은?

(가)	(나)	(다)	(라)
낙랑군 축출	광개토대왕릉비 건립	살수대첩 승리	안시성 전투 승리	고구려 멸망

① (가) - 백제 침류왕이 불교를 받아들였다.
② (나) - 고구려 영양왕이 요서 지방을 선제공격하였다.
③ (다) - 백제가 신라 대야성을 공격하여 함락시켰다.
④ (라) - 신라가 매소성에서 당군을 격파하였다.

문 9. 밑줄 친 '이 책'에 대한 설명으로 옳은 것은?

> 신(臣)이 이 책을 편수하여 바치는 것은 …(중략)… 중국은 반고부터 금국에 이르기까지, 동국은 단군으로부터 본조(本朝)에 이르기까지 처음 일어나게 된 근원을 간책에서 다 찾아보아 같고 다른 것을 비교하여 요점을 취하고 읊조림에 따라 장을 이루었습니다.

① 성리학적 유교 사관이 반영되어 대의명분을 강조하였다.
② 국왕, 훈신, 사림이 서로 합의하여 통사 체계를 구성하였다.
③ 원 간섭기에 중국과 구별되는 우리 역사의 독자성을 강조하였다.
④ 왕명으로 단군 조선에서 고려 말까지의 역사를 노래 형식으로 정리하였다.

문 10. 다음 그래프에 표시된 시기에 일어난 사회 현상으로 옳지 않은 것은?

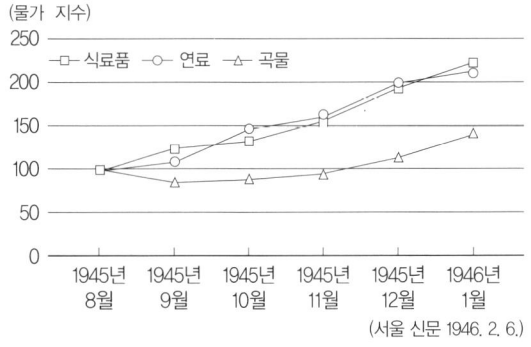
(서울 신문 1946. 2. 6.)

① 해외로부터 귀환인이 급증하여 식량이 부족했다.
② 38도선 분할 점령 이후 식료품 부문의 생산이 크게 위축되었다.
③ 미군정이 재정적자를 메우기 위해 화폐를 과도하게 발행했다.
④ 미곡 수집제 폐지, 토지 개혁 실시를 주장하는 대규모 시위가 일어났다.

문 11. 밑줄 친 '왕'의 재위 기간에 있었던 사실로 옳은 것은?

> 나라 안의 여러 군현에서 공부(貢賦)를 바치지 않으니 창고가 비어 버리고 나라의 쓰임이 궁핍해졌다. 왕이 사신을 보내어 독촉하자, 이로 말미암아 곳곳에서 도적이 벌떼처럼 일어났다. 이때 원종과 애노 등이 사벌주에 웅거하여 반란을 일으켰다.

① 발해가 멸망하였다.
② 국학을 설치하였다.
③ 최치원이 시무책 10여 조를 건의하였다.
④ 장보고의 건의에 따라 청해진이 설치되었다.

문 12. 독도가 대한민국의 영토임을 알 수 있는 자료로 옳은 것만을 모두 고르면?

> ㄱ. 일본의 은주시청합기(1667년)
> ㄴ. 일본의 삼국접양지도(1785년)
> ㄷ. 일본의 태정관 지령문(1877년)
> ㄹ. 일본의 시마네현 고시(1905년)

① ㄱ, ㄴ, ㄷ
② ㄱ, ㄴ, ㄹ
③ ㄱ, ㄷ, ㄹ
④ ㄴ, ㄷ, ㄹ

문 13. (가)에 대한 설명으로 옳은 것은?

> 문화통치의 일환으로 한글 신문의 발행이 허용되었다. 이에 따라 (가) 이/가 창간되었다. (가) 은/는 자치운동을 모색하던 이광수의 「민족적 경륜」을 실어 비판받기도 하였으나, '일장기 말소사건'으로 일제로부터 정간 처분을 받기도 하였다.

① 한글 보급 운동에 앞장서 『한글원본』을 만들었다.
② 브나로드 운동이라는 농촌 계몽 운동을 전개하였다.
③ 『개벽』, 『신여성』, 『어린이』 등의 잡지를 발행하였다.
④ 신간회가 결성되자 신간회 본부와 같은 역할을 하게 되었다.

문 14. (가) 인물에 대한 설명으로 옳은 것은?

> 김춘추가 당나라에 들어가 군사 20만을 요청해 얻고 돌아와서 (가) 을/를 보며 말하기를, "죽고 사는 것이 하늘의 뜻에 달렸는데, 살아 돌아와 다시 공과 만나게 되니 얼마나 다행한 일입니까?"라고 하였다.
> 이에 (가) 이/가 대답하기를, "저는 나라의 위엄과 신령함에 의지하여 두 차례 백제와 크게 싸워 20성을 빼앗고 3만여 명을 죽이거나 사로잡았습니다. 그리고 품석 부부의 유골이 고향으로 되돌아왔으니 천행입니다."라고 하였다.
> ㅡ『삼국사기』ㅡ

① 황산벌에서 백제군을 물리쳤다.
② 화랑이 지켜야 할 세속오계를 제시하였다.
③ 진덕여왕의 뒤를 이어 신라왕으로 즉위하였다.
④ 당에서 숙위 활동을 하다가 부대총관이 되어 신라로 돌아왔다.

문 15. (가), (나) 신분층에 대한 설명으로 옳지 <u>않은</u> 것은?

> 오래도록 막혀 있으면 반드시 터놓아야 하고, 원한은 쌓이면 반드시 풀어야 하는 것이 하늘의 이치다. (가) 와/과 (나) 에게 벼슬길이 막히게 된 것은 우리나라의 편벽된 일로 이제 몇백 년이 되었다. (가) 은/는 다행히 조정의 큰 성덕을 입어 문관은 승문원, 무관은 선전관에 임명되고 있다. 그런데도 우리들 (나) 은/는 홀로 이 은혜를 함께 입지 못하니 어찌 탄식조차 없겠는가?

① (가)의 신분 상승 운동은 (나)에게 자극을 주었다.
② (가)는 수차례에 걸친 집단 상소를 통해 관직 진출의 제한을 없애 줄 것을 요구하였다.
③ (나)에 해당하는 인물로는 정조 때 규장각 검서관으로 등용된 유득공, 박제가, 이덕무 등이 있다.
④ (나)는 주로 기술직에 종사하며 축적한 재산과 탄탄한 실무 경력을 바탕으로 신분 상승을 추구하였다.

문 16. 다음 자료에 나타난 사상에 대한 설명으로 옳은 것은?

> 사람이 곧 하늘이라. 그러므로 사람은 평등하며 차별이 없나니, 사람이 마음대로 귀천을 나눔은 하늘을 거스르는 것이다. 우리 도인은 차별을 없애고 선사의 뜻을 받들어 생활하기를 바라노라.

① 이 사상에 대해 순조 즉위 이후 대탄압이 가해졌다.
② 이 사상을 바탕으로 『동경대전』과 『용담유사』가 편찬되었다.
③ 이 사상을 근거로 몰락한 양반의 지휘 아래 평안도에서 난이 일어났다.
④ 이 사상을 근거로 단성에서 시작된 농민봉기는 진주로 이어졌다.

문 17. 다음은 우리나라 경제 성장 과정을 시간 순으로 나열한 것이다. (가)에 들어갈 내용으로 옳은 것은?

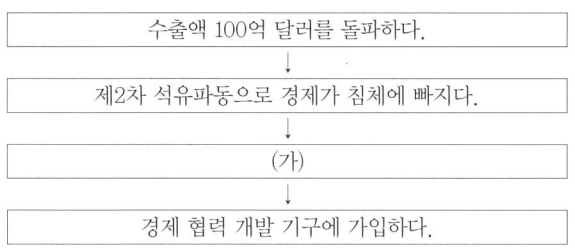

① 제3차 경제개발 5개년 계획이 실시되다.
② 저금리, 저유가, 저달러의 3저 호황을 경험하다.
③ 베트남 파병을 시작하고 브라운 각서를 체결하다.
④ 일본과 대일 청구권 문제에 합의하고 한일 기본 조약을 체결하다.

문 18. 다음 법령이 실시된 기간에 있었던 사실로 옳은 것은?

제1조 국체를 변혁 또는 사유재산제를 부인할 목적으로 결사를 조직하거나 그 정을 알고 이에 가입하는 자는 10년 이하의 징역 또는 금고에 처함
제2조 전조의 제1항의 목적으로 그 목적한 사항의 실행에 관하여 협의한 자는 7년 이하의 징역 또는 금고에 처함

① 조선 태형령이 공포되었다.
② 경성 제국 대학이 설립되었다.
③ 물산 장려 운동이 시작되었다.
④ 학도 지원병 제도가 실시되었다.

문 19. 다음 사실이 있었던 시기의 향촌 사회에 대한 설명으로 옳지 않은 것은?

황해도 봉산 사람 이극천이 향전(鄕戰) 때문에 투서하여 그와 알력이 있는 사람들을 무고하였는데, 내용이 감히 말할 수 없는 문제에 저촉되었다.

① 향전의 전개 속에서 수령의 권한이 강화되었다.
② 신향층은 수령과 그를 보좌하는 향리층과 결탁하였다.
③ 수령은 경재소와 유향소를 연결하여 지방 통치를 강화하였다.
④ 재지사족은 동계와 동약을 통해 향촌 사회에 대한 영향력을 유지하려 하였다.

문 20. 다음 자료가 발표된 이후의 사실에 해당하지 않는 것은?

우리는 3천만 한국 인민과 정부를 대표하여 삼가 중·영·미·소·캐나다 기타 제국의 대일 선전이 일본을 격파하고 동아를 재건하는 가장 유효한 수단이 됨을 축하하여 이에 특히 다음과 같이 성명한다.
1. 한국 전 인민은 현재 이미 반침략 전선에 참가하였으니 한 개의 전투 단위로서 추축국에 선전한다.
2. 1910년의 합방 조약과 일체의 불평등 조약의 무효를 거듭 선포하며 아울러 반(反) 침략 국가인 한국에 있어서의 합리적 기득권익을 존중한다.
…(중략)…
5. 루스벨트·처어칠 선언의 각조를 견결히 주장하며 한국 독립을 실현키 위하여 이것을 적용하여 민주 진영의 최후 승리를 축원한다.

① 한국광복군은 김원봉이 이끌던 조선 의용대의 병력을 통합하였다.
② 영국군의 요청에 따라 인도, 미얀마 전선에 한국광복군이 파견되었다.
③ 조선 독립 동맹은 조선 의용대 화북 지대를 기반으로 조선 의용군을 조직하였다.
④ 대한민국 임시 정부는 김구를 주석으로 하는 단일 지도 체제를 만들고 「대한민국 건국 강령」을 제정하였다.

2019 국가직 9급 (4월 6일 시행)

한국사 | 나책형 | 1쪽

문 1. 청동기 시대의 유적과 유물에 대한 설명으로 옳은 것은?
① 연천 전곡리에서는 사냥도구인 주먹도끼가 출토되었다.
② 창원 다호리에서는 문자를 적는 붓이 출토되었다.
③ 강화 부근리에서는 탁자식 고인돌이 발견되었다.
④ 서울 암사동에서는 곡물을 담는 빗살무늬 토기가 나왔다.

문 2. (가), (나)의 나라에 대한 설명으로 옳은 것은?

> (가) 음력 12월에 지내는 제천행사가 있는데, 이를 영고라고 한다. 이때에는 형옥을 중단하고 죄수를 풀어 주었다.
> (나) 해마다 10월 하늘에 제사를 지내는데, 밤낮으로 술 마시며 노래 부르고 춤추니 이를 무천이라고 한다.
> — 『삼국지』 —

① (가) - 5부가 있었으며, 계루부에서 왕위를 차지하였다.
② (가) - 정치적 지배자로 신지, 읍차 등이 있었다.
③ (나) - 죄를 지은 사람이 소도에 들어가면 잡아가지 못하였다.
④ (나) - 다른 부족의 영역을 침범하면 책화라 하여 노비나 소, 말로 변상하였다.

문 3. (가) 왕의 시기에 일어난 사실로 옳은 것은?

> 이자겸, 척준경이 말하기를 "금이 예전에는 작은 나라여서 요와 우리나라를 섬겼으나, 지금은 갑자기 흥성하여 요와 송을 멸망시켰다. …(중략)… 작은 나라로서 큰 나라를 섬기는 것은 선왕의 도이니, 마땅히 우선 사절을 보내야 합니다."라고 하니 (가) 이/가 그 의견을 따랐다.
> — 『고려사』 —

① 도평의사사를 중심으로 정치를 주도하였다.
② 성리학을 수용하면서 『주자가례』를 보급하였다.
③ 서경에 대화궁을 짓게 하고 칭제건원을 주장하였다.
④ 몽골의 침략에 대응하기 위해 강화도로 도읍을 옮겼다.

문 4. 밑줄 친 ⊙ 이후에 일어난 사실로 옳지 않은 것은?

> 상쾌한 아침의 나라라는 뜻을 지닌 조선은 일본의 총칼 아래 민족정신을 무참하게 유린당했다. …(중략)… 조선 민족은 독립항쟁을 줄기차게 계속하였다. 그 중에서도 중요한 것은 ⊙ 1919년의 독립만세운동이었다.
> — 네루, 『세계사 편력』 —

① '암태도 소작쟁의'가 일어났다.
② '정우회 선언'이 발표되었다.
③ 임병찬이 독립의군부를 조직하였다.
④ 조선 민립대학 기성회가 창립되었다.

문 5. 밑줄 친 '성상(聖上)'대에 편찬된 서적에 대한 설명으로 옳은 것은?

> 세조가 신하들에게 말씀하시기를, "법의 과목(科目)이 너무 번잡하고 앞뒤가 맞지 않기 때문에 상세히 살펴 다듬어 자손만대의 성법(成法)을 만들고자 한다."라고 하셨다. 『형전(刑典)』과 『호전(戶典)』은 이미 반포되어 시행하고 있으나 나머지 네 법전은 미처 교정을 마치지 못했다. 이에 성상(聖上)께서 세조의 뜻을 받들어 여섯 권의 법전을 완성하게 하여 중외에 반포하셨다.

① 『동국병감』은 고조선에서 고려 말까지의 전쟁을 정리한 병서이다.
② 『동몽선습』은 중국과 우리나라의 역사를 담은 아동교육서이다.
③ 『삼강행실도』는 모범적인 효자, 충신, 열녀를 다룬 윤리서이다.
④ 『국조오례의』는 국가의 여러 행사에 필요한 의례를 정비한 의례서이다.

문 6. (가) 토지 제도에 대한 설명으로 옳은 것은?

> 비로소 직관(職官)·산관(散官) 각 품(品)의 (가) 을/를 제정하였는데, 관품의 높고 낮은 것은 논하지 않고 다만 인품만 가지고 그 등급을 결정하였다.
> — 『고려사』 —

① 4색 공복을 기준으로 문반, 무반, 잡업으로 나누어 지급 결수를 정하였다.
② 산관이 지급 대상에서 제외되었으며 무반의 차별 대우가 개선되었다.
③ 전임 관료와 현임 관료를 대상으로 경기 지방에 한하여 지급하였다.
④ 고려의 건국 과정에서 충성도와 공로에 따라 차등 지급되었다.

문 7. (가), (나) 시기에 있었던 사실로 옳은 것은?

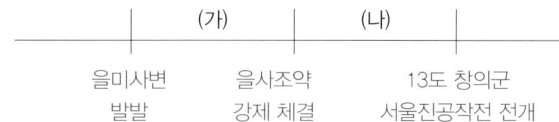

① (가) – 시전 상인을 중심으로 황국중앙총상회가 조직되었다.
② (가) – 신민회는 일제가 날조한 105인 사건으로 와해되었다.
③ (나) – 함경도 관찰사 조병식이 곡물 수출을 막는 방곡령을 내렸다.
④ (나) – 일제의 황무지 개간권 요구를 반대하기 위해 보안회가 창설되었다.

문 8. (가) 왕대의 사실에 대한 설명으로 옳은 것은?

(가) 은/는 흑수말갈이 당과 통하려고 하자 군사를 동원하여 흑수말갈을 치게 하였다. 또한 일본에 사신 고제덕 등을 보내 "여러 나라를 관장하고 여러 번(蕃)을 거느리며, 고구려의 옛 땅을 회복하고 부여의 옛 습속을 지니고 있다."라고 하여 강국임을 자부하였다.

① 국호를 진국에서 발해로 바꾸었다.
② 신라는 급찬 숭정을 발해에 사신으로 보냈다.
③ 대흥이라는 독자적인 연호를 사용하였다.
④ 장문휴가 당의 등주를 공격하였다.

문 9. 다음 전투를 이끈 한국인 부대에 대한 설명으로 옳은 것은?

아군은 사도하자에 주둔 병력을 증강시키면서 훈련에 여념이 없었다. 새벽에 적군은 황가둔에서 이도하 방면을 거쳐 사도하로 진격하여 왔다. 그런데 적군은 아군이 세운 작전대로 함정에 들어왔고, 이에 일제히 포문을 열어 급습함으로써 적군은 응전할 사이도 없이 격파되었다.

① 양세봉이 총사령관이었다.
② 미쓰야 협정이 체결되기 직전까지 활약하였다.
③ 한국 독립당의 산하 부대로 동경성 전투도 수행하였다.
④ 조선 민족 전선 연맹이 중국 국민당의 지원을 받아 창설하였다.

문 10. 밑줄 친 ㉠~㉣과 관련된 임란 이후 경제에 대한 설명으로 옳지 않은 것은?

• ㉠ 서울 안팎과 번화한 큰 도시에 파, 마늘, 배추, 오이밭 따위는 10묘의 땅에서 얻은 수확이 돈 수만을 헤아리게 된다. 서도 지방의 ㉡ 담배밭, 북도 지방의 삼밭, 한산의 모시밭, 전주의 생강밭, 강진의 ㉢ 고구마밭, 황주의 지황밭에서의 수확은 모두 상상등전(上上等田)의 논에서 나는 수확보다 그 이익이 10배에 이른다.
• 작은 보습으로 이랑에다 고랑을 내는데, 너비 1척, 깊이 1척이다. 이렇게 한 이랑, 즉 1묘마다 고랑 3개와 두둑 3개를 만들면, 두둑의 높이와 너비는 고랑의 깊이와 너비와 같아진다. 그 뒤 ㉣ 고랑에 거름 재를 두껍게 펴고, 구멍 뚫린 박에 조를 담고서 파종한다.

① ㉠ – 신해통공을 반포하여 육의전의 금난전권을 폐지하였다.
② ㉡ – 인삼과 더불어 대표적인 상업작물로 재배되었다.
③ ㉢ – 『감저보』, 『감저신보』에서 재배법을 기술하였다.
④ ㉣ – 밭농사에서 농업 생산력의 발전을 가져온 농법이었다.

문 11. 단군에 대한 인식을 설명한 것으로 옳지 않은 것은?
① 이승휴의 『제왕운기』에서는 우리 역사를 단군부터 서술하였다.
② 홍만종의 『동국역대총목』은 단군 정통론의 입장에서 기술하였다.
③ 이규보의 『동명왕편』은 단군의 건국 과정을 다루고 있다.
④ 기미독립선언서에는 '조선건국 4252년'으로 연도를 표기하였다.

문 12. 다음 내용이 실린 사서에 대한 설명으로 옳은 것은?

제왕이 장차 일어날 때는 하늘의 명령과 상서로운 기운을 받아서 반드시 보통 사람과는 다른 점이 있으니, 그런 뒤에야 능히 큰 변화를 타서 제왕의 지위를 얻고 대업을 이루었다. …(중략)… 삼국의 시조들이 모두 신이(神異)한 일로 탄생했음이 어찌 괴이하겠는가. 이것이 책 첫머리에 「기이(紀異)」편이 실린 까닭이며, 그 의도도 여기에 있는 것이다.

① 불교 승려의 전기를 수록한 고승전이다.
② 불교 중심의 고대 민간 설화를 수록하였다.
③ 고조선부터 고려 말까지의 역사를 정리하였다.
④ 유교적 사관에 기초하여 기전체로 서술하였다.

문 13. (가)의 체결 이후에 일어난 사실로 옳은 것은?

> 청군과 일본군의 개입으로 사태가 악화되자 농민군은 폐정 개혁을 제시하며 정부와 (가) 을/를 맺었다. 이에 따라 농민군은 해산하였다.

① 농민군이 황토현에서 감영군을 격파하였다.
② 고부군수 조병갑이 만석보를 쌓아 수세를 강제로 거두었다.
③ 안핵사 이용태가 농민을 동학도로 몰아 처벌하였다.
④ 남접군과 북접군이 논산에서 합류하여 연합군을 형성하였다.

문 14. (가) 시기의 경제 상황에 대한 설명으로 옳은 것은?

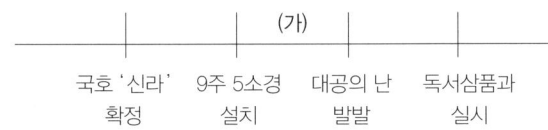

① 백성에게 정전을 처음으로 지급하였다.
② 시장을 감독하는 관청인 동시전을 신설하였다.
③ 백성의 구휼을 위하여 진대법을 제정하였다.
④ 청주(菁州)의 거로현을 국학생의 녹읍으로 삼았다.

문 15. 우리나라 문화 유산에 대한 설명으로 옳지 않은 것은?
① 개성 경천사지 10층 석탑은 원의 석탑을 본떠 만들어졌다.
② 영주 부석사 무량수전은 주심포식 목조 건물이다.
③ 부여 정림사지 5층 석탑에서는 백제 무왕의 왕후가 넣은 사리기가 발견되었다.
④ 김제 금산사 미륵전은 다층 건물이나 내부가 하나로 통한다.

문 16. (가) 교육기관에 대한 설명으로 옳은 것은?

> 주세붕이 비로소 (가) 을/를 창건할 적에 세상에서 자못 의심하였으나, 그의 뜻은 더욱 독실해져 무리들의 비웃음을 무릅쓰고 비방을 극복하여 전례 없던 장한 일을 이루었습니다. …(중략)… 최충, 우탁, 정몽주, 길재, 김종직, 김굉필 같은 이가 살던 곳에 (가) 을/를 건립하게 될 것입니다.
> — 『퇴계집』 —

① 지방의 군현에 있던 유일한 관학이다.
② 선비와 평민의 자제에게 『천자문』 등을 가르쳤다.
③ 성적 우수자는 문과의 초시를 면제해 주었다.
④ 학문 연구와 선현의 제사를 위해 설립된 사설 교육기관이다.

문 17. (가), (나)가 설명하는 조약을 옳게 짝지은 것은?

> (가) 강화도 조약에 이어 몇 달 뒤 체결되었다. 양곡의 무제한 유출을 가능하게 한 규정과 일본 정부에 소속된 선박은 항세를 납부하지 않는다는 규정이 들어 있었다.
> (나) 김홍집이 일본에서 황준헌의 『조선책략』을 가져오면서 그 내용의 영향으로 체결되었으며, 청의 적극적인 알선이 있었다. 거중조정 조항과 최혜국 대우의 규정이 포함되어 있었다.

　　　(가)　　　　　　(나)
① 조·일 무역 규칙　　조·미 수호 통상 조약
② 조·일 무역 규칙　　조·러 수호 통상 조약
③ 조·일 수호 조규 부록　조·미 수호 통상 조약
④ 조·일 수호 조규 부록　조·러 수호 통상 조약

문 18. 다음은 어떤 인물에 대한 연보이다. 밑줄 친 ㉠~㉣의 설명으로 옳은 것은?

> 1566년(31세) ㉠ 사간원 정언에 제수되다.
> 1568년(33세) ㉡ 이조좌랑이 되었으나 외할머니 이씨의 병환 소식을 듣고 사퇴하다.
> 1569년(34세) 동호독서당에 머물면서 『동호문답』을 찬진하다.
> 1574년(39세) ㉢ 승정원 우부승지에 제수되어 『만언봉사』를 올리다.
> 1575년(40세) ㉣ 홍문관 부제학에서 사퇴하고 『성학집요』를 편찬하다.

① ㉠ - 왕명을 출납하면서 왕의 비서기관의 업무를 하였다.
② ㉡ - 삼사의 관리를 추천하는 권한이 있었다.
③ ㉢ - 왕의 정책을 간쟁하고 관원의 비행을 감찰하였다.
④ ㉣ - 서적 출판 및 간행의 업무를 전담하였다.

문 19. 다음 글의 저자에 대한 설명으로 옳은 것은?

> 무릇 동양의 수천 년 교화계(敎化界)에서 바르고 순수하며 광대 정밀하여 많은 성현들이 전해주고 밝혀 준 유교가 끝내 인도의 불교와 서양의 기독교와 같이 세계에 큰 발전을 하지 못함은 어째서이며 …(중략)… 유교계에 3대 문제가 있는지라. 그 3대 문제에 대하여 개량하고 구신(求新)을 하지 않으면 우리 유교는 흥왕할 수가 없을 것이다.

① '조선얼'을 강조하며 '조선학 운동'을 펼쳤다.
② '나라는 형(形)이고 역사는 신(神)'이라고 주장하였다.
③ 주석, 부주석 체제하의 대한민국 임시 정부에서 주석을 역임하였다.
④ 『독사신론』에서 민족을 역사 서술의 주체로 설정하고 사대주의를 비판하였다.

문 20. (가)~(라)를 시기순으로 바르게 나열한 것은?

> (가) 좌우합작 7원칙이 발표되었다.
> (나) 조선 건국 준비 위원회가 결성되었다.
> (다) 모스크바 3국 외상회의가 개최되었다.
> (라) 김구와 김규식이 남북협상을 제의하였다.

① (나) → (가) → (라) → (다)
② (나) → (다) → (가) → (라)
③ (다) → (가) → (나) → (라)
④ (다) → (나) → (가) → (라)

2018 국가직 9급

4월 7일 시행

한 국 사 | 다책형 | 1쪽

풀이 시간: ___:___ ~ ___:___ / 점수: ___점

1초 합격예측! 모바일 성적분석표

QR 코드로 접속하여 문제 풀이시간을 측정하고, 〈1초 합격예측 & 모바일 성적분석표〉 서비스를 통해 지금 바로! 실력을 점검해 보세요.
http://eduwill.kr/qG46

문 1. 시대별 지방 행정 제도에 대한 설명으로 옳은 것은?

① 통일 신라 – 촌의 행정은 촌주가 담당하였다.
② 발해 – 전국 330여 개의 모든 군현에 수령을 파견하였다.
③ 고려 – 촌락 지배 방식으로 면리제가 확립되었다.
④ 조선 – 향리 통제를 위하여 사심관을 파견하였다.

문 2. 다음 (갑)과 (을)의 담판 이후에 있었던 (을)의 활동으로 옳은 것은?

(갑) 그대 나라는 신라 땅에서 일어났고 고구려 땅은 우리의 소유인데 그대들이 침범했다.
(을) 아니다. 우리야말로 고구려를 이은 나라이다. 그래서 나라 이름도 고려라 했고, 평양에 도읍하였다. 만일 땅의 경계로 논한다면 그대 나라 동경도 모두 우리 강역에 들어 있는 것인데 어찌 침범이라 하겠는가.

① 천리장성 축조
② 강동 6주 경략
③ 귀주 대첩
④ 9성 설치

문 3. 밑줄 친 ㉠의 결과에 해당하는 사실로 옳은 것은?

(영락) 6년 병신(丙申)에 왕이 직접 수군을 이끌고 백제를 토벌하였다. (백제왕이) 우리 왕에게 항복하면서 "지금 이후로는 영원히 노객(奴客)이 되겠습니다."라고 맹세하였다. …(중략)… ㉠ 10년 경자(庚子)에 왕이 보병과 기병 5만 명을 보내어 신라를 구원하게 하였다.

① 고구려가 신라 내정 간섭을 강화하였다.
② 백제가 고구려의 평양성을 공격하였다.
③ 신라가 관산성 전투에서 백제 성왕을 살해하였다.
④ 금관가야가 가야 지역의 중심 세력으로 대두하였다.

문 4. (가)와 (나)를 주장한 각 인물에 대한 설명으로 옳은 것은?

(가) 우리는 남방만이라도 임시 정부 혹은 위원회 같은 것을 조직하여 38도선 이북에서 소련이 철퇴하도록 세계 공론에 호소해야 할 것이다.
(나) 나는 통일된 조국을 달성하려다 38도선을 베고 쓰러질지언정 일신의 구차한 안일을 위하여 단독 정부를 세우는 데는 협력하지 아니하겠다.

① (가) – 5·10 총선거에 불참하였다.
② (가) – 좌우 합작 7원칙을 지지하였다.
③ (나) – 탁치 반대 국민 총동원 위원회를 조직하였다.
④ (나) – 남조선 과도입법의원의 의장을 역임하였다.

문 5. 다음 (가)에 대한 설명으로 옳지 않은 것은?

예전에 성종이 (가) 시행에 따르는 잡기가 정도(正道)에 어긋나는데다가 번거롭고 요란스럽다 하여 이를 모두 폐지하였다. …(중략)… 이것을 폐지한 지가 거의 30년이나 되었는데, 이때에 와서 정당문학 최항이 청하여 이를 부활시켰다.

① 훈요 10조에서 시행할 것을 강조하였다.
② 토속 신에게 제사를 지냈다.
③ 정월 보름에 개최되었다.
④ 국제 교류의 장이었다.

문 6. 다음과 같이 주장한 인물에 대한 설명으로 옳은 것은?

달은 하나이나 냇물의 갈래는 만 개가 된다. …(중략)… 나는 그 냇물이 세상 사람들이라는 것을 안다. 빛을 받아 비추어서 드러나는 것은 사람들의 상이다. 달이라는 것은 태극이요, 태극은 나이다.

① 『해동농서』를 편찬하도록 하였다.
② 갑인예송에서 왕권을 강조하며 기년복을 주장하였다.
③ 이순신에게 현충이라는 시호를 내리고 강감찬 사당을 건립하였다.
④ 민간의 광산개발 참여를 허용하는 설점수세제를 처음 실시하였다.

문 7. 밑줄 친 '국왕'의 재위 기간에 있었던 일로 옳은 것은?

> 지금 국왕께서 풍속을 바꾸려는 데에 뜻이 있으므로 신은 지극하신 뜻을 받들어 완악한 풍속을 고치고자 합니다. …(중략)… 이륜행실(二倫行實)로 말하면 신이 전에 승지가 되었을 때에 간행할 것을 청했습니다. 삼강이 중한 것은 아무리 이리석은 부부라도 모두 알고 있으나, 붕우·형제의 이륜에 이르러서는 평범한 사람들이 제대로 모르는 경우가 있습니다.

① 주세붕이 백운동 서원을 세웠다.
② 김시습이 「금오신화」를 저술하였다.
③ 『국조오례의』가 편찬되고 『동국여지승람』이 만들어졌다.
④ 문화와 제도를 유교식으로 갖추기 위해 집현전을 창설하였다.

문 8. 다음의 법률에 근거하여 실시된 식민지 정책으로 옳지 않은 것은?

> 제4조 정부는 전시에 국가총동원상 필요하다고 인정될 때에는 칙령이 정하는 바에 따라서 제국 신민을 징용하여 총동원 업무에 종사하도록 할 수 있다.
> 제7조 정부는 칙령이 정하는 바에 따라 노동 쟁의의 예방 혹은 해결에 관한 명령, 작업소 폐쇄, 작업 혹은 노무의 중지 …(중략)… 등을 명할 수 있다.

① 국민징용령을 공포하여 강제적인 노무 동원을 실시하였다.
② 금속류회수령을 제정하여 주요 군수 물자를 공출하였다.
③ 육군특별지원병령을 제정하여 지원병을 선발하였다.
④ 물자통제령을 공포하여 배급제를 확대하였다.

문 9. (가) 시기에 해당되는 사실로 옳은 것은?

> 방금 안핵사 이용태의 보고에 따르면 "죄인들이 대다수 도망치는 바람에 조사하지 못하였다."라고 하였다.
> －『승정원일기』－
> ↓
> (가)
> ↓
> 전봉준은 금구 원평에 앉아 (전라) 우도에 호령하였으며, 김개남은 남원성에 앉아 좌도를 통솔하였다.
> －『갑오약력』－

① 논산에서 남·북접의 동학군이 집결하였다.
② 우금치 전투에서 동학군이 일본군과 격전을 벌였다.
③ 동학교도가 궁궐 앞에서 교조 신원을 주장하는 집회를 열었다.
④ 백산에서 전봉준이 보국안민을 위해 궐기하라는 통문을 보냈다.

문 10. (가) 기구가 존속한 시기의 사람들이 볼 수 있었던 사실로 적절한 것은?

> 지주는 조선 총독이 정하는 기간 내에 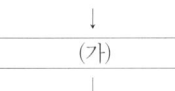 혹은 그것의 출장소 직원에게 신고해야 한다. 만약 제출을 태만히 하거나 신고서를 제출하지 않을 시에는 당국에서 해당 토지에 대해 소유권의 유무 등을 조사하다가 소유자를 알지 못하는 경우에 지주가 없는 것으로 간주하여 국유지로 편입할 수 있다.

① 조선청년연합회에 출입하는 일본인 고문
② 신문에 연재 중인 소설 「무정」을 읽는 학생
③ 연초 전매 제도에 따라 조합에 수매되는 담배
④ 의열단에 가입하는 신흥 무관 학교 출신 청년

문 11. 밑줄 친 '이 지도'에 대한 설명으로 옳지 않은 것은?

> 1402년 제작된 이 지도는 조선 학자들에 의해 제작된 세계 지도이다. 권근의 글에 의하면 중국에서 수입한 '성교광피도'와 '혼일강리도'를 기초로 하고, 우리나라와 일본의 지도를 합해서 제작하였다고 한다.

① 유럽과 아프리카 대륙까지 묘사하였다.
② 중국이 세계의 중심이라는 중화 사상이 반영되었다.
③ 이 지도의 작성에는 이슬람 지도학의 영향이 있었다.
④ 우리나라에 해당하는 부분은 백리 척을 사용하여 과학화에 기여하였다.

문 12. 다음 왕의 재위 기간에 있었던 사실로 옳은 것은?

> • 왕 원년: 소판 김흠돌, 파진찬 흥원, 대아찬 진공 등이 반역을 도모하다가 사형을 당하였다.
> • 왕 9년: 달구벌로 서울을 옮기려다 실현하지 못하였다.
> －『삼국사기』－

① 관료에게 지급하는 녹읍을 부활하였다.
② 국학을 설치하여 유학을 교육하였다.
③ 수도에 서시와 남시를 설치하였다.
④ 사방에 우역을 설치하였다.

문 13. 다음은 발해사에 대한 중국과 러시아 입장이다. 한국사의 입장에서 이를 반박하는 증거로 적절한 것은?

> • 중국: 소수 민족 지역의 분리 독립 의식을 약화시키려고, 국가라기보다는 당 왕조에 예속된 지방 민족 정권 차원에서 본다.
> • 러시아: 중국 문화보다는 중앙아시아나 남부 시베리아의 영향을 강조하여 러시아의 역사에 편입시키려 한다.

① 신라와의 교통로
② 상경성 출토 온돌 장치
③ 유학 교육 기관인 주자감
④ 3성 6부의 중앙 행정 조직

문 14. 신라 문무왕의 유언이다. 밑줄 친 ⑦~㉢의 내용과 부합하지 않는 것은?

> 과인은 운수가 어지럽고 전쟁을 하여야 하는 때를 만나서 ⑦ 서쪽을 정벌하고 ⓒ 북쪽을 토벌하여 영토를 안정시켰고, ⓒ 배반하는 무리를 토벌하고 ㉢ 협조하는 무리를 불러들여 멀고 가까운 곳을 모두 안정시켰다.
> ―『삼국사기』―

① ⑦ – 태자로서 참전하여 백제를 멸망시켰다.
② ⓒ – 당나라 군대와 함께 고구려를 멸망시켰다.
③ ⓒ – 백제 부흥 운동을 주도한 복신을 공격하였다.
④ ㉢ – 임존성에서 저항하던 지수신의 투항을 받아주었다.

문 15. 다음은 대한 제국 시기에 설립된 어느 회사에 관한 내용이다. 밑줄 친 '이 회사'에 대한 설명으로 옳은 것은?

> • 이 회사의 고금(股金, 주권)은 액면 50원씩이고, 총 1천만 원을 발행하고, 주당 불입금은 5년간 총 10회 5원씩 나눠서 낸다.
> • 이 회사는 국내 진황지 개간, 관개 사무와 산림천택(山林川澤), 식양채벌(殖養採伐) 등의 사무 이외에 금·은·동·철·석유 등의 각종 채굴 사무에 종사한다.

① 외국 상인과의 상권 경쟁을 위해 시전 상인이 만든 척식 회사였다.
② 황무지 개간권 요구에 대응하여 설립된 특허 회사였다.
③ 역둔토나 국유 미간지를 약탈하려는 국책 회사였다.
④ 종로의 백목전 상인이 주도가 된 직조 회사였다.

문 16. 조선 성리학의 학설이나 동향을 시기순으로 바르게 나열한 것은?

> ㄱ. 현실 세계를 구성하는 기를 중시하여 경장(更張)을 주장하였다.
> ㄴ. 우주를 무한하고 영원한 기로 보는 '태허(太虛)설'을 제기하였다.
> ㄷ. 정지운의 『천명도』 해석을 둘러싸고 사단칠정 논쟁이 시작되었다.
> ㄹ. 향약 보급 운동과 함께 일상에서의 실천 윤리가 담긴 『소학』을 중시하였다.

① ㄴ → ㄱ → ㄹ → ㄷ
② ㄴ → ㄹ → ㄱ → ㄷ
③ ㄹ → ㄴ → ㄷ → ㄱ
④ ㄹ → ㄷ → ㄴ → ㄱ

문 17. 일제 강점기 조선인의 생활 모습으로 옳지 않은 것은?

① 도시 외곽의 토막촌에는 빈민이 살았다.
② 번화가에서 최신 유행의 모던걸과 모던보이가 활동하였다.
③ 몸뻬를 입은 여성들이 근로보국대에서 강제 노동을 하였다.
④ 상류층이 한식 주택을 2층으로 개량한 영단 주택에 모여 살았다.

문 18. (가)와 (나)는 외국과 맺은 각서이다. 두 각서 사이에 있었던 사실로 옳은 것은?

> (가) 일본 측은 한국 측에 무상원조 3억 달러, 유상원조(해외경제협력기금) 2억 달러, 그리고 수출입은행 차관 1억 달러 이상을 제공한다.
> (나) 미국 정부가 한국과 약속했던 1억 5천만 달러 규모의 차관 공여와 더불어 …(중략)… 한국의 경제 발전을 돕기 위한 추가 AID차관을 제공한다.

① 유엔의 지원으로 충주에 비료 공장을 설립하였다.
② 국가 기간 산업인 울산 정유 공장이 가동되었다.
③ 마산에 수출 자유 지역이 건설되었다.
④ 경부 고속 국도가 개통되었다.

문 19. 다음은 고려 시대 진화의 시이다. 이 시인과 교류를 통해 자부심을 공유한 인물의 작품은?

> 서쪽 송나라는 이미 기울고 북쪽 오랑캐는 아직 잠자고 있네. 앉아서 문명의 아침을 기다려라, 하늘의 동쪽에서 태양이 떠오르네.

① 『삼국사기』
② 「동명왕편」
③ 『제왕운기』
④ 『삼국유사』

문 20. 다음 해외 견문 기록을 시기순으로 바르게 나열한 것은?

> ㄱ. 『표해록』
> ㄴ. 『열하일기』
> ㄷ. 『서유견문』
> ㄹ. 『해동제국기』

① ㄱ → ㄴ → ㄹ → ㄷ
② ㄱ → ㄹ → ㄷ → ㄴ
③ ㄹ → ㄱ → ㄴ → ㄷ
④ ㄹ → ㄷ → ㄱ → ㄴ

지방직 9급 공개경쟁채용 필기시험

응시번호	
성 명	

문제책형

【시험과목】

제1과목	국 어	제2과목	영 어	제3과목	한 국 사
제4·5과목	행정법총론, 행정학개론				

응시자 주의사항

1. **시험 시작 전**에 시험문제를 열람하는 행위나 **시험 종료 후** 답안을 작성하는 행위를 한 사람은 「지방공무원 임용령」 제65조 등 관련 법령에 의거 **부정행위자**로 처리됩니다.

2. 시험 시작 즉시 **과목편철 순서, 문제누락 여부, 인쇄상태 이상 유무 및 표지와 개별과목의 문제책형 일치 여부 등을 확인**한 후 문제책 표지에 응시번호, 성명을 기재합니다.

3. 반드시 본인의 **응시표에 인쇄된 시험과목 순서에 따라** 제4과목과 제5과목의 **답안을 표기**하여야 합니다. 과목 순서를 바꾸어 표기한 경우에도 **본인의 응시표에 기재된 과목 순서대로 채점**되므로 반드시 유의하시기 바랍니다.

4. 시험이 시작되면 문제를 주의 깊게 읽은 후, **문항의 취지에 가장 적합한 하나의 정답만을 고르며**, 문제 내용에 관한 질문은 받지 않습니다.

5. **시험시간 관리의 책임**은 전적으로 응시자 본인에게 있습니다.

2025 지방직(= 서울시) 9급
6월 21일 시행

한 국 사 | B책형 | 1쪽

문 1. 신석기 시대에 대한 설명으로 옳은 것만을 모두 고르면?

> ㄱ. 갈돌과 갈판을 사용하여 곡물이나 열매를 갈았다.
> ㄴ. 반달 돌칼을 사용하여 농작물을 수확하였다.
> ㄷ. 뼈바늘을 사용하여 옷이나 그물을 만들었다.
> ㄹ. 벼농사를 널리 짓게 되었다.

① ㄱ, ㄷ
② ㄱ, ㄹ
③ ㄴ, ㄷ
④ ㄴ, ㄹ

문 2. (가) 나라에 대한 설명으로 옳은 것은?

> 옛 (가) 의 풍속에는 비가 오는 것이 고르지 않아 곡식이 익지 않으면, 문득 왕에게 그 잘못을 돌려 "마땅히 바꾸어야 한다." 또는 "마땅히 죽여야 한다."라고 말하였다.
> —『삼국지』 위서 동이전—

① 읍락의 우두머리들이 스스로 '삼로(三老)'라고 불렀다.
② 마가(馬加)와 우가(牛加) 등 가축의 이름을 딴 관리가 있었다.
③ 사람이 질병으로 죽으면 살던 집을 버리고 다시 새집을 지었다.
④ 다른 읍락의 산천을 침범하면 노비와 소, 말 등으로 배상하게 하였다.

문 3. 다음 외교 문서를 작성한 나라에 대한 설명으로 옳지 않은 것은?

> 무예가 알립니다. "고(구)려의 옛 터전을 회복하고, 부여의 유속(遺俗)을 가지게 되었습니다."

① 당의 등주를 공격하였다.
② 행정 구역을 5경 15부 62주로 나누었다.
③ 집사부 장관인 시중이 왕명을 받들어 행정을 총괄하였다.
④ '인안' 등의 연호를 사용하고 국왕을 '황상'이라고 부르기도 하였다.

문 4. 밑줄 친 '국왕'의 업적으로 옳지 않은 것은?

> 이차돈이 국왕에게 아뢰기를 "신이 거짓으로 왕명을 전하였다고 문책하여 신의 머리를 베시면 만민이 모두 굴복하고 감히 왕명을 어기지 못할 것입니다."라고 하였다. …(중략)… 옥리(獄吏)가 이차돈의 머리를 베니 하얀 젖이 한 길이나 솟았다.

① 율령을 반포하고 상대등을 설치하였다.
② 병부를 설치하고 금관가야를 병합하였다.
③ '건원'이라는 독자적인 연호를 사용하였다.
④ 국호를 '신라'로 정하고 우산국을 정벌하였다.

문 5. (가) 시기에 일어난 고구려 관련 사건은?

태학 설립 → (가) → 평양 천도

① 동옥저를 정벌하였다.
② 전연의 침입으로 도성이 함락되었다.
③ 후연을 격파하고 요동 지역을 차지하였다.
④ 백제의 수도 한성을 함락하고 개로왕을 살해하였다.

문 6. (가) 국왕의 업적으로 옳지 않은 것은?

> (가) 은/는 김부(金傅)를 경주의 사심관으로 임명하여 부호장(副戶長) 이하의 관직 등에 관한 일을 맡게 하였다. 이에 여러 공신들 역시 이를 본받아 자기 주(州)의 사심이 되었으니, 사심관이 이로부터 비롯되었다.

① 기인 제도를 시행하였다.
② 발해 유민을 받아들였다.
③ 개경을 '황도'라고 불렀다.
④ 훈요 10조를 남겼다.

문 7. 다음 대화가 오고 간 시기는?

> 소손녕: 그대 나라는 신라 땅에서 일어났고, 고구려 땅은 우리 땅인데 너희들이 쳐들어와 차지하였다.
> 서 희: 우리는 고구려를 계승하여 나라 이름을 고려라 하였다. 땅의 경계를 논한다면 그대 나라의 동경도 모두 우리 땅이다.

	(가)	(나)	(다)	(라)	
고려 건국		귀주 대첩	무신정변	개경 환도	위화도 회군

① (가)
② (나)
③ (다)
④ (라)

문 8. 밑줄 친 '국왕'에 대한 설명으로 옳은 것은?

> 이달에 국왕이 친히 언문 28자를 지었는데, 그 글자는 옛 글자를 모방하였고, 초성·중성·종성으로 조합해야 한 음절이 이루어졌다. 무릇 문자로 기록한 것과 말로만 전해지는 것을 모두 쓸 수 있으며, 글자는 비록 쉽고 간단하지만 무궁무진한 표현이 가능하니, 이를 '훈민정음'이라고 한다.

① 『경국대전』을 반포하였다.
② 『삼강행실도』를 편찬하였다.
③ 『국조오례의』를 간행하였다.
④ 『동국여지승람』을 편찬하였다.

문 9. (가) 인물에 대한 설명으로 옳은 것은?

> (가) 은/는 무신집권기 불교의 세속화를 비판하면서 불교 본연의 정신을 확립하자는 결사 운동을 주도하여 수선사를 결성하였다. 그는 깨달음을 얻은 뒤에도 수행을 게을리하지 않아야 한다는 돈오점수를 내세웠다.

① 천태종을 창시하였다.
② 임제종을 도입하였다.
③ 교종의 입장에서 선종을 통합하려 하였다.
④ 정혜쌍수라는 실천 수행 방법을 제시하였다.

문 10. 밑줄 친 '국왕'의 정책으로 옳은 것은?

> 국왕은 성균관 앞에 "두루 사귀되 편당을 짓지 않는 것이 군자의 공정한 마음이요, 편당을 짓고 두루 사귀지 않는 것은 소인의 사사로운 마음이다."라는 내용을 새긴 탕평비를 세웠다.

① 균역법을 실시하였다.
② 수원 화성을 건설하였다.
③ 초계문신제를 시행하였다.
④ 『대전회통』을 편찬하였다.

문 11. (가) 인물에 대한 설명으로 옳은 것은?

> (가) 은/는 삼가 두 번 절하고 아뢰옵니다. …(중략)… 성학(聖學)에는 강령이 있고, 심법(心法)에는 지극히 요긴한 것이 있습니다. …(중략)… 이것을 합하여 『성학십도』를 만들어서 각 그림 아래에 또한 외람되게 신의 의견을 덧붙여서 조심스럽게 꾸며 올립니다.

① 한전론을 주장하여 토지 소유를 균등하게 하려고 하였다.
② (가)의 학문은 김장생 등에게 이어져 기호학파가 형성되었다.
③ (가)의 학문은 유성룡 등에게 이어져 영남학파가 형성되었다.
④ 여전제를 주장하여 토지를 마을 단위로 공동소유하게 하였다.

문 12. 다음 조약이 체결된 이후에 있었던 사실이 아닌 것은?

> 제1조 한국 정부는 시정 개선(施政改善)에 관하여 통감의 지도를 받을 것.
> 제4조 한국 고등 관리의 임면(任免)은 통감의 동의를 받아 이를 집행할 것.
> 제5조 한국 정부는 통감이 추천한 일본인을 한국 관리로 임명할 것.

① 고종이 강제 퇴위당하였다.
② 대한 제국의 군대가 해산되었다.
③ 안중근이 이토 히로부미를 저격하였다.
④ 이른바 '남한 대토벌 작전'이 전개되었다.

문 13. 다음 조약에 대한 설명으로 옳은 것은?

> 제9관 수입 또는 수출되는 각 화물이 해관을 통과할 때는 응당 본 조약에 첨부된 세칙에 따라 관세를 납부해야 한다.
> 제37관 조선국에서 가뭄과 홍수, 전쟁 등으로 인하여 국내에 양식이 결핍할 것을 우려하여 일시 쌀 수출을 금지하려고 할 때에는 1개월 전에 지방관이 일본 영사관에게 통지하여 미리 그 기간을 항구에 있는 일본 상인들에게 전달하여 일률적으로 준수하는 데 편리하게 한다.

① 갑신정변의 영향으로 체결되었다.
② 최혜국 대우에 관한 내용을 담고 있다.
③ 일본 경비병의 공사관 주둔을 명시하였다.
④ 부산 외 2곳에 개항장이 설치되는 결과를 가져왔다.

문 14. 밑줄 친 '내'에 대한 설명으로 옳은 것만을 모두 고르면?

> 내가 원하는 우리 민족의 사업은 결코 세계를 무력으로 정복하거나 경제력으로 지배하려는 것이 아니다. 오직 사랑의 문화, 평화의 문화로 우리 스스로 잘 살고 인류 전체가 의좋게 즐겁게 살도록 하는 일을 하자는 것이다. 어느 민족도 일찍이 그러한 일을 한 이가 없었으니 그것은 공상이라고 하지 말라.

> ㄱ. 대한민국 임시 정부 주석을 지냈다.
> ㄴ. 상하이에서 한인 애국단을 조직하였다.
> ㄷ. 조선 의용대를 창설하여 항일 무장 투쟁을 전개하였다.
> ㄹ. 조선 혁명군을 지휘하여 영릉가 전투를 승리로 이끌었다.

① ㄱ, ㄴ   ② ㄱ, ㄷ
③ ㄴ, ㄹ   ④ ㄷ, ㄹ

문 15. 다음 선언으로 시작된 운동에 대한 설명으로 옳은 것은?

> 우리는 지금 우리 조선이 독립국이고 조선인이 자주민임을 선언하노라. 이를 세계 여러 나라에 알려 인류 평등의 대의를 분명히 밝히고, 이를 후손에게 대대로 전하여 민족자존의 정당한 권리를 영원히 누릴 수 있도록 하노라.

① 형평 운동과 같은 연도에 발생하였다.
② 신간회에서 진상 조사단을 파견하였다.
③ 이 운동 이후 일제는 이른바 '문화 통치'로 통치 방식을 바꾸었다.
④ 운동 준비 과정에서 민족주의 세력과 사회주의 세력이 연대하였다.

문 16. 유네스코 세계 문화유산으로 등재된 것만을 모두 고르면?

> ㄱ. 경복궁   ㄴ. 남한산성
> ㄷ. 석촌동 고분군   ㄹ. 가야 고분군

① ㄱ, ㄷ   ② ㄱ, ㄹ
③ ㄴ, ㄷ   ④ ㄴ, ㄹ

문 17. (가)에 대한 설명으로 옳지 않은 것은?

　　대한민국 임시 정부는 대한민국 원년에 정부가 공포한 군사 조직법에 의거하여 …(중략)… (가) 을/를 조직하고 …(중략)… 공동의 적인 일본 제국주의자들을 타도하기 위해 연합군의 일원으로 항전을 계속한다.

① 중국군과 연합하여 쌍성보 전투에서 승리했다.
② 조선 의용대가 합류하여 군사력이 한층 더 강화되었다.
③ 중국 충칭에서 국민당 정부의 지원을 받아 창설되었다.
④ 영국군의 협조 요청으로 미얀마, 인도 전선에 파견되었다.

문 18. 다음 조약이 체결되고 난 이후에 일어난 일은?

　　제2조　당사국 중 어느 한 나라의 정치적 독립 또는 안전이 외부로부터의 무력 공격에 의하여 위협을 받고 있다고 어느 당사국이든지 인정할 때에는 언제든지 당사국은 서로 협의한다.
　　제4조　상호적 합의에 의하여 미합중국의 육군, 해군, 공군을 대한민국의 영토 내와 그 부근에 배치하는 권리를 대한민국은 이를 허가하고 미합중국은 이를 수락한다.

① 판문점에서 정전 협정이 체결되었다.
② 베트남에 한국군 전투 부대가 파견되었다.
③ 이승만 대통령이 반공 포로를 석방하였다.
④ 유엔군 총사령관 맥아더가 인천 상륙 작전을 감행하였다.

문 19. (가) 국가에 대한 설명으로 옳지 않은 것은?

　　제1조　지계아문은 한성부와 13도 각 부·군의 산림, 토지, 전답, 가옥의 계권(契券)을 바로잡기 위해 임시로 설치할 것.
　　제10조　산림, 토지, 전답, 가옥은 (가) 인(人) 이외에는 소유주가 될 수 없을 것임. 단, 각 개항장 내에서는 이러한 제한이 없을 것임.

① '광무'라는 연호를 사용하였다.
② 교육 입국의 조서를 반포하였다.
③ 구본신참의 원칙하에 개혁을 추진하였다.
④ 서대문과 청량리 사이에 전차를 부설하였다.

문 20. (가)~(라)를 시기가 이른 것부터 바르게 나열한 것은?

　　(가) 어재연의 부대가 광성보에서 미국군에게 패하였다.
　　(나) 양헌수의 부대가 정족산성에서 프랑스군을 물리쳤다.
　　(다) 독일인 오페르트가 남연군의 묘를 도굴하려다 실패하였다.
　　(라) 미국 상선 제너럴셔먼호가 평양 부근까지 들어와 통상을 요구하였다.

① (가) → (나) → (다) → (라)
② (나) → (라) → (가) → (다)
③ (다) → (나) → (가) → (라)
④ (라) → (나) → (다) → (가)

2024 6월 22일 시행 지방직(= 서울시) 9급

한 국 사   ⓒ책형   1쪽

| 풀이 시간: ___:___ ~ ___:___ / 점수: ___점

문 1. 신석기 시대에 대한 설명으로 옳지 않은 것은?

① 가락바퀴와 뼈바늘로 옷이나 그물을 만들었다.
② 군장이 죽으면 그의 권력을 상징하는 고인돌을 만들었다.
③ 동물 뼈나 조개껍데기로 된 목걸이나 팔찌를 만들어 착용하였다.
④ 일부 지역에서는 농경이 시작되어 조, 피, 수수 등을 재배하였다.

문 2. 다음과 같은 법이 있었던 국가에 대한 설명으로 옳지 않은 것은?

- 사람을 죽이면 즉시 사형에 처한다.
- 남에게 상처를 입히면 곡식으로 배상한다.
- 남의 물건을 훔친 자는 그 집의 노비로 삼는데, 스스로 죄를 면제받고자 하는 자는 50만을 내야 한다.

① 동맹이라는 제천 행사가 있었다.
② 상, 대부, 장군 등의 관직을 두었다.
③ 위만이 준왕을 몰아내고 왕이 되었다.
④ 중국의 한과 한반도 남부 사이에서 중계 무역을 하였다.

문 3. (가) 국가에 대한 설명으로 옳은 것은?

(가) 의 호암사에는 정사암이란 바위가 있다. 나라에서 장차 재상을 의논할 때에 뽑을 후보 서너 명의 이름을 써서 상자에 넣고 봉해서 바위 위에 두었다. 얼마 후에 열어 보고 이름 위에 도장이 찍힌 자국이 있는 사람을 재상으로 삼았다. 이런 까닭에 정사암이라 했다.
―『삼국유사』―

① 6좌평과 16관등제를 마련하였다.
② 태학이라는 교육 기관을 설립하였다.
③ 인안이라는 독자적인 연호를 사용하였다.
④ 골품에 따라 관등이나 관직 승진에 제한이 있었다.

문 4. (가)에 해당하는 인물로 옳은 것은?

(가) 은/는 중앙아시아와 인도 지역의 다섯 천축국을 순례하고 각국의 지리, 풍속, 산물 등에 관한 기행문을 남겼다. 이 기행문은 중국의 둔황 막고굴에서 발견되었으며 현재 프랑스 국립 도서관에 있다.

① 원광
② 원효
③ 의상
④ 혜초

문 5. (가)에 해당하는 기구로 옳은 것은?

비로소 (가) 을 설치했다. 판사 최무선의 말을 따른 것이다. 이때에 원나라의 염초 장인 이원이 최무선과 같은 동네 사람이었다. 최무선이 몰래 그 기술을 물어서 집의 하인들에게 은밀하게 배워서 시험하게 하고 조정에 건의했다.
―『고려사절요』―

① 교정도감
② 대장도감
③ 식목도감
④ 화통도감

문 6. (가) 문화유산에 대한 설명으로 옳은 것은?

> (가) 은/는 1377년 청주 흥덕사에서 인쇄한 것이다. 독일 구텐베르크가 인쇄한 책보다 70여 년 앞서 간행된 것으로 밝혀졌다. 현재 유네스코 세계 기록유산으로 등재되어 있다.

① 최윤의 등이 지은 의례서를 인쇄한 것이다.
② 몽골의 침략을 물리치려는 염원을 담고 있다.
③ 현존하는 금속 활자본 중에서 가장 오래된 것이다.
④ 우리나라 풍토에 맞는 처방과 약재 등이 기록되어 있다.

문 7. 병인양요에 대한 설명으로 옳지 않은 것은?
① 프랑스 함대가 강화부를 점령하였다.
② 외규장각이 소실되었고 의궤 등을 약탈당했다.
③ 어재연이 강화도 광성보 전투에서 전사하였다.
④ 프랑스 선교사와 천주교도가 처형당한 것이 원인이 되었다.

문 8. 밑줄 친 '이 의거'를 일으킨 단체에 대한 설명으로 옳은 것은?

> 김구는 상하이 각 신문사에 편지를 보내 자신이 이 의거의 주모자임을 스스로 밝혔다. 이 편지에서 김구는 윤봉길이 휴대한 폭탄 두 개는 자신이 특수 제작하여 직접 건넨 것이며, 일본 민간인을 포함하여 다른 나라 사람이 무고한 피해를 입지 않도록 신중을 기하라고 당부하였음을 강조하였다.

① 이봉창이 단원으로 활동하였다.
② 고종의 밀명을 받아 결성되었다.
③ 「조선 혁명 선언」을 활동 지침으로 삼았다.
④ 일제가 날조한 105인 사건으로 와해되었다.

문 9. 다음 주장을 내세운 민족 운동은?

> 1. 오늘날 우리의 이 행동은 정의와 인도 그리고 생존과 존엄함을 지키기 위한 민족적 요구에서 나온 것이니, 오직 자유로운 정신을 발휘할 것이며 결코 배타적 감정으로 치닫지 말라.
> 1. 마지막 한 사람까지 마지막 한순간까지 민족의 정당한 의사를 마음껏 발표하라.
> 1. 일체의 행동은 무엇보다 질서를 존중하며, 우리의 주장과 태도를 어디까지나 떳떳하고 정당하게 하라.

① 3·1 운동 ② 6·10 만세 운동
③ 물산 장려 운동 ④ 민립대학 설립 운동

문 10. 다음 결의 사항을 실현하기 위해 일어난 사건에 대한 설명으로 옳은 것은?

> 1. 고부성을 격파하고 군수 조병갑의 목을 베어 매달 것
> 1. 군기창과 화약고를 점령할 것
> 1. 군수에게 아첨하여 백성을 침탈한 탐욕스러운 아전을 쳐서 징벌할 것
> 1. 전주 감영을 함락하고 서울로 곧바로 향할 것

① 해상공국 폐지 등의 정강을 발표하였다.
② 집강소를 설치하고 폐정 개혁을 시도하였다.
③ 별기군에 비해 차별을 받던 구식 군인들이 일으켰다.
④ 13도 창의군을 조직하고 서울 진공 작전을 추진하였다.

문 11. 다음 상소문이 올라간 국왕 대에 있었던 사실로 옳은 것은?

> 불교는 몸을 닦는 근본이며 유교는 나라를 다스리는 근원입니다. 몸을 닦는 것은 내생을 위한 것이며 나라를 다스리는 일은 곧 오늘의 할 일입니다. 오늘은 극히 가깝고 내생은 지극히 먼 것이니, 가까운 것을 버리고 먼 것을 구하는 일이 그릇된 일이 아니겠습니까.

① 개경에 나성을 쌓았다.
② 전시과 제도를 처음 실시하였다.
③ 전국의 주요 지역에 12목을 설치하였다.
④ 노비안검법을 실시하여 호족 세력을 약화시켰다.

문 12. 밑줄 친 '왕'의 재위 기간에 있었던 사실로 옳은 것은?

> 당초에 강홍립 등이 압록강을 건너게 된 것은 왕이 명 조정의 지원군 요청을 거부하기 어려워 출사시킨 것이었다. 우리나라는 애초부터 그들을 원수로 대하지 않아 싸울 뜻이 없었다. 그래서 왕이 강홍립에게 비밀리에 명령을 내려 오랑캐와 몰래 통하게 하였던 것이다.

① 전국에 대동법을 실시하였다.
② 허준이 『동의보감』을 편찬하였다.
③ 자의 대비의 복상 문제로 예송이 일어났다.
④ 청과 국경을 정하기 위해 백두산정계비를 세웠다.

문 13. (가), (나)에 해당하는 건축물을 옳게 짝지은 것은?

> (가) 은 고려 시대 건축물이며 배흘림 기둥과 주심포 양식으로 단아하면서도 세련된 아름다움을 담고 있다.
> (나) 은 우리나라에 남아 있는 조선 시대 건축물 중 유일한 5층 목탑이다.

	(가)	(나)
①	영주 부석사 무량수전	김제 금산사 미륵전
②	영주 부석사 무량수전	보은 법주사 팔상전
③	합천 해인사 장경판전	김제 금산사 미륵전
④	합천 해인사 장경판전	보은 법주사 팔상전

문 14. (가)~(라)를 시기 순으로 바르게 나열한 것은?

> (가) 지주에게 결작이라 하여 토지 1결당 미곡 2두씩을 부담시켰다.
> (나) 전세를 풍흉에 관계없이 토지 1결당 미곡 4~6두로 고정시켰다.
> (다) 조세는 토지 1결당 수확량 300두의 10분의 1 수취를 원칙으로 삼았다.
> (라) 조세를 토지 비옥도와 풍흉의 정도에 따라 1결당 최고 20두에서 최하 4두로 하였다.

① (다) → (라) → (가) → (나)
② (다) → (라) → (나) → (가)
③ (라) → (다) → (가) → (나)
④ (라) → (다) → (나) → (가)

문 15. 다음과 같이 주장한 인물에 대한 설명으로 옳은 것은?

> 이용할 줄 모르니 생산할 줄 모르고, 생산할 줄 모르니 백성은 나날이 궁핍해지는 것이다. 비유하건대, 대체로 재물은 우물과 같다. 퍼내면 가득 차고, 버려두면 말라 버린다. 그러므로 비단을 입지 않아서 나라에 비단 짜는 사람이 없게 되면, 여공이 쇠퇴한다. 쭈그러진 그릇을 싫어하지 않고 기교를 숭상하지 않아서 공장이 숙련되지 못하면 기예가 망하게 된다.

① 청과의 통상과 수레의 이용을 주장하였다.
② 양명학을 연구하여 강화 학파를 형성하였다.
③ 토지의 매매를 제한하는 한전론을 주장하였다.
④ 지전설을 주장하여 중국 중심의 세계관을 비판하였다.

문 16. 다음 창립 취지문을 발표한 단체에 대한 설명으로 옳은 것은?

> 우리 사회에서도 여성 운동이 제기된 것은 또한 이미 오래되었다. 그러나 회고하여 보면 여성 운동은 거의 분산되어 있었다. 그것에는 통일된 조직이 없었고 통일된 목표와 정신도 없었다. …(중략)… 우리가 실제로 우리 자체를 위해, 우리 사회를 위해 분투하려면 우선 조선 자매 전체의 역량을 공고히 단결하여 운동을 전반적으로 전개하지 않으면 아니 된다.

① 호주제 폐지 운동을 전개하였다.
② 여학교 설립을 주장하는 「여권통문」을 발표하였다.
③ 어린이날을 제정하고 잡지 〈어린이〉를 창간하였다.
④ 봉건적 인습 타파, 여성 노동자의 임금 차별 철폐 등을 주장했다.

문 17. 다음 법령이 반포된 시기는?

> 제1조 대한국은 세계 만국에 공인된 자주독립한 제국이다.
> 제2조 대한 제국의 정치는 이전으로부터 500년이 내려왔고 이후로도 만세에 걸쳐 변치 않을 전제 정치이다.
> 제3조 대한국 대황제는 무한한 군권을 향유하니 공법에서 말한바 자립 정체이다.
> 제4조 대한국 신민이 대황제가 향유하는 군권을 침해할 행위가 있으면 신민의 도리를 잃은 자로 인정할 것이다.

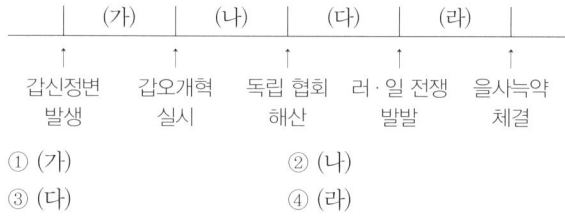

① (가)
② (나)
③ (다)
④ (라)

문 18. (가)~(라)의 사건을 시기 순으로 바르게 나열한 것은?

> (가) 남쪽 지방에서 반란군이 봉기하였다. 가장 심한 자들은 운문을 거점으로 한 김사미와 초전의 효심이었다. 이들은 유랑민을 불러 모아 주현을 습격하여 노략질하였다.
> (나) 진주의 난민들이 소동을 일으킨 것은 오로지 전 우병사 백낙신이 탐욕을 부려 수탈하였기 때문입니다. …(중략)… 이에 민심이 들끓고 노여움이 일제히 폭발해서 전에 듣지 못하던 변란으로 나타난 것입니다.
> (다) 여러 주·군에서 공물과 조세를 보내지 않아 나라의 씀씀이가 궁핍하게 되었으므로 왕이 사자를 보내 독촉하였다. 이로 인해 도적들이 곳곳에서 벌떼처럼 일어났다. 원종과 애노 등이 사벌주를 근거지로 반란을 일으켰다.
> (라) 평서 대원수는 급히 격문을 띄우노라. …(중략)… 조정에서는 서쪽 땅을 더러운 흙처럼 버렸다. 심지어 권세 있는 집의 노비들도 서쪽 사람을 보면 반드시 평안도 놈이라 일컫는다. 서쪽 땅에 있는 자로서 어찌 억울하고 원통하지 않겠는가.

① (가) → (다) → (나) → (라)
② (가) → (다) → (라) → (나)
③ (다) → (가) → (나) → (라)
④ (다) → (가) → (라) → (나)

문 19. (가), (나) 사이에 있었던 사실로 옳지 않은 것은?

> (가) 조선은 오랫동안 제후국으로서 중국에 대해 정해진 전례가 있다는 것은 다시 의논할 여지가 없다. …(중략)… 이번에 제정한 수륙 무역 장정은 중국이 속방을 우대하는 뜻이니만큼, 다른 조약 체결국들이 모두 똑같은 이익을 균점하도록 하는 데 있지 않다.
> (나) 제1조 청국은 조선국이 완전무결한 독립 자주국임을 확인한다. 아울러 조선의 청에 대한 공물 헌납 등은 장래에 완전히 폐지한다.
> 제4조 청국은 군비 배상금으로 은 2억 냥을 일본국에 지불할 것을 약정한다.

① 영국이 거문도를 점령하였다.
② 한·청 통상 조약이 체결되었다.
③ 김옥균 등이 갑신정변을 일으켰다.
④ 청과 일본 사이에 전쟁이 발발하였다.

문 20. 다음 법령에 의해 실시된 정책에 대한 설명으로 옳은 것은?

> 제1조 본법은 헌법에 의거하여 농지를 농민에게 적정히 분배함으로써 …(중략)… 농민 생활의 향상 내지 국민 경제의 균형과 발전을 기함을 목적으로 한다.
> 제12조 농지의 분배는 농지의 종목, 등급 및 농가의 능력 기타에 기준한 점수제에 의거하되 1가당 총 경영 면적 3정보를 초과하지 못한다.

① 한국 민주당과 지주층의 반발로 중단되었다.
② 주택 개량, 도로 및 전기 확충 등도 추진하였다.
③ 유상 매수, 유상 분배의 방식으로 시행되었다.
④ 자작농이 감소하고 소작농이 증가하는 결과를 낳았다.

2023 지방직(= 서울시) 9급

6월 10일 시행

한 국 사 | B책형 | 1쪽

풀이 시간: ___:___ ~ ___:___ / 점수: ___점

1초 합격예측! 모바일 성적분석표

QR 코드로 접속하여 문제 풀이시간을 측정하고, 〈1초 합격예측 & 모바일 성적분석표〉 서비스를 통해 지금 바로! 실력을 점검해 보세요.

https://eduwill.kr/56mf

문 1. 밑줄 친 '주먹도끼'가 사용된 시대에 대한 설명으로 옳은 것은?

> 이 유적은 경기도 연천군 한탄강 언저리에 넓게 위치하고 있다. 이곳에서 아슐리안 계통의 주먹도끼가 다량으로 출토되어 더욱 많은 관심이 집중되었다. 이곳에서 발견된 주먹도끼는 그 존재 유무로 유럽과 동아시아 문화가 나누어진다고 한 모비우스의 학설을 무너뜨리는 결정적 증거가 되었다.

① 동굴이나 바위 그늘, 강가의 막집 등에서 살았다.
② 내부에 화덕이 있는 움집이 일반적인 주거 형태였다.
③ 토기를 만들어 음식을 조리하거나 식량을 저장하였다.
④ 구릉에 마을을 형성하고 그 주변에 도랑을 파고 목책을 둘렀다.

문 2. (가) 군사 조직에 대한 설명으로 옳은 것은?

> 고려 정부는 몽골과 강화를 맺고 개경으로 환도하였다. 대몽 항전에 적극적이었던 (가) 은/는 개경 환도를 반대하고 반란을 일으켰다. 이어 진도로 근거지를 옮기면서 항쟁을 전개하였다.

① 포수, 사수, 살수의 삼수병으로 편제되었다.
② 윤관의 건의로 편성된 기병 중심의 부대였다.
③ 도적을 잡기 위해 설치한 야별초에서 시작되었다.
④ 양계 지방에서 국경 지역 방어를 맡았던 상비적인 전투 부대였다.

문 3. 다음과 같은 주장을 한 인물은?

> 일단 강화를 맺고 나면 저 적들의 욕심은 물화를 교역하는 데 있습니다. …(중략)… 저들이 비록 왜인이라고 하나 실은 양적(洋賊)입니다. 강화의 일이 한번 이루어지면 사학(邪學)의 서적과 천주의 상(像)이 교역하는 가운데 섞여 들어갈 것입니다.

① 박규수   ② 최익현
③ 김홍집   ④ 김윤식

문 4. 다음에서 설명하는 신문은?

> • 서재필이 정부 지원을 받아 창간하였다.
> • 한글판을 발행하여 서양의 문물과 제도를 소개하였다.
> • 영문판을 발행하여 국내 사정을 외국인에게도 전달하였다.

① 〈제국신문〉   ② 〈독립신문〉
③ 〈한성순보〉   ④ 〈황성신문〉

문 5. (가), (나)에 들어갈 왕의 업적으로 옳은 것은?

> 삼국의 역사서로는 고구려에 『유기』가 있었는데, 영양왕 때 이문진이 이를 간추려 『신집』 5권을 편찬하였다. 백제에서는 (가) 시기에 고흥이 『서기』를, 신라에서는 (나) 시기에 거칠부가 『국사』를 편찬하였다.

① (가) - 국호를 남부여로 바꾸었다.
② (가) - 동진으로부터 불교를 받아들여 공인하였다.
③ (나) - 화랑도를 국가적 조직으로 개편하였다.
④ (나) - 병부를 처음으로 설치하여 군권을 장악하였다.

문 6. 다음 문화재와 이를 통해 알 수 있는 내용의 연결이 옳지 않은 것은?

① 사택지적비 – 백제가 영산강 유역까지 영역을 확장하였다.
② 임신서기석 – 신라에서 청년들이 유교 경전을 공부하였다.
③ 충주 고구려비 – 고구려가 5세기에 남한강 유역까지 진출하였다.
④ 호우명 그릇 – 5세기 초 고구려와 신라가 밀접한 관계를 맺고 있었다.

문 7. 밑줄 친 '곽재우'에 대한 설명으로 옳지 않은 것은?

> 여러 도에서 의병이 일어났다. …(중략)… 도내의 거족(巨族)으로 명망 있는 사람과 유생 등이 조정의 명을 받들어 의(義)를 부르짖고 일어나니 소문을 들은 자들은 격동하여 원근에서 이에 응모하였다. …(중략)… 호남의 고경명·김천일, 영남의 곽재우·정인홍, 호서의 조헌이 가장 먼저 일어났다.
> ─『선조수정실록』─

① 홍의장군이라 칭하였다.
② 의령을 거점으로 봉기하였다.
③ 행주산성에서 일본군을 크게 무찔렀다.
④ 익숙한 지리를 활용한 기습 작전으로 일본군에 타격을 주었다.

문 8. 다음과 같은 취지로 전개된 운동에 대한 설명으로 옳은 것은?

> 지금 우리들은 정신을 새로이 하고 충의를 떨칠 때이니, 국채 1,300만 원은 우리 대한 제국의 존망에 직결된 것입니다. 이것을 갚으면 나라가 보존되고 이것을 갚지 못하면 나라가 망할 것은 필연적인 사실이나 지금 국고에서는 도저히 갚을 능력이 없으며, 만일 나라에서 갚지 못한다면 그때는 이미 삼천리강토는 내 나라 내 민족의 소유가 못 될 것입니다.
> ─『대한매일신보』─

① 조선 형평사를 조직하였다.
② 조선 물산 장려회를 조직하였다.
③ 신사 참배 거부 운동을 전개하였다.
④ 1907년 대구에서 시작되어 전국으로 확산되었다.

문 9. (가), (나)에 들어갈 말을 바르게 연결한 것은?

> 조선 시대 과거 제도에는 문과·무과·잡과가 있었는데, 이 가운데 문과를 가장 중시하였다. 『경국대전』에 따르면 문과 시험 업무는 (가) 에서 주관하고, 정기 시험인 식년시는 (나) 마다 실시하는 것이 원칙이었다.

	(가)	(나)
①	이조	2년
②	이조	3년
③	예조	2년
④	예조	3년

문 10. 다음 원칙이 발표된 이후에 있었던 사실로 옳지 않은 것은?

> • 조선의 민주 독립을 보장한 삼상 회의 결정에 의하여 남북을 통한 좌우 합작으로 민주주의 임시 정부를 수립할 것
> • 토지 개혁에 있어서 몰수, 유조건 몰수, 체감매상 등으로 토지를 농민에게 무상으로 나누어 주며, …(중략)… 민주주의 건국 과업 완수에 매진할 것
> • 입법 기구에 있어서는 일체 그 권능과 구성 방법 운영에 관한 대안을 본 합작 위원회에서 작성하여 적극적으로 실행을 기도할 것

① 3·15 부정선거에 대항하여 4·19 혁명이 일어났다.
② 친일파를 청산하기 위한 반민족 행위 처벌법이 공포되었다.
③ 제헌 국회에서 대통령에 이승만, 부통령에 이시영을 선출하였다.
④ 임시 민주 정부 수립을 논의하기 위해 제1차 미·소 공동 위원회가 개최되었다.

문 11. 밑줄 친 '그'에 대한 설명으로 옳은 것은?

> 그는 화엄종을 중심으로 교종을 통합하고 해동 천태종을 창시하여 선종까지 포섭하려 하였다. 그러나 그의 사후에 교단은 다시 분열되었고, 권력층과 밀착되어 타락하는 양상까지 나타났다.

① 이론적인 교리 공부와 실천적인 수행을 아우를 것을 주장하였다.
② 참선과 독경은 물론 노동에도 힘을 쓰자고 하면서 결사를 제창하였다.
③ 삼국 시대 이래 고승들의 전기를 정리하여 『해동고승전』을 편찬하였다.
④ 백련사를 결성하여 극락왕생을 기원하는 참회와 염불 수행을 강조하였다.

문 12. (가) 시기에 있었던 사실로 옳지 않은 것은?

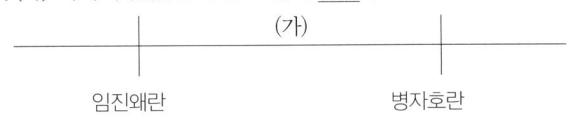

임진왜란 ─── (가) ─── 병자호란

① 인조반정이 발생하였다.
② 영창 대군이 사망하였다.
③ 강홍립이 후금에 항복하였다.
④ 청에 인질로 끌려갔던 봉림 대군이 귀국하였다.

문 13. 여름휴가를 맞아 강화도로 답사 여행을 떠나고자 한다. 다음 중 유적(지)과 주제의 연결이 옳지 않은 것은?

	유적(지)	주제
①	외규장각	동학 농민 운동
②	고려 궁지	대몽 항쟁
③	고인돌	청동기 문화
④	광성보	신미양요

문 14. 조선 시대 붕당의 상황에 대한 설명으로 옳지 않은 것은?

① 선조 대 - 사림이 동인과 서인으로 분열하였다.
② 광해군 대 - 북인이 집권하였다.
③ 인조 대 - 남인이 정권을 독점하였다.
④ 숙종 대 - 서인이 노론과 소론으로 갈라졌다.

문 15. 조선 세종 대에 있었던 사실로 옳지 않은 것은?

① 갑인자를 주조하였다.
② 화통도감을 설치하였다.
③ 역법서인 『칠정산』을 편찬하였다.
④ 간의를 만들어 천체를 관측하였다.

문 16. 다음과 같은 강령을 발표한 단체의 활동으로 옳은 것은?

> ─. 우리는 정치적, 경제적 각성을 촉진함
> ─. 우리는 단결을 공고히 함
> ─. 우리는 기회주의를 일체 부인함

① 조선 민립대학 기성회를 창립하였다.
② 파리 강화 회의에 대표를 파견하였다.
③ 6·10 만세 운동을 사전에 계획하였다.
④ 광주 학생 항일 운동이 일어나자 조사단을 파견하였다.

문 17. 다음 글을 쓴 인물에 대한 설명으로 옳은 것은?

> 세상에서 동명왕의 신이(神異)한 일을 많이 말한다. …(중략)… 지난 계축년 4월에 『구삼국사』를 얻어 「동명왕본기」를 보니 그 신기한 사적이 세상에서 얘기하는 것보다 더하였다. 그러나 처음에는 믿지 못하고 귀신이나 환상이라고만 생각하였는데, 두세 번 반복하여 읽어서 점점 그 근원에 들어가니 환상이 아닌 성스러움이며, 귀신이 아닌 신성한 이야기였다.

① 사실의 기록보다 평가를 강조한 강목체 사서를 편찬하였다.
② 단군부터 고려 충렬왕 때까지의 역사를 서사시로 기록하였다.
③ 단군 신화와 전설 등 민간에서 전승되는 자료를 광범위하게 수록하였다.
④ 김부식의 『삼국사기』에 동명왕의 신이한 사적이 생략되어 있다고 평하였다.

문 18. 1910년대에 있었던 사실로 옳은 것은?
① 중국 화북 지방에서 조선 독립 동맹이 결성되었다.
② 만주에서 참의부, 정의부, 신민부 등 3부가 조직되었다.
③ 임병찬이 주도한 독립 의군부는 항일 운동을 전개하였다.
④ 조선 혁명군이 양세봉의 지휘 아래 영릉가에서 일본군을 격파하였다.

문 19. 다음 주장을 한 인물에 대한 설명으로 옳은 것은?

> 우리 조선의 역사적 발전의 전 과정은 가령 지리적 조건, 인종학적 골상, 문화 형태의 외형적 특징 등 다소의 차이는 인정되더라도, 다른 문화 민족의 역사적 발전 법칙과 구별되어야 하는 독자적인 것이 아니다. 세계사적인 일원론적 역사 법칙에 의해 다른 민족과 거의 같은 궤도로 발전 과정을 거쳐왔다.

① 민족정신으로서 조선 국혼을 강조하였다.
② 민족주의 사학을 계승하여 조선의 얼을 강조하였다.
③ 마르크스 유물 사관을 바탕으로 한국사를 연구하였다.
④ 진단 학회를 조직하여 문헌 고증을 중시하는 실증주의 사학을 정립하였다.

문 20. 6·25 전쟁 중 있었던 사실로 옳지 않은 것은?
① 국군과 유엔군이 인천 상륙 작전을 감행하였다.
② 대통령 직선제를 포함한 발췌 개헌안이 국회에서 통과되었다.
③ 이승만 정부가 북한 송환을 거부하는 반공 포로를 석방하였다.
④ 미국이 한반도를 미국의 태평양 지역 방위선에서 제외한다는 애치슨 선언을 발표하였다.

2022 6월 18일 시행 지방직(=서울시) 9급

한국사 A책형 1쪽

문 1. 밑줄 친 '그'에 대한 설명으로 옳은 것은?

> 이날 소정방이 부총관 김인문 등과 함께 기벌포에 도착하여 백제 군사와 마주쳤다. …(중략)… 소정방이 신라군이 늦게 왔다는 이유로 군문에서 신라 독군 김문영의 목을 베고자 하니, 그가 군사들 앞에 나아가 "황산 전투를 보지도 않고 늦게 온 것을 이유로 우리를 죄주려 하는구나. 죄도 없이 치욕을 당할 수는 없으니, 결단코 먼저 당나라 군사와 결전을 한 후에 백제를 쳐야겠다."라고 말하였다.

① 살수에서 수의 군대를 물리쳤다.
② 김춘추의 신라 왕위 계승을 지원하였다.
③ 청해진을 설치하고 해상 무역을 전개하였다.
④ 대가야를 정벌하여 낙동강 유역을 확보하였다.

문 2. 다음 사건이 있었던 시기의 신라 국왕에 대한 설명으로 옳은 것은?

> 이찬 이사부가 하슬라주 군주가 되어, '우산국 사람이 우매하고 사나워서 위엄으로 복종시키기는 어려우니 계책을 써서 굴복시키는 것이 좋겠다.'라고 생각하였다. 이에 나무로 사자 모형을 많이 만들어 배에 나누어 싣고 우산국 해안에 이르러, 속임수로 통고하기를 "만약에 너희가 항복하지 않는다면 곧바로 이 맹수들을 풀어 너희를 짓밟아 죽이겠다."라고 하였다. 그 나라 사람이 두려워 즉시 항복하였다.

① 독서삼품과를 실시하였다.
② 국호를 '신라'로 확정하였다.
③ 관료전을 지급하고 녹읍을 폐지하였다.
④ 장문휴를 보내 당의 등주를 공격하였다.

문 3. 밑줄 친 '이 나라'에 대한 설명으로 옳은 것은?

> • 이 나라에서 귀하게 여기는 것에는 태백산의 토끼, 남해부의 다시마, 책성부의 된장, 부여부의 사슴, 막힐부의 돼지, 솔빈부의 말, 현주의 베, 옥주의 면, 용주의 명주, 위성의 철, 노성의 쌀 등이 있다.
> — 『신당서』 —
>
> • 이 나라의 땅은 영주(營州)의 동쪽 2천 리에 있으며, 남으로는 신라와 서로 접한다. 월희말갈에서 동북으로 흑수말갈에 이르는데, 사방 2천 리, 호는 십여 만, 병사는 수만 명이다.
> — 『구당서』 —

① 중앙에 6좌평의 관제를 마련하였다.
② 9서당 10정의 군사 조직을 갖추었다.
③ 지방을 5경 15부 62주로 편성하였다.
④ 제가 회의에서 국가의 중대사를 결정하였다.

문 4. 밑줄 친 '왕'의 업적으로 옳은 것은?

> 풍토에 따라 곡식을 심고 가꾸는 법이 다르니, 고을의 경험 많은 농부를 각 도의 감사가 방문하여 농사짓는 방법을 알아본 후 아뢰라고 왕께서 명령하셨다. 이어 왕께서 정초와 변효문 등을 시켜 감사가 아뢴 바 중에서 꼭 필요하고 중요한 것만을 뽑아 『농사직설』을 편찬하게 하셨다.

① 공법을 제정하였다.
② 한양으로 도읍을 옮겼다.
③ 『경국대전』을 완성하였다.
④ 조광조를 등용하여 개혁 정치를 실시하였다.

문 5. 밑줄 친 '이들'에 해당하는 것은?

> 이들의 과거 응시와 벼슬을 제한한 것은 우리나라의 옛 법이 아니다. 그런데 『경국대전』을 편찬한 뒤부터 이들을 금고(禁錮)하였으니, 아직 백 년이 채 되지 않았다. 또한 다른 나라에 이러한 법이 있다는 말은 듣지 못했다. 경대부(卿大夫)의 자식인데 오직 어머니가 첩이라는 이유만으로 대대로 이들의 벼슬길을 막아, 비록 훌륭한 재주와 쓸 만한 자질이 있어도 이를 발휘할 수 없게 하였으니, 참으로 안타깝다.

① 향리
② 노비
③ 서얼
④ 백정

문 6. 밑줄 친 '왕'의 재위 기간에 있었던 일로 옳은 것은?

> • 평농서사 권신(權信)이 대상(大相) 준홍(俊弘)과 좌승(佐丞) 왕동(王同) 등이 반역을 꾀한다고 참소하자 왕이 이들을 내쫓았다.
> • 왕이 쌍기의 건의를 받아 처음으로 과거를 실시하였다. 시(詩)·부(賦)·송(頌) 및 시무책을 시험하여 진사를 뽑았으며, 더불어 명경업·의업·복업 등도 뽑았다.

① 노비안검법을 제정하였다.
② 전민변정도감을 설치하였다.
③ 토지 제도로서 전시과를 시행하였다.
④ 12목을 설치하고 지방관을 파견하였다.

문 7. 다음 글은 어떤 사건이 일어났을 때 발표되었는가?

> 1. 마산, 서울 기타 각지의 데모는 주권을 빼앗긴 국민의 울분을 대신하여 궐기한 학생들의 순수한 정의감의 발로이며 부정과 불의에는 언제나 항거하는 민족정기의 표현이다.
> …(중략)…
> 3. 합법적이고 평화적인 데모 학생에게 총탄과 폭력을 거리낌 없이 남용하여 참극을 빚어낸 경찰은 자유와 민주를 기본으로 한 대한민국의 국립 경찰이 아니라 불법과 폭력으로 권력을 유지하려는 일부 정부 집단의 사병이다.
> ─「대학 교수단 4·25 선언문」─

① 4·19 혁명
② 5·18 민주화 운동
③ 6·3 시위
④ 6·29 민주화 선언

문 8. 밑줄 친 '이 시기'에 있었던 사실로 옳은 것은?

> 이 시기의 불교 조각은 지역에 따라 다양하게 제작되었다. 처음에는 하남 하사창동의 철조 석가여래 좌상과 같은 대형 철불이 많이 제작되었다. 또한 덩치가 큰 석불이 유행하였는데, 논산 관촉사 석조 미륵보살 입상이 대표적이다. 이 불상은 큰 규모에 비해 조형미는 다소 떨어지지만, 소박한 지방 문화의 모습을 잘 보여 준다.

① 성골 출신의 국왕이 재위하였다.
② 지방 세력으로 호족이 존재하였다.
③ 풍양 조씨 등 특정 가문이 정권을 장악하였다.
④ 성리학에 투철한 사림 세력이 정국을 주도하였다.

문 9. 역사서에 대한 설명으로 옳은 것만을 모두 고르면?

> ㄱ. 김부식의 『삼국사기』에는 단군 신화가 수록되어 있다.
> ㄴ. 이규보의 『동명왕편』은 고구려 계승 의식을 강조하였다.
> ㄷ. 안정복의 『동사강목』은 기사 본말체로 역사를 서술하였다.
> ㄹ. 유득공의 『발해고』에는 남북국이라는 용어가 사용되었다.

① ㄱ, ㄴ
② ㄱ, ㄷ
③ ㄴ, ㄹ
④ ㄷ, ㄹ

문 10. 밑줄 친 '나'가 국왕으로 재위하던 기간에 있었던 일은?

> 팔순 동안 내가 한 일을 만약 나 자신에게 묻는다면 첫째는 탕평책인데, 스스로 '탕평'이란 두 글자가 부끄럽다. 둘째는 균역법인데, 그 효과가 승려에게까지 미쳤다. 셋째는 청계천 준설인데, 만세에 이어질 업적이다.
> …(하략)…
> ─『어제문업(御製問業)』─

① 장용영이 창설되었다.
② 나선 정벌이 단행되었다.
③ 홍경래의 난이 발생하였다.
④ 『동국문헌비고』가 편찬되었다.

문 11. (가) 시기에 있었던 사실로 옳은 것은?

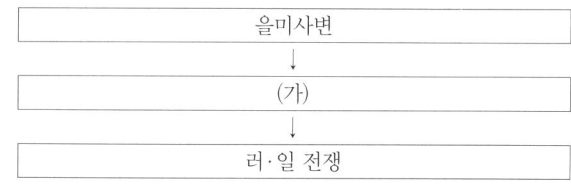

① 독립문이 건립되었다.
② 통감부가 설치되었다.
③ 동양 척식 주식회사가 설립되었다.
④ 임진왜란 때 소실된 경복궁이 중건되었다.

문 12. 밑줄 친 '왕'의 재위 기간에 있었던 일로 옳은 것은?

> 왕의 어릴 때 이름은 모니노이며, 신돈의 여종 반야의 소생이었다. 어떤 사람은 "반야가 낳은 아이가 죽어서 다른 아이를 훔쳐서 길렀는데, 공민왕이 자신의 아들이라고 칭하였다."라고 하였다. 왕은 공민왕이 죽은 뒤 이인임의 추대로 왕위에 올랐다. 이후 이인임, 염흥방, 임견미 등이 권력을 잡아 극심하게 횡포를 부렸다.

① 이종무가 왜구의 소굴인 대마도를 정벌하였다.
② 삼별초가 반란을 일으켜 대몽 항쟁을 계속하였다.
③ 쌍성총관부를 공격해 철령 이북 지역을 수복하였다.
④ 요동 정벌을 위해 출병한 이성계가 위화도에서 회군하였다.

문 13. 다음과 관련된 운동에 대한 설명으로 옳은 것은?

① 가뭄과 홍수로 인해 중단되었다.
② 조선 총독부의 회사령에 맞서기 위해 전개되었다.
③ 일부 사회주의자는 자본가 계급을 위한 운동이라고 비판하였다.
④ 조선에 사는 일본인이 일본 자본에 대항하기 위해 일으켰다.

문 14. 다음과 같은 대통령 선출 방식이 포함된 헌법의 내용으로 옳지 않은 것은?

> 제39조 ① 대통령은 통일 주체 국민 회의에서 토론없이 무기명 투표로 선거한다.
> ② 통일 주체 국민 회의에서 재적 대의원 과반수의 찬성을 얻은 자를 대통령 당선자로 한다.

① 대통령은 국회를 해산할 수 있다.
② 대통령의 임기는 7년으로 하며, 중임할 수 없다.
③ 대법원장은 대통령이 국회의 동의를 얻어 임명한다.
④ 대통령은 국정 전반에 걸쳐 필요한 긴급 조치를 할 수 있다.

문 15. 다음 사건을 시기 순으로 바르게 나열한 것은?

> (가) 신라의 한강 유역 확보
> (나) 관산성 전투
> (다) 백제의 웅진 천도
> (라) 고구려의 평양 천도

① (가) → (라) → (나) → (다)
② (나) → (다) → (가) → (라)
③ (다) → (나) → (가) → (라)
④ (라) → (다) → (가) → (나)

문 16. (가) 인물에 대한 설명으로 옳은 것은?

> 군대를 이끌고 통주성 남쪽으로 나가 진을 친 (가) 은/는 거란군에게 여러 번 승리를 거두었다. 하지만 자만하게 된 그는 결국 패해 거란군의 포로가 되었다. 거란의 임금이 그의 결박을 풀어 주며 "내 신하가 되겠느냐?"라고 물으니, (가) 은/는 "나는 고려 사람인데 어찌 너의 신하가 되겠느냐?"라고 대답하였다. 재차 물었으나 같은 대답이었으며, 칼로 살을 도려내며 물어도 대답은 같았다. 거란은 마침내 그를 처형하였다.

① 묘청의 난을 진압하였다.
② 별무반의 편성을 건의하였다.
③ 목종을 폐위하고 현종을 옹립하였다.
④ 거란과 협상하여 강동 6주 지역을 고려 영토로 확보하였다.

문 17. 밑줄 친 '저'에 대한 설명으로 옳은 것은?

> 올해 초가을에 비로소 <u>저</u>는 책을 완성하여 그 이름을 『성학집요』라고 하였습니다. 이 책에는 임금이 공부해야 할 내용과 방법, 정치하는 방법, 덕을 쌓아 실천하는 방법과 백성을 새롭게 하는 방법이 실려 있습니다. 또한 작은 것을 미루어 큰 것을 알게 하고 이것을 미루어 저것을 밝혔으니, 천하의 이치가 여기에서 벗어나지 않을 것입니다. 따라서 이것은 <u>저</u>의 글이 아니라 성현의 글이옵니다.

① 예안향약을 만들었다.
② 「동호문답」을 저술하였다.
③ 백운동 서원을 건립하였다.
④ 왕자의 난 때 죽임을 당했다.

문 18. 밑줄 친 '나'에 대한 설명으로 옳은 것만을 모두 고르면?

> 오늘날 사람은 모두 법에 의하여 생활하고 있는데 실제로 사람을 죽인 자가 벌을 받지 않고 생존할 도리는 없는 것이다. …(중략)… 나는 한국의 의병이며 지금 적군의 포로가 되어 와 있으므로 마땅히 만국공법에 의해 처단되어야 할 것으로 생각한다.

> ㄱ. 일본에서 순국하였다.
> ㄴ. 한인 애국단 소속이었다.
> ㄷ. 「동양평화론」을 집필하였다.
> ㄹ. 연해주에서 의병 투쟁을 전개하였다.

① ㄱ, ㄴ
② ㄱ, ㄹ
③ ㄴ, ㄷ
④ ㄷ, ㄹ

문 19. 다음 조항을 포함한 법률에 대한 설명으로 옳지 <u>않은</u> 것은?

> 제1조 일본 정부와 통모하여 한·일 합병에 적극 협력한 자, 한국의 주권을 침해하는 조약 또는 문서에 조인한 자와 이를 모의한 자는 사형 또는 무기 징역에 처하고, 그 재산과 유산의 전부 혹은 2분의 1 이상을 몰수한다.

① 이 법률은 제헌 국회에서 제정되었다.
② 이 법률은 농지 개혁법이 제정된 후 제정되었다.
③ 이 법률에 의해 반민특위와 특별 재판부가 구성되었다.
④ 이 법률에 의해 친일 경력을 지닌 고위 경찰 간부가 체포되었다.

문 20. 다음 글은 (가)의 부탁을 받고 (나)가 지은 것이다. (가)와 (나)에 대한 설명으로 옳은 것은?

> 우리는 '외교', '준비' 등의 미련한 꿈을 버리고 민중 직접 혁명의 수단을 취함을 선언하노라. 조선 민족의 생존을 유지하자면 강도 일본을 쫓아내야 하고, 강도 일본을 쫓아내려면 오직 혁명으로써만 가능하니, 혁명이 아니고는 강도 일본을 쫓아낼 방법이 없는 바이다.

① (가)는 조선 의용대를 결성하였고, (나)는 '국혼'을 강조하였다.
② (가)는 신흥 무관 학교를 세웠고, (나)는 형평사를 창립하였다.
③ (가)는 조선 건국 동맹을 조직하였고, (나)는 식민 사학의 한국사 정체성론을 반박하였다.
④ (가)는 황포 군관 학교에서 훈련받았고, (나)는 민족주의 역사 서술의 기본 틀을 제시하였다.

2021 6월 5일 시행 지방직(=서울시) 9급

한국사 　A책형　 1쪽

풀이 시간: ___:___ ~ ___:___ / 점수: ___점

1초 합격예측! 모바일 성적분석표

QR 코드로 접속하여 문제 풀이시간을 측정하고, 〈1초 합격예측 & 모바일 성적분석표〉 서비스를 통해 지금 바로! 실력을 점검해 보세요.
http://eduwill.kr/RfmF

문 1. 다음에 해당하는 나라에 대한 설명으로 옳은 것은?

> • 은력(殷曆) 정월에 지내는 제천 행사는 나라에서 여는 대회로 날마다 먹고 마시고 노래하고 춤추는데, 이를 영고라 하였다. 이때 형옥을 중단하고 죄수를 풀어주었다.
> • 국내에 있을 때의 의복은 흰색을 숭상하며, 흰 베로 만든 큰 소매 달린 도포와 바지를 입고 가죽신을 신는다. 외국에 나갈 때는 비단옷·수 놓은 옷·모직옷을 즐겨 입는다.
> 　　　　　　　　　　　　　 －「삼국지」 위서 동이전 －

① 사람이 죽으면 뼈만 추려 가족 공동 무덤인 목곽에 안치하였다.
② 읍군이나 삼로라고 불린 군장이 자기 영역을 다스렸다.
③ 가축 이름을 딴 마가, 우가, 저가, 구가 등이 있었다.
④ 천신을 섬기는 제사장인 천군이 있었다.

문 2. (가) 나라에 대한 설명으로 옳은 것은?

> 북쪽 구지에서 이상한 소리로 부르는 것이 있었다. …(중략)… 구간(九干)들은 이 말을 따라 모두 기뻐하면서 노래하고 춤을 추었다. 자줏빛 줄이 하늘에서 드리워져서 땅에 닿았다. 그 줄이 내려온 곳을 따라가 붉은 보자기에 싸인 금으로 만든 상자를 발견하고 열어보니, 해처럼 둥근 황금알 여섯 개가 있었다. 알 여섯이 모두 변하여 어린 아이가 되었다. …(중략)… 가장 큰 알에서 태어난 수로(首露)가 왕위에 올라 (가) 를/을 세웠다.
> 　　　　　　　　　　　　　 －「삼국유사」－

① 해상 교역을 통해 우수한 철을 수출하였다.
② 박, 석, 김씨가 교대로 왕위를 계승하였다.
③ 경당을 설치하여 학문과 무예를 가르쳤다.
④ 정사암 회의를 통해 재상을 선발하였다.

문 3. (가)에 들어갈 기구로 옳은 것은?

> 고려 시대 중서문하성과 중추원의 고위 관료들은 도병마사와 (가) 에서 국가의 중요한 일을 논의하였다. 도병마사에서는 국방과 군사 문제를 다루었고, (가) 에서는 제도와 격식을 만들었다.

① 삼사
② 상서성
③ 어사대
④ 식목도감

문 4. (가)에 대한 설명으로 옳은 것은?

> 건국 초부터 북진 정책을 추진한 고려는 발해를 멸망시킨 (가) 를/을 견제하고 송과 친선 관계를 맺었다. 이에 송과 대립하던 (가) 는/은 고려를 경계하여 여러 차례 고려에 침입하였다.

① 강조의 정변을 구실로 고려를 침략하였다.
② 고려에 동북 9성을 돌려달라고 요구하였다.
③ 다루가치를 배치하여 고려의 내정을 간섭하였다.
④ 쌍성총관부를 두어 철령 이북의 땅을 지배하였다.

문 5. (가)에 들어갈 기구로 옳은 것은?

> • 무릇 관직을 받은 자의 고신(임명장)은 5품 이하일 때는 (가) 과/와 사간원의 서경(署經)을 고려하여 발급한다.
> • (가) 는/은 시정(時政)을 논하고, 모든 관원을 규찰하며, 풍속을 바르게 하는 등의 일을 맡는다.
> 　　　　　　　　　　　　　 －「경국대전」－

① 사헌부
② 교서관
③ 승문원
④ 승정원

문 6. 밑줄 친 '그'에 대한 설명으로 옳은 것은?

> 그가 왕에게 아뢰었다. "삼교는 솥의 발과 같아서 하나라도 없어서는 안 됩니다. 지금 유교와 불교는 모두 흥하는데 도교는 아직 번성하지 않으니, 소위 천하의 도술(道術)을 갖추었다고 할 수 없습니다. 엎드려 청하오니 당에 사신을 보내 도교를 구해 와서 나라 사람들을 가르치게 하소서."
>
> -『삼국사기』-

① 당나라와 동맹을 체결하였다.
② 천리장성의 축조를 맡아 수행하였다.
③ 수나라의 군대를 살수에서 격퇴하였다.
④ 남진 정책을 추진하여 한성을 점령하였다.

문 7. (가) 인물에 대한 설명으로 옳은 것은?

> (가) 가/이 귀산 등에게 말하기를 "세속에도 5계가 있으니, 첫째는 충성으로써 임금을 섬기는 것, 둘째는 효도로써 어버이를 섬기는 것, 셋째는 신의로써 벗을 사귀는 것, 넷째는 싸움에 임하여 물러서지 않는 것, 다섯째는 생명 있는 것을 죽이되, 가려서 한다는 것이다. 그대들은 이를 실행함에 소홀하지 말라."라고 하였다.
>
> -『삼국사기』-

① 모든 것이 한마음에서 나온다는 일심 사상을 제시하였다.
② 화엄 사상을 연구하여「화엄일승법계도」를 작성하였다.
③ 왕에게 수나라에 군사를 청하는 글을 지어 바쳤다.
④ 인도를 여행하여『왕오천축국전』을 썼다.

문 8. (가), (나)에 들어갈 이름을 바르게 연결한 것은?

> (가) 는/은『북학의』를 저술하여 청의 선진 기술을 적극적으로 수용할 것과 상공업 육성 등을 역설하였다. 한편, (나) 는/은 중국 및 일본의 방대한 자료를 참고하여『해동역사』를 편찬함으로써, 한·중·일 간의 문화 교류를 잘 보여주었다.

	(가)	(나)
①	박지원	한치윤
②	박지원	안정복
③	박제가	한치윤
④	박제가	안정복

문 9. 다음 사건을 시기순으로 바르게 나열한 것은?

> (가) 정중부와 이의방이 정변을 일으켰다.
> (나) 최충헌이 이의민을 제거하고 권력을 잡았다.
> (다) 충주성에서 천민들이 몽골군에 맞서 싸웠다.
> (라) 이자겸이 척준경과 더불어 난을 일으켰다.

① (가) → (나) → (라) → (다)
② (가) → (다) → (나) → (라)
③ (라) → (가) → (나) → (다)
④ (라) → (가) → (다) → (나)

문 10. (가) 지역에 대한 설명으로 옳은 것은?

> 나는 삼한(三韓) 산천의 음덕을 입어 대업을 이루었다. (가) 는/은 수덕(水德)이 순조로워 우리나라 지맥의 뿌리가 되니 대업을 만대에 전할 땅이다. 왕은 춘하추동 네 계절의 중간 달에 그곳에 가 100일 이상 머물러서 나라를 안녕케 하라.
>
> -『고려사』-

① 이곳에 대장도감을 설치하여 재조대장경을 만들었다.
② 지눌이 이곳에서 수선사 결사 운동을 펼쳤다.
③ 망이·망소이가 이곳에서 봉기하였다.
④ 몽골이 이곳에 동녕부를 두었다.

문 11. 다음 내용의 역사서에 대한 설명으로 옳은 것은?

> 왕께서는 "우리나라 사람들은 유교 경전과 중국 역사에 대해서는 자세히 말하는 사람이 있으나 우리나라의 사실에 이르러서는 잘 알지 못하니 매우 유감이다. 중국 역사서에 우리 삼국의 열전이 있지만 상세하게 실리지 않았다. 또한, 삼국의 고기(古記)는 문체가 거칠고 졸렬하며 빠진 부분이 많으므로, 이런 까닭에 임금의 선과 악, 신하의 충과 사악, 국가의 안위 등에 관한 것을 다 드러내어 그로써 후세에 권계(勸戒)를 보이지 못했다. 마땅히 일관된 역사를 완성하고, 만대에 물려주어 해와 별처럼 빛나도록 해야 하겠다."라고 하셨습니다.

① 불교를 중심으로 신화와 설화를 정리하였다.
② 유교적인 합리주의 사관에 따라 기전체로 서술되었다.
③ 단군조선을 우리 역사의 시작으로 본 통사이다.
④ 진흥왕의 명을 받아 거칠부가 편찬하였다.

문 12. 밑줄 친 '이 왕'에 대한 설명으로 옳은 것은?

> 문무왕이 왜병을 진압하고자 감은사를 처음 창건하려 했으나, 끝내지 못하고 죽어 바다의 용이 되었다. 뒤이어 즉위한 이 왕이 공사를 마무리하였다. 금당 돌계단 아래에 동쪽을 향하여 구멍을 하나 뚫어 두었으니, 용이 절에 들어와서 돌아다니게 하려고 마련한 것이다. 유언에 따라 유골을 간직해 둔 곳은 대왕암(大王岩)이라고 불렀다.
> - 『삼국유사』 -

① 건원이라는 독자적인 연호를 사용하였다.
② 국학을 설립하여 유학을 교육하였다.
③ 백성에게 처음으로 정전을 지급하였다.
④ 진골 출신으로서 처음 왕위에 올랐다.

문 13. 밑줄 친 '왕'의 재위 기간에 있었던 사실로 옳은 것은?

> 왕은 노론과 소론, 남인을 두루 등용하였으며 젊은 관료들을 재교육하기 위해 초계문신제를 시행하였다. 또 서얼 출신의 유능한 인사를 규장각 검서관으로 등용하였다.

① 동학이 창시되었다.
② 『대전회통』이 편찬되었다.
③ 신해통공이 시행되었다.
④ 홍경래의 난이 발생하였다.

문 14. (가) 인물에 대한 설명으로 옳은 것은?

> 철종이 죽고 고종이 어린 나이로 왕이 되자, 고종의 아버지인 (가) 가/이 실권을 장악하였다. (가) 는/은 임진왜란 때 불탄 후 방치되어 있던 경복궁을 중건하였다. 이때 원납전이라는 기부금을 징수하는 일이 벌어졌으며 당백전이라는 화폐도 발행되었다.

① 대한국 국제를 만들어 공포하였다.
② 서원을 대폭 줄이는 정책을 추진하였다.
③ 우정총국 개국 축하연을 이용해 정변을 일으켰다.
④ 황쭌셴의 『조선책략』을 가져와 널리 유포하였다.

문 15. (가) 단체의 활동에 대한 설명으로 옳은 것은?

> 탑골 공원에 모인 수많은 학생과 시민이 독립 선언식을 거행하고 만세를 부르며 거리를 행진하였다. 이후 만세 시위는 전국으로 확산하였다. 이 운동을 계기로 독립운동가 사이에는 독립운동을 더욱 조직적으로 전개하자는 공감대가 형성되어 (가) 가/이 만들어졌다. (가) 는/은 구미위원부를 설치하는 등 적극적으로 독립운동을 펼쳐 나갔다.

① 「대동단결선언」을 발표하였다.
② 국내와의 연락을 위해 교통국을 두었다.
③ 독립군을 양성하기 위해 신흥 무관 학교를 설립하였다.
④ 「조선 혁명 선언」을 강령으로 삼아 의열 투쟁을 전개하였다.

문 16. (가) 시기에 있었던 사실로 옳은 것은?

> 평양의 관민이 제너럴 셔먼호를 불태웠다.
> ↓
> (가)
> ↓
> 미군이 광성보를 공격해 점령하였다.

① 고종이 홍범 14조를 발표하였다.
② 일본의 운요호가 초지진을 포격하였다.
③ 오페르트가 남연군의 묘 도굴을 시도하였다.
④ 차별 대우에 불만을 품은 군인이 임오군란을 일으켰다.

문 17. 밑줄 친 '이 단체'에 대한 설명으로 옳은 것은?

> 1920년대 국내에서는 일본과 타협해 실익을 찾자는 자치 운동이 대두하였다. 비타협적인 민족주의자들은 이를 경계하면서 사회주의 세력과 연대하고자 하였다. 사회주의 세력도 정우회 선언을 발표해 비타협적 민족주의 세력과 제휴를 주장하였다. 그 결과 비타협적 민족주의 세력과 사회주의 세력은 1927년 2월에 이 단체를 창립하고 이상재를 회장으로 추대하였다.

① 조선 물산 장려회를 조직해 물산 장려 운동을 펼쳤다.
② 고등 교육 기관을 설립하기 위해 민립대학 설립 운동을 시작하였다.
③ 문맹 퇴치와 미신 타파를 목적으로 브나로드 운동을 전개하였다.
④ 광주 학생 항일 운동의 진상을 조사하고 이를 알리는 대회를 개최하고자 하였다.

문 18. 다음과 같은 내용이 담긴 조약에 대한 설명으로 옳은 것은?

일본 정부는 그 대표자로 한국 황제 밑에 1명의 통감을 두되, 통감은 전적으로 외교에 관한 사항을 관리하기 위하여 경성에 주재하고 친히 한국 황제를 만날 수 있는 권리를 가진다. 또한, 일본 정부는 한국의 개항장 및 일본 정부가 필요하다고 인정하는 지역에 이사관을 설치할 권리를 가지며, 이사관은 통감의 지휘하에 종래 재(在)한국 일본 영사에게 속하였던 모든 권리를 집행한다.

① 조선 총독부를 설치한다는 조항이 포함되어 있다.
② 헤이그 특사 사건 이후 일제의 강요로 체결되었다.
③ 방곡령 시행 전에 미리 통보해야 한다는 합의가 실려 있다.
④ 일본의 중재 없이 국제적 성격을 가진 조약을 체결할 수 없다는 내용이 담겨있다.

문 19. (가)에 대한 설명으로 옳은 것은?

1945년 12월 모스크바에서 미국, 소련, 영국의 외무장관들은 한국 문제를 논의하였다. 이 회의에서 미국, 소련, 영국, 중국이 최장 5년간 신탁통치를 시행한다는 합의가 이루어졌다. 또 미국과 소련이 (가) 를/을 개최해 민주주의 임시 정부 수립 문제에 대해 논의하기로 했다. 이 합의에 따라 1946년 3월 서울에서 (가) 를/을이 시작되었다.

① 미·소 양측의 의견 차이로 결렬되었다.
② 조선 건국 준비 위원회를 조직하는 성과를 냈다.
③ 민주 공화제를 핵심으로 한 제헌 헌법을 만들었다.
④ 유엔 감시하의 총선거로 정부를 수립한다는 결정을 내렸다.

문 20. (가) 시기에 있었던 사실로 옳은 것은?

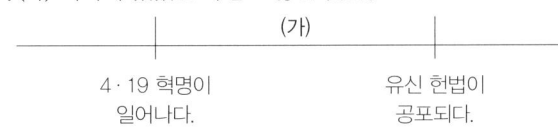

① 반민족 행위 처벌법이 제정되다.
② 7·4 남북 공동 성명이 발표되다.
③ 남북한이 유엔에 동시 가입하다.
④ 5·18 민주화 운동이 일어나다.

2020 6월 13일 시행 지방직(=서울시) 9급

한 국 사   D책형   1쪽

| 풀이 시간: ___:___ ~ ___:___ / 점수: ___ 점

1초 합격예측! 모바일 성적분석표

QR 코드로 접속하여 문제 풀이시간을 측정하고, 〈1초 합격예측 & 모바일 성적분석표〉 서비스를 통해 지금 바로! 실력을 점검해 보세요.
http://eduwill.kr/SG46

문 1. 밑줄 친 '왕'의 재위 기간에 있었던 사실로 옳은 것은?

> 이찬 이사부가 왕에게 "국사라는 것은 임금과 신하들의 선악을 기록하여, 좋고 나쁜 것을 만대 후손들에게 보여 주는 것입니다. 이를 책으로 편찬해 놓지 않는다면 후손들이 무엇을 보고 알겠습니까?"라고 아뢰었다. 왕이 깊이 동감하고 대아찬 거칠부 등에게 명하여 선비들을 널리 모아, 그들로 하여금 역사를 편찬하게 하였다.
> ─『삼국사기』─

① 정전 지급
② 국학 설치
③ 첨성대 건립
④ 북한산 순수비 건립

문 2. 다음과 같은 활동을 펼친 인물에 대한 설명으로 옳은 것은?

> • 〈대한매일신보〉에 애국적인 논설을 썼다.
> • 유교 개혁의 뜻을 담은 「유교구신론」을 집필하였다.

① 적극적인 의열 활동을 위해 한인 애국단을 만들었다.
② 일본의 침략상을 폭로하는 『한국통사』를 저술하였다.
③ 실증사학의 입장에서 연구하는 진단학회를 조직하였다.
④ 김원봉의 요청을 받아들여 「조선혁명선언」을 작성하였다.

문 3. 다음 정책을 시행한 국왕 대에 있었던 사실로 옳은 것은?

> • 광덕, 준풍 등의 연호를 사용하였다.
> • 개경을 고쳐 황도라 하고 서경을 서도라고 하였다.

① 노비안검법을 시행하였다.
② 전시과 제도를 시행하였다.
③ 개경에 국자감을 설립하였다.
④ 12목을 설치하고 지방관을 파견하였다.

문 4. (가) 단체로 옳은 것은?

> [(가)] 발기취지(發起趣旨)
> 인간 사회는 많은 불합리를 산출하는 동시에 그 해결을 우리에게 요구하고 있다. 여성 문제는 그중의 하나이다. …(중략)… 과거의 조선 여성운동은 분산되어 있었다. 그것에는 통일된 조직이 없었고 통일된 지도 정신도 없었고 통일된 항쟁이 없었다. …(중략)… 우리는 우선 조선 자매 전체의 역량을 공고히 단결하여 운동을 전반적으로 전개하지 아니하면 아니 된다.
> ─〈동아일보〉, 1927. 5. 11.─

① 근우회
② 신간회
③ 신민회
④ 정우회

문 5. 다음 글에서 설명하고 있는 문화유산은?

> 이곳은 원래 성종의 형인 월산대군(月山大君)의 집이 있던 곳으로, 선조가 임진왜란 뒤 임시거처로 사용하면서 정릉동 행궁으로 불리었고, 광해군 때는 경운궁이라 하였다. 아관파천 후 고종이 이곳에 머물렀다. 주요 건물로는 중화전, 함녕전, 석조전 등이 있다.

① 경복궁
② 경희궁
③ 창덕궁
④ 덕수궁

문 6. 밑줄 친 '이 나라'에서 볼 수 있는 모습으로 적절한 것은?

> 이 나라는 대군왕이 없으며, 읍락에는 각각 대를 잇는 장수(長帥)가 있다. …(중략)… 이 나라의 토질은 비옥하며, 산을 등지고 바다를 향해 있어 오곡이 잘 자라며 농사짓기에 적합하다. 사람들의 성질은 질박하고, 정직하며 굳세고 용감하다. 소나 말이 적고, 창을 잘 다루며 보전(步戰)을 잘한다. 음식, 주거, 의복, 예절은 고구려와 흡사하다. 그들은 장사를 지낼 적에는 큰 나무 곽(槨)을 만드는데 길이가 십여 장(丈)이나 되며 한쪽 머리를 열어놓아 문을 만든다.
> ─『삼국지』 위서 동이전─

① 민며느리를 받아들이는 읍군
② 위만에게 한나라의 침입을 알리는 장군
③ 5월에 씨를 뿌리고 하늘에 제사를 지내는 천군
④ 국가의 중요한 일을 논의하고 있는 마가와 우가

문 7. 밑줄 친 '이 부대'에 대한 설명으로 옳은 것은?

> 윤관이 아뢰기를, "신이 적의 기세를 보건대 예측하기 어려울 정도로 군세니, 마땅히 군사를 쉬게 하고 군관을 길러서 후일을 기다려야 할 것입니다. 또 신이 싸움에서 진 것은 적은 기병(騎兵)인데 우리는 보병(步兵)이라 대적할 수가 없었기 때문입니다."라 하였다. 이에 그가 건의하여 처음으로 이 부대를 만들었다.

① 정종 2년에 설치되었다.
② 귀주 대첩에서 큰 활약을 하였다.
③ 여진족에 대처하기 위해 조직되었다.
④ 응양군, 용호군, 신호위 등의 2군과 6위로 편성되었다.

문 8. 다음 사건이 일어난 왕의 재위 기간에 대한 설명으로 옳은 것은?

> 임꺽정은 양주 백정으로, 성품이 교활하고 날래고 용맹스러웠다. 그 무리 수십 명이 함께 다 날래고 빨랐는데, 도적이 되어 민가를 불사르고 소와 말을 빼앗고, 만약 항거하면 몹시 잔혹하게 사람을 죽였다. 경기도와 황해도의 아전과 백성들이 임꺽정 무리와 은밀히 결탁하여, 관에서 잡으려 하면 번번이 먼저 알려주었다.

① 동인과 서인의 붕당이 형성되었다.
② 문정왕후가 수렴청정하며 불교를 옹호하였다.
③ 삼포에서 4~5천 명의 일본인이 난을 일으켰다.
④ 조광조가 내수사 장리의 폐지, 소격서 폐지 등을 주장하였다.

문 9. 밑줄 친 '이 나라'에 대한 설명으로 옳은 것은?

> 이 나라는 삼한의 종족이며, 지금의 고령에 있었다. 건원 원년(479)에 그 국왕 하지(荷知)는 사신을 보내 남제에 공물을 바쳤다. 남제에서는 국왕 하지에게 "보국장군 본국왕"을 제수하였다.

① 관산성 전투에서 국왕이 전사하였다.
② 울릉도를 정복해서 영토로 편입하였다.
③ 호남 동부 지역까지 세력을 확장하였다.
④ 신라를 도와 낙동강 유역에 진출한 왜를 격파하였다.

문 10. 다음 설명에 해당하는 발해 왕의 재위 기간에 통일 신라에서 일어난 상황으로 옳은 것은?

> • 대흥이란 독자적인 연호를 사용하였다.
> • 수도를 중경 → 상경 → 동경으로 옮겼다.
> • 일본에 보낸 외교 문서에 천손(하늘의 자손)이라 표현하였다.
> • 당과 친선 관계를 맺으며 당의 문물을 도입하여 체제를 정비하였다.

① 녹읍 폐지
② 청해진 설치
③ 『삼대목』 편찬
④ 독서삼품과 설치

문 11. 밑줄 친 '그'의 저술로 옳은 것은?

> 서울의 노론 집안에서 태어난 그는 양반전을 지어 양반 사회의 허위를 고발하였다. 그는 또한 한전론을 주장하였으며, 상공업 진흥에도 관심을 기울여 수레와 선박의 이용 등에 대해서도 주목하였다.

① 『북학의』
② 『과농소초』
③ 『의산문답』
④ 『지봉유설』

문 12. (가) 시기에 있었던 일로 옳은 것은?

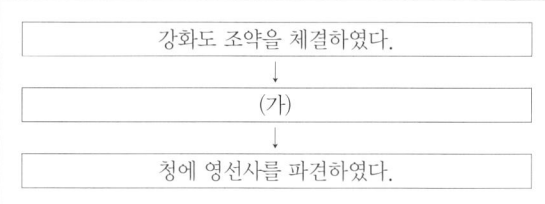

① 군국기무처를 두고 여러 건의 개혁안을 처리하였다.
② 개화 정책을 추진할 기구로 통리기무아문을 설치하였다.
③ 국정 개혁의 기본 방향을 담은 홍범 14조를 공포하였다.
④ 구본신참의 개혁 원칙을 정하고 대한국 국제를 선포하였다.

문 13. (가) 시기에 있었던 일로 옳은 것은?

	(가)	
이종무의 대마도 정벌		전분 6등법과 연분 9등법 시행

① 과전법 공포
② 이시애의 반란
③ 『농사직설』 편찬
④ 정도전의 요동정벌 추진

문 14. 세계유산으로 등재된 것이 아닌 것은? (2019년 12월 31일 기준)

① 종묘
② 화성
③ 한양 도성
④ 남한산성

문 15. 다음과 같은 주제로 토론회를 개최한 단체에 대한 설명으로 옳은 것은?

일자	주제
1897. 8. 29.	조선에 급선무는 인민의 교육
1897. 9. 5.	도로 수정하는 것이 위생에 제일 방책
⋮	⋮
1897. 12. 26.	인민의 귀로 듣고 눈으로 보는 것을 개명케 하려면 우리나라 신문이며 다른 나라 신문지들을 널리 반포하는 것이 제일 긴요함.

① 헌정연구회의 활동을 계승하여 월보를 간행하고 지회를 설치하였다.
② 국민 계몽을 위해 회보를 발간하고 만민공동회 등 대규모 집회를 열었다.
③ 보부상 중심의 단체로 황권 강화를 통한 부국강병을 행동 지침으로 삼았다.
④ 일본이 황무지 개간을 구실로 토지를 약탈하려 하자 대중적 반대 운동을 벌였다.

문 16. 밑줄 친 '그'의 활동으로 옳은 것은?

경술년(1910)에 여러 형제들이 모여서 같이 만주로 갈 준비를 하였다. …(중략)… 그(1867~1932)는 1만여 석의 재산과 가옥을 모두 팔고 큰집, 작은집이 함께 압록강을 건너 떠났다. 그는 만주에서 독립군 양성 기관인 신흥 강습소를 설립하였다.

① 조선어학회 사건으로 옥고를 치렀다.
② 독립운동 단체인 경학사를 조직하였다.
③ 3·1운동 민족대표 33인 중 한 명이었다.
④ '삼균주의'에 입각한 한국 국민당을 결성하였다.

문 17. 밑줄 친 '새 헌법'에 대한 설명으로 옳은 것은?

정부에서는 6월 15일 국회에서 통과된 개헌안을 이송받자 이날 긴급 국무회의를 소집하고 정식으로 이를 공포하였다. 이로써 개정된 새 헌법은 16일 0시를 기해 효력을 발생케 되었다. 새 헌법이 공포됨으로써 16일부터는 실질적인 내각책임체제의 정부를 갖게 되었으며 허정 수석국무위원은 자동으로 국무총리가 된다.
– 〈경향신문〉, 1960. 6. 16. –

① 임시 수도 부산에서 개정되었다.
② '사사오입'의 논리로 통과되었다.
③ 통일 주체 국민 회의 설치를 규정한 조항이 있다.
④ 민의원과 참의원으로 구성된 국회 조항이 있다.

문 18. 다음 사건 이후에 일어난 일로 옳은 것은?

개경을 떠나 피난 중인 왕이 안성현을 안성군으로 승격시켰다. 홍건적이 양광도를 침입하자 수원은 항복하였는데, 작은 고을인 안성만이 홀로 싸워 승리함으로써 홍건적이 남쪽으로 내려오지 못하게 하였기 때문이다.

① 화약 무기를 사용해 진포해전에서 승리하였다.
② 처인성 전투에서 적의 장수 살리타를 사살하였다.
③ 기철 일파를 제거하고 쌍성총관부의 관할 지역을 수복하였다.
④ 적의 침략을 물리치기 위한 염원에서 팔만대장경을 만들었다.

문 19. (가)와 (나) 사이의 시기에 있었던 일로 옳은 것은?

> (가) 남인들이 대거 관직에서 쫓겨나고 허적과 윤휴 등이 처형되었다.
> (나) 인현왕후가 복위되고 노론과 소론이 정계에 복귀하였다.

① 송시열과 김수항 등이 처형당하였다.
② 서인과 남인이 두 차례에 걸쳐 예송을 전개하였다.
③ 서인 정치에 한계를 느낀 정여립이 모반을 일으켰다.
④ 청의 요구에 따라 조총 부대를 영고탑으로 파견하였다.

문 20. 다음의 사건을 시기순으로 바르게 나열한 것은?

> (가) 제헌국회가 구성되어 헌법을 제정하였다.
> (나) 여운형과 김규식은 좌우 합작 위원회를 조직하였다.
> (다) 조선 건국 동맹을 기반으로 조선 건국 준비 위원회가 조직되었다.
> (라) 민주주의 임시 정부 수립을 논의하기 위해 제1차 미·소 공동 위원회가 열렸다.

① (가) → (다) → (나) → (라)
② (나) → (다) → (라) → (가)
③ (다) → (라) → (나) → (가)
④ (라) → (나) → (가) → (다)

2019 지방직 9급
6월 15일 시행

풀이 시간: ___:___ ~ ___:___ / 점수: ___점

1초 합격예측! 모바일 성적분석표
QR 코드로 접속하여 문제 풀이시간을 측정하고, 〈1초 합격예측 & 모바일 성적분석표〉 서비스를 통해 지금 바로! 실력을 점검해 보세요.
http://eduwill.kr/ZG46

문 1. (가), (나) 국가에 대한 설명으로 옳은 것은?

> (가) 그 나라의 혼인풍속에 여자의 나이가 열 살이 되면 서로 혼인을 약속하고, 신랑 집에서는 (그 여자를) 맞이하여 장성하도록 길러 아내로 삼는다. (여자가) 성인이 되면 다시 친정으로 돌아가게 한다. 여자의 친정에서는 돈을 요구하는데, (신랑 집에서) 돈을 지불한 후 다시 신랑 집으로 돌아온다.
>
> (나) 은력(殷曆) 정월에 하늘에 제사를 지내며 나라에서 대회를 열어 연일 마시고 먹고 노래하고 춤추는데, 영고(迎鼓)라고 한다. 이때 형옥(刑獄)을 중단하여 죄수를 풀어 주었다.

① (가) – 무천이라는 제천 행사가 있었다.
② (가) – 계루부 집단이 권력을 장악하였다.
③ (나) – 사출도라는 구역이 있었다.
④ (나) – 철이 많이 생산되어 낙랑과 왜에 수출하였다.

문 2. (나) 시기에 발생한 사건으로 옳은 것은?

> (가) 백제왕이 병력 3만 명을 거느리고 평양성을 공격해 왔다. 왕이 출병하여 막다가 날아오는 화살에 맞아 서거하였다.
> ↓
> (나)
> ↓
> (다) 왕이 보병과 기병 5만 명을 보내 신라를 구원하게 하였다. (고구려군이) 남거성을 통해 신라성에 이르렀는데 그곳에 왜가 가득하였다. 관군이 도착하자 왜적이 퇴각하였다.

① 태학을 설립하고 율령을 반포하였다.
② 평양으로 도읍을 옮기고 한성을 함락하였다.
③ 관구검이 이끄는 위나라 군대의 침략을 받았다.
④ 왕이 직접 말갈 병사를 거느리고 요서지방을 공격하였다.

문 3. 통일 신라의 경제 상황에 대한 설명으로 옳지 않은 것은?

① 시비법과 이앙법 등의 발달로 농민층에서 광작이 성행하였다.
② 촌락의 토지 결수, 인구 수, 소와 말의 수 등을 파악하였다.
③ 어아주, 조하주 등 고급 비단을 생산하여 당나라에 보냈다.
④ 왕경에 서시전과 남시전이 설치되었다.

문 4. 다음 서적을 편찬된 시기순으로 바르게 나열한 것은?

> ㄱ. 『의방유취』
> ㄴ. 『동의보감』
> ㄷ. 『향약구급방』
> ㄹ. 『향약집성방』

① ㄱ → ㄴ → ㄷ → ㄹ
② ㄱ → ㄷ → ㄴ → ㄹ
③ ㄷ → ㄱ → ㄹ → ㄴ
④ ㄷ → ㄹ → ㄱ → ㄴ

문 5. 삼국 시대 문화에 대한 설명으로 옳지 않은 것은?

① 선덕여왕 때에 첨성대를 세웠다.
② 목탑 양식의 미륵사지 석탑이 건립되었다.
③ 가야 출신의 우륵에 의해 가야금이 신라에 전파되었다.
④ 사신도가 그려진 강서대묘는 돌무지무덤으로 축조되었다.

문 6. 다음과 같은 글을 남긴 국왕의 업적에 해당하는 것은?

> 우리 동방은 옛날부터 중국의 풍속을 흠모하여 문물과 예악이 모두 그 제도를 따랐으나, 지역이 다르고 인성도 각기 다르므로 꼭 같게 할 필요는 없다. 거란은 짐승과 같은 나라로 풍속이 같지 않고 말도 다르니 의관 제도를 삼가 본받지 말라.
> — 『고려사』에서 —

① 광군 30만을 조직하여 거란의 침략에 대비하였다.
② 혼인 정책과 사성 정책을 통해 호족을 포섭하였다.
③ 기인·사심관제와 함께 과거제를 실시하였다.
④ 물가 조절을 위해 상평창을 설치하였다.

문 7. 다음 ㉠~㉣에 들어갈 인물을 바르게 연결한 것은?

- (㉠)는/은 『신편제종교장총록』을 편찬하였다.
- (㉡)는/은 원의 불교인 임제종을 들여와서 전파시켰다.
- (㉢)는/은 강진에 백련사를 결사하여 법화 신앙을 내세웠다.
- (㉣)는/은 『목우자수심결』을 지어 마음을 닦고자 하였다.

	㉠	㉡	㉢	㉣
①	수기	보우	요세	지눌
②	의천	각훈	요세	수기
③	의천	보우	요세	지눌
④	의천	요세	각훈	수기

문 8. 다음 정책을 추진한 국왕 대에 있었던 사실로 옳은 것은?

옛적에 관가의 노비는 아이를 낳은 지 7일 후에 입역(立役)하였는데, 아이를 두고 입역하면 어린 아이에게 해로울 것이라 걱정하여 100일간의 휴가를 더 주게 하였다. 그러나 출산에 임박하여 일하다가 몸이 지치면 미처 집에 도착하기 전에 아이를 낳는 경우가 있다. 만일 산기에 임하여 1개월간의 일을 면제하여 주면 어떻겠는가. 가령 저들이 속인다 할지라도 1개월까지야 넘길 수 있겠는가. 상정소(詳定所)로 하여금 이에 대한 법을 제정하게 하라.

① 사형의 판결에는 삼복법을 적용하였다.
② 주자소를 설치하여 계미자를 주조하였다.
③ 국방력 강화를 위해 진관 체제를 실시하였다.
④ 도평의사사를 개편하여 의정부를 설치하였다.

문 9. 밑줄 친 '그'에 대한 설명으로 옳은 것은?

그는 중국 유학을 마치고 귀국한 다음, 국왕에게 황룡사에 9층탑을 세울 것을 건의했다. 그가 9층탑 건립을 건의한 데에는 주변 나라의 침입을 막고자 하는 호국정신이 담겨 있다.

① 일심(一心) 사상을 주장하여 불교 교리의 대립을 극복하고자 하였다.
② 통일 이후의 사회 갈등을 통합으로 이끄는 화엄 사상을 강조하였다.
③ 대국통으로 있으면서 계율을 지키는 일에 힘을 보탰다.
④ 화랑이 지켜야 할 세속오계를 지었다.

문 10. 다음 자료에 나타난 상황과 관련 있는 사건은?

경성에는 종묘, 사직, 궁궐과 나머지 관청들이 또한 하나도 남아 있는 것이 없으며, 사대부의 집과 민가들도 종루 이북은 모두 불탔고 이남만 다소 남은 것이 있으며, 백골이 수북이 쌓여서 비록 치우고자 해도 다 치울 수 없다. 경성의 수많은 백성들이 도륙을 당했고 남은 이들도 겨우 목숨만 붙어 있다. 굶어 죽은 시체가 길에 가득하고 진제장(賑濟場)에 나아가 얻어먹는 자가 수천 명이며 매일 죽는 자가 60~70명 이상이다.

- 성혼, 『우계집』에서 -

① 병자호란
② 임진왜란
③ 삼포왜란
④ 이괄의 난

문 11. 밑줄 친 '그'에 대한 설명으로 옳지 않은 것은?

그와 남은이 임금을 뵈옵고 요동을 공격하기를 요청하였고, 그리하여 급하게 『진도(陣圖)』를 익히게 하였다. 이보다 먼저 좌정승 조준이 휴가를 받아 집에 있을 때, 그와 남은이 조준을 방문하여, "요동을 공격하는 일은 지금 이미 결정되었으니 공(公)은 다시 말하지 마십시오."라고 말하였다.

① 만권당에서 원의 학자들과 교류하였다.
② 맹자의 역성혁명론을 조선건국에 적용하였다.
③ 한양 도성의 성문과 궁궐 등의 이름을 지었다.
④ 『경제문감』을 저술하여 재상 중심의 정치를 주장하였다.

문 12. 조약 (가), (나) 사이 시기의 경제 상황으로 옳은 것은?

(가)	(나)
• 조선국 항구에 머무르는 일본은 쌀과 잡곡을 수출·수입할 수 있다. • 일본국 정부에 소속된 모든 선박은 항세(港稅)를 납부하지 않는다.	• 입항하거나 출항하는 각 화물이 세관을 통과할 때에는 세칙에 따라 관세를 납부해야 한다. • 조선 정부가 쌀 수출을 금지하고자 할 때에는 반드시 먼저 1개월 전에 지방관이 일본 영사관에게 통고해야 한다.

① 메가타 재정고문이 화폐 정리 사업을 시도하였다.
② 혜상공국의 폐지 등을 주장한 정변이 발생하였다.
③ 양화진에 청국인 상점을 허용하는 조약이 체결되었다.
④ 함경도 방곡령 사건으로 일본과 외교적 마찰이 일어났다.

문 13. 대한 제국 시기에 추진된 정책으로 옳지 <u>않은</u> 것은?
① 황실 재정을 담당하는 내장원의 기능을 확대하였다.
② 화폐 제도의 개혁과 중앙은행의 창립을 추진하였다.
③ 『독립신문』의 창간을 지원하였다.
④ 시위대와 진위대를 증강하였다.

문 14. 조선 후기 서학과 관련한 설명으로 옳지 <u>않은</u> 것은?
① 이승훈이 북경에서 영세를 받았다.
② 윤지충 사건을 계기로 하여 기해박해가 일어났다.
③ 안정복이 천주교를 비판하는 『천학문답』을 저술하였다.
④ 최초의 한국인 신부 김대건이 귀국하여 포교 중 순교하였다.

문 15. 다음과 같은 강령을 발표한 조직의 활동으로 옳은 것은?

> 건국 시기의 헌법상 경제 체계는 국민 각개의 균등생활 확보 및 민족 전체의 발전 그리고 국가를 건립 보위함과 연환(連環)관계를 가진다. 그러므로 다음에 나오는 기본 원칙에 따라서 경제 정책을 집행하고자 한다.
>
> 가. 규모가 큰 생산기관의 공구와 수단 …(중략)… 은행·전신·교통 등과 대규모 농·공·상 기업 및 성시(城市) 공업 구역의 주요한 공용 방산(房産)은 국유로 한다.
> 나. 적이 침략하여 점령 혹은 시설한 일체 사유자본과 부역자의 일체 소유자본 및 부동산은 몰수하여 국유로 한다.

① 이승만을 대통령, 이시영을 부통령으로 선출하였다.
② 자유시 참변을 겪고 러시아 적군에 무장해제를 당하였다.
③ 좌우 합작 위원회를 구성하고 좌우 합작 7원칙을 발표하였다.
④ 미군전략정보국(OSS) 지원 아래 국내 진공작전을 준비하였다.

문 16. 다음 선언문의 강령에 따라 활동한 단체에 대한 설명으로 옳은 것은?

> 민중은 우리 혁명의 대본영(大本營)이다. 폭력은 우리 혁명의 유일한 무기이다. 우리는 민중 속으로 가서 민중과 손을 맞잡아 끊임없는 폭력―암살, 파괴, 폭동―으로써 강도 일본의 통치를 타도하고 우리 생활에 불합리한 일체의 제도를 개조하여 인류로써 인류를 압박하지 못하며, 사회로써 사회를 박탈하지 못하는 이상적 조선을 건설할지니라.

① 원산에서 일본인이 한국인 노동자를 구타한 사건을 계기로 총파업을 일으켰다.
② 한국 독립당, 조선 혁명당 등과 함께 민족 혁명당을 결성하였다.
③ 청산리 지역에서 일본군과 접전을 벌여 대승을 거두었다.
④ 임시 정부 활동에 활기를 불어넣고자 결성하였다.

문 17. 밑줄 친 ㉠, ㉡에 대한 설명으로 옳은 것은?

> 신고산이 우르르 함흥차 가는 소리에
> ㉠ 지원병 보낸 어머니 가슴만 쥐어뜯고요
> …(중략)…
> 신고산이 우르르 함흥차 가는 소리에
> ㉡ 정신대 보낸 어머니 딸이 가엾어 울고요

① ㉠ ― 학생들도 모집 대상이었다.
② ㉠ ― 처음에는 징병제에 따라 동원되기 시작하였다.
③ ㉡ ― 국민징용령에 근거한 조직이었다.
④ ㉡ ― 물자 공출 장려를 목표로 결성하였다.

문 18. 밑줄 친 '이때' 재위한 국왕 대에 있었던 사실로 옳은 것은?

> <u>이때</u> 거두어들인 돈을 '스스로 내는 돈'이라는 뜻에서 원납전이라 하였다. 그런데 백성들은 입을 삐쭉거리면서 '원납전 즉 원망하며 바친 돈이다.' 라고 하였다.
> ―『매천야록』에서―

① 세한도가 제작되었다.
② 삼정이정청이 설치되었다.
③ 삼군부가 부활되고 삼수병이 강화되었다.
④ 비변사 당상들이 중요한 권력을 장악하였다.

문 19. 다음 법령과 관련한 설명으로 옳은 것은?

> 제5조 정부는 다음에 의하여 농지를 취득한다.
> 1. 다음의 농지는 정부에 귀속한다.
>   (가) 법령 및 조약에 의하여 몰수 또는 국유로 된 토지
>   (나) 소유권의 명의가 분명하지 않은 농지

① 분배받은 농민은 평년 생산량의 30%를 5년간 상환하였다.
② 중앙토지행정처가 분배 업무를 주무하였다.
③ 신한공사가 보유하던 토지를 분배하였다.
④ 농지 이외 임야도 포함되었다.

문 20. 다음은 1960년대 어느 일간지에 실린 사설이다. 밑줄 친 '파병'에 대한 설명으로 옳은 것만을 모두 고르면?

> 우리는 원했든 원하지 않했든 이미 이 전쟁에 직접적인 관계를 맺었고 파병을 찬반(贊反)하던 국민이 이젠 다 힘과 마음을 합해서 파병된 용사들을 성원하고 있거니와 근대 전쟁이 전투하는 사람만의 전쟁이 아니라 온 국민이 참가하는 '총력전'이라는 것을 알고 이 전쟁의 승리를 위해 모든 국민의 단합을 호소하는 바이다.

ㄱ. 발췌 개헌안 통과에 영향을 주었다.
ㄴ. 브라운 각서를 체결하는 이유가 되었다.
ㄷ. 1960년대 경제 개발 계획의 추진에 기여하였다.
ㄹ. 한·미 상호 방위 원조 협정을 체결하는 계기가 되었다.

① ㄱ, ㄴ
② ㄱ, ㄷ
③ ㄴ, ㄷ
④ ㄷ, ㄹ

2018 지방직 9급

5월 19일 시행

한 국 사   B책형   1쪽

문 1. 다음은 각 유물과 그것이 사용되던 시기의 사회 모습에 대한 설명이다. 옳은 것만을 모두 고르면?

> ㄱ. 슴베찌르개 – 벼농사를 짓기 시작하였고 나무로 만든 농기구를 사용하였다.
> ㄴ. 붉은 간 토기 – 거친무늬 거울을 사용하여 제사를 지내거나 의식을 거행하였다.
> ㄷ. 반달 돌칼 – 농사를 짓기 시작했지만 아직 지배와 피지배 관계는 발생하지 않았다.
> ㄹ. 눌러찍기무늬 토기 – 가락바퀴와 뼈바늘을 이용하여 옷이나 그물을 만들어 사용하였다.

① ㄱ, ㄴ ② ㄱ, ㄷ
③ ㄴ, ㄹ ④ ㄷ, ㄹ

문 2. 다음과 같은 불교 사상의 영향을 받아 만들어진 문화재는?

> 이 불교 사상은 개인적 정신 세계를 추구하는 경향이 강하였기 때문에 지방에서 독자적인 세력을 이루어 성주나 장군을 자처하던 자들로부터 큰 호응을 받았다.

① 성덕 대왕 신종
② 쌍봉사 철감선사탑
③ 경천사지 십층 석탑
④ 금동 미륵보살 반가사유상

문 3. 밑줄 친 '이곳'에서 일어난 일로 옳은 것은?

> 고려 정종 때 이곳으로 천도 계획을 세웠으나 실현되지 못했고, 문종 때 이곳 주위에 서경기 4도를 두었다.

① 이곳에서 현존 세계 최고의 『직지심체요절』이 간행되었다.
② 지눌이 이곳을 중심으로 수선사 결사 운동을 전개하였다.
③ 조위총이 정중부 등의 타도를 위해 이곳에서 반란을 일으켰다.
④ 강조가 군사를 이끌고 이곳으로 들어와 김치양 일파를 제거하였다.

문 4. 밑줄 친 '운동'에 대한 설명으로 옳은 것은?

> 조선 사람은 조선 사람이 만든 물건만 쓰고 살자고 하는 <u>운동</u>이 일어나고 있다. 그렇게 하면 조선인 자본가의 공업이 일어난다고 한다. …(중략)… 이 운동이 잘 되면 조선인 공업이 발전해야 하지만 아직 그렇지 않다. …(중략)… 이 운동을 위해 곧 발행된다는 잡지에 회사를 만들라고 호소하지만 말고 기업을 하는 방법 같은 것을 소개해야 한다.
> – 〈개벽〉 –

① 조선 총독부가 회사령을 폐지하는 계기가 되었다.
② 원산 총파업을 계기로 조직적으로 전개될 수 있었다.
③ 조만식 등에 의해 평양에서 시작되어 전국으로 확산되었다.
④ 조선 노농 총동맹의 적극적 참여로 대중적 기반이 확충되었다.

문 5. (가) 시기에 해당되는 사실로 옳은 것만을 〈보기〉에서 모두 고르면?

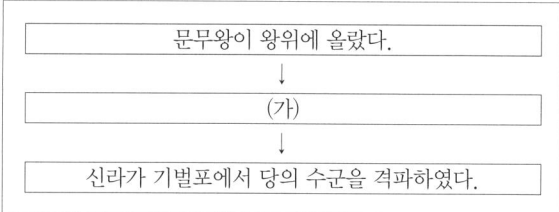

〈보기〉
> ㄱ. 신라가 안승을 고구려왕에 봉했다.
> ㄴ. 당나라가 신라를 계림대도독부로 삼았다.
> ㄷ. 신라가 황산벌 전투에서 백제군을 무찔렀다.
> ㄹ. 보장왕이 요동 지역에서 고구려 부흥을 꾀했다.

① ㄱ, ㄴ ② ㄱ, ㄷ
③ ㄴ, ㄹ ④ ㄷ, ㄹ

문 6. 삼국 시대의 정치 제도에 대한 설명으로 옳은 것만을 모두 고르면?

> ㄱ. 삼국의 관등제와 관직 제도 운영은 신분제에 의하여 제약을 받았다.
> ㄴ. 고구려는 대성(大城)에는 처려근지, 그 다음 규모의 성에는 욕살을 파견하였다.
> ㄷ. 백제는 도성에 5부, 지방에 방(方) – 군(郡) 행정 제도를 시행하였다.
> ㄹ. 신라는 10정 군단을 바탕으로 영역을 확장하고 삼국 통일을 이룩하였다.

① ㄱ, ㄴ ② ㄱ, ㄷ
③ ㄴ, ㄹ ④ ㄷ, ㄹ

문 7. 성격이 유사한 것끼리 옳게 짝지은 것은?
① 대대로 – 대내상
② 중정대 – 승정원
③ 2성 6부 – 5경 15부
④ 기인 제도 – 녹읍 제도

문 8. 다음 각 문화재에 대한 설명으로 옳지 않은 것은?
① 화엄사 각황전은 다층식 외형을 지녔다.
② 수덕사 대웅전은 주심포 양식의 건물이다.
③ 부석사 무량수전은 배흘림 기둥을 갖고 있다.
④ 덕수궁 석조전은 서양 고딕 양식의 건물이다.

문 9. 다음에서 설명하는 인물의 저술로 옳은 것은?

- 종래의 조선 농학과 박물학을 집대성하였다.
- 전국 주요 지역에 국가 시범 농장인 둔전을 설치하여 혁신적 농법과 경영 방법으로 수익을 올려서 국가 재정을 보충할 것을 제안했다.

① 『색경』
② 『산림경제』
③ 『과농소초』
④ 『임원경제지』

문 10. 고려에서 행한 국가 제사에 대한 설명으로 옳지 않은 것은?
① 태조 때에 환구단(圜丘壇)에서 풍년을 기원하는 제사를 올렸다.
② 성종 때에 사직(社稷)을 세워 지신과 오곡 신에게 제사를 지냈다.
③ 숙종 때에 기자(箕子) 사당을 세워 국가에서 제사하였다.
④ 예종 때에 도관(道觀)인 복원궁을 세워 초제를 올렸다.

문 11. 밑줄 친 '대의(大義)'를 이루기 위해 효종이 한 일로 옳은 것은?

병자년 일이 완연히 어제와 같은데, 날은 저물고 갈 길은 멀다고 하셨던 성조의 하교를 생각하니 나도 모르게 눈물이 솟는구나. 사람들은 그것을 점점 당연한 일처럼 잊어가고 있고 대의(大義)에 대한 관심도 점점 희미해져 북녘 오랑캐를 가죽과 비단으로 섬겼던 일을 부끄럽게 생각지 않고 있으니 그것을 생각한다면 그 아니 가슴 아픈 일인가.
　　　　　　　　　　　　　　　　－『조선왕조실록』－

① 남한산성을 복구하고 어영청을 확대하였다.
② 훈련별대를 정초군과 통합하여 금위영을 발족시켰다.
③ 명과 후금 사이에서 실리를 추구하는 중립외교 정책을 펼쳤다.
④ 호위청, 총융청, 수어청 등의 부대를 창설하여 국방력을 강화하였다.

문 12. 대한 제국 정부가 시행한 정책으로 옳은 것은?
① 별기군을 폐지하고 5군영을 복구하였다.
② 양전 사업을 시행하고자 양지아문을 설치하였다.
③ 통리기무아문을 설치하여 개화 정책을 추진하였다.
④ 화폐 제도를 은본위제로 개혁하고자 신식화폐발행장정을 공포하였다.

문 13. ㉠ 조직에 대한 설명으로 옳은 것은?

1922년 3월, 중국 상하이에서 (㉠)이/가 일본 육군 대장 타나카 기이치(田中義一)를 암살하고자 한 사건이 발생했다. 이때 체포된 독립운동가들은 일본 경찰에 인도되어 심문을 받게 되었는데, 그 심문 과정에서 (㉠)에 속한 김익상이 1921년 9월 조선 총독부 건물에 폭탄을 던진 의거의 당사자라는 사실이 밝혀졌다.

① 공화주의를 주창하는 내용의 대동단결선언을 작성해 발표하였다.
② 이 조직에 속한 이봉창이 일왕이 탄 마차 행렬에 폭탄을 던졌다.
③ 일부 구성원을 황푸 군관 학교에 보내 군사 훈련을 받도록 하였다.
④ 새로 부임하는 사이토 조선 총독에게 폭탄을 투척하는 의거를 일으켰다.

문 14. 다음과 같은 특징을 가진 조선 후기 역사서는?

- 단군으로부터 고려에 이르기까지의 우리 역사를 치밀한 고증에 입각하여 엮은 통사이다.
- 마한을 중시하고 삼국을 무통(無統)으로 보는 입장에서 우리 역사를 체계화하였다.

① 허목의 『동사』
② 유계의 『여사제강』
③ 한치윤의 『해동역사』
④ 안정복의 『동사강목』

문 15. 다음 사건을 발생한 순서대로 바르게 나열한 것은?

ㄱ. 이순신이 명량에서 일본 수군을 격파하였다.
ㄴ. 의주로 피난했던 국왕 일행이 한성으로 돌아왔다.
ㄷ. 권율이 행주산성에서 일본군의 공격을 격파하였다.
ㄹ. 원균이 이끄는 조선 수군이 칠천량에서 크게 패배하였다.

① ㄴ → ㄷ → ㄱ → ㄹ
② ㄴ → ㄷ → ㄹ → ㄱ
③ ㄷ → ㄴ → ㄱ → ㄹ
④ ㄷ → ㄴ → ㄹ → ㄱ

문 16. 고려 전기의 문산계와 무산계에 대한 설명으로 옳지 않은 것은?

① 중앙 문반에게 문산계를 부여하였다.
② 성종 때에 문산계를 정식으로 채택하였다.
③ 중앙 무반에게 무산계를 제수하였다.
④ 탐라의 지배층과 여진 추장에게 무산계를 주었다.

문 17. 밑줄 친 '그'에 대한 설명으로 옳은 것은?

그는 신민회 회원으로 활동하면서 해서교육총회에 가담해 교육 사업에 힘을 기울였으며, 안악사건에 연루되어 일제 경찰에 체포되었다. 1923년에 열린 국민 대표 회의에서 창조파와 개조파가 대립했을 때, 그는 국민 대표 회의의 해산을 명하는 내무부령을 공포하였다. 그 뒤 그는 한국 국민당을 조직하는 등 독립운동 정당을 만들기 위해 노력하였다.

① 평양에서 열린 남북 협상 회의에 참석하였다.
② 조선 민족 혁명당을 조직하고 조선 의용대를 이끌었다.
③ 안재홍과 함께 조선 건국 준비 위원회를 주도적으로 조직하였다.
④ 대통령 직선제를 골자로 하는 발췌 개헌안을 국회에 제출하였다.

문 18. ㉠ 부대에 대한 설명으로 옳은 것은?

(㉠)은/는 1933년에 중국인 부대와 연합하여 동경성 전투 등을 치르며 큰 전과를 올렸고, 대전자령에서는 일본군을 기습 공격하여 승리를 거두었다.

① 하와이에 대조선 국민군단을 창설하였다.
② 양세봉의 지휘하에 흥경성 전투에 참여하였다.
③ 만주 지역에서 활동했던 한국 독립당의 산하 조직이었다.
④ 중국 의용군과 연합하여 영릉가 전투에서 일본군을 물리쳤다.

문 19. 밑줄 친 '이 협약'에 대한 설명으로 옳은 것은?

일제는 군대를 증강해 강압적 분위기를 조성한 다음 친일 내각과 이 협약을 체결했다. 이 협약을 체결할 때, 일제는 대한 제국 군대의 해산을 요구해 관철시켰다. 이때 해산된 군인의 상당수는 일본군과 격전을 벌인 후 의병 부대에 합류하였다.

① 고종이 헤이그에 특사를 파견하는 계기가 되었다.
② 최익현이 의병 운동을 처음 시작한 원인이 되었다.
③ 재정고문 메가타가 화폐 정리 사업을 실시하는 근거가 되었다.
④ 통감이 추천하는 일본인을 한국 관리에 임명한다는 내용을 담고 있다.

문 20. 다음 합의문에 대한 설명으로 옳은 것은?

> 쌍방은 오랫동안 서로 만나보지 못한 결과로 생긴 남북 사이의 오해와 불신을 풀고 긴장의 고조를 완화시키며 나아가서 조국 통일을 촉진시키기 위하여 다음과 같은 문제들에 완전한 견해의 일치를 보았다.
> 1. 쌍방은 다음과 같은 조국 통일 원칙들에 합의를 보았다.
>   첫째, 통일은 외세에 의존하거나 외세의 간섭을 받음이 없이 자주적으로 해결하여야 한다.
>   둘째, 통일은 서로 상대방을 반대하는 무력 행사에 의거하지 않고 평화적 방법으로 실현하여야 한다.
>   …(중략)…
> 4. 쌍방은 지금 온 민족의 거대한 기대 속에 진행되고 있는 남북적십자회담이 하루빨리 성사되도록 적극 협조하는 데 합의하였다.
>   …(후략)

① 남북 기본 합의서와 동시에 작성된 문서이다.
② 남북 조절 위원회를 구성하기로 합의한 내용이 담겨 있다.
③ 분단 후 최초로 열린 남북 정상 회담의 결과로 발표된 성명서이다.
④ 금강산 관광 사업을 추진하기로 결정했다는 내용이 수록되어 있다.

인생에 있어서 가장 큰 기쁨은
'너는 그것을 할 수 없다'라고 세상 사람들이 말하는
그 일을 성취시키는 일이다.

– 월터 배젓(Walter Bagehot)

서울시 9급 공개경쟁채용 필기시험

응시번호	
성 명	

문제책형

【시험과목】

제1과목	국 어	제2과목	영 어	제3과목	한 국 사
제4·5과목	행정법총론, 행정학개론				

응시자 주의사항

1. **시험 시작 전**에 시험문제를 열람하는 행위나 **시험 종료 후** 답안을 작성하는 행위를 한 사람은 「지방공무원 임용령」 제65조 등 관련 법령에 의거 **부정행위자**로 처리됩니다.

2. 시험 시작 즉시 **과목편철 순서, 문제누락 여부, 인쇄상태 이상 유무 및 표지와 개별과목의 문제책형 일치 여부 등을 확인**한 후 문제책 표지에 응시번호, 성명을 기재합니다.

3. 반드시 본인의 **응시표에 인쇄된 시험과목 순서에 따라** 제4과목과 제5과목의 **답안을 표기**하여야 합니다. 과목 순서를 바꾸어 표기한 경우에도 **본인의 응시표에 기재된 과목 순서대로 채점**되므로 반드시 유의하시기 바랍니다.

4. 시험이 시작되면 문제를 주의 깊게 읽은 후, **문항의 취지에 가장 적합한 하나의 정답만을 고르며**, 문제 내용에 관한 질문은 받지 않습니다.

5. **시험시간 관리의 책임**은 전적으로 응시자 본인에게 있습니다.

2025 서울시 9급

6월 21일 시행

한 국 사 | ⓑ책형 | 1쪽

풀이 시간: ___:___ ~ ___:___ / 점수: ___점

해당 〈2025 서울시 9급〉 문제는 서울시가 출제한 방호, 시설관리, 기계시설, 전기시설 9급 직렬에 해당하는 문제입니다.

1초 합격예측! 모바일 성적분석표

QR 코드로 접속하여 문제 풀이시간을 측정하고, 〈1초 합격예측 & 모바일 성적분석표〉 서비스를 통해 지금 바로! 실력을 점검해 보세요.

https://eduwill.kr/paap

문 1. 〈보기 1〉을 통해 알 수 있는 당시의 사회상을 〈보기 2〉에서 모두 고른 것은?

〈보기 1〉

창원 다호리 고분군은 기원전 1세기 무렵에 조성된 것으로 추정된다. 1호 목관묘의 널 아래에서는 한(漢)나라의 청동 거울, 오수전, 붓, 청동검 등과 함께 쇠도끼, 철검, 쇠투겁창, 쇠꺾창, 따비, 쇠낫 등이 출토되었다.

〈보기 2〉

ㄱ. 문자가 전래되어 사용되고 있었다.
ㄴ. 독자적으로 화폐를 주조하여 사용하였다.
ㄷ. 철제 농기구를 사용하여 농사를 지었다.
ㄹ. 지배층의 무덤으로 고인돌이 축조되었다.

① ㄱ, ㄴ
② ㄱ, ㄷ
③ ㄴ, ㄷ
④ ㄴ, ㄹ

문 2. 〈보기〉의 나라에 대한 설명으로 가장 옳지 <u>않은</u> 것은?

〈보기〉

그 나라 사람들은 정주 생활을 하며, 궁실과 창고 및 감옥이 있다. 산릉(山陵)과 넓은 연못이 많아서 동이 지역에서는 가장 넓고 평탄하다. 토질은 5곡(穀)이 자라기에는 적당하지만 5과(果)는 나지 않는다. …(중략)… 그 나라의 옛 풍속에는 가뭄이나 장마가 계속되어 5곡이 영글지 않으면 그 허물을 왕에게 돌려 '왕을 마땅히 바꾸어야 한다'라고 하거나 '죽여야 한다'라고 하였다.

① 12월에 영고라는 제천 행사를 열었다.
② 집마다 부경이라는 작은 창고가 있었다.
③ 도둑질한 자에게 12배로 배상하게 하였다.
④ 여러 가(加)들이 별도로 사출도를 주관하였다.

문 3. 백제에 대한 설명으로 가장 옳지 <u>않은</u> 것은?

① 고이왕 때 관등제를 정비하고 백관의 공복을 제정했다.
② 근초고왕 때 고구려의 평양성을 함락하고 고국원왕을 전사시켰다.
③ 무령왕 때 신라와 혼인 동맹을 맺어 고구려에 대항하였다.
④ 성왕 때 사비로 천도하고 국호를 남부여라 하였다.

문 4. 〈보기〉의 (가)에 대한 설명으로 가장 옳은 것은?

〈보기〉

삼가 살펴보니 우리 <u>(가)</u> 께서 왕위에 오르신 그 시기는 난세에 해당하였고 운수는 천년에 합치하였습니다. 처음에 내란을 평정하고 흉악한 무리를 정벌할 때, 하늘이 임시로 그 일을 맡을 군주를 내어 그의 손을 빌리었고, 그 뒤에 도참비기의 예언에 따라 천명을 받고서 왕의 자리에 오르니 사람들이 <u>(가)</u> 의 덕망을 알고서 따르고 복종하였습니다. 곧 신라가 스스로 멸망하였고 고려가 다시 일어나는 운을 타서 고향을 떠나지 않고 곧 대궐을 지었습니다. 그리고 요하(遼河)와 패수(浿水)의 놀란 파도를 진정시키고 진한(秦韓)의 옛 땅을 얻어 열아홉 해 만에 천하를 통일하였으니, 공적은 더없이 높고 덕망은 한없이 크다고 할 수 있습니다.

① 광군사를 설치하고 광군 30만 명을 조직하여 거란의 침입에 대비하였다.
② 쌍기의 건의에 따라 과거 제도를 실시하여 신진 관리를 채용하였다.
③ 불법으로 노비가 된 자를 조사하는 노비안검법을 실시하였다.
④ 『정계』와 『계백료서』를 지어 관리가 지켜야 할 규범을 제시하였다.

문 5. 다음 중 시기상 가장 늦게 일어난 일은?

① 만적의 난
② 이자겸의 난
③ 망이·망소이의 난
④ 묘청의 서경 천도 운동

문 6. ⟨보기⟩의 조선시대 기관에 대한 설명으로 옳은 것을 모두 고른 것은?

⟨보기⟩
ㄱ. 사헌부는 관리들의 비리를 감찰하는 기관이다.
ㄴ. 사간원은 국왕에게 간쟁하고 봉박, 서경권을 행사하였다.
ㄷ. 홍문관은 경연을 주관하며 왕의 자문을 담당하였다.
ㄹ. 위의 세 기관을 합쳐서 '삼사'라고 하여 권력의 독점이나 부정을 방지하려고 하였다.

① ㄱ, ㄴ
② ㄱ, ㄴ, ㄷ
③ ㄴ, ㄷ, ㄹ
④ ㄱ, ㄴ, ㄷ, ㄹ

문 7. ⟨보기⟩의 밑줄 친 '왕'에 대한 설명으로 옳은 것은?

⟨보기⟩
왕은 6조 직계제를 시행하여 국왕이 직접 행정을 장악하였다. 또한, 호패법을 실시하여 인구를 파악하고 사회 질서를 유지하고자 했으며, 창덕궁을 건립하였다.

① 사병을 혁파하여 왕권을 강화하였다.
② 비변사를 설치하여 국방 체제를 정비하였다.
③ 『경국대전』을 반포하여 통치 체제를 정비하였다.
④ 집현전을 확대·개편하여 학문과 문화를 발전시켰다.

문 8. 고려의 지방 통치 제도에 대한 설명으로 가장 옳은 것은?
① 태조 대 전국에 걸쳐 지방관을 파견하였다.
② 군사적으로 중요한 북쪽 지역에는 계수관을 두어 병마사를 파견하였다.
③ 전국을 8도로 구획하여 안찰사를 파견하였다.
④ 성종 대에 12목을 설치하였다.

문 9. ⟨보기⟩의 (가)~(다)에 대한 설명으로 가장 옳지 않은 것은?

⟨보기⟩
(가) 경종 1년(976) 11월에 처음으로 직관과 산관 각 품의 전시과를 제정하였다.
(나) 목종 1년(998) 12월에 문무 양반과 군인들의 전시과를 개정하였다.
(다) 문종 30년(1076) 12월에 양반 전시과를 경정하였다.

① (가)는 인품을 지급 기준으로 고려하였다.
② (나)는 산관이 지급 대상에서 완전히 제외되었다.
③ (다)는 (나)보다 무반에 대한 대우가 상승하였다.
④ (나)와 (다)는 지급 대상을 18과로 구분하였다.

문 10. ⟨보기⟩에서 균역법의 시행으로 감소된 재정을 보충하는 방법에 해당하는 것은?

⟨보기⟩
ㄱ. 지주에게 토지 1결당 미곡 4두를 부담시켰다.
ㄴ. 어장세, 염전세, 선박세 등 잡세 수입으로 보충하게 하였다.
ㄷ. 공인이라는 어용상인을 통해 필요한 물품을 사서 납부하게 하였다.
ㄹ. 일부 상류층에 선무군관이라는 칭호를 주고 군포 1필을 납부하게 하였다.

① ㄱ, ㄴ
② ㄱ, ㄷ
③ ㄴ, ㄷ
④ ㄴ, ㄹ

문 11. 조선 숙종 재위 시기에 있었던 사실로 가장 옳지 않은 것은?
① 즉위 초 서인이 2차 예송 논쟁에서 승리하여 집권하였다.
② 서인은 남인 허적이 역모를 꾸몄다고 고발하여 정계에서 축출하였다.
③ 장희빈이 낳은 왕자를 원자로 정하는 과정에서 서인이 몰락하고 남인이 집권했다.
④ 폐위된 인현 왕후 복위 과정에서 남인이 몰락하고 노론과 소론이 집권했다.

문 12. 대한민국 임시 정부의 상하이 시기 활동에 해당하지 않는 것은?
① 한인 애국단의 윤봉길이 훙커우 공원 의거를 일으켰다.
② 삼균주의에 바탕한 「대한민국 건국 강령」을 선포하였다.
③ 임시 사료 편찬회를 통해 『한일 관계 사료집』을 편찬하였다.
④ 워싱턴에 구미 위원부를 설치하여 대미 외교 활동을 전개하였다.

문 13. 〈보기 1〉의 사건이 발생한 시기를 〈보기 2〉의 연표에서 옳게 고른 것은?

─〈보기 1〉─
375년 2월에 처음으로 초문사를 창건하여 순도를 머무르게 하였다. 또 이불란사를 창건하여 아도를 머무르게 하였다. 이것이 해동 불교의 시작이다.

① ㉠
② ㉡
③ ㉢
④ ㉣

문 14. 〈보기〉의 조치가 시행된 결과로 가장 옳은 것은?

─〈보기〉─
구(舊) 백동화의 품질, 무게, 문양, 모양이 매우 양호하여 화폐로 인정받을 만한 것은 한 개당 금(金) 2전 5리의 비율로 새로운 화폐로 교환한다. 이 기준에 합당하지 않은 부정 백동화는 개당 금 1전의 가격으로 정부에서 사들인다. 만약 매수를 원하지 않는 경우 정부에서 절단하여 돌려준다.

① 보안회의 반대 시위로 철회되었다.
② 일본 화폐가 국내에서 처음으로 유통되었다.
③ 일본의 제일은행권이 법정 통화가 되었다.
④ 동양 척식 주식회사가 설립되어 많은 토지를 점유하였다.

문 15. 〈보기 1〉과 관련된 사건이 발생한 시기를 〈보기 2〉의 연표에서 옳게 고른 것은?

─〈보기 1〉─
흥선 대원군 부친의 유품들을 수중에 넣는다면 그것을 통해 그와 거래할 수 있고, 그렇게 되면 그는 부친의 유품들을 되찾기 위해 어떠한 요구든지 기꺼이 받아들이게 될 것이다. 따라서 그는 조약을 체결하여 나라를 개방하겠다는 열의의 증거로 사절을 보내라는 열강들의 요구에 귀 기울일 수밖에 없을 것이다.

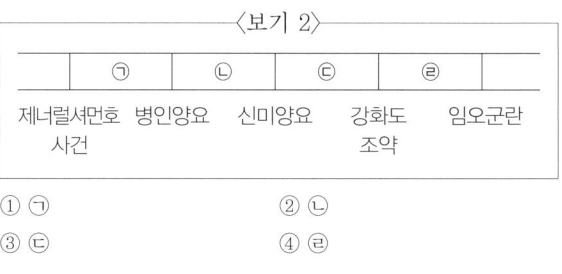

① ㉠
② ㉡
③ ㉢
④ ㉣

문 16. 〈보기〉의 내용을 공포한 이후에 일어난 사건에 해당하는 것은?

─〈보기〉─
제1조 대한국은 세계 만국에 공인된 자주독립한 제국이다.
제2조 대한 제국의 정치는 500년간 전래되었고, 앞으로 만세토록 불변할 전제 정치이다.
제3조 대한국 대황제는 무한한 군권을 향유하니 공법에 이른바 정체를 스스로 정함이라.

① 지계아문을 설치하여 지계를 발급하였다.
② 박문국에서 〈한성순보〉를 발행하였다.
③ 우편 제도가 도입되어 우정국이 설치되었다.
④ 최초의 서양식 병원인 광혜원을 설립하였다.

문 17. 〈보기〉의 발표 이후에 일어난 일로 가장 옳은 것은?

〈보기〉

좌우 합작 위원회 합작 원칙

본 위원회의 목적을 달성하기 위하여 기본 원칙을 아래와 같이 의논하여 정함

1) 조선의 민주 독립을 보장한 삼상 회의 결정에 의하여 남북을 통한 좌우 합작으로 민주주의 임시 정부를 수립할 것
2) 미소 공동 위원회 속개를 요청하는 공동 성명을 발표할 것

① 이승만의 정읍 발언
② 제1차 미소 공동 위원회 개최
③ 김구의 「삼천만 동포에게 읍고함」 발표
④ 조선 건국 준비 위원회의 조선 인민 공화국 선포

문 18. 〈보기〉의 밑줄 친 '이 나라'에 대한 설명으로 가장 옳은 것은?

〈보기〉

• 영국은 이 나라를 견제하기 위해 조선의 거문도를 불법 점령하였다.
• 명성 황후 시해 사건 이후 고종은 이 나라의 공사관으로 처소를 옮겼다.
• 일본은 한반도에서의 주도권을 차지하기 위해 이 나라와 전쟁을 치렀다.

① 병인양요를 일으켰다.
② 신미양요를 일으켰다.
③ 절영도 조차를 요구하였다.
④ 황무지 개간권을 요구하였다.

문 19. 〈보기〉의 격문이 발표된 민족 운동에 대한 설명으로 가장 옳은 것은?

〈보기〉

슬프도다. 이천삼백만 형제자매들이여, 오늘에 있어 융희 황제에 대해 궁검(弓劍)을 사이에 두고 통곡한다는 것이 과연 어떠한 감동에서 나온 것인가. 사선(死線)에 함몰된 비애로써 우리 모두 울어보자. …(중략)… 형제여! 자매여! 눈물을 그치고 절규하자! 전 세계의 피압박 민족과 무산자 대중은 모두 함께 정의의 깃발을 들고 우리와 함께 보조를 맞춰 나갈 것이다.

① 일제가 문화 통치를 표방하는 계기가 되었다.
② 민족 말살 통치에 대한 불만을 배경으로 일어났다.
③ 민족 자결주의의 영향을 받아 고종의 인산일에 일어났다.
④ 민족주의계와 사회주의계가 연대하는 계기가 되었다.

문 20. 〈보기〉의 사건을 시간순으로 바르게 나열한 것은?

〈보기〉

ㄱ. 사사오입 개헌
ㄴ. 진보당 사건 발생
ㄷ. 발췌 개헌
ㄹ. 3·15 부정 선거

① ㄱ-ㄴ-ㄷ-ㄹ
② ㄱ-ㄷ-ㄴ-ㄹ
③ ㄷ-ㄱ-ㄴ-ㄹ
④ ㄷ-ㄴ-ㄱ-ㄹ

2024 서울시 9급

6월 22일 시행

한국사 © 책형 1쪽

문 1. 〈보기〉의 사건을 시간 순으로 바르게 나열한 것은?

〈보기〉
ㄱ. 장수왕은 백제의 수도 한성을 점령한 후 한강 유역을 차지하였다.
ㄴ. 진흥왕은 고구려와 백제를 모두 공격하여 한강 유역을 차지하였다.
ㄷ. 근초고왕은 마한의 여러 소국을 복속시키고 고구려의 평양성을 공격하였다.
ㄹ. 가야 연맹은 중앙 집권 국가로 발전하지 못하였고, 마지막으로 대가야가 신라에 병합됨으로써 해체되었다.

① ㄱ-ㄴ-ㄷ-ㄹ
② ㄴ-ㄷ-ㄹ-ㄱ
③ ㄷ-ㄱ-ㄴ-ㄹ
④ ㄹ-ㄷ-ㄱ-ㄴ

문 2. 〈보기〉 이후 발생한 사건으로 가장 옳은 것은?

〈보기〉
나라 안의 모든 주군(州郡)에서 공물과 부세를 보내지 않아, 창고가 텅텅 비어 나라 재정이 궁핍하였다. 왕이 사신을 보내 독촉하니 곳곳에서 도적이 벌떼처럼 일어났다. 이때 원종(元宗)과 애노(哀奴) 등이 사벌주를 근거지로 하여 반란을 일으켰다.

① 견훤이 경주를 침략하고 경순왕을 옹립하였다.
② 당나라가 문무왕의 동생 김인문을 신라왕으로 임명하고 군대를 동원하였다.
③ 백제 의자왕이 신라의 서쪽 지역을 공격하여 대야성 등 40여 성을 함락시켰다.
④ 혜공왕을 마지막으로 무열왕계가 단절되었다.

문 3. 〈보기〉의 사건을 시간 순으로 바르게 나열한 것은?

〈보기〉
ㄱ. 장문휴의 수군으로 당의 산둥 지방을 공격하였다.
ㄴ. 정혜 공주 묘, 정효 공주 묘를 만들었다.
ㄷ. 전성기를 맞이하여 중국인들이 해동성국이라 불렀다.

① ㄱ-ㄴ-ㄷ
② ㄱ-ㄷ-ㄴ
③ ㄴ-ㄱ-ㄷ
④ ㄷ-ㄱ-ㄴ

문 4. 〈보기〉에서 무신정변 이후 나타난 사건을 옳게 짝지은 것은?

〈보기〉
ㄱ. 최충헌이 교정도감을 설치하여 권력 기관으로 삼았다.
ㄴ. 일부 무신들은 왕실과 혼인을 시도하였다.
ㄷ. 서방이 설치되어 행정 실무 능력을 갖춘 문신들이 등용되었다.
ㄹ. 정변을 축하하기 위해 연산에 개태사를 세웠다.

① ㄱ, ㄴ
② ㄱ, ㄷ
③ ㄴ, ㄷ
④ ㄴ, ㄹ

문 5. 〈보기〉의 사료에 해당하는 국가에 대한 설명으로 가장 옳은 것은?

〈보기〉
12월에 지내는 제천 행사는 국중 대회로 날마다 마시고 먹고 노래하고 춤춘다. 이름을 '영고'라 하였다. 이때는 형옥을 중단하고 죄수를 풀어주었다. 형이 죽으면 형수를 아내로 삼는다. 여름에 사람이 죽으면 모두 얼음을 넣어 장사 지낸다. 사람을 죽여서 순장하는데 많을 때는 백 명 가량이나 된다.
-『삼국지』 위서 동이전-

① 국읍에 천군을 두어 천신에 대한 제사를 주관하였다.
② 국왕을 중심으로 가장 유력한 대가인 우가, 마가, 저가, 구가 등이 주요 국가 정책을 논의하였다.
③ 혼인 풍속으로 민며느리제가 있었다.
④ 왕 아래 상가, 대로, 패자, 고추가 등의 관료 조직이 있었다.

문 6. 고려 시대에 대한 설명으로 가장 옳지 않은 것은?

① 전민변정도감에서 노비 소유권 소송을 처리했다.
② 응방을 통해 왕실에서 경제적 이익을 추구하였다.
③ 전시과 제도를 통해 관료에게 전지와 시지를 지급하였다.
④ 호장은 국가에서 경제적 보수를 받지 않았다.

문 7. <보기 1>과 <보기 2> 사이에 발생한 사건으로 가장 옳지 않은 것은?

〈보기 1〉
몽고군이 이르니 우종주와 유홍익은 양반들과 더불어 모두 성을 버리고 도망치고 말았다. 다만 노비군과 천민들이 힘을 합하여 몽고군을 물리쳤다.
-『고려사절요』-

〈보기 2〉
6월 원나라 연호인 지정을 쓰지 않고 교지를 내렸다.
-『고려사』-

① 화통도감을 설치하여 각종 화약 무기를 제조했다.
② 일본 원정을 위해 정동행성이 설치되었다.
③ 새로운 지배 세력으로 권문세족이 출현했다.
④ 『삼국유사』, 『제왕운기』 등의 역사서가 편찬되었다.

문 8. <보기>의 글이 작성된 시대의 정책으로 가장 옳지 않은 것은?

〈보기〉
7조 왕이 백성을 다스린다고 해서 집집마다 가거나 날마다 그들을 살펴보는 것은 아닙니다. 그러므로 수령을 나누어 보내어 백성의 이익과 손해를 살피게 하는 것입니다. …(중략)… 요청하건대 외관을 두시옵소서.
-시무 28조-

① 5도 양계를 기틀로 한 지방 제도를 마련하였다.
② 향촌의 안정을 도모하기 위해 오가작통제와 호패법이 시행되었다.
③ 군현을 지방관이 파견되는 주현과 파견되지 않는 속현으로 구분하였다.
④ 향·부곡·소는 향리가 행정 업무를 담당하였다.

문 9. <보기>의 글이 작성된 시기의 학문에 대한 설명으로 가장 옳은 것은?

〈보기〉
하늘에서 본다면 어찌 안과 밖의 구별이 있겠느냐? 그러니 각각 자기 나라 사람끼리 서로 사랑하고, 자기 임금을 높이며, 자기 나라를 지키고, 자기 풍속을 좋게 여기는 것은 중국이나 오랑캐나 마찬가지이다.
-『의산문답』-

① 정약용은 중국이 세계의 중심이라는 세계관을 거부하고 지구 자전설을 주장했다.
② 박지원은 서양 서적을 참고하여 거중기 등 건축 기계를 제작했다.
③ 홍대용은 청나라에 다녀와 쓴『열하일기』에서 청 문물을 소개했다.
④ 이긍익은 우리나라 역대 문화를 백과사전식으로 정리하였다.

문 10. <보기>의 (가) 시기에 대한 설명으로 가장 옳지 않은 것은?

〈보기〉
__(가)__ (이)란 종래의 붕당 정치가 변질된 형태인 일당 전제화마저 거부하고 특정 가문이 권력을 독점하는 정치 형태를 말한다. 순조, 헌종, 철종의 3대 60여 년 동안 왕정과 왕권은 이름뿐이었다. 정권은 안동 김씨 또는 풍양 조씨 등 외척의 사유물이 되었다.

① 인간주의, 평등주의를 부르짖은 동학이 농촌 사회를 중심으로 교세를 확장했다.
② 부유한 농민들은 군포를 피하기 위해 양반 신분을 위조하거나 사들였다.
③ 지방민의 불만이 평안도와 삼남 지방에서 민중 봉기로 표출되었다.
④ 노비 인구를 제도적으로 줄이기 위한 노비종모법이 확정되었다.

문 11. 조선과 후금의 관계에 대한 설명으로 가장 옳은 것은?

① 후금은 조선에 숙질 관계를 요구했다.
② 조선은 후금의 사신 용골대를 참수하고 항전 의지를 보였다.
③ 후금은 시장을 열어 교역할 것을 조선에 요구했다.
④ 후금이 황제를 칭하자 조선은 명과 연합하여 선전 포고를 하였다.

문 12. 조선 후기 노비제에 대한 설명으로 가장 옳지 않은 것은?
① 균역법 실시 이후 공노비의 신공은 점진적으로 감소되어 노가 1필로 줄고, 비의 신공은 폐지되었다.
② 공노비의 신공과 양인의 군역 부담이 동일해지면서 공노비 유지의 실익이 없어졌다.
③ 노비의 해방과 양인의 확대가 종모법을 통해 촉진되었다.
④ 1894년 노비 세습제가 폐지되었다.

문 13. 〈보기〉의 내용을 주도한 세력이 취한 정책으로 가장 옳지 않은 것은?

〈보기〉
1. 외국인에게 의지하지 말고 관민이 합심하여 황제권을 공고히 할 것.
2. 외국과의 이권에 관한 계약과 조약은 해당 부처의 대신과 중추원 의장이 함께 날인하여 시행할 것.
3. 재정은 탁지부에서 전담하여 맡고 예산과 결산을 국민에게 공포할 것.

① 〈독립신문〉을 발간하고 독립문을 건설하였다.
② 태양력과 '건양' 연호를 사용하고 단발령을 실시하였다.
③ 중대한 범죄는 공판하되 피고의 인권을 존중할 것을 주장하였다.
④ 만민 공동회를 열어 러시아의 내정 간섭을 규탄하였다.

문 14. 〈보기〉의 (가)에 들어갈 나라에 대한 설명으로 가장 옳은 것은?

〈보기〉
(가) 은/는 본래 우리와 혐의가 없는 나라입니다. 공연히 남의 말만 듣고 틈이 생기게 된다면 우리의 위신이 손상될 뿐 아니라, 이를 구실로 침략해 온다면 장차 이를 어떻게 막을 것입니까?
-「일성록」, 「영남 만인소」-

① 거문도를 불법 점령하였다.
② 일본과 포츠머스 강화 조약을 맺었다.
③ 외규장각의 문서와 문화재를 약탈하였다.
④ 제너럴셔먼호 사건을 구실로 광성보를 공격하였다.

문 15. 〈보기〉의 사설이 나온 이후 일어난 사실로 가장 옳지 않은 것은?

〈보기〉
오호라! 저 개, 돼지만도 못한 소위 우리 정부 대신이란 자들이 영달과 이득을 바라고 거짓된 위협에 겁을 먹고서 머뭇거리고 벌벌 떨면서 달갑게 나라를 파는 도적이 되어, 4천 년 강토와 5백 년 종사를 남에게 바치고 2천만 목숨을 몰아 다른 사람의 노예로 만들었으니, …(중략)… 아! 원통하고 분하도다. 우리 남의 노예가 된 2천만 동포여! 살았느냐? 죽었느냐? 단군 기자 이래 4천 년 국민정신이 하룻밤 사이에 별안간 망하고 끝났도다! 아! 원통하고 원통하도다! 동포여 동포여!

① 헤이그에서 열린 제2차 만국 평화 회의에 특사가 파견되었다.
② 초대 통감으로 이토 히로부미가 임명되었다.
③ 일본이 러시아와의 전쟁을 개시했다.
④ 일본이 대한 제국 군대를 강제로 해산시켰다.

문 16. 〈보기〉에서 일제 강점기 민족 해방 운동에 대한 설명으로 옳은 것을 모두 고른 것은?

〈보기〉
ㄱ. 민족 유일당 운동의 결과 「조선의 농민 및 노동자의 임무에 관한 테제」가 발표되었다.
ㄴ. 고종의 밀칙을 받아 대한 독립 의군부가 조직되었다.
ㄷ. 신채호는 「조선 혁명 선언」에서 민중 직접 혁명론을 주장했다.
ㄹ. 「대한민국 건국 강령」은 안창호의 삼균주의를 이론적 틀로 삼았다.

① ㄱ, ㄴ
② ㄱ, ㄹ
③ ㄴ, ㄷ
④ ㄷ, ㄹ

문 17. 〈보기〉의 강령을 발표한 독립운동 세력에 대한 설명으로 가장 옳지 않은 것은?

〈보기〉

본 당은 혁명적 수단으로써 원수이며 적인 일본의 침탈 세력을 박멸하여 5천 년 독립 자주해 온 국토와 주권을 회복하고 정치, 경제, 교육의 평등에 기초를 둔 진정한 민주 공화국을 건설하여 국민 전체의 생활 평등을 확보하고 나아가 세계 인류의 평등과 행복을 촉진한다.

① 의열단을 중심으로 조선 혁명당, 한국 독립당 등이 참여하여 만들었다.
② 민족주의 계열과 사회주의 계열이 만든 중국 관내 최대 규모의 통일 전선 정당이었다.
③ 민주 공화국 수립, 토지 국유화 등을 내걸고 항일 운동을 전개하였다.
④ 김구 등 임시 정부를 고수하려는 세력이 탈당하면서 통일전선 정당으로서의 성격이 약해졌다.

문 18. 〈보기〉의 자료가 공포된 이후에 일어난 일로 가장 옳지 않은 것은?

〈보기〉

유구한 역사와 전통에 빛나는 우리들 대한 국민은 기미 3·1 운동으로 대한민국을 건립하여 세계에 선포한 위대한 독립 정신을 계승하여 이제 민주 독립 국가를 재건함에 있어서 정의, 인도와 동포애로써 민족의 단결을 공고히 하며 모든 사회적 폐습을 타파하고 민주주의 제제도를 수립하여 정치, 경제, 사회, 문화의 모든 영역에 있어서 각인의 기회를 균등히 하고 능력을 최고도로 발휘케 하며 각인의 책임과 의무를 완수케 하여 …(후략)

① 제주 4·3 사건이 발생했다.
② 친일 청산을 위해 '반민 특위'가 설치되었다.
③ 북한에 조선 민주주의 인민 공화국이 수립되었다.
④ '유상 매수, 유상 분배'의 원칙에 따라 농지 개혁이 실시되었다.

문 19. 〈보기〉의 사건을 시간 순으로 바르게 나열한 것은?

〈보기〉

ㄱ. 5·18 민주화 운동
ㄴ. 12·12 군사 반란
ㄷ. 부·마 민주 항쟁
ㄹ. 4·13 호헌 조치

① ㄷ-ㄱ-ㄴ-ㄹ
② ㄷ-ㄴ-ㄱ-ㄹ
③ ㄹ-ㄴ-ㄷ-ㄱ
④ ㄹ-ㄷ-ㄴ-ㄱ

문 20. 〈보기〉의 사건을 시간 순으로 나열할 때 세 번째에 해당하는 사건은?

〈보기〉

ㄱ. 남북 기본 합의서 채택
ㄴ. 6·15 남북 공동 선언
ㄷ. 남북 동시 유엔 가입
ㄹ. 남북 조절 위원회 설치

① ㄱ
② ㄴ
③ ㄷ
④ ㄹ

2023 서울시 9급
6월 10일 시행

문 1. 청동기 시대에 대한 설명으로 가장 옳지 않은 것은?
① 금속 도구가 만들어지면서 석기 농기구는 사라지고 농업이 발전하였다.
② 동검, 청동 거울, 청동 방울 등을 제작하였다.
③ 생산력이 발전하면서 사유재산제와 계급이 발생하였다.
④ 일상생활에서 민무늬 토기가 이용되었다.

문 2. 〈보기〉의 유물·유적에 대한 설명으로 가장 옳지 않은 것은?

〈보기〉

(가) 무령왕릉

(나) 영광탑

(다) 강서 대묘

(라) 미륵사지 석탑

① (가) - 중국 남조의 영향을 받은 벽돌무덤이다.
② (나) - 발해 때 세워진 5층 벽돌탑이다.
③ (다) - 도교의 영향을 받은 벽화가 그려져 있다.
④ (라) - 「무구정광대다라니경」이 발견되었다.

문 3. 〈보기〉의 ㉠에 들어갈 것으로 가장 옳은 것은?

〈보기〉

고종 12년(1225)에 최우(崔瑀)가 자신의 집에 ㉠ 을 두고 백관의 인사를 다루었는데 문사(文士)를 뽑아 이에 속하게 하고 필자적(必者赤)이라 불렀다.
　　　　　　　　　　　　　　　　　　-『고려사』-

① 교정도감　　　② 도방
③ 중방　　　　　④ 정방

문 4. 〈보기〉의 ㉠에 들어갈 책으로 가장 옳은 것은?

〈보기〉

세종이 예문제학 정인지 등에 명하여 ㉠ 을/를 지었다. 처음에 고려 최성지가 충선왕을 따라 원나라에 들어가서 『수시력』을 얻어 돌아와서 추보하여 사용하였다. 그러나 일월교식(일식과 월식이 같이 생기는 것)과 오행성이 움직이는 도수에 관해 곽수경의 산술을 알지 못하였다. 조선이 개국해서도 역법은 『수시력』을 그대로 썼다. 『수시력』에 일월교식 등이 빠졌으므로 임금이 정인지·정초·정흠지 등에게 명하여 추보하도록 하니 …(하략)
　　　　　　　　　　　　　　　　　-『연려실기술』-

① 『향약채취월령』　　② 『의방유취』
③ 『농사직설』　　　　④ 『칠정산』 내외편

문 5. 〈보기 1〉의 밑줄 친 '이 왕'이 시행한 정책을 〈보기 2〉에서 모두 고른 것은?

〈보기 1〉

이 왕은 반대 세력을 무력으로 제압하고 자신의 신변을 보호하기 위한 친위부대로 장용영을 설치하였다. 장용영은 기존에 국왕의 호위를 담당하던 숙위소를 폐지하고 새롭게 조직을 갖추어 편성된 부대다.

〈보기 2〉

ㄱ. 탕평의 의지를 반영하여 성균관 입구에 탕평비를 세웠다.
ㄴ. 상공업을 진흥시키기 위해 통공정책을 단행하였다.
ㄷ. 젊은 관료의 재교육을 위해 초계문신제도를 시행하였다.

① ㄴ　　　　　　　② ㄷ
③ ㄴ, ㄷ　　　　　④ ㄱ, ㄴ, ㄷ

문 6. <보기>의 내용과 시기적으로 가장 먼 것은?

<보기>
신고산이 우르루 화물차 가는 소리에
금붙이 쇠붙이 밥그릇마저 모조리 긁어 갔고요
어랑어랑 어허야
이름 석 자 잃고서 족보만 들고 우누나

① 조선 식량 관리령을 시행하여 곡물을 강제로 공출하였다.
② 여자 정신 근로령을 통해 여성에 대한 강제 동원이 이루어졌다.
③ 기업 정비령과 기업 허가령을 시행하여 기업 통제를 강화하였다.
④ 어업령, 삼림령, 광업령 등을 제정하여 각종 자원을 독점하기 시작하였다.

문 7. <보기>는 광복 전후의 사건들을 나열한 것이다. 사건을 시간순으로 바르게 나열한 것은?

<보기>
ㄱ. 카이로 선언
ㄴ. 모스크바 3국 외상 회의
ㄷ. 포츠담 선언
ㄹ. 얄타회담
ㅁ. 5·10 총선거

① ㄱ-ㄷ-ㄹ-ㄴ-ㅁ
② ㄱ-ㄹ-ㄷ-ㄴ-ㅁ
③ ㄹ-ㄱ-ㄷ-ㅁ-ㄴ
④ ㄹ-ㄷ-ㄱ-ㅁ-ㄴ

문 8. <보기>의 밑줄 친 '나'에 대한 설명으로 가장 옳은 것은?

<보기>
지금 농사를 하고자 하는 사람은 토지를 얻고, 농사를 하지 않는 사람은 토지를 얻지 못하도록 한다. 즉 여전(閭田)의 법을 시행하면 나의 뜻을 이룰 수 있을 것이다. …(중략)… 무릇 1여의 토지는 1여의 사람들로 하여금 공동으로 경작하게 하고, 내 땅 네 땅의 구분 없이 오직 여장의 명령만을 따른다. 매 사람마다의 노동량은 매일 여장이 장부에 기록한다. 가을이 되면 무릇 오곡의 수확물을 모두 여장의 집으로 보내어 그 식량을 분배한다. 먼저 국가에 바치는 공세를 제하고, 다음으로 여장의 녹봉을 제하며, 그 나머지를 날마다 일한 것을 기록한 장부에 의거하여 여민들에게 분배한다.

① 『북학의』를 저술하였다.
② 『성호사설』을 저술하였다.
③ 『반계수록』을 저술하였다.
④ 『목민심서』를 저술하였다.

문 9. <보기>의 밑줄 친 '이 사건'에 대한 설명으로 가장 옳지 않은 것은?

<보기>
(가) 전에는 개화당을 꾸짖는 자도 많이 있었으나, 개화가 이롭다는 것을 말하면 듣는 사람들도 감히 크게 반대하지 않았다. 그런데 이 사건을 겪은 뒤부터 조정과 민간에서 모두 "이른바 개화당이라고 하는 자들은 충의를 모르고 외국인과 연결하여 나라를 팔고 겨레를 배반하였다."라고 말하고 있다.
—『윤치호 일기』—

(나) 임오군란 이후부터 청은 우리나라에 자주 내정간섭을 하였다. 나는 청나라 당으로 지목되었고, 청국이 우리의 자주권을 침해하는 데 분노해 이 사건을 일으켰던 이는 일본 당으로 지목되었다. 그 후 일이 허사로 돌아가자 세상은 그를 역적이라 하였는데, 나는 정부에 몸을 담고 있어 그를 공격할 수밖에 없었다. 그러나 그 마음은 결코 다른 나라에 있지 않았고, 애국하는 데 있었다.
—『속음청사』—

① 이 사건을 진압한 청은 조선과 조·청 상민 수륙 무역 장정을 체결하였다.
② 우정총국의 낙성 축하연을 기회로 정변을 일으켜 새로운 정부를 수립하였다.
③ 이 사건의 주모자들은 청과 종속 관계를 청산하여 자주 독립을 확고히 하고자 하였다.
④ 이 사건 이후 청과 일본은 톈진 조약을 체결해 향후 조선으로 군대 파견 시 상대국에게 알리도록 하였다.

문 10. <보기>의 밑줄 친 '법'에 대한 설명으로 가장 옳은 것은?

<보기>
12월에 새 왕이 즉위하자, 대사헌(大司憲) 조준(趙浚) 등이 또 상소하여 토지제도에 대해 논하여 말하기를, "하늘이 재앙을 내린 것을 후회하시어 흉악한 무리들을 이미 멸망시켰으며 신돈(辛旽)이 이미 제거되었으니, 마땅히 사전(私田)을 모두 없애 이 민(民)이 부유하고 장수하는 영역을 여는 것, 이것이 그 기회입니다. …(중략)… 이를 규정된 법으로 정하셔서 백성과 더불어 다시 시작하십시오. …(중략)…"라고 하였다.
3년 5월 도평의사사(都評議使司)에서 토지를 지급하는 법을 정할 것을 청하니, 그 의견대로 하였다.

① 전지와 시지를 지급하였다.
② 경기 지역의 토지만 지급하였다.
③ 현직 관리에게만 토지를 지급하였다.
④ 토지에 부과하는 세금을 4~6두로 고정하였다.

문 11. 〈보기〉의 제도를 시행한 국가에 대한 설명으로 가장 옳은 것은?

〈보기〉
나라에서 장차 재상을 뽑을 때에 후보 서너 명의 이름을 써서 상자에 넣고 봉해 이를 호암사에 있는 바위에 두었다. 얼마 뒤에 가지고 와서 열어보고 이름 위에 도장이 찍혀 있는 사람을 재상으로 삼았다.

① 지방 통치를 위해 욕살과 처려근지를 파견하였다.
② 전국을 5방으로 나누고 그 책임자를 방령이라고 불렀다.
③ 각 주에 정을 두고 진골 출신의 장군이 지휘하였다.
④ 제5관등 이상의 귀족들이 모여 주요 국사를 처리하였다.

문 12. 〈보기 1〉의 사건이 있었던 시대의 화폐를 〈보기 2〉에서 모두 고른 것은?

〈보기 1〉
왕이 명령하기를, "백성들을 부유하게 하고 나라에 이익을 가져오게 하는 데 돈보다 중요한 것은 없다. …(중략)… 그러므로 이제 비로소 금속을 녹여 돈을 만드는 법령을 제정한다. 부어서 만든 돈 15,000꾸러미를 재추와 문무 양반과 군인들에게 나누어 주어 돈 통용의 시초로 삼고 돈에 새기는 글은 해동통보라 한다. …(중략)…"라고 하였다.

〈보기 2〉
ㄱ. 조선통보   ㄴ. 해동중보
ㄷ. 십전통보   ㄹ. 삼한통보

① ㄱ, ㄷ   ② ㄱ, ㄹ
③ ㄴ, ㄷ   ④ ㄴ, ㄹ

문 13. 〈보기〉에서 동학 농민군의 폐정개혁 12개 조항으로 옳지 않은 것을 모두 고른 것은?

〈보기〉
ㄱ. 횡포한 부호를 엄히 다스린다.
ㄴ. 불량한 유림과 양반의 무리를 징벌한다.
ㄷ. 외국인에게 의지하지 말고 관민이 협력하여 전제황권을 공고히 한다.
ㄹ. 무명의 잡세는 모두 폐지한다.
ㅁ. 중대 범죄를 공판하되 피고의 인권을 존중한다.

① ㄱ, ㄷ   ② ㄷ, ㅁ
③ ㄱ, ㄴ, ㄹ   ④ ㄴ, ㄷ, ㅁ

문 14. 〈보기〉의 기록은 독립운동에 참여한 인물의 회고록이다. 이 인물이 소속된 단체로 가장 옳은 것은?

〈보기〉
나는 목숨을 걸고 탈출하여 …(중략)… 충칭으로 가는 길에 6,000리 장정의 길에 나섰고 …(중략)… 이범석 장군의 부관이 되어 시안에 있는 제2지대로 찾아가서 OSS 특별 훈련을 받았다. 국내 지하 공작원으로 진입하려고 하던 때에 투항을 맞이하였다.

① 조선 의용군   ② 한인 애국단
③ 한국광복군   ④ 동북 항일 연군

문 15. 〈보기〉의 내용이 발표된 이후의 일제 정책으로 가장 옳은 것은?

〈보기〉
1. 우리는 황국 신민이다. 충성으로써 군국(君國)에 보답한다.
2. 우리들 황국 신민은 서로 믿고 아끼고 협력하여 단결을 공고히 한다.
3. 우리들 황국 신민은 괴로움을 참고 몸과 마음을 굳세게 하는 힘을 길러 황도(皇道)를 선양한다.

① 토지 조사 사업을 실시하였다.
② 치안 유지법을 제정하였다.
③ 조선 사상범 예방 구금령을 제정하였다.
④ 공업화로 인한 일본 내 식량 부족 문제 해결을 위한 산미 증식 계획을 실시하였다.

문 16. 〈보기〉의 ㉠ 인물에 대한 설명으로 가장 옳은 것은?

〈보기〉
6월 27일에 사람들이 말하기를, ㉠ 의 교역선 2척이 단산포(旦山浦)에 도착했다고 한다. …(중략)… 28일 당의 천자가 보내는 사신들이 이곳으로 와 만나보았다. …(중략)… 밤에 ㉠ 의 견대당매물사(遣大唐賣物使)인 최훈(崔暈) 병마사(兵馬使)가 찾아와서 위문하였다.
－『입당구법순례행기』－

① 『화랑세기』를 저술하였다.
② 당의 등주를 공격하였다.
③ 적산 법화원을 건립하였다.
④ 웅천주를 근거지로 반란을 일으켰다.

문 17. <보기>의 조약이 체결된 해에 일어난 사건으로 가장 옳은 것은?

―――――〈보기〉―――――
제3국의 침해나 내란으로 인하여 대한제국 황실의 안녕과 영토 보전에 위험이 있을 경우 대일본제국 정부는 신속하게 상황에 따라 필요한 조치를 취할 수 있다. 그리고 대한제국 정부는 이러한 대일본제국의 행동이 용이하도록 충분한 편의를 제공한다. 대일본제국 정부는 앞 조관의 목적을 성취하기 위하여 군사 전략상 필요한 지점을 상황에 따라 수용할 수 있다.

① 일본이 제물포에 있는 러시아 군함을 공격하며 러·일 전쟁을 일으켰다.
② 일본이 불법으로 독도를 자국 영토로 편입하였다.
③ 일본이 대한 제국 군대를 강제 해산시켰다.
④ 일본이 헤이그특사 파견을 빌미삼아 고종을 강제 퇴위시켰다.

문 18. <보기>의 인물이 활동하던 시기에 해당하는 설명으로 가장 옳은 것은?

―――――〈보기〉―――――
• 새로 창건한 귀법사의 주지가 되었다.
• 불교 대중화에 관심이 있어 「보현십원가」를 지었다.
• 화엄학에 대한 주석서를 쓰는 등 화엄 교학을 정비하였다.

① 강조를 토벌한다는 명분으로 거란이 침략하였다.
② 대장경에 대한 주석서인 교장을 간행하였다.
③ 중국에 승려들을 보내 법안종을 수용하였다.
④ 현화사를 창건하였다.

문 19. <보기>의 사건을 시간순으로 바르게 나열한 것은?

―――――〈보기〉―――――
ㄱ. 이여송이 거느린 5만여 명의 명나라 지원군이 조선군과 합하여 평양성을 탈환하였다.
ㄴ. 왜군이 총공격을 가해오자 이순신 함대는 한산도 앞바다로 적을 유인하여 대파하였다.
ㄷ. 권율이 행주산성에서 1만여 명의 병력으로 전투를 벌여 3만여 명의 병력으로 공격해 온 일본군을 물리쳤다.
ㄹ. 진주에서 목사 김시민이 3,800여 명의 병력으로 2만여 명의 일본군을 맞아 성을 방어하는 데 성공했다.

① ㄴ - ㄹ - ㄱ - ㄷ
② ㄴ - ㄹ - ㄷ - ㄱ
③ ㄹ - ㄴ - ㄱ - ㄷ
④ ㄹ - ㄴ - ㄷ - ㄱ

문 20. 대한민국 임시 정부가 <보기>의 체제 개편을 하기 이전에 한 활동으로 가장 옳은 것은?

―――――〈보기〉―――――
대한민국 임시 정부는 헌법을 개정하여 집단 지도 체제인 국무위원제를 채택했다. 즉, 5~11인의 국무위원 가운데 한 사람을 주석으로 선출하되, 주석은 대통령이나 국무령과 같이 특별한 권한을 갖지 않고 다만 회의를 주재하는 권한만 갖게 했다.

① 이승만을 탄핵하고 박은식을 임시 대통령으로 추대했다.
② 조소앙의 삼균주의에 기초한 건국 강령을 반포하였다.
③ 의열 투쟁을 전개하고자 한인 애국단을 조직하였다.
④ 한국 국민당을 조직하여 정당정치를 운영하였다.

2022 서울시 9급
6월 18일 시행

문 1. <보기>의 밑줄 친 '이 시대'와 가장 관련이 없는 것은?

〈보기〉

이 시대에는 농경이 더욱 발달하여 조, 기장, 수수 등 다양한 잡곡이 재배되었다. 한반도 남부 지역에는 벼농사도 보급되었다. 한편 돼지와 같은 가축을 우리에 가두고 기르는 일도 흔해졌다. 사람들은 농경이 이루어지는 강가나 완만한 구릉에 마을을 이루어 살았다. 농경의 발달로 생산력이 늘어나자 인구가 늘어나고 빈부 차이와 계급이 발생하였다. 또한 식량을 둘러싼 집단 간의 싸움이 자주 일어나면서 마을에는 방어 시설이 만들어지기도 하였다.

① 고인돌
② 반달 돌칼
③ 민무늬 토기
④ 슴베찌르개

문 2. <보기>의 정책을 실시한 신라의 왕에 대한 설명으로 가장 옳은 것은?

〈보기〉

• 병부를 설치하여 왕이 직접 병권을 장악하고, 상대등을 설치하여 재상의 지위를 부여하였다.
• 김해 지역의 금관가야를 정복하여 낙동강으로 진출하는 길을 열었다.

① 백제 성왕과 동맹하여 고구려가 장악했던 한강 유역을 차지했다.
② 우산국으로 불리던 울릉도를 정복하여 영토로 편입하였다.
③ 백관의 공복을 제정하여 귀족을 관료로 등급화시켰다.
④ 신라 역사상 최대 영역을 확보했다.

문 3. 문화 통치 시기 일제의 조선 통치에 대한 설명으로 가장 옳은 것은?

① 토지 조사 사업을 실시하여 근대적 토지 소유 관계를 확립하고, 식민지 지주 소작제를 수립하였다.
② 식량 생산을 대폭 늘려 일본으로 더 많은 쌀을 가져가기 위해 이른바 산미 증식 계획을 세워 추진하였다.
③ 일본 자본가들의 과잉 자본을 조선에 투자하고, 전쟁에 필요한 필수품 조달을 위해 군수 공업을 위주로 하는 공업화 정책이 추진되었다.
④ 우리 민족을 일본 국민으로 동화시키기 위해 민족 말살 정책을 추진했다.

문 4. <보기>의 상황을 한국 전쟁의 전개 과정에 따라 순서대로 바르게 나열한 것은?

〈보기〉

ㄱ. 유엔군이 인천 상륙 작전에 성공하였다.
ㄴ. 중국군이 대규모 병력을 파견하기 시작하였다.
ㄷ. 판문점 부근에서 휴전 회담이 열리기 시작하였다.
ㄹ. 이승만 정부가 반공 포로 석방 조치를 실행하였다.

① ㄱ → ㄴ → ㄷ → ㄹ
② ㄱ → ㄷ → ㄹ → ㄴ
③ ㄴ → ㄱ → ㄷ → ㄹ
④ ㄴ → ㄹ → ㄱ → ㄷ

문 5. 고려 시대 왕들의 교육 제도 정비 내용으로 가장 옳은 것은?

① 숙종 대에 서적포라는 국립 출판사를 두어 책을 간행하였다.
② 예종 대에는 사립 학교 구재(九齋)를 설치하였다.
③ 문종은 양현고라는 장학 재단을 설치하여 운영하였다.
④ 고려의 국립대학 국자감은 충선왕 대에 국학으로 개칭되었다.

문 6. 조선 시기의 과거 제도에 대한 설명으로 가장 옳지 않은 것은?

① 생원과 진사를 선발하는 사마시의 1차 시험(초시)에서는 합격자의 수를 각 도의 인구 비율로 배분하였다.
② 문과의 정기 시험에는 현직 관원도 응시할 수 있었고, 합격하면 관품을 1~4계 올려주었다.
③ 조선 시기에는 고려 시기와 달리 과거를 보지 않고 관직으로 진출할 수 있는 음서 제도가 폐지되었다.
④ 무과 식년시는 3년에 한 번씩 시행했고, 서얼도 응시할 수 있었다.

문 7. <보기>의 ㉠에 들어갈 단체의 활동에 대한 설명으로 가장 옳지 않은 것은?

─〈보기〉─

1896년 4월 7일에 창간된 이 신문은 1899년 12월 4일 폐간될 때까지 약 3년 8개월 동안 발간되었다. 최초의 민간 신문인 동시에 처음으로 한글 전용과 띄어쓰기를 시도하며 한글판, 영문판을 발행하였다. ㉠ 와/과 만민 공동회의 정치적 활동을 옹호하고 대변하였다.

① 대한국 국제를 반포하였다.
② 반러 운동을 적극적으로 전개하였다.
③ 독립문 건립과 독립공원 조성을 추진하였다.
④ 계몽적, 사회적, 정치적 주제의 토론회를 개최하였다.

문 8. <보기>는 어느 동포의 강제 이주에 대한 회고록이다. 이 동포가 강제 이주되기 전에 거주하던 '㉠ 지역'에 대한 설명으로 가장 옳은 것은?

─〈보기〉─

우즈베키스탄의 늪지대에 내팽겨쳐진 고려인들은 땅굴 속에서 겨울을 난 후 늪지를 메워 목화 농사를 해야만 했다. 그러나 우리 가족을 먹여 살릴 삼촌 두 명은 농장에서 일한 경험도 없는 데다, ㉠ 에 살 때 광부 일을 했기 때문에 일자리를 찾아 탄광 도시 카라간다로 갔다. …(중략)… 고려인들의 주식인 쌀은 물론이고 간장, 된장도 전혀 구할 수가 없었다. 할 수 없이 우즈베키스탄 사람들이 먹는 보리빵으로 끼니를 때웠다. 그것도 아주 부족했다.

① 일제는 독립군을 토벌한다는 명목으로 조선인 마을을 파괴하였으며, 경신참변을 일으켜 조선인들을 대량 살육하기도 하였다.
② 1905년 이후 민족 운동가들이 독립운동을 위한 정치적 망명을 시작해 여러 곳에 한인 집단촌이 형성되고 많은 민족 단체와 학교가 설립되었으며, 항일 의병 및 독립운동이 활발히 전개되었다.
③ 1923년 대지진이 발생했는데, 조선인들이 우물에 독을 탔다는 유언비어가 퍼져 적어도 6,000여 명의 조선인들이 학살당하였다.
④ 태평양 전쟁 발발 후에는 수백 명의 조선인 청년들이 미군에 입대하여 일본군과 싸웠다.

문 9. <보기>와 관련된 왕에 대한 설명으로 가장 옳은 것은?

─〈보기〉─

• 종친을 정치에 참여시켜 왕실의 울타리를 튼튼하게 만들었다.
• 진관 체제를 실시하여 변방 중심의 방어 체제를 전국적인 지역 중심 방어 체제로 바꾸었다.
• 퇴직 관료에게도 지급하던 과전을 현직 관료에게만 지급하는 직전법으로 바꾸었다.
• 호적 사업과 호패법을 강화하고 보법을 실시하였다.

① 왕자들의 권력 투쟁이 일어난 경복궁을 피하여 응봉산 자락에 창덕궁을 새로 건설하였다.
② 이종무를 파견하여 왜구의 소굴인 쓰시마(대마도)를 정벌하게 하였다.
③ 조카를 몰아내고 왕위를 차지했으나, 왕권을 안정시키고 중앙 집권 체제를 강화하는 데 기여하였다.
④ 『경국대전』 편찬을 완료하여 반포하고, 우리나라 통사인 『동국통감』 편찬을 완료했다.

문 10. <보기>에 해당하는 기관으로 가장 옳은 것은?

─〈보기〉─

• 1894년 국정 전반에 걸쳐 개혁을 수행하기 위해 신설된 기관
• 3개월 동안 개혁 법령을 토의, 공포한 입법 기구
• 총재 김홍집을 비롯하여 유길준 등 개혁 관료들이 주도

① 교전소
② 집강소
③ 군국기무처
④ 삼정이정청

문 11. <보기>에서 설명하는 기록물에 해당하는 것은?

─〈보기〉─

• 조선 후기 국정 운영 내용을 매일 정리한 기록이다.
• 국왕의 일기 형식으로 작성되었다.
• 유네스코 세계 기록 유산으로 등재되었다.

① 『승정원일기』
② 『비변사등록』
③ 『조선왕조실록』
④ 『일성록』

문 12. 〈보기〉의 내용과 직접적인 관련이 가장 없는 것은?

〈보기〉

조선은 실로 아시아의 요충을 차지하여 지리적으로 반드시 쟁탈의 대상이 될 것인 바, 조선이 위태로워지면 중앙 및 동아시아의 정세도 날로 위급해질 것이므로 러시아가 영토를 확장하려 한다면 반드시 조선으로부터 시작할 것이다. …(중략)… 그렇다면, 오늘날 조선의 책략은 러시아를 막는 일보다 더 급한 것이 없을 것이다. 러시아를 막는 책략은 무엇인가? 중국과 친하고 일본과 맺고, 미국과 연결함으로써 자강을 도모할 따름이다.

① 이만손 등이 만인소를 올렸다.
② 일본과 제물포 조약을 체결하였다.
③ 고종은 척사윤음을 내려 유생들의 불만을 달랬다.
④ 청나라 사람 황준헌이 작성한 『조선책략』의 내용이다.

문 13. 고려의 중앙 정치 제도에 대한 설명으로 가장 옳지 않은 것은?

① 중서문하성과 추밀원의 합좌 기구인 식목도감은 국가의 재정 회계를 관장하였다.
② 상서성의 6부가 각기 국무를 분담하였지만, 중서문하성에 강하게 예속되어 있었다.
③ 추밀원은 추부라고도 불렸는데 군기를 관장하고 왕명을 출납하는 등 중요한 기능을 담당했다.
④ 고려는 중서성과 문하성을 합해 중서문하성이라는 단일 기구를 만들어 정치의 최고 관부로 삼았다.

문 14. 〈보기〉의 사건을 시간순으로 바르게 나열한 것은?

〈보기〉
ㄱ. 고구려의 평양 천도
ㄴ. 백제군의 평양성 공격
ㄷ. 고구려의 낙랑군·대방군 축출
ㄹ. 위군의 침략으로 환도성 함락

① ㄱ → ㄴ → ㄷ → ㄹ
② ㄴ → ㄱ → ㄹ → ㄷ
③ ㄷ → ㄹ → ㄱ → ㄴ
④ ㄹ → ㄷ → ㄴ → ㄱ

문 15. 〈보기 1〉에서 나타나는 폐단을 해결하기 위한 정책과 관련하여 바르게 서술한 것을 〈보기 2〉에서 모두 고른 것은?

〈보기 1〉

여러 도감에 바치는 물품은 각 고을에서 현물로 바치려고 해도 여러 궁방에서 방납하는 것을 이롭게 여겨 각 고을에다 협박을 가하여 손을 쓸 수 없도록 합니다. 그러고는 그들의 사물(私物)로 자신에게 납부하게 하고 억지로 높은 값을 정하는데 거위나 오리 한 마리의 값이 소나 말 한 마리이며 조금만 시일을 지체하면 갑절로 징수합니다.
-『선조실록』-

〈보기 2〉
ㄱ. 풍흉에 관계없이 토지 1결당 4~6두의 세금을 징수했다.
ㄴ. 공물을 토지의 결수에 따라 쌀, 무명, 동전 등으로 납부하게 했다.
ㄷ. 이 정책의 실시로 정부에 관수품을 조달하는 공인이 등장했다.

① ㄱ
② ㄴ
③ ㄱ, ㄴ
④ ㄴ, ㄷ

문 16. 〈보기〉의 조선 후기 호락논쟁에 대한 설명 중 성격이 다른 것은?

〈보기〉
ㄱ. 조선을 중화로, 청을 오랑캐로 보는 명분론으로 이어진다.
ㄴ. 조선 후기 실학 운동으로 이어지는 사상적 기반이 되었다.
ㄷ. 주로 충청도 지역의 학자들이 중심이 되었다.
ㄹ. 대표적인 학자로는 한원진이 있다.

① ㄱ
② ㄴ
③ ㄷ
④ ㄹ

문 17. <보기>의 선언문이 발표된 이후에 일어난 변화로 가장 옳은 것은?

<보기>

　　오늘 우리는 전 세계 이목이 우리를 주시하는 가운데 40년 독재 정치를 청산하고 희망찬 민주 국가를 건설하기 위한 거보를 전 국민과 함께 내딛는다. 국가의 미래요 소망인 꽃다운 젊은이를 야만적인 고문으로 죽여 놓고 그것도 모자라 뻔뻔스럽게 국민을 속이려 했던 현 정권에게 국민의 분노가 무엇인지를 분명히 보여주고, 국민적 여망인 개헌을 일방적으로 파기한 4·13 폭거를 철회시키기 위한 민주 장정을 시작한다.

① 해방 이후 단절되었던 일본과의 국교가 정상화되었다.
② 내각 책임제와 양원제 국회를 특징으로 하는 개헌이 이루어졌다.
③ 장기적인 경제 발전을 위해 경제 개발 5개년 계획을 수립하였다.
④ 연임이 안 되는 임기 5년의 대통령을 직선제로 선출하게 되었다.

문 18. <보기>의 밑줄 친 '왕'의 재위 기간에 일어난 일이 아닌 것은?

<보기>

　　재위 12년 신미년에 왕이 거칠부 및 대각찬 구진, 각찬 비태, 잡찬 탐지, 잡찬 비서, 파진찬 노부, 파진찬 서력부, 대아찬 비차부, 아찬 미진부 등 여덟 장군에게 명하여 백제와 더불어 고구려를 공격하도록 하였다. 백제인들이 먼저 평양을 공격하여 깨뜨리자, 거칠부 등은 승기를 타서 죽령 바깥, 고현 이내의 10군을 빼앗았다.
— 『삼국사기』 —

① 대가야를 정벌하여 가야 연맹을 소멸시켰다.
② 인재를 양성하기 위하여 화랑도를 국가적 조직으로 개편하였다.
③ 자장의 건의를 받아들여 황룡사 9층 목탑을 건립하였다.
④ 신라의 역사를 정리하여 국사를 편찬하였다.

문 19. <보기>에서 일제 강점기의 의식주 변화에 해당하는 것을 모두 고른 것은?

<보기>

ㄱ. 음식 조리 과정에서 왜간장, 조미료 등을 사용하였다.
ㄴ. 도시 인구 급증의 후유증으로 토막(土幕)집이 등장하였다.
ㄷ. 일제 말 여성들이 일본식 노동복인 몸뻬의 착용을 강요당하였다.
ㄹ. 경성의 경우, 북촌에는 조선인이, 남촌에는 일본인이 주로 거주하였다.

① ㄱ, ㄷ
② ㄱ, ㄹ
③ ㄴ, ㄷ, ㄹ
④ ㄱ, ㄴ, ㄷ, ㄹ

문 20. <보기>에서 ㉠에 들어갈 나라에 대한 설명으로 가장 옳은 것은?

<보기>

　　신(臣) 아무개가 아룁니다. 본국 숙위원의 보고를 접하니, 지난 건녕 4년 7월에 ㉠ 의 하정사(賀正使)인 왕자 대봉예가 호소문을 올려 그들이 우리보다 위에 있도록 허락해 주기를 청했다고 합니다. 삼가 칙지를 받들건대, "나라 이름의 선후는 본래 강약을 따져서 칭하는 것이 아니다. 조정 제도의 등급을 지금 어떻게 성쇠를 가지고 고칠 수가 있겠는가. 그동안의 관례대로 함이 당연하니, 이 지시를 따르도록 하라."라는 내용이었습니다.
— 『고운집』 —

① 마진, 태봉 등의 국호를 사용하였다.
② 당으로부터 해동성국이라는 칭호를 들었다.
③ 백제의 부흥을 내걸고 완산주에 도읍을 정했다.
④ 지금의 황해도 지역에 패강진이라는 군진을 개설하였다.

2021 서울시 9급 (6월 5일 시행)

문 1. <보기>에서 설명하는 시대의 문화유산으로 옳은 것은?

―〈보기〉―
- 주로 움집에서 거주하였다.
- 유적은 주로 큰 강이나 해안 지역에서 발견된다.
- 농경 생활을 시작하였고, 조·피 등을 재배하였다.

① 고인돌
② 세형동검
③ 거친무늬 거울
④ 빗살무늬 토기

문 2. <보기>는 대한민국 헌법 개정을 시기순으로 나열한 것이다. (가)와 (나)에 들어갈 내용으로 옳은 것은?

―〈보기〉―

제6차 1969년	제7차 1972년	제8차 1980년	제9차 1987년
대통령 3선 허용	유신 헌법 대통령 간선제 (임기 6년)	(가) (7년 단임)	(나) (5년 단임)

	(가)	(나)
①	대통령 간선제	대통령 직선제
②	대통령 직선제	대통령 직선제
③	대통령 간선제	대통령 간선제
④	대통령 직선제	대통령 간선제

문 3. <보기>의 밑줄 친 '이 법'을 제정한 왕의 업적으로 옳은 것은?

―〈보기〉―
임진왜란 이후 군역 대신 군포를 징수하여 1년에 2필을 납부하게 하였다. 그런데 군적이 제대로 정리되지 않았고, 지방관의 농간까지 겹쳐 실제 납부액이 훨씬 많았다. 이에 이 법을 제정하여 군포 부담을 절반으로 줄여 주었다.

① 『속대전』을 편찬하였다.
② 『대전통편』을 편찬하였다.
③ 『대전회통』을 편찬하였다.
④ 『경국대전』을 편찬하였다.

문 4. <보기>는 동학 농민 전쟁에 관련된 주요 사건을 표로 나타낸 것이다. 청·일 전쟁이 발발된 시기는?

―〈보기〉―

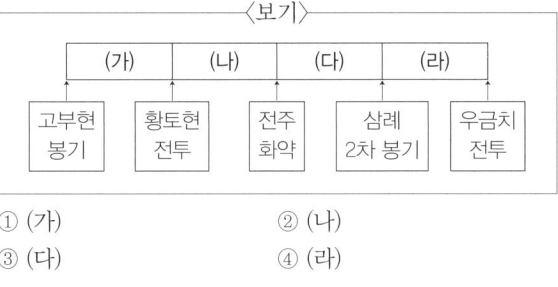

① (가)
② (나)
③ (다)
④ (라)

문 5. <보기>의 사건이 있었던 시기의 사실로 가장 옳은 것은?

―〈보기〉―
가을 9월에 고구려 왕 거련(巨璉)이 군사 3만 명을 이끌고 왕도(王都) 한성을 포위하였다. 왕은 성문을 닫고 나가 싸우지 않았다. …(중략)… 왕은 곤궁하여 어찌할 바를 모르다가, 기병 수십을 거느리고 성문을 나가 서쪽으로 도망쳤다. 고구려인이 쫓아가 그를 살해하였다.
―『삼국사기』―

① 성왕이 신라군에게 살해되었다.
② 신라가 건원이라는 연호를 사용하였다.
③ 을지문덕이 살수에서 수의 군대를 물리쳤다.
④ 고구려가 중국의 남북조와 동시에 교류하였다.

문 6. 〈보기〉에서 발해 문화가 고구려를 계승하였음을 보여주는 문화유산을 모두 고른 것은?

〈보기〉
ㄱ. 온돌 장치
ㄴ. 벽돌무덤
ㄷ. 굴식 돌방무덤
ㄹ. 주작대로

① ㄱ, ㄴ
② ㄱ, ㄷ
③ ㄴ, ㄹ
④ ㄷ, ㄹ

문 7. 〈보기〉의 (가) ~ (라)에 대한 설명으로 가장 옳은 것은?

〈보기〉
(가) 한국광복군
(나) 한인 애국단
(다) 한국 독립군
(라) 조선 혁명군

① (가) - 미 전략 사무국(OSS)과 협력하여 국내 진공 작전을 계획하였다.
② (나) - 중국 관내 최초의 한인 무장 부대로, 중국 국민당 정부의 지원을 받았다.
③ (다) - 양세봉이 이끄는 군대로, 영릉가 전투와 흥경성 전투에서 일본군을 격퇴하였다.
④ (라) - 지청천이 이끄는 군대로, 항일 중국군과 함께 쌍성보 전투, 동경성 전투 등에서 일본군을 격퇴하였다.

문 8. 〈보기〉와 같이 기록된 고려 무신정권기 집권자는?

〈보기〉
경주 사람이다. 아버지는 소금과 체(篩)를 파는 것을 업(業)으로 하였고, 어머니는 연일현(延日縣) 옥령사(玉靈寺)의 노비였다. …(중략)… 그는 수박(手搏)을 잘했기에 의종의 총애를 받아 대정에서 별장으로 승진하였고, …(중략)… 그가 무신정변 때 참여하여 죽인 사람이 많으므로 중랑장(中郞將)으로 임명되었다가 얼마 후 장군으로 승진하였다.
－『고려사』 권128, 반역전－

① 최충헌
② 김준
③ 임연
④ 이의민

문 9. 〈보기〉의 법령이 실시된 시기에 일어난 민주화 운동으로 가장 옳은 것은?

〈보기〉
모두 9차례 발표된 법령으로 마지막으로 선포된 9호에 따르면 헌법을 부정·반대 또는 개정을 요구하거나 이를 보도하면 영장 없이 체포할 수 있었다. 이로 인해 많은 학생, 지식인, 야당 정치인, 기자 등이 구속되었다.

① 3선 개헌 반대 운동이 일어났다.
② 3·1 민주 구국 선언이 발표되었다.
③ 민주헌법쟁취 국민운동본부가 결성되었다.
④ 신민당이 직선제 개헌을 위한 서명 운동을 전개하였다.

문 10. 〈보기〉의 밑줄 친 '왕'이 재위하던 시기에 대한 설명으로 가장 옳은 것은?

〈보기〉
왕이 명령하여 노비를 안검하고 시비를 살펴 분별하게 하였다. (이 때문에) 종이 그 주인을 배반하는 자가 헤아릴 수 없을 정도였다. 이 때문에 윗사람을 능멸하는 기풍이 크게 행해지니, 사람들이 모두 원망하였다. 왕비가 간절히 말렸는데도 듣지 않았다.

① 서경 천도를 추진하였다.
② 광덕, 준풍 등의 연호를 사용하였다.
③ 지방관을 파견하고 향리 제도를 마련하였다.
④ 기인 제도를 최초로 실시하여 호족들을 통제하였다.

문 11. 〈보기〉의 (가), (나) 문서에 대한 설명으로 가장 옳지 않은 것은?

〈보기〉
(가) 대한 제국의 정치는 이전으로 보면 500년 전래하시고 이후로 보면 만세에 걸쳐 불변하오실 전제 정치니라.
(나) 외국인에게 의부 아니하고 관민이 동심 합력하여 전제 황권을 견고케 할 것.

① (가)에서는 입법·사법·행정의 모든 권력이 황제에게 있음을 천명하였다.
② (나)에서는 정부의 예산과 결산을 인민에게 공표할 것을 주장하였다.
③ (나)를 수용한 고종은 조칙 5조를 반포하였다.
④ (가)에 따른 전제 정치 선포에 반발하며 독립 협회는 의회 개설 운동을 전개하였다.

문 12. 〈보기〉의 (가), (나) 시기 사이에 있었던 사실로 가장 옳은 것은?

〈보기〉
(가) 고구려는 백제를 선제공격하였다가 패하고, 고국원왕이 전사하는 위기를 맞았다.
(나) 왜의 침입을 받은 신라를 구원하기 위해 원병을 보내고 낙동강 하류까지 진출하였다.

① 수도를 평양성으로 천도하였다.
② 낙랑군을 축출하고 대동강 유역을 차지하였다.
③ 요서 지역에 대해 선제공격을 감행하였다.
④ 태학을 설립하고 율령을 반포하여 체제 안정화 정책을 실시하였다.

문 13. 〈보기〉의 (가) 인물에 대한 설명으로 가장 옳은 것은?

〈보기〉
• 태조는 정예 기병 5천 명을 거느리고 공산(公山) 아래에서 (가) 을/를 맞아서 크게 싸웠다. 태조의 장수 김락과 신숭겸은 죽고 모든 군사가 패하였으며, 태조는 겨우 죽음을 면하였다.
• (가) 이/가 크게 군사를 일으켜 고창군(古昌郡)의 병산 아래에 가서 태조와 싸웠으나 이기지 못하였다. 전사자가 8천여 명이었다.

① 오월에 사신을 보내 교류하였다.
② 송악에서 철원으로 도읍을 옮겼다.
③ 기훤, 양길의 휘하에서 세력을 키웠다.
④ 예성강을 중심으로 성장한 해상 세력이다.

문 14. 〈보기〉의 사건들을 일어난 순서대로 바르게 나열한 것은?

〈보기〉
ㄱ. 〈동아일보〉와 〈조선일보〉가 창간되었다.
ㄴ. 동경 유학생들이 2·8 독립 선언을 하였다.
ㄷ. 순종의 국장일에 만세 시위 사건이 일어났다.
ㄹ. 조선어 학회가 한글 맞춤법 통일안을 발표하였다.

① ㄱ-ㄷ-ㄴ-ㄹ
② ㄴ-ㄱ-ㄷ-ㄹ
③ ㄷ-ㄹ-ㄴ-ㄱ
④ ㄹ-ㄱ-ㄷ-ㄴ

문 15. 〈보기〉의 사건들을 일어난 순서대로 바르게 나열한 것은?

〈보기〉
ㄱ. 남인이 제2차 예송을 통해 집권하였다.
ㄴ. 노론과 소론이 민비를 복위하는 과정을 거쳐 집권하였다.
ㄷ. 서인은 허적이 역모를 꾸몄다고 고발하여 남인을 축출하고 집권하였다.
ㄹ. 남인은 장희빈이 낳은 왕자가 세자로 책봉되는 과정을 거쳐 집권하였다.

① ㄱ-ㄷ-ㄹ-ㄴ
② ㄴ-ㄹ-ㄷ-ㄱ
③ ㄷ-ㄱ-ㄴ-ㄹ
④ ㄹ-ㄷ-ㄱ-ㄴ

문 16. 〈보기〉에서 고려 시대 회화 작품을 모두 고른 것은?

〈보기〉
ㄱ. 고사관수도
ㄴ. 부석사 조사당 벽화
ㄷ. 예성강도
ㄹ. 송하보월도

① ㄱ, ㄷ
② ㄱ, ㄹ
③ ㄴ, ㄷ
④ ㄴ, ㄹ

문 17. 〈보기〉에 나타난 사건과 시기상 가장 먼 것은?

〈보기〉
처음 충주 부사 우종주가 매양 장부와 문서로 인하여 판관 유홍익과 틈이 있었는데, 몽골군이 장차 쳐들어온다는 말을 듣고 성 지킬 일을 의논하였다. 그런데 의견상 차이가 있어서 우종주는 양반 별초를 거느리고, 유홍익은 노군과 잡류 별초를 거느리고 서로 시기하였다. 몽골군이 오자 우종주와 유홍익은 양반 등과 함께 다 성을 버리고 도주하고, 오직 노군과 잡류만이 힘을 합하여 쳐서 이를 쫓았다.

① 처인성에서 몽골 장수를 사살하였다.
② 진주의 공·사노비와 합주의 부곡민이 합세하였다.
③ 수도를 강화도로 옮기고 주민을 산성과 섬으로 피난시켰다.
④ 몽골군이 경주의 황룡사 9층탑을 불태웠다.

문 18. 〈보기〉의 제도가 처음 시행된 시기의 군사 제도에 대한 설명으로 가장 옳은 것은?

〈보기〉

경성과 지방의 군사에 보인을 지급하는데 차등이 있다. 장기 복무하는 환관도 2보를 지급한다. 장정 2인을 1보로 하고, 갑사에게는 2보를 지급한다. 기병, 수군은 1보 1정을 준다. 보병, 봉수군은 1보를 준다. 보인으로서 취재에 합격하면 군사가 될 수 있다.

① 중앙군을 5군영으로 편성하였다.
② 2군 6위가 중앙과 국경을 수비하였다.
③ 지방군은 진관 체제를 바탕으로 조직되었다.
④ 양반부터 노비까지 모두 속오군에 편입시켰다.

문 19. 〈보기〉와 같은 주장을 편 인물에 대한 설명으로 가장 옳은 것은?

〈보기〉

토지 소유를 제한하는 법령을 세우십시오. 모년 모월 이후부터 제한된 토지보다 많은 자는 더 가질 수 없고, 그 법령 이전부터 소유한 것은 비록 광대한 면적이라 해도 불문에 부치며, 그 자손에게 분급해 주는 것은 허락하고, 혹시 사실대로 하지 않고 숨기거나 법령 이후에 제한을 넘어 더 점유한 자는 백성이 적발하면 백성에게 주고, 관아에서 적발하면 관아에서 몰수하십시오. 이렇게 한다면 수십 년이 못 가서 전국의 토지는 균등하게 될 것입니다.

-「한민명전의」-

① 『북학의』를 저술하여 청 문물의 수용을 역설하였다.
② 「양반전」, 「호질」 등을 지어 놀고먹는 양반을 비판하였다.
③ 화폐 제도의 문제점을 지적하며 폐전론을 주장하였다.
④ 마을 단위로 토지를 공동 경작하여 분배할 것을 제안하였다.

문 20. 〈보기〉의 자료와 관련된 개혁의 내용으로 가장 옳은 것은?

〈보기〉

• 청나라에 의존하는 생각을 끊어버리고 자주독립의 터전을 튼튼히 세운다.
• 왕실에 관한 사무와 나라 정사에 관한 사무는 반드시 분리시키고 서로 뒤섞지 않는다.
• 조세나 세금을 부과하는 것과 경비를 지출하는 것은 모두 탁지아문에서 관할한다.
• 의정부와 각 아문의 직무와 권한을 명백히 제정한다.
• 지방 관제를 빨리 개정하여 지방 관리의 직권을 제한한다.

① 지방에 진위대를 설치하고, 건양이라는 연호를 제정하였다.
② 내각 제도를 수립하고, 인민 평등권 확립과 조세 개혁 등을 추진하였다.
③ 의정부를 내각으로 개편하고, 지방 제도를 8도에서 23부로 바꾸었다.
④ 전라도 53군에 자치적 민정 기구인 집강소가 설치되었다.

2020 6월 13일 시행 서울시 9급

한 국 사 | D책형 | 1쪽

풀이 시간: ___:___ ~ ___:___ / 점수: ___점

해당 〈2020 서울시 9급〉 문제는 서울시가 출제한 방호, 시설 관리, 기계시설, 전기시설 9급 직렬에 해당하는 문제입니다.

1초 합격예측! 모바일 성적분석표

QR 코드로 접속하여 문제 풀이시간을 측정하고, 〈1초 합격예측 & 모바일 성적분석표〉 서비스를 통해 지금 바로 실력을 점검해 보세요.
http://eduwill.kr/EG46

문 1. 조선 후기 광업에 대한 설명으로 가장 옳지 않은 것은?

① 정부의 통제 정책으로 잠채가 사라졌다.
② 자본과 경영이 분리된 생산 방식이었다.
③ 청과의 무역으로 은의 수요가 증가하였다.
④ 17세기 이후 민간인의 광산 채굴을 허용하였다.

문 2. 고려의 지방 제도에 대한 설명으로 옳은 것을 〈보기〉에서 모두 고른 것은?

〈보기〉
ㄱ. 양계 지역은 계수관이 관할하였다.
ㄴ. 수령이 파견된 주현보다 수령이 파견되지 않은 속현의 수가 많았다.
ㄷ. 성종 때 12목이 설치되었다.
ㄹ. 향·소·부곡 등의 특수 행정 조직이 있었다.

① ㄱ, ㄴ, ㄷ
② ㄱ, ㄴ, ㄹ
③ ㄱ, ㄷ, ㄹ
④ ㄴ, ㄷ, ㄹ

문 3. 〈보기〉의 ㉠에 해당하는 인물에 대한 설명으로 가장 옳은 것은?

〈보기〉
(㉠)의 노비인 만적 등 여섯 명이 북산(北山)에 나무하러 갔다가 공사(公私) 노비들을 모아 놓고 말하기를, "장군과 재상이 어찌 타고난 씨가 따로 있겠는가? 때만 만나면 누구나 될 수 있는 것이다. 우리라고 어찌 뼈 빠지게 일만 하고 채찍 아래에서 고통만 당하겠는가?"라고 하였다. (중략) "각자 자기 주인들을 때려 죽이고 노비 문서를 불태워버리자. 이로써 이 나라에 다시는 천인이 없게 하면, 공경장상을 우리들이 모두 차지할 수 있을 것이다."라고 하였다.

① 교정도감을 설치하여 국정을 장악하는 한편 도방을 통해 군사적 기반을 강화하였다.
② 노비안검법을 실시하여 억울하게 노비가 된 자를 해방하였다.
③ 풍수지리설을 앞세워 서경 천도를 적극 추진하였다.
④ 딸들을 왕에게 시집보내어 권력을 잡고 척준경과 함께 난을 일으켰다.

문 4. 〈보기〉의 밑줄 친 '그'의 저술로 가장 옳은 것은?

〈보기〉
그는 당나라로 가던 도중 진리는 마음속에 있음을 깨닫고 유학을 포기하였다. 여러 종파의 갈등을, 보다 높은 수준에서 융화·통일시키려 하였으므로, 훗날 화쟁국사(和諍國師)로 추앙받았다.

① 『해동고승전』
② 『대승기신론소』
③ 『왕오천축국전』
④ 『화엄일승법계도』

문 5. 〈보기〉의 개헌 시기를 순서대로 바르게 나열한 것은?

〈보기〉
ㄱ. 대통령 3회 연임 허용
ㄴ. 대통령 직선제 및 5년 단임
ㄷ. 대통령 직선제, 국회 양원제
ㄹ. 대통령은 통일 주체 국민 회의에서 간선

① ㄱ → ㄴ → ㄹ → ㄷ
② ㄴ → ㄷ → ㄱ → ㄹ
③ ㄷ → ㄱ → ㄹ → ㄴ
④ ㄹ → ㄴ → ㄷ → ㄱ

문 6. 〈보기〉의 글을 쓴 학자의 주장에 대한 설명으로 가장 옳은 것은?

〈보기〉

검소하다는 것은 물건이 있어도 남용하지 않는 것을 말하는 것이지 자신에게 물건이 없다 하여 스스로 단념하는 것을 말하는 것이 아니다. 지금 우리나라 안에는 구슬을 캐는 집이 없고 시장에 산호 따위의 보배가 없다. 또 금과 은을 가지고 가게에 들어가도 떡을 살 수 없는 형편이다. …(중략)… 이것은 물건을 이용하는 방법을 모르기 때문이다. 이용할 줄 모르니 생산할 줄 모르고, 생산할 줄 모르니 백성은 나날이 궁핍해지는 것이다.

① 균전론을 내세워 사농공상 직업에 따라 토지를 분배하여 자영농을 육성할 것을 주장하였다.
② 상공업을 육성하고 선박, 수레, 벽돌 등 발달된 청의 기술을 적극적으로 수용하자고 제안하였다.
③ 처음에는 여전론, 이후에는 정전제를 내세워 자영농 육성을 위한 토지 제도 개혁을 주장하였다.
④ 통일 신라와 발해가 병립한 시기를 남북국 시대로 설정하여 발해를 우리 역사의 체계 속에 적극적으로 포용하였다.

문 7. 〈보기〉의 정책이 시행된 왕대에 대한 설명으로 가장 옳은 것은?

〈보기〉

백성들이 육전[육의전(六矣廛)] 이외에는 허가받은 시전 상인들과 같이 장사를 할 수 있도록 하셨다. 채제공이 아뢰기를 "(전략) 마땅히 평시서(平市署)로 하여금 20, 30년 사이에 새로 벌인 영세한 가게 이름을 조사해 내어 모조리 없애도록 하고, 형조와 한성부에 분부하여 육전이 아니라면 난전이라 하여 잡혀 오는 자들을 처벌하지 말도록 할 뿐만 아니라 잡아 온 자를 처벌하시면, 장사하는 사람들은 서로 매매하는 이익이 있을 것이고 백성들도 가난에 대한 걱정이 없어질 것입니다. 그 원망은 신이 스스로 감당하겠습니다."라고 하니 왕께서 따랐다.

① 법령을 정비하여 속대전을 편찬하였다.
② 청과 국경선을 정하고 백두산정계비를 세웠다.
③ 조세 제도를 개편하여 영정법을 시행하였다.
④ 인재를 양성하기 위해 초계문신제를 시행하였다.

문 8. 〈보기〉에서 설명하는 책의 제목으로 가장 옳은 것은?

〈보기〉

• 1433년(세종 15)에 편찬되었다.
• 각종 병론(病論)과 처방을 적었다.
• 전통적인 경험에 기초했다.
• 조선의 약재를 중시했다.

①『향약집성방』
②『동의보감』
③『금양잡록』
④『칠정산』

문 9. 〈보기 1〉의 밑줄 친 '이 법'에 대한 옳은 설명을 〈보기 2〉에서 모두 고른 것은?

〈보기 1〉

영의정 이원익이 아뢰기를, "각 고을에서 바치는 공물이 각급 관청의 방납인들에 의해 중간에서 막혀 물건 하나의 가격이 몇 배 또는 몇 십 배, 몇 백 배가 되어 그 폐단이 이미 고질화하였습니다. 그러니 지금 마땅히 별도로 하나의 청을 설치하여 이 법을 시행하도록 하소서."라고 하니 왕이 따랐다.

〈보기 2〉

ㄱ. 이 법이 실시된 뒤 현물 징수가 완전히 없어졌다.
ㄴ. 처음에는 경기도에서 시험적으로 시행되었다.
ㄷ. 과세 기준을 가호 단위에서 토지 결수로 바꾸었다.
ㄹ. 풍흉의 정도에 따라 조세 액수를 조정하였다.

① ㄱ, ㄴ
② ㄱ, ㄷ
③ ㄴ, ㄷ
④ ㄷ, ㄹ

문 10. 〈보기〉의 사설이 발표되는 계기가 된 사건에 대한 설명으로 가장 옳은 것은?

〈보기〉

…(중략)… 그러나 슬프도다. 저 개돼지만도 못한 이른바 우리 정부의 대신이란 자들은 자기 일신의 영달과 이익이나 바라면서 위협에 겁먹어 머뭇대거나 벌벌 떨며 나라를 팔아먹는 도적이 되기를 감수하였다. 아, 4,000년의 강토와 500년의 사직을 다른 나라에 갖다 바치고, 2,000만 국민을 타국의 노예가 되게 하였으니, …(중략)… 아! 원통한지고, 아! 분한지고. 우리 2,000만 타국인의 노예가 된 동포여! 살았는가, 죽었는가? 단군, 기자 이래 4,000년 국민정신이 하룻밤 사이에 갑자기 망하고 말 것인가. 원통하고 원통하다. 동포여! 동포여!

① 친러 성향의 내각이 수립되어 러시아의 정치적 간섭이 강화되었고, 열강의 이권 침탈도 심해졌다.
② 러일 전쟁 승리 이후 일본은 대한 제국의 외교권을 박탈하는 조약을 체결하여 대한 제국을 일본의 보호국으로 만들었다.
③ 일본은 헤이그 특사 파견을 문제 삼아 고종 황제를 강제로 퇴위시키고, 대한 제국의 군대를 해산하는 조약을 체결했다.
④ 총리대신 이완용과 조선 통감 데라우치 사이에 조약이 체결되어 국권을 상실하였다.

문 11. 〈보기〉의 고려 토지 제도 (가)~(라) 각각에 대한 설명으로 가장 옳지 않은 것은?

〈보기〉

(가) 조신(朝臣)이나 군사들의 관계(官階)를 따지지 않고 그 사람의 성품, 행동의 선악(善惡), 공로의 크고 작음을 보고 차등 있게 역분전을 지급하였다.
(나) 경종 원년 11월에 비로소 직관(職官), 산관(散官)의 각 품(品)의 전시과를 제정하였다.
(다) 목종 원년 12월에 양반 및 군인들의 전시과를 개정하였다.
(라) 문종 30년에 양반 전시과를 다시 개정하였다.

① (가) - 후삼국 통일 전쟁에 공이 있는 사람들에게 지급하였다.
② (나) - 인품을 반영하여 토지를 지급하였다.
③ (다) - 실직이 없는 산관은 토지 지급 대상에서 제외되었다.
④ (라) - 현직 관리에게만 토지가 지급되고, 문·무관의 차별이 거의 사라졌다.

문 12. 〈보기〉의 사건들을 시간순으로 바르게 나열한 것은?

〈보기〉

ㄱ. 신라 - 건원(建元)이라는 독자적인 연호를 만들었다.
ㄴ. 가야 - 대가야가 멸망하면서 가야 연맹이 완전히 해체되었다.
ㄷ. 고구려 - 낙랑군을 완전히 몰아내고 대동강 유역을 확보하였다.
ㄹ. 백제 - 수도인 한성이 함락되고 왕이 죽자 도읍을 웅진으로 옮겼다.

① ㄱ → ㄴ → ㄷ → ㄹ
② ㄴ → ㄷ → ㄹ → ㄱ
③ ㄷ → ㄹ → ㄱ → ㄴ
④ ㄹ → ㄱ → ㄴ → ㄷ

문 13. 〈보기〉의 밑줄 친 '왕'에 대한 설명으로 가장 옳은 것은?

〈보기〉

왕이 행차에서 돌아와 그 대나무로 피리를 만들어 월성의 천존고(天尊庫)에게 간직하였다. 이 피리를 불면 적병이 물러가고 병이 나으며, 가뭄에는 비가 오고 장마에는 날씨가 개며, 바람이 잦아지고 물결이 평온해졌다. 이를 만파식적으로 부르고 나라의 보물이라 칭하였다.
-『삼국유사』-

① 녹읍을 부활시켰다.
② 9주 5소경을 설치하였다.
③ 정전을 지급하였다.
④ 고구려 부흥 운동을 지원하였다.

문 14. 〈보기〉의 조약이 체결된 이후에 일어난 사건으로 가장 옳지 않은 것은?

〈보기〉

〈제1관〉 조선국은 자주국으로서 일본국과 평등한 권리를 보유한다.
〈제7관〉 조선의 연해 도서는 지극히 위험하므로 일본의 항해자가 자유로이 해안을 측량함을 허가한다.

① 만동묘가 철폐되었다.
② 이범윤이 간도 시찰원으로 파견되었다.
③ 통리기무아문이 설치되었다.
④ 영남 유생들이 만인소를 올렸다.

문 15. ⟨보기⟩의 유물들이 발견되는 시대에 대한 설명으로 가장 옳은 것은?

⟨보기⟩
- 이른 민무늬 토기
- 덧무늬 토기
- 눌러찍기무늬 토기
- 빗살무늬 토기

① 세형동검, 잔무늬 거울 등을 사용하였다.
② 고인돌과 돌널무덤을 사용하였다.
③ 공주 석장리 유적과 청원 두루봉 동굴 유적이 대표적인 유적지이다.
④ 갈돌과 갈판 등 간석기를 사용하였다.

문 16. ⟨보기⟩에서 설명하는 나라의 법률로 가장 옳지 않은 것은?

⟨보기⟩
은력(殷曆) 정월에 하늘에 제사를 지내며 나라에서 대회를 열어 연일 마시고 먹고 노래하고 춤추는데, 영고(迎鼓)라고 한다. 이때 형옥(刑獄)을 중단하여 죄수를 풀어 주었다.
－「삼국지」 권30, 「위서」 30 오환선비동이전－

① 남에게 상처를 입힌 자는 곡식으로 갚게 했다.
② 도둑질을 하면 그 물건의 12배를 변상케 했다.
③ 형벌이 매우 엄하여 사람을 죽인 사람은 사형에 처하고 그 집안사람은 노비로 삼았다.
④ 남녀 간에 간음을 하거나 투기하는 부인은 모두 죽였다.

문 17. ⟨보기⟩의 글을 쓴 인물의 주장과 같은 입장에 대한 설명으로 가장 옳은 것은?

⟨보기⟩
우리 조선의 역사적 발전의 전 과정은 가령, 지리적 조건, 인종학적 골상, 문화 형태의 외형적 특징 등에서 다소의 차이는 인정되더라도, 외관적인 소위 특수성은 다른 문화 민족의 역사적 발전 법칙과 구별되어야 하는 독자적인 것은 아니며, 세계사적·일원론적인 역사 법칙에 의해 다른 여러 민족과 거의 같은 궤도로 발전 과정을 거쳐 온 것이다.

① 민족정신을 강조하여 우리의 고유한 특색과 전통을 찾았다.
② 신채호와 박은식의 사학을 계승하였다.
③ 역사학의 주관적 해석을 배제하고 문헌 고증을 중시하였다.
④ 한국사의 발전 과정을 사회경제 사학의 관점에서 서술하였다.

문 18. ⟨보기⟩의 독립운동 단체 결성 시기를 순서대로 바르게 나열한 것은?

⟨보기⟩
ㄱ. 조선 의용대
ㄴ. 의열단
ㄷ. 참의부
ㄹ. 대한 광복회
ㅁ. 근우회

① ㄱ → ㄴ → ㄷ → ㅁ → ㄹ
② ㄴ → ㄷ → ㅁ → ㄱ → ㄹ
③ ㄷ → ㄹ → ㅁ → ㄴ → ㄱ
④ ㄹ → ㄴ → ㄷ → ㅁ → ㄱ

문 19. ⟨보기⟩의 조선 시대 사건을 시간순으로 바르게 나열한 것은?

⟨보기⟩
ㄱ. 기묘사화
ㄴ. 을묘왜변
ㄷ. 계유정난
ㄹ. 무오사화

① ㄱ → ㄴ → ㄷ → ㄹ
② ㄴ → ㄷ → ㄹ → ㄱ
③ ㄷ → ㄹ → ㄱ → ㄴ
④ ㄹ → ㄱ → ㄴ → ㄷ

문 20. ⟨보기⟩는 동학 농민군이 제시한 폐정개혁안 12개조 중 일부이다. 이 중 갑오개혁에 반영된 것을 모두 고른 것은?

⟨보기⟩
ㄱ. 무명의 잡다한 세금은 일체 거두지 않는다.
ㄴ. 토지는 균등히 나누어 경작한다.
ㄷ. 왜와 통하는 자는 엄중히 징벌한다.
ㄹ. 젊어서 과부가 된 여성의 재혼을 허용한다.

① ㄱ, ㄴ
② ㄱ, ㄹ
③ ㄴ, ㄷ
④ ㄷ, ㄹ

2019 서울시 9급 (6월 15일 시행)

한국사 A책형

문 1. 고조선을 주제로 한 학술 대회를 개최할 경우, 언급될 내용으로 가장 적절하지 않은 것은?

① 위만의 이동과 집권 과정
② 진대법과 빈민 구제
③ 범금 8조(8조법)에 나타난 사회상
④ 비파형 동검 문화권과 국가의 성립

문 2. 〈보기〉에서 백제의 발전 과정을 순서대로 바르게 나열한 것은?

〈보기〉
ㄱ. 6좌평제와 16관등제 및 백관의 공복을 제정하였다.
ㄴ. 고구려의 평양성을 공격하였다.
ㄷ. 지방에 22담로를 설치하였다.
ㄹ. 불교를 받아들여 통치 이념을 정비하였다.

① ㄱ → ㄴ → ㄷ → ㄹ
② ㄱ → ㄴ → ㄹ → ㄷ
③ ㄴ → ㄹ → ㄷ → ㄱ
④ ㄹ → ㄴ → ㄷ → ㄱ

문 3. 〈보기〉에서 밑줄 친 '이 나라'에 대한 설명으로 가장 옳은 것은?

〈보기〉
천지가 개벽한 뒤로 이곳에는 아직 나라가 없고 또한 왕과 신하도 없었다. 단지 아홉 추장이 각기 백성을 거느리고 농사를 지으며 살았다. …(중략)… 아홉 추장과 사람들이 노래하고 춤추면서 하늘을 보니 얼마 뒤 자주색 줄이 하늘로부터 내려와서 땅에 닿았다. 줄 끝을 찾아보니 붉은 보자기에 금빛 상자가 싸여 있었다. 상자를 열어 보니 황금색 알 여섯 개가 있었다. …(중략)… 열 사흘째 날 아침에 다시 모여 상자를 열어 보니 여섯 알이 어린아이가 되어 있었다. 용모가 뛰어나고 바로 앉았다. 아이들이 나날이 자라 십 수 일이 지나니 키가 9척이나 되었다. 얼굴은 한고조, 눈썹은 당의 요임금, 눈동자는 우의 순임금과 같았다. 그달 보름에 맏이를 왕위에 추대하였는데, 그가 곧 이 나라의 왕이다.
- 『삼국유사』 -

① 중국 동진으로부터 불교를 받아들여 왕실의 권위를 높였다.
② 재상을 뽑을 때 정사암에 후보 이름을 써서 넣은 상자를 봉해두었다.
③ 큰일이 있을 때에는 반드시 화백 제도를 통해 여러 사람의 의견을 따랐다.
④ 철기를 만들 때 사용하는 덩이쇠를 화폐와 같은 교환 수단으로 이용하기도 하였다.

문 4. 발해의 사회 모습에 대한 설명으로 가장 옳지 않은 것은?

① 주민은 고구려 유민과 말갈인으로 구성되었다.
② 중앙 문화는 고구려 문화를 바탕으로 당의 문화가 가미된 형태를 보였다.
③ 당, 신라, 거란, 일본 등과 무역하였는데, 대신라 무역의 비중이 가장 컸다.
④ 유학 교육 기관인 주자감을 설치하여 귀족 자제에게 유교 경전을 가르쳤다.

문 5. 삼국의 사회·문화에 관한 설명으로 가장 옳지 않은 것은?

① 고구려는 영양왕 때 이문진이 『유기』를 간추려 『신집』 5권을 편찬했다.
② 백제의 승려 원측은 당나라에 가서 유식론(唯識論)을 발전시켰다.
③ 신라의 진흥왕은 두 아들의 이름을 동륜 등으로 짓고 자신은 전륜성왕으로 자처했다.
④ 백제 말기에는 미래에 중생을 구제한다는 미륵신앙이 유행하기도 하였다.

문 6. 고려 시대 군사 제도에 대한 설명으로 가장 옳지 않은 것은?

① 북방의 양계 지역에는 주현군을 따로 설치하였다.
② 2군(二軍)인 응양군과 용호군은 왕의 친위 부대였다.
③ 6위(六衛) 중의 감문위는 궁성과 성문 수비를 맡았다.
④ 직업 군인인 경군에게 군인전을 지급하고 그 역을 자손에게 세습시켰다.

문 7. <보기>의 (가), (나)와 같은 건의를 받은 국왕에 대한 설명으로 가장 옳은 것은?

─〈보기〉─

(가) 우리 태조께서는 나라를 통일한 뒤에 외관을 두고자 하였으나, 대개 초창기이므로 일이 번거로워 겨를이 없었습니다. 이제 가만히 보건대, 향호가 매양 공무를 빙자하여 백성을 침해하여 횡포를 부려어 백성이 견디지 못하니, 청컨대 외관을 두도록 하십시오.

(나) 겸손한 마음을 가지고 항상 조심하고 두려워하며 신하를 예로써 대우할 때 신하는 충성으로써 임금을 섬기는 것입니다.

① 호족과의 혼인 정책을 적극적으로 추진하였다.
② 노비안검법을 실시하여 호족의 경제력을 약화시켰다.
③ 양현고를 설치하고 보문각과 청연각을 세워 유학을 진흥시켰다.
④ 연등회를 축소하고 팔관회를 폐지하여 국가적인 불교 행사를 억제하였다.

문 8. 고려 시대 불교계의 동향과 관련된 설명으로 가장 옳지 않은 것은?

① 백련결사를 제창한 요세는 참회와 수행에 중점을 두는 등 복잡한 이론보다 종교적 실천을 강조했다.
② 재조대장경은 고려 전기에 만들어졌던 대장경 판목이 거란의 침입으로 불타버렸기 때문에 무신집권기에 다시 만든 것이다.
③ 각훈은 삼국 시대 이래 승려들의 전기를 정리하여 『해동고승전』을 지었다.
④ 지눌은 깨달음과 더불어 실천을 강조하는 돈오점수를 주장했다.

문 9. <보기>에서 밑줄 친 '그'가 활동하던 시대 상황에 대한 설명으로 가장 옳지 않은 것은?

─〈보기〉─

그가 북산에서 나무하다가 공, 사노비를 불러 모아 모의하기를, "나라에서 경인, 계사년 이후로 높은 벼슬이 천한 노비에게서 많이 나왔으니, 장수와 재상이 어찌 씨가 따로 있으랴. 때가 오면 누구나 할 수 있는데, 우리들이 어찌 고생만 하면서 채찍 밑에 곤욕을 당해야 하겠는가?"라고 하니, 여러 노비들이 모두 그렇게 여겼다.
─『고려사』─

① 최충의 9재 학당을 비롯한 사학 12도가 융성하였다.
② 경주 일대에서 고려 왕조를 부정하는 신라 부흥 운동이 일어났다.
③ 정혜쌍수와 돈오점수를 주장하는 수선 결사 운동이 전개되었다.
④ 소(所)의 거주민은 금, 은, 철 등 광업품이나 수공업 제품을 생산하여 바치기도 하였다.

문 10. 조선 태종 대의 주요 정책에 대한 설명으로 가장 옳은 것은?

① 사섬서를 두어 지폐인 저화를 발행하였다.
② 상평통보를 발행하여 화폐 경제를 촉진하였다.
③ 지계를 발급하여 토지 소유권을 공고히 하였다.
④ 연분 9등법과 전분 6등법을 시행하여 조세 제도를 개편하였다.

문 11. <보기>와 같은 폐단을 해결하기 위해 실시한 제도에 대한 설명으로 가장 옳지 않은 것은?

─〈보기〉─

각 고을에서 공물을 상납하려 할 때 각 관청의 사주인들이 여러 가지로 농간을 부려 좋은 것도 불합격 처리를 하기 때문에 바칠 수가 없게 되었습니다. 이리하여 사주인은 자기가 갖고 있는 물품으로 관청에 대신 내고 그 고을 농민들에게는 자기가 낸 물건 값을 턱없이 높게 쳐서 열 배의 이득을 취하니, 이것은 백성의 피와 땀을 짜내는 것입니다.
─『선조실록』─

① 광해군 시기에 실시하였다.
② 토지 결수를 기준으로 1결당 쌀 12두를 납부하게 하였다.
③ 왕실과 관청에서 필요한 수요품을 구해 납품하는 덕대가 등장하였다.
④ 물품 구매와 상품 수요가 증가하면서 상품 화폐 경제가 한층 발전하였다.

문 12. <보기>의 토지 개혁안을 주장한 조선 후기 실학자를 옳게 짝지은 것은?

<보기>

ㄱ. 지금 농사를 하고자 하는 사람은 토지를 얻고, 농사를 하지 않는 사람은 토지를 얻지 못하도록 한다. 즉 여전(閭田)의 법을 시행하면 나의 뜻을 이룰 수 있을 것이다. …(중략)… 무릇 1여의 토지는 1여의 사람들로 하여금 공동으로 경작하게 하고, 내 땅 네 땅의 구분 없이 오직 여장의 명령만을 따른다. 매 사람마다의 노동량은 매일 여장이 장부에 기록한다. 가을이 되면 무릇 오곡의 수확물을 모두 여장의 집으로 보내어 그 식량을 분배한다. 먼저 국가에 바치는 공세를 제하고, 다음으로 여장의 녹봉을 제하며, 그 나머지를 날마다 일한 것을 기록한 장부에 의거하여 여민들에게 분배한다.

ㄴ. 국가는 마땅히 한 집의 재산을 헤아려 전(田) 몇 부(負)를 한정하여 1호(戶)의 영업전(永業田)을 삼기를 당나라의 조제(租制)처럼 해야 한다. 그렇다고 해서 많이 소유한 자의 것을 줄이거나 빼앗지 않고, 모자라게 소유한 자라고 해서 더 주지 않는다. 돈이 있어 사고자 하는 자는 비록 천백 결(結)이라도 모두 허가 하고, 토지가 많아 팔고자 하는 자도 단지 영업전 몇 부 이외에는 역시 허가한다.

	ㄱ	ㄴ
①	정약용	이익
②	박지원	유형원
③	정약용	유형원
④	이익	박지원

문 13. <보기>의 의서(醫書)를 편찬된 순서대로 바르게 나열한 것은?

<보기>

ㄱ. 『동의보감(東醫寶鑑)』
ㄴ. 『마과회통(麻科會通)』
ㄷ. 『의방유취(醫方類聚)』
ㄹ. 『향약구급방(鄕藥救急方)』

① ㄱ → ㄴ → ㄷ → ㄹ
② ㄷ → ㄹ → ㄴ → ㄱ
③ ㄹ → ㄷ → ㄱ → ㄴ
④ ㄹ → ㄷ → ㄴ → ㄱ

문 14. 조선 후기 지도 편찬에 대한 설명으로 가장 옳지 않은 것은?

① 김정호는 대동여지도를 편찬하기 이전에 이미 청구도 등을 제작하였다.
② 정상기는 백리 척을 이용하여 동국지도를 제작하였다.
③ 모눈종이를 이용한 정밀한 지도도 제작되었다.
④ 대동여지도가 완성되자 나라의 기밀을 누설시킬 우려가 있다고 하여 판목은 압수 소각되었다.

문 15. 위정척사 운동에 대한 설명으로 가장 옳지 않은 것은?

① 최익현은 왜양일체론을 내세우며 개항 반대 운동을 전개하였다.
② 이항로는 척화주전론을 주장하며 통상 반대 운동을 전개하였다.
③ 기정진 등 영남 유생들이 만인소를 올려 『조선책략』을 들여온 김홍집의 처벌을 요구하였다.
④ 홍재학은 주화매국의 신료를 처벌하고 서양 물품과 서양 서적을 불태울 것을 주장하였다.

문 16. <보기>의 밑줄 친 (가) 국가에 대한 설명으로 가장 옳은 것은?

<보기>

정부는 __(가)__ 공사의 서울 부임에 답례할 겸 서구의 근대 문물을 시찰하기 위해 1883년 __(가)__ 에 보빙사를 파견하였다. 보빙사의 구성원은 민영익, 홍영식, 서광범 등 11명이었다.

① 삼국 간섭에 참여하였다.
② 용암포를 강제 점령하고 조차를 요구하였다.
③ 거문도를 불법으로 점령하였다.
④ 운산 금광 채굴권을 차지하였다.

문 17. ⟨보기⟩의 협약 이후 일어난 사실로 가장 옳지 않은 것은?

⟨보기⟩
제1조 한국 정부는 시정 개선에 관하여 통감의 지도를 받는다.
제2조 한국의 법령 제정 및 중요한 행정상의 처분은 미리 통감의 승인을 거친다.
제4조 한국 고등 관리의 임면은 통감의 동의로써 이를 시행한다.
제5조 한국 정부는 통감이 추천하는 일본인을 한국 관리에 임명한다.

① 각 부의 차관에 일본인이 임명되어 이른바 차관 정치가 시작되었다.
② 대한 제국 군대가 해산되었다.
③ 사법권과 경찰권을 빼앗겼다.
④ 만국 평화 회의에 이상설 등이 파견되었다.

문 18. ⟨보기⟩에서 일제 강점기의 사건을 발생한 순서대로 바르게 나열한 것은?

⟨보기⟩
ㄱ. 물산 장려 운동
ㄴ. 3·1 운동
ㄷ. 광주 학생 항일 운동
ㄹ. 6·10 만세 운동

① ㄱ → ㄴ → ㄷ → ㄹ
② ㄱ → ㄷ → ㄴ → ㄹ
③ ㄴ → ㄱ → ㄹ → ㄷ
④ ㄴ → ㄹ → ㄷ → ㄱ

문 19. ⟨보기⟩ 선언문의 발표 후에 있었던 사건으로 가장 적합하지 않은 것은?

⟨보기⟩
상아의 진리탑을 박차고 거리에 나선 우리는 질풍과 같은 역사의 조류에 자신을 참여시킴으로써 이성과 진리, 그리고 자유의 대학정신을 현실의 참담한 박토에 뿌리려 하는 바이다. …(중략)… 무릇 모든 민주주의 정치사는 자유의 투쟁사다. 그것은 또한 여하한 형태의 전제로 민중 앞에 군림하든 '종이로 만든 호랑이'같이 헤슬픈 것임을 교시한다. …(중략)… 근대적 민주주의의 근간은 자유다. …(하략)

－서울대학교 문리과대학 학생 일동－

① 이승만 대통령이 하야하였다.
② 장면 정권이 수립되었다.
③ 민족자주통일중앙협의회가 조직되었다.
④ 조봉암이 진보당을 결성하였다.

문 20. ⟨보기⟩와 같은 내용의 헌법으로 개정된 이후 발생한 사건으로 가장 옳은 것은?

⟨보기⟩
제39조 대통령은 통일주체국민회의에서 토론 없이 무기명 투표로 선거한다.
제40조 통일주체국민회의는 국회의원 정수의 1/3에 해당하는 수의 국회의원을 선거한다.
제43조 대통령은 조국의 평화적 통일을 위한 성실한 의무를 진다.

① 굴욕적인 한일회담에 반대하는 학생 시위가 전개되었다.
② 재야인사들이 명동성당에 모여 '3·1 민주구국선언'을 발표하였다.
③ 친일파 청산을 위해 반민족행위특별조사위원회를 설치하였다.
④ 민생안정을 위해 농가 부채 탕감, 화폐 개혁 등을 실시하였다.

2018 서울시 9급 (6월 23일 시행)

한 국 사 / B책형 / 1쪽

문 1. 1965년 6월 22일 체결된 한일 기본 조약에 대한 설명으로 가장 옳은 것은?

> 제2조 1910년 8월 22일 및 그 이전에 대한제국과 일본 제국 간에 체결된 모든 조약 및 협정이 이미 무효 임을 확인한다.
> 제3조 대한민국 정부가 국제 연합 총회의 결의 제195(Ⅲ) 호에 명시된 바와 같이 한반도에 있어서의 유일한 합법정부임을 확인한다.

① 위안부 문제가 주요한 의제로 논의되었다.
② 조약에 반대하여 학생들이 6·10 민주 항쟁을 일으켰다.
③ 조약 협의를 위해 중앙정보부장 이후락이 특사로 파견되었다.
④ 재일 교포의 법적 지위 및 대우에 관한 협정도 함께 체결되었다.

문 2. 고려 시대의 경제 생활에 대한 설명으로 옳은 것을 〈보기〉에서 모두 고른 것은?

〈보기〉
ㄱ. 성종은 건원중보를 만들어 전국적으로 사용하게 하려 했으나 성공하지 못하였다.
ㄴ. 고려 후기 관청 수공업이 쇠퇴하면서 민간 수공업이 발달하였다.
ㄷ. 예성강 어귀의 벽란도는 고려의 국제 무역항이었다.
ㄹ. 원 간섭 시기에는 원의 지폐인 보초가 들어와 유통되기도 하였다.

① ㄱ, ㄴ, ㄷ
② ㄱ, ㄷ, ㄹ
③ ㄴ, ㄷ, ㄹ
④ ㄱ, ㄴ, ㄷ, ㄹ

문 3. 〈보기〉의 조선 시대의 국방 정책을 시간순으로 바르게 나열한 것은?

〈보기〉
ㄱ. 서울 주변의 네 유수부가 서울을 엄호하는 체제를 구축하였다.
ㄴ. 금위영을 발족시켜 5군영 제도가 성립되었다.
ㄷ. 하멜이 가져온 조총 기술을 도입하여 서양식 무기를 제조하였다.
ㄹ. 수도 방어 체계를 강화하고 '수성윤음'을 반포하였다.

① ㄱ → ㄴ → ㄷ → ㄹ
② ㄴ → ㄹ → ㄱ → ㄷ
③ ㄷ → ㄴ → ㄹ → ㄱ
④ ㄹ → ㄷ → ㄱ → ㄴ

문 4. 구석기 시대 사람들의 생활상에 대한 설명으로 가장 옳은 것은?

① 대체로 동굴이나 바위그늘에서 생활하였으며 불을 사용할 줄 알았다.
② 단양 수양개, 연천 전곡리, 공주 석장리 등 강가에 살던 사람들은 주로 고기잡이와 밭농사를 하며 생활하였다.
③ 이 시기의 대표적인 무덤 형식은 고인돌과 돌널무덤이다.
④ 주먹도끼, 가로날 도끼, 민무늬 토기 등의 도구를 사용했다.

문 5. 통일 신라에 대한 설명으로 가장 옳은 것은?

① 통일 후에는 주로 진골 귀족으로 구성된 9서당을 국왕이 장악함으로써 왕실이 주도하는 교육 제도를 구축하였다.
② 불교가 크게 융성한 통일 신라의 수도인 경주에서는 주로 천태종이 권력과 밀착하며 득세하였다.
③ 신라 중대 때는 주로 원성왕의 후손들이 즉위하면서 비교적 강력한 왕권을 행사하였다.
④ 넓어진 영토를 관리하기 위해 지방 행정을 구획하였는데, 5소경도 이에 해당한다.

문 6. 고려의 문화에 대한 설명 중 가장 옳은 것은?
① 고려의 귀족 문화를 대표하는 백자는 상감기법을 이용한 것이다.
② 고려는 세계 최초로 금속 활자를 발명하였다.
③ 팔만대장경판은 거란의 침입을 물리치기 위한 염원을 담아 만든 것이다.
④ 고려는 불교 국가여서 유교문화가 발전하지 못하였다.

문 7. 조선 전기에 편찬된 서적으로 가장 옳지 않은 것은?
①『본조편년강목』
②『의방유취』
③『삼국사절요』
④『농사직설』

문 8. 〈보기〉의 통일 신라 시대의 경제 제도를 시간순으로 바르게 나열한 것은?

〈보기〉
ㄱ. 중앙과 지방의 여러 관리에게 매달 주던 녹봉을 없애고 다시 녹읍을 주었다.
ㄴ. 중앙과 지방 관리들의 녹읍을 폐지하고 해마다 조(租)를 차등 있게 주었으며 이를 일정한 법으로 삼았다.
ㄷ. 처음으로 백성들에게 정전(丁田)을 지급하였다.
ㄹ. 교서를 내려 문무 관료들에게 토지를 차등 있게 주었다.

① ㄴ → ㄱ → ㄹ → ㄷ
② ㄴ → ㄹ → ㄱ → ㄷ
③ ㄹ → ㄷ → ㄴ → ㄱ
④ ㄹ → ㄴ → ㄷ → ㄱ

문 9. 무신집권기 지방민과 천민의 동요에 대한 설명으로 가장 옳지 않은 것은?
① 조위총은 백제 부흥을 위해 봉기하였다.
② 망이·망소이의 난은 일반 군현이 아닌 소에서 일어났다.
③ 경주를 중심으로 한 지역에서는 신라 부흥을 내걸고 반란이 일어나기도 했다.
④ 만적은 노비 해방을 내세우며 반란을 모의하였다.

문 10. 〈보기〉의 사건을 시간순으로 바르게 나열한 것은?

〈보기〉
ㄱ. 아관 파천
ㄴ. 전주화약 체결
ㄷ. 홍범 14조 발표
ㄹ. 군국기무처 설치

① ㄱ → ㄷ → ㄴ → ㄹ
② ㄴ → ㄹ → ㄷ → ㄱ
③ ㄷ → ㄱ → ㄹ → ㄴ
④ ㄹ → ㄴ → ㄱ → ㄷ

문 11. 조선 시대의 대외 관계에 대한 설명으로 가장 옳은 것은?
① 태조는 북방의 여진족을 몰아내고 4군 6진을 개척하였다.
② 왜란이 끝난 후 조선은 일본에 통신사를 파견하여 국교 재개를 요청하였다.
③ 조선 후기 북학운동의 한계를 느낀 지식인들은 북벌운동을 전개하였다.
④ 조선 후기 중국과의 외교와 무역에 은이 대거 소비되면서 은광이 활발하게 개발되었다.

문 12. 두 차례의 양요에 대한 설명으로 가장 옳은 것은?
① 어재연이 이끄는 조선군은 프랑스군을 상대로 승리를 거두었다.
② 미국 상선 제너럴 셔먼호는 평양 주민을 약탈하였다.
③ 양헌수 부대는 광성보 전투에서 결사항전하였으나 퇴각하였다.
④ 박규수는 화공 작전을 펴서 프랑스 군대를 공격하였다.

문13. 조선 시대 신분제에 대한 설명으로 가장 옳지 않은 것은?
① 중앙 관직에 진출할 수 있던 고려 시대의 향리와 달리 조선의 향리는 수령을 보좌하는 아전으로 격하되었다.
② 유교의 적서구분에 의해 서얼에 대한 차별이 심했기 때문에 서얼은 관직에 진출하지 못하였다.
③ 뱃사공, 백정 등은 법적으로는 양인으로 취급되기도 했으나 노비처럼 천대받으며 특수 직업에 종사하였다.
④ 순조는 공노비 중 일부를 양인으로 해방시켜 주었다.

문14. 근대 교육기관에 대한 설명으로 가장 옳지 않은 것은?
① 배재 학당: 선교사 아펜젤러가 서울에 설립한 사립 학교이다.
② 동문학: 정부가 설립한 외국어 교육 기관으로 통역관을 양성하였다.
③ 경신 학교: 고종의 교육입국조서에 따라 설립된 관립 학교이다.
④ 원산 학사: 함경도 덕원 주민들이 기금을 조성하여 설립한 학교이다.

문15. 왕의 수신 교과서인 『성학십도』를 집필한 인물에 대한 설명으로 가장 옳은 것은?
① 아동용 수신서인 『동몽선습』을 편찬하였다.
② 그의 학설을 따르는 이들이 처음에는 서인을 형성하였다.
③ 기(氣)보다는 이(理)를 중시했고, 예안향약을 만들었다.
④ 『주자대전』의 중요 부분을 발췌하여 『주자문록』을 편찬하였다.

문16. 대한민국의 민주화 여정에 대한 설명으로 가장 옳은 것은?
① 1960년대: 장기 집권을 획책한 박정희의 사사오입 개헌에 맞서 학생들과 재야인사들이 그 반대투쟁을 전개하였다.
② 1970년대: 유신개헌을 통해 평화적으로 민주화를 추진할 수 있는 법률적 기틀을 제공하였다.
③ 1980년대: 6월 민주 항쟁을 통해 군사 정권을 종식시키고 선거를 통해 문민정부가 출범하였다.
④ 1990년대: 대선결과에 따라 평화적 정권 교체가 실현되었다.

문17. 〈보기〉에서 제시된 인물의 공통점으로 가장 옳은 것은?

〈보기〉
ㄱ. 김운경
ㄴ. 최치원
ㄷ. 최언위
ㄹ. 최승우

① 고려 출신으로 당나라에서 유학했다.
② 7세기와 8세기에 활약했던 신라의 대문장가이다.
③ 숙위학생으로 당 황제의 호위무사가 되었다.
④ 당나라의 빈공과에 급제한 후 귀국하였다.

문18. 〈보기〉의 어록을 남긴 인물의 활동으로 가장 옳은 것은?

〈보기〉
"대전자령의 공격은 이천만 대한인민을 위하여 원수를 갚는 것이다. 총알 한 개 한 개가 우리 조상 수천, 수만의 영혼이 보우하여 주는 피의 사자이니 제군은 단군의 아들로 굳세게 용감히 모든 것을 희생하고 만대 자손을 위하여 최후까지 싸우라."

① 화북 조선 독립 동맹의 주석으로 선출되어 활동하였다.
② 조선 혁명군을 이끌고 영릉가 전투에서 대승을 거두었다.
③ 한국 독립군을 이끌고 쌍성보 전투에서 일본군을 격파하였다.
④ 조선 의용대를 결성하고 대적 심리전 등에서 크게 활약하였다.

문19. 〈보기〉의 빈칸에 공통적으로 해당하는 국가와 관련하여 고려 시대에 발생한 일로 가장 옳은 것은?

〈보기〉
• 모든 관리들을 소집해 ☐☐☐을/를 상국으로 대우하는 일의 가부를 의논하게 하자 모두 불가하다고 했으나, 이자겸과 척준경만이 찬성하고 나섰다.
• ☐☐☐은/는 전성기를 맞아 우리 조정이 그들의 신하임을 칭하도록 하고자 하였다. 여러 의견들이 뒤섞여 어지러운 가운데, 윤언이가 홀로 간쟁하여 말하기를 …(중략)… 여진은 본래 우리 조정 사람들의 자손이기 때문에 신하가 되어 차례로 우리 임금께 조공을 바쳐왔고, 국경 근처에 사는 사람들은 모두 우리 조정의 호적에 올라있는 지 오래 되었습니다. 우리 조정이 어찌 거꾸로 그들의 신하가 될 수 있겠습니까?

① 이 국가의 침입으로 인해 국왕은 나주로 피난하였다.
② 묘청 일파는 이 국가의 정벌을 주장하였다.
③ 이 국가와 함께 강동성에 포위된 거란족을 격파하였다.
④ 이 국가의 침략에 대비하여 광군을 설치하였다.

문 20. 〈보기 1〉의 (가)와 (나)가 발표된 시기의 사이에 있었던 사실을 〈보기 2〉에서 모두 고른 것은?

─〈보기 1〉─

(가) 첫째, 통일은 외세에 의존하거나 외세의 간섭을 받음이 없이 자주적으로 해결하여야 한다.
둘째, 통일은 서로 상대방을 반대하는 무력행사에 의거하지 않고 평화방법으로 실현하여야 한다.
셋째, 사상과 이념, 제도의 차이를 초월하여 우선 하나의 민족으로서 민족적 대단결을 도모하여야 한다.

(나) 1. 남과 북은 나라의 통일 문제를 그 주인인 우리 민족끼리 서로 힘을 합쳐 자주적으로 해결한다.
2. 남과 북은 남측의 연합제 안과 북측의 낮은 단계의 연방제 안이 서로 공통성이 있다고 인정한다.

─〈보기 2〉─

ㄱ. 금강산 관광이 시작되었다.
ㄴ. 남북 조절 위원회를 설치하였다.
ㄷ. 경의선과 동해선 철도가 연결되었다.
ㄹ. 남과 북이 동시에 유엔에 가입하였다.

① ㄱ, ㄴ, ㄷ
② ㄱ, ㄴ, ㄹ
③ ㄱ, ㄷ, ㄹ
④ ㄴ, ㄷ, ㄹ

2018 서울시 기술직 9급 (3월 24일 시행)

한국사 | A책형 | 1쪽

문 1. 〈보기〉는 일제가 제정한 법령의 일부이다. 이 법령에 의해 처벌된 사건이 아닌 것은?

〈보기〉
국체를 변혁하는 것을 목적으로 결사를 조직하는 자 또는 결사의 임원, 그의 지도자로서의 임무에 종사하는 자는 사형, 무기 또는 5년 이상의 징역 또는 금고에 처한다. …(중략)… 사유 재산제도를 부인하는 것을 목적으로 결사를 조직하는 자, 결사에 가입하는 자, 또는 목적수행을 위한 행위를 돕는 자는 10년 이하의 징역 또는 금고에 처한다.

① 김상옥의 종로경찰서 폭탄 투척 사건
② 조선 공산당 사건
③ 수양동우회 사건
④ 조선어 학회 사건

문 2. 〈보기〉의 유적들이 등장한 시대의 사회상에 대한 설명으로 가장 옳은 것은?

〈보기〉
• 서울 암사동 유적
• 제주 고산리 유적
• 양양 오산리 유적
• 부산 동삼동 유적

① 움집을 청산하고 지상 가옥에서 거주하기 시작하였다.
② 벼농사를 위하여 각종 수리 시설이 축조되었다.
③ 조개무지(패총)를 많이 남겼다.
④ 마을을 보호하기 위한 방어 시설이 발전하였다.

문 3. 〈보기〉의 백과사전(유서)을 편찬한 순서대로 바르게 나열한 것은?

〈보기〉
ㄱ. 『대동운부군옥』
ㄴ. 『지봉유설』
ㄷ. 『성호사설』
ㄹ. 『오주연문장전산고』

① ㄱ → ㄴ → ㄷ → ㄹ
② ㄴ → ㄷ → ㄹ → ㄱ
③ ㄱ → ㄷ → ㄴ → ㄹ
④ ㄱ → ㄹ → ㄷ → ㄴ

문 4. 〈보기〉는 일제 강점기 당시 흥행에 성공하였던 영화의 줄거리이다. 이 영화가 상영되던 시기의 문화예술계에 대한 설명으로 가장 옳은 것은?

〈보기〉
영진은 전문학교를 다닐 때 독립만세를 부르다가 왜경에게 고문을 당해 정신이상이 된 청년이었다. 한편 마을의 악덕 지주 천가의 머슴이며, 왜경의 앞잡이인 오기호는 빚 독촉을 하며 영진의 아버지를 괴롭혔다. 더욱이 딸 영희를 아내로 준다면 빚을 대신 갚아줄 수 있다고 회유하기까지 하였다. …(중략)… 오기호는 마을 축제의 어수선한 틈을 타 영희를 겁탈하려 하고 이를 지켜보던 영진은 갑자기 환상에 빠져 낫을 휘둘러 오기호를 죽인다. 영진은 살인혐의로 일본 순경에게 끌려가고, 주제곡이 흐른다.

① 역사학: 민족주의 역사가들 사이에서 이른바 조선학 운동이 시작되었다.
② 문학: 민중생활에 관심을 기울인 신경향파 문학이 대두하여 식민 통치에 대한 저항문학으로 발전했다.
③ 음악: 일본 주류 대중음악의 영향을 받은 트로트 양식이 정립되었다.
④ 영화: 일제는 조선 영화령을 공포하여 영화를 전시 체제의 옹호와 선전의 수단으로 사용하였다.

문 5. 〈보기〉의 사건을 시간순으로 바르게 나열한 것은?

〈보기〉
ㄱ. 일본군이 인천항에 정박한 러시아 군함 2척을 공격
ㄴ. 대한 제국 정부의 국외중립 선언
ㄷ. 일본군이 러시아에 선전포고
ㄹ. 한일 의정서 체결

① ㄱ → ㄹ → ㄴ → ㄷ
② ㄴ → ㄱ → ㄷ → ㄹ
③ ㄱ → ㄷ → ㄹ → ㄴ
④ ㄴ → ㄹ → ㄷ → ㄱ

문 6. <보기>의 그에 대한 설명으로 가장 옳지 않은 것은?

<보기>
그는 평안도 양덕 사람으로 …(중략)… 체격이 장대하고 지기가 왕성하였는데, 비록 글은 배우지 못하였으나 천성적인 의협심이 있어, 남을 돕는 일을 급무로 삼은 연유로 사람들이 많이 따랐다. 1907년 겨울에 차도선, 송상봉, 허근 등 여러 사람들과 의병을 일으켜 …(중략)… 전투를 벌였다.

① 산포수들을 모아 의병을 구성하였다.
② 주요 활동지는 함경도 삼수, 갑산 등지였다.
③ 1920년 청산리 전투에서 일본군을 격파하였다.
④ 13도 창의군을 결성하고 서울 진공 작전을 개시하였다.

문 7. <보기>의 선언문을 지침으로 삼은 단체의 활동에 대한 설명으로 가장 옳은 것은?

<보기>
강도 일본이 우리의 국호를 없이 하며, 우리의 정권을 빼앗으며, 우리의 생존적 필요조건을 다 박탈하였다. …(중략)… 혁명의 길은 파괴부터 개척할지니라. 그러나 파괴만 하려고 파괴하는 것이 아니라 건설하려고 파괴하는 것이니, 만일 건설할 줄을 모르면 파괴할 줄도 모를지며, 파괴할 줄을 모르면 건설할 줄도 모를지니라. 건설과 파괴가 다만 형식상에서 보아 구별될 뿐이요 정신상에서는 파괴가 곧 건설이니, 이를테면 우리가 일본 세력을 파괴하려는 것이, …(하략)

① 오성륜, 김익상, 이종암이 상해 황포탄에서 일본 육군대장 다나카 기이치를 저격하였다.
② 이봉창이 동경에서 일왕 히로히토에게 폭탄을 던졌다.
③ 백정기, 이강훈, 원심창이 상해 육삼정에서 일본공사 아리요시를 암살하려고 시도하였다.
④ 윤봉길이 상해 홍구공원에서 열린 일본의 천장절 행사에 폭탄을 던졌다.

문 8. 고구려와 관련된 <보기>의 사건을 시간순으로 바르게 나열한 것은?

<보기>
ㄱ. 평양 천도
ㄴ. 관구검과의 전쟁
ㄷ. 고국원왕의 전사
ㄹ. 광개토왕릉비 건립

① ㄷ → ㄱ → ㄹ → ㄴ
② ㄱ → ㄷ → ㄴ → ㄹ
③ ㄴ → ㄷ → ㄹ → ㄱ
④ ㄹ → ㄴ → ㄱ → ㄷ

문 9. 조선 시대에 편찬된 서적과 관련된 설명으로 옳은 것을 <보기>에서 모두 고른 것은?

<보기>
ㄱ. 『경국대전』: 조선의 통치 규범과 법을 정리하였다.
ㄴ. 『동문선』: 우리 풍토에 맞는 약재와 치료법을 정리하였다.
ㄷ. 『동의수세보원』: 중국과 일본의 자료를 참고하여 민족사 인식을 확대하였다.
ㄹ. 『금석과안록』: 북한산비가 진흥왕 순수비임을 밝혔다.

① ㄱ, ㄴ
② ㄴ, ㄷ
③ ㄱ, ㄹ
④ ㄴ, ㄹ

문 10. <보기>는 개항 이후 각국과 맺은 조약이다. ㉠과 ㉡에 들어갈 용어로 옳은 것은?

<보기>
(가) 조선국은 ㉠ 으로 일본국과 평등한 권리를 보유한다. 금후 양국이 화친의 성의를 표하고자 할진대 모름지기 서로 동등한 예의로써 상대할 것이며 추호도 경계를 넘어 침입하거나 시기하여 싫어함이 있어서는 아니될 것이다.
(나) 수륙무역장정은 중국이 ㉡ 을 우대하는 후의에서 나온 것인 만큼 다른 각국과 일체 균점하는 예와는 같지 않으므로 여기에 각항 약정을 한다.

① ㉠ 인근국 – ㉡ 속방
② ㉠ 자주국 – ㉡ 우방
③ ㉠ 인근국 – ㉡ 우방
④ ㉠ 자주국 – ㉡ 속방

문 11. 〈보기〉의 단체가 존속한 기간에 발생한 사건이 아닌 것은?

〈보기〉
- 사회주의 계열과 비타협적 민족주의 계열의 합작으로 구성되었다.
- 설립 당시 회장은 이상재, 부회장은 홍명희가 맡았다.
- 전국에 140여 개소의 지회를 두고, 약 4만 명의 회원을 확보하였다.

① 광주 학생 독립운동
② 원산 총파업
③ 단천 산림 조합 시행령 반대 운동
④ 암태도 소작 쟁의

문 12. 〈보기〉의 내용을 주장한 인물에 대한 설명으로 가장 옳은 것은?

〈보기〉
국가는 마땅히 한 집의 생활에 맞추어 재산을 계산해서 토지 몇 부(負)를 한 호의 영업전으로 한다. 그러나 땅이 많은 자는 빼앗아 줄이지 않고 미치지 못하는 자도 더 주지 않으며, 돈이 있어 사고자 하는 자는 비록 천백 결이라도 허락해 주고, 땅이 많아서 팔고자 하는 자는 다만 영업전 몇 부 이외에는 허락한다.

① 『목민심서』를 저술하는 등 실학을 집대성하였다.
② 발해사를 우리나라 역사로 체계화할 목적으로 『발해고』를 저술하였다.
③ 전국의 자연환경과 인물, 풍속 등을 정리한 『택리지』를 저술하였다.
④ 천지·인사·만물·경사·시문 등 5개 부문으로 나누어 우리나라와 중국의 문화를 백과사전식으로 소개·비판한 『성호사설』을 저술하였다.

문 13. 〈보기〉는 어느 책의 일부를 발췌한 것이다. 이 책을 저술한 사람은?

〈보기〉
하늘이 재능을 균등하게 부여하는데, 관리의 자격을 대대로 벼슬하던 집안과 과거 출신으로만 한정하고 있으니 항상 인재가 모자라 애태우는 것은 당연한 일이다. 어느 시대, 어느 나라에서 노비나 서얼이어서 어진 인재를 버려두고, 어머니가 개가했으므로 재능을 쓰지 않는다는 것은 듣지 못했다.

① 이황
② 이이
③ 허균
④ 유형원

문 14. 〈보기〉에서 조선 전기 건축물을 모두 고른 것은?

〈보기〉
ㄱ. 무위사 극락전
ㄴ. 법주사 팔상전
ㄷ. 금산사 미륵전
ㄹ. 해인사 장경판전

① ㄱ, ㄹ
② ㄴ, ㄹ
③ ㄷ, ㄹ
④ ㄱ, ㄷ

문 15. 고려와 조선의 지방 행정 제도에 대한 설명으로 가장 옳지 않은 것은?

① 조선에서 지방관은 행정·사법권을, 별도로 파견된 진장·영장은 군사권을 보유하였다.
② 고려에서 상급 향리는 과거 응시에 제한을 두지 않아 고위 관리가 될 수 있었다.
③ 조선에서 지역 양반은 유향소를 구성하여 향리를 규찰하고 향촌 질서를 바로잡았다.
④ 고려의 지방은 지방관이 파견된 주현과 파견되지 않은 속현으로 구성되었다.

문 16. 〈보기〉의 선언에 대한 설명으로 가장 옳은 것은?

〈보기〉
각 군사 사절단은 일본국에 대한 장래의 군사 행동을 협정하였다. …(중략)… 앞의 3대국은 조선 인민의 노예 상태에 유의하여 적당한 시기에 맹세코 조선을 자주독립시킬 결의를 한다.

① 이 선언에서 연합국은 일본에 무조건 항복을 요구하였다.
② 미국, 영국, 중국의 정상이 모여 회담을 한 후 나온 선언이다.
③ 소련은 일본과의 전쟁에 참전할 것을 결정했다.
④ 미국의 루즈벨트 대통령이 20~30년간의 신탁 통치안을 처음으로 제안하였다.

문 17. <보기>의 북한 정권 수립 과정을 시간순으로 바르게 나열한 것은?

〈보기〉
ㄱ. 북조선 임시 인민 위원회 성립
ㄴ. 조선 인민군 창설
ㄷ. 토지 개혁 실시
ㄹ. 최고인민회의 대의원 선거 실시
ㅁ. 북조선 노동당 결성
ㅂ. 조선 민주주의 인민 공화국 성립

① ㄱ → ㄴ → ㄷ → ㄹ → ㅁ → ㅂ
② ㄱ → ㄷ → ㅁ → ㄴ → ㄹ → ㅂ
③ ㄱ → ㅁ → ㄷ → ㄹ → ㄴ → ㅂ
④ ㄱ → ㅁ → ㄴ → ㄷ → ㄹ → ㅂ

문 18. <보기>의 왕 재위 기간에 있었던 사실로 가장 옳은 것은?

〈보기〉
나라 안의 여러 주군에서 세금을 바치지 않으니, 창고가 비고 나라의 쓰임이 궁핍하였다. 왕이 독촉하자 곳곳에서 도적이 벌떼같이 일어났다. 이에 원종, 애노 등이 사벌주(상주)에 의거하여 반란을 일으키니, 왕이 나마 벼슬의 영기를 시켜 사로잡게 하였다.
-『삼국사기』-

① 관직과 주현의 이름을 중국식 한자로 바꾸었다.
② 귀족과 관리에게 주던 녹읍을 폐지하였다.
③ 해적을 소탕하기 위해 청해진을 세웠다.
④ 위홍 등이 향가를 모아『삼대목』을 편찬하였다.

문 19. <보기>의 왕에 대한 설명으로 가장 옳은 것은?

〈보기〉
왕은 당이 내분으로 어지러워진 틈을 타서 영토를 넓히고, 수도를 중경에서 상경으로, 다시 동경으로 옮겼다. 또한 대흥, 보력 등 독자적인 연호를 사용하였다.

① 산동 지방에 수군을 보내 당을 공격하였다.
② 당으로부터 해동성국이라 불렸다.
③ 전륜성왕을 자처하고 황상이라는 칭호를 사용하였다.
④ 동모산에 나라를 세웠다.

문 20. <보기>에서 설명하고 있는 기구에 대한 설명으로 가장 옳은 것은?

〈보기〉
재신(宰臣)으로서 이 일을 맡은 사람을 지변재상(知邊宰相)이라고 불렀습니다. 그러나 이것은 일시적인 전쟁 때문에 설치한 것으로 국가의 중요한 모든 일들을 참으로 다 맡긴 것은 아니었습니다. 오늘에 와서 큰 일이건 작은 일이건 중요한 것으로 취급되지 않는 것이 없는데, 정부는 한갓 헛이름만 지니고 육조는 모두 그 직임을 상실하였습니다. 명칭은 변방의 방비를 담당하는 것이라고 하면서 과거에 대한 판하(判下)나 비빈(妃嬪)을 간택하는 등의 일까지도 모두 여기를 경유하여 나옵니다.
-『효종실록』-

① 대원군에 의해 기능이 강화되었다.
② 의정부의 기능을 약화시켰다.
③ 붕당정치의 폐단을 막기 위해 설치되었다.
④ 왜구의 침입에 대비하여 16세기 초 상설기구로 설치되었다.

계리직 9급 공개경쟁채용 필기시험

응시번호	
성 명	

문제책형

【시험과목】

제1과목	한국사 (검정시험)				
제2과목	우편일반	제3과목	예금일반	제4과목	보험일반
제5과목	컴퓨터일반 (기초영어 포함)				

※ 2024년도 계리직 9급 시험부터 한국사가 검정시험으로 대체 시행됨

응시자 주의사항

1. **시험 시작 전**에 시험문제를 열람하는 행위나 **시험 종료 후** 답안을 작성하는 행위를 한 사람은 「공무원 임용시험령」 제51조 등 관련 법령에 의거 **부정행위자**로 처리됩니다.

2. 시험 시작 즉시 **과목편철 순서, 문제누락 여부, 인쇄상태 이상 유무 및 표지와 개별과목의 문제책형 일치 여부 등을 확인**한 후 문제책 표지에 응시번호, 성명을 기재합니다.

3. 반드시 본인의 **응시표에 인쇄된 선택과목 순서에 따라 답안을 표기**하여야 합니다.
   과목 순서를 바꾸어 표기한 경우에도 **본인의 응시표에 기재된 과목 순서대로 채점**되므로 반드시 유의하시기 바랍니다.

4. 시험이 시작되면 문제를 주의 깊게 읽은 후, **문항의 취지에 가장 적합한 하나의 정답만을 고르며**, 문제 내용에 관한 질문은 받지 않습니다.

5. **시험시간 관리의 책임**은 전적으로 응시자 본인에게 있습니다.

2023 계리직 9급

6월 3일 시행

한국사(상용한자 제외) | B책형 | 1쪽

풀이 시간: ___:___ ~ ___:___ / 점수: ___점

해당 〈2023 계리직 9급〉 문제는 상용한자 2문항을 제외한 한국사 18문항을 수록하였습니다.

1초 합격예측! 모바일 성적분석표

QR 코드로 접속하여 문제 풀이시간을 측정하고, 〈1초 합격예측 & 모바일 성적분석표〉 서비스를 통해 지금 바로! 실력을 점검해 보세요.

https://eduwill.kr/8Fmf

문 1. 〈보기〉에서 조선 시대 교육 제도에 대한 설명으로 옳은 것을 모두 고른 것은?

〈보기〉

ㄱ. 성균관은 조선 왕조 최고의 교육 기관이다.
ㄴ. 기술교육은 잡학이라 불렀는데 해당 관서에서 가르쳤다.
ㄷ. 향교는 훌륭한 유학자들을 제사 지내고, 성리학을 연구하는 사립 교육기관이다.
ㄹ. 국가에서 전국의 모든 군현에 서원을 설치하여 종6품의 교수나 종9품의 훈도를 파견하기도 하였다.

① ㄱ, ㄴ   ② ㄷ, ㄹ
③ ㄱ, ㄴ, ㄷ   ④ ㄱ, ㄴ, ㄹ

문 2. 밑줄 친 ( )의 행적에 대한 설명으로 옳은 것은?

( )은/는 본국에 돌아온 지 얼마 되지 않아 병을 얻었고, 병이 난 지 수일 만에 죽었다. 온몸이 전부 검은빛이었고, 이목구비의 일곱 구멍에서는 모두 선혈이 흘러 나왔다. 검은 천으로 그 얼굴 반쪽만 덮어놓았으나, 곁에 있는 사람도 그 얼굴빛을 분변할 수 없어서 약물에 중독되어 죽은 사람과 같았다.

— 『조선왕조실록』 —

① 청에 복수하고 치욕을 갚기 위해 북벌을 주장하였다.
② 청을 왕래하며 얻은 경험으로 『의산문답』 등을 저술하였다.
③ 서양인 신부 아담 샬과 교류하면서 서양 문물을 들여왔다.
④ 에도 막부에서 울릉도와 독도가 조선 영토임을 확인하는 문서를 받아왔다.

문 3. 다음 내용이 실린 책에 대한 설명으로 옳은 것은?

대저 살 곳[可居地]을 잡는 데는 지리(地理)가 첫째이고, 생리(生利)가 다음이다. 그다음은 인심(人心)이며, 다음은 아름다운 산수(山水)가 있어야 한다. 이 네 가지 중 하나라도 모자라면 살기 좋은 땅이 아니다.

① 최초로 100리 척을 이용한 지도를 수록하였다.
② 우리나라 각 지역의 인문 지리적 특성을 제시하였다.
③ 중국의 역사서 등을 참고하여 지리적 관점에서 우리 역사를 체계화하였다.
④ 군현별로 채색 읍지도를 첨부하여 읍의 형편을 일목요연하게 파악할 수 있게 하였다.

문 4. 〈보기〉에서 흥선 대원군이 추진한 정책을 모두 고른 것은?

〈보기〉

ㄱ. 서원 철폐
ㄴ. 호포제 시행
ㄷ. 원납전 징수
ㄹ. 『대전통편』 편찬

① ㄱ, ㄴ   ② ㄷ, ㄹ
③ ㄱ, ㄴ, ㄷ   ④ ㄴ, ㄷ, ㄹ

문 5. 밑줄 친 ( )를 간행한 인물의 활동으로 옳은 것은?

우리가 ( )을/를 오늘 처음으로 출판하는데, 조선에 있는 내외국인민에게 우리 주의를 미리 말하여 아시게 하노라. …(중략)… 우리가 이 신문 출판하기는 취리(取利)하려는 것이 아닌 고로 값을 헐하도록 하였고, 모두 언문으로 쓰기는 남녀 상하 귀천이 모두 보게 함이요, 또 구절을 띄어 쓰는 것은 알아보기 쉽도록 함이다.

— 창간호 논설 —

① 아관파천을 주도하였다.
② 독립 협회를 설립하였다.
③ 헌정 연구회를 조직하였다.
④ 국채 보상 운동을 전개하였다.

문 6. 다음 상황 이후에 전개된 사실로 옳지 않은 것은?

> 제1조 일본국 정부는 재동경 외무성을 경유하여 금후 한국의 외국에 대한 관계 및 서무를 감리 지휘할 것이며, 일본국의 외교 대표자 및 영사는 외국에 재류하는 한국의 신민 및 이익을 보호할 것이다.
> …(중략)…
> 제5조 일본국 정부는 한국 황실의 안녕과 존엄을 유지하기를 보증한다.

① 일본은 청과 간도 협약을 맺었다.
② 민종식, 최익현, 신돌석 등이 각각 의병 부대를 조직하였다.
③ 한국 정부는 일본의 은행과 1천만 엔의 차관 도입을 계약하였다.
④ 일본 제일은행권을 본위 화폐로 삼는 화폐 정리 사업이 시작되었다.

문 7. 다음은 1910년에 초판이 발행된 『국어문법(國語文法)』이다. 이 저서를 쓴 인물에 대한 설명으로 옳은 것은?

① 가갸날을 제정하였다.
② 국문 연구소에서 활동하였다.
③ 조선어 학회 사건으로 구속되었다.
④ 한글 맞춤법 통일안의 원안 작성에 참여하였다.

문 8. 밑줄 친 (　　) 운동에 대한 설명으로 옳은 것은?

> 다음은 대한 제국 황제의 장례일에 일어난 (　　) 운동 당시 등장한 격문들의 내용이다.
> • 대한 독립 만세!
> • 일체 납세를 거부하자.
> • 언론·출판·집회의 자유를!
> • 교육 용어는 조선어로!
> • 우리의 철천의 원수는 자본·제국주의 일본이다.

① 임시 정부 수립 운동을 촉발하였다.
② 신간회가 현장에 진상 조사단을 파견하였다.
③ 관세 철폐에 직면하여 자구책으로 시작하였다.
④ 사회주의자들과 민족주의자들이 함께 준비하였다.

문 9. 다음 5개 항을 주장한 인물에 대한 설명으로 옳은 것은?

> 1항 전국적으로 정치범과 경제범을 즉시 석방할 것.
> 2항 3개월간의 식량을 확보해 줄 것.
> 3항 치안 유지와 건국 운동을 위한 정치 운동에 대하여 절대로 간섭하지 말 것.
> 4항 학생과 청년을 조직·훈련하는 데 대하여 간섭하지 말 것.
> 5항 노동자와 농민을 건국 사업에 동원하는 데 대하여 절대로 간섭하지 말 것.

① 좌우 합작을 주도하다가 암살당하였다.
② 만민공생의 신민주주의를 표방하였다.
③ 한민당을 창당하고 훈정론을 주장하였다.
④ 그의 정치 노선은 '8월 테제'에 집약되어 있다.

문 10. 다음 풍속이 있었던 나라의 사회상으로 옳은 것은?

> 은나라 달력으로 정월이 되면 하늘에 제사를 지낸다. 온 나라 사람들이 모여서 연일 먹고 마시고 노래하고 춤을 춘다. …(중략)… 이때는 형옥을 판단하고, 가두었던 죄수들을 풀어준다.
>
> —『삼국지』—

① 무덤은 돌을 쌓아 만들고, 소나무나 잣나무로 둘러졌다.
② 남녀가 간음하거나 부인이 투기가 심하면 사형에 처하였다.
③ 국읍마다 천군이 있었고, 별읍에는 소도라는 신성 구역이 설치되었다.
④ 산천의 경계를 중시하여, 함부로 침범하면 우마 등으로 배상하게 하였다.

문 11. <보기>의 사건들을 시간순으로 옳게 나열한 것은?

〈보기〉
ㄱ. 이사부가 이끄는 신라군이 대가야를 멸망시켰다.
ㄴ. 백제군의 평양성 공격으로 고국원왕이 전사하였다.
ㄷ. 고구려군이 백제 한성을 함락하고 개로왕을 죽였다.
ㄹ. 신라를 침탈하던 왜병이 고구려군에게 격멸 당하였다.

① ㄴ-ㄷ-ㄹ-ㄱ
② ㄴ-ㄹ-ㄷ-ㄱ
③ ㄹ-ㄴ-ㄱ-ㄷ
④ ㄹ-ㄷ-ㄴ-ㄱ

문 12. 밑줄 친 ( )의 인물에 대한 설명으로 옳은 것은?

> ( )은/는 이미 계를 어겨 아들 총(聰)을 낳은 후에는 세속의 옷으로 바꿔 입고 스스로 소성거사라고 하였다. 우연히 광대들이 춤출 때 쓰는 큰 박을 얻었는데, 모양이 괴상하였다. 그 모양을 본떠서 도구를 제작하여, 『화엄경』의 "일체 무애인(無㝵人)은 한번에 생사를 벗어난다."라는 구절에 나오는 무애라는 이름을 붙이고, 노래를 지어 세상에 퍼프렸다.
>
> —『삼국유사』—

① 화엄종의 중심 사찰인 부석사를 창건하였다.
② 세속 오계를 제시하고 호국 불교의 전통을 세웠다.
③ 황룡사에 9층 목탑을 세울 것을 왕에게 건의하였다.
④ 종파 간 대립을 극복하기 위해 일심 사상을 제창하였다.

문 13. 밑줄 친 ( )의 인물에 대한 설명으로 옳은 것은?

> 왕의 총애를 받는 이들이 곁에 있으면서 정권을 훔쳐 제 마음대로 하니 기강이 문란해졌다. 게다가 기근까지 겹치자 백성이 떠돌아다니고 도적이 곳곳에서 봉기하였다. 이에 ( )은/는 몰래 왕위를 넘겨다보는 마음을 갖고, 무리를 불러 모아 왕경의 서남쪽 주현을 돌아다니며 공격하였다. 이르는 곳마다 메아리처럼 호응하여 한 달 만에 무리가 5,000명에 달하니, 드디어 무진주를 습격하였다.
>
> —『삼국사기』—

① 완산주를 도읍 삼아 나라를 세우고 왕위에 올랐다.
② 스스로 미륵불이라고 칭하면서 통치를 정당화하였다.
③ 서해안의 해상 세력으로 활동하던 가문에서 태어났다.
④ 국호를 장안, 연호를 경운으로 정하고 반란을 일으켰다.

문 14. (가)와 (나) 사이의 시기에 있었던 사실로 옳은 것은?

> (가) 처음으로 과거를 설치하고, 한림학사 쌍기에게 명하여 진사(進士)를 뽑았다.
> —『고려사』—
>
> (나) 최승로가 상서하기를, "태조께서 통합한 후 외관(外官)을 두려고 하셨지만 대개 초창기였으므로 겨를이 없었습니다. …(중략)… 청컨대 외관을 두소서."라고 하였다.
> —『고려사』—

① 광군사가 설치되었다.
② 국자감이 설치되었다.
③ 노비안검법이 시행되었다.
④ 처음으로 전시과가 제정되었다.

문 15. 다음 정책을 시행한 왕에 대한 설명으로 옳은 것은?

> 주전도감(鑄錢都監)에서 아뢰기를, "나라 사람들이 비로소 동전 화폐 사용의 이로움을 알아 편리하게 되었으니 바라건대 종묘에 고하소서."라고 하였다. 이 해에 또한 은병(銀瓶)을 사용하여 화폐로 삼았는데, 그 제도는 은 1근으로 만들되 우리나라 지형을 본뜬 것으로 속칭 활구(闊口)라고 하였다.
> ―「고려사」―

① 남경을 건설하였다.
② 감무를 파견하였다.
③ 양현고를 설치하였다.
④ 『정계』와 『계백료서』를 지었다.

문 16. 밑줄 친 (　　)에 대한 설명으로 옳은 것은?

> 신이 (　　)을/를 삼가 편수하여 두 권으로 나누어 깨끗이 써서 바칩니다. …(중략)… 예로부터 지금까지 황제들이 이어온 역사, 즉 중국은 반고로부터 금까지, 동국은 단군으로부터 우리 본조까지 그 시작한 근원을 책에서 두루 찾아내어, 같고 틀림을 비교하여 그 요긴함을 추려 풍영(諷詠)으로 시를 지으니 서로 계승하고 주고받으며 일어남이 손바닥을 가리키듯 분명합니다.

① 편년체와 강목체를 결합하여 서술하였다.
② 예맥, 옥저 등을 모두 단군의 후손으로 서술하였다.
③ 불교사를 중심으로 설화와 야사를 많이 서술하였다.
④ 정통론에 입각하여 마한, 신라를 정통국가로 서술하였다.

문 17. 빈칸에 들어갈 내용으로 옳지 않은 것은?

> 은하: '대각국사'라는 시호를 받은 인물에 대해 말해 보자.
> 다영: 문종의 넷째 아들로 11세에 출가했어.
> 서정:

① 지혜로써 사물을 관조하는 지관을 중시했어.
② 『천태사교의』를 간행하고 천태교학을 강의했어.
③ 송과 요의 대장경을 수집하여 초조대장경을 편찬했어.
④ 이론 연마와 수행을 함께 강조하는 교관겸수를 주장했어.

문 18. 밑줄 친 왕의 재위 기간에 있었던 사실로 옳은 것은?

> 왕이 이순지, 김담 등에게 명하여 선명력과 수시력 등의 역법을 참조하여 새로운 역법을 만들게 하였다. 이 역법은 내편과 외편으로 구성되었다.

① 『월인석보』를 언해하여 간행하였다.
② 『이륜행실도』를 편찬하여 보급하였다.
③ 『국조오례의』와 『경국대전』 등을 완성하였다.
④ 『향약채취월령』과 『의방유취』 등을 편찬하였다.

2022 계리직 9급
5월 14일 시행

한국사(상용한자 제외) | Ⓐ책형 | 1쪽

| 풀이 시간: ___:___ ~ ___:___ / 점수: ___점

| 해당 〈2022 계리직 9급〉 문제는 상용한자 2문항을 제외한 한국사 18문항을 수록하였습니다.

1초 합격예측! 모바일 성적분석표

QR 코드로 접속하여 문제 풀이시간을 측정하고, 〈1초 합격예측 & 모바일 성적분석표〉 서비스를 통해 지금 바로! 실력을 점검해 보세요.

https://eduwill.kr/LFzj

문 1. 밑줄 친 (　　)의 재위 기간에 있었던 사실로 옳은 것은?

> (　　) 9년 3월에 사방(四方)의 우역(郵驛)을 비로소 설치하고, 담당 관리에게 명하여 관도(官道)를 수리하게 하였다.
>
> —『삼국사기』—

① 처음으로 수도에 시장을 열어 사방의 물자를 유통시켰다.
② 중앙 관서를 22부로 정비하고 수도를 5부로 편제하였다.
③ 우산국으로 불리던 울릉도를 정복하여 영토로 편입하였다.
④ 9주와 5소경을 설치하여 지방 행정을 새롭게 정비하였다.

문 2. 삼국 시대 고분 중 벽화가 남아 있는 것을 모두 고른 것은?

> ㄱ. 호우총
> ㄴ. 쌍영총
> ㄷ. 무용총
> ㄹ. 각저총
> ㅁ. 천마총

① ㄱ, ㄴ, ㅁ
② ㄱ, ㄷ, ㄹ
③ ㄴ, ㄷ, ㄹ
④ ㄷ, ㄹ, ㅁ

문 3. (가)와 (나) 사이 시기 신라에서 있었던 사실로 옳은 것은?

> (가) 당(唐)이 고구려 평양에 안동 도호부를 설치하였다.
> (나) 대조영이 동모산에서 진국(震國), 즉 발해를 건국하였다.

① 일반 백성들에게 정전을 지급하였다.
② 관리 채용을 위한 시험 제도로 독서삼품과를 실시하였다.
③ 유교 교육을 진흥시키기 위해 국학을 설치하였다.
④ 관료전을 폐지하고 녹읍을 부활하였다.

문 4. 후삼국 통일 과정에 있었던 사건의 순서를 옳게 나열한 것은?

> ㄱ. 완산주에 도읍을 정하고 후백제를 건국하였다.
> ㄴ. 국호를 태봉, 연호를 수덕만세로 정하였다.
> ㄷ. 금성이 함락되고 경애왕이 사망하였다.
> ㄹ. 왕건이 궁예를 몰아내고 즉위하였다.

① ㄱ → ㄴ → ㄷ → ㄹ
② ㄱ → ㄴ → ㄹ → ㄷ
③ ㄴ → ㄱ → ㄹ → ㄷ
④ ㄴ → ㄱ → ㄷ → ㄹ

문 5. 밑줄 친 (　　) 제도를 개혁한 인물들로 옳은 것은?

> 개간된 토지의 넓이를 총괄해서 그 기름지고 메마른 것을 나누어 문무백관에서부터 부병(府兵) 한인(閑人)에게까지 과(科)에 따라주지 않음이 없었고, 또 그 과에 따라 초채지(땔감을 얻을 수 있는 땅)를 주었는데, 이를 (　　) 제도라 한다.
>
> —『고려사』—

① 조준, 정도전
② 정도전, 이색
③ 이색, 정몽주
④ 조준, 이인임

문 6. 다음의 시(詩)를 지은 작자가 생존했던 시기에 있었던 사실로 옳은 것은?

> 오랑캐들이 아무리 완악하다지만 어떻게 이 물을 뛰어 건너랴.
> 저들도 건널 수 없음을 알기에 와서 진 치고 시위만 하네.
> …(중략)…
> 저들도 마땅히 저절로 물러가리니 나라가 어찌 갑자기 끝나겠는가.
> ― 『동국이상국집』 ―

① 별무반을 조직하여 여진을 정벌하였다.
② 거란이 보낸 사신을 유배 보냈다.
③ 고려 국왕이 나주로 피난했다.
④ 경찰 업무를 수행하는 야별초를 만들었다.

문 7. 밑줄 친 내용에 해당하는 시기에 신설된 기구를 〈보기〉에서 모두 고른 것은?

> 문종이 태평한 통치를 펼치니 백성과 만물이 모두 빛났습니다. 그러나 후손들이 혼미하여 권신(權臣)이 정권을 멋대로 하면서 군병을 끌어안고 왕위를 노리게 되었으니 인종 때 이것이 한 번 벌어지자 신하가 정권을 잡는 일이 일어났고, 의종 때에 이르러서는 익숙해져 버렸습니다. 이로 말미암아 크고 간악한 권신들이 번갈아 가며 세력을 잡고서 임금을 앉히기를 바둑이나 장기 두듯이 하였으며, 강성한 적들은 번갈아 쳐들어와 백성들을 풀이나 갈대같이 베어 버렸지만, 원종이 위태롭고 의심스러운 상황에서 대란을 평정함으로써 겨우 선조들이 물려준 왕업을 보전할 수 있었습니다.
> ― 『고려사』 ―

〈보기〉
ㄱ. 정방
ㄴ. 교정도감
ㄷ. 도평의사사
ㄹ. 정치도감

① ㄱ, ㄴ
② ㄱ, ㄹ
③ ㄴ, ㄷ
④ ㄷ, ㄹ

문 8. 〈보기〉의 정책을 시행했던 국왕의 재위 기간에 있었던 일로 옳은 것은?

〈보기〉
• 귀법사를 창건하고 균여를 주지로 임명했다.
• 개경을 황도(皇都)라고 하고, 서경을 서도라고 하였다.

① 전시과 제도를 시행하였다.
② 백관의 사색 공복을 정했다.
③ 광군을 조직하여 거란의 침입에 대비하였다.
④ 왕권을 위협하던 왕규를 제거하였다.

문 9. 〈보기〉는 조선 시대 전세(田稅) 수취 제도에 대한 내용이다. 이 제도의 시행으로 나타난 변화상에 대한 설명으로 옳지 않은 것은?

〈보기〉
• 1결당 생산량을 300두에서 400두로 상향 조정하였다.
• 생산량의 1/10을 징수하던 것을 1/20로 조정하였다.
• 종래 3등으로 나누던 토지 등급을 6등으로 세분화하였다.

① 토지 등급과 작황 정도에 따라 전세를 차등 징수하였다.
② 이 제도는 전라도부터 시행하여 점차 전국으로 확산되었다.
③ 토지 등급에 따라 면적을 달리하는 이적동세를 실시하였다.
④ 이 제도의 시행으로 농민의 전세 부담이 낮아졌다.

문 10. 조선 전기의 노비에 대한 설명으로 옳은 것은?

① 노와 양녀 사이에 태어난 소생을 모의 신분을 따라 양인으로 삼는 '노비종모법'이 시행되었다.
② 중앙 관청에 소속된 공노비 가운데에는 하급 기술관직에 임용되기도 하였다.
③ 부족한 군역 자원을 확충하기 위해 양인과 함께 노비를 속오군에 편제하였다.
④ 국가에 소속된 공노비의 도망이 속출하자 내·시노비 중 일부를 속량하기도 하였다.

문 11. 밑줄 친 ( ) 기구에 대한 설명으로 옳은 것은?

> 이 제도는 젊고 재능 있는 문신들을 의정부에서 선발하여 (　　)에 위탁 교육을 시키고, 40세가 되면 졸업시키는 인재 양성의 장치였다. 교육 과정은 과강(課講)·과제(課製)의 강제(講製)가 주축이었다. 전자는 매달 15일 전과 20일 후에 행해졌고, 후자는 20일 후에 실시되었다. 이 제도는 국왕의 친위 세력을 육성하고자 하는 목적에서 시행되었다고 평가되고 있다.

① 학문 및 정책 연구를 위하여 경복궁 안에 설치되었다.
② 왕명 출납 등 국왕 측근에서 비서실의 기능을 하였다.
③ 정책을 비판하는 삼사의 하나로 국왕의 자문에 응하였다.
④ 창덕궁 후원에 설치되어 수만 권의 서적을 보관하였다.

문 12. 다음의 작품이 제작된 시기의 문학과 예술에 대한 설명으로 옳지 않은 것은?

① 중국의 남종문인화를 우리의 자연에 맞추어 토착화하는 화풍이 발생하였다.
② 『촌담해이』, 『필원잡기』 등 일정한 격식 없이 세상에 떠도는 이야기를 기록한 패설 작품이 창작되었다.
③ 서양식 화법이 도입되어 원근법을 사용하거나 인물의 측면을 묘사하는 그림이 등장하였다.
④ 양반 사회를 비판하는 「양반전」, 「허생전」, 「호질」 등의 한문 소설이 지어졌다.

문 13. 다음에서 (㉠)과 (㉡)에 들어갈 내용을 바르게 짝지은 것은?

> 조선 전기에 (㉠)이/가 저술한 (㉡)은/는 예로부터 사람들이 감상하고 길러온 꽃과 나무 몇십 종에 대한 재배법과 이용법을 설명하고 있으며, 또한 꽃과 나무의 품격과 그 의미, 상징성을 논하고 있다.

㉠　　　　㉡
① 강희안　『양화소록』
② 양성지　『농잠서』
③ 강희맹　『금양잡록』
④ 신속　　『농가집성』

문 14. <보기>의 궁궐에 대한 설명으로 옳은 것은?

<보기>
> 본래 월산대군의 집터였는데, 임진왜란 이후 선조의 임시 거처로 사용되어 정릉동 행궁으로 불리다가 광해군 때에 경운궁으로 개칭되었다. …(중략)… 궁내에 서양식 건물이 여럿 지어진 것이 주목된다. …(중략)… 1945년 광복 후 석조전에서 미·소 공동 위원회가 열려 한반도 문제가 논의되었다. 1963년 1월 18일에 사적 제124호로 지정되었다.

① 도성의 동쪽에 위치하여 동궐이라 불리기도 하였다.
② 전통 정원 조경의 자연미와 인공미가 조화를 이룬 후원이 유명하다.
③ 흥선 대원군의 왕권 강화에 대한 강력한 의지에 따라 크게 중건되었다.
④ 아관파천 이후 고종이 옮겨와 대한 제국을 선포하고 광무개혁을 실시하였다.

문 15. 다음 정책의 결과로 옳지 않은 것은?

> 총독부는 15년 동안 토지 개량과 농사 개량을 통해 식량 생산을 대폭 늘려 일본으로 더 많은 쌀을 가져가고 조선의 농민 생활도 안정시킨다는 계획을 세웠다. 이를 위해 논의 비중을 높이고 저수지와 같은 수리 시설을 개선·확충하며, 다수확 품종과 비료 개발을 진행했다.

① 조선인 자작농이 감소하고 소작농이 급증하였다.
② 미(米) 단작화로 경제 구조의 파행성이 심화되었다.
③ 전국 토지의 토지 대장, 지적도, 등기부가 작성되었다.
④ 식량 부족분을 해결하기 위해 만주산 좁쌀 등이 수입되었다.

문 16. 다음 '시정방침'에 따른 통치가 이루어지던 시기에 일어난 대중 운동으로 옳지 않은 것은?

> 총독은 문무관 어느 쪽이라도 임용될 수 있는 길을 열고, 나아가 헌병에 의한 경찰 제도를 바꿔 보통 경찰에 의한 경찰 제도를 채택할 것이다. 그리고 복제를 개정하여 일반 관리, 교원이 제복을 입고 칼을 차던 것을 폐지하고, 조선인의 임용, 대우를 더 많이 고려하고자 한다.
> ― 사이토 마코토, '시정방침' ―

① 전국적 규모의 노동자 조직으로서 조선 노동 공제회가 결성되었다.
② 빈농을 주체로 한 토지 혁명을 주장하는 농민 조합 운동이 일어났다.
③ 대중 운동 전국적 조직화의 일환으로 조선 청년 총동맹이 결성되었다.
④ 백정들이 신분에 대한 불만을 타파하고자 조선 형평사를 설립하였다.

문 17. (가)와 (나) 사이 시기의 사실로 옳은 것은?

> (가) 김종필과 오히라 일본 외상의 밀실 회담 이후 한·일 회담은 급격히 진전되었다. 이에 대해서 전 사회적인 한·일 회담 반대 투쟁이 일어나 서울의 주요 대학 학생들을 중심으로 격렬한 거리 시위가 전개되었다.
> (나) 한·일 양국은 일본 도쿄에서 한·일 기본 조약 조인식을 강행하였다. 하지만 막상 이 과정에서 한·일 과거사에 대한 일본의 사죄는 명시되지 않았다.

① 정부는 계엄령을 선포하고 인민 혁명당 사건을 조작, 발표하였다.
② 베트남 전쟁에 대한 전투 부대 파병 동의안이 국회에서 통과되었다.
③ 반공법과 데모 규제법 제정을 추진하여 거센 반대 운동을 불러왔다.
④ 대통령이 각종 법의 효력을 정지시킬 수 있는 긴급 조치가 발동되었다.

문 18. 〈보기〉의 내용을 일어난 시간 순서대로 바르게 나열한 것은?

〈보기〉
ㄱ. 아름이의 작은할아버지는 거제도 포로 수용소에서 제3국행을 결정하여 아르헨티나로 갔다.
ㄴ. 수지의 할아버지는 미군과 함께 인천에 상륙하여 서울 수복을 위해 진격하였다.
ㄷ. 지연이의 큰 고모부는 흥남 부두에서 가족들과 헤어져 메러디스 빅토리호를 타고 부산으로 향했다.

① ㄱ → ㄴ → ㄷ
② ㄴ → ㄱ → ㄷ
③ ㄴ → ㄷ → ㄱ
④ ㄷ → ㄱ → ㄴ

2021 3월 20일 시행 계리직 9급

한국사(상용한자 제외) | B책형 | 1쪽

풀이 시간: ___:___ ~ ___:___ / 점수: ___점

해당 〈2021 계리직 9급〉 문제는 상용한자 2문항을 제외한 한국사 18문항을 수록하였습니다.

1초 합격예측! 모바일 성적분석표

QR 코드로 접속하여 문제 풀이시간을 측정하고, 〈1초 합격예측 & 모바일 성적분석표〉 서비스를 통해 지금 바로! 실력을 점검해 보세요.
https://eduwill.kr/CFzj

문 1. 밑줄 친 '반란'에 대한 설명으로 옳은 것을 〈보기〉에서 모두 고른 것은?

> 반란을 일으킨 적도들은 평안도 가산읍 북쪽 다복동에서 무리를 모아 봉기하여 가산과 선천, 곽산 등 청천강 북쪽의 주요 고을들을 점령하고 기세를 떨쳤다.
> — 『서정록(西征錄)』—

〈보기〉
ㄱ. 평안도 지역에 대한 차별에 저항하였다.
ㄴ. 반정 후의 논공행상에 대한 불만이 원인이었다.
ㄷ. 지역의 무반 출신과 광산 노동자들이 적극 가담하였다.
ㄹ. 의주와 안주를 연이어 점령하여 조정에 큰 위협이 되었다.

① ㄱ, ㄴ   ② ㄱ, ㄷ
③ ㄴ, ㄷ   ④ ㄴ, ㄹ

문 2. 근대 문물이 들어오면서 조선 사회가 경험한 새로운 변화와 관련하여 옳은 것을 모두 고른 것은?

> ㄱ. 근대식 우편 제도와 전신 시설은 모두 1884년에 시작하여 원거리 통신의 새로운 시대를 열었다.
> ㄴ. 근대식 의료는 갑오개혁 이후 더욱 확산하여 1895년 정부에 위생국을 설치하고 전염병 예방 규칙도 제정하였다.
> ㄷ. 전등은 1887년 고종과 미국인의 합작으로 설립한 한성 전기 회사가 경복궁에 처음 설치하여 운영하였다.
> ㄹ. 철도는 광무개혁 때 경인선을, 러·일 전쟁 때 경부선을, 간도 협약으로 경의선을 모두 일본이 개통하였다.

① ㄱ, ㄴ   ② ㄴ, ㄷ
③ ㄷ, ㄹ   ④ ㄹ, ㄱ

문 3. 밑줄 친 '정변'과 관련한 설명으로 옳은 것은?

> 전에는 …(중략)… 개화당을 꾸짖는 자도 많이 있었으나, 개화가 아름답다는 것을 말하면 듣는 사람들도 감히 크게 반대하지는 않았다. 그런데 정변을 겪은 뒤부터 조정과 민간에서 모두 "이른바 개화당이라고 하는 자들은 충의를 모르고 외국인과 연결하여 나라를 팔고 겨레를 배반하였다."라고 말하고 있다.
> — 『윤치호 일기』—

① 이 정변을 계기로 주미공사 박정양을 미국에 파견하였다.
② 이 정변 직후 근대화를 위해 통리기무아문을 설치하였다.
③ 이 정변의 평화적 해결을 위한 상호 약속으로 제물포 조약이 체결되었다.
④ 이 정변의 주도 세력은 혜상공국의 혁파 등 여러 개혁을 시도하였다.

문 4. 다음 (가)의 활동에 대한 설명으로 옳은 것은?

> 1920년대 후반 민족 유일당 운동의 결과, 만주 지역 민족 해방 운동의 중심 단체이던 정의·신민·참의 3부가 국민부와 혁신의회로 재편되었다. 이후 1930년대에 국민부 계통은 ㅤ(가)ㅤ 을/를 조직하여 남만주 일대를 중심으로 활약했다.

① 영릉가 전투와 흥경성 전투에서 일본군을 격파하였다.
② 혜산진 보천보를 습격하여 일제의 경찰 주재소와 면사무소를 파괴하였다.
③ 쌍성보 전투, 대전자령 전투 등에서 일본군을 상대로 대승을 거두었다.
④ 일본군과 6일 동안 10여 회의 전투를 벌여 대승을 거둔 청산리 대첩을 이끌었다.

문 5. 다음 설명에 해당하는 시기로 옳은 것은?

> 조선 총독부는 조선농지령을 제정하여 지주의 소작료 수탈을 어느 정도 통제하고 소작인의 소작료 감면 청구권을 법제화했다. 이는 소작인의 소작권을 안정시켜 농촌 사회의 불안을 완화하려는 것이었으나, 실제 운영 과정에서는 지주의 권익을 옹호하고 마름의 횡포를 통제하지 않았다.

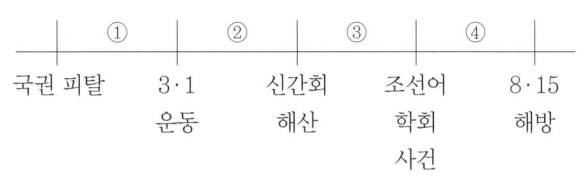

문 6. 한국의 경제 성장과 민주화의 진전에 관한 연대별 설명으로 옳지 않은 것은?

① 1960년대: 노동집약적 수출 주도형 공업화 전략으로 매년 10% 안팎의 성장률을 기록하였다.
② 1970년대: 근로조건 개선을 위한 전태일의 분신은 노동운동에 대한 관심을 고양하는 계기가 되었다.
③ 1980년대: 저금리, 저유가, 저달러의 이른바 '3저 호황'에 힘입어 중반 이후 연평균 10%에 가까운 경제 성장률을 기록하였다.
④ 1990년대: 한때 중단되었던 대통령 직선제를 부활하는 개헌을 통해 정치적 민주화에 진전을 이루었다.

문 7. 다음 각 자료에 해당하는 시대의 지방 제도에 관한 설명으로 옳은 것은?

ㄱ. 사람을 죽인 자는 바로 사형에 처하고, 남에게 상해를 입힌 자는 곡물로 배상하게 한다. 남의 물건을 훔친 자는 재산을 몰수하고 그 집의 노비로 삼는다.
ㄴ. 태조께서 나라를 통일한 후에 외관을 두고자 하였으나 …(중략)… 시행할 겨를이 없었습니다. …(중략)… 청컨대 외관을 두소서.
ㄷ. 골품을 따져 사람을 쓰기 때문에 그 족속이 아니면 비록 뛰어난 재주와 큰 공이 있어도 자기 신분의 한계를 넘지 못한다.
ㄹ. 이들은 집합하자마자 우선 독립 만세를 소리 높여 외쳐 …(중략)… 군중의 사기를 높이고 마침내는 경찰 관서를 습격하여 때때로 파괴적 행동에 빠지려 하였다.

① ㄱ: 5부를 설치하고 장관으로 욕살을 두었다.
② ㄴ: 12목을 설치하고 장관으로 목사를 두었다.
③ ㄷ: 8도를 설치하고 장관으로 관찰사를 두었다.
④ ㄹ: 23부를 설치하고 장관으로 관찰사를 두었다.

문 8. 시대별 교육 기관에 대한 설명으로 옳지 않은 것은?

① 삼국 가운데 백제와 신라는 모두 국학이라는 최고 교육 기관을 설립하였다.
② 고려에서는 국자감과 향교 외에도 9재라는 사립 교육 형태가 나타났다.
③ 조선에서는 선현을 모시는 서원이 고등 교육 기능도 함께 담당하였다.
④ 갑오개혁 시기에 신교육을 전담할 정부 부처로 학무아문을 설치하였다.

문 9. 다음 (가) 지역에서 일어난 사건으로 옳지 않은 것은?

(가)의 역사와 문화 탐방 계획
• 일시: 2021년 ○○월 ○○일
• 탐방 장소 및 주제

탐방 장소	주제
자연사 박물관, 역사 박물관	(가) 지역의 자연환경과 역사에 대한 기초적 이해
〈부근리 고인돌〉	고인돌을 통해 알 수 있는 선사 시대의 생활상
〈정족산성〉	병인양요와 정족산성 전투
〈초지진〉	운요호 사건과 초지진

① 몽골군의 침입에 대항하여 수도를 옮겼다.
② 프랑스군이 침입하여 문화재를 약탈하였다.
③ 을사조약에 반대하여 최익현이 의병을 일으켰다.
④ 진위대의 군인들이 군대 해산에 저항하여 봉기하였다.

문 10. 다음 글이 나오는 책에 관한 설명으로 옳은 것은?

> 대저 옛 성인들은 예악으로 나라를 융성케 하고 인의(仁義)로 가르쳤으며, 괴상한 힘이나 난잡한 귀신을 말하지 아니했다. …(중략)… 삼국의 시조들이 모두 신이(神異)한 데서 나왔다고 해서 어찌 괴이하겠는가? 이것이 신이로써 다른 편보다 먼저 놓은 까닭이며, 그 의도도 바로 여기에 있다.

① 현재 전하는 신라의 향가를 가장 많이 수록하고 있다.
② 유교 사서의 관례에 따라 중국 정사의 기전체(紀傳體) 형식을 도입했다.
③ 개인 전기가 실린 열전은 백제인이나 고구려인보다 신라인의 비중이 높다.
④ 신라가 독자적인 연호를 제정하여 사용한 것은 옳지 않다고 논했다.

문 11. 다음 ( )의 국가에 대한 설명으로 옳은 것은?

> 지금 ( )의 창고에는 옥으로 된 벽(璧)·규(珪)·찬(瓚) 등 여러 대에 걸쳐 내려온 물건이 있어 대대로 보물로 여기는데, 원로들이 말하길 선대(先代) 왕이 하사받은 것이라 한다. 그 인문(印文)은 '예왕지인(濊王之印)'이다.
> —『삼국지』 위서 동이전—

① 추수가 끝나는 10월에 동맹이라는 제천 행사를 열었다.
② 단궁, 과하마, 반어피 등의 특산물이 생산되었고 10월에 무천이라는 제천 행사를 하였다.
③ 해마다 씨를 뿌리고 난 5월과 추수를 마친 10월에는 계절제를 열어 하늘에 제사를 지냈다.
④ 사출도를 두었으며 12월에 영고라는 제천 행사를 개최하였다.

문 12. 신라의 발전 과정에 대한 사실들을 시대순으로 바르게 나열한 것은?

> ㄱ. 고령의 대가야를 병합하여 영토를 확장하였다.
> ㄴ. 호국의 염원을 담아 황룡사 9층 목탑을 세웠다.
> ㄷ. 행정 기관인 병부(兵部)를 설치하여 왕권을 강화하였다.
> ㄹ. 주군현(州郡縣)의 제도를 정하고 실직주(悉直州)를 두었다.

① ㄷ → ㄹ → ㄱ → ㄴ
② ㄷ → ㄹ → ㄴ → ㄱ
③ ㄹ → ㄷ → ㄱ → ㄴ
④ ㄹ → ㄷ → ㄴ → ㄱ

문 13. 다음 ( )에 해당하는 인물에 대한 설명으로 옳은 것은?

> 현종(玄宗) 개원(開元) 7년에 ( )이/가 죽었다. …(중략)… 아들이 왕위에 올라 영토를 크게 개척하니 동북의 모든 오랑캐들이 겁을 먹고 그를 섬겼으며, 또 사사로이 연호를 인안(仁安)으로 고쳤다.
> —『신당서』 열전. 북적 발해—

① 5경 15부 62주의 지방 행정 체계를 확립하였다.
② 장수 장문휴(張文休)를 시켜 등주를 공격하였다.
③ 3성 6부의 중앙 관제와 지방 행정 조직을 정비하였다.
④ 당의 군대를 천문령에서 물리치고 동모산에서 건국하였다.

문 14. 고려 시대 가족 제도와 여성의 지위에 대한 설명으로 옳지 않은 것은?

① 아들과 딸 모두 부모의 제사를 주관할 수 있었다.
② 여성은 사회 활동에 아무런 제한이 없이 남성과 대등한 위치에 있었다.
③ 혼인 형태는 일부일처가 일반적이었으나 축첩(蓄妾)도 가능하였다.
④ 여성이 호주(戶主)가 될 수 있었고 호적에도 아들과 딸을 구분하지 않고 나이에 따라 기록하였다.

문 15. 다음 작품이 제작된 시기의 문화 예술에 대한 설명으로 옳은 것은?

(안평대군의 꿈 이야기를 듣고 그린 그림)

① 자연을 벗 삼아 사는 모습을 노래한 「청산별곡」이 창작되었다.
② 왕조의 창업 과정과 왕실 선조들의 업적을 찬양한 「용비어천가」를 지었다.
③ 강화도에 외규장각을 두어 왕실의 행사를 기록한 의궤 등 중요한 서적을 보관하였다.
④ 중인·서얼층이 결성한 시사(詩社)를 중심으로 위항 문학(委巷文學)이 유행하였다.

문 16. 다음 전투가 일어난 시기를 〈보기〉의 (가)~(라)에서 바르게 고른 것은?

> 이여송이 휘하의 병사들을 거느리고 말을 몰아 급히 진격하였다. 왜적은 벽제관 부근에서 거짓으로 패하는 척하면서 명군을 진흙 수렁으로 유인하였다. 명군이 함부로 전진하다가 여기에 빠지자 왜적들이 갑자기 달려들어 명군을 마구 척살하였다. 겨우 죽음을 면한 이여송은 나머지 부하들을 이끌고 파주, 개성을 거쳐 평양으로 후퇴하였다.
>
> ─『연려실기술』 선조조 고사본말─

〈보기〉

신립이 탄금대 전투에서 패하고 자결하다.
⇩ (가)
이순신이 이끄는 조선군이 한산도 해상에서 일본군을 크게 이기다.
⇩ (나)
김시민 휘하의 조선 군인과 백성들이 진주성에서 일본군의 침입을 막아내다.
⇩ (다)
권율이 지휘하는 조선군이 행주산성에서 일본군을 물리치다.
⇩ (라)
원균이 칠천량 부근에서 전사하다.

① (가)
② (나)
③ (다)
④ (라)

문 17. 다음 글이 나오는 책을 지은 학자에 대한 설명으로 옳은 것은?

> 수령이라는 직책은 관장하지 않는 것이 없으니, 여러 조목을 열거하여도 오히려 직책을 다하지 못할까 두려운데, 하물며 스스로 실행하기를 기대할 수 있겠는가? 이 책은 첫머리의 부임(赴任)과 맨 끝의 해관(解官) 2편을 제외한 나머지 10편에 들어 있는 것만 해도 60조나 되니, 진실로 어진 수령이 있어 제 직분을 다할 것을 생각한다면 아마도 방법에 어둡지는 않을 것이다.

① 노론의 중심인물로 대의명분을 중시하였다.
② 조세 제도 개혁을 통해 정전제의 이념을 구현하려 하였다.
③ 자영농 육성을 위해 토지를 재분배하자는 균전론을 제기하였다.
④ 본인의 연행 경험을 바탕으로 상공업 진흥과 기술 발전을 제안하였다.

문 18. 다음에서 묘사한 도시에 대한 설명으로 옳은 것은?

> 운종가는 오가는 수많은 사람들의 바다
> 수레와 말들은 우레 소리 일으키네.
> 점포마다 온갖 상품 가득 쌓여
> 비단 가게에는 능라(綾羅)와 금수(錦繡)
> 어물 가게에는 싱싱한 갈치, 준치, 숭어, 붕어, 잉어
> 숭례문 밖 풍경을 보니 창고에는 곡식이 억만섬
>
> ─『성시전도(城市全圖)』─

① 동시, 서시, 남시를 개설하였다.
② 건원중보와 해동통보가 화폐로 유통되었다.
③ 국가의 허가를 받아 영업하는 육의전이 번성하였다.
④ 벽란도와 중국의 항저우를 연결하는 해상길을 통해 교역이 이루어졌다.

법원직 9급 공개경쟁채용 필기시험

응시번호	
성 명	

문제책형

【시험과목】

1교시	헌법, 국어, 한국사, 영어	
2교시	법원사무직렬	민법, 민사소송법, 형법, 형사소송법
	등기사무직렬	민법, 민사소송법, 상법(총론·회사편), 부동산등기법

응시자 주의사항

1. **시험 시작 전**에 시험문제를 열람하는 행위나 **시험 종료 후** 답안을 작성하는 행위를 한 사람은 「지방공무원 임용령」 제65조 등 관련 법령에 의거 **부정행위자**로 처리됩니다.

2. 시험 시작 즉시 **과목편철 순서, 문제누락 여부, 인쇄상태 이상 유무 및 표지와 개별과목의 문제책형 일치 여부 등을 확인**한 후 문제책 표지에 응시번호, 성명을 기재합니다.

3. 반드시 본인의 **응시표에 인쇄된 시험과목 순서에 따라 답안을 표기**하여야 합니다.
   과목 순서를 바꾸어 표기한 경우에도 **본인의 응시표에 기재된 과목 순서대로 채점**되므로 반드시 유의하시기 바랍니다.

4. 시험이 시작되면 문제를 주의 깊게 읽은 후, **문항의 취지에 가장 적합한 하나의 정답만을 고르며**, 문제 내용에 관한 질문은 받지 않습니다.

5. **시험시간 관리의 책임**은 전적으로 응시자 본인에게 있습니다.

2025 6월 21일 시행 법원직 9급

한국사 ①책형

문 1. 다음 밑줄 친 '이 선거'에 대한 설명으로 가장 옳은 것은?

이 우표는 1948년에 실시된 선거를 기념하여 만들어진 것입니다. 이 선거는 우리 역사상 최초로 실시된 보통선거라는 의미가 있습니다.

① 임기 4년의 국회의원을 선출하였다.
② 김구, 김규식은 선거 불참을 선언하였다.
③ 이 선거로 이승만이 대통령에 선출되었다.
④ 18세 이상 모든 국민에게 투표권이 부여되었다.

문 2. 다음 (가) 나라가 남긴 문화유산으로 가장 옳은 것은?

고령군은 원래 (가) 이다. 시조 이진아시왕(伊珍阿豉王)부터 도설지왕(道設智王)까지 16대 520년간 유지되었다. 진흥 대왕이 이를 공격해 없애고 그 지역을 군으로 삼았는데, 경덕왕이 고령군으로 개칭하였다.

①
산수문전

②
임신서기석

③
지산동 고분군

④
금동 연가 7년명 여래 입상

문 3. 다음 자료를 통해 알 수 있는 의병에 대한 설명으로 가장 옳은 것은?

이번에 춘천 등지에서 백성이 소란을 피운 것은 8월 20일 사변 때 쌓인 울분 때문임을 알 수 있다. 나라의 역적을 이미 법에 의해 처단하였고 나머지 무리도 차례로 처벌할 것이니, 옛 울분을 풀 수 있을 것이다. 해당 지방에 주둔하는 군대는 반드시 이 조칙을 춘천부에 모여 있는 백성에게 보여, 각자 백성으로 돌아가 생업에 편안히 종사하도록 해야할 것이다. 아울러 너희 군대의 무관과 병졸은 즉시 돌아오도록 하라.

① 양반 유생이 주도하였다.
② 초대 통감을 사살하였다.
③ 서울 진공 작전을 전개하였다.
④ 외교권 박탈에 항의하여 일어났다.

문 4. 다음 (가), (나)와 같은 행정 구역에 대한 설명으로 가장 옳은 것은?

- 명종 6년 망이의 고향인 <u>(가)</u> 을/를 충순현으로 승격시켜 그들을 달래었다.
- 고종 42년 충주의 <u>(나)</u> 이/가 몽골군을 막는 데 공을 세워 현으로 승격시켰다.

① 군사적인 특수 지역에 설치되었다.
② 일반 군현에 비해 세금 부담이 컸다.
③ 원주, 청주 등 다섯 곳에 설치되었다.
④ 지역 순찰을 위해 안찰사가 파견되었다.

문 5. 다음 밑줄 친 '사건'과 관련된 내용으로 가장 옳은 것은?

<u>사건</u>의 발단은 조선의 사실상 마지막 황제인 고종의 인산일을 이틀 앞둔 날에 시작되었다. 그러나 소요의 기미가 있는데, 설사 독립운동과 같은 사건이 한국에서 일어나더라도 이에 대해 일체의 보도를 하지 말라는 경찰청장의 통고문을 접수한 것은 이보다 앞선 1월 28일의 일이었다. 2월 14일에도 한국인의 독립 선언문 보도 금지 명령이 내려졌다. 2월 19일 〈재팬 클로니클〉지는 보도 금지된 사실과 선언문을 배포한 사람들이 비밀 재판을 받고 1년간의 징역을 선고 받은 사실을 담은 기사를 크게 보도하였다.

① 신간회가 진상 조사단을 파견하였다.
② 광주에서 시작되어 전국으로 확대되었다.
③ 민족 유일당 운동을 추진하는 계기가 되었다.
④ 대한민국 임시 정부가 수립되는 계기가 되었다.

문 6. 다음 자료의 사건이 일어났을 당시의 무신 집권자에 대한 설명으로 가장 옳지 않은 것은?

김윤후는 일찍이 승려가 되어 백현원에 살았는데 몽골병이 오자 처인성으로 난을 피하였다. 몽골의 원수 살리타이가 쳐들어와서 처인성을 공격하자 김윤후가 그를 활로 쏴 죽였다. 왕이 그 공을 가상히 여겨 상장군을 제수하였으나, 김윤후는 공을 다른 사람에게 양보하여 말하기를, "싸울 때를 당하여 나는 활과 화살이 없었는데 어찌 감히 헛되이 무거운 상을 받으리오" 하고 굳이 사양하고 받지 않았다. 이에 (훨씬 낮은 계급인) 섭낭장으로 고쳐 제수하였다.

① 사병 조직인 도방을 확대하였다.
② 정방을 설치하여 인사권을 장악하였다.
③ 수도를 강화도로 옮겨 몽골에 항전하였다.
④ 서방을 두어 능력 있는 문신들에게 자문하였다.

문 7. 다음 헌법이 적용된 시기에 있었던 사실로 가장 옳은 것은?

제39조 ① 대통령은 대통령 선거인단에서 무기명 투표로 선거한다.
제40조 ① 대통령 선거인단은 국민의 보통·평등·직접·비밀 선거에 의하여 선출된 대통령 선거인으로 구성한다.

① 10월 유신이 단행되었다.
② 베트남 파병이 이루어졌다.
③ 지방 자치제가 전면 실시되었다.
④ 언론사에 보도지침이 하달되었다.

문 8. 다음 두 민주화 운동의 공통점으로 가장 옳은 것은?

- 3·15 부정 선거와 김주열 사망으로 인해 이승만 정부에 대한 항의 시위가 전국적으로 확산되었다.
- 전두환 정부의 독재에 반대하고 호헌 철폐를 요구하는 전국적 시위의 결과 6·29 선언이 발표되었다.

① 비상 계엄이 선포되었다.
② 유신 체제에 저항하였다.
③ 헌법 개정으로 이어졌다.
④ 대통령이 하야하는 결과를 가져왔다.

문 9. 다음 제도를 시행한 왕에 대한 설명으로 가장 옳은 것은?

- 5월에 교서를 내려 문무 관료들에게 토지를 차등 있게 하사하였다.
- 봄 정월에 중앙과 지방 관리들의 녹읍을 폐지하고 해마다 조를 차등 있게 주고 이를 일정한 법으로 삼았다.

① 삼국 통일을 완성하였다.
② 김흠돌의 난을 진압하였다.
③ 단양 신라 적성비를 세웠다.
④ 국정을 총괄하는 상대등을 두었다.

문 10. 다음 밑줄 친 '이 기구'와 관련된 내용으로 가장 옳은 것은?

> 요즈음 큰 일이건 작은 일이건 이 기구에서 모두 다룹니다. 의정부는 한갓 이름뿐이고 6조는 할 일을 모두 빼앗기고 말았습니다. 이름은 변방 방비를 위해서라고 하면서 과거나 왕비와 후궁 간택까지도 모두 여기서 처리합니다.

① 3사 관리의 추천권을 가지고 있었다.
② 사헌부, 홍문관과 함께 3사로 불렸다.
③ 3포 왜란 이후 임시 기구로 설치되었다.
④ 서얼 출신 학자들이 검서관에 등용되었다.

문 11. 다음 자료와 관련 있는 나라에 대한 설명으로 가장 옳은 것은?

> 다른 사람을 죽인 자는 즉시 죽이고, 남에게 상처를 입힌 자는 곡물로 배상하게 한다. 도둑질한 자는 재산을 몰수하고 노비로 삼으며, 용서를 받고자 하는 자는 1인당 50만 전을 내게 한다. …(중략)… 부인은 정숙하고 신의가 있어서 음란하지 않았다.
> — 『한서 지리지』 —

① 국가의 중대사는 제가 회의에서 논의되었다.
② 가축 이름을 딴 제가가 별도로 사출도를 다스렸다.
③ 읍락을 함부로 침범하면 노비와 소, 말로 배상하게 하였다.
④ 중국과 한반도 남부 사이에서 중계 무역으로 이익을 얻었다.

문 12. 다음 밑줄 친 '단체'와 관련된 내용으로 가장 옳은 것은?

> 백정 박성춘이 "이 사람은 바로 대한에서 가장 천한 사람이고 무식합니다. 그러나 임금께 충성하고 나라를 사랑하는 뜻은 대강 알고 있습니다. …(중략)… 관리와 백성이 힘을 합하여 우리 대황제의 훌륭한 덕에 보답하고 국운이 영원토록 무궁하게 합시다."라고 연설하니 사람들이 박수갈채를 보내고 단체 회원들이 각자 자신의 의견을 말한 후 …(중략)… 먼저 6개 조항을 만민에게 돌려 찬성을 받고 대신들도 모두 가(可)자 아래 서명하였다.

① 러시아의 절영도 조차 요구를 저지하였다.
② 일제의 황무지 개간권 요구를 저지하였다.
③ 을사오적을 처단하기 위한 목표를 지녔다.
④ 고종의 강제 퇴위를 반대하는 시위를 주도하였다.

문 13. 다음 연설문을 발표한 정부의 통일 노력으로 가장 옳은 것은?

> 오늘은 이 땅에서 처음으로 민주적 정권 교체가 실현되는 자랑스러운 날입니다. 또한 민주주의와 경제를 동시에 발전시키려는 정부가 마침내 탄생하는 역사적인 날이기도 합니다. …(중략)… 민주주의와 시장 경제가 조화를 이루면서 함께 발전하게 되면 정경 유착이나 관치 금융, 그리고 부정부패는 일어날 수 없습니다.

① 개성 공업 지구가 조성되었다.
② 7·4 남북 공동 성명을 합의하였다.
③ 6·15 남북 공동 선언이 채택되었다.
④ 남북한이 동시에 유엔에 가입하였다.

문 14. 다음 조선 시대 (가), (나) 교육 기관에 대한 설명으로 가장 옳은 것은?

> • (가) 에는 양인 이상의 신분이면 누구나 입학할 수 있었으며, 생원·진사시를 준비하는 교육을 받았다. 동학, 서학, 남학, 중학이 있다.
> • (나) 은/는 성현에 대한 제사와 유생의 교육, 주민의 교화를 위해 부·목·군·현에 하나씩 설치되었다. 이에 대한 관리를 수령 7사에 포함시켜 수령의 평가 기준으로 삼았다.

① (가)는 한성에 설치되었다.
② (가)는 풍기 군수 주세붕에 의해 처음 세워졌다.
③ (나)는 흥선 대원군 때 전국에 47개소만 남기고 폐지되었다.
④ (나)에 입학하기 위해서는 생원 또는 진사의 지위를 지녀야 했다.

문 15. 다음 밑줄 친 '대책'에 해당하는 내용으로 옳은 것을 〈보기〉에서 모두 고른 것은?

> 양역(良役)의 절반을 감하라고 명하였다. 임금이 명정전에 나아가 말하기를, "결포(結布)는 이미 정해진 세율이 있으니 결코 더 부과하기가 어렵고, 호포(戶布)가 조금 나을 것 같아 1필을 감하고 호전(戶錢)을 걷기로 하였으나 마음은 매우 불쾌하다. …(중략)… 호포나 결포나 모두 문제가 있기 마련이다. 이제는 1필을 감하는 정사로 온전히 돌아가야 할 것이니, 1필을 감한 대책을 경들은 잘 강구하라."

〈보기〉
ㄱ. 원납전을 징수하였다.
ㄴ. 선무군관포를 거두었다.
ㄷ. 삼정이정청을 설치하였다.
ㄹ. 어염선세를 국고로 전환하였다.

① ㄱ, ㄴ ② ㄱ, ㄷ
③ ㄴ, ㄹ ④ ㄷ, ㄹ

문 16. 다음 밑줄 친 '이 나라'에 대한 설명으로 가장 옳은 것은?

> 정부가 이 나라와 통상 조약을 체결하려 하자 위정척사 운동이 절정에 이르렀다. 전국의 유생들은 정부가 황쭌셴의 『조선책략』에 따라 서양과 통교하려 한다고 여겨 이를 반대하는 상소를 올렸다.

① 운요호 사건을 일으켰다.
② 삼국 간섭에 참여하였다.
③ 외규장각 도서를 약탈하였다.
④ 포츠머스 조약을 중재하였다.

문 17. 다음 (가) 인물이 집권한 시기에 있었던 사실로 가장 옳은 것은?

> (가) 이/가 정방(政房)을 자기 집에 설치하고 학문하는 선비들을 선발하여 여기에 소속시켰다. 그가 벼슬자리에 올릴 사람을 결정하여 의견을 달아 올리면, 왕은 그 명단에 다만 점을 찍어 임명할 뿐이었다.

① 명종이 즉위하였다.
② 교정도감이 처음 설치되었다.
③ 도방이 처음 조직되었다.
④ 이연년 형제가 난을 일으켰다.

문 18. 다음 〈보기〉의 사건 중 첫 번째와 세 번째로 일어난 사건을 순서대로 나열한 것으로 옳은 것은?

〈보기〉
ㄱ. 조선과 청은 군신 관계를 맺었다.
ㄴ. 강홍립의 군대가 명에 파견되었다.
ㄷ. 서인 세력은 인조를 왕으로 세웠다.
ㄹ. 가도에 주둔하던 명의 모문룡이 제거되었다.

① ㄱ, ㄹ ② ㄴ, ㄷ
③ ㄴ, ㄹ ④ ㄷ, ㄱ

문 19. (가)~(라)는 다음의 토지 제도를 처음 시행한 왕이다. (가)~(라) 왕에 대한 설명으로 가장 옳지 않은 것은?

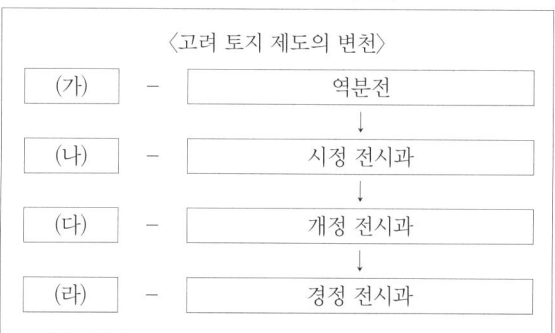

① (가)는 훈요 10조를 남겼다.
② (나)는 사색 공복 제도를 제정하였다.
③ (다)는 강조의 정변으로 폐위되었다.
④ (라)는 이자연의 딸을 왕비로 맞았다.

문 20. 다음 (가)의 공포일과 (나)의 발표일 사이에 있었던 사실로 가장 옳지 않은 것은?

(가)
제31조 입법권은 국회가 행한다. 국회는 민의원과 참의원으로 구성한다.
제55조 대통령과 부통령의 임기는 4년으로 한다. 단, 재선에 의하여 1차 중임 할 수 있다. 대통령이 궐위된 때에는 부통령이 대통령이 되고 잔임 기간 중 재임한다.
부칙 이 헌법 공포 당시의 대통령에 대하여는 제55조 제1항의 단서의 제한을 적용하지 아니한다.

(나)
1. 반공을 국시의 제1의로 삼을 것
4. 국가 자주 경제 재건에 총력을 기울일 것
6. 과업이 성취되면 정권을 이양하고 본연의 임무에 복귀할 준비를 갖출 것

① 진보당 사건이 일어났다.
② 국민 교육 헌장을 제정하였다.
③ 윤보선이 대통령에 당선되었다.
④ 내각 책임제로 헌법이 개정되었다.

문 21. 다음 (가) 부대에 대한 설명으로 가장 옳은 것은?

1931년 12월 [(가)]의 지휘부는 길림성 자위군 총지휘관과 만나 연합 전선을 결성할 것을 합의하고, 이듬해 카오펑린 부대와 합작하여 쌍성보를 공격하였다. 연합군은 이 전투에서 많은 물자를 노획하는 성과를 거두었으나 중국인 부대 내부에서 반란이 일어나 후퇴하였다. 전열을 재정비한 연합군은 쌍성보를 다시 공격하여 일본군을 섬멸하였다.

① 지청천의 지휘 아래 활동하였다.
② 흥경성 전투에서 승리를 거두었다.
③ 동북 항일 연군 내 한인들이 결성하였다.
④ 중국 화북에서 조선 의용군으로 개편되었다.

문 22. 다음 (가)~(다) 사건을 일어난 순서대로 바르게 나열한 것은?

(가) 진성 여왕 3년 나라 안의 여러 주·군에서 조세와 공물을 보내지 않아 나라의 창고가 텅 비고 쓸쓸이가 궁핍하게 되었으므로 왕이 사자를 보내어 독촉하였다. 이 때문에 곳곳에서 도적들이 벌떼처럼 일어났다. 이에 원종과 애노 등이 사벌주(상주)를 근거지로 반란을 일으켰다.
(나) 3월 웅천주 도독 헌창이 그의 아버지 주원이 왕이 되지 못한 것을 이유로 반란을 일으켜 나라 이름을 장안이라 하고 …(중략)… 여러 군사가 성을 에워싸고 열흘 동안 공격하여 성이 장차 함락되려 하자 헌창은 화를 면할 수 없음을 알고 스스로 죽었다.
(다) 이찬 김지정이 난을 일으켜 무리를 모아 궁궐을 에워싸고 침범했다. 여름 4월에 상대등 김양상이 이찬 경신과 함께 군사를 일으켜 김지정 등을 죽였으나, 왕(혜공왕)과 왕비는 반란군에게 살해되었다.

① (가) - (나) - (다)
② (나) - (가) - (다)
③ (다) - (가) - (나)
④ (다) - (나) - (가)

문 23. 다음 (가), (나) 시기의 사이에 일어난 사실로 가장 옳은 것은?

(가) 7조 국왕이 백성을 다스림은 집집마다 가서 돌보고 날마다 이를 살피는 것이 아닙니다. 그러므로 수령을 나누어 보내어 가서 백성의 이익과 손해를 살피게 하는 것입니다. …(중략)… 이제 제가 보건대 향리의 토호들이 늘 공무를 빙자해 백성들을 침해하고 학대하므로 백성들이 명령을 감당하지 못하니, 청컨대 외관을 두소서.
(나) 서경 임원역의 땅은 음양가들이 말하는 대화세(명당)에 해당합니다. 이곳에 궁궐을 짓고 옮기면 천하를 다스릴 수 있습니다. 또한 금이 예물을 가져와 스스로 항복할 것이요, 주변 서른여섯 나라가 모두 머리를 조아릴 것입니다.

① 만적이 신분 해방 운동을 시도하였다.
② 강감찬이 귀주에서 거란군을 물리쳤다.
③ 노비안검법이 실시되어 양민의 수가 늘어났다.
④ 도평의사사는 중앙의 최고 권력 기구로 기능하였다.

문 24. 다음 자료가 발표된 정부의 시기에 있었던 사실로 가장 옳은 것은?

> 최근 한국 경제는 대기업 연쇄 부도에 따른 대외 신인도 하락으로 국제 금융 시장에서 단기 자금 만기 연장의 어려움 등 외화 차입의 곤란으로 일시적인 유동성 부족 사태에 직면하게 되었습니다. …(중략)… 정부는 금융 시장의 안정이 확고히 정착되게 하기 위해 …(중략)… 국제 통화 기금 자금 지원을 요청하기로 하였습니다.

① 전태일 분신 사건이 일어났다.
② 다문화 가족 지원법이 제정되었다.
③ 경제 협력 개발 기구에 가입하였다.
④ 국민 기초 생활 보장법을 제정하였다.

문 25. 다음 (가)~(라)를 시기순으로 바르게 나열한 것은?

> (가) 신립이 충주에 이르러 여러 장수의 의견을 따르지 않고 들판에서 싸우려고 하였다. 적의 복병이 아군의 후방을 포위하여 아군이 대패하였다.
> (나) 아군이 왜적을 유인하여 한산 앞바다로 끌어냈다. 아군이 학익진을 쳐 일시에 나란히 진격하며 …(중략)… 왜적들을 무찌르고 적선 63척을 불살라버렸다.
> (다) 적이 수만 명의 대군을 출동시켜 새벽에 행주산성을 포위하였다. 요새 안이 두려움에 사로잡혔는데, 권율이 거듭 영을 내려 진정시켰다. …(중략)… 적이 결국 패해 후퇴하였다.
> (라) 국왕의 행차가 서울로 돌아왔으나 성안은 타다 남은 건물 잔해와 시체로 가득하였고, 밖에서는 곳곳에서 도적들이 일어났다.

① (가) - (나) - (다) - (라)
② (나) - (다) - (가) - (라)
③ (다) - (나) - (라) - (가)
④ (라) - (가) - (다) - (나)

2024 법원직 9급
6월 22일 시행

한 국 사 ① 책형 1쪽

문 1. (가), (나) 사이의 시기에 있었던 사실로 가장 옳지 않은 것은?

① 태조왕이 옥저를 복속하였다.
② 진흥왕이 화랑도를 개편하였다.
③ 장수왕이 남진 정책을 추진하였다.
④ 지증왕이 국호를 '신라'로 정하였다.

문 2. (가)에 대한 설명으로 가장 옳지 않은 것은?

> (가) 건국 강령
> 1. 우리나라는 우리 민족이 반만년 이래로 같은 말과 글과 국토와 주권과 경제와 문화를 가지고 공동한 민족정기를 길러온, 우리끼리 형성하고 단결한 고정적 집단의 최고 조직임.
> 2. 우리나라의 건국 정신은 삼균 제도의 역사적 근거를 두었으니 …(중략)… 이는 사회 각 계급·계층이 지력과 권력과 부력의 향유를 균평하게 하여 국가를 진흥하며 태평을 보전 유지하라고 한 것이니, 홍익인간과 이화세계하자는, 우리 민족의 지켜야 할 최고의 공리임.

① 충칭에서 정규군인 한국광복군을 창설하였다.
② 1941년 일제에 대일 선전 성명서를 발표하였다.
③ 조선 의용대 화북 지대를 조선 의용군으로 개편하였다.
④ 민족 혁명당과 사회주의 계열 단체 인사가 합류하였다.

문 3. (가)와 (나) 사이에 있었던 사실로 가장 옳은 것은?

> (가) 명군 도독 이여송이 대병력의 관군을 거느리고 곧바로 평양성 밖에 다다라 제장에게 부서를 나누어 본성을 포위하였습니다. …(중략)… 조선의 장군들이 군사를 거느리고 가서 매복하고 함께 대로로 나아가니 왜적들은 사방으로 도망가다가 복병의 요격을 입었습니다.
> (나) 화의가 나라를 망친 것은 어제 오늘의 일이 아니고 옛날부터 그러하였으나 오늘날처럼 심한 적은 없었습니다. 명은 우리나라에는 부모의 나라이고 노적은 우리나라에는 부모의 원수입니다. …(중략)… 어찌 차마 이런 시기에 다시 화의를 제창할 수 있겠습니까?

① 강홍립이 이끄는 조선군은 후금에 항복하였다.
② 신립 장군은 충주에서 일본군에게 패배하였다.
③ 인조는 삼전도에 나가 굴욕적인 항복을 하였다.
④ 조선은 왜구의 약탈을 근절하고자 대마도를 정벌하였다.

문 4. 밑줄 친 '방법'에 대한 설명으로 가장 옳은 것은?

> 남편은 세상을 떴으나 뱃속에 아이가 있었지요. …(중략)… 포대기에 쌓인 갓난아기 장정으로 군적에 올려서 문이 닳도록 찾아와 군포를 바치라고 독촉하고 어제는 아기를 업고 관가에 점호를 받으러 갔아로. …(중략)… 점호라고 받고 돌아오니 아기는 이미 죽어 있었지요.

> 이 시에서 나타낸 조세 제도를 감면한 뒤 발생한 재정 부족 문제를 해결한 방법은 무엇일까요?

① 관료전을 지급하고 녹읍을 폐지하였다.
② 풍흉에 관계없이 일정하게 조세를 거두었다.
③ 부유한 양민에게 선무군관포를 내게 하였다.
④ 토지 소유자에게 공납을 쌀·동전 등으로 내게 하였다.

문 5. (가) 시기에 해당하는 사실로 가장 옳은 것은?

> 노비를 상세히 조사하고 살펴서 옳고 그름을 따져 밝혀내도록 명하였다. 주인을 배반하는 노비들이 이루 다 셀 수가 없을 정도였다. 이로 말미암아 상전을 능멸하는 풍조가 크게 일어나 사람들이 모두 탄식하고 원망하므로 왕비가 간절하게 간언하였으나, 왕이 받아들이지 않았다.

↓

(가)

↓

> 가을 7월, 교(敎)하기를, "양민이 된 노비들은 해가 점차 멀어지면 반드시 그 본래의 주인을 가벼이 보고 업신여기게 된다. …(중략)… 만약 그 주인을 욕하는 자가 있으면, 다시 천민으로 되돌려 부리게 할 것이다."라고 하였다.

① 강조가 정변을 일으켰다.
② 거란이 개경을 점령하였다.
③ 전시과가 처음으로 제정되었다.
④ 공신들에게 역분전이 지급되었다.

문 6. (가) 국가에 대한 설명으로 가장 옳지 않은 것은?

> 김해·고령 등 (가) 고분군 7곳, 유네스코 세계 문화유산 됐다.
> 유네스코 "고대 문명의 주요 증거"
> 한반도 남부에 남아 있는 유적 7곳을 묶은 고분군이 유네스코 세계 문화유산 됐다. …(중략)… (가) 은/는 기원 전후부터 562년까지 주로 낙동강 유역을 중심으로 번성한 작은 나라들의 총칭이다.
> -2023. 9. 18. □□ 일보-

① 낙동강 하류의 변한 지역에서 성장하였다.
② 철기를 활발히 생산하여 주변국에 수출하였다.
③ 골품에 따라 관등이나 관직 승진에 제한이 있었다.
④ 금관가야를 중심으로 전기 가야 연맹이 결성되었다.

문 7. (가), (나) 사이 시기에 있었던 사실로 가장 옳은 것은?

> (가) 봉화백(奉化伯) 정도전·의성군(宜城君) 남은과 부성군(富城君) 심효생(沈孝生) 등이 여러 왕자들을 해치려 꾀하다가 성공하지 못하고 형벌에 복종하여 참형을 당하였다.
> (나) 상왕이 말하기를, "만일 물리치지 못하고 항상 침노만 받는다면, 한(漢)나라가 흉노에게 욕을 당한 것과 무엇이 다르겠는가. …(중략)… 구주(九州)에서 온 왜인만은 구류하여 경동하는 일이 없게 하라. 또 우리가 약한 것을 보이는 것은 불가하니, 후일의 환이 어찌 다함이 있으랴."하고, 곧 이종무를 삼군 도체찰사로 명하여, 중군을 거느리게 하였다.

① 경연이 폐지되었다.
② 홍문관이 설치되었다.
③ 6조 직계제가 시행되었다.
④ 위화도 회군이 단행되었다.

문 8. (가) 국가에 대한 설명으로 가장 옳은 것은?

> (가) 에는 각각 우두머리가 있어서 세력이 강대한 사람은 스스로 신지라 하고, 그 다음은 읍차라 하였다. …(중략)… 귀신을 믿기 때문에 국읍에 각각 한 사람씩 세워 천신의 제사를 주관하게 하는데, 이를 천군이라 부른다.
> -『삼국지』위서 동이전-

① 무천이라는 제천 행사가 있었다.
② 화백 회의에서 중요한 일을 결정하였다.
③ 여러 개의 소국으로 구성된 연맹체였다.
④ 사출도라 불리는 독자적인 영역이 있었다.

문 9. 밑줄 친 '왕'에 대한 설명으로 가장 옳은 것은?

> 신라가 사신을 보내 왕에게 말하기를 "왜인이 그 국경에 가득 차 성을 부수었으니, 노객은 백성된 자로서 왕에게 귀의하여 분부를 청합니다."라고 하였다. …(중략)… 10년(400)에 보병과 기병 5만을 보내 (신라를) 구원하게 하였다.

① 태학을 설립하고 율령을 반포하였다.
② 마한을 병합하고 평양을 공격하였다.
③ 마립간이라는 왕호를 처음 사용하였다.
④ 요동을 포함한 만주 일대를 장악하였다.

문 10. (가), (나) 집단에 대한 설명으로 가장 옳은 것은?

> 효종의 사망과 관련하여 인조의 계비 자의 대비의 복제(服制)가 쟁점이 되었다. (가) 은/는 효종이 적장자가 아니라는 근거를 들어 왕과 사대부에게 같은 예가 적용되어야 한다는 입장을 내세웠다. 반면 (나) 은/는 왕에게는 일반 사대부와 다른 예가 적용되어야 한다고 주장하였다.

① (가) - 인조반정으로 몰락하였다.
② (가) - 경신환국으로 정권을 장악하였다.
③ (나) - 노론과 소론으로 분화되었다.
④ (나) - 송시열을 중심으로 세력을 확대하였다.

문 11. (가)~(다) 사건을 일어난 순서대로 옳게 나열한 것은?

> (가) 황사영 백서 사건이 일어났다.
> (나) 이승훈이 최창현·홍낙민 등과 함께 서소문 밖에서 참수되었다.
> (다) 윤지충과 권상연을 사형에 처하고, 진산군(珍山郡)은 현(縣)으로 강등하라는 명이 내려졌다.

① (가) - (나) - (다)
② (나) - (가) - (다)
③ (다) - (가) - (나)
④ (다) - (나) - (가)

문 12. (가)~(다) 국가에 대한 설명으로 가장 옳은 것은?

> 조선은 김기수와 김홍집을 수신사로 (가) 에 파견하였다. (나) 에는 김윤식을 영선사로 삼아 무기 제조 기술 등을 배우는 유학생을 보냈다. 또한 조선은 민영익 등을 보빙사로 (다) 에 파견하였다.

① (가) - 흥선 대원군을 자국으로 납치하였다.
② (나) - 조선과 강화도 조약을 맺었다.
③ (다) - 거문도를 불법 점령하였다.
④ (가)와 (나) - 톈진 조약을 체결하였다.

문 13. 다음 정책과 같은 목적으로 시행된 것은?

> 신라 왕 김부가 항복해 오니 그를 경주의 사심관으로 임명하여 부호장 이하의 관직 등에 관한 일을 맡게 하였다. 이에 여러 공신들 역시 이를 본받아 각각 자기 주의 사심관이 되게 하였다.

① 기인 제도
② 북진 정책
③ 정혜쌍수
④ 독서삼품과

문 14. (가)에 들어갈 내용으로 가장 옳지 않은 것은?

> ○○: 고려 시대 중서문하성의 낭사와 어사대의 관원을 합쳐서 불렀다. 이들은 (가) 의 역할을 담당하였다.
> -「한국사 용어 사전」-

① 왕의 잘못을 논하는 간쟁
② 중추원의 추밀과 함께 법제와 격식 제정
③ 관원 임명 시 동의 여부에 서명할 수 있는 서경
④ 잘못된 왕명을 시행하지 않고 되돌려 보내는 봉박

문 15. (가)~(다)를 일어난 순서대로 가장 옳게 나열한 것은?

> (가) 전라도 각지에 집강소가 설치되었다.
> (나) 고부에서 만석보가 허물어졌다.
> (다) 청과 일본이 시모노세키 조약을 체결하였다.

① (가) – (나) – (다)
② (가) – (다) – (나)
③ (나) – (다) – (가)
④ (나) – (가) – (다)

문 16. (가)~(다) 사건이 일어난 순서대로 바르게 나열된 것은?

> (가) 이미 우리 고향을 현으로 승격하고 또 수령을 두어 어루만지고 위로하더니, 돌이켜 다시 군대를 일으켜 토벌하러 와서 우리 어머니와 아내를 옥에 가두었으니 그 뜻은 어디에 있는가?
> (나) 의천이 불전과 경서 1,000권을 바치고, 또 흥왕사에 교장도감을 둘 수 있기를 아뢰었다. 요와 송에서 책을 사들여 4,000권에 이를 정도로 많았는데 죄다 간행하였으며, 천태종을 처음 열어 국청사에 두었다.
> (다) 성균관을 다시 정비하고 이색을 판개성부사 겸 성균 대사성으로 삼았다. …(중략)… 이색이 다시 가르치는 방법을 정하고 매일 명륜당에 앉아서 경전을 나누어 수업하였는데, 강의를 마치면 함께 논쟁하느라 지루함을 잊을 정도였다.

① (가) – (나) – (다)
② (나) – (가) – (다)
③ (나) – (다) – (가)
④ (다) – (나) – (가)

문 17. (가), (나)에 대한 설명으로 옳은 것만으로 연결된 것은?

> • (가) 은/는 본래 고구려의 별종이다. …(중략)… 무리를 이끌고 동쪽으로 가서 계루부의 옛 땅을 차지하고 동모산에 성을 쌓고 살았다.
> • 부여씨가 망하고 고씨가 망하게 되니 김씨가 그 남쪽 땅을 차지하고 대씨가 그 북쪽 땅을 차지하여 (나) 라 하였다. 이것을 남북국이라 한다.

〈보기〉
ㄱ. (가)은/는 고구려의 왕족 출신이다.
ㄴ. (가)은/는 당의 산둥반도를 공격하였다.
ㄷ. (나)은/는 거란의 침략으로 멸망하였다.
ㄹ. (나)의 군사 제도로 9서당 10정이 있었다.

① ㄱ
② ㄷ
③ ㄱ, ㄷ
④ ㄴ, ㄹ

문 18. 밑줄 친 '왕'이 다스리던 시기에 있었던 사실로 가장 옳은 것을 〈보기〉에서 모두 고른 것은?

> • 왕 3년(889) 나라 안의 여러 주(州)·군(郡)에서 공물과 조세를 보내지 않아 나라의 창고가 텅 비어 나라의 씀씀이가 궁핍하게 되었으므로 왕이 사자를 보내 독촉하였다. 이로 말미암아 도적들이 곳곳에서 벌떼처럼 일어났다.

〈보기〉
ㄱ. 적고적의 난이 발생하였다.
ㄴ. 김헌창의 반란이 진압되었다.
ㄷ. 만적이 신분 해방을 주장하였다.
ㄹ. 원종과 애노가 사벌주에서 봉기하였다.

① ㄱ, ㄷ
② ㄱ, ㄹ
③ ㄴ, ㄷ
④ ㄴ, ㄹ

문 19. 밑줄 친 '후(煦)'에 대한 설명으로 가장 옳은 것은?

> 후(煦)는 문종의 넷째 아들로서 송나라 황제와 이름이 같으므로 그것을 피하여 자(字)로 행세하였다. 문종이 여러 아들에게, "누가 승려가 되어 복전(福田)의 이익을 짓겠느냐?"라고 물으니 후(煦)가, "상(上)의 명령대로 하겠다." 하고, 출가하여 영통사(靈通寺)에 거처하였다. 그는 송나라에 들어가 법을 구하려 했으나 문종이 허락하지 않았다. 하지만 후(煦)는 송나라로 들어가 황제를 만나 여러 절을 다니며 법을 묻겠다고 하였다.

① 교관겸수를 제창하였다.
② 『왕오천축국전』을 남겼다.
③ 유·불 일치설을 주장하였다.
④ 수선사 결사를 조직하였다.

문 20. (가) ~ (라) 사건이 일어난 순서대로 바르게 나열된 것은?

> (가) 삼가 말하건대 남의 무덤을 파는 것은 예의가 없는 행동에 가깝지만 무력을 동원하여 백성들을 도탄 속에 빠뜨리는 것보다 낫기 때문에 하는 수 없이 그렇게 하였습니다.
> (나) 정족산성 수성장 양헌수가 …(중략)… 우리 군사들이 좌우에 매복했다가 일제히 총탄을 퍼부었습니다. 저들은 죽은 자가 6명이고 아군은 죽은 자가 1명입니다.
> (다) 흉악한 적들을 무찌르다가 수많은 총알을 고슴도치의 털처럼 맞서서 순직하였으니 …(중략)… 죽은 진무중군 어재연에게 특별히 병조 판서와 지삼군부사의 관직을 내리노라.
> (라) 일본국 인민이 조선국의 각 항구에서 머무르는 동안 죄를 범한 것이 조선국 인민과 관계되는 사건일 때에는 모두 일본국 관원이 심판한다.

① (가) - (나) - (다) - (라)
② (가) - (다) - (라) - (나)
③ (나) - (가) - (다) - (라)
④ (나) - (다) - (라) - (가)

문 21. (가) ~ (다)에 대한 설명으로 가장 옳지 않은 것은?

> (가) 대한 정부는 일본 정부가 추천한 일본인 1명을 재정 고문으로 삼아 대한 정부에 용빙하여 재무에 관한 사항은 일체 그의 의견을 물어서 시행해야 한다.
> (나) 한국 정부는 금후 일본국 정부의 중개를 거치지 않고서는 국제적 성질을 가진 어떠한 조약이나 약속을 하지 않을 것을 약속한다.
> (다) 러시아는 일본이 한국에서 정치상 군사상 및 경제상의 특수한 이익을 갖는다는 것을 승인하고 일본 정부가 한국에서 필요하다고 인정하는 지도, 보호 및 감리의 조치에 대해 방해하거나 간섭하지 않을 것을 약속한다.

① (가) 조약 체결로 메가타는 화폐 정리 사업을 실시하였다.
② (나) 조약 체결로 청과 일본 간의 간도 협약이 체결되었다.
③ (다) 조약 이후 일본은 독도를 불법 점령하였다.
④ (가)-(다)-(나) 순서로 조약이 체결되었다.

문 22. 다음 법령이 시행되던 시기의 모습으로 가장 옳은 것은?

> 제1조 회사의 설립은 조선 총독의 허가를 받아야 한다.
> 제2조 조선 밖에서 설립된 회사가 한국에 본점 또는 지점을 설치하고자 하는 경우, 조선 총독의 허가를 받아야 한다.
> 제3조 조선 밖에서 설립되어 조선에서 사업을 운영하는 것을 목적으로 하는 회사가 그 사업을 경영하는 경우, 조선에 본점 또는 지점을 설립하여야 한다.

① 국민학교에 등교하는 학생의 모습
② 대한 광복회를 체포하려는 헌병 경찰의 모습
③ 치안 유지법에 의해 구금되는 독립운동가의 모습
④ 농촌 진흥 운동을 홍보하는 조선 총독부 직원의 모습

문 23. 다음 사건이 있었던 시기에 대한 설명으로 가장 옳은 것은?

> 평서 대원수는 급히 격문을 띄우노니 관서 지역의 부로 자제와 공사천민은 모두 이 격문을 들으라. …(중략)… 조정에서는 관서 지역을 썩은 흙과 같이 버렸다. 심지어 권세 있는 집의 노비들도 서토 사람만 보면 반드시 '평안도 놈'이라고 말한다. 어찌 억울하고 원통하지 않은 자 있겠는가. …(중략)… 이제 격문을 띄워 먼저 여러 고을의 군후에게 알리노니, 절대로 동요하지 말고 성문을 활짝 열어 우리 군대를 맞으라.

① 왕실과 혼인을 맺은 일부 가문이 정권을 장악하였다.
② 유득공 등 서얼들을 규장각 검서관으로 임용하였다.
③ 대동법을 처음 실시하여 공납을 토지 기준으로 걷었다.
④ 육의전을 제외한 시전 상인들의 금난전권을 철폐하였다.

문 24. 밑줄 친 '㉠, ㉡'에 대한 설명으로 가장 옳은 것은?

> 이지영이 장군이 되었다. 그가 최충수 집의 비둘기를 빼앗았는데, 최충수가 화가 나서 그 형인 ㉠ 최충헌에게 그 사실을 아뢰고 ㉡ 이의민 부자를 죽이자고 하니, 최충헌이 그렇게 하자고 하였다. 이의민이 미타산 별장에 갔을 때, 최충헌 등이 가서 그를 죽이고 머리를 저자에 내걸었다. 당시 이지순은 대장군이었고, 이지광은 장군이었는데, 변란의 소식을 듣고 가동을 이끌고 길에서 싸웠다.
> ─『고려사』─

① ㉠ – 하층민 출신의 권력자였다.
② ㉠ – 교정도감을 설치하여 국정을 장악하였다.
③ ㉡ – 개혁안 봉사 10조를 올렸다.
④ ㉡ – 정방을 통해 인사권을 장악하였다.

문 25. 밑줄 친 '국왕'에 대한 설명으로 가장 옳지 않은 것은?

> 국왕은 현륭원(顯隆園)을 수원에 봉안하고 1년에 한 번씩 참배할 준비를 하였다. 옛 규례에는 한강을 건널 때 용배[龍舟]를 사용하였으나, 그 방법이 불편한 점이 많다 하여 배다리의 제도로 개정하고 묘당으로 하여금 그 세목을 만들어 올리게 하였다. 그러나 뜻에 맞지 않았기에 국왕은 『주교지남(舟橋指南)』을 편찬하였다.

① 탕평비를 세웠다.
② 장용영을 설치하였다.
③ 『무예도보통지』를 간행하였다.
④ 초계문신 제도를 시행하였다.

2023 6월 24일 시행 법원직 9급

한 국 사　①책형　1쪽

문 1. 밑줄 친 '이 단체'의 활동으로 옳은 것을 <보기>에서 모두 고른 것은?

정부의 지원을 받아 설립된 이 단체는 고종에게 아래의 문서를 재가 받았어요.

1. 외국인에게 의지하지 말고 관민이 합심하여 황제권을 공고히 할 것.
2. 외국과의 이권에 관한 계약과 조약은 해당 부처의 대신과 중추원 의장이 함께 날인하여 시행할 것.
…(하략)

─〈보기〉─
ㄱ. 「구국 운동 상소문」을 지었다.
ㄴ. 고종 강제 퇴위 반대 운동에 앞장섰다.
ㄷ. 일제의 황무지 개간권 요구에 반대하였다.
ㄹ. 러시아의 내정 간섭과 이권 요구에 반대하였다.

① ㄱ, ㄴ　　② ㄱ, ㄹ
③ ㄴ, ㄷ　　④ ㄷ, ㄹ

문 2. 다음 법령에 따라 추진된 사업이 실시되었던 시기의 모습으로 가장 옳은 것은?

1. 토지의 조사 및 측량은 이 영에 의한다.
…(중략)…
4. 토지의 소유자는 조선 총독이 정하는 기간 내에 그 주소, 성명·명칭 및 소유지의 소재, 지목, 자번호, 사방의 경계표, 등급, 지적, 결수를 임시 토지 조사 국장에게 신고하여야 한다. 다만, 국유지는 보관 관청에서 임시 토지 조사 국장에게 통지하여야 한다.
…(하략)

① 국민부가 조선 혁명당을 결성하는 모습
② 러시아에 대한 광복군 정부가 조직되는 모습
③ 「신여성」, 「삼천리」 등의 잡지가 발행되는 모습
④ 연해주 한국인이 중앙아시아로 강제 이주되는 모습

문 3. (가)~(다) 사건을 일어난 순서대로 가장 바르게 나열한 것은?

(가) 이고 등이 임종식, 이복기, 한뢰를 비롯하여 왕을 모시던 문관 및 대소 신료들을 살해하였다. 정중부 등이 왕을 모시고 궁으로 돌아왔다.
(나) 김부식이 군대를 모아서 서경을 공격하였다. 서경이 함락되자 조광은 스스로 불에 뛰어들어 죽었다.
(다) 최사전의 회유에 따라 척준경은 마음을 돌려 계책을 정하고 이자겸을 제거하였다.

① (나) - (가) - (다)　② (나) - (다) - (가)
③ (다) - (가) - (나)　④ (다) - (나) - (가)

문 4. (가), (나) 시기 사이에 있었던 사실만을 <보기>에서 모두 고른 것은?

(가) 수신사 김홍집이 가져와 유포한 황준헌의 사사로운 책자를 보노라면, …(중략)… 러시아·미국·일본은 같은 오랑캐입니다. …(하략)

(나) 이미 국모의 원수를 생각하며 이를 갈았는데, …(중략)… 이에 감히 먼저 의병을 일으키고서 마침내 이 뜻을 세상에 포고하노라. …(하략)

─〈보기〉─
ㄱ. 관민 공동회가 개최되었다.
ㄴ. 교육 입국 조서가 반포되었다.
ㄷ. 영국이 거문도를 불법 점령하였다.
ㄹ. 나철이 대종교를 창시하였다.

① ㄱ, ㄴ　　② ㄱ, ㄹ
③ ㄴ, ㄷ　　④ ㄷ, ㄹ

문 5. 다음 사실이 있었던 시대에 대한 내용으로 옳은 것을 〈보기〉에서 모두 고른 것은?

> 엄수안은 영월군의 향리로 키가 크고 담력이 있었다. 나라의 법에 향리에게 아들 셋이 있으면 아들 하나는 벼슬하는 것이 허락되어서, 엄수안은 관례에 따라 중방 서리로 보임되었다. 원종 때 과거에 급제하여 도병마녹사에 임명되었다.

〈보기〉
ㄱ. 주현이 속현보다 적었다.
ㄴ. 모든 군현에 수령이 파견되었다.
ㄷ. 중서문하성의 낭사는 어사대와 함께 대간으로 불렸다.
ㄹ. 전국을 8도로 나누고 그 아래 부·목·군·현을 두었다.

① ㄱ, ㄴ
② ㄴ, ㄹ
③ ㄱ, ㄷ
④ ㄷ, ㄹ

문 6. 다음 주장이 제기된 시기의 문화적 특징으로 옳은 것을 〈보기〉에서 모두 고른 것은?

> 폐를 끼치는 것으로는 담배만한 것이 없습니다. 추위를 막지도 못하고 요깃거리도 못 되면서 심는 땅은 반드시 기름져야 하고 흙을 덮고 김매는 수고는 대단히 많이 드니 어찌 낭비가 아니겠습니까? 그리고 장사치들이 왕래하며 팔고 있어 이에 쓰는 돈이 적지 않습니다. 조정에서 전황(錢荒)에 대해 걱정하고 있는데, 그 근원을 따져 보면 여기에서 비롯된 것이 아니라고는 장담할 수 없습니다. 만약 담배 재배를 철저히 금한다면 곡물을 산출하는 땅이 더욱 늘어나고 농사에 힘쓰는 백성들이 더욱 많아질 것입니다.

〈보기〉
ㄱ. 문화 인식의 폭이 확대되어 백과사전류의 저서가 편찬되었다.
ㄴ. 격식에 구애받지 않고 감정을 표현하는 사설시조가 유행하였다.
ㄷ. 주자소가 설치되어 계미자를 비롯한 다양한 활자를 주조하였다.

① ㄱ
② ㄱ, ㄴ
③ ㄴ
④ ㄴ, ㄷ

문 7. (가) 지역에 대한 설명으로 옳은 것을 〈보기〉에서 모두 고른 것은?

> 몽골의 대군이 경기 지역으로 침입하자 최이가 재추 대신들을 모아 놓고 (가) 천도를 의논하였다. 사람들은 옮기기를 싫어하였으나 최이의 세력이 두려워서 감히 한 마디도 발언하는 자가 없었다. 오직 유승단이 "작은 나라가 큰 나라를 섬기는 것은 도리에 맞는 일이니, 예로써 섬기고 믿음으로써 사귀면 그들도 무슨 명목으로 우리를 괴롭히겠는가? 성곽과 종사를 내버리고 섬에 구차히 엎드려 세월을 보내면서 장정들을 적의 칼날에 죽게 만들고, 노약자들을 노예로 잡혀가게 하는 것은 국가를 위한 계책이 아니다."라고 반대하였다.

〈보기〉
ㄱ. 동녕부가 설치되었다.
ㄴ. 『조선왕조실록』 사고가 세워졌다.
ㄷ. 망이·망소이의 난이 일어났다.

① ㄱ
② ㄱ, ㄴ
③ ㄴ
④ ㄴ, ㄷ

문 8. (가) 단체에 대한 설명으로 옳은 것을 〈보기〉에서 모두 고른 것은?

> 최현배, 이극로 등이 중심이 된 (가) 은/는 '표준어 및 외래어 표기법 통일안'을 제정하는 등 한글 표준화에 기여하였다. 이에 일제는 1942년 (가) 을/를 독립운동 단체로 간주하여 회원들을 대거 검거하였다. 일제는 이들을 고문하여 자백을 강요하였고 이윤재, 한징이 옥사하였다.

〈보기〉
ㄱ. 국문 연구소를 설립하였다.
ㄴ. 한글 맞춤법 통일안을 만들었다.
ㄷ. 『우리말 큰사전』 편찬을 준비하였다.
ㄹ. 「개벽」, 「어린이」 등의 잡지를 발행하였다.

① ㄱ, ㄴ
② ㄱ, ㄷ
③ ㄴ, ㄷ
④ ㄴ, ㄹ

문 9. ㉠ 이후에 일어난 사건으로 가장 옳은 것은?

> 대한 제국 대황제는 대프랑스 대통령에게 글을 보냅니다. 일본은 우리나라에 ㉠ 불의한 일을 자행하였습니다. 다음은 그에 대한 증거입니다. 첫째, 우리 정무대신이 조인하였다고 운운하는 것은 정당하지 않으며 위협을 받아 강제로 이루어진 것입니다. 둘째, 저는 조인을 허가한 적이 없습니다. 셋째, 정부회의 운운하나 국법에 의거하지 않고 회의를 한 것이며 일본인들이 강제로 가둔 채 회의한 것입니다. 상황이 그런즉 이른바 조약이 성립되었다고 일컫는 것은 공법을 위배한 것이므로 의당 무효입니다. 당당한 독립국이 이러한 일로 국체가 손상당하였으므로 원컨대 대통령께서는 즉시 공사관을 이전처럼 우리나라에 다시 설치해주시기를 바랍니다.

① 포츠머스 조약이 체결되었다.
② 이사청에 관리가 파견되었다.
③ 러시아가 용암포를 점령하고 조차를 요구하였다.
④ 제1차 한·일 협약(한일 외국인 고문 용빙에 관한 협정서)이 조인되었다.

문 10. (가), (나) 시기 사이에 있었던 사실로 가장 옳은 것은?

> (가) 영락 5년 왕은 패려(稗麗)가 …(중략)… 하지 않는다고 생각하고 친히 군사를 이끌고 가서 토벌하였다. 부산(富山)·부산(負山)을 지나 염수(鹽水) 가에 이르렀다. 600~700영(營)을 격파하니, 노획한 소·말·양의 수가 헤아릴 수 없이 많았다.
> (나) 고구려왕 거련(巨璉)이 병사 3만 명을 거느리고 한성을 포위하였다. 고구려 사람들이 병사를 네 방면의 길로 나누어 협공하고 또 바람을 이용해서 불을 질러 성문을 태우니, 성 밖으로 나가 항복하려는 자도 있었다. 임금은 기병 수십 명을 거느리고 성문을 나가 서쪽으로 달아났는데, 고구려 병사에게 살해되었다.

① 신라에 병부가 설치되었다.
② 고구려가 평양으로 천도하였다.
③ 고이왕이 좌평과 관등제의 기본 골격을 마련하였다.
④ 백제군의 공격으로 고국원왕이 전사하였다.

문 11. (가)에 들어갈 내용으로 옳은 것을 〈보기〉에서 모두 고른 것은?

> 평택현감 변징원이 하직하니, 임금이 그를 내전으로 불러 만났다. 임금이 변징원에게 "그대는 이미 수령을 지냈으니, 백성을 다스리는 데 무엇을 먼저 하겠는가?"라고 물었다. 이에 변징원이 "마땅히 칠사(七事)를 먼저 할 것입니다"라고 하였다. 임금이 "칠사라는 것은 무엇인가?"라고 질문하니, 변징원이 대답하기를, _____(가)_____.
> -『성종실록』-

〈보기〉
ㄱ. 호구를 늘리는 것입니다.
ㄴ. 농상(農桑)을 성하게 하는 것입니다.
ㄷ. 역을 고르게 부과하는 것입니다.
ㄹ. 사송(詞訟)을 간략하게 하는 것입니다.

① ㄱ
② ㄱ, ㄴ
③ ㄱ, ㄴ, ㄷ
④ ㄱ, ㄴ, ㄷ, ㄹ

문 12. 다음 조약이 조인된 시기를 연표에서 가장 옳게 고른 것은?

> 제3조 각 당사국은 타 당사국의 행정 지배하에 있는 영토와 각 당사국이 타 당사국의 행정 지배하에 합법적으로 들어갔다고 인정하는 금후의 영토에 있어서 타 당사국에 대한 태평양 지역에 있어서의 무력 공격을 자국의 평화와 안전을 위태롭게 하는 것이라 인정하고 공통한 위험에 대처하기 위하여 각자의 헌법상의 수속에 따라 행동할 것을 선언한다.
> 제4조 상호적 합의에 의하여 미합중국의 육군, 해군과 공군을 대한민국의 영토 내와 그 부근에 배치하는 권리를 대한민국은 이를 허여하고 미합중국은 이를 수락한다.

	(가)	(나)	(다)	(라)	
대한민국 정부 수립 공포		6·25 전쟁 발발	제2차 개정 헌법	5·16 군사 정변	한·일 기본 조약 조인

① (가)
② (나)
③ (다)
④ (라)

문 13. 다음 연설을 한 대통령의 집권기에 일어난 사실로 가장 옳은 것은?

> 저는 이 순간 엄숙한 마음으로 헌법 제76조 제1항의 규정에 의거하여, 「금융실명 거래 및 비밀보장에 관한 대통령 긴급명령」을 반포합니다. …(중략)… 금융실명제에 대한 우리 국민의 합의와 개혁에 대한 강력한 열망에 비추어 국회의원 여러분이 압도적인 지지로 승인해 주실 것을 믿어 의심치 않습니다. 친애하는 국민 여러분, 드디어 우리는 금융실명제를 실시합니다. 이 시간 이후 모든 금융 거래는 실명으로만 이루어집니다. 금융실명제가 실시되지 않고는 이 땅의 부정부패를 원천적으로 봉쇄할 수가 없습니다.

① YH 무역 사건이 일어났다.
② 제4차 경제 개발 계획이 추진되었다.
③ 국민 기초 생활 보장법이 시행되었다.
④ 한국이 경제 협력 개발 기구(OECD)에 가입하였다.

문 14. (가)~(라)를 시대순으로 가장 바르게 연결한 것은?

> (가) 견훤이 후백제를 건국하였다.
> (나) 신문왕이 관료전을 지급하였다.
> (다) 광개토대왕이 왜군을 격퇴하였다.
> (라) 선왕 시기에 '해동성국'으로 불렸다.

① (가) - (다) - (나) - (라)
② (나) - (다) - (라) - (가)
③ (다) - (나) - (라) - (가)
④ (라) - (나) - (다) - (가)

문 15. 밑줄 친 '법'을 시행한 나라에 대한 설명으로 가장 옳은 것은?

> 백성들에게 금하는 법 8조를 만들었다. 사람을 죽인 자는 즉시 죽이고, 남에게 상처를 입힌 자는 곡식으로 갚는다. 도둑질한 자는 노비로 삼는다. 용서받고자 하는 자는 한 사람마다 50만 전을 내야 한다. …(중략)… 여자들은 모두 정숙하여 음란하고 편벽된 짓을 하지 않았다.
> - 『한서』 -

① 서옥제라는 혼인 풍습이 있었다.
② 해마다 영고라는 제천 행사를 열었다.
③ 목지국의 지배자가 왕으로 추대되었다.
④ 한 무제가 보낸 군대의 침공으로 멸망하였다.

문 16. 다음 사건이 일어난 왕의 시기에 있었던 사실로 가장 옳은 것은?

> • 소손녕: 그대 나라는 신라 땅에서 일어났고, 고구려 땅은 우리 땅인데 너희들이 쳐들어와 차지하였다.
> • 서 희: 우리는 고구려를 계승하여 나라 이름을 고려라 하였다. 땅의 경계를 논한다면 그대 나라의 동경도 다 우리 땅이다.

① 발해가 멸망하였다.
② 이자겸이 난을 일으켰다.
③ 최충이 9재 학당을 설치하였다.
④ 중앙 관제를 2성 6부로 정비하였다.

문 17. ㉠을 비판한 사례로 가장 옳은 것은?

> 근세 조선사에서 유형원·이익·이수광·정약용·서유구·박지원 등 이른바 '현실학파(現實學派)'라고 불러야 할 우수한 학자가 배출되어, 우리의 경제학적 영역에 대한 선물로 남겨준 업적이 결코 적지 않다. …(중략)… ㉠ 후쿠다 도쿠조(福田德三)는 조선에서 봉건제도의 존재를 전면적으로 부정했다는 점에서 그에 승복할 수 없는 것이다.

① 백남운이 『조선사회경제사』를 저술하였다.
② 이병도, 손진태 등이 「진단학보」를 발간하였다.
③ 조선사 편수회 인사들이 청구 학회를 결성하였다.
④ 신채호가 〈대한매일신보〉에 「독사신론」을 연재하였다.

문 18. (가) 인물에 대한 설명으로 가장 옳은 것은?

> 당에서 유학하고 돌아온 (가) 은/는 '모든 존재가 서로 의존하며 조화를 이루고 있다.'라는 사상을 강조하여 통일 직후 신라 사회를 통합하는 데 큰 역할을 하였다. 또한 (가) 은/는 부석사를 중심으로 많은 제자를 양성하여 교단을 형성하고 각지에 사찰을 세웠다. 또한, 현세에서 겪는 고난을 구제받고자 하는 관음 신앙을 전파하였다.

① 무애가를 지어 불교 대중화에 기여하였다.
② 『화엄일승법계도』를 지어 화엄 사상을 정립하였다.
③ 불교 교단을 통합하기 위해 천태종을 개창하였다.
④ 인도와 중앙아시아를 여행하고 『왕오천축국전』을 저술하였다.

문 19. 다음 사건이 일어난 시기에 볼 수 있는 모습으로 가장 옳은 것은?

> 전제상정소에서 다음과 같이 논의하였다. "우리나라는 지질의 고척(膏塉)이 남쪽과 북쪽이 같지 아니합니다. 하지만 그 전품(田品)의 분등(分等)을 8도를 통한 표준으로 계산하지 않고 있습니다. 다만 1도(道)로써 나누었기 때문에 납세의 경중(輕重)이 다릅니다. 부익부 빈익빈이 심해지니 옳지 못한 일입니다. 여러 도의 전품을 통고(通考)하여 6등급으로 나눈다면 전품이 바로잡힐 것이며 조세도 고르게 될 것입니다." 임금은 이를 그대로 따랐다.

① 3포왜란으로 입은 피해를 걱정하는 어부
② 벽란도에서 송나라 선원과 흥정하는 상인
③ 『농가집성』의 내용을 읽으며 공부하는 농부
④ 불법적인 상행위를 감시하는 경시서 관리

문 20. 다음 주장을 펼친 인물에 대한 설명으로 가장 옳은 것은?

> 국가는 마땅히 한 집의 생활에 맞추어 재산을 계산해서 토지 몇 부(負)를 1호의 영업전으로 한다. 땅이 많은 자는 빼앗아 줄이지 않고 미치지 못하는 자도 더 주지 않으며, 돈이 있어 사고자 하는 자는 비록 천백 결이라도 허락하여 주고, 땅이 많아서 팔고자 하는 자는 다만 영업전 몇 부 이외에는 허락하여 준다.

① 한국사의 독자적인 정통론을 체계화하였다.
② 『목민심서』와 『경세유표』 등의 저술을 남겼다.
③ 나라를 좀먹는 여섯 가지의 폐단을 지적하였다.
④ 신분에 따라 차등 있게 토지를 분배하는 균전론을 내세웠다.

문 21. 다음 사건과 관련 있는 내용으로 가장 옳은 것은?

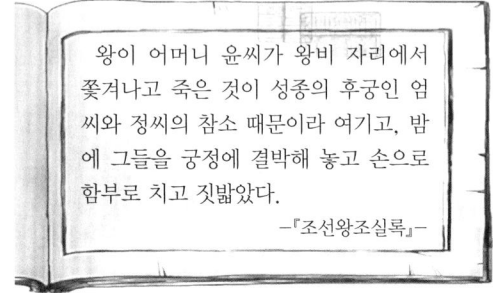

> 왕이 어머니 윤씨가 왕비 자리에서 쫓겨나고 죽은 것이 성종의 후궁인 엄씨와 정씨의 참소 때문이라 여기고, 밤에 그들을 궁정에 결박해 놓고 손으로 함부로 치고 짓밟았다.
> -『조선왕조실록』-

① 수양 대군이 단종을 내쫓고 왕위에 올랐다.
② 조광조를 비롯한 많은 사림이 피해를 입었다.
③ 연산군이 훈구파들을 제거하고 권력을 강화하였다.
④ 이조 전랑의 임명 문제를 둘러싸고 사림 간 대립이 일어났다.

문 22. ⊙ 기간에 일어난 사실로 가장 옳은 것은?

> 임금이 대광 박술희에 말하였다. "짐은 미천한 가문에서 일어나 그릇되게 사람들의 추대를 받아 몸과 마음을 다하여 노력한 지 19년 만에 삼한을 통일하였다. 외람되게 ⊙ 25년 동안 왕위에 있었으니 몸은 이미 늙었으나 후손들이 사사로운 정에 치우치고 욕심을 함부로 부려 나라의 기강을 어지럽힐까 크게 걱정된다. 이에 훈요를 지어 후세에 전하니 바라건대 아침저녁으로 살펴 길이 귀감으로 삼기 바란다."

① 공산 전투가 전개되었다.
② 노비안검법이 시행되었다.
③ 수덕만세라는 연호가 등장하였다.
④ 최승로가 「시무 28조」를 제시하였다.

문 23. (가), (나) 시기 사이에 있었던 사실로 가장 옳은 것은?

> (가) 진흥왕이 이사부에게 토벌을 명하고 사다함에 보좌하게 하였다. …(중략)… 이사부가 군사를 이끌고 다다르자, 대가야가 모두 항복하였다.
> —『삼국사기』—
>
> (나) 백제군 한 사람이 1,000명을 당해냈다. 신라군은 이에 퇴각하였다. 이와 같이 진격하고 퇴각하길 네 차례에 이르러, 계백은 힘이 다하여 죽었다.
> —『삼국사기』—

① 백제가 웅진으로 천도하였다.
② 소수림왕이 불교를 수용하였다.
③ 신라가 기벌포에서 당군을 물리쳤다.
④ 고구려가 수나라 군대를 살수에서 격퇴하였다.

문 24. 다음 헌법이 적용된 시기에 일어난 사실로 가장 옳은 것은?

> 제38조 ① 대통령은 통일에 관한 중요 정책을 결정하거나 변경함에 있어서, 국론 통일을 위하여 필요하다고 인정할 때에는 통일 주체 국민 회의의 심의에 붙일 수 있다.
> ② 제1항의 경우에 통일 주체 국민 회의에서 재적대의원 과반수의 찬성을 얻은 통일 정책은 국민의 총의로 본다.
> 제40조 통일 주체 국민 회의는 국회의원 정수의 3분의 1에 해당하는 수의 국회의원을 선거한다.

① 광주 대단지 사건이 일어났다.
② 7·4 남북 공동 성명이 발표되었다.
③ 국가 보위 비상 대책 위원회가 조직되었다.
④ 전태일이 근로기준법 준수를 요구하며 분신하였다.

문 25. 밑줄 친 '신'이 속한 붕당에 대한 설명으로 가장 옳은 것은?

> 소현 세자가 일찍 세상을 뜨고 효종이 인조의 제2 장자로서 종묘를 이었으니, 대왕대비께서 효종을 위하여 3년의 상복을 입어야 할 것은 예제로 보아 의심할 것이 없는데, 지금 그 기간을 줄여 1년으로 했습니다. 대체로 3년의 상복은 장자를 위하여 입는데 그가 할아버지, 아버지의 정통을 이을 사람이기 때문입니다. 지금 효종으로 말하면 대왕대비에게는 이미 적자이고, 또 왕위에 올라 존엄한 몸인데, 그의 복제에서는 3년 상복을 입을 수 없는 자와 동등하게 되었으니, 어디에 근거를 둔 것인지 신(臣)은 모르겠습니다.

① 노론과 소론으로 분열되었다.
② 기사환국을 통해 재집권하였다.
③ 인목 대비의 폐위를 주장하였다.
④ 성혼의 학파를 중심으로 형성되었다.

6월 25일 시행
법원직 9급

한 국 사   ① 책형   1쪽

풀이 시간: ___:___ ~ ___:___ / 점수: ___점

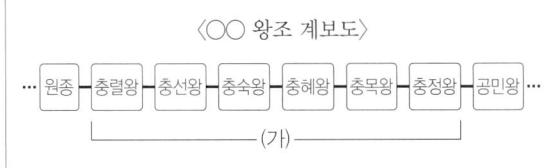

문 1. (가) 시기에 있었던 사실로 가장 옳은 것은?

〈○○ 왕조 계보도〉
··· 원종 – 충렬왕 – 충선왕 – 충숙왕 – 충혜왕 – 충목왕 – 충정왕 – 공민왕 ···
　　　　└─────────(가)─────────┘

① 서경 유수 조위총이 난을 일으켰다.
② 정동행성 이문소가 내정을 간섭하였다.
③ 홍건적의 침입으로 왕이 복주로 피신하였다.
④ 삼별초가 진도와 제주도에서 항쟁을 전개하였다.

문 2. 밑줄 친 '이 기구'에 대한 설명으로 가장 옳지 않은 것은?

• 앞서 이 기구의 사람들이 향중(鄕中)에서 권위를 남용하여 불의한 짓을 행하니, 그 폐단이 많았습니다. 그래서 선왕께서 폐지하였던 것입니다. 간사한 아전을 견제하고 풍속을 바로잡는 것은 수령이 해야 할 일인데, 만약 모두 이 기구에 위임한다면 수령은 할 일이 없지 않겠습니까?
• 전하께서 다시 이 기구를 세우고 좌수와 별감을 두도록 하였는데, 나이가 많고 덕망이 높은 자를 추대하여 좌수로 일컫고, 그 다음으로 별감이라 하여 한 고을을 규찰하고 관리하게 하였다.
　　　　　　　　　　　　　　　　　　　　　 -『성종실록』-

① 경재소를 통해 중앙의 통제를 받았다.
② 향촌 사회의 풍속을 교화하는 데 기여하였다.
③ 수령을 보좌하고 향리를 감찰하는 역할을 하였다.
④ 전통적 공동 조직에 유교 윤리를 가미하여 만들었다.

문 3. 밑줄 친 '왕'에 대한 설명으로 가장 옳은 것은?

이때에 이르러 왕 또한 불교를 일으키려 하였으나, 여러 신하들이 믿지 않고 이런저런 불평을 많이 하였으므로 왕이 근심하였다. …(중략)… 이차돈이 왕에게 아뢰기를, "바라건대 하찮은 신의 목을 베어 여러 사람들의 논의를 진정시키십시오."라고 하였다.
　　　　　　　　　　　　　　　　　　　　　 -『삼국사기』-

① 이사부를 파견하여 우산국을 복속시켰다.
② 광개토대왕의 지원으로 왜군을 격파하였다.
③ 대가야를 정복하여 가야 연맹을 해체시켰다.
④ 상대등을 설치하여 정치 조직을 강화하였다.

문 4. 다음 군대가 창설된 시기를 연표에서 옳게 고른 것은?

개항 후 국방을 강화하고 근대화하기 위하여 윤웅렬이 중심이 되어 5군영으로부터 80명을 선발하여 별기군을 창설하였다. 또한 서울의 일본 공사관에 근무하는 공병소위 호리모토를 교관으로 초빙하였다.

(가)	(나)	(다)	(라)
통리기무아문 설치	기기창 설치	군국기무처 설치	원수부 설치	통감부 설치

① (가)　② (나)　③ (다)　④ (라)

문 5. (가), (나) 사이 시기에 있었던 사실로 가장 옳은 것은?

(가) 남과 북은 상대방에 대하여 무력을 사용하지 않으며 상대방을 무력으로 침략하지 아니한다. …(중략)… 민족 전체의 복리 향상을 도모하기 위하여 자원의 공동 개발, 민족 내부 교류로서의 물자 교류, 합작 투자 등 경제 교류와 협력을 실시한다.
(나) 남과 북은 나라의 통일을 위한 남측의 연합제 안과 북측의 낮은 단계의 연방제 안이 서로 공통성이 있다고 인정하고 앞으로 이 방향에서 통일을 지향시켜 나가기로 하였다.

① 남북 조절 위원회가 설치되었다.
② 금강산 관광 사업이 시작되었다.
③ 제2차 남북 정상 회담이 개최되었다.
④ 남북 이산가족 상봉이 최초로 이루어졌다.

문 6. (가)~(라) 제도를 시행된 순서대로 바르게 나열한 것은?

(가) 그 사람의 성품과 행동의 선악, 공로의 크고 작음을 참작하여 역분전을 차등 있게 주었다.
(나) 문무의 백관으로부터 부병(府兵)과 한인(閑人)에 이르기까지 과(科)에 따라 받지 않은 자가 없었으며, 또한 과에 따라 땔나무를 베어낼 땅도 지급하였다.
(다) 경기는 사방의 근본이니 마땅히 과전을 설치하여 사대부를 우대한다. 무릇 경성에 거주하여 왕실을 시위(侍衛)하는 자는 직위의 고하에 따라 과전을 받는다.
(라) 경상도·전라도·충청도는 상등, 경기도·강원도·황해도 3도는 중등, 함길도·평안도는 하등으로 삼으며 …(중략)… 각 도의 등급과 토지 품질의 등급으로써 수세하는 수량을 정한다.

① (가) → (나) → (다) → (라)
② (가) → (나) → (라) → (다)
③ (나) → (가) → (다) → (라)
④ (나) → (다) → (라) → (가)

문 7. (가), (나) 격문이 발표된 사이의 시기에 있었던 사실로 옳은 것을 〈보기〉에서 모두 고른 것은?

(가) 우리가 의로운 깃발을 들어 이곳에 이름은 그 뜻이 결코 다른 데 있지 아니하고 창생을 도탄 속에서 건지고 국가를 반석 위에 두고자 함이다. 안으로는 양반과 탐학한 관리의 목을 베고 밖으로 횡포한 강적의 무리를 내몰고자 함이다.
(나) 일본 오랑캐가 분란을 야기하고 군대를 출동하여 우리 임금님을 핍박하고 우리 백성들을 뒤흔들어 놓았으니 어찌 차마 말할 수 있겠습니까. …(중략)… 지금 조정의 대신들은 망령되이 자신의 몸만 보전하고자 위로는 임금님을 협박하고 아래로는 백성들을 속이며 일본 오랑캐와 내통하여 삼남 백성들의 원망을 샀습니다.

〈보기〉
ㄱ. 조선 정부가 개혁 기구인 교정청을 설치하였다.
ㄴ. 동학 농민군과 관군이 전주 화약을 체결하였다.
ㄷ. 조선 정부가 조병갑을 파면하고 박원명을 고부 군수로 임명하였다.
ㄹ. 동학교도들이 전라도 삼례에서 교조 신원을 요구하는 집회를 벌었다.

① ㄱ, ㄴ
② ㄱ, ㄹ
③ ㄴ, ㄷ
④ ㄷ, ㄹ

문 8. 밑줄 친 '그'에 대한 설명으로 옳은 것을 〈보기〉에서 모두 고른 것은?

참찬문하부사 하륜 등이 청하였다. "정몽주의 난에 만일 그가 없었다면, 큰일이 거의 이루어지지 못하였을 것이고, 정도전의 난에 만일 그가 없었다면, 또한 어찌 오늘이 있었겠습니까? …(중략)… 청하건대, 그를 세워 세자를 삼으소서." 임금이 말하기를, "경 등의 말이 옳다." 하고, 드디어 도승지에게 명하여 도당에 전지하였다. "…(중략)… 나의 동복(同腹) 아우인 그는 개국하는 초에 큰 공로가 있었고, 또 우리 형제 4, 5인이 성명(性命)을 보전한 것이 모두 그의 공이었다. 이제 명하여 세자를 삼고, 또 내외의 여러 군사를 도독하게 한다."

〈보기〉
ㄱ. 영정법을 도입하였다.
ㄴ. 호패법을 시행하였다.
ㄷ. 『경국대전』을 편찬하였다.
ㄹ. 6조 직계제를 실시하였다.

① ㄱ, ㄴ
② ㄱ, ㄷ
③ ㄴ, ㄹ
④ ㄷ, ㄹ

문 9. 밑줄 친 '왕'의 재위 기간에 있었던 사실로 가장 옳은 것은?

왕은 윤관이 이끄는 별무반을 파견하여 여진을 정벌한 후 동북쪽에 9개의 성을 쌓아 방어하도록 하였다.

① 광덕, 준풍이라는 연호를 사용하였다.
② 최승로가 시무 28조의 개혁안을 제시하였다.
③ 양현고를 설치하여 관학을 진흥시키고자 하였다.
④ 의천 등의 건의를 받아들여 주전도감을 설치하였다.

문10. 밑줄 친 '개혁'의 사례로 가장 옳은 것은?

사진 속 건물은 조광조의 학문과 덕행을 추모하기 위해 설립된 심곡서원이다. 그는 사림의 여론을 바탕으로 왕도 정치를 실현하기 위한 개혁을 추진하였으나 훈구 대신들의 반발로 사사되었다. 그러나 선조 때 사림이 정치 주도권을 장악하면서 신원되었고, 그를 추모하는 서원이 여러 곳에 설립되었다.

① 현량과 실시
② 비변사 폐지
③ 9재 학당 설립
④ 삼정이정청 설치

문11. 밑줄 친 '왕'의 재위 시기에 있었던 사실로 옳은 것을 〈보기〉에서 모두 고른 것은?

주전도감에서 왕에게 아뢰기를 "나라의 백성이 돈을 사용하는 것의 유리함을 이해하고 그것을 편리하다고 생각하게 되었으니 이 사실을 종묘에 고하십시오."라고 하였다. 이 해에 또 은병도 만들어 화폐로 사용하였는데, 그 제도는 은 한 근으로 만들되 우리나라의 지형을 따서 만들었고, 민간에서는 활구라고 불렀다.

〈보기〉
ㄱ. 해동통보가 발행되었다.
ㄴ. 의천이 화폐 주조를 건의하였다.
ㄷ. 원의 화폐인 지원보초가 유통되었다.
ㄹ. 저화라고 불린 지폐가 제작되어 사용되었다.

① ㄱ, ㄴ
② ㄱ, ㄷ
③ ㄴ, ㄹ
④ ㄷ, ㄹ

문12. 자료에 나타난 운동에 대한 설명으로 가장 옳은 것은?

진주성 내 동포들이 궐기하여 형평사라는 단체를 조직하여 계급 타파 운동을 개시할 것이라고 한다. …(중략)… 어떤 자는 고기를 먹으면서 존귀한 대우를 받고, 어떤 자는 고기를 제공하면서 비천한 대우를 받는다. 이는 공정한 천리(天理)에 따를 수 없는 일이다.

① 백정에 대한 차별 철폐를 요구하였다.
② 공·사노비 제도가 폐지되는 결과를 가져왔다.
③ 향·부곡·소를 일반 군현으로 승격할 것을 주장하였다.
④ 평안도 지역에 대한 차별과 지배층의 수탈에 항거하였다.

문13. 자료를 통해 알 수 있는 전쟁의 영향으로 가장 옳은 것은?

건주(建州)의 여진족이 왜적을 무찌르는 데 2만 명의 병력을 지원하겠다고 하자, 명군 장수 형군문이 허락하려 하였다. 그러나 명 사신 양포정은 만약 이를 허락한다면 명과 조선의 병력, 조선의 산천 형세를 여진족이 알게 될 수 있다고 하여 거절하였다.

① 4군 6진이 개척되었다.
② 일본의 도자기 문화가 발달하였다.
③ 부산포, 제포, 염포에 왜관이 설치되었다.
④ 황룡사 9층 목탑 등 문화재가 소실되었다.

문14. (가), (나) 시기 사이에 있었던 사실로 가장 옳은 것은?

(가) 왕 41년 겨울 10월, 백제왕이 군사 3만 명을 거느리고 평양성을 공격하였다. 왕이 군사를 이끌고 방어하다가 화살에 맞았다. 23일에 왕이 죽었다. 고국 언덕에 장사 지냈다.
– 『삼국사기』 고구려 본기 –

(나) 왕 32년 가을 7월, 왕이 신라를 습격하기 위하여 직접 보병과 기병 50명을 거느리고 밤에 구천에 이르렀는데, 신라의 복병이 나타나 그들과 싸우다가 왕이 난병들에게 살해되었다. 시호를 성이라 하였다.
– 『삼국사기』 백제 본기 –

① 수가 고구려를 침입하였다.
② 고구려가 평양으로 천도하였다.
③ 백제가 나·당 연합군의 공격을 받았다.
④ 당이 매소성 전투에서 신라에 패하였다.

문15. 밑줄 친 '이들'에 대한 설명으로 가장 옳은 것은?

이들의 첫 벼슬은 후단사이며, 두 번째 오르면 병사(兵史)·창사(倉史)가 되고, 세 번째 오르면 주·부·군·현의 사(史)가 되며, 네 번째 오르면 부병정(副兵正)·부창정(副倉正)이 되며, 다섯 번째 오르면 부호정(副戶正)이 되고, 여섯 번째 오르면 호정이 되며, 일곱 번째 오르면 병정·창정이 되고, 여덟 번째 오르면 부호장이 되고, 아홉 번째 오르면 호장(戶長)이 된다.
– 『고려사』 –

① 자손이 음서의 혜택을 받았다.
② 속현의 조세와 공물의 징수, 노역 징발 등을 담당하였다.
③ 수군, 조례, 역졸, 조졸 등으로 칠반천역이라고도 불렸다.
④ 수령의 행정 실무를 보좌하는 세습적인 아전으로 활동하였다.

문16. (가) 종교가 반영된 문화유산의 사례로 가장 적절한 것은?

> 불로장생과 신선이 되기를 추구하는 (가) 은/는 삼국에 전래되어 귀족 사회를 중심으로 유행했으며 예술에도 많은 영향을 주었다. 7세기 고구려의 연개소문은 귀족과 연결된 불교 세력을 억누르기 위해 (가) 을/를 장려하는 정책을 펼쳤다.

① ② ③ ④

문17. (가) 붕당에 대한 설명으로 옳은 것만을 〈보기〉에서 모두 고른 것은?

> (가) 은/는 반정을 주도하여 정권을 잡은 이후 훈련도감을 비롯하여 새로 설치된 어영청, 총융청, 수어청의 병권을 장악하여 권력 유지의 기반으로 삼았다.

〈보기〉
ㄱ. 북벌론을 주장하였다.
ㄴ. 인목대비의 폐위를 주장하였다.
ㄷ. 조식 학파를 중심으로 형성되었다.
ㄹ. 예송 논쟁으로 남인과 대립하였다.

① ㄱ, ㄴ ② ㄱ, ㄹ
③ ㄴ, ㄷ ④ ㄷ, ㄹ

문18. (가)~(라) 사건이 일어난 순서대로 바르게 나열된 것은?

> (가) 운요호가 강화도의 초지진을 포격하고 군대를 영종도에 상륙시켜 살인과 약탈을 자행하였다.
> (나) 독일 상인 오페르트가 덕산군에 상륙하여 남연군의 무덤을 도굴하다가 실패하고 돌아갔다.
> (다) 미군이 강화도의 초지진을 함락하고 광성보를 공격하였다.
> (라) 프랑스군이 강화도의 주요 시설을 불태우고 외규장각 도서를 약탈하였다.

① (가) → (나) → (라) → (다)
② (나) → (라) → (가) → (다)
③ (다) → (나) → (가) → (라)
④ (라) → (나) → (다) → (가)

문19. (가) 국가에 대한 설명으로 가장 옳은 것은?

> (가) 에서는 본래 소노부에서 왕이 나왔으나 점점 미약해져서 지금은 계루부에서 왕위를 차지하고 있다. 절노부는 대대로 왕실과 혼인을 하였으므로 그 대인은 고추가(古鄒加)의 칭호를 더하였다. 모든 대가(大加)들은 스스로 사자·조의·선인을 두었는데, 그 명단을 모두 왕에게 보고하여야 한다. …(중략)… 감옥은 없고 범죄자가 있으면 제가들이 모여서 평의하여 사형에 처하고 처자는 몰수하여 노비로 삼는다.
> —『삼국지』 위서 동이전—

① 혼인 풍속으로 서옥제가 있었다.
② 신성 지역인 소도가 존재하였다.
③ 영고라고 하는 제천 행사를 개최하였다.
④ 읍락의 경계를 중시하여 책화라는 풍습이 있었다.

문20. 자료에 나타난 민족 운동에 대한 설명으로 가장 옳은 것은?

> 동대문 밖에서 다시 한 번 일대 시위운동이 일어났다. 이날은 태황제의 인산날이었으므로 망곡하러 모인 군중이 수십 만이었다. 인산례(因山禮)가 끝나고 융희제(순종)와 두 분의 친왕 이하 여러 관료와 궁속들이 돌아오다가 청량리에 이르렀다. 이때 곡소리와 만세 소리가 일시에 폭발하여 천지가 진동하였다.

① 신간회의 후원으로 확산되었다.
② 대한민국 임시 정부 수립에 영향을 주었다.
③ 준비 과정에서 천도교와 조선 공산당 등이 연대하였다.
④ 한국인 학생과 일본인 학생 사이의 충돌에서 비롯되었다.

문21. (가), (나) 국왕에 대한 설명으로 가장 옳은 것은?

> • (가) 은/는 붕당의 이익을 대변하던 이조 전랑의 후임자 천거권과 3사 관리 선발 관행을 혁파하고, 탕평 의지를 내세우기 위해 성균관 앞에 탕평비를 세웠다.
> • (나) 은/는 초계문신제를 실시하여 개혁 세력을 육성하였으며, 통공 정책을 실시하여 육의전을 제외한 시전의 금난전권을 폐지하였다.

① (가) – 장용영을 설치하여 군사권을 장악하였다.
② (가) – 조선과 청의 국경을 정하는 백두산정계비를 세웠다.
③ (나) –『대전통편』을 편찬하여 법령을 정비하였다.
④ (나) – 삼정의 문란을 개혁하기 위해 삼정이정청을 설치하였다.

문22. 다음 사실을 시기순으로 바르게 나열한 것은?

> (가) 강희맹이 경기 지역의 농사 경험을 토대로 『금양잡록』을 편찬하였다.
> (나) 신속이 벼농사 중심의 수전 농법을 소개한 『농가집성』을 편찬하였다.
> (다) 이암이 중국 화북 지역의 농사법을 반영한 『농상집요』를 도입하였다.
> (라) 정초, 변효문 등이 왕명에 의해 우리나라 풍토에 맞는 농법을 정리한 『농사직설』을 편찬하였다.

① (가) → (다) → (나) → (라)
② (나) → (다) → (라) → (가)
③ (다) → (라) → (가) → (나)
④ (다) → (라) → (나) → (가)

문23. 밑줄 친 '이 책'에 대한 설명으로 가장 옳은 것은?

> 이 책은 보각국사 일연의 저서로 왕력(王歷)·기이(紀異)·흥법(興法)·탑상(塔像)·의해(義解)·신주(神呪)·감통(感通)·피은(避隱)·효선(孝善) 등 9편목으로 구성되어 있다. 여러 고대 국가의 역사, 불교 수용 과정, 탑과 불상, 고승들의 전기, 효도와 선행 이야기 등 불교사와 관련된 일화를 중심으로 서술한 것이 특징이다.

① 기전체 형식으로 서술되었다.
② 현존하는 가장 오래된 역사서이다.
③ 단군의 건국 이야기가 수록되었다.
④ 대의명분을 중시하는 성리학적 사관을 반영하였다.

문24. (가) 인물에 대한 설명으로 가장 옳은 것은?

> • 황보인, 김종서 등이 역모를 품고 몰래 안평대군과 연결하고, 환관들과 은밀히 내통하여 날짜를 정하여 반란을 꾀하고자 하였다. 이에 (가) 와 정인지, 한확, 박종우, 한명회 등이 그 기미를 밝혀 그들을 제거하였다.
> • (가) 이/가 명하기를, "집현전을 없애고, 경연을 정지하며, 거기에 소장하였던 서책은 모두 예문관에서 관장하게 하라."라고 하였다.

① 전민변정도감을 설치하였다.
② 『석보상절』을 한글로 번역하여 편찬하였다.
③ 불교 종파를 선·교 양종으로 병합하였다.
④ 정여립 모반 사건을 계기로 기축옥사를 일으켰다.

문25. (가) 나라에 대한 설명으로 가장 옳은 것은?

(가) 의 문화 및 세력 범위를 추정할 수 있는 유물들

① 상, 대부, 장군 등의 관직을 두었다.
② 읍군, 삼로 등이 하호를 통치하였다.
③ 계루부 출신의 왕이 5부의 대가들과 함께 통치하였다.
④ 사람이 죽으면 가매장한 다음 뼈만 추려 목곽에 안치하였다.

2021 법원직 9급 (2월 27일 시행)

문 1. (가)에 들어갈 법령이 제정된 이후의 사실로 가장 옳은 것은?

> (가)
> 제4조 제국 신민을 징용하여 총동원 업무에 종사하게 할 수 있다. 단, 병역법의 적용을 방해하지 않는다.
> 제7조 노동 쟁의의 예방 혹은 해결에 관하여 필요한 명령을 내리거나 작업소의 폐쇄, 작업 혹은 노무의 중지 등 노동 쟁의에 관한 행위의 제한 혹은 금지를 행할 수 있다.
> 제8조 물자의 생산·수리·배급·양도 기타의 처분, 사용·소비·소지 및 이동에 관하여 필요한 명령을 내릴 수 있다.

① 중국 본토에서 중·일 전쟁이 발발하였다.
② 백남운이『조선사회경제사』를 저술하였다.
③ 조선 사상범 예방 구금령이 제정·공포되었다.
④ 양세봉의 조선 혁명군이 영릉가 전투에서 승리하였다.

문 2. 자료의 의병에 대한 설명으로 옳은 것을 <보기>에서 모두 고른 것은?

> 군사장은 미리 군비를 신속히 정돈하여 철통과 같이 함에 한 방울의 물도 샐 틈이 없는지라. 이에 전군에 명령을 전하여 일제히 진군을 재촉하여 동대문 밖으로 진격할 때, 대군은 긴 뱀의 형세로 천천히 전진하게 하고, …(중략)… 3백 명을 인솔하고 선두에 서서 동대문 밖 삼십 리 되는 곳에 나아가 전군이 모이기를 기다려 일거에 서울로 공격하여 들어가기로 계획하더니, 전군이 모이는 시기가 어긋나고 일본군이 갑자기 진격해 오는지라. 여러 시간을 격렬히 사격하다가 후원군이 이르지 않아 할 수 없이 퇴진하였다.

<보기>
ㄱ. 고종이 해산 권고 조칙을 내리자 대부분 해산하였다.
ㄴ. 13도 창의군을 결성하여 서울 진공 작전을 시도하였다.
ㄷ. 각국 영사관에 교전 단체로 인정해 줄 것을 요구하였다.
ㄹ. 의병 잔여 세력이 활빈당 등의 무장 결사를 조직하였다.

① ㄱ, ㄴ ② ㄱ, ㄹ ③ ㄴ, ㄷ ④ ㄷ, ㄹ

문 3. 다음 개헌이 이루어진 정부 시기에 있었던 사실로 가장 옳은 것은?

> 제55조 대통령과 부통령의 임기는 4년으로 한다. 단, 재선에 의하여 1차 중임할 수 있다. 대통령이 궐위된 때에는 부통령이 대통령이 되고 잔임 기간 중 재임한다.
> 부칙 이 헌법 공포 당시의 대통령에 대하여는 제55조 제1항 단서의 제한을 적용하지 아니한다.
> — 대한민국 관보 제1228호 —

① 소련, 중국과 교류를 확대하였다.
② 일본과 국교 정상화를 추진하였다.
③ 진보당 사건으로 조봉암을 처형하였다.
④ 지방 자치제를 전면적으로 실시하였다.

문 4. (가), (나) 사이의 시기에 있었던 사실로 가장 옳은 것은?

> (가) 기묘사화가 일어나 사림이 피해를 입었다.
> (나) 서인이 반정을 일으켜 정권을 장악하였다.

① 동인이 남인과 북인으로 분화하였다.
② 환국을 거치며 노론과 소론이 갈라섰다.
③ 1차 예송에서 승리한 서인이 집권하였다.
④ 조광조가 훈구 세력의 위훈 삭제를 주장하였다.

문 5. 다음 유물들이 대표하는 시기의 사회 모습으로 가장 옳은 것은?

① 처음으로 농경이 시작되었다.
② 권력을 가진 지배자가 등장하였다.
③ 뗀석기를 주로 이용하였다.
④ 주로 동굴에 거주하거나 막집에 살았다.

문 6. 밑줄 친 '나라'에 대한 설명으로 가장 옳은 것은?

> 이 나라는 남쪽으로는 진한과 북쪽으로는 고구려·옥저와 맞닿아 있고, 동쪽으로는 큰 바다에 닿았으니 오늘날 조선 동쪽이 모두 그 지역이다. 호수는 2만이다. …(중략)… 대군장이 없고 한 시대 이래로 후·읍군·삼로라는 관직이 있어 하호를 다스렸다.
> —『삼국지』위서 동이전—

① 1세기 초 왕호를 사용하였다.
② 민며느리제라는 혼인 풍습이 있었다.
③ 목지국의 지배자가 왕으로 추대되었다.
④ 해마다 무천이라는 제천 행사를 열었다.

문 7. 밑줄 친 ㉠~㉣에 대한 해석으로 적절하지 않은 것은?

> 옛날 ㉠ 환인의 아들 환웅이 천부인 3개와 3,000명의 무리를 이끌고 태백산 신단수 밑에 내려왔는데, 이곳을 신시라 하였다. 그는 ㉡ 풍백, 우사, 운사로 하여금 인간의 360여 가지의 일을 주관하게 하였는데 그중에서 곡식, 생명, 질병, 형벌, 선악 등 다섯 가지 일이 가장 중요한 것이었다. 이로써 인간 세상을 교화시키고 인간을 널리 이롭게 하였다. 이때 ㉢ 곰과 호랑이가 사람이 되기를 원하므로 환웅은 쑥과 마늘을 주고 …(중략)… 곰은 금기를 지켜 21일 만에 여자로 태어났고 환웅과 혼인하여 아들을 낳았다. 이가 곧 ㉣ 단군왕검이었다.

① ㉠ - 천손 사상으로 부족의 우월성을 과시했다.
② ㉡ - 고조선의 농경 사회 모습이 반영되어 있다.
③ ㉢ - 특정 동물을 수호신으로 여기는 샤머니즘이 존재했다.
④ ㉣ - 정치적 지배자와 제사장이 일치된 사회였음을 알 수 있다.

문 8. 밑줄 친 ㉠~㉣에 대한 설명으로 옳은 것을 <보기>에서 모두 고른 것은?

> 대한민국 임시 정부는 1921년을 고비로 ㉠ 위기 상태에 빠졌다. 임시 정부 내에서 ㉡ 독립운동의 노선을 둘러싼 갈등도 나타났다. 각계의 독립운동 지도자들은 이 국면을 타개하고자 국민 대표 회의를 열어 독립운동의 새로운 방향을 모색하였다. 하지만 임시 정부의 진로 문제를 놓고 ㉢ 개조파와 창조파가 대립하여 회의는 결렬되었다. 이후 ㉣ 지도 체제가 개편되었지만 대한민국 임시 정부는 한동안 침체 상태에 빠졌다.

─────〈보기〉─────
ㄱ. ㉠ - 교통국과 연통제 조직이 일제에 발각되었다.
ㄴ. ㉡ - 외교 활동에 대한 무장 투쟁론자의 비판이 거세졌다.
ㄷ. ㉢ - 주로 외교론을 비판하는 무장 투쟁론자들로 구성되었다.
ㄹ. ㉣ - 헌법을 고쳐 대통령 중심의 집단 지도 체제로 전환하였다.

① ㄱ, ㄴ
② ㄱ, ㄹ
③ ㄴ, ㄷ
④ ㄷ, ㄹ

문 9. 다음 강령을 발표한 단체에 대한 설명으로 가장 옳은 것은?

> • 우리는 완전한 독립 국가 건설을 기함.
> • 우리는 전 민족의 정치적, 경제적, 사회적 기본 요구를 실현할 수 있는 민주주의 정권 수립을 기함.
> • 우리는 일시적 과도기에 있어서 국내 질서를 자주적으로 유지하며 대중 생활의 확보를 기함.

① 자유당을 창당하였다.
② 조선 인민 공화국의 수립을 선포하였다.
③ 독립 촉성 중앙 협의회의 결성을 주도하였다.
④ 38도선을 넘어 북한 지도부와 남북 협상을 가졌다.

문 10. (가), (나)에 대한 설명으로 옳은 것을 <보기>에서 모두 고른 것은?

> 숙종 때에 이르러 여러 차례 (가) 이/가 발생하면서 붕당 간의 대립은 더욱 격화되었다. 숙종은 집권 붕당이 바뀔 때마다 상대 당의 인사들을 정계에서 축출하였다. 숙종 말년에 노론과 소론은 왕위 계승을 놓고 대립하였을 뿐만 아니라 왕권을 위협하기까지 하였다. 이후 연이어 즉위한 영조와 정조는 붕당 정치의 폐해를 줄이기 위해 (나) 을/를 시행하였다.

─────〈보기〉─────
ㄱ. (가)에 들어갈 용어는 예송이다.
ㄴ. (나)에 들어갈 용어는 탕평책이다.
ㄷ. (가)의 과정에서 송시열이 죽임을 당하였다.
ㄹ. (나)의 정책을 펴기 위해 5군영을 설치하였다.

① ㄱ, ㄴ
② ㄱ, ㄷ
③ ㄴ, ㄷ
④ ㄴ, ㄹ

문 11. 지도의 (가)~(라) 중 다음 성명서가 발표된 장소로 옳은 것은?

> 1. 한국의 전체 인민은 현재 이미 반침략 전선에 참가해오고 있으며, 이제 하나의 전투 단위로서 추축국에 선전한다.
> 2. 1910년 한·일 '병합'과 일체의 불평등 조약은 무효이며, 아울러 반침략 국가가 한국에서 합리적으로 얻은 기득권익이 존중될 것임을 거듭 선포한다.
> 3. 한국, 중국과 서태평양에서 왜구를 완전히 몰아내기 위하여 최후의 승리를 거둘 때까지 혈전한다.

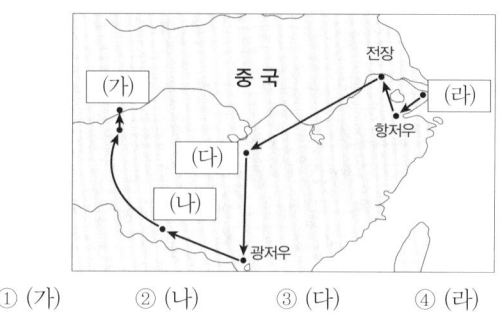

① (가) ② (나) ③ (다) ④ (라)

문 12. 밑줄 친 ㉠, ㉡의 내용으로 옳은 것은?

> • 투표는 ㉠ 이 헌법 제39조의 규정에 따라 토론 없이 무기명으로 투표용지에 후보자 성명을 기입하는 방법으로 진행되었다. 투표 결과는 찬성 2,357표, 반대는 한 표도 없이 무효 2표로 박정희 후보를 선출하였다.
> • 집권 준비를 마친 전두환은 통일 주체 국민 회의를 통해 제11대 대통령으로 선출되었다. 그러나 국민의 반발과 악화된 국제 여론을 의식하여 개헌을 단행하였다. ㉡ 새 헌법에 따라 실시된 선거에서 전두환은 다시 대통령에 당선되었다.

① ㉠ - 대통령의 연임을 3회까지만 허용한다.
② ㉠ - 대통령이 국회를 해산할 권한을 갖는다.
③ ㉡ - 대통령의 임기는 5년으로 한다.
④ ㉡ - 통일 주체 국민 회의에서 대통령을 선출한다.

문 13. (가)~(다)를 일어난 순서대로 바르게 나열한 것은?

> (가) 은병을 만들어 화폐로 썼는데, 은 한 근으로 만들되 우리나라 지형을 본떴다. 민간에서는 활구라 불렀다.
> (나) 원년 11월에 처음으로 직관과 산관 각 품의 전시과를 제정하였는데, 관품의 높고 낮음은 따지지 않고 단지 인품으로만 이를 정하였다.
> (다) 도평의사사에서 상서하여 과전을 지급하는 법을 정할 것을 청하니, 그 의견을 따랐다. …(중략)… 경기는 사방의 근본이므로 마땅히 과전을 두어 사대부를 우대한다.

① (가) - (나) - (다) ② (가) - (다) - (나)
③ (나) - (가) - (다) ④ (나) - (다) - (가)

문 14. 이 시기 백제왕의 업적으로 옳은 것을 <보기>에서 모두 고른 것은?

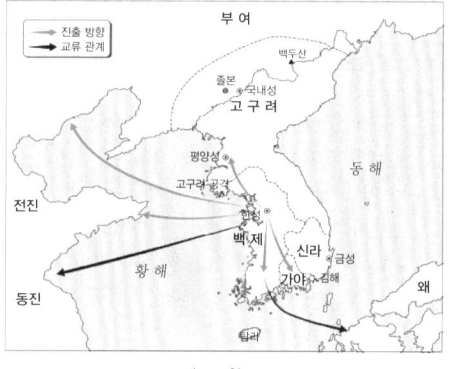

<보기>

ㄱ. 남으로 마한을 통합하였다.
ㄴ. 왕위의 부자 상속이 확립되었다.
ㄷ. 중앙 관청을 22부로 확대하였다.
ㄹ. 좌평 제도와 관등제를 마련하였다.

① ㄱ, ㄴ ② ㄱ, ㄹ
③ ㄴ, ㄷ ④ ㄷ, ㄹ

문 15. (ㄱ), (ㄴ) 조약이 체결된 시기로 옳은 것은?

> (ㄱ) 제7관 일본국 인민은 본국의 현행 여러 화폐를 사용해 조선국 인민이 소유한 물품과 교환할 수 있다. 조선국 인민은 그 교환한 일본국의 여러 화폐로 일본국에서 생산한 여러 가지 화물을 구매할 수 있다.
> (ㄴ) 제6칙 이후 조선국 항구에 거주하는 일본 인민은 양미와 잡곡을 수출입할 수 있다.

	(가)	(나)	(다)	(라)	
1866		1871	1875	1880	1883
병인양요		신미양요	운요호 사건	원산 개항	인천 개항

① (가) ② (나) ③ (다) ④ (라)

문 16. 다음 자료의 주장을 한 일제 강점기 역사 연구 활동에 대한 설명 중 가장 옳은 것은?

> 조선 민족의 발전사는 그 과정이 아시아적이라고 하더라도 사회 구성의 내면적 발전 법칙 그 자체는 오로지 세계사적인 것이며, 삼국 시대의 노예제 사회, 통일 신라기 이래의 동양적 봉건 사회, 이식 자본주의 사회는 오늘날에 이르기까지 조선 역사의 단계를 나타내는 보편사적인 특징이다.

① 일선동조론을 유포하였다.
② 실증 사학의 영향을 받았다.
③ 대표적인 인물로 백남운이 있다.
④ 진단 학회를 결성하여 〈진단학보〉를 발간하였다.

문 17. (가) 인물에 대한 설명으로 가장 옳은 것은?

> 8도의 선비들이 서원을 건립하여 명현을 제사하고 …(중략)… 그 폐단이 백성의 생활에 미쳤다. (가) 은/는 만동묘를 철폐하고 폐단이 큰 서원을 각 도에 명하여 철폐하도록 하였다. 선비들 수만 명이 대궐 앞에 모여 만동묘와 서원을 다시 설립할 것을 청하니, (가) 이/가 크게 노하여 한성부의 조례와 병졸로 하여금 한강 밖으로 몰아내게 하고 …(중략)… 드디어 1천여 개소의 서원을 철폐하고 그 토지를 몰수하여 관에 속하게 하였다. 이 때문에 선비들의 기운이 크게 막혔다.

① 일본에 조사 시찰단을 파견하였다.
② 은결을 색출하고 호포제를 실시하였다.
③ 탕평파를 육성하고 탕평비를 건립하였다.
④ 『대전통편』을 편찬해 통치 체제를 정비하였다.

문 18. (가)~(라)를 일어난 순서대로 바르게 나열한 것은?

> (가) 성왕이 군사를 보내 고구려를 공격하였다.
> (나) 온조는 한강 하류에 이르러 도읍을 정하였다.
> (다) 태조왕이 동옥저를 정벌하고 빼앗아 성읍으로 삼았다.
> (라) 법흥왕이 율령을 반포하고, 처음으로 관리의 공복을 정하였다.

① (가) - (나) - (다) - (라)
② (나) - (다) - (라) - (가)
③ (나) - (가) - (라) - (다)
④ (다) - (가) - (나) - (라)

문 19. (가) 시기에 발생한 사건으로 가장 옳지 않은 것은?

> 태조가 포정전에서 즉위하여 국호를 고려라 하고 연호를 고쳐 천수라 하였다.
> —『고려사』—
>
> ↓
> (가)
> ↓
>
> 고려군의 군세가 크게 성한 것을 보자 갑옷을 벗고 창을 던져 견훤이 탄 말 앞으로 와서 항복하니 이에 적병이 기세를 잃어 감히 움직이지 못하였다. …(중략)… 신검이 두 동생 및 문무 관료와 함께 항복하였다.
> —『고려사』—

① 고려군이 고창에서 견훤의 후백제군을 패퇴시켰다.
② 신라의 경순왕은 스스로 나라를 고려에 넘겨주었다.
③ 왕건이 이끄는 군대가 후백제의 금성을 함락하였다.
④ 발해국 세자 대광현과 수만 명이 고려에 귀화하였다.

문 20. 다음 성명서가 발표된 시점으로 가장 옳은 것은?

> 마음속의 38선이 무너지고야 땅 위의 38선도 철폐될 수 있다. …(중략)… 나는 통일된 조국을 건설하려다 38선을 베고 쓰러질지언정, 일신의 구차한 안일을 위하여 단독 정부를 세우는 데는 협력하지 않겠다.

	(가)	(나)	(다)	(라)	
8·15 광복		정읍 발언		제2차 미·소 공동 위원회 개최		5·10 총선거		대한민국 정부 수립

① (가) ② (나) ③ (다) ④ (라)

문 21. (가) 세력에 대한 설명으로 가장 옳은 것은?

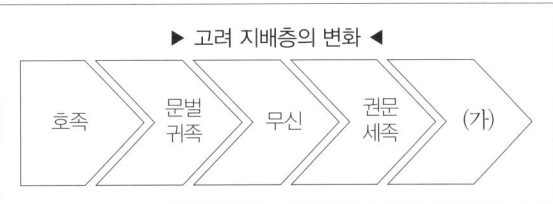

▶ 고려 지배층의 변화 ◀
호족 〉 문벌 귀족 〉 무신 〉 권문 세족 〉 (가)

① 성리학을 통해 불교의 폐단을 지적하였다.
② 주로 음서를 통하여 관직에 진출하였다.
③ 권력을 앞세워 대규모 농장을 소유하였다.
④ 친원적 성향의 이들은 도평의사사를 장악하였다.

문 22. 다음 격문과 관련이 깊은 역사적 사건에 대한 설명으로 가장 옳은 것은?

> 검거자를 즉시 우리의 힘으로 구출하자.
> 교내에 경찰관 침입을 절대 반대하자.
> 조선인 본위의 교육 제도를 확립하자.
> 민족 문화와 사회 과학 연구의 자유를 획득하자.
> 전국 학생 대표자 회의를 개최하라.

① 원산에서 일제 강점기 최대 규모의 노동 쟁의를 일으켰다.
② 전국으로 확대되어 이듬해까지 동맹 휴학 투쟁이 계속되었다.
③ 민족 산업의 보호와 육성을 위해 국산품 애용 등을 주장하였다.
④ 순종의 국장일에 학생들이 만세 시위를 벌이고 시민들이 가세하였다.

문 23. (가) ~ (라)를 일어난 순서대로 바르게 나열한 것은?

> (가) 서일을 총재로 조직된 대한 독립군단은 일본군을 피해 러시아 영토인 자유시로 집결하였다.
> (나) 김좌진이 이끄는 북로 군정서군이 백운평 전투와 천수평, 어랑촌 전투에서 대승을 거두었다.
> (다) 일본군이 청산리 대첩 패전에 대한 보복으로 간도 동포를 무차별로 학살하였다.
> (라) 참의부, 정의부, 신민부의 3부가 혁신의회와 국민부로 재편되었다.

① (가) - (나) - (다) - (라)
② (나) - (다) - (가) - (라)
③ (나) - (라) - (가) - (다)
④ (라) - (다) - (나) - (가)

문 24. 자료에 해당하는 시기의 경제 상황에 대한 설명으로 가장 옳은 것은?

> "내 조금 시험해 볼 일이 있어 그대에게 만 금(萬金)을 빌리러 왔소." 하였다. 변씨는 "그러시오." 하고 곧 만 금을 내주었다. …(중략)… 대추, 밤, 감, 배, 석류, 귤, 유자 등의 과실을 모두 두 배 값으로 사서 저장하였다. 허생이 과실을 몽땅 사들이자 온 나라가 잔치나 제사를 치르지 못하게 되었다. 그런지 얼마 아니 되어서 두 배 값을 받은 장사꾼들이 도리어 열 배의 값을 치렀다.

① 지대 납부 방식이 타조법으로 바뀌었다.
② 상품 작물 재배가 늘면서 쌀에 대한 수요가 줄었다.
③ 상인 자본이 장인에게 돈을 대는 선대제가 성행하였다.
④ 정부에서 덕대를 직접 고용해 광산 개발을 주도하였다.

문 25. 다음의 상황이 전개된 시기를 연표에서 옳게 고른 것은?

> 일본은 러시아의 발틱 함대를 격파하고 승기를 잡았지만, 전쟁 비용이 거의 바닥이 나고 있었다. 러시아도 국민의 봉기로 혼란에 빠져들고 있었다. 이에 양국은 한국에서 일본의 정치·군사·경제 등에 관한 특수 권익을 인정하는 내용의 포츠머스 조약을 체결하였다.

	(가)	(나)	(다)	(라)	
임오군란		거문도 사건		갑오개혁		대한 제국 설립		국권 강탈

① (가)　　② (나)　　③ (다)　　④ (라)

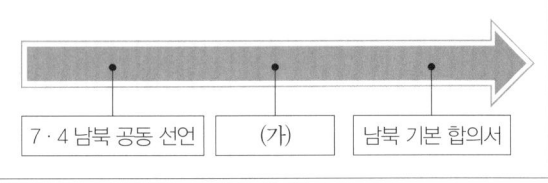

문 1. (가) ~ (다)가 반포된 순서대로 바르게 나열한 것은?

(가) 2. 모든 정부와 외국과의 조약에 관한 일은 각부 대신과 중추원 의장이 합동으로 서명, 날인하여 시행할 것.
   4. 중대 범죄는 공개 재판을 시행하되, 피고가 죄를 자백한 후에 시행할 것.
(나) 1. 이후 국내외 공사(公私)문서에 개국 기원을 사용한다.
   6. 남자 20세, 여자 16세 이하의 조혼을 금지한다.
   8. 공사 노비법을 혁파하고 인신매매를 금지한다.
(다) 1. 흥선 대원군을 빨리 귀국시키고 종래 청에 행하던 조공의 허례를 폐지한다.
   9. 혜상공국을 혁파한다.
   12. 모든 재정은 호조에서 관할한다.

① (가) - (다) - (나)   ② (나) - (다) - (가)
③ (다) - (가) - (나)   ④ (다) - (나) - (가)

문 2. 〈표〉와 같은 변화가 나타나게 된 원인에 대한 탐구 활동으로 옳은 것을 〈보기〉에서 모두 고른 것은?

〈표〉 (단위: %)

시기	양반 호	상민 호	노비 호	합계
1729년	26.29	59.78	13.93	100
1765년	40.98	57.01	2.01	100
1804년	53.47	45.61	0.92	100
1867년	65.48	33.96	0.56	100

〈보기〉
ㄱ. 납속의 혜택에 대하여 조사해본다.
ㄴ. 공명첩을 구입한 사람들의 신분을 조사해본다.
ㄷ. 선무군관포의 부과 대상에 대하여 조사해본다.
ㄹ. 서원 숫자의 변화를 조사해본다.

① ㄱ, ㄴ   ② ㄱ, ㄷ
③ ㄴ, ㄷ   ④ ㄴ, ㄹ

문 3. (가)에 들어갈 사실로 가장 옳은 것은?

7·4 남북 공동 선언 — (가) — 남북 기본 합의서

① 개성 공업 지구가 조성되었다.
② 최초로 금강산 관광이 시작되었다.
③ 남북한이 동시에 유엔에 가입하였다.
④ 남북한이 비핵화 공동 선언을 체결하였다.

문 4. 다음과 같은 상황이 나타난 시기에 볼 수 있는 모습으로 가장 옳은 것은?

옹주는 지극히 예뻐하던 딸이 공녀로 가게 되자 근심하고 번민하다가 병이 생겼다. 결국 지난 9월에 세상을 떠나니 나이가 55세였다. 우리나라의 자녀들이 서쪽 원나라로 끌려가기를 거른 해가 없다. 비록 왕실의 친족과 같이 귀한 집안이라도 숨기지 못하였으며 어미와 자식이 한번 이별하면 만날 기약이 없다.
— 수령옹주 묘지명 —

① 몽골군을 물리치는 김윤후와 처인부곡민
② 농민의 토지를 빼앗아 농장을 확대하는 권문세족
③ 왕명을 받아 『삼국사기』를 편찬하는 김부식
④ 별무반과 함께 여진 정벌에 나서는 윤관

문 5. 다음과 관련된 인물의 주장으로 옳은 것을 〈보기〉에서 모두 고른 것은?

비유컨대, 재물은 대체로 우물과 같은 것이다. 퍼내면 차고, 버려두면 말라 버린다. 그러므로 비단옷을 입지 않아서 나라에 비단을 짜는 사람이 없게 되면 여공이 쇠퇴하고, 찌그러진 그릇을 싫어하지 않고 기교를 숭상하지 않아서 장인이 작업하는 일이 없게 되면 기예가 망하게 된다.

〈보기〉
ㄱ. 수레와 선박의 이용을 확대해야 한다.
ㄴ. 사농공상은 직업적으로 평등해야 한다.
ㄷ. 청에서 행해지는 국제 무역에 참여해야 한다.
ㄹ. 자영농을 중심으로 군사와 교육 제도를 재정비해야 한다.

① ㄱ, ㄴ   ② ㄱ, ㄷ
③ ㄴ, ㄷ   ④ ㄷ, ㄹ

문 6. (가)에 대한 다음 설명 중 가장 옳은 것은?

> 조선 땅은 실로 아시아의 요충을 차지하고 있어 열강들이 서로 차지하려고 할 것이다. 조선이 위태로우면 중국도 위급해진다. (가) 이/가 영토를 넓히고자 한다면 반드시 조선이 첫 번째 대상이 될 것이다. …(중략)… 그렇다면 오늘날 조선이 세워야 할 책략으로 (가) 을/를 막는 것보다 더 급한 일이 없다. (가) 을/를 막는 책략은 무엇인가? 중국과 친하고, 일본과 맺고, 미국과 이어짐으로서 자강을 도모할 뿐이다.

① (가)는 남해의 전략적 요충지인 거문도를 불법 점령하였다.
② (가)는 자국인 신부의 처형을 구실로 강화도를 침략하였다.
③ (가)의 공사관으로 을미사변 이후 신변의 위협을 느낀 고종이 피신하였다.
④ (가)와 조선은 서양 국가 중에 최초로 조약을 체결하였다.

문 7. 다음 법령이 반포되었을 당시의 경제적 상황으로 가장 옳은 것은?

> 제2조 본 법에서 귀속 재산이라 함은 …(중략)… 대한민국 정부에 이양된 일체의 재산을 지칭한다. 단, 농경지는 따로 농지 개혁법에 의하여 처리한다.
> 제3조 귀속 재산은 본 법과 본 법의 규정에 의하여 발하는 명령이 정하는 바에 의하여 국용 또는 공유재산, 국영 또는 공영 기업체로 지정되는 것을 제외하고는 대한민국의 국민 또는 법인에게 매각한다.
> — 귀속 재산 처리법 —

① 삼백 산업이 발달하였다.
② 금융 실명제가 실시되었다.
③ 수출 100억 달러를 달성하였다.
④ OECD 회원국으로 가입하였다.

문 8. 다음 상소가 작성되었던 시기에 볼 수 있었던 모습으로 가장 옳은 것은?

> 작위의 높고 낮음은 조정에서만 써야 할 것이고 적자와 서자의 구별은 한 집안에서만 통용되어야 할 것입니다. …(중략)… 공사천 신분이었다가 면천된 이들은 벼슬을 받기도 하고 아전이었다가 관직을 받은 이들은 높은 자리에 오르기도 하는데 저희들은 한번 낮아진 신분이 대대로 후손에게 이어져 영구히 서족이 되어 훌륭한 임금이 다스리는 세상임에도 그저 버려진 사람들이 되어 있습니다.

① 외래문화 수용에 선구적 역할을 한 역관
② 포구에서 상품 매매를 중개하며 성장한 덕대
③ 왕의 명령으로 혼일강리역대국도지도를 제작하는 관리
④ 대규모 통청 운동으로 중앙 관직 진출이 허락된 기술직 중인

문 9. 다음 밑줄 친 부분과 관련 깊은 통치 기구에 해당하는 것을 <보기>에서 모두 고른 것은?

> 유교 이념에 바탕을 둔 정치를 강조한 조선은 국정 운영 과정에서 왕권과 신권의 조화를 추구하는 한편, 권력이 어느 한편으로 집중되는 문제를 막기 위한 체제를 갖추어 나갔다.

<보기>
ㄱ. 사간원   ㄴ. 승정원
ㄷ. 사헌부   ㄹ. 춘추관

① ㄱ, ㄴ
② ㄱ, ㄷ
③ ㄴ, ㄷ
④ ㄴ, ㄹ

문 10. (가)~(라)를 실시된 순서대로 바르게 나열한 것은?

> (가) 신문왕 때 녹읍이 폐지되었다.
> (나) 신문왕 때 관료전이 지급되었다.
> (다) 공양왕 때 과전법이 실시되었다.
> (라) 경종 때 시정 전시과를 실시하였다.

① (가) - (나) - (라) - (다)
② (나) - (가) - (라) - (다)
③ (다) - (라) - (나) - (가)
④ (라) - (가) - (나) - (다)

문 11. 밑줄 친 '그'에 대한 설명으로 옳은 것을 <보기>에서 모두 고른 것은?

> 그는 균역법을 시행하여 백성들에게 큰 부담이 되었던 군역 부담을 줄여주었고, 형벌 제도를 개선하여 가혹한 형벌을 금지하였다.

<보기>
ㄱ. 청계천 정비   ㄴ. 『속대전』 편찬
ㄷ. 『탁지지』 편찬   ㄹ. 초계문신제 실시

① ㄱ, ㄴ
② ㄱ, ㄷ
③ ㄴ, ㄷ
④ ㄴ, ㄹ

문 12. (가), (나)에 대한 다음 설명으로 가장 옳은 것은?

> 이 싸움은 낭가 및 불교 대 유교의 싸움이며, 국풍파 대 한학파의 싸움이다. 또 독립당 대 사대당의 싸움이고, 진취 사상 대 보수 사상의 싸움이다. (가) 은/는 전자의 대표요, (나) 은/는 후자의 대표였다. 이 싸움에서 (가) 이/가 패하고 (나) 이/가 승리하였으므로, 조선의 역사가 사대적이고 보수적인 유교에 정복되고 말았다.

① (가)는 금을 정벌할 것을 주장하였다.
② (가)는 전민변정도감 설치를 건의하였다.
③ (나)는 당시 대표적인 성리학자였다.
④ (나)는 『삼국유사』를 편찬하였다.

문 13. 고려 시대 (가)~(라)의 토지 제도가 시행된 순서대로 바르게 정리한 것은?

> (가) 관등과 인품을 기준으로 지급하였다.
> (나) 현직 관리만을 대상으로 지급하였다.
> (다) 공신의 공로에 따라 차등 지급하였다.
> (라) 관등에 따라 18등급으로 구분하여 지급하였다.

① (가) - (나) - (다) - (라)
② (나) - (가) - (라) - (다)
③ (다) - (가) - (라) - (나)
④ (라) - (다) - (나) - (가)

문 14. (가)왕 재위 시기 업적으로 가장 옳은 것은?

> (가) 왕이 관산성을 공격하였다. 각간 우덕과 이찬 탐지 등이 맞서 싸웠으나 전세가 불리하였다. 신주의 김무력이 주의 군사를 이끌고 나가서 교전하였는데, 비장인 삼년산군(충북 보은)의 고간 도도가 급히 쳐서 (가) 왕을 죽였다.
> — 『삼국사기』 신라 본기 —

① 나·제 동맹을 체결하였다.
② 22담로에 왕족을 파견하였다.
③ 화랑도를 국가적 조직으로 개편하였다.
④ 국호를 남부여로 바꾸었다.

문 15. (가)~(라)를 제작된 시기의 순서대로 바르게 나열한 것은?

① (라) - (가) - (다) - (나)
② (라) - (나) - (다) - (가)
③ (라) - (다) - (가) - (나)
④ (라) - (가) - (나) - (다)

문 16. 다음 자료와 관련된 고려 정부의 대응으로 가장 옳은 것은?

> 최충이 후진들을 모아 열심히 교육하니, 유생과 평민이 그의 집과 마을에 차고 넘치게 되었다. 마침내 9재로 나누었다. …(중략)… 이를 시중 최공의 도라고 불렀다. 의관자제로서 과거에 응시하려는 자들은 반드시 먼저 이 도에 속하여 공부하였다. …(중략)… 세상에서 12도라고 일컬었는데, 최충의 도가 가장 성하였다.

① 원으로부터 성리학을 수용하였다.
② 『주자가례』와 『소학』을 널리 보급하였다.
③ 국학에 처음으로 양현고를 설치하였다.
④ 만권당을 짓고 유명한 학자들을 초청하였다.

문 17. 다음 주장을 한 인물에 대한 설명으로 가장 옳은 것은?

> 무릇 1여의 토지는 사람들에게 공동으로 경작하게 하고, 내 땅 네 땅의 구분 없이 오직 여장의 명령만을 따른다. 매 사람의 노동량은 매일 여장이 장부에 기록한다. …(중략)… 국가에 바치는 공세를 제하고, 다음으로 여장의 녹봉을 제하며, 그 나머지를 날마다 일한 것을 기록한 장부에 의거하여 여민들에게 분배한다.

① 『열하일기』를 저술하였다.
② 『반계수록』을 저술하였다.
③ 『성호사설』을 저술하였다.
④ 『목민심서』를 저술하였다.

문 18. (가)에 대한 다음 설명으로 가장 옳은 것은?

> (가) 은/는 쑹화강 상류의 넓은 평야 지대에서 성장하여, 농경과 목축이 발달하였으며, 서쪽으로는 북방 유목 민족인 선비족과 남쪽으로는 고구려와 대립하였다. 1세기경에 이르면 왕권이 안정되고 영역도 사방 2,000여 리에 달하였다.

① 매년 12월에 영고라는 제천 행사를 열었다.
② 서옥제라는 혼인 풍습이 있었다.
③ 특산물로 단궁, 과하마, 반어피가 유명하였다.
④ 신지, 읍차라고 불리는 지배자들이 다스렸다.

문 19. 지도에 표시된 전투가 일어났던 시기를 연표에서 옳게 고른 것은?

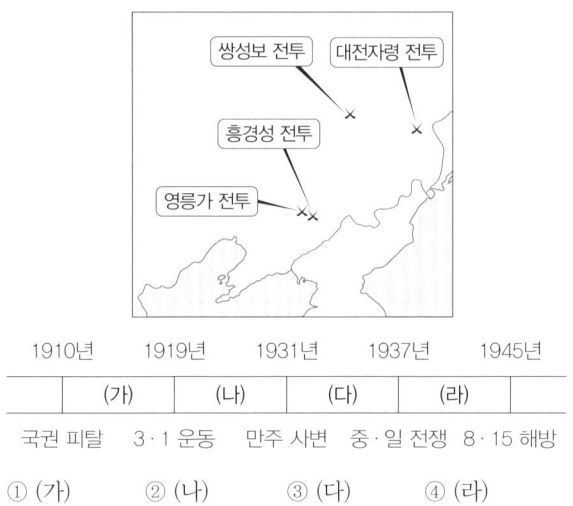

1910년	1919년	1931년	1937년	1945년
(가)	(나)	(다)	(라)	
국권 피탈	3·1 운동	만주 사변	중·일 전쟁	8·15 해방

① (가) ② (나) ③ (다) ④ (라)

문 20. (가)에 대한 설명으로 가장 옳은 것은?

> (가) 의 목적은 한국의 부패한 사상과 습관을 혁신하여 국민을 유신케 하며, 쇠퇴한 발육과 산업을 개량하여 사업을 유신케 하며, 유신한 국민이 통일 연합하여 유신한 자유 문명국을 성립케 한다고 말하는 것으로서, 그 깊은 뜻은 열국 보호하에 공화정체의 독립국으로 함에 목적이 있다고 함.
> ─ 일본 헌병대 기밀 보고(1908) ─

① 해외 독립운동 기지 건설에 앞장섰다.
② 고종이 퇴위당하자 의병 투쟁에 앞장섰다.
③ 입헌 군주제 수립을 목표로 활동하였다.
④ 5적 암살단을 조직하였다.

문 21. 다음 자료와 관련된 나라에 대한 설명으로 가장 옳은 것은?

> 대개 사람을 죽인 자는 즉시 죽이고, 남에게 상처를 입힌 자는 곡식으로 배상한다. 도둑질한 자가 남자면 그 집의 노, 여자면 비로 삼는다. 단, 스스로 용서받고자 하는 자는 1인당 50만 전을 내야 한다.

① 10월에 무천이라는 제천 행사를 개최하였다.
② 형이 죽으면 형수를 아내로 삼는 풍습이 있었다.
③ 중대한 범죄자는 제가 회의를 열어 사형에 처했다.
④ 왕 밑에서 국무를 관장하던 상이라는 관직이 있었다.

문 22. (가)에 들어갈 내용으로 가장 옳은 것은?

> 제3차 개헌(1960. 6.) - 의원 내각제, 양원제 채택
> 제5차 개헌(1962. 12.) - 대통령 직선제
> 제6차 개헌(1969. 10.) - (가)
> 제7차 개헌(1972. 12.) - 대통령 권한 강화

① 대통령 간선제
② 중임 제한 철폐
③ 국회 양원제 규정
④ 대통령의 3선 허용

문 23. 밑줄 친 '그'에 대한 설명으로 가장 옳은 것은?

> 그의 사상은 사림이 구체제를 비판하고 훈척과 투쟁하던 시기를 바탕으로 하고 있다. 또한 왕 스스로가 인격과 학식을 수양하기 위해 부단히 노력해야 한다는 점을 강조하였다. 그의 사상이 일본에 전파되면서 일본에서는 그를 '동방의 주자'라고 부르기도 하였다.

① 기호학파를 형성하였다.
② 강화학파를 형성하였다.
③ 『성학집요』를 저술하였다.
④ 『성학십도』를 저술하였다.

문 24. 밑줄 친 '왕'의 활동으로 가장 옳은 것은?

> 대야성의 패전에서 도독 품석의 아내도 죽었는데, 그녀는 춘추의 딸이었다. …(중략)… 왕에게 나아가 아뢰기를, "신이 고구려에 가서 군사를 청해 원수를 갚고 싶습니다." 라고 하니 왕이 허락했다.
> ―『삼국사기』―

① 단양 적성비를 세웠다.
② 황룡사 9층 목탑을 건립하였다.
③ 고구려 부흥 운동을 지원하였다.
④ 이차돈의 순교를 계기로 불교를 공인하였다.

문 25. (가)의 업적으로 옳은 것을 〈보기〉에서 모두 고른 것은?

> (가) 7년(956)에 노비를 조사해서 옳고 그름을 분명히 밝히도록 명령하였다. 이 때문에 주인을 배반하는 노비들을 도저히 억누를 수 없었으므로, 주인을 업신여기는 풍속이 크게 유행하였다.
> ―『고려사』―

〈보기〉
ㄱ. 과거제를 시행하였다.
ㄴ. 개경을 황도로 칭하였다.
ㄷ. 의창과 상평창을 설립하였다.
ㄹ. 전국을 5도 양계로 나누었다.

① ㄱ, ㄴ
② ㄱ, ㄷ
③ ㄴ, ㄷ
④ ㄴ, ㄹ

2019 법원직 9급 (2월 23일 시행)

문 1. 다음 자료가 발표된 시기를 연표에서 옳게 고른 것은?

1. 외국인에게 의지하지 말고 관민이 한마음으로 힘을 합하여 전제 황권을 견고하게 할 것
2. 외국과의 이권에 관한 조약은 각 대신과 중추원 의장이 합동 날인하여 시행할 것
3. 국가 재정을 탁지부에서 전관하고 예산과 결산을 국민에게 공포할 것
4. 중대 범죄를 공판하되 피고의 인권을 존중할 것
5. 칙임관(勅任官)을 임명할 때는 정부의 자문을 받아 다수의 의견에 따를 것
6. 정해진 규칙을 실천할 것

```
1863    1884    1896    1905    1910
   (가)    (나)    (다)    (라)
고종 즉위 갑신정변 아관 파천 을사늑약 국권 피탈
```

① (가)   ② (나)   ③ (다)   ④ (라)

문 2. (가), (나) 사이의 시기에 있었던 사실로 가장 옳은 것은?

(가) 의정부의 여러 일을 나누어 6조에 귀속시켰다. …(중략)… 처음에 왕은 의정부의 권한이 막중함을 염려하여 이를 없앨 생각이 있었지만, 신중히 여겨 서둘지 않았다가 이때에 이르러 단행하였다. 의정부가 관장한 일은 사대 문서와 중죄수의 심의에 관한 것뿐이었다.

(나) 상왕이 나이가 어려 무릇 조치하는 바는 모두 대신에게 맡겨 논의 시행하였다. 지금 내가 명을 받아 왕통을 물려받아 군국 서무를 아울러 자세히 듣고 헤아려다 조종의 옛 제도를 되살린다. 지금부터 형조의 사형수를 뺀 모든 서무는 6조가 저마다 직무를 맡아 직계한다.

① 4군 6진을 개척하였다.
② 대립의 만연으로 군포 징수제가 점차 확산되었다.
③ 직전법을 폐지하고 관리들에게 녹봉만 지급하였다.
④ 홍문관을 두어 주요 관리들을 경연에 참여하게 하였다.

문 3. 다음 개혁안을 주장한 인물에 대한 설명으로 가장 옳은 것은?

국가는 마땅히 한 집의 재산을 헤아려서 토지 몇 부를 한 집의 영업전으로 하여 당나라의 제도처럼 한다. 땅이 많은 자는 빼앗아 줄이지 않고 모자라는 자도 더 주지 않는다. 돈이 있어 사고자 하는 자는 비록 1,000결이라도 허락해 준다. …(중략)… 오직 영업전 몇 부 안에서 사고 파는 것만을 철저히 살핀다. …(중략)… 사는 자는 다른 사람의 영업전을 빼앗은 죄로 다스리고, 구입한 자는 값을 따지지 않고 그 땅을 다시 돌려준다.

① 여전론을 제안하였다.
② 노론 계열의 실학자이다.
③ 성호학파를 형성하였다.
④ 『열하일기』를 저술하였다.

문 4. 밑줄 친 '이 시기'에 관한 다음 설명 중 가장 옳지 않은 것은?

이 시기에는 형태가 단순하고 꾸밈이 거의 없는 것이 특색인 백자가 유행하였고, 흰 바탕에 푸른 색깔로 그림을 그린 청화 백자도 많이 만들어졌다. 특히 청화 백자는 문방구, 생활용품 등의 용도로 많이 제작되었다.

청화 백자 까치호랑이문 항아리

① 판소리, 잡가, 가면극이 유행하였다.
② 위선적인 양반의 생활을 풍자하는 「양반전」, 「허생전」 등의 한문 소설이 유행하였다.
③ 서얼이나 노비 출신의 문인들이 등장하였고, 황진이와 같은 여류 작가들도 활동하였다.
④ 김제 금산사 미륵전, 보은 법주사 팔상전, 논산 쌍계사 등이 이 시기를 대표하는 불교 건축물이다.

문 5. 밑줄 친 '위원회'에 대한 설명으로 가장 옳은 것은?

> 본 위원회의 목적을 달성하기 위하여 기본 원칙을 아래와 같이 의정함.
> 1. 조선의 민주 독립을 보장한 삼상 결정에 의하여 남북을 통한 좌우 합작으로 민주주의 임시 정부를 수립할 것.
> 2. 미·소 공동 위원회 속개를 요청하는 공동 성명을 발표할 것.
> 3. 토지 개혁에 있어 몰수, 유조건 몰수, 체감 매상 등으로 토지를 농민에게 무상으로 분여하여 적정 처리하고, 중요 산업을 국유화하여 …(중략)…
> 4. 친일파 민족 반역자를 처리할 조례를 본 합작 위원회에서 입법 기구에 제안하여 …(중략)… 실시하게 할 것

① 이승만의 정읍 발언을 지지하였다.
② 여운형과 김규식 등이 주도하였다.
③ 조선 공산당과 한민당이 참여하였다.
④ 모스크바 3국 외상 회의 결정에 반대하였다.

문 6. (가)~(라)를 일어난 순서대로 바르게 나열한 것은?

> (가) 정여립 모반 사건을 계기로 사림 세력이 갈라졌다.
> (나) 공신들을 견제하기 위해 지방의 사림을 대거 등용하였다.
> (다) 언론을 장악하고 왕권을 견제하던 사림 세력을 탄압하였다.
> (라) 일당 전제화에 따라 공론보다 개인이나 가문의 이익을 우선시하였다.

① (가) – (다) – (라) – (나)
② (나) – (다) – (가) – (라)
③ (다) – (가) – (나) – (라)
④ (라) – (가) – (나) – (다)

문 7. 다음 밑줄 친 '개혁'의 내용으로 옳은 것을 〈보기〉에서 고른 것은?

> 청·일 전쟁에서 승기를 잡은 일본은 조선의 내정에 적극 간섭하기 시작하였다. 흥선 대원군을 물러나게 하고 군국기무처를 폐지하였으며, 김홍집·박영효 연립 내각을 구성하고 개혁을 단행하였다.

〈보기〉
ㄱ. 과거제를 폐지하였다.
ㄴ. 재판소를 설치하였다.
ㄷ. 8도를 23부로 개편하였다.
ㄹ. 친위대, 진위대를 설치하였다.

① ㄱ, ㄴ ② ㄱ, ㄹ ③ ㄴ, ㄷ ④ ㄷ, ㄹ

문 8. 다음 시기의 경제 상황으로 옳은 것을 〈보기〉에서 고른 것은?

> 나라 제도로서 인정(人丁)에 대한 세를 신포(身布)라 하였는데 충신과 공신의 자손에게는 모두 신포가 면제되어 있었다. 이 법이 시행된 지도 이미 오래됨에 턱없이 면제된 자가 많았다. 그 모자라는 액수는 반드시 평민에게 덧붙여 징수하여 보충하고 있었다. 대원군은 이를 수정하고자 동포(洞布)라는 법을 제정하였다.

〈보기〉
ㄱ. 도조법의 유행
ㄴ. 견종법의 확산
ㄷ. 삼한통보의 유통
ㄹ. 관영 수공업의 발달

① ㄱ, ㄴ ② ㄱ, ㄷ ③ ㄴ, ㄷ ④ ㄷ, ㄹ

문 9. 다음과 같은 건국 강령을 발표한 세력의 활동으로 가장 옳은 것은?

> 삼균 제도를 골자로 한 헌법을 실시하여 정치와 경제와 교육의 민주적 시설로 실제상 균형을 도모하며 전국의 토지와 대생산 기관의 국유가 완성되고 전국의 학령 아동 전체가 고급 교육의 면비수학(무상 교육)이 완성되고 보통선거가 구속 없이 완전히 실시되어 …(중략)… 자치 조직과 행정 조직과 민중 단체와 민중 조직이 완비되어 삼균 제도가 배합 실시되고 경향 각처의 극빈 계급에게 물질과 정신상 생활 정도와 문화 수준이 제고 보장되는 과정을 건국의 제2기라 함.

① 함경남도 보천보의 일제 통치 기구를 공격하였다.
② 미국 전략 정보처(OSS)와 협력하여 국내 진공 작전을 계획하였다.
③ 화북 지방에서 조선 의용군을 결성하여 일제에 저항하였다.
④ 중·일 전쟁이 발발하자 조선 민족 전선 연맹을 결성하였다.

문 10. (가) 제도와 관련된 설명으로 가장 적절한 것은?

> 고려의 토지 제도는 대체로 당(唐)의 제도를 모방하였다. 경작하는 토지의 수를 헤아리고 그 비옥함과 척박함을 나누어, 문무의 백관으로부터 부병(府兵)과 한인(閑人)에 이르기까지 과(科)에 따라 받지 않은 자가 없었으며, 또한 과에 따라 땔나무를 베어낼 땅도 지급하였으니, 이를 일컬어 __(가)__ 라고 하였다.
> ─『고려사』─

① 광종 때 처음으로 만들어졌다.
② 양반전은 원칙적으로 세습이 허용되었다.
③ 목종 때에는 인품을 기준으로 토지를 지급하였다.
④ 문종 때에는 지급 대상을 현직 관리로 제한하였다.

문 11. (가) 지역에 대한 설명으로 가장 옳은 것은?

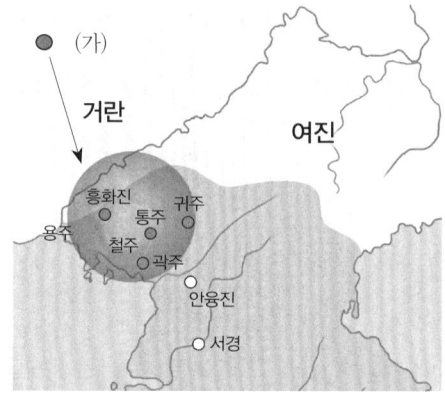

① 김종서가 6진을 설치하였다.
② 공민왕 때 무력으로 수복하였다.
③ 서희가 거란과의 담판으로 획득하였다.
④ 윤관이 별무반을 이끌고 여진족을 몰아내었다.

문 12. (가)~(라)에 해당하는 구호와 관련된 설명이 잘못된 것은?

> (가) 3·15 부정 선거 다시 하라!
> (나) 계엄령 해제하고 신군부 퇴진하라!
> (다) 굴욕적인 대일 외교 결사 반대한다!
> (라) 호헌 철폐, 대통령 직선제 개헌 쟁취하자!

① (가) ─ 이승만이 하야하는 계기가 되었다.
② (나) ─ 종신 집권이 가능한 대통령제로 개헌했다.
③ (다) ─ 한·일 회담에 반대하고 정권의 퇴진을 요구했다.
④ (라) ─ 이한열 등의 희생을 통해 직선제 개헌에 성공했다.

문 13. (가)~(마)가 제작된 시기의 순서대로 바르게 묶은 것은?

① (가) ─ (나) ─ (다) ─ (라) ─ (마)
② (나) ─ (가) ─ (다) ─ (라) ─ (마)
③ (가) ─ (나) ─ (마) ─ (다) ─ (라)
④ (나) ─ (가) ─ (다) ─ (마) ─ (라)

문 14. 다음과 같은 기념물이 만들어지던 시기에 추진되었던 정부의 경제 정책으로 가장 적절한 것은?

① 중화학 공업을 적극 육성하였다.
② 경제 협력 개발 기구(OECD)에 가입하였다.
③ 미국의 잉여 농산물을 가공하는 삼백 산업을 육성하였다.
④ 자유 무역 협정(FTA)을 통해 시장 개방을 확대하였다.

문 15. 다음 그림의 무덤 양식과 관련된 설명으로 가장 옳은 것은?

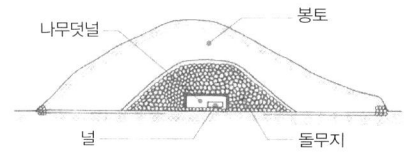

① 중국 남조의 영향을 받았다.
② 고구려의 초기 무덤 형태이다.
③ 천마도가 벽화로 그려져 있다.
④ 도굴이 어려워 많은 양의 부장품이 출토되었다.

문 16. 다음 정책과 관련된 설명으로 가장 잘못된 것은?

> 제1조 토지의 조사 및 측량은 본령에 의한다.
> 제4조 토지 소유자는 조선 총독이 정하는 기간 내에 주소, 씨명, 명칭 및 소유지의 소재, 지목, 자번호(字番號), 사표(四標), 등급, 지적, 결수(結數)를 임시 토지 조사국장에게 신고해야 한다. 단, 국유지는 보관 관청이 임시 토지 조사국장에게 통지해야 한다.

① 지주의 토지 소유권은 강화되었다.
② 농민의 관습적 경작권이 인정되었다.
③ 기한부 계약에 따라 소작인이 증가했다.
④ 지세를 안정적으로 확보하기 위해 시행되었다.

문 17. 다음 유물이 대표하는 시기의 사회 모습으로 가장 옳은 것은?

① 농경이 시작되었다.
② 불교를 받아들였다.
③ 계급 사회가 성립되었다.
④ 주로 동굴이나 막집에서 살았다.

문 18. 다음 종교와 관련 있는 것을 〈보기〉에서 고른 것은?

> 사람이 곧 하늘이라. 그러므로 사람은 평등하며 차별이 없나니, 사람이 마음대로 귀천을 나눔은 하늘을 거스르는 것이다. 우리 도인은 차별을 없애고 선사의 뜻을 받들어 생활하기를 바라노라.

〈보기〉
ㄱ. 중광단을 결성하였다.
ㄴ. 임술 농민 봉기를 주도했다.
ㄷ. 양반과 상민을 차별하지 않는다.
ㄹ. 잡지 〈신여성〉과 〈어린이〉를 발간하였다.

① ㄱ, ㄴ ② ㄱ, ㄷ ③ ㄴ, ㄷ ④ ㄷ, ㄹ

문 19. (가) 시기에 일어난 사건으로 가장 옳은 것은?

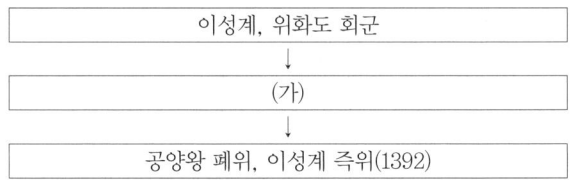

① 과전법 실시
② 전민변정도감 설치
③ 제1차 왕자의 난 발생
④ 정도전의 요동 정벌 추진

문 20. 밑줄 친 ㉠의 폐단을 시정하고자 실시한 제도와 관련된 설명으로 가장 옳은 것은?

> 정인홍이 아뢰기를 "민생이 곤궁한 것은 공상할 물건은 얼마 되지도 않는데 ㉠ 방납으로 모리하는 무리에게 들어가는 양이 거의 3분의 2가 넘고, 게다가 수령이 욕심을 부리고 아전이 애를 먹여서 그 형세가 마치 삼분오열로 할거하듯 하니 민생이 어찌 곤궁하지 않겠습니까."
> −『선조실록』−

① 공납의 호세화가 촉진되었다.
② 상품 화폐 경제의 발달에 영향을 주었다.
③ 영조 대에 토지 1결당 쌀 4두를 징수하였다.
④ 농민들의 군포 부담이 2필에서 1필로 줄어들었다.

문 21. 다음 선언이 발표된 시기를 (가) ~ (라) 중 찾으시오.

> 2. 남과 북은 나라의 통일을 위한 남측의 연합제와 북측의 낮은 단계의 연방제 안이 공통성이 있다고 인정하고 이 방향에서 통일을 지향시켜 나가기로 하였다.
> 4. 남과 북은 경제 협력을 통하여 민족 경제를 균형적으로 발전시키고, 사회, 문화, 체육, 보건, 환경 등 제반 분야의 협력과 교류를 활성화하여 서로의 신뢰를 다져 나가기로 하였다.

(가)	(나)	(다)	(라)
5·16 군사 정변	유신 헌법 공포	전두환 구속	김대중 대통령 당선	개성 공단 조성

① (가) ② (나) ③ (다) ④ (라)

문 22. 자료의 내용을 작성한 인물의 활동 내용이 잘못된 것은?

> 우리는 '외교', '준비' 등의 미련한 꿈을 버리고 민중 직접 혁명의 수단을 취함을 선언하노라. 조선 민족의 생존을 유지하자면 강도 일본을 내쫓을 지며, 강도 일본을 내쫓을 지면 오직 혁명으로써 할 뿐이니, 혁명이 아니고는 강도 일본을 내쫓을 방법이 없는 바이다. …(중략)… 우리는 민중 속에 가서 민중과 손을 잡아 끊임없는 폭력, 암살, 파괴, 폭동으로써 강도 일본의 통치를 타도하고 …(후략)…

① 「독사신론」을 지어 식민 사관을 비판했다.
② 『을지문덕전』을 간행하여 자주정신을 일깨웠다.
③ 역사를 '아(我)와 비아(非我)의 투쟁'으로 해석했다.
④ 유물 사관으로 식민 사학의 정체성 이론을 반박했다.

문 23. 자료의 '○○왕'의 재위 시기에 있었던 사실로 가장 옳은 것은?

> 사신은 논한다. …(중략)… 저들 도적이 생겨나는 것은 도적질하기를 좋아해서가 아니다. 굶주림과 추위에 몹시 시달리다가 부득이 하루라도 더 먹고살기 위해 도적이 되는 자가 많기 때문이다. 그렇다면 백성을 도적으로 만든 자가 과연 누구인가? 권세가의 집은 공공연히 벼슬을 사려는 자들로 시장을 이루고 무뢰배들이 백성을 약탈한다. 백성이 어찌 도적이 되지 않겠는가?
> ―『○○실록』―

① 위훈 삭제를 감행한 사림 세력들이 제거되었다.
② 대비의 복상 문제로 두 차례 예송이 전개되었다.
③ 외척 간의 세력 다툼으로 을사사화가 발생하였다.
④ 정여립 모반 사건을 계기로 동인은 남인과 북인으로 나뉘었다.

문 24. 밑줄 친 '왕'의 재위 시기에 있었던 사실로 가장 옳은 것은?

> 왕은 서얼과 노비에 대한 차별을 완화하였으며, 민생의 안정과 문화 부흥에도 힘썼다. 또, 전통 문화를 계승하면서 중국과 서양의 과학 기술을 받아들였다. …(중략)… 그밖에, 외교 문서를 정리한 『동문휘고』, 병법서인 『무예도보통지』 등을 편찬하여 문물제도를 재정비하였다.

① 북벌 운동이 전개되었다.
② 산림의 존재를 부정했다.
③ 3사의 관리 추천권을 없앴다.
④ 수령이 향약을 주관하여 권한이 강화되었다.

문 25. 〈보기〉 활동과 관련하여 학생들이 설정한 탐구 주제와 선정한 인물이 가장 잘못 연결된 것은?

〈보기〉
- 탐구 목표: 인물을 통해 우리나라의 역사를 이해한다.
- 탐구 절차: 탐구 주제 설정 → 대상 인물 선정 → 관련 자료 수집 → 보고서 작성·발표

	탐구 주제	인물
①	종로 경찰서에 폭탄을 투척하다!	김익상
②	하얼빈에서 순국한 여성 독립운동가!	남자현
③	조선 의용대, 중국 국민당과 연합하다!	김원봉
④	통일 정부 수립을 위해 좌우 합작 운동을 펼치다!	여운형

2018 법원직 9급 (3월 3일 시행)

문 1. 다음 (가), (나)의 선언문 사이의 시기에 있었던 사실로 가장 옳은 것은?

> (가) 남과 북은 …(중략)… 쌍방의 관계가 나라와 나라 사이의 관계가 아닌 통일을 향하는 과정에서 잠정적으로 형성되는 특수 관계라는 것을 …(중략)…
>   제1조 남과 북은 서로 상대방의 체제를 인정하고 존중한다.
>   제9조 남과 북은 상대방에 대해 무력을 사용하지 않으며 상대방을 무력으로 침략하지 아니한다.
>
> (나) 1. 나라의 통일 문제를 우리 민족끼리 서로 힘을 합쳐 자주적으로 해결해 나가기로 하였다.
>   2. 나라의 통일을 위한 남측의 연합제 안과 북측의 낮은 단계의 연방제 안이 서로 공통성이 있다고 인정하고, 이 방향에서 통일을 지향하기로 하였다.

① 금강산 관광이 시작되었다.
② 개성 공단 건설 사업이 시작되었다.
③ 최초로 남북 이산가족이 상봉하였다.
④ 경의선 철로 복원 사업이 착공되었다.

문 2. 다음 법령에 대한 설명으로 옳은 것은?

> 제5조 정부는 아래에 의하여 농지를 취득한다.
>   1. 아래의 농지는 정부에 귀속한다.
>   (가) 법령 내지 조약에 의하여 몰수 또는 국유로 된 농지
>   (나) 소유권의 명의가 분명치 않은 농지
>   2. 아래의 농지는 적당한 보상으로 정부가 매수한다.
>   (가) 농가 아닌 자의 농지
>   (나) 자경(自耕)하지 않는 자의 농지
> 제12조 농지의 분배는 농지의 종목, 등급 및 농가의 능력 기타에 기준한 점수제에 의거하되 1가당 총 경영 면적 3정보를 초과하지 못한다.

① 미군정 시기에 제정되었다.
② 유상 매수·무상 분배의 방식으로 실시되었다.
③ 법령이 실시되어 자작농이 크게 증가하였다.
④ 이에 영향을 받아 북한에서도 토지 개혁 법령이 제정되었다.

문 3. (가), (나)에 대한 설명으로 옳은 것은?

> (가) 5조 나는 삼한 산천 신령의 도움을 받아 왕업을 이루었다. 서경은 수덕이 순조로워 우리나라 지맥의 근본이 되니 만대 왕업의 땅이다. 1년에 100일 이상 머물러 왕실의 안녕을 이루어야할 것이다.
> —『고려사』—
>
> (나) 20조 불교는 몸을 닦는 근본이며 유교는 나라를 다스리는 근원이니, 몸을 닦는 것은 내생을 위한 것이며, 나라를 다스리는 일은 곧 오늘의 할 일입니다. 오늘은 극히 가깝고 내생은 지극히 먼 것이니, 가까운 것을 버리고 먼 것을 구하는 일이 그릇된 일이 아니겠습니까?
> —『고려사』—

① (나)가 (가)보다 먼저 발표되었다.
② (가)를 발표할 당시 양현고를 설치하였다.
③ (가)를 발표한 왕이 과거 제도를 실시하였다.
④ (나)가 작성될 당시의 왕이 국자감을 설치하였다.

문 4. (가) 시기에 발생한 사건으로 옳은 것은?

> 너희 나라와 우리나라의 사이에는 애당초 소통이 없었고, 또 서로 은혜를 입거나 원수진 일도 없었다. 그런데 이번 덕산묘소에서 저지른 변고야말로 어찌 인간의 도리상 차마할 수 있는 일이겠는가?
>
> ↓
>
> (가)
>
> ↓
>
> 조약 체결 이후 조선국 항구에 거주하는 일본인은 쌀과 잡곡을 수출, 수입할 수 있게 되었으며, 일본국 소속의 선박은 항세를 납부하지 않게 되었다.

① 영남 유생들은 『조선책략』의 내용을 비판하였다.
② 원산과 인천이 개항되어 일본과의 무역이 시작되었다.
③ 정부는 통리기무아문을 새로 설치하여 정국을 운영하였다.
④ 어재연이 이끄는 부대가 전력의 열세로 결국 함락당하였다.

문 5. (가), (나)를 주장한 승려들에 관한 설명으로 옳은 것은?

> (가) 교(敎)를 배우는 이는 대개 안의 마음을 버리고 외면에서 구하고, 선(禪)을 익히는 이는 인연을 잊고 안의 마음을 밝히기를 좋아하니, 모두 한쪽에 치우친 것으로 두 극단에 모두 막힌 것이다.
> (나) 지금의 불교계를 보면, 아침저녁으로 하는 일들이 비록 부처의 법에 의지하였다고 하나, 자신을 내세우고 이익을 구하는 데 열중하여 세속의 일에 골몰한다. 도덕을 닦지 않고 옷과 밥만 허비하니, 비록 출가하였다고 하나 무슨 덕이 있겠는가?

① (가) – 천태종의 신앙 결사체인 백련사를 조직하였다.
② (가) – 중국에서 도입한 법안종을 중심으로 선종을 정리하였다.
③ (나) – 선을 중심으로 교학을 포용하고자 하였다.
④ (나) – 유교와 불교의 통합을 시도하며 유·불 일치설을 주장하였다.

문 6. (가)~(라)를 일어난 순서대로 바르게 나열한 것은?

> (가) 국학을 태학(감)으로 고치고 학문을 장려하였다.
> (나) 원효는 모든 것이 한마음에서 나온다는 일심 사상의 이론적 체계를 마련하였다.
> (다) 유교 경전에 대한 이해 수준에 따라 관리를 채용하는 독서삼품과를 실시하였다.
> (라) 최치원은 빈공과에 합격한 뒤에 황소를 격퇴하는 글을 써서 당에서 명문장가로 유명해졌다.

① (가) – (나) – (다) – (라)
② (가) – (다) – (나) – (라)
③ (나) – (가) – (다) – (라)
④ (나) – (가) – (라) – (다)

문 7. (가), (나)에 관한 설명으로 옳은 것은?

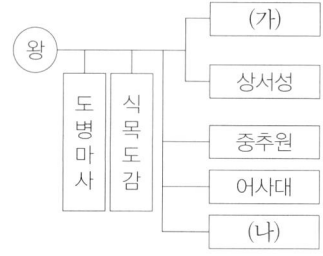

① (가) – 소속 관원인 승선은 대간으로 불렸다.
② (가) – 국정을 총괄하고 정책을 심의·결정하는 최고 관서이다.
③ (나) – 관리의 비리를 감찰하는 기구이다.
④ (나) – 재신과 추밀이 모여 관리 임용을 결정하였다.

문 8. 다음 주장이 발표된 시기로 옳은 것은?

> 지금의 조선 민족에게는 왜 정치적 생활이 없는가? …(중략)… 일본이 조선을 병합한 이래로 조선인에게는 모든 정치 활동을 금지한 것이 첫째 원인이다. …(중략)… 지금까지 해 온 정치적 운동은 모두 일본을 적대시하는 운동뿐이었다. 이런 종류의 정치 운동은 해외에서나 할 수 있는 일이고, 조선 내에서는 허용되는 범위 내에서 일대 정치적 결사를 조직해야 한다는 것이 우리의 주장이다.
> – 이광수, 〈동아일보〉 –

1912	1919	1923	1927	1929
	(가)	(나)	(다)	(라)
조선 태형령 제정	3·1 운동 발생	민립대학 설립 기성회 조직	신간회 설립	광주 학생 항일 운동 발생

① (가)   ② (나)   ③ (다)   ④ (라)

문 9. (가) 세금 제도에 관한 설명으로 옳은 것은?

> 우의정 김육이 아뢰다. "…(중략)… (가) 는/은 역을 고르게 하여 백성을 편안케 하니 실로 시대를 구할 수 있는 좋은 계책입니다. …(중략)… 다만 교활한 아전은 명목이 간단함을 싫어하고 모리배들은 방납하기 어려움을 원망하여 반드시 헛소문을 퍼뜨려 어지럽게 할 것입니다. 삼남에는 부호가 많은데 이 법의 시행을 부호들이 좋아하지 않으나 국가에서 법령을 시행할 때에는 마땅히 소민들이 원하는 대로 해야 합니다."

① 풍흉에 관계없이 1결당 쌀 4~6두씩을 내게 하였다.
② (가)의 실시로 공인이라는 특허 상인이 등장하게 되었다.
③ (가) 시행 이후에는 현물 납부가 완전히 사라지게 되었다.
④ (가)의 시행으로 줄어든 재정을 보충하고자 선무군관포가 신설되었다.

문 10. 다음 (가), (나) 사이의 시기에 있었던 사실로 옳지 않은 것은?

> (가) 대왕을 도와 조그마한 공을 이루어 삼한을 한 집으로 만들었으며, 백성들은 두 마음이 없게 되었습니다[三韓爲一家百姓無二心]. 비록 아직 태평한 세상에 이르지는 못하였으나 조금 편안한 상태는 되었습니다.
> (나) 원종과 애노 등이 사벌주에서 반란을 일으키니 왕이 나마(관직명) 영기에게 명하여 잡게 하였으나 영기가 적진을 쳐다보고는 두려워하여 나아가지 못하였다.

① 발해의 장문휴가 산둥 반도를 공격하였다.
② 장보고의 도움을 받아 신무왕이 즉위하였다.
③ 궁예가 개성을 수도로 삼고 후고구려를 건국하였다.
④ 발해 문왕이 상경 용천부에서 동경 용원부로 수도를 옮겼다.

문 11. 다음 군사 조직에 대한 설명으로 가장 옳은 것은?

> 국왕의 행차가 서울로 돌아왔으나, …(중략)… 이때에 임금께서 도감을 설치하여 군사를 훈련시키라고 명하시고 나를 그 책임자로 삼으시므로, …(중략)… 얼마 안 되어 수천 명을 얻어 조총 쏘는 법과 창, 칼 쓰는 기술을 가르치게 하였다. 또 당번을 정하여 궁중을 숙직하게 하고, 국왕의 행차가 있을 때 이들로써 호위하게 하니 민심이 점차 안정되었다.
> ─『서애집』─

① 갑사와 정군으로 구성되었다.
② 포수, 사수, 살수로 조직되었다.
③ 제승방략 체제에 맞는 군사 조직이었다.
④ 신분 구분 없이 노비에서 양반까지 편성되었다.

문 12. (가), (나) 시기의 지방 행정 제도에 대한 설명으로 옳은 것은?

> (가) 5도 양계를 중심으로 지방 제도가 마련되었다.
> (나) 전국을 8도로 나누고, 그 아래에 부·목·군·현을 설치하였다.

① (가) - 5도에 관찰사가 파견되었다.
② (가) - 모든 군현에 수령이 파견되었다.
③ (나) - 유향소를 설치하여 수령을 보좌하였다.
④ (나) - 향리는 행정·사법·군사권을 행사하는 국왕의 대리인이다.

문 13. (가) 정책에 대한 설명으로 옳은 것은?

> 중농 학파인 유형원은 토지 개혁을 주장하였는데, 『반계수록』에서 자영농을 육성하는 방법으로 (가) 을/를 주장하였다.

① 영업전을 설정하여 최소한의 농민 생활을 보장하고자 하였다.
② 신분 차별 없이 모든 사람에게 균등한 토지 분배를 강조하였다.
③ 관리, 선비, 농민 등에게 차등을 두어 토지를 분배할 것을 주장하였다.
④ 한 마을을 단위로 토지를 공동 소유하고 공동 경작할 것을 강조하였다.

문 14. 다음 농법의 결과로 나타난 현상으로 옳지 않은 것은?

> 가물 때도 마르지 않는 무논을 가려 2월 하순에서 3월 상순까지에 갈아야 한다. 그 무논의 10분의 1에 모를 기르고 나머지 9분에는 모를 심을 수 있게 준비한다. 먼저, 모를 기를 자리를 갈아 법대로 잘 다듬고 물을 빼고서 부드러운 버드나무 가지를 꺾어다 두텁게 덮은 다음 밟아 주며, 바닥을 볕에 말린 뒤 물을 댄다. …(중략)… 모가 4촌(寸) 이상 자라면 옮겨 심을 수 있다.

① 농민 수입의 증가로 농촌 내 빈부 격차가 줄어들었다.
② 농사에 필요한 노동력이 절감되어 광작이 가능해졌다.
③ 벼·보리의 이모작이 가능해져 보리 농사가 성행하였다.
④ 머슴을 고용하여 농토를 직접 경영하는 지주가 생겨났다.

문 15. (가)~(마)를 일어난 순서대로 바르게 나열한 것은?

> (가) 브라운 각서 체결
> (나) 한·일 기본 조약 조인
> (다) 전태일 분신자살 사건
> (라) 7·4 남북 공동 성명 발표
> (마) 김대중의 제7대 대통령 선거 출마

① (가) - (나) - (다) - (라) - (마)
② (가) - (다) - (나) - (마) - (라)
③ (나) - (가) - (다) - (라) - (마)
④ (나) - (가) - (다) - (마) - (라)

문 16. 다음의 봉기를 일으킨 주동자에 관한 설명으로 옳은 것은?

> 경계 이후 공경대부는 천예 속에서 많이 나왔다. 장상의 종자가 어찌 따로 있겠는가? 때가 오면 누구나 할 수 있는 것이다. 우리가 어찌 상전의 채찍 밑에서 힘겨운 일에 시달리기만 하겠는가. …(중략)… 모두 자신의 주인을 죽이고 천예들의 호적을 불살라서 삼한에 천인이 없게 하면 공경과 장상은 우리 모두 할 수 있다.
> ─『고려사』─

① 서경의 유수로서, 정권 탈취를 목적으로 하였다.
② 개경에서 노비들을 모아서 노비 해방을 주장하였다.
③ 경주 지역 세력과 연합하여 신라 부흥을 주장하였다.
④ 공주 명학소에서 신분 차별에 반발하여 봉기를 일으켰다.

문 17. 다음 자료가 반포되기 이전에 실시된 정책으로 옳은 것은?

> 1. 청에 의존하는 생각을 버리고 자주독립의 기초를 세운다.
> 2. 왕위 계승의 법칙과 종친·외척과의 구별을 명확히 한다.
> 6. 납세는 법으로 정하고 함부로 세금을 거두지 않는다.
> 9. 왕실과 관청의 1년 회계를 계획한다.

① 한성 사범 학교가 설립되었다.
② 중앙에 친위대, 지방에 진위대를 설치하였다.
③ 지방 행정 체제를 23부에서 13도로 개편하였다.
④ 청의 연호를 쓰지 않고 개국 기념을 사용하였다.

문 18. 다음 자료를 주장한 인물에 관한 설명으로 옳은 것은?

> 미군정 아래에서 육성된 그들은 경찰을 시켜 선거를 독점하도록 배치하고 인민의 자유를 유린하고 있다. …(중략)… 나는 통일된 조국을 건설하려다 38선을 베고 쓰러질지언정. 일신의 구차한 안일을 위하여 단독 정부를 세우는 데는 협력하지 않겠다.

① 한국 민주당을 결성하였다.
② 5·10 총선거에 불참하였다.
③ 건국 준비 위원회를 주도하였다.
④ 제헌 국회에서 대통령으로 당선되었다.

문 19. 다음의 사건이 벌어진 시기의 상황으로 가장 적절한 것은?

> 당나라 수군의 거점인 등주성에 한바탕 난리가 벌어졌다. 장문휴가 이끄는 발해 군대가 등주성을 기습했기 때문이다. 등주 자사까지 전사했다는 소식에 당 조정은 신라에 군사 지원을 요청하였다. 신라군은 발해를 공격했지만 추위와 폭설로 철수할 수밖에 없었다.

① '대흥'이라는 연호를 사용하였다.
② 3성 6부제의 중앙 관제를 정비하였다.
③ 전성기를 맞이하여 '해동성국'이라고 불렸다.
④ 돌궐·일본과 친교를 강화하며 당·신라에 맞섰다.

문 20. 다음 자료의 시기에 해당하는 상황으로 옳은 것을 〈보기〉에서 모두 고른 것은?

> 고려대왕 상왕공과 신라 매금은 세세토록 형제같이 지내기를 원하며 수천(守天)하기 위해 동으로 …(중략)… 동이 매금의 옷을 내려 주었다.

〈보기〉
ㄱ. 중국에서 남북조가 대립하였다.
ㄴ. 고구려는 남하 정책을 추진하였다
ㄷ. 백제는 수도를 사비로 천도하였다.
ㄹ. 신라는 왕호를 중국식으로 바꾸었다.

① ㄱ, ㄴ
② ㄴ, ㄷ
③ ㄷ, ㄹ
④ ㄱ, ㄷ

문 21. 다음 인물에 대한 설명으로 옳지 않은 것은?

> 1907년 헤이그 만국 평화 회의 밀사로 임명되었다.
> 1909년 밀산 한흥동에 독립운동 기지를 건설하였다.
> 1914년 대한 광복군 정부의 대통령이 되었다.

① 권업회를 결성하였다.
② 서전서숙을 설립하였다.
③ 13도 의군에 참여하였다.
④ 대한 국민 의회를 조직하였다.

문 22. 다음 유적이 형성된 시기에 대한 설명으로 가장 옳은 것은?

① 최초의 예술품이 나타났다.
② 처음으로 농경이 시작되었다.
③ 사유 재산과 계급이 발생하였다.
④ 씨족들이 모여서 부족 사회를 이루었다.

문 23. 다음 합의문을 작성한 독립군에 관한 설명으로 옳은 것은?

> 중국(의용군)과 한국 양국의 군민은 한마음 한뜻으로 일제에 대항하여 싸우고, 인력과 물자는 서로 나누어 쓰며, 합작의 원칙하에 국적에 관계없이 그 능력에 따라 항일 공작을 나누어 맡는다.

① 양세봉을 중심으로 활동하였다.
② 1940년대에 옌안으로 이동하였다.
③ 북만주 지역에서 주로 활동하였다.
④ 쌍성보 전투에서 일본군을 격파하였다.

문 24. 다음 사회 현상에 대한 설명으로 옳지 않은 것은?

> 영덕의 오래된 가문은 모두 남인이며, 이른바 신향(新鄕)은 모두 서리와 품관의 자손으로 자칭 서인이라고 하는 자들이다. 근래 신향이 향교를 주관하면서 구향(舊鄕)과 마찰을 빚었다.
> ―『승정원일기』―

① 부농층은 수령과 결탁하여 향안에 이름을 올렸다.
② 수령과 결탁한 부농층은 향촌 사회를 완전히 장악하였다.
③ 향전은 수령과 향리의 권한이 강해지는 결과를 가져왔다.
④ 세도 정치 아래에서 농민 수탈이 극심해지는 배경이 되었다.

문 25. (가) ~ (다)를 일어난 순서대로 옳게 나열한 것은?

> (가) 낙랑군을 축출하여 대동강 유역을 확보하였다.
> (나) 요동 지역으로 진출을 도모하고, 동옥저를 복속하였다.
> (다) 순노부, 소노부 등의 5부를 행정 단위 성격의 5부로 개편하였다.

① (가) - (나) - (다)
② (가) - (다) - (나)
③ (나) - (다) - (가)
④ (다) - (나) - (가)

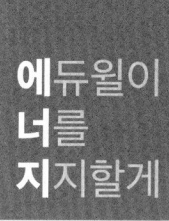

내가 꿈을 이루면
나는 누군가의 꿈이 된다.

편저자 **신형철**

- 약력

  성균관대학교 역사교육과 수석 졸업

  고려대학교 일반대학원 한국사학과 졸업

  성균관대학교 일반대학원 사학과 박사 수료(한국사 전공)

  현) 에듀윌 공무원 한국사 대표 교수

2026 에듀윌 9급공무원 8개년 기출문제집 한국사

발 행 일	2025년 10월 1일 초판
편 저 자	신형철
펴 낸 이	양형남
펴 낸 곳	(주)에듀윌
I S B N	979-11-360-3928-6
등록번호	제25100-2002-000052호
주 소	08378 서울특별시 구로구 디지털로34길 55
	코오롱싸이언스밸리 2차 3층

* 이 책의 무단 인용·전재·복제를 금합니다.

www.eduwill.net

대표전화 1600-6700

여러분의 작은 소리
에듀윌은 크게 듣겠습니다.

본 교재에 대한 여러분의 목소리를 들려주세요.
공부하시면서 어려웠던 점, 궁금한 점,
칭찬하고 싶은 점, 개선할 점, 어떤 것이라도 좋습니다.

에듀윌은 여러분께서 나누어 주신 의견을
통해 끊임없이 발전하고 있습니다.

에듀윌 도서몰 book.eduwill.net
- 부가학습자료 및 정오표: 에듀윌 도서몰 → 도서자료실
- 교재 문의: 에듀윌 도서몰 → 문의하기 → 교재(내용, 출간) / 주문 및 배송

7·9급공무원 공개경쟁채용 필기시험 답안지

컴퓨터용 사인펜으로 마킹하고 지우개로 지워서 사용하세요.

컴퓨터용 흑색사인펜만 사용

책 형

【필적감정용 기재】
*아래 예시문을 옮겨 적으시오
본인은 ○○○(응시자성명)임을 확인함

기 재 란

성 명	
자필성명	본인 성명 기재
응시직렬	
응시지역	
시험장소	

응 시 번 호

⑥	⑦									
⓪	①	②	③	④	⑤	⑥	⑦	⑧	⑨	
⓪	①	②	③	④	⑤	⑥	⑦	⑧	⑨	
⓪	①	②	③	④	⑤	⑥	⑦	⑧	⑨	
⓪	①	②	③	④	⑤	⑥	⑦	⑧	⑨	
⓪	①	②	③	④	⑤	⑥	⑦	⑧	⑨	
⓪	①	②	③	④	⑤	⑥	⑦	⑧	⑨	
⓪	①	②	③	④	⑤	⑥	⑦	⑧	⑨	

생 년 월 일

⓪	⑤	⑥	⑦	⑧	⑨				
⓪	①	②	③	④	⑤	⑥	⑦	⑧	⑨
⓪	①								
⓪	①	②	③	④	⑤	⑥	⑦	⑧	⑨
⓪	①	②	③						
⓪	①	②	③	④	⑤	⑥	⑦	⑧	⑨

※시험감독관 서명
(성명을 정자로 기재할 것)

적색 볼펜만 사용

문번		문번		문번		문번		문번	
1	① ② ③ ④ ⑤	1	① ② ③ ④ ⑤	1	① ② ③ ④ ⑤	1	① ② ③ ④ ⑤	1	① ② ③ ④ ⑤
2	① ② ③ ④ ⑤	2	① ② ③ ④ ⑤	2	① ② ③ ④ ⑤	2	① ② ③ ④ ⑤	2	① ② ③ ④ ⑤
3	① ② ③ ④ ⑤	3	① ② ③ ④ ⑤	3	① ② ③ ④ ⑤	3	① ② ③ ④ ⑤	3	① ② ③ ④ ⑤
4	① ② ③ ④ ⑤	4	① ② ③ ④ ⑤	4	① ② ③ ④ ⑤	4	① ② ③ ④ ⑤	4	① ② ③ ④ ⑤
5	① ② ③ ④ ⑤	5	① ② ③ ④ ⑤	5	① ② ③ ④ ⑤	5	① ② ③ ④ ⑤	5	① ② ③ ④ ⑤
6	① ② ③ ④ ⑤	6	① ② ③ ④ ⑤	6	① ② ③ ④ ⑤	6	① ② ③ ④ ⑤	6	① ② ③ ④ ⑤
7	① ② ③ ④ ⑤	7	① ② ③ ④ ⑤	7	① ② ③ ④ ⑤	7	① ② ③ ④ ⑤	7	① ② ③ ④ ⑤
8	① ② ③ ④ ⑤	8	① ② ③ ④ ⑤	8	① ② ③ ④ ⑤	8	① ② ③ ④ ⑤	8	① ② ③ ④ ⑤
9	① ② ③ ④ ⑤	9	① ② ③ ④ ⑤	9	① ② ③ ④ ⑤	9	① ② ③ ④ ⑤	9	① ② ③ ④ ⑤
10	① ② ③ ④ ⑤	10	① ② ③ ④ ⑤	10	① ② ③ ④ ⑤	10	① ② ③ ④ ⑤	10	① ② ③ ④ ⑤
11	① ② ③ ④ ⑤	11	① ② ③ ④ ⑤	11	① ② ③ ④ ⑤	11	① ② ③ ④ ⑤	11	① ② ③ ④ ⑤
12	① ② ③ ④ ⑤	12	① ② ③ ④ ⑤	12	① ② ③ ④ ⑤	12	① ② ③ ④ ⑤	12	① ② ③ ④ ⑤
13	① ② ③ ④ ⑤	13	① ② ③ ④ ⑤	13	① ② ③ ④ ⑤	13	① ② ③ ④ ⑤	13	① ② ③ ④ ⑤
14	① ② ③ ④ ⑤	14	① ② ③ ④ ⑤	14	① ② ③ ④ ⑤	14	① ② ③ ④ ⑤	14	① ② ③ ④ ⑤
15	① ② ③ ④ ⑤	15	① ② ③ ④ ⑤	15	① ② ③ ④ ⑤	15	① ② ③ ④ ⑤	15	① ② ③ ④ ⑤
16	① ② ③ ④ ⑤	16	① ② ③ ④ ⑤	16	① ② ③ ④ ⑤	16	① ② ③ ④ ⑤	16	① ② ③ ④ ⑤
17	① ② ③ ④ ⑤	17	① ② ③ ④ ⑤	17	① ② ③ ④ ⑤	17	① ② ③ ④ ⑤	17	① ② ③ ④ ⑤
18	① ② ③ ④ ⑤	18	① ② ③ ④ ⑤	18	① ② ③ ④ ⑤	18	① ② ③ ④ ⑤	18	① ② ③ ④ ⑤
19	① ② ③ ④ ⑤	19	① ② ③ ④ ⑤	19	① ② ③ ④ ⑤	19	① ② ③ ④ ⑤	19	① ② ③ ④ ⑤
20	① ② ③ ④ ⑤	20	① ② ③ ④ ⑤	20	① ② ③ ④ ⑤	20	① ② ③ ④ ⑤	20	① ② ③ ④ ⑤
21	① ② ③ ④ ⑤	21	① ② ③ ④ ⑤	21	① ② ③ ④ ⑤	21	① ② ③ ④ ⑤	21	① ② ③ ④ ⑤
22	① ② ③ ④ ⑤	22	① ② ③ ④ ⑤	22	① ② ③ ④ ⑤	22	① ② ③ ④ ⑤	22	① ② ③ ④ ⑤
23	① ② ③ ④ ⑤	23	① ② ③ ④ ⑤	23	① ② ③ ④ ⑤	23	① ② ③ ④ ⑤	23	① ② ③ ④ ⑤
24	① ② ③ ④ ⑤	24	① ② ③ ④ ⑤	24	① ② ③ ④ ⑤	24	① ② ③ ④ ⑤	24	① ② ③ ④ ⑤
25	① ② ③ ④ ⑤	25	① ② ③ ④ ⑤	25	① ② ③ ④ ⑤	25	① ② ③ ④ ⑤	25	① ② ③ ④ ⑤

응시자 준수사항

□ 답안지 작성요령

※ 다음 사항을 준수하지 않을 경우에 발생하는 불이익은 응시자의 귀책사유가 되므로 기재된 내용대로 이행하여 주시기 바랍니다.

1. 답안지는 OCR 스캐너 판독결과에 따라 채점합니다. 모든 기재 및 표기사항은 "컴퓨터용 흑색 사인펜"을 사용하여 반드시 〈보기〉의 올바른 표기방식으로 답안을 작성해야 합니다.
   이를 준수하지 않아 발생하는 불이익(득점 불인정 등)은 응시자 본인 책임입니다.
   특히, 답안을 전부 채우지 않고 점만 찍어 표기한 경우, 번집 등으로 두 개 이상의 답안이 표기된 경우, 농도가 옅어 컴퓨터용 사인펜을 사용하여 덧칠을 흐리게 표기한 경우 등에는 불이익(득점 불인정 등)을 받을 수 있으니 유의하시기 바랍니다.
   〈보기〉 올바른 표기: ● 　 잘못된 표기: ⊙ ⊕ ⊖ ⊘ · · ◐ ◉

2. 적색볼펜, 연필, 샤프펜 등 펜 종류와 상관없이 예비표기를 하여 중복 답안으로 판독된 경우에는 불이익이 발생할 수 있으므로 각별히 주의하시기 바랍니다.

3. 답안지를 받으면 상단에 인쇄된 성명, 응시지역, 시험장소, 응시번호, 생년월일이 응시자 본인과 일치하는지 확인하시기 바랍니다.

   가. (책 형) 응시자는 시험 시작 전 감독관 지시에 따라 문제책 앞면에 인쇄된 책형을 확인한 후, 답안지 책형란에 해당 책형(1개)을 "●"로 표기하여야 합니다.
   ※ 책형 및 인적사항 기재란의 기재오류로 인해 발생하는 불이익은 본인에게 직접 책임이 있습니다.

   나. (필적감정용 기재) 예시문과 동일한 내용을 본인의 필적으로 직접 작성해야 합니다.

   다. (자필성명) 본인의 한글성명을 정자로 직접 기재하여야 합니다.

   라. (교체답안지 작성) 답안지를 교체하면 반드시 교체답안지 상단 책형란에 해당 책형(1개)을 "●"로 표기하고, 필적감정용 기재란, 성명, 응시지역, 시험장소, 응시번호, 생년월일을 빠짐없이 작성(표기)해야 하며, 작성한 답안지는 1인 1매만 유효합니다.

4. 시험이 시작되면 문제책 편철과 표지의 과목순서의 일치 여부, 문제 누락, 파손 등 문제책 인쇄상태를 반드시 확인하여야 합니다.

5. 답안은 반드시 문제책 표지의 과목순서에 맞추어 표기하여야 하며, 과목 순서를 바꾸어 표기한 경우에도 문제책 표지의 과목순서대로 채점되므로 각별히 유의하시기 바랍니다.
   - 선택과목이 있는 행정직군 응시자는 본인의 응시표에 인쇄된 선택과목 순서에 따라 표기하여야 하며, 원서접수 시 선택한 과목이 아닌 다른 과목을 선택하여 기재한 경우에도 응시표에 기재된 선택과목 순서대로 채점되므로 유의하시기 바랍니다.

6. 답안을 잘못 표기하였을 경우에는 답안지를 교체하여 작성하거나 수정테이프만을 사용하여 수정할 수 있으며(수정액 또는 수정스티커 등은 사용 불가), 재배부 받은 답안지를 포함하여 1인이 제출하는 답안지는 총 5매(설문조사 포함)를 초과할 수 없습니다.
   - 답안을 정정할 경우에는 반드시 정정부분을 완전히 지우고 새로 표기해야 하며, 불완전한 수정처리로 인해 발생하는 문제는 응시자 본인에게 책임이 있습니다.
   - 표기한 답안을 수정하는 경우 수정테이프를 사용하여 해당 부분을 완전히 지우고 그 위에 올바르게 수정하여야 하며, 수정테이프로 수정한 부분은 다시 수정할 수 없고, 수정테이프가 떨어지지 않도록 눌러주어야 합니다(수정액 또는 수정스티커 등은 사용 불가).

7. 답안지 훼손·오염되거나 구겨지지 않도록 주의해야 하며, 특히 답안지 상단의 타이밍 마크(▮▮▮▮)를 절대 훼손해서는 안됩니다.

□ 부정행위 등 금지

※ 다음 사항을 위반한 경우에는 공무원임용시험령 제51조(부정행위자 등에 대한 조치)에 따라 그 시험의 정지, 무효, 합격취소, 5년간 공무원임용시험 응시자격정지 등의 불이익 처분을 받게 됩니다.

1. 시험시작 전까지 전자기기(휴대폰, 태블릿PC, 스마트워치, 이어폰, 등) 및 전자시계(전자식 표시형태를 갖춘 시계)등을 소지할 수 없습니다.

2. 시험시간 중 일체의 통신기기(휴대폰, 태블릿PC, 스마트워치, 이어폰, 등) 및 전자기기(전자계산기, 전자사전 등)를 소지할 수 없습니다.

3. 응시표 출력확인 시 시험과 관련된 내용이 인쇄 또는 메모된 응시표를 시험시간 중 소지하고 있는 경우 당해시험 무효 처분을 받을 수 있으며, 특히 부정한 자료로 판단되는 경우에는 5년간 공무원임용시험 응시자격 정지 처분을 받을 수 있습니다.

4. 시험종료 후에도 계속하여 답안지를 작성하거나, 시험감독관의 답안지 제출 지시에 불응할 경우에는 무효처분을 받게 됩니다.

5. 시험종료 후 감독관 또는 주위 응시자에게 시험감독관의 지시가 있을 때까지 퇴실할 수 없으며, 답안, 채형 및 인적사항 등 모든 기재(표기) 사항 작성 시 누락되는 일이 없도록 유의해야 합니다.
   - 답안, 채형 및 인적사항 등 모든 기재(표기) 사항 작성 시 누락되는 일이 없도록 유의해야 합니다.

6. 그 밖에 공고문의 응시자 준수사항이나 시험감독관의 정당한 지시를 따르지 않는 경우 부정행위자로 간주될 수 있습니다.

에듀윌에서 꿈을 이룬 합격생들의 진짜 합격스토리

에듀윌 강의·교재·학습시스템의 우수성을 합격으로 입증하였습니다!

에듀윌의 체계적인 학습 관리 시스템 덕분에 합격!

에듀윌은 시스템도 체계적이고 학원도 좋았습니다. 저에게는 학원에서 진행하는 아케르 시스템이 큰 도움이 되었습니다. 아케르 시스템은 학원에 계시는 매니저님이 직접 1:1로 상담도 해주시고 학습 관리를 해주시는 시스템입니다. 제 담당 매니저님은 늘 진심으로 저와 함께 고민해주시고 제 건강이나 학습 상태도 상담해주시고, 전에 합격하신 선배님들이 어떤 식으로 학습을 진행했는지 조언해주셔서 많은 도움이 되었습니다. 수험생활에서 가장 힘든 것은 외로움과의 싸움이라고 생각하는데, 에듀윌 덕분에 주변에 제 편이 참 많다는 것을 느꼈고 공부하는 기간이 덜 힘들었던 것 같습니다.

에듀윌만의 합리적인 가격과 시스템, 꼼꼼한 관리에 만족

에듀윌을 선택한 가장 큰 이유는 금액적인 부분입니다. 타사 패스보다 훨씬 저렴한 금액이라 금전적인 부분이 큰 부담인 수험생 입장에서는 가장 크게 다가오는 장점 중 하나라고 생각합니다. 또한 공통 교재를 사용한다는 점이 저에게는 큰 장점이었습니다. 각 커리큘럼별로 여러 교수님 수업을 들으며 공부할 수 있어서 저에게는 큰 장점이었습니다. 그리고 에듀윌 학원은 매니저님들께서 진심으로 수험생 한 명 한 명에게 관심을 가지고 꼼꼼히 관리해주신다는 점이 마음에 들어 등록하게 되었습니다. 실제로 제가 힘들거나 방향을 잃을 때마다 학원 학습 매니저님들과의 상담을 통해 잘 극복할 수 있었습니다.

에듀윌은 공무원 합격으로 향하는 최고의 내비게이션

학교 특강 중에 현직 관세사 분께서 말씀해주신 관세직에 대한 간략한 정보만 가지고 에듀윌 학원을 방문하였습니다. 거기서 상담실장님과의 상담을 통해 관세직 공무원에 대해 자세히 알게 되었고 여기서 하면 합격할 것 같다는 확신이 들어 에듀윌과 함께 관세직만을 바라보고 관세직을 준비하였습니다. 흔들릴 때마다 에듀윌에 올라온 선배 합격자들의 합격수기를 읽으며 제가 합격수기를 쓰는 날을 상상을 했고, 학원의 매니저님과의 상담도 큰 도움이 되었습니다.

다음 합격의 주인공은 당신입니다!

더 많은 합격스토리

합격자 수 2,100% 수직 상승!
매년 놀라운 성장

에듀윌 공무원은 '합격자 수'라는 확실한 결과로 증명하며
지금도 기록을 만들어 가고 있습니다.

합격자 수 2,100% 수직 상승

2017 2018 2019 2020 2021 2022

합격자 수를 폭발적으로 증가시킨 합격패스

| 합격 시 수강료 100% 환급 | + | 합격할 때까지 평생 수강 |

※ 환급내용은 상품페이지 참고, 상품은 변경될 수 있음

상품 페이지

* 2017/2022 에듀윌 공무원 과정 최종 환급자 수 기준

2026
에듀윌
9급공무원
8개년 기출문제집
한국사

정답과 해설

2026

에듀윌
9급공무원
8개년 기출문제집
한국사

SPEED CHECK 빠른 정답표

2025 국가직 9급

1	2	3	4	5
④	①	④	③	②
6	7	8	9	10
②	④	①	②	①
11	12	13	14	15
②	④	④	③	②
16	17	18	19	20
③	②	④	①	③

2024 국가직 9급

1	2	3	4	5
①	②	③	④	④
6	7	8	9	10
④	③	④	①	②
11	12	13	14	15
③	③	③	②	①
16	17	18	19	20
④	②	②	④	③

2023 국가직 9급

1	2	3	4	5
①	②	②	④	③
6	7	8	9	10
①	②	①②	②	②
11	12	13	14	15
④	④	③	②	②
16	17	18	19	20
②	①	④	①	③

2022 국가직 9급

1	2	3	4	5
④	③	①	①	②
6	7	8	9	10
①	④	③	③	①
11	12	13	14	15
④	④	①	②	②
16	17	18	19	20
②	②	②	②	④

2021 국가직 9급

1	2	3	4	5
③	②	③	①	①
6	7	8	9	10
④	②	③	③	①
11	12	13	14	15
④	②	④	④	①
16	17	18	19	20
①	④	②	②	④

2020 국가직 9급

1	2	3	4	5
③	④	③	②	④
6	7	8	9	10
②	①	④	①	④
11	12	13	14	15
①	③	③	②	④
16	17	18	19	20
②	④	④	③	④

2019 국가직 9급

1	2	3	4	5
③	④	③	③	④
6	7	8	9	10
②	④	④	①	①
11	12	13	14	15
③	①	④	④	③
16	17	18	19	20
④	①	②	①	②

2018 국가직 9급

1	2	3	4	5
①	②	③	④	③
6	7	8	9	10
①	①	①	④	②
11	12	13	14	15
①	②	④	④	④
16	17	18	19	20
①	④	③	②	③

2025 지방직 9급

1	2	3	4	5
②	①	③	④	④
6	7	8	9	10
③	②	①	②	①
11	12	13	14	15
③	③	②	②	②
16	17	18	19	20
④	①	②	②	④

2024 지방직 9급

1	2	3	4	5
②	①	③	②	②
6	7	8	9	10
①	③	③	①	①
11	12	13	14	15
②	④	②	④	①
16	17	18	19	20
④	③	③	④	③

2023 지방직 9급

1	2	3	4	5
①	③	④	②	③
6	7	8	9	10
③	②	①	②	④
11	12	13	14	15
④	①	①	②	②
16	17	18	19	20
④	③	②	③	①

2022 지방직 9급

1	2	3	4	5
①	②	③	②	②
6	7	8	9	10
①	①	④	②	④
11	12	13	14	15
④	③	③	④	③
16	17	18	19	20
②	④	①	②	③

2021 지방직 9급

1	2	3	4	5
①	④	②	②	①
6	7	8	9	10
②	④	④	②	①
11	12	13	14	15
③	①	③	③	③
16	17	18	19	20
③	②	④	②	④

2020 지방직 9급

1	2	3	4	5
③	②	③	①	③
6	7	8	9	10
④	③	①	③	④
11	12	13	14	15
③	②	④	②	②
16	17	18	19	20
④	④	①	①	③

2019 지방직 9급

1	2	3	4	5
③	④	②	②	④
6	7	8	9	10
②	①	③	②	③
11	12	13	14	15
③	②	③	④	④
16	17	18	19	20
②	④	④	③	①

2018 지방직 9급

1	2	3	4	5
①	②	③	①	④
6	7	8	9	10
①	③	③	②	②
11	12	13	14	15
③	④	④	④	②
16	17	18	19	20
②	④	①	③	①

2025 서울시 9급

1 ①	2 ②	3 ③	4 ④	5 ①
6 ②	7 ②	8 ③	9 ④	10 ①
11 ④	12 ①	13 ④	14 ④	15 ②
16 ①	17 ②	18 ③	19 ④	20 ③

2024 서울시 9급

1 ③	2 ②	3 ④	4 ③	5 ②
6 ①	7 ②	8 ③	9 ④	10 ②
11 ④	12 ①	13 ④	14 ①	15 ④
16 ④	17 ③	18 ②	19 ②	20 ①

2023 서울시 9급

1 ③	2 ④	3 ④	4 ④	5 ③
6 ①	7 ④	8 ②	9 ④	10 ③
11 ②	12 ④	13 ②	14 ①	15 ②
16 ②	17 ④	18 ②	19 ④	20 ①

2022 서울시 9급

1 ④	2 ③	3 ④	4 ①	5 ①
6 ④	7 ①	8 ②	9 ③	10 ③
11 ①	12 ①	13 ②	14 ①	15 ①
16 ②	17 ④	18 ②	19 ④	20 ①

2021 서울시 9급

1 ④	2 ③	3 ②	4 ③	5 ④
6 ①	7 ③	8 ①	9 ②	10 ④
11 ②	12 ①	13 ②	14 ②	15 ③
16 ③	17 ①	18 ①	19 ②	20 ①

2020 서울시 9급

1 ①	2 ③	3 ④	4 ②	5 ②
6 ①	7 ④	8 ①	9 ②	10 ①
11 ②	12 ③	13 ①	14 ②	15 ③
16 ①	17 ④	18 ③	19 ①	20 ②

2019 서울시 9급

1 ②	2 ③	3 ④	4 ③	5 ②
6 ④	7 ④	8 ④	9 ①	10 ②
11 ②	12 ①	13 ①	14 ③	15 ①
16 ④	17 ①	18 ③	19 ①	20 ②

2018 서울시 9급

1 ②	2 ①	3 ④	4 ②	5 ④
6 ④	7 ④	8 ①	9 ①	10 ④
11 ②	12 ②	13 ④	14 ②	15 ①
16 ③	17 ④	18 ③	19 ③	20 ②

2018 서울시(기술직) 9급

1 ②	2 ③	3 ③	4 ③	5 ②
6 ①	7 ③	8 ①	9 ③	10 ③
11 ④	12 ③	13 ③	14 ①	15 ④
16 ②	17 ④	18 ④	19 ①	20 ②

2023 계리직 9급

1 ①	2 ②	3 ②	4 ②	5 ③
6 ①	7 ②	8 ④	9 ②	10 ④
11 ②	12 ②	13 ④	14 ①	15 ①
16 ②	17 ③	18 ④		

2022 계리직 9급

1 ①	2 ③	3 ②	4 ②	5 ③
6 ①	7 ②	8 ②	9 ④	10 ①
11 ②	12 ②	13 ②	14 ④	15 ③
16 ②	17 ①	18 ②		

2021 계리직 9급

1 정답없음	2 ③	3 ①	4 ④	5 ③
6 ②	7 ④	8 ②	9 ①	10 ④
11 ②	12 ②	13 ①	14 ②	15 ②
16 ②	17 ②	18 ③		

2025 법원직 9급

1 ①	2 ③	3 ①	4 ②	5 ③
6 ②	7 ①	8 ①	9 ②	10 ④
11 ③	12 ②	13 ③	14 ②	15 ②
16 ③	17 ①	18 ③	19 ①	20 ②
21 ①	22 ④	23 ②	24 ④	25 ②

2024 법원직 9급

1 ①	2 ②	3 ③	4 ①	5 ③
6 ②	7 ②	8 ③	9 ①	10 ③
11 ③	12 ③	13 ③	14 ③	15 ③
16 ①	17 ④	18 ①	19 ②	20 ③
21 ③	22 ②	23 ①	24 ②	25 ①

2023 법원직 9급

1 ②	2 ②	3 ③	4 ③	5 ③
6 ④	7 ③	8 ②	9 ③	10 ③
11 ②	12 ②	13 ③	14 ③	15 ③
16 ①	17 ①	18 ④	19 ②	20 ②
21 ③	22 ①	23 ④	24 ③	25 ②

2022 법원직 9급

1 ④	2 ②	3 ③	4 ①	5 ②
6 ④	7 ③	8 ②	9 ①	10 ②
11 ②	12 ①	13 ②	14 ③	15 ②
16 ①	17 ①	18 ②	19 ②	20 ②
21 ③	22 ③	23 ③	24 ①	25 ①

2021 법원직 9급

1 ③	2 ③	3 ③	4 ①	5 ①
6 ④	7 ③	8 ②	9 ②	10 ②
11 ④	12 ②	13 ②	14 ②	15 ②
16 ①	17 ③	18 ②	19 ③	20 ④
21 ①	22 ②	23 ④	24 ②	25 ④

2020 법원직 9급

1 ②	2 ②	3 ②	4 ④	5 ②
6 ④	7 ②	8 ①	9 ④	10 ②
11 ①	12 ③	13 ①	14 ④	15 ①
16 ①	17 ③	18 ①	19 ④	20 ④
21 ④	22 ④	23 ②	24 ②	25 ①

2019 법원직 9급

1 ③	2 ②	3 ④	4 ②	5 ④
6 ③	7 ①	8 ①	9 ③	10 ②
11 ③	12 ③	13 ①	14 ②	15 ②
16 ④	17 ②	18 ④	19 ②	20 ②
21 ④	22 ④	23 ③	24 ②	25 ①

2018 법원직 9급

1 ①	2 ②	3 ③	4 ④	5 ③
6 ①	7 ②	8 ④	9 ④	10 ③
11 ①	12 ④	13 ①	14 ④	15 ④
16 ③	17 ④	18 ①	19 ④	20 ④
21 ④	22 ②	23 ①	24 ②	25 ①

2026
에듀윌 9급공무원
8개년 기출문제집

한국사 | 해설편

국가직 9급

해설 & 기출분석 REPORT

국가직 기출 POINT

Point 1 전근대사에서는 정치사와 문화사의 출제 비중이 높으며, 근현대사에서는 특정 사건의 원인과 결과를 묻는 문제가 다수 출제되었다.

Point 2 사료 및 자료 제시형 문제가 지속적으로 증가했기 때문에 이에 맞는 수험 준비가 필요하다.

Point 3 최근 국가직 시험에서는 기출문제를 변형한 문제가 다수 출제되어 체감 난도가 전년 대비 하락하였다.

2026년 국가직 시험 대비전략

빈출 주제는 반드시 반복하여 학습하고, 기본서의 사료/자료를 꼼꼼하게 검토하여야 한다.

Point 1 지엽적인 내용보다 빈출 주제를 중심으로 정리할 필요가 있다.

Point 2 최근 평양, 서울, 강화도 등 지역의 역사가 자주 출제되니 꼼꼼하게 정리할 필요가 있다.

Point 3 독도, 간도, 유네스코 문화유산, 조선 시대의 궁궐 등 시사적인 내용에도 관심을 가져야 한다.

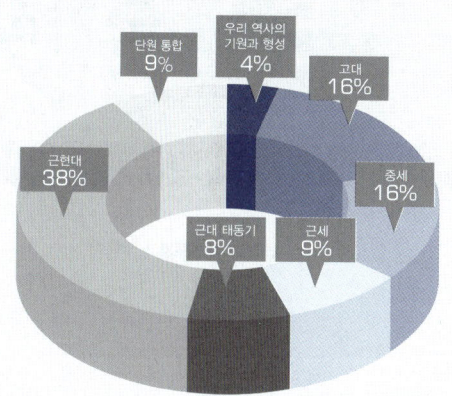

▲ 최근 8개년 평균 출제비중

연도	총평	우리 역사의 기원과 형성	고대	중세	근세	근대 태동기	근현대	통합
2025	• 기출 주제가 반복되어 쉽게 출제됨 • 지역사 문제로는 공주 지역의 문화유산인 무령왕릉이 출제됨 • 울주 대곡리 반구대 암각화(2025년 7월 유네스코 세계 문화유산으로 등재)는 처음 출제된 주제임	5% (1문항)	15% (3문항)	15% (3문항)	5% (1문항)	15% (3문항)	35% (7문항)	10% (2문항)
2024	• 생소한 자료(청의 조선 침략, 강조의 정변 등)가 일부 출제되었으나, 제시된 내용을 읽으면 충분히 정답을 고를 수 있는 문제였음 • 제1차 조선 교육령과 제2차 조선 교육령 사이의 역사적 사실을 고르는 문제는 정확한 연도를 암기해야 풀 수 있는 문제였음	0% (0문항)	15% (3문항)	20% (4문항)	10% (2문항)	5% (1문항)	45% (9문항)	5% (1문항)
2023	• 수출의 날 기념식 사료를 제시하고, 박정희 정부의 역사적 사실을 고르는 고난도 문제가 출제됨 • 지역사 중 평양의 역사가 출제됨	5% (1문항)	15% (3문항)	15% (3문항)	5% (1문항)	10% (2문항)	40% (8문항)	10% (2문항)
2022	• 기본 개념 위주로 쉽게 출제되었으나, 개로왕과 도림의 일화는 생소한 사료였음 • 조광조-현량과, 기묘사화는 2년 연속으로 국가직 시험에 출제된 중요 주제임	5% (1문항)	20% (4문항)	15% (3문항)	10% (2문항)	5% (1문항)	35% (7문항)	10% (2문항)
2021	• 발해의 수도를 지도에 표시하고, 해당 지역의 유물을 고르는 문제는 고난도였음 • '황조가'를 제시하고 유리왕의 업적을 고르는 문제는 생소한 유형이었음	5% (1문항)	15% (3문항)	15% (3문항)	10% (2문항)	5% (1문항)	40% (8문항)	10% (2문항)
2020	• 구제도감 사료가 처음 출제됨 • 1945. 8.~1946. 1.까지의 '사회 현상을 파악'하는 문제는 생소한 주제였음	5% (1문항)	15% (3문항)	15% (3문항)	5% (1문항)	15% (3문항)	35% (7문항)	10% (2문항)
2019	• 대부분의 문제가 기출에서 벗어나지 않았고, 고민이 필요한 문제도 많지 않아 고득점자가 다수 배출됨 • 비교적 최근 연구 성과인 미륵사지 석탑의 사리봉안기와 단군에 대한 시대적 인식 변화에 대한 문제는 새로운 유형이었음	10% (2문항)	10% (2문항)	15% (3문항)	15% (3문항)	5% (1문항)	35% (7문항)	10% (2문항)
2018	지엽적 문제(국가총동원법 발표 이후 식민지 정책의 구체적 시점, 조선 시대 해외 견문 기록 순서 나열, 조선 성리학의 학설과 동향 등)가 다수 출제되었음	0% (0문항)	20% (4문항)	15% (3문항)	15% (3문항)	5% (1문항)	35% (7문항)	10% (2문항)

2025 4월 5일 시행 국가직 9급 (나책형)

합격예상 체크

〈국가직 연도별 합격선〉

2025 합격기준

2025 / 2024 / 2023 / 2022 / 2021 / 2020 / 2019 / 2018

| 맞힌 개수 | /20문항 | 점수 | /100점 |

➡ ☐ 합격 ☐ 불합격

취약영역 체크

문항	정답	영역	문항	정답	영역
1	④	우리 역사의 기원과 형성 > 선사 시대	11	②	고대 > 정치
2	①	근대 태동기 > 정치	12	③	근현대 > 개항기
3	④	고대 > 정치	13	④	근대 태동기 > 정치
4	③	근세 > 경제	14	③	근현대 > 개항기
5	②	중세 > 정치	15	②	단원 통합 > 공주의 역사
6	②	단원 통합 > 강화도의 역사	16	③	근현대 > 일제 강점기
7	④	근현대 > 개항기	17	④	중세 > 문화
8	①	중세 > 정치	18	②	근현대 > 개항기
9	②	근대 태동기 > 문화	19	③	근현대 > 일제 강점기
10	①	고대 > 정치	20	③	근현대 > 현대

➡ 영역별 틀린 개수로 취약영역을 확인하세요!

| 우리 역사의 기원 | /1 | 고대 | /3 | 중세 | /3 | 근세 | /1 |
| 근대 태동기 | /3 | 근현대 | /7 | 통합 | /2 | | |

➡ 나의 취약영역: _____

※ [정답해설]과 [오답해설] 선지의 50% 표시는 〈에듀윌 합격예측 풀서비스〉를 통해 수집된 선지 선택률을 나타냅니다.

---

1 우리 역사의 기원과 형성 > 선사 시대 > 울주 대곡리 반구대 암각화   오답률 25%   답 ④

| 정답해설 | ④ 75% 울산광역시 울주군 대곡리 반구대 암각화(바위그림)는 거북, 사슴, 호랑이, 새 등의 동물과 작살이 꽂힌 고래, 물을 뿜고 있는 고래 등이 새겨져 있다. 이것은 사냥과 고기잡이의 성공과 풍성한 수확을 염원하고 있는 것으로 추측된다(국보 제285호로 지정). 2025년 7월 유네스코 세계 문화유산으로 등재되었다.

| 오답해설 | ① 16% 고령 장기리 암각화는 선사 시대의 신앙과 생활상을 생생하게 표현한 그림이다. 동심원 무늬가 특징적이며, 풍요로운 다산을 기원하는 주술적인 내용이 새겨져 있다.
② 4% 황해 안악 3호분 회랑의 동쪽 벽면에는 250여 명에 달하는 사람들로 구성된 '대행렬도'가 그려져 있다.
③ 5% 경주 천마총에서는 장니(말다래)에 그려진 천마도가 발견되었다.

---

2 근대 태동기 > 정치 > 비변사   오답률 13%   답 ①

| 정답해설 | (가)에 해당하는 기구는 ① 87% 비변사이다. 비변사는 중종 때인 1510년 삼포 왜란을 계기로 처음 설치되었고(임시 군사 기구), 1555년(명종 10) 을묘왜변을 계기로 상설 기구가 되었다. 임진왜란 이후 고위 관원들이 합의하는 기구의 필요성이 증대되자 비변사의 구성원이 3정승을 비롯한 고위 관원들로 확대되고 기능이 강화되었다. 임진왜란이 끝난 뒤에도 폐허의 복구와 사회·경제적 변동에 효율적으로 대처하고 붕당 간의 이해관계를 조정하기 위해 비변사의 구성과 기능은 그대로 유지되었다. 그 결과 왕권이 약화되고 6조 중심의 행정 체계도 유명무실해졌다. 특히 세도정치 시기에는 외척들의 권력 기반이 되었기 때문에 흥선 대원군 때 왕권 강화 정책의 일환으로 폐지되었다.

| 오답해설 | ② 5% 조선 초 의흥 삼군부가 정종 때 삼군부로 개편되었다.
③ 4% 고려 시대 상서성은 정책 집행 기관인 6부를 관할하였다.
④ 4% 진덕 여왕 때 설치된 집사부는 기밀 사무를 관장하였다.

---

3 고대 > 정치 > 발해   오답률 26%   답 ④

| 정답해설 | 사료 중 '고구려의 옛 땅', '그 백성은 말갈이 많고' 등을 통해, 밑줄 친 '이 나라'가 발해임을 알 수 있다. ④ 74% 발해 선왕 때 5경 15부 62주로 지방 제도가 완성되었다.

| 오답해설 | ① 6% 신라에서는 지배 계급을 대상으로 골품제를 실시하였다.
② 7% 통일 이후 신라에서는 중앙군으로 9서당, 지방군으로 10정

이 설치되었다.

③ 13% 고구려 광개토 대왕은 영락이라는 독자적 연호를 사용하였다.

| 4 | 근세 > 경제 > 세종의 업적 | 오답률 14% | 답 ③ |

| **정답해설** | 제시문의 『농사직설』 편찬, 4군 6진의 개척은 조선 세종 때의 업적이다. 세종 때는 ③ 86% 토지세(전세)를 전분 6등법과 연분 9등법(공법, 최고 1결당 20두, 최하 1결당 4두씩 차등 부과)을 기준으로 부과하였다.

| **오답해설** | ① 6% 송파장은 조선 후기 난전이 성행했던 대표적 장소이며, 담배는 임진왜란 이후 들어온 외래 작물이다.
② 6% 정조 때 신해통공(1791, 6의전을 제외한 시전 상인들의 금난전권 폐지) 이후 볼 수 있는 모습이다.
④ 2% 천주교는 조선 후기 서학으로 수용되었다가, 신앙으로 발전하였다.

| 5 | 중세 > 정치 > 공민왕 | 오답률 30% | 답 ② |

| **정답해설** | 밑줄 친 '왕'은 공민왕이다. 공민왕은 신돈을 중용하여 전민변정도감을 통해 개혁을 추진하였다. 그 결과 권문세족이 불법적으로 빼앗은 토지를 원래 주인에게 돌려주고, 불법적으로 노비가 된 사람을 양인으로 해방시켜 백성들의 지지를 획득하였다. 한편 14세기 중엽 원·명 교체기를 이용하여 ② 70% 정동행성 이문소를 폐지하는 등 반원 자주 정책을 추진하였다.

| **오답해설** | ① 12% 사심관 제도는 태조의 호족 통제 정책 중 하나이다. 사심관은 부호장 이하의 향리를 임명할 수 있었다. 또한 그 지역의 치안에 대한 연대 책임, 풍속 교정, 공무 조달을 맡았다. 김부(金傅, 신라의 경순왕)는 최초로 신라의 옛 도읍인 경주의 사심관이 되었다.
③ 8% 광종은 국왕의 권위를 높이기 위하여 황제라 칭하고, 광덕·준풍 등의 연호를 사용하였다.
④ 10% 성종은 최승로의 시무 28조 건의를 수용하였다.

| 6 | 단원 통합 > 강화도의 역사 | 오답률 27% | 답 ② |

| **정답해설** | 밑줄 친 '이곳'은 강화도이다. 강화도의 고인돌 유적은 (고창, 화순 지역 고인돌 유적과 더불어) 유네스코 세계 문화유산으로 등재되었다. ② 73% 정묘호란(1627) 때 인조는 강화도로 피신하였다. 참고로 병자호란(1636) 때는 남한산성으로 피신하였다.

| **오답해설** | ① 8% 장보고는 흥덕왕에게 건의하여 현재의 완도에 청해진을 설치(828)하였다.
③ 9% 원나라는 삼별초의 항쟁을 진압한 후, 제주도를 직접 지배하기 위해 탐라총관부를 설치(1273)하였다.
④ 10% 영국은 1885년 러시아의 남하정책을 저지하기 위해, 거문도를 점령(거문도 사건)하였다.

| 7 | 근현대 > 개항기 > 통리기무아문 | 오답률 31% | 답 ④ |

| **정답해설** | 다음 설명에 해당하는 기구는 ④ 69% 통리기무아문이다. 통리기무아문은 개화 정책을 추진하기 위해 1880년 설치하였다. 의정부 및 6조와는 별도의 기구로 설립되었으며, 임오군란 직후 통리교섭통상사무아문(외교, 통상), 통리군국사무아문(군국, 내무)로 분리되었다. 한편 통리기무아문 밑에는 사대사(중국 관계의 문서, 사신 왕래와 외교), 변정사(변방 사무, 인근 국가의 동정, 정탐), 기계사(기계, 제조), 어학사(외국어 교육, 문자 해독), 교린사(일본 및 기타 각국 관계의 문서, 서신 왕래와 외교), 통상사(통상, 무역), 선함사(선박 제조), 전선사(관리 선발과 관용 물품 조달), 군무사(국방), 군물사(병기 제조), 기연사(연안 포구를 왕래하는 선박 검사), 이용사(재정 사무) 등 12사를 설치하였다.

| **오답해설** | ① 6% 교정청은 동학 농민 운동(1894) 이후 조선 정부가 자주적 개혁을 추진하기 위해 설치한 기구이다.
② 6% 진주 농민 봉기(1862) 이후 삼정을 개혁하기 위해 삼정이정청이 설치되었으나 실효를 거두지는 못했다.
③ 19% 군국기무처는 군국의 기무 및 일체의 개혁 사무를 관할한 초정부적 입법 및 정책 기구로서 1894년 6월 25일에 설치되었다. 고문으로 오토리 게이스케(大鳥圭介) 일본 공사, 김홍집(총재), 박정양(부총재), 유길준, 김종한, 김윤식, 안경수, 김가진, 조희연 등 17명의 위원으로 구성하여 반년 간 210건의 개혁안을 의결하였다(제1차 갑오개혁).

| 8 | 중세 > 정치 > 만적의 난 | 오답률 24% | 답 ① |

| **정답해설** | 제시된 사건은 만적의 난이다. 만적의 난(1198)은 최충헌 집권 시기(1196~1219)에 일어났다. ① 76% 정방은 인사권을 행사하는 기구로서, 최우 집권 시기(1219~1249)인 1225년 설치되었다.

| **오답해설** | ② 5% 예종 때 여진족을 정벌하고, 동북 9성을 축조(1108)하였다.
③ 15% 광종은 왕권을 강화하고 호족 세력을 약화하기 위해 노비안검법을 시행(956)하였다.
④ 4% 상수리 제도는 통일 신라 때 시행된 인질 제도이다.

| 9 | 근대 태동기 > 문화 > 박지원 | 오답률 33% | 답 ② |

| **정답해설** | 『양반전』을 저술하고, 상공업 진흥에도 관심을 기울여 수레와 선박의 이용을 주장한 인물은 박지원이다. 박지원은 연행사(燕行使)를 따라 청에 다녀와 쓴 기행문인 『열하일기』를 남겼으며, 영농 방법의 혁신과 상업적 농업을 장려하면서, ② 67% 『과농소초(課農小抄)』에서 토지 소유의 상한선을 제시한 한전론을 주장하였다.

| **오답해설** | ① 14% 송시열, 송준길 등 서인은 효종의 북벌 운동을 지지하였다.
③ 14% 정약용은 화성 건설을 위해 거중기를 설계하였다.
④ 5% 안정복의 『동사강목』은 고조선부터 고려 멸망까지의 역사를 성리학적 정통론(正統論)을 바탕으로 서술하였다. 단군 조선, 기

자 조선, 마한(馬韓)을 정통으로 보았으며 삼국 시대를 무통(정통이 없었던 시기)로 규정하였다. 또한 광범위한 자료를 꼼꼼하게 분석하여 고증 사학의 토대를 마련했다고 평가된다.

| 10 | 고대 > 정치 > 신문왕 | 오답률 25% | 답 ① |

| 정답해설 | 신문왕은 김흠돌의 난을 진압한 후 진골 귀족을 숙청하였으며, 녹읍을 폐지하여 귀족의 경제적 기반을 약화하고자 하였다. 또한 ① 75% 국학을 설립하여 유학 교육을 강화하고자 하였다.
| 오답해설 | ② 5% 법흥왕 때 이차돈의 순교를 계기로 불교가 공인(527)되었다.
③ 13% 원성왕 때 유학 능력을 기준으로 관리를 선발하는 독서삼품과가 시행(788)되었으나, 진골 귀족들의 반발로 제도로서 정착되지는 못했다.
④ 7% 지증왕 때 이사부를 보내 우산국(현재의 울릉도)을 정벌(512)하였다.

| 11 | 고대 > 정치 > 광개토 대왕의 왜군 격퇴, 관산성 전투 | 오답률 34% | 답 ② |

| 정답해설 | (가)는 광개토 대왕의 신라에 침입한 왜군 격퇴(400), (나)는 관산성 전투(554)이다. 따라서 400~554년 사이의 역사적 사실을 고르면 된다. ② 66% 신라 법흥왕 때 금관가야를 병합(532)하였다.
| 오답해설 | ① 13% 고구려 미천왕 때 낙랑군을 축출(313)하였다.
③ 13% 고구려 보장왕 때 안시성에서 당나라 군대를 물리쳤다(안시성 전투, 645).
④ 8% 백제 근초고왕 때 평양성을 공격하는 과정에서 고국원왕이 전사(371)하였다.

| 12 | 근현대 > 개항기 > 신민회 | 오답률 36% | 답 ③ |

| 정답해설 | 105인 사건으로 해산된 단체는 신민회이다. ③ 64% 1907년 비밀결사로 조직된 신민회는 안창호, 양기탁 등이 중심 인물이었다. 신민회에서는 국권 회복을 목표로 대성 학교, 오산 학교 등의 교육 기관을 설립하였고, 자기 회사와 태극서관을 운영하였다. 또한 신민회는 공화정을 지향하였고, 국외에 독립운동 기지 건설을 추진(대표적 독립운동 기지: 남만주의 삼원보)하였다.
| 오답해설 | ① 15% 독립 협회는 우리나라 최초의 근대적 민중 집회인 만민 공동회를 개최하였다.
② 13% 이상재, 한규설 등을 중심으로 1920년대 초 민립대학 설립 운동이 추진되었다.
④ 8% 1929년 광주 학생 항일 운동이 일어난 후, 신간회에서 진상 조사단이 파견되었다.

| 13 | 근대 태동기 > 정치 > 광해군 | 오답률 43% | 답 ④ |

| 정답해설 | 밑줄 친 '왕'은 광해군이다. 1608년 광해군 때 이원익 등의 건의로 경기도에서 처음 실시된 대동법은 방납의 폐단을 시정하기 위해 토지 결수를 기준으로 쌀, 포(옷감), 전(화폐)으로 대신 내게 하였으며, 선혜청을 통해 관리하였다. 이후 김육의 주장으로 충청도와 전라도에서도 실시되는 등 (잉류 지역을 제외한) 전국적 실시는 1708년 숙종 때 이루어졌다. 이처럼 전국적으로 시행되는 데 100년이나 걸린 이유는 토지가 많은 양반층과, 방납인 등이 반대하였기 때문이었다. 한편 대동법의 실시로 공인이 출현하였고, 화폐로 세금을 내는 현상이 촉진되었다. ④ 57% 광해군 때인 1609년 일본과 제한된 범위의 무역(세견선 20척, 세사미두 100석)을 허용하는 기유약조가 체결되었다.
| 오답해설 | ① 14% 선조 때 설치된 훈련도감(1593)은 직업 군인으로 구성되었으며 포수, 사수, 살수의 삼수병으로 편제되었다.
② 12% 중종은 조광조 등 사림을 등용하여 훈구 세력을 견제하였다.
③ 17% 정조는 유능한 관료를 재교육하는 초계문신 제도를 시행하였다.

| 14 | 근현대 > 개항기 > 제2차 갑오개혁 | 오답률 43% | 답 ③ |

| 정답해설 | 밑줄 친 '이 개혁'은 제2차 갑오개혁이다. 제2차 갑오개혁 때 의정부를 내각으로 개칭하고 8아문을 7부로, 지방 8도가 23부로 개편하였다. 또한 ③ 57% 「교육 입국 조서」가 반포되었고, 교원 양성을 위한 한성 사범 학교 관제가 발표되었다.
| 오답해설 | ① 11% 1883년 설립된 동문학은 통역관 양성소이며, 통변 학교라고도 불렸다.
② 10% 1886년 한양(서울)에 설립된 육영 공원은 헐버트, 길모어 등 미국인 교사를 초빙하여, 현직 관료와 양반 자제를 대상으로 영어 및 근대 학문(수학, 지리학 등)을 교육하였다.
④ 22% 대한 제국 시기에는 상공 학교, 광무(鑛務) 학교 등의 실업 학교를 설립하였다.

| 15 | 단원 통합 > 공주의 역사 | 오답률 38% | 답 ② |

| 정답해설 | 밑줄 친 '이 지역'은 공주이다. 백제는 한성 함락 이후 웅진(현재의 공주)로 천도(문주왕, 475)하였다. 공주에서 ② 62% 무령왕릉이 발굴되었다. 무령왕릉은 1971년에 송산리 고분군의 배수로 공사 중에 우연히 발견되었다. 중국 남조의 영향을 받아 연꽃 등 우아하고 화려한 백제 특유의 무늬를 새긴 벽돌로 무덤 내부를 쌓았는데, 무덤의 주인공이 무령왕과 왕비임을 알리는 지석(무령왕의 지석에서 영동 대장군 사마왕 확인)이 발견되어 연대를 정확하게 알 수 있다. 특히 왕과 왕비의 장신구와 금관 장식, 귀고리, 팔찌 등 3,000여 점의 부장품이 출토되어 백제 미술의 귀족적 특성을 알 수 있다.
| 오답해설 | ① 10% 몽촌토성은 백제의 한성 시대(현재 서울)에 축조된 대표적 토성이다.

③ 20% 미륵사지 석탑은 현재 전북특별자치도 익산시에 있다.
④ 8% 용현리 마애여래 삼존상은 충청남도 서산시에 위치한다.

| 더 알아보기 | 백제 역사 유적 지구

> 백제 역사 유적 지구는 2015년 7월 유네스코 문화유산에 등재되었다. 등재된 문화유산은 공주 공산성(웅진 시대 백제의 도성), 무령왕릉을 포함한 공주 송산리 고분군(공주 무령왕릉과 왕릉원), 부여 관북리 유적, 부소산성(사비 시대 수도의 방어성), 부여 능산리 고분군, 부여 정림사지, 부여 나성, 익산 왕궁리 유적, 익산 미륵사지 등이 포함되었다.

16 근현대 > 일제 강점기 > 연해주   오답률 39%   답 ③

| 정답해설 | 권업회, 대한 광복군 정부가 설립된 밑줄 친 '이 지역'은 연해주이다. ③ 61% 연해주 블라디보스토크에서 한인촌(독립운동 기지)인 신한촌이 형성되었다.

| 오답해설 | ① 12% 상하이의 동제사는 신규식, 박은식 등이 설립한 독립운동 단체이다.
② 13% 경학사는 남만주(서간도)의 독립운동 기지인 삼원보에 설립된 자치 기구이다.
④ 14% 대조선 국민 군단은 박용만이 하와이에 설립된 독립군 양성 기관이었다.

오답률 TOP 3
17 중세 > 문화 > 의천   오답률 45%   답 ④

| 정답해설 | 문종의 넷째 아들이며, (해동) 천태종을 창립한 인물은 의천이다. 의천은 송나라에서 화엄학과 천태학을 공부하였고, 국청사를 중심으로 (해동) 천태종을 개창하였다. (해동) 천태종을 교종(특히 화엄종)을 중심으로 선종을 통합한 종파이다. 천태종의 통합 이론으로는 교관겸수가 강조되었는데, 이것은 '교학과 선을 함께 수행하되, 교학의 수련을 중심으로 선을 포용하라'는 논리였다. 한편, 숙종에게 건의하여 화폐 유통의 필요성을 역설하였다(주전론). 이에 숙종은 주전도감을 설치하고 해동통보, 해동중보, 삼한통보, 은병(활구)을 주조하였으나 널리 유통되지는 못했다. 의천의 대표적 저서로는 『원종문류』, 『석원사림』, 『천태사교의주』 등이 있다. ④ 55% 의천은 흥왕사에 교장도감을 설치하여 교장(속장경)을 간행하였다(목록 : 『신편제종교장총록』).

| 오답해설 | ① 17% 혜심은 유불 일치설을 주장하여 성리학 수용의 토대를 마련하였다.
② 8% 요세는 전라도 강진에서 백련사 결사를 조직하였다.
③ 20% 지눌은 정혜쌍수의 수행법을 제시하였다.

오답률 TOP 2
18 근현대 > 개항기 > 유길준   오답률 50%   답 ②

| 정답해설 | 제시된 사료는 거문도 사건 이후, 유길준이 발표한 '한반도 중립화론'이다. ② 50% 유길준은 1883년 보빙사의 일원으로 미국으로 파견되었다. 이후 미국에서 영어를 공부하고 유럽을 견학하고 돌아온 후 『서유견문』을 저술(1895)하였다.

| 오답해설 | ① 10% 이만손은 영남 만인소 사건을 주도하였다.
③ 32% 김홍집은 1880년 제2차 수신사로 일본에 파견되었고, 황쭌셴의 『조선책략』을 조선에 가져왔다.
④ 8% 최익현은 왜양일체론을 내세우며, 개항 반대 운동을 전개하였다.

오답률 TOP 1
19 근현대 > 일제 제강점기 > 대한 광복회   오답률 65%   답 ③

| 정답해설 | 제시된 자료는 대한 광복회 강령이다. ③ 35% 1915년 결성된 대한 광복회는 공화정체의 국민 국가를 지향하면서 대한(풍기) 광복단과 조선 국권 회복단 일부가 통합하여 결성되었다. 박상진, 채기중, 김좌진을 중심으로 군대식으로 운영하며, (만주에 사관 학교 설립을 목표로) 군자금 모금을 위한 다양한 활동(일제가 거둔 세금을 중간에서 탈취 등)을 하였다.

| 오답해설 | ① 40% 의열단은 1919년 김원봉을 중심으로 조직되었고, 「조선 혁명 선언」(1923, 신채호 작성)을 활동 강령으로 삼아 식민 통치 기관과 일제의 요인 암살 활동을 전개하였다.
② 7% 독립 의군부(1912)는 임병찬이 고종의 밀지를 받아 조직하였고, 복벽주의(고종 복위)를 추구하였다. 이들은 일제의 총리대신과 조선 총독에게 국권 반환 요구서를 보내 조선 강점의 부당성을 지적하려고 하였으나 조직이 발각되어 해체되었다.
④ 18% 대한민국 임시 정부의 김구는 상하이에서 1931년 '한인 애국단'을 창설하였다.

| 더 알아보기 | 대한 광복회 강령

> 1. 부호의 의연금 및 일본인이 불법 징수하는 세금을 압수하여 무장을 준비한다.
> 2. 남북 만주에 사관 학교를 설치하여 독립 전사를 양성한다.
> 3. 종래의 의병 및 해산 군인과 만주 이주민을 소집하여 훈련한다.
> 4. 중국, 러시아 등에 의뢰하여 무기를 구입한다.
> 5. 본회의 군사 행동·집회·왕래 등 모든 연락 기관의 본부를 상덕태상회(尙德泰商會)에 두고 한만(韓滿 – 한반도와 만주) 각 요지와 북경·상해에 그 지점 또는 여관·광무소(鑛務所) 등을 두어 연락기관으로 한다.
> 6. 일본인 고관 및 한국인 반역자를 수시 수처에서 처단하는 행형부를 둔다.
> 7. 무력이 준비되는 대로 일본인 섬멸전을 진행하여 최후 목적을 달성한다.

20 근현대 > 현대 > 제헌 헌법   오답률 34%   답 ③

| 정답해설 | 제헌 헌법이 공포된 것은 1948년 7월 17일이다. 따라서 제헌 헌법 공포 이후의 역사적 사실을 고르면 된다. ③ 66% 반민족 행위 처벌법은 1948년 9월에 제정되었다.

| 오답해설 | ① 7% 미군정청은 해방 직후인 1945년 9월 설치되었다.
② 21% 1948년 5월 10일 우리나라 최초의 보통 선거인 5·10 총선거가 실시되었다.
④ 6% 1943년 11월 카이로 회담이 개최되었고, (해방 이전 미, 영, 중 연합국들에 의해) 한국의 독립이 최초로 결의되었다.

2024 3월 23일 시행 국가직 9급 (㉮책형)

합격예상 체크

〈국가직 연도별 합격선〉

2024 합격기준

| 맞힌 개수 | /20문항 | 점수 | /100점 |

➡ □ 합격 □ 불합격

취약영역 체크

문항	정답	영역	문항	정답	영역
1	①	고대 > 정치	11	③	근현대 > 현대
2	②	중세 > 경제	12	①	고대 > 문화
3	③	근현대 > 개항기	13	④	근세 > 정치
4	④	근현대 > 개항기	14	③	근현대 > 일제 강점기
5	④	중세 > 정치	15	③	근현대 > 일제 강점기
6	④	근현대 > 개항기	16	④	중세 > 정치
7	③	근세 > 문화	17	①	근현대 > 일제 강점기
8	③	고대 > 정치	18	②	근현대 > 일제 강점기
9	①	근대 태동기 > 정치	19	②	중세 > 문화
10	②	단원 통합 > 시대별 군사 제도	20	④	근현대 > 일제 강점기

⬇ 영역별 틀린 개수로 취약영역을 확인하세요!

| 우리 역사의 기원 | –/0 | 고대 | /3 | 중세 | /4 | 근세 | /2 |
| 근대 태동기 | /1 | 근현대 | /9 | 통합 | /1 | | |

➡ **나의 취약영역**: _____

※ [정답해설]과 [오답해설] 선지의 50% 표시는 〈1초 합격예측 서비스〉를 통해 수집된 선지 선택률을 나타냅니다.

---

1 고대 > 정치 > 대가야   오답률 6%   답 ①

| **정답해설** | 후기 가야 연맹의 맹주가 된 '이 나라'는 대가야이다.
① 94% 대가야는 신라 진흥왕에 의해 멸망하였다(562).
| **오답해설** | ② 1% 백제 성왕은 사비로 천도하고 국호를 남부여로 바꿨다(538).
③ 3% 발해 선왕 때 지방 행정 구역을 5경 15부 62주로 나누었다.
④ 2% 고구려 장수왕은 평양으로 수도를 옮기고(427), 남진 정책을 추진하였다.
| **더 알아보기** | 대가야의 멸망

> 대가야가 모반하였다. 진흥왕은 이사부로 하여금 그들을 토벌케 하고, 사다함으로 하여금 이사부를 돕게 하였다. …(중략)… 이사부가 군사를 인솔하고 그곳에 도착하니, 그들이 일시에 모두 항복하였다. 공로를 평가하는데 사다함이 으뜸이었기에 왕이 좋은 밭과 포로 2백 명을 상으로 주었다.
> – 『삼국사기』 –

2 중세 > 경제 > 고려의 경제 상황   오답률 24%   답 ②

| **정답해설** | ② 76% 고려 성종 때 건원중보가 발행되었으나, 널리 이용되지 못하였다.

| **오답해설** | ① 15% 고구려 고국천왕 때 진대법이라는 구휼 제도를 시행하였다.
③ 7% 조선 후기에는 광산 경영 방식에서 덕대제가 유행하기 시작하였다.
④ 2% 조선 세종 때 정초 등에 의해 『농사직설』이 편찬되었다.

3 근현대 > 개항기 > 『조선책략』   오답률 41%   답 ③

| **정답해설** | 제시된 사료는 황쭌셴(황준헌)의 『조선책략』 중 일부이다. 제2차 수신사 김홍집이 일본에서 가져온 『조선책략』은 조·미 수호 통상 조약 체결의 배경이 되었다. 한편 ③ 59% 이만손 등 영남 유생들의 반발을 불러일으켰다(영남 만인소).

| **오답해설** | ① 13% 강화도 조약은 1876년 체결되었다. 한편 『조선책략』은 제2차 수신사 김홍집이 국내에 가지고 돌아와 고종에게 바쳤고(1880), 이후 필사본(筆寫本 – 책을 베껴 씀)이 다수 제작되어 전국에 유포되었다.
② 6% 흥선 대원군은 신미양요(1871) 이후 전국 각지에 척화비를 세웠다.
④ 22% 1881년 김윤식 등은 청에 영선사로 파견되었다. 이후 조선에 돌아온 영선사는 기기창(근대적 무기 제조 기구, 1883) 설치에 영향을 주었다.

| 4 | 근현대 > 개항기 > 임오군란 | 오답률 12% | 답 ④ |

| 정답해설 | 구식 군인은 1882년 임오군란을 일으켰다. 임오군란은 도시 하층민도 참여하였고, 흥선 대원군이 집권하는 계기가 되었다. 그러나 청의 개입으로 진압되었다. 임오군란 이후, 일본과는 제물포 조약이 체결되어 일본 공사관 보호를 명분으로 일본군이 주둔하게 되었으며, ④ 88% 조·청 상민 수륙 무역 장정이 체결되어 조선이 청의 속방임을 명문화하고, 청 상인의 내륙 진출이 허용되었다(청 상인의 내지 통상권 획득).

| 오답해설 | ① 4% 한성 조약은 갑신정변 이후, 조선과 일본 사이에 체결된 조약으로서 일본 공사관 신축 비용을 조선 정부가 부담한다는 내용을 담고 있다.

② 4% 톈진 조약은 갑신정변 이후, 청과 일본 사이에 체결된 조약으로서, 청군과 일본군은 조선에서 동시에 철군하고 두 나라 중 한 나라가 조선에 파병할 때는 상대방에 문서로 통보한다는 내용을 담고 있다(일본은 청과 조선에 대한 동등한 파병권 확보).

③ 4% 임오군란의 결과 일본과는 제물포 조약이 체결되어 일본 공사관 보호를 명분으로 일본군이 주둔할 수 있게 되었다.

| 5 | 중세 > 정치 > 위화도 회군 이후 역사적 사실 | 오답률 16% | 답 ④ |

| 정답해설 | 위화도 회군(1388) 이후 이성계 등은 최영을 제거하고 우왕을 폐위하였다. 우왕의 아들 창왕도 폐가입진(廢假立眞: 가짜 왕을 폐하고, 진짜 임금을 세우다.)을 명분으로 폐위하고 공양왕을 옹립하였다. ④ 84% 황산 대첩은 1380년(우왕 6년), 이성계 등이 전라도 지리산 부근 황산(荒山)에서 왜구를 격퇴한 전투이다.

| 오답해설 | ① 7% 조준 등 혁명파 신진 사대부는 전제 개혁을 통해 과전법을 공포하였다(1391).

② 4% 이방원은 온건파 신진 사대부 정몽주를 제거하였다(1392). 이후 공양왕의 양위를 받아 이성계가 새로운 왕으로 즉위하였다(조선 왕조의 개창).

③ 5% 이성계(태조)는 1394년 한양으로 도읍을 옮겼다.

| 6 | 근현대 > 개항기 > 장지연, 「시일야방성대곡」 | 오답률 36% | 답 ④ |

| 정답해설 | 제시된 사료는 1905년 을사늑약 직후 발표된 장지연의 「시일야방성대곡(是日也放聲大哭)」 중 일부이다. 당시 ④ 64% 장지연은 〈황성신문〉의 주필이었다.

| 오답해설 | ① 12% 〈한성순보〉는 1883년 박문국에서 발행된 우리나라 최초의 근대적 신문이다(1884년 갑신정변 직후 폐간).

② 11% 『한국통사』는 박은식이 1915년에 저술하였다.

③ 13% 신채호는 1908년에 〈대한매일신보〉를 통해 「독사신론」을 발표하였다.

| 7 | 근세 > 문화 > 『동국여지승람』 | 오답률 33% | 답 ③ |

| 정답해설 | 성종은 집현전을 계승한 홍문관을 설치하고 경연을 다시 열었으며, 훈구 세력을 견제하기 위해 사림 세력을 등용하였다.
③ 67% 『동국여지승람』은 성종 때 편찬된 인문 지리서이다.

| 오답해설 | ① 17% 『대전통편』은 정조 때 편찬된 법전이다.

② 9% 안정복의 『동사강목』은 1756년(영조 32년)~1758년(영조 34년)에 초고가 정리되었고, 1778년(정조 2년)에 완성되었다.

④ 7% 신경준은 1750년(영조 26년) 국어 음운서인 『훈민정음운해』를 편찬하였다.

| 8 | 고대 > 정치 > 김헌창의 난 | 오답률 27% | 답 ③ |

| 정답해설 | 웅천주 도독 김헌창은 ㄷ. (무열왕계 후손인) 아버지 김주원이 원성왕에게 밀려 왕위에 오르지 못한 것에 불만을 품고, 822년(헌덕왕 14년)에 반란을 일으켰다. ㄴ. 그는 국호를 장안(長安), 연호를 경운(慶雲)이라 하고, 무진주(현재의 광주)·완산주(현재의 전주)·청주(현재의 진주)·사벌주(현재의 상주)의 4개 지역 도독과 국원경(현재의 충주)·서원경(현재의 청주)·금관경(현재의 김해) 등의 관리들과 군·현 수령들의 항복을 받았고, 한때 충청·전라·경상 등지의 여러 지역이 이에 호응하였다.

| 오답해설 | ㄱ. 천민이 중심이 된 신분 해방적 성격을 가진 대표적 반란은 만적의 난(1198)이다.

ㄹ. 김지정의 난으로 혜공왕이 피살되면서 무열왕의 직계가 단절되고, 내물왕계가 다시 왕위를 차지하는 결과(선덕왕의 즉위, 780)를 가져왔다.

| 더 알아보기 | 김헌창의 난

> 헌덕왕 14년(822) 3월 웅천주 도독(熊川州都督) 헌창(憲昌)이 그의 아버지 주원(周元)이 왕이 되지 못한 것을 이유로 반란을 일으켜 나라 이름을 장안(長安)이라 하고 연호(年號)를 세워 경운(慶雲) 원년이라고 하였다. 무진(武珍)·완산(完山)·청주(菁州)·사벌(沙伐)의 네 주 도독과 국원경(國原京)·서원경(西原京)·금관경(金官京)의 사신(仕臣)과 여러 군현 수령을 위협하여 자기 소속으로 삼으려 하였다. 청주 도독 향영(向榮)은 몸을 빠져나와 추화군(推火郡)으로 달아났고, 한산주(漢山州)·우두주(牛頭州)·삽량주(歃良州)와 패강진(浿江鎭)·북원경(北原京) 등은 헌창의 반역 음모를 미리 알고 군사를 일으켜 스스로 지켰다.
>
> - 『삼국사기』 -

9. 근대 태동기 > 정치 > 병자호란 [오답률 42%] 답 ①

| 정답해설 | 제시된 사료는 청의 조선 공격을 암시하고 있다. 청은 1636년 병자호란을 일으켜 인조의 항복을 받아냈다. ① 58% 태종은 인조의 항복을 받고, 자기의 공덕을 자랑하기 위해 삼전도비(三田渡碑)를 세웠다.

| 오답해설 | ② 15% 이괄의 난은 인조반정 직후인 1624년에 발생하였다.
③ 21% 정묘호란(1627) 때 인조는 강화도로 피신하였다. 한편 병자호란 때 인조는 남한산성으로 피난하였다.
④ 6% 정묘호란 때 정봉수는 용골산성에서 항전하였다.

10. 단원 통합 > 시대별 군사 제도 [오답률 37%] 답 ②

| 정답해설 | 제시된 사건의 순서는 다음과 같다. (나) 통일 이후 신문왕 때 지방군으로 10정이 설치되었다. → (라) 고려 시대 중앙군은 2군 6위로 편성되었다. → (다) 조선 정조 때 친위 부대인 장용영이 설치되었다. → (가) 13도 창의군은 1907년 정미의병 때 편성되었다.

11. 근현대 > 현대 > 모스크바 3국 외상 회의 이후의 사실 [오답률 25%] 답 ③

| 정답해설 | 1945년 12월 개최된 모스크바 3국 외상 회의에서 미국, 영국, 소련의 외무 장관이 한국 문제를 논의하였다. 회의의 결과 한국에 민주주의적 임시 정부 수립과 이를 위한 미·소 공동 위원회의 설치, 미국, 영국, 중국, 소련의 최대 5년간의 신탁 통치 방안 등이 결정되었다. ③ 75% 조선 건국 준비 위원회는 1945년 8월 15일에 결성되었다.

| 오답해설 | ① 3% 1948년 5월 10일 우리나라 최초의 보통선거인 5·10 총선거가 시행되었다.
② 10% 좌·우 합작 위원회는 1946년 10월 좌·우 합작 7원칙을 발표하였다.
④ 12% 1948년 10월 반민족 행위 특별 조사 위원회(반민특위)가 구성되었다.

12. 고대 > 문화 > 미륵사지 석탑 [오답률 42%] 답 ①

| 정답해설 | 무왕의 왕비인 사택왕후는 미륵사지 석탑에 사리를 봉안하였다. 따라서 가람(= 사찰)은 미륵사이다. ① 58% 미륵사지 석탑은 목탑 양식이 반영된 석탑이다.

| 오답해설 | ② 17% 현재 국립 중앙 박물관 안에 있는 경천사지 10층 석탑과 탑골 공원 안에 있는 원각사지 10층 석탑은 모두 대리석으로 만든 10층 석탑이다.
③ 11% 충청남도 보령시에 있는 낭혜 화상 탑비는 성주산문을 일으킨 낭혜 화상(무염)의 생애를 기록한 탑비이다. 비문에 새겨진 글은 최치원의 4산 비문 중 하나이다.
④ 14% 경상북도 경주시에 있는 분황사지 석탑은 돌을 벽돌 모양으로 만들어 쌓은 모전 석탑이다.

13. 근세 > 정치 > 세조 [오답률 22%] 답 ④

| 정답해설 | 조선 세조 때 ㄴ. 집현전을 폐지하고, ㄹ. 6조 직계제를 시행하였다.

| 오답해설 | ㄱ. 태종 때 사병을 혁파하였다.
ㄷ. 성종 때 『경국대전』이 완성되었다.

14. 근현대 > 일제 강점기 > 대한민국 임시 정부 [오답률 38%] 답 ③

| 정답해설 | 제시된 사실의 순서는 다음과 같다. (다) 국민 대표 회의 개최(1923) → (가) 한인 애국단 창설(1931) → (나) 한국광복군 창설(1940) → (라) 주석·부주석제로 개헌(5차 개헌, 1944)

15. 근현대 > 일제 강점기 > 제1차 조선 교육령, 제2차 조선 교육령 사이의 역사적 사실 [오답률 36%] 답 ③

| 정답해설 | 제1차 조선 교육령(1911)과 제2차 조선 교육령(1922) 사이의 역사적 사실은 ③ 64% 1919년 일본에서 발표된 「2·8 독립 선언서」이다.

| 오답해설 | ① 19% 1924년 경성 제국 대학이 설립되었다.
② 12% 1886년 근대 교육 기관인 육영 공원이 설립되었다.
④ 5% 1904년 보안회의 주도로 일본의 황무지 개간권 반대 운동이 일어났다.

16. 중세 > 정치 > 현종 [오답률 45%] 답 ④

| 정답해설 | 제시된 자료는 고려 시대 강조의 정변을 서술하고 있다. 강조의 정변 결과 (가) 현종이 옹립되었다. 현종 때 거란의 침략을 부처의 도움을 통해 물리치려는 염원을 담아 ④ 55% (불교 경전을 집대성한) 초조대장경 조판이 시작되었다.

| 오답해설 | ① 15% 고려 숙종 때 윤관은 별무반 설치를 건의하였다.
② 17% 공민왕은 홍건적의 제2차 침략 때 복주(현재의 안동)로 피난하였다.
③ 13% 고려 성종 때(거란의 제1차 침략) 서희의 외교 담판으로 강동 6주 지역을 획득하였다.

17. 근현대 > 일제 강점기 > 6·10 만세 운동, 광주 학생 항일 운동 사이의 역사적 사실 [오답률 16%] 답 ①

| 정답해설 | (가) 1926년 6·10 만세 운동, (나) 1929년 광주 학생 항일 운동이다. 두 사건 사이의 역사적 사실은 ① 84% 1927년 신간회 창설이다.

| 오답해설 | ② 7% 진단 학회는 1934년에 창설되었다.
③ 3% 1923년 진주에서 조선 형평사가 창립되었다.
④ 6% 1907년 대구에서 국채 보상 운동이 시작되었다.

오답률 TOP 1

18 근현대 > 일제 강점기 > 1930년대의 역사적 사실
오답률 47% 답 ②

| **정답해설** | ② 53% 1938년 중국 관내에서 조선 의용대가 창설되었다.
| **오답해설** | ① 8% 1944년 국내 비밀 결사 조직인 조선 건국 동맹이 결성되었다.
③ 27% 연해주 지역에서 1914년에 대한 광복군 정부가 설립되었다.
④ 12% 1920년 서일을 총재로 하는 대한 독립 군단이 조직되었다.

19 중세 > 문화 > 고려 시대의 문화유산
오답률 40% 답 ②

| **정답해설** | 제시된 사료는 송나라 사신 서긍이 고려자기에 대한 우수성을 평가한 글이다(『고려도경』). ② 60% 구례 화엄사 각황전은 조선 후기의 불교 건축물이다.
| **오답해설** | ① 18% 안동 봉정사 극락전, ③ 16% 예산 수덕사 대웅전, ④ 6% 영주 부석사 무량수전은 고려 시대 주심포 양식 건축물이다.

20 근현대 > 일제 강점기 > 조선어 연구회
오답률 10% 답 ④

| **정답해설** | ④ 90% 1921년 창립된 조선어 연구회는 '가갸날'(현재의 한글날)을 제정하고(1926), 잡지 〈한글〉을 창간하였다(1927).
| **오답해설** | ① 6% 국문 연구소는 1907년에 대한 제국 학부(學部) 소속으로 설치되었던 한글 연구 기관이다.
② 2% 조선 광문회는 1910년에 최남선 등이 설립하여 우리의 고전(古典)을 연구하고, 간행하던 단체이다.
③ 2% 대한 자강회는 1906년에 설립된 애국 계몽 운동 단체이다.

2023 4월 8일 시행 국가직 9급 (나책형)

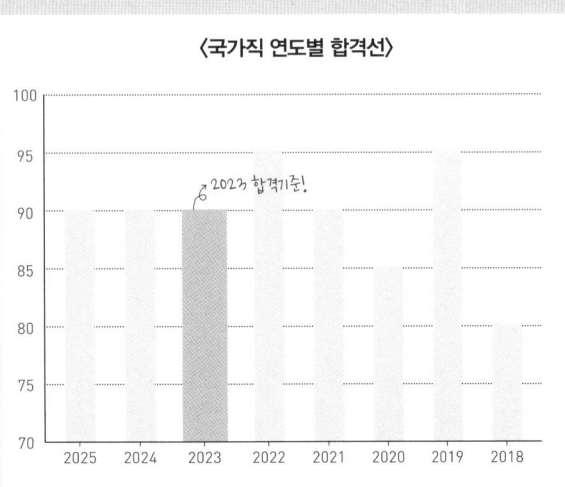

합격예상 체크

| 맞힌 개수 | /20문항 | 점수 | /100점 |

☐ 합격 ☐ 불합격

취약영역 체크

문항	정답	영역	문항	정답	영역
1	①	우리 역사의 기원과 형성 > 선사 시대	11	③	근현대 > 개항기
2	②	고대 > 정치	12	④	근현대 > 일제 강점기
3	③	중세 > 정치	13	④	근현대 > 현대
4	④	중세 > 정치	14	②	근대 태동기 > 정치
5	③	단원 통합 > 평양의 역사	15	①	근세 > 정치
6	③	고대 > 정치	16	④	근현대 > 일제 강점기
7	③	고대 > 정치	17	②	근현대 > 현대
8	①②	중세 > 문화	18	①	근현대 > 개항기
9	②	단원 통합 > 조선의 지도와 천문도	19	①	근현대 > 개항기
10	②	근대 태동기 > 경제	20	③	근현대 > 일제 강점기

⬇ 영역별 틀린 개수로 취약영역을 확인하세요!

| 우리 역사의 기원 | /1 | 고대 | /3 | 중세 | /3 | 근세 | /1 |
| 근대 태동기 | /2 | 근현대 | /8 | 통합 | /2 | | |

➡ 나의 취약영역: _____

※ [정답해설]과 [오답해설] 선지의 50% 표시는 〈에듀윌 합격예측 풀서비스〉를 통해 수집된 선지 선택률을 나타냅니다.

---

1 우리 역사의 기원과 형성 > 선사 시대 > 청동기 시대 오답률 13% 답 ①

| **정답해설** | 미송리식 토기, 팽이형 토기, 붉은 간 토기는 청동기 시대에 사용된 토기이다. ① 87% 비파형 동검은 청동기 시대의 유물이다.

| **오답해설** | ② 3% 오수전 등의 화폐는 초기 철기 시대 유물이다.
③ 6% 경기도 연천군 전곡리 유적에서 발견된 아슐리안형 주먹도끼는 구석기 시대 유물이다.
④ 4% 철기 시대 국가인 변한 및 가야에서는 철이 많이 생산되어 낙랑과 왜에 수출되었다.

2 고대 > 정치 > 고국천왕 오답률 12% 답 ②

| **정답해설** | ② 88% 제시된 사료는 고구려 고국천왕 때 실시된 진대법(194)에 관한 내용이다.

| **오답해설** | ① 5% 미천왕 때 낙랑군을 축출하였다(313).
③ 3% 백제 근초고왕의 평양성 공격 과정에서 고국원왕이 전사하였다(371).
④ 4% 고구려 광개토대왕은 우리나라 최초로 '영락(永樂)'이라는 연호를 사용하였다.

3 중세 > 정치 > 전민변정도감 오답률 16% 답 ③

| **정답해설** | 제시된 사료 중 '신돈', '도감의 설치'를 통해 (가)가 전민변정도감임을 알 수 있다. ③ 84% 공민왕 때 설치된 전민변정도감을 통해 권문세족들이 불법적으로 점유한 토지를 원래 주인에게 돌려주고, 불법적으로 노비가 된 사람들을 일반 양인으로 환원시켰다.

| **오답해설** | ① 5% 고려 시대 경시서는 시전의 물가를 감독하는 임무를 담당하였다.
② 7% 고려 시대 삼사는 국가 재정의 출납과 회계 업무를 담당하였다.
④ 4% 개경 환도(1270) 이후, 원종은 부족한 녹봉을 보충하고자 관료에게 녹과전을 지급하였다.

4 중세 > 정치 > 서희의 외교 담판 오답률 32% 답 ④

| **정답해설** | 제시된 사료는 거란의 1차 침략 당시(성종 12년, 993), 서희의 외교 담판 관련 내용이다. ④ 68% 서희는 거란 장군 소손녕과 담판하여 강동 6주를 획득하였다.

| **오답해설** | ① 3% 강조는 정변을 통해 목종을 폐위하고 현종을 옹립하였다(목종 12년, 1009).

② ③% 강감찬은 귀주에서 거란족을 크게 물리쳤다(거란의 3차 침략, 현종 10년, 1019).
③ 26% 예종 때 윤관은 별무반을 동원하여 여진족을 몰아내고 동북 9성을 축조하였다(예종 2년, 1107).

오답률 TOP 1

| 5 | 단원 통합 > 평양의 역사 | 오답률 61% | 답 ③ |

| 정답해설 | 장수왕은 남진 정책을 추진하기 위해 평양으로 천도하였고(427), 묘청은 서경(현재의 평양)으로 천도할 것을 주장하였다.
③ 39% 1866년 미국 상선 제너럴셔먼호가 대동강으로 들어와 평양 근처에서 통상을 요구하였다. 이들은 조선 정부의 퇴거 요청에 불응하면서 약탈과 살인을 저질렀다. 이에 평안도 관찰사 박규수와 평양 관민들의 공격으로, 제너럴셔먼호는 소실되었다(제너럴셔먼호 사건). 이 사건은 신미양요(1871)의 원인이 되었다.
| 오답해설 | ① 28% 몽골은 화주(현재의 함경남도 영흥군)에 쌍성총관부를 설치하였다(1258).
② 12% 망이·망소이는 공주 명학소에서 반란을 일으켰다(1176).
④ 21% 백정들에 대한 사회적 차별을 타파하기 위해 1923년 진주에서 조선 형평사가 결성되었다.

| 6 | 고대 > 정치 > 매소성 전투 이후의 사건 | 오답률 39% | 답 ③ |

| 정답해설 | 제시된 사료는 나당 전쟁 중 대표적 전투인 매소성 전투(675)이다. ㄴ. 신문왕 때 김흠돌이 반란을 일으켰고(681), ㄷ. 유학 교육 기관인 국학이 설립되었다(682).
| 오답해설 | ㄱ. 백제 직후 이후 웅진도독부가 설치되었다(660).
ㄹ. 백제 멸망 이후 복신, 도침 등은 부여풍과 함께 백제 부흥 운동을 일으켰다(660~663).

| 7 | 고대 > 정치 > 4~7세기 주요 사건 순서 나열 | 오답률 35% | 답 ③ |

| 정답해설 | 제시된 사건의 순서는 다음과 같다. (나) 미천왕, 서안평 점령(311) - (가) 지증왕, 우산국 복속(512) - (라) 법흥왕, 금관가야 병합(532) - (다) 의자왕, 신라의 대야성 점령(642)

| 8 | 중세 > 문화 > 고려의 문화유산 | 오답률 29% | 답 ①② |

| 정답해설 | ① 19% 황해도 사리원 성불사 응진전은 다포 양식의 건물이다. 이 문제는 '성불사 웅진전'으로 문제에 오타가 있는 채로 출제되어 복수 정답으로 인정되었다. '성불사 응진전'이 옳은 표기이다.
② 52% 월정사 팔각 9층 석탑은 송의 석탑을 모방하여 제작하였다.
| 오답해설 | ③ 20% 여주 고달사지 승탑은 통일 신라의 팔각원당형 양식을 계승하였다.
④ 9% 『직지심체요절』은 세계기록유산으로 등재된 현존하는 가장 오래된 금속활자본이다.

| 9 | 단원 통합 > 조선의 지도와 천문도 | 오답률 46% | 답 ② |

| 정답해설 | ② 54% 혼일강리역대국도지도는 태종 때 이회 등이 제작한 세계 지도이다. 권근의 『양촌집』에 의하면 중국에서 수입한 성교광피도와 혼일강리도를 기초로, 우리나라와 일본의 지도를 합쳐 제작하였다고 한다. 한편 곤여만국전도는 서양인 선교사 마테오 리치가 1602년(선조 35년) 명나라에서 제작한 세계 지도이며, 1603년(선조 36년) 중국에 파견된 조선의 사신 이광정 등을 통해 조선에 소개되었다.
| 오답해설 | ① 11% 대동여지도는 지리학자인 김정호가 제작한 지도이다(철종 12년, 1861). 산줄기, 물줄기, 포구, 도로망의 표시가 정밀하고, 거리를 알 수 있도록 10리마다 눈금을 표시하였다. 또한 기호를 사용해 지도에 더 많은 정보를 수록할 수 있었다. 휴대가 간편하였기 때문에 많은 사람들이 이용하였으며, 이 때문에 대량 제작이 가능하도록 목판으로 인쇄되었다.
③ 10% 천상열차분야지도는 1395년(태조 4년) 고구려의 천문도를 바탕으로 제작되었다. 하늘을 여러 구역으로 나누고, 별자리를 표시하여 당시 천문학 수준을 확인할 수 있다.
④ 25% 영조 때 정상기는 최초로 100리 척을 사용하여 동국지도를 제작하였다.

| 10 | 근대 태동기 > 경제 > 대동법 | 오답률 46% | 답 ② |

| 정답해설 | (가)는 대동법이다. ② 54% 균역법을 시행하면서 부족한 군포를 충당하기 위해 지주에게 결작(1결당 2두)을 부과하였다.
| 오답해설 | ① 16% 대동법이 실시되면서 상품 화폐 경제의 발달이 촉진되어 장시가 확대되었고, ④ 14% 국가의 필요 물품을 조달하는 공인이 등장하였다.
③ 16% 선조 때 이이, 유성룡 등은 방납의 폐단을 시정하기 위해 대공수미법을 주장하였으나 당시에는 받아들여지지 않았다. 이후 1608년(광해군 즉위년) 이원익의 건의로 경기도에서 처음으로 대동법이 시행되었다.

| 11 | 근현대 > 개항기 > 흥선 대원군 | 오답률 29% | 답 ③ |

| 정답해설 | 만동묘를 철폐하고, 서원 정리를 단행한 인물은 (가) 흥선 대원군이다. ③ 71% 흥선 대원군은 왕권을 강화하기 위해 비변사를 혁파하였다.
| 오답해설 | ① 10% 흥선 대원군은 환곡제를 폐지하고 지역 단위로 사창제를 실시하였다.
② 8% 흥선 대원군은 『대전회통』, 『육전조례』 등 법전을 편찬하여 왕권을 중심으로 통치 체제를 정비하고자 하였다.
④ 11% 흥선 대원군은 대외적으로는 통상 수교 거부 정책을 추진하였다.

오답률 TOP 2

12 근현대 > 일제 강점기 > 대한민국 임시정부 　오답률 59%　답 ④

| **정답해설** | 제시된 자료는 대한민국 임시의정원에서 발표한 「대한민국 임시 헌장」(1919. 4. 11.)이다. ④ 41% 전환국은 1883년(고종 20년) 설치된 화폐 주조 기구이다.

| **오답해설** | ① 8% 대한민국 임시정부는 독립운동 자금을 확보하기 위해 독립 공채를 발행하였다.
② 35% 대한민국 임시정부는 기관지로 〈독립신문〉을 발행하였다.
③ 16% 대한민국 임시정부는 국내의 정보 수집, 독립 자금 확보를 위해 연통부를 설치하였다.

| **더 알아보기** | 「대한민국 임시 헌장」 선서문

> 민국 원년(1919) 3월 1일 우리 대한민족이 독립을 선언한 뒤부터 남녀노소와 모든 계급과 모든 종파를 물론하고 일치단결하여 동양의 독일인 일본의 비인도적 폭행 하에서도 극히 공명하게, 극도의 수치를 인내하며 우리 민족의 독립과 자유를 갈망하는 참된 생각과 정의와 인도를 애호(愛好)하는 국민성을 표현한지라. 지금에 세계의 동정(同情)이 오롯이 모두 우리 국민에 집중하였다. 이러한 시기에 본 정부가 전 국민의 위임을 받아 조직되었으니 본 정부가 전 국민과 더불어 전심(專心)으로 서로 힘을 모아 임시헌법과 국제도덕(國際道德)의 명한 바를 준수하여 국토에 빛을 찾아 국가의 기초를 닦고 기틀을 굳건하게 세우는 대사명(大使命)을 이루려 함을 선서하노라.

13 근현대 > 현대 > 박정희 정부 　오답률 29%　답 ④

| **정답해설** | 제시된 사료는 1964년 박정희 대통령이 발표한 제1회 수출의 날 치사이다. ④ 71% 박정희 정부(제3공화국, 1963~1972 유신 이전)는 미국과 베트남 파병에 필요한 요건을 명시한 브라운 각서(1966)를 체결하였다.

| **오답해설** | ① 12% 대통령 직선제 개헌은 1차 개헌(1952, 발췌 개헌), 5차 개헌(1962, 국가재건 최고회의 주도), 9차 개헌(1987) 시기에 이루어졌다.
② 7% 3·1 민주 구국 선언(1976)은 유신 반대 운동의 대표적 사례이다.
③ 10% 대한민국 정부 수립 직후인 1948년 9월 반민족 행위 처벌법(반민법)이 제정되었고, 이를 근거로 반민족 행위 특별 조사 위원회가 구성되었다(1948. 10., 이승만 정부).

| **더 알아보기** | 제1회 수출의 날 치사(1964.12.5.)

> 우리나라 수출 무역에 있어서 역사적인 기점을 마련한 오늘을 수출의 날로 정하여 널리 기념하게 된 것은 자립 경제의 근간이 되는 수출 증대의 앞날을 위하여서는 참으로 뜻 깊은 일로 여기는 바입니다. …(중략)…
> 한편 수출 무역에 있어서 양적인 면에서만 진전을 보았을 뿐만 아니라, 근래에 와서는 국내 산업이 발전함에 따라 공업품 수출이 현저하게 증대되었습니다. 그리하여 후진적인 수출 구조에서 점차로 고도화된 수출 구조로 개선되어 가고 있어, 우리나라 수출 무역의 장래를 밝게 해주고 있음은 매우 고무적인 사실이 아닐 수 없습니다. …(중략)…
> 그러므로, 앞으로 우리는 지난날과 같이 농수산물 및 광산물과 같은 자연자원 수출에만 치중할 것이 아니라, 우리 국민이 선천적으로 타고난 재질과 저렴하고 풍부한 노동력을 최대한으로 활용하여 다각적인 생산 활동을 벌여 나가야 합니다. 특히 노동집약적인 산업을 육성시키고 여기서 만들어지는 공산품 수출을 진흥시키는 데 더욱 노력할 것을 아울러 요망해 두고자 합니다.
> 끝으로 오늘 제1회 수출의 날 기념식에 즈음하여 상공 당국이나 대한무역진흥공사가 이룩한 업적을 높이 찬양하고, 또 관계관 여러분의 노고를 치하하면서 이 뜻 깊은 날이 자립 경제를 촉성하는 또 하나의 계기가 될 것을 기원하는 바입니다.

14 근대 태동기 > 정치 > 남인 　오답률 52%　답 ②

| **정답해설** | 제시된 사료는 예송논쟁 당시 자의 대비의 3년 상복을 주장했던 남인 허목의 상소이다. ㄱ. 남인은 기사환국(숙종 15년, 1689)으로 정권을 장악하였다.
ㄷ. 정조 때 채제공, 정약용 등 일부 남인이 등용되면서 탕평 정치의 한 축을 이루었다.

| **오답해설** | ㄴ. 서인은 인조반정을 주도하여 집권 세력이 되었다.
ㄹ. 서인은 이이와 성혼의 문인들을 중심으로 형성되었다.

15 근세 > 정치 > 삼포왜란, 임진왜란 사이의 역사적 사실 　오답률 38%　답 ①

| **정답해설** | ① 62% (가) 삼포왜란(중종 5년, 1510)과 (다) 임진왜란(선조 25년, 1592) 사이의 역사적 사실은 을사사화(명종 즉위년, 1545)이다.

| **오답해설** | ② 17% 『경국대전』은 1476년(성종 7년)에 완성되어, 1485년(성종 16년)에 반포되었다.
③ 12% 『향약집성방』은 1433년(세종 15년)에 편찬되었다.
④ 9% 갑인자는 1434년(세종 16년)에 주도된 금속활자이다.

16 근현대 > 일제 강점기 > 회사령 시행 시기의 사실 　오답률 31%　답 ④

| **정답해설** | 제시된 사료는 1910년 공포된 회사령이다. 회사령이 시행된 시기는 1910~1920년까지이다. ④ 69% 1911년 제1차 조선 교육령에서는 보통학교 수업 연한을 4년으로 정했다.

| **오답해설** | ① 8% 산미 증식 계획은 1920년 시작되어 1934년 중단되었다.
② 10% 1938년 국가총동원법이 제정되었다.
③ 13% 남면북양 정책은 일제가 1930년대 초 전쟁 수행을 위해 추진한 공업원료 증산정책으로, 남쪽에서는 면화 재배, 북쪽에서는 면양 사육이 이루어졌다.

17 근현대 > 현대 > 유엔 소총회 결의안 이후의 사실 　오답률 28%　답 ②

| **정답해설** | 제시된 사료는 유엔 소총회에서 채택된 남한만의 총선거 결의안(1948. 2. 26.)이다. ② 72% 유엔 소총회 결의안 결정 이후, 1948년 5·10 총선거가 실시되었다.

| **오답해설** | ① 5% 미군은 한반도 남쪽에 진주한 후, 1945년 9월 9일 조선 총독 아베 노부유키(阿部信行)로부터 공식적으로 항복을

받았다. 이후 아놀드(Arnold, A. V.) 소장을 군정장관에 임명한 뒤, 9월 20일 군정청의 성격·임무·기구 및 국·과장급 인사를 발표하면서 본격적인 미군정 통치가 시작되었다.

③ 13% 1946년 7월 여운형, 김규식을 중심으로 좌우 합작 위원회가 구성되었다.

④ 10% 1946년 3월, 1947년 5월, 두 차례의 미·소 공동 위원회가 개최되었다.

| 더 알아보기 | 유엔 소총회에서 채택된 남한만의 총선거 결의안(1948. 2. 26.)

소총회(小總會)는 국제연합 한국임시위원단(國際聯合韓國臨時委員團) 의장이 표명한 여러 의견을 명심하며, …(중략)… 한국 인민의 자유와 독립이 조속히 달성되도록 국제연합 한국임시위원단과 더불어 상의할 수 있을 한국 인민의 대표를 선출하고, 그 한국 인민의 대표가 국회를 구성하여 한국의 중앙 정부를 수립할 수 있도록 선거를 시행함이 긴요하다고 사료하므로, …(중략)… 국제연합 한국임시위원단이 접근할 수 있는 지역에서 결의문 제2호에 기술된 계획을 시행함이 동 위원단에 부과된 임무임을 결의한다.

---

18 근현대 > 개항기 > 강화도 조약, 조청 상민 수륙 무역 장정 사이의 사실 오답률 28% 답 ①

| 정답해설 | (가)는 1876년 체결된 강화도 조약, (나)는 1882년 체결된 조청 상민 수륙 무역 장정이다. 따라서 1876년과 1882년 사이의 역사적 사실을 고르는 문제이다. ① 72% 강화도 조약(1876. 2. 3.) 이후, 조·일 수호 조규 부록(1876. 7. 6.)이 체결되면서 개항장에서는 일본 화폐가 통용되었다.

| 오답해설 | ② 7% 1896년 러시아는 압록강 유역의 삼림 채벌권을 획득하였다.

③ 9% 1898년 시전 상인들은 황국 중앙 총상회를 조직하여 상권 수호 운동을 전개하였다.

④ 12% 1889년 함경도 관찰사 조병식의 방곡령에 불복하여 일본 상인이 손해 배상을 요구하였다.

---

19 근현대 > 개항기 > 홍범 14조 오답률 47% 답 ①

| 정답해설 | 밑줄 친 14개 조목은 홍범 14조(1894. 12.)이다. ㄱ. 탁지아문에서 조세 부과, ㄴ. 왕실과 국정 사무의 분리는 홍범 14조의 내용에 해당한다.

| 오답해설 | ㄷ. 지계 발급을 위한 지계아문 설치(1901)는 광무개혁의 내용이다.

ㄹ. 대한 천일 은행은 1899년 설립되었다.

| 더 알아보기 | 홍범 14조

1. 청나라에 의존하는 생각을 끊어 버리고 자주독립의 기초를 튼튼히 세운다.
2. 왕실 규범을 제정하여 왕위 계승 및 종친(宗親)과 외척(外戚)의 본분과 의리를 밝힌다.
3. 대군주는 정전(正殿)에 나와서 일을 보되 정무는 직접 대신들과 의논하여 재결하며, 왕비나 후궁, 종친이나 외척은 정사에 관여하지 못한다.
4. 왕실 사무와 국정 사무는 반드시 분리해 서로 뒤섞지 않는다.
5. 의정부와 각 아문(衙門)의 직무와 권한을 명백히 제정한다.
6. 인민의 조세는 모두 법령으로 정한 비율에 따르고, 함부로 명목을 더 만들어 과도하게 징수할 수 없다.
7. 조세의 과세와 경비 지출은 모두 탁지아문(度支衙門)에서 담당한다.
8. 왕실 비용을 솔선하여 절약함으로써 각 아문과 지방 관청의 모범이 되도록 한다.
9. 왕실 비용과 각 관청 비용은 1년 예산을 미리 정하여 재정 기초를 튼튼히 세운다.
10. 지방 관제를 서둘러 개정하여 지방 관리의 권한을 한정한다.
11. 나라 안의 총명하고 재주 있는 젊은이들을 널리 파견하여 외국의 학술과 기예를 전수하여 익힌다.
12. 장관(將官)을 교육하고 징병법을 적용하여 군사제도의 기초를 확립한다.
13. 민법과 형법을 엄격하고 명백히 제정하여 함부로 감금하거나 징벌하지 못하게 하여 인민의 생명과 재산을 보호한다.
14. 인재를 등용하는 데 문벌에 구애되지 말고, 관리를 구함에 있어서 조정과 민간에 두루 걸침으로써 인재 등용의 길을 넓힌다.

오답률 TOP3

20 근현대 > 일제 강점기 > 만주 사변, 태평양 전쟁 사이의 사실 오답률 56% 답 ③

| 정답해설 | 만주 사변(1931)과 태평양 전쟁(1941. 12.) 사이의 역사적 사실을 고르는 문제이다. ③ 44% 〈제국신문〉은 1898년 창간되었다가 1910년 폐간되었다.

| 오답해설 | ① 18% 초등 교육 기관인 '소학교' 명칭은 제3차 조선 교육령이 공포된 1938년부터 사용되다가 1941년 '국민학교'로 개칭되었다.

② 12% 황국 신민 서사는 1937년 제정되었다.

④ 26% 한국 독립군이 주도한 쌍성보 전투는 1932년에 일어났다.

2022

4월 2일 시행 국가직 9급 (㉮책형)

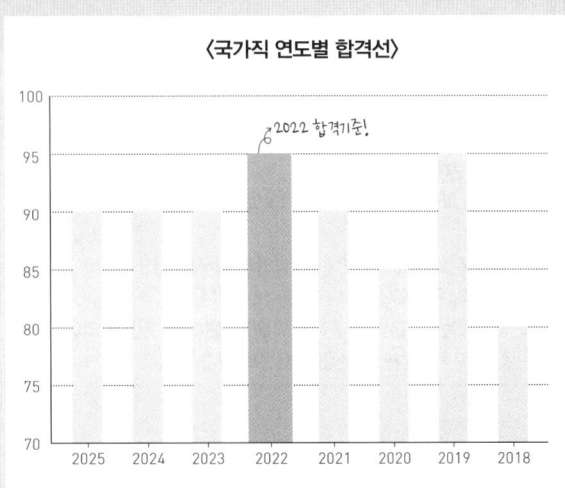

문항	정답	영역	문항	정답	영역
1	①	우리 역사의 기원과 형성 > 국가의 형성	11	①	근현대 > 일제 강점기
2	③	고대 > 문화	12	④	근현대 > 현대
3	④	근세 > 정치	13	①	근현대 > 현대
4	①	근현대 > 일제 강점기	14	②	근현대 > 개항기
5	②	고대 > 문화	15	①	고대 > 정치
6	③	고대 > 정치	16	②	중세 > 문화
7	④	단원 통합 > 조선 시대 왕들의 업적	17	②	근현대 > 개항기
8	②	근세 > 정치	18	③	중세 > 정치
9	③	단원 통합 > 『삼국사기』, 『발해고』	19	②	중세 > 경제
10	③	근대 태동기 > 문화	20	④	근현대 > 개항기

▶ 영역별 틀린 개수로 취약영역을 확인하세요!

| 우리 역사의 기원 | /1 | 고대 | /4 | 중세 | /3 | 근세 | /2 |
| 근대 태동기 | /1 | 근현대 | /7 | 통합 | /2 | | |

▶ 나의 취약영역: _____

※ [정답해설]과 [오답해설] 선지의 50% 표시는 〈에듀윌 합격예측 풀서비스〉를 통해 수집된 선지 선택률을 나타냅니다.

---

1 우리 역사의 기원과 형성 > 국가의 형성 > 옥저
오답률 21% 답 ①

| **정답해설** | 제시된 사료 중 "가족 공동 무덤"을 통해 옥저에 대한 내용임을 알 수 있다. ① 79% 옥저에는 민며느리제라는 혼인 풍습이 있었다.

| **오답해설** | ② 5% 부여에서는 제가(諸加)가 별도로 사출도를 다스렸다.
③ 7% 삼한에서는 제사장인 천군과 신성 구역인 소도가 있었다.
④ 9% 동예에서는 매년 10월에 무천이라는 제천 행사가 개최되었다.

2 고대 > 문화 > 유네스코 세계 유산
오답률 40% 답 ③

| **정답해설** | ③ 60% 부여 능산리 고분군은 굴식 돌방무덤 형태가 일반적이다. 계단식 돌무지무덤은 백제 한성 시대의 서울 석촌동 고분군이 대표적이다.

| **오답해설** | ① 12% 익산 미륵사지 석탑은 목탑 양식이 반영된 석탑이다.
② 16% 부여 정림사지 5층 석탑은 목탑 양식의 석탑으로, 한때 '평제탑'이라고 잘못 불리기도 하였다.
④ 12% 무령왕릉에서 무령왕과 왕비의 지석(매지권)이 발견되었다.

3 근세 > 정치 > 조선 시대의 관청
오답률 26% 답 ④

| **정답해설** | ④ 74% 승정원은 왕의 비서 기관으로 국왕의 명령을 출납하였다.

| **오답해설** | ① 8% 사간원에서는 간쟁을 담당하였다. 예문관에서 왕의 교지를 작성하였다.
② 8% 한성부에서는 수도의 행정 및 치안을 담당하였다. 춘추관에서 시정기를 편찬하였다.
③ 10% 춘추관은 역사 편찬 기구이다. 승문원에서 외교 문서를 작성하였다.

4 근현대 > 일제 강점기 > 대한민국 임시 정부
오답률 42% 답 ①

| **정답해설** | 3·1 운동 직후 (가) 대한민국 임시 정부가 수립되었다.
① 58% 대한민국 임시 정부는 미국에 구미 위원부를 설치하여 이승만을 중심으로 외교 활동을 전개하였다.

| **오답해설** | ② 20% 독립 의군부는 고종의 밀명을 받아 임병찬이 설립(1912)한 비밀 결사이다.
③ 9% 13도 창의군의 이인영, 허위 등은 1908년에 서울 진공 작전을 추진하였으나 실패하였다.

④ 13% 1904년에 영국인 베델, 양기탁 등은 〈대한매일신보〉를 창간하였다.

| 5 | 고대 > 문화 > 의상과 자장 | 오답률 35% | 답 ② |

| 정답해설 | (가) 의상, (나) 자장과 관련된 내용이다. ② 65% 의상은 「화엄일승법계도」를 통해 화엄 사상의 핵심을 제시하였다.
| 오답해설 | ① 15% 원효는 모든 것이 한마음에서 나온다는 일심 사상을 제시하였다.
③ 10% 혜초는 인도를 순례한 후 『왕오천축국전』이라는 여행기를 남겼다.
④ 10% 고려 시대의 승려인 의천은 이론과 실천을 같이 강조하는 교관겸수를 제시하였다.

| 6 | 고대 > 정치 > 발해 무왕 | 오답률 31% | 답 ③ |

| 정답해설 | 제시된 사료 중 고왕(대조영)의 아들이며 연호를 인안(仁安)으로 고쳤다는 내용을 통해 (가)가 발해 무왕임을 알 수 있다.
③ 69% 무왕은 장문휴를 시켜 당의 산둥성 등주를 선제공격하였다.
| 오답해설 | ① 7% 문왕은 중경에서 상경으로 천도하였으며(이후 동경으로 천도), 성왕(재위 793~794)은 동경에서 상경으로 천도하였다.
② 20% 선왕 이후 발해는 '해동성국'이라고 불릴 만큼 전성기를 이루었다.
④ 4% 고왕(대조영)은 고구려 유민과 말갈족을 이끌고 동모산에서 발해를 건국하였다(698).

| 7 | 단원 통합 > 조선 시대 왕들의 업적 | 오답률 45% | 답 ④ |

| 정답해설 | (가) 성종(『경국대전』 완성), (나) 영조(『속대전』), (다) 정조(『대전통편』), (라) 고종(흥선 대원군 섭정 시기, 『대전회통』)이다.
④ 55% 삼정이정청은 박규수(진주 민란 당시 안핵사)의 건의로 철종 때인 1862년에 설치되었다.

| 8 | 근세 > 정치 > 기묘사화 | 오답률 25% | 답 ② |

| 정답해설 | ② 75% 조광조의 급진적인 개혁 정책은 1519년(중종 14) 기묘사화의 원인이 되었다.
| 더 알아보기 | 사화(士禍)의 발생과 붕당의 형성

왕	내용
성종	훈구 세력 견제를 위해 사림 중용 → 3사의 언관직에 임명
연산군	• 김종직의 '조의제문' 원인, 김일손 등 사림 세력 축출 → 무오사화 • 연산군의 생모 폐비 윤씨 사건 → 갑자사화
중종	조광조 중용 → 현량과 실시, 위훈 삭제 주장 → 기묘사화
명종	외척(대윤, 소윤)의 권력 다툼 → 을사사화
선조	사림의 정국 주도 → 이조 전랑직 문제로 동인과 서인으로 분열(붕당의 형성)

| 9 | 단원 통합 > 『삼국사기』, 『발해고』 | 오답률 33% | 답 ③ |

| 정답해설 | (가)는 『삼국사기』, (나)는 『발해고』이다. ③ 67% 『발해고』는 신라와 발해의 역사를 대등하게 인식하고(기존 역사서와 비교했을 때 발해의 역사를 강조함), 우리 역사의 범위를 발해의 영토였던 요동·만주 지역까지 확대하였다.
| 오답해설 | ① 6% 동명왕의 업적을 칭송한 영웅 서사시는 이규보의 「동명왕편」이다.
② 9% 일연의 『삼국유사』는 불교를 중심으로 고대 설화를 수록한 사서이다.
④ 18% 고조선에서 고려까지의 역사를 체계적으로 정리한 대표적 역사서로는 『동국통감』, 『동사강목』 등이 있다.

오답률 TOP 1
| 10 | 근대 태동기 > 문화 > 박지원 | 오답률 67% | 답 ③ |

| 정답해설 | 제시된 사료는 박지원의 한전론(토지 소유의 상한선 설정)이다. ③ 33% 박지원은 청에 다녀온 경험을 바탕으로 『열하일기』를 저술하였다.
| 오답해설 | ① 16% 『반계수록』은 유형원의 저서이다.
② 22% 『성호사설』은 이익의 저서이다.
④ 29% 『목민심서』는 정약용의 저서이다.

| 11 | 근현대 > 일제 강점기 > 무단 통치 시기 | 오답률 24% | 답 ① |

| 정답해설 | 일제가 한국을 병합한 직후부터 3·1 운동까지를 무단 통치 시기(헌병 경찰 통치 시기, 1910년대)라고 부른다. ① 76% 일제는 1912년 토지 조사령을 공포하여 토지 조사 사업의 법적 근거를 마련하였다.
| 오답해설 | ② 12% 일제는 1939년에 조선 민사령을 개정하여 창씨개명에 대한 법적 근거를 마련한 후 1940년 2월부터 시행하였다.
③ 7% 일제는 1941년에 국민학교령을 제정·공포하여 (심상)소학교를 국민학교로 변경하였다.
④ 5% 일제는 1938년에 국가 총동원법을 제정하였다.

| 12 | 근현대 > 현대 > 김구 | 오답률 38% | 답 ④ |

| 정답해설 | 한국 국민당, 한국 독립당(한국 국민당+한국 독립당+조선 혁명당, 1940년 통합)을 이끌었고, 해방 이후 김규식과 함께 남북 협상(1948. 4.)에 참여한 인물은 김구이다. ④ 62% 모스크바 3국 외상 회의 결정 사항이 국내에 알려지자, 김구는 신탁 통치 반대 국민 총동원 위원회(1945. 12. 28.)를 결성하고 신탁 통치 반대 운동을 전개하였다.
| 오답해설 | ① 16% 여운형과 김규식은 좌우 합작 위원회를 구성하고(1946. 7.), 좌우 합작 7원칙을 발표하였다(1946. 10.).
② 14% 여운형은 광복 직후 안재홍 등과 함께 조선 건국 준비 위원회를 조직하였다.
③ 8% 박용만은 1914년에 하와이에서 대조선 국민 군단을 결성하였다.

| 13 | 근현대 > 현대 > 제헌 국회 | 오답률 33% | 답 ① |

| **정답해설** | 제헌 국회는 1948년에 5·10 총선거를 통해 구성되었고(1948. 5. 31.), 1950년 5월 30일까지 2년 동안 활동하였다. ① 67% 제헌 국회는 반민족 행위 처벌법을 제정하고(반민법, 1948. 9.), 반민족 행위 특별 조사 위원회(반민특위, 1948. 10.)를 구성하였다.
| **오답해설** | ② 6% 한·일 기본 조약(한·일 협정)은 1965년에 체결되었다.
③ 11% 남과 북은 1972년 7·4 남북 공동 성명을 발표하여 조국 통일 3대 원칙(자주·평화·민족 대단결)에 합의하였다.
④ 16% 통일 주체 국민 회의를 통해 대통령을 선출한다는 내용의 개헌안은 1972년에 제정되었다(7차 개헌, 유신 헌법).

| 14 | 근현대 > 개항기 > 흥선 대원군 | 오답률 22% | 답 ② |

| **정답해설** | 밑줄 친 '그'는 흥선 대원군이며, 1863년부터 1873년까지 섭정하였다. ② 78% 흥선 대원군은 신미양요(1871) 이후 전국 각지에 척화비를 세우도록 하였다.
| **오답해설** | ① 9% 고종은 1883년에 미국에 보빙사를 파견하였다.
③ 4% 숙종 때 조선과 청의 국경을 명확히 하고자 백두산정계비를 세웠다(1712).
④ 9% 고종은 개화 정책을 추진하기 위해 1880년 통리기무아문을 설치하였고, 그 아래에 12사를 두었다.

| 15 | 고대 > 정치 > 장수왕 | 오답률 36% | 답 ① |

| **정답해설** | 제시된 사료 중 "개로왕", "백제를 치려고" 등을 통해 밑줄 친 '이 왕'이 장수왕임을 알 수 있다. ① 64% 장수왕은 남하 정책을 추진하기 위해 국내성에서 평양으로 천도하였다(427).
| **오답해설** | ② 10% 고국천왕은 을파소의 건의를 받아들여 진대법을 처음 시행하였다(194).
③ 10% 미천왕은 낙랑군을 축출하였다(313).
④ 16% 광개토대왕은 신라에 침입한 왜군을 낙동강 유역에서 물리쳤다(400).

오답률 TOP 2
| 16 | 중세 > 문화 > 안동 봉정사 극락전 | 오답률 55% | 답 ② |

| **정답해설** | ② 45% 현존하는 가장 오래된 목조 건축물인 안동 봉정사 극락전은 주심포 양식의 맞배지붕 건물로, 기둥에는 배흘림 양식이 반영되어 있다.
| **더 알아보기** | 고려 시대 주심포 양식 건축물

구분	문화유산	특징
안동 봉정사 극락전		• 현존 최고(最古)의 목조 건물 • 배흘림 양식 • 맞배지붕
영주 부석사 무량수전		• 배흘림 양식 • 팔작지붕
예산 수덕사 대웅전		• 배흘림 양식 • 맞배지붕

| 17 | 근현대 > 개항기 > 독립 협회 | 오답률 32% | 답 ② |

| **정답해설** | 제시된 자료 중 "서재필", "만민 공동회" 등을 통해 (가)가 독립 협회임을 알 수 있다. ② 68% 독립 협회는 사대(事大)를 상징했던 영은문 자리에 독립문을 세웠다.
| **오답해설** | ① 8% 고종은 1895년에 「교육 입국 조서」를 반포하였다.
③ 19% 고종은 1894년에 「홍범 14조」를 반포하였다.
④ 5% 국채 보상 운동은 1907년에 김광제·서상돈의 주도로 대구에서 시작되었다.

| 18 | 중세 > 정치 > 원 간섭기 | 오답률 36% | 답 ③ |

| **정답해설** | 무신정권의 몰락(1270, 원종의 개경 환도)부터 공민왕의 즉위(1351) 이전까지는 원 간섭기에 해당한다. ③ 64% 쌍성총관부 수복은 공민왕 즉위 이후인 1356년(공민왕 5)에 이루어졌다.
| **오답해설** | ① 12% 충선왕은 상왕으로 물러난 후 원의 수도인 연경에 만권당을 설립하였다(1314, 충숙왕 1).
② 11% 정동행성은 여·몽 연합군의 2차 일본 정벌 당시에 설치되었다(1280, 충렬왕 6).
④ 13% 1287년(충렬왕 13)에 이승휴가 『제왕운기』를 편찬하였다.

오답률 TOP 3
| 19 | 중세 > 경제 > 고려의 경제 | 오답률 50% | 답 ② |

| **정답해설** | 제시된 자료는 고려 시대의 농업 발전에 대한 내용이다. ② 50% 조선 후기에 대동법이 시행되면서 공물 부과 기준이 가호(家戶)에서 토지로 바뀌었다.

| 20 | 근현대 > 개항기 > 신미양요와 갑오개혁 사이의 역사적 사실 | 오답률 32% | 답 ④ |

| **정답해설** | 신미양요는 1871년, 갑오개혁은 1894년의 일이다.
④ 68% 1882년에 조·미 수호 통상 조약이 체결되었다.
| **오답해설** | ① 9% 1905년에 을사늑약이 체결되었다.
② 7% 1907년에 정미의병이 발생하였다.
③ 16% 1868년에 오페르트의 남연군 묘 도굴 미수 사건이 발생하였다.

2021 4월 17일 시행 국가직 9급 (㉯책형)

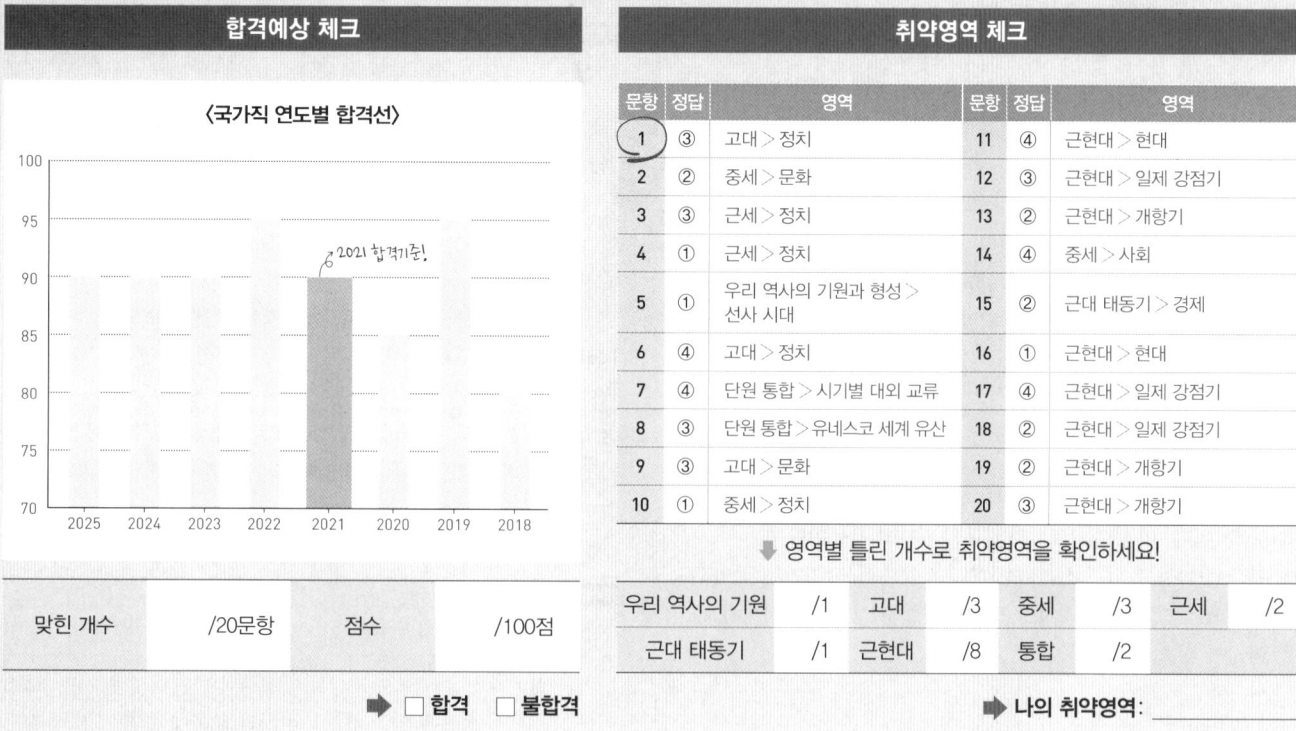

※ [정답해설]과 [오답해설] 선지의 50% 표시는 〈1초 합격예측 서비스〉를 통해 수집된 선지 선택률을 나타냅니다.

---

1 고대 > 정치 > 유리왕   오답률 23%   답 ③

| 정답해설 | 제시된 시가는 고구려 유리왕(재위 B.C. 19~A.D. 18)이 지은 「황조가」이다. ③ 77% 유리왕은 졸본에서 국내성으로 천도하였다(A.D. 3).

| 오답해설 | ① 7% 고국천왕은 을파소의 건의를 받아들여 진대법을 시행하였다(194).
② 10% 미천왕은 낙랑군을 축출하였다(313).
④ 6% 소수림왕은 율령을 반포하여(373) 중앙 집권 체제를 강화하였다.

---

2 중세 > 문화 > 안향   오답률 24%   답 ②

| 정답해설 | 밑줄 친 '유학자'는 회헌 안향이다. 조선 중종 때 풍기군수 주세붕은 백운동 서원을 세우고, 안향(호-회헌)의 제사를 지냈다(안향 봉사). ② 76% 안향은 원 간섭기인 충렬왕 때 성리학을 국내에 최초로 소개하였다.

| 오답해설 | ① 7% 이이는 해주향약, 서원향약을 보급하였다.
③ 14% 이황은 어린 나이에 왕위에 오른 선조가 성군이 될 수 있도록 군왕의 도에 관한 학문의 요체를 도식으로 설명한 『성학십도』를 저술하여 왕에게 바쳤다.

④ 3% 신숙주는 성종 때 일본의 동정을 담은 『해동제국기』를 저술하였다.

---

3 근세 > 정치 > 세조   오답률 26%   답 ③

| 정답해설 | 현재 탑골 공원에는 '원각사지 10층 석탑'이 있다. 이 탑은 조선 세조 때 설립되었고, 고려 충목왕 때 건립된 경천사지 10층 석탑의 영향을 받았다고 평가된다. ③ 74% 세조는 6조 직계제를 실시하여 국왕 중심의 정치 체제를 구축하였다.

| 오답해설 | ① 6% 문종 때 우리나라 대외 전쟁사를 정리한 『동국병감』이 편찬되었다.
② 9% 성종 때 서거정 등은 『동문선』을 편찬하였다.
④ 11% 태종은 개경에서 한양으로 다시 천도하면서 경복궁 동쪽에 이궁(離宮)인 창덕궁을 창건하였다.

| 4 | 근세 > 정치 > 조광조 | 오답률 27% | 답 ① |

| 정답해설 | 제시된 사료에서 "천거", "한(漢)나라의 현량과와 방정과" 등을 통해 (가) 조광조의 현량과 실시와 관련된 내용임을 알 수 있다. ① 73% 조광조의 급진적 개혁에 대한 공신들의 반발로 조광조 등 사림 세력은 탄압받았다(기묘사화, 1519).
| 오답해설 | ② 18% 김일손은 그의 스승인 김종직의 「조의제문」을 사초(史草)에 실었는데, 이것이 문제가 되어 무오사화(연산군 4, 1498)가 발생하였다.
③ 4% 명종 즉위 이후 윤원형(문정왕후의 남동생) 등 소윤 세력은 문정왕후의 수렴청정을 지지하였다.
④ 5% 연산군의 생모 윤씨를 폐비하는 데 동조했던 사람들이 갑자사화(연산군 10, 1504) 때 희생되었다.

| 5 | 우리 역사의 기원과 형성 > 선사 시대 > 신석기 시대 | 오답률 36% | 답 ① |

| 오답해설 | ㄷ. 공주 석장리 유적은 남한 최초로 발견된 구석기 시대 유적지이다. 미송리식 토기는 청동기 시대의 유물이다.
ㄹ. 부산 동삼동 유적은 신석기 시대 유적이다. 아슐리안형 주먹도끼는 구석기 시대 유적지인 경기도 연천군 전곡리 유적에서 동아시아 최초로 발견되었다.

| 6 | 고대 > 정치 > 5세기 말~6세기 중반 신라 | 오답률 32% | 답 ④ |

| 정답해설 | (가)는 백제 웅진 천도(문주왕, 475)와 사비 천도(성왕, 538) 사이 시기이다. ④ 68% 법흥왕 때 이차돈의 순교를 계기로 불교를 공인하였다(527).
| 오답해설 | ① 12% 진흥왕은 562년에 대가야를 정복하였다.
② 9% 진흥왕은 함경남도까지 진출한 후 황초령 순수비를 세웠다(568).
③ 11% 진흥왕 때 거칠부가 역사서인 『국사』를 편찬하였다(545).

| 7 | 단원 통합 > 시기별 대외 교류 | 오답률 28% | 답 ④ |

| 정답해설 | ④ 72% 조선 후기에는 중강개시와 책문후시를 통해 청과 교류하였다.

| 8 | 단원 통합 > 유네스코 세계 유산 | 오답률 36% | 답 ③ |

| 오답해설 | ㄹ. 역대 왕의 훌륭한 언행을 『실록』에서 뽑아 만든 사서는 『국조보감』이다.
| 더 알아보기 | 삼보 사찰

삼보 사찰은 경남 양산시의 통도사(通度寺), 경남 합천군 해인사(海印寺), 전남 순천시의 송광사(松廣寺)이다. 통도사는 자장이 646년에 창건하면서 당에서 가지고 온 불사리(부처님의 진신사리)를 금강계단 불사리탑에 봉안하여 불보사찰(佛寶寺刹)이 되었고, 해인사는 조선 건국 이후 강화도 선원사(禪源寺)의 고려대장경(팔만대장경, 재조대장경)을 옮겨와 보관하면서 법보사찰(法寶寺刹)이 되었다. 한편 송광사는 국사(國師)의 칭호를 받은 16명의 고승을 배출함으로써 승보사찰(僧寶寺刹)이 되었다.

오답률 TOP 1
| 9 | 고대 > 문화 > 발해의 유적 | 오답률 58% | 답 ③ |

| 정답해설 | ㉠ 돈화 – 동모산 일대, ㉡ 화룡 – 중경, ㉢ 영안 – 상경, ㉣ 훈춘 – 동경이다.
㉡ 중국 길림성 화룡현에 위치한 용두산 고분군의 정효 공주 무덤은 벽돌무덤 양식으로, 당의 문화적 영향을 확인할 수 있다.
㉢ 중국 흑룡강성 영안현에 위치한 상경성 궁성 정문인 오봉루(五鳳樓) 성문터를 통해 당 문화의 영향을 확인할 수 있다.
| 오답해설 | ㉠ 정효 공주 무덤은 중국 길림성 화룡현 용두산 고분군에 위치한다.
㉣ 정혜 공주 무덤은 중국 길림성 돈화시 육정산 고분군에 있으며, 굴식 돌방무덤 양식과 모줄임 천장 구조를 통해 고구려의 문화적 영향을 확인할 수 있다.

오답률 TOP 3
| 10 | 중세 > 정치 > 성종 | 오답률 45% | 답 ① |

| 정답해설 | 제시된 사료는 최승로가 고려 성종에게 올린 시무 28조이다. ① 55% 성종은 양경(개경, 서경)과 12목에 물가 조절 기관인 상평창을 설치하였다.
| 오답해설 | ② 12% 광종은 귀법사를 창건하고 균여를 귀법사 주지로 삼아 불교를 정비하였다.
③ 21% 예종은 국자감에 7재를 두어 관학을 부흥하고자 하였다.
④ 12% 문종은 전지와 시지를 지급하는 경정 전시과를 실시하였다.

| 11 | 근현대 > 현대 > 이승만 정부의 경제 정책 | 오답률 16% | 답 ④ |

| 정답해설 | ④ 84% 제1차 경제 개발 5개년 계획은 박정희 군정 시기인 1962년부터 시작되었다.
| 오답해설 | ① 2% 이승만 정부는 한·미 원조 협정을 체결하여(1948. 12.) 미국으로부터 재정적·기술적 원조를 지원받았다.
② 8% 1949년 6월에 제정된 농지 개혁법에 따라, 한 가구당 3정보를 소유 상한으로 하여 그 이상의 토지는 국가가 지가증권을 발급하여 매수하였다.
③ 6% 1950년대 원조 경제 체제하에서 제분·제당·면방직 등 삼백 산업이 발전하였다.

| 12 | 근현대 > 일제 강점기 > 민족 말살 정책 | 오답률 22% | 답 ③ |

| 정답해설 | 중·일 전쟁은 1937년에 일어났다. ③ 78% 만주사변(1931) 이후 일본은 면방직 공업의 원료를 확보하기 위해 1932년부터 남면북양 정책을 시행하였다.

| 더 알아보기 | 중·일 전쟁 이후 민족 말살 정책

- 일제는 신사 참배, 궁성 요배, 황국 신민 서사 암송, 애국 저축(강제 저축), 일본어 상용(1938) 등을 강요하였다.
- 창씨 개명(일본식 성명 강조)을 위해 조선 민사령을 개정하고(1939), 1940년 2월부터 시행하였다.
- 〈조선일보〉와 〈동아일보〉 폐간(1940), 조선어 학회 사건(1942), 진단 학회 활동 중단(1942) 등을 단행하여 민족 문화를 철저히 탄압하였다.
- 일제는 국민정신총동원조선연맹을 결성하고(1938. 7.), 10호 단위로 애국반을 조직하여 인적·물적 자원을 수탈하였다.

13 근현대 > 개항기 > 조·미 수호 통상 조약   오답률 27%   답 ②

| 정답해설 | 밑줄 친 '조약'은 조·미 수호 통상 조약(1882)이다. 조·미 수호 통상 조약에는 '거중조정', '영사 재판권(치외법권)', '최혜국 대우', '관세 부과' 등이 규정되어 있었다. ② 73% 임오군란을 계기로 체결된 조약은 제물포 조약과 조·청 상민 수륙 무역 장정이다.

| 더 알아보기 | 조·미 수호 통상 조약의 주요 내용

제1조 서로 돕고 거중조정함으로써 우의가 두터움을 표시한다.
제4조 미국인에 관계된 조선인 범죄의 조선 관원, 법률에 의한 처단과 미국 측의 조선 범죄인 은닉, 비호 엄단, 치외법권을 잠정적으로 인정한다.
제5조 수입 세율은 생필품 10분의 1, 사치품 10분의 3으로 한다.
제14조 미국에 대한 최혜국 대우를 인정하되, 타국에 대한 우대가 협약에 의한 것이라면 미국과도 협약을 맺은 후 우대할 수 있다.

14 중세 > 사회 > 향리   오답률 33%   답 ④

| 정답해설 | ㄱ. 사심관은 부호장 이하의 향리에 대한 임명권을 행사하는 등 감독 권한이 있었다.
ㄴ. 호장, 부호장 등 상층 향리는 과거를 통해 중앙 관료로 진출할 수 있었다.
ㄷ. 일부 향리의 자제들은 기인으로 선발되어 개경으로 보내졌다(기인 제도).
ㄹ. 속현(지방관이 파견되지 않은 지역)의 행정 실무는 향리가 담당하였다.

15 근대 태동기 > 경제 > 이앙법   오답률 27%   답 ②

| 정답해설 | 제시된 사료는 서유구의 『임원경제지』 중 이앙법(모내기법)에 관한 내용이다.
ㄱ. 세종 때 편찬된 『농사직설』의 벼농사 부분에 파종법으로 이앙법과 직파법이 제시되어 있다.
ㄹ. 이앙법은 직파법보다 풀 뽑는 노동력을 절약할 수 있어 한 사람의 경작 면적이 넓어지는 효과가 있었다(→ 광작의 유행).
| 오답해설 | ㄴ. 밭농사에서 고랑에 작물을 심도록 한 농법은 견종법이다.
ㄷ. 수령 7사에 농상성(農桑盛, 농업과 잠업을 발전시킴)이 있으나, 이앙법을 제시한 것은 아니다.

16 근현대 > 현대 > 유신 헌법   오답률 37%   답 ①

| 정답해설 | 제시된 내용 중 "긴급 조치", "입법·사법·행정 3권을 한 사람의 집권자에게 집중"을 통해 밑줄 친 '이 헌법'이 유신 헌법임을 알 수 있다. 유신 헌법은 1972년 12월 27일에 공포·시행되어 1980년 10월 27일 제8차 개헌 전까지 적용되었다. ① 63% 유신 체제에 반대하는 부·마 민주 항쟁은 1979년 10월에 일어났다.
| 오답해설 | ② 9% 1968년 국가주의 이념을 바탕으로 국민 교육 헌장이 선포되었다.
③ 16% 유신 체제 이전인 1972년 7월 4일에 7·4 남북 공동 성명이 발표되었다.
④ 12% 1964년에 정부가 한·일 협정을 진행하자, 이를 반대하는 6·3 시위(6·3 항쟁)가 벌어졌다.

오답률 TOP 2
17 근현대 > 일제 강점기 > 국민 대표 회의   오답률 50%   답 ④

| 정답해설 | 제시된 사료는 1923년에 개최된 국민 대표 회의 선언문 중 일부이다. ④ 50% 국민 대표 회의에서 신채호 등 창조파 세력은 임시 정부를 대체할 새로운 조직을 만들자고 주장하였다.
| 오답해설 | ① 25% 대한민국 임시 정부는 1941년 11월에 조소앙의 삼균주의를 바탕으로 대한민국 건국 강령을 발표하였다.
② 15% 1925년 이승만의 탄핵(임시 의정원에서 의결) 이후 박은식이 제2대 임시 대통령으로 선출되었다.
③ 10% 민족 유일당 운동 차원에서 한국 독립당, 의열단, 신한 독립당, 조선 혁명당, 대한 독립당 등 5개 단체가 통합하여 민족 혁명당(조선 민족 혁명당)을 창당하였다(1935).

18 근현대 > 일제 강점기 > 토지 조사 사업   오답률 39%   답 ②

| 정답해설 | 제시된 법령은 1912년 공포된 토지 조사령이다. 일본은 1910년 임시 토지 조사국을 설치하고 1912년 토지 조사령을 공포하였다. 이후 1918년까지 토지 조사 사업을 진행하였다. ② 61% 토지 조사 사업의 결과 일본은 미신고 토지, 역둔토, 궁장토(왕실의 일원 혹은 왕실에서 분가한 사람에게 지급한 토지)뿐 아니라, 소유자가 불분명한 마을이나 문중 소유의 토지를 조선 총독부에 귀속시켰다.
| 오답해설 | ① 1% 농상공부는 1895년 설립되어 1910년 강점 이전까지 존속했던 기구로, 농업·상업·공업 등에 관한 일을 관장하였다.
③ 34% 동양 척식 주식회사는 1908년에 설립되었다.
④ 4% 춘궁 퇴치, 농가 부채 근절 등은 일제가 1930년대 농촌 진흥 운동 과정에서 내세운 구호이다.

19 근현대 > 개항기 > 개항기 무역 [오답률 36%] 답 ②

| 정답해설 | ② [64%] 1882년 조·청 상민 수륙 무역 장정 이후 청에서의 (조선의) 수입액이 기존보다 늘어났다. 그러나 1880년대~1890년대 전반까지는 여전히 일본으로부터의 수입액이 청에서의 수입액보다 많았다.

| 오답해설 | ① [8%] 개항 초기에는 개항장의 조선인 객주와 여각 등이 외국 상인들의 물품을 중개하였다.
③ [7%] 개항 초기에 일본 상인은 영국산 면제품을 팔고, 그 대가로 쇠가죽·쌀·콩 등을 구입하였다(미·면 교환 체제).
④ [21%] 1883년 조·일 통상 장정 개정으로 '방곡령'이 규정되었다. 이로 인해 1880년대 여러 차례 방곡령이 선포되어 곡물 수출이 금지되기도 하였으나, 1889년 함경도 관찰사 조병식의 방곡령은 1개월 전에 해당 내용을 통보받지 못했다는 일본의 주장으로 인해 실패하기도 하였다.

| 더 알아보기 | 청과 일본으로부터의 수입액 비교

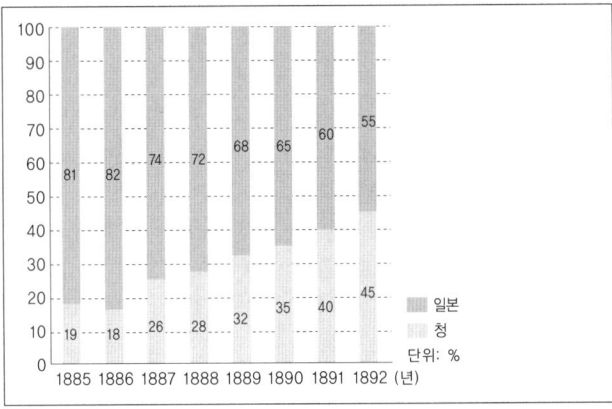

20 근현대 > 개항기 > 흥선 대원군의 정책 [오답률 28%] 답 ③

| 정답해설 | 제시된 사료는 흥선 대원군의 호포제(동포제) 실시에 대한 내용이다. ③ [72%] 흥선 대원군은 임오군란 시기에 잠깐 집권하여 통리기무아문을 폐지하고 5군영을 부활하였다.

| 오답해설 | ① [9%] 흥선 대원군은 만동묘를 철폐하고 대대적으로 서원을 정리하였다.
② [9%] 김홍집은 제1차 갑오개혁 당시 초정부적 개혁 기구인 군국기무처의 총재를 역임하였다.
④ [10%] 『만기요람』은 순조 8년(1808) 심상규, 서영보 등이 재정 및 군정에 관한 사항을 정리하여 국왕이 정사를 행하는 데 참고하도록 만든 문헌이다.

2020 7월 11일 시행 국가직 9급 (㉮책형)

합격예상 체크

〈국가직 연도별 합격선〉

2020 합격기준

맞힌 개수 /20문항 점수 /100점

➡ □합격 □불합격

취약영역 체크

문항	정답	영역	문항	정답	영역
1	③	우리 역사의 기원과 형성 > 선사 시대	11	③	고대 > 정치
2	④	중세 > 정치	12	①	단원 통합 > 독도에 대한 기록
3	③	근세 > 문화	13	②	근현대 > 일제 강점기
4	②	근현대 > 개항기	14	①	고대 > 정치
5	④	중세 > 사회	15	③	근대 태동기 > 사회
6	②	단원 통합 > 한성(서울)	16	②	근대 태동기 > 사회
7	①	근현대 > 개항기	17	②	근현대 > 현대
8	④	고대 > 정치	18	④	근현대 > 일제 강점기
9	③	중세 > 문화	19	③	근대 태동기 > 사회
10	④	근현대 > 현대	20	④	근현대 > 일제 강점기

➡ 영역별 틀린 개수로 취약영역을 확인하세요!

우리 역사의 기원	/1	고대	/3	중세	/3	근세	/1
근대 태동기	/3	근현대	/7	통합	/2		

➡ 나의 취약영역: _____

※ [정답해설]과 [오답해설] 선지의 50% 표시는 〈1초 합격예측 서비스〉를 통해 수집된 선지 선택률을 나타냅니다.

---

1. 우리 역사의 기원과 형성 > 선사 시대 > 구석기 시대
오답률 18% 답 ③

| 정답해설 | 함경북도 종성군 동관진 유적은 한반도 최초로 발견된 구석기 시대 유적이다. ③ 82% 구석기 시대 사람들은 이동 생활을 하면서 사냥이나 물고기잡이 등을 통해 식량을 얻었다.

| 오답해설 |
① 8% 청동기 시대에는 반달돌칼을 이용하여 벼를 수확하였다.
② 8% 신석기 시대에는 돌 갈판에 옥수수 등을 갈아서 먹었다.
④ 2% 신석기 시대에는 영혼 숭배 사상이 출현하여, 사람이 죽으면 흙 그릇 안에 매장하였다.

2. 중세 > 정치 > 최충헌
오답률 42% 답 ④

| 정답해설 | 제시된 사료는 최충헌 집권 시기의 노비인 '만적'의 난과 관련된다. 따라서 (가) 최충헌이다. ④ 58% 최충헌은 이의민을 제거하고 권력을 잡은 후, 명종에게 봉사 10조라는 사회 개혁안을 제시하였다.

| 오답해설 | ①② 16% 7% 정방과 야별초는 최우가 설치하였다.
③ 19% 정중부는 이의방을 제거하고 권력을 장악하였다.

| 더 알아보기 | 최충헌의 봉사 10조

❶ 왕은 정전(正殿, 연경궁)에 들어가 영명(永命)을 받을 것
❷ 무능하고 불필요한 관원을 감축하고 녹봉(祿俸)의 수량에 따라 관직을 제수할 것
❸ 토지 제도를 정비하여 부당한 토지겸병(土地兼併)을 시정하고, 빼앗은 땅을 원래 주인에게 되돌려 줄 것
❹ 어진 관리를 뽑아, 지방 관직에 배치하여 세력가가 백성의 재산을 착취하지 못하도록 할 것
❺ 제도(諸道)의 사(使)에게 공진(供進)을 금하고 오로지 사문(査問)으로써 직책을 삼도록 할 것
❻ 승려들을 물리쳐 궁전 출입을 금하고 곡식의 이식(利息)을 취하지 못하게 할 것
❼ 지방 수령에게 명하여 관리들의 능력 보고를 하게 하고, 능한 자는 올려주며 무능한 자는 징계할 것
❽ 백관에게 훈계하여 사치를 금하고, 검약을 숭상케 할 것
❾ 음양관(陰陽官)으로 사원(寺院) 자리의 지덕을 조사케 하고, 비보(裨補) 사찰 이외의 것은 모두 없앨 것
❿ 측근 관리를 가려 뽑아, 아첨하는 무리를 경계할 것

| **3** | 근세 > 문화 > 조선 전기의 문화 | 오답률 39% | 답 ③ |

| **정답해설** | ③ 61% 15세기 성종 때 서거정 등이 『동문선』을 편찬하여, 우리 문학의 독자성을 강조하였다.
| **오답해설** | ① 10% 광해군 때 유몽인이 야사 등 설화를 엮어서 『어우야담』을 편찬하였다.
②④ 17% 12% 조선 후기에는 백과사전[類書]이 널리 편찬되었고, 중인층을 중심으로 시사가 결성되었다.

| **4** | 근현대 > 개항기 > 동도서기론 | 오답률 22% | 답 ② |

| **정답해설** | 제시된 사료는 동도서기론(東道西器論, 조선의 사상 및 제도는 지키고 서양의 과학기술만을 받아들이자는 이론)이다. ② 78% 동도서기론은 개항 이후 근대 문물 수용의 사상적 기반이 되었다.
| **오답해설** | ① 11% 위정척사운동 세력인 최익현은 1870년대 왜양일체론(倭洋一體論)을 주장하였다.
③ 7% 갑신정변 주도 세력(개화당, 급진 개화파)은 외국의 사상과 제도까지 수용하자는 전면 개화를 주장하였다.
④ 4% 사회진화론에서는 우등한 사회가 열등한 사회를 지배하는 것이 당연하다고 보았다.

| **5** | 중세 > 사회 > 구제도감 | 오답률 41% | 답 ④ |

| **정답해설** | 제시된 사료 중 "개경 내의 사람들이 역질(疫疾, 돌림병, 전염병)에 걸렸으니", "설치", "치료"하고, "굶주린 백성을 진휼하라"는 내용을 통해 ④ 59% 예종 때 재해가 발생했을 때 임시 기구로 설치한 구제도감임을 알 수 있다.
| **더 알아보기** | 구제도감 설치

> 예종(睿宗) 4년(1109) 5월에 제서(制書)를 내리기를, "개경(開京) 내의 인민(人民)들이 역질(疫疾)에 걸렸으니 마땅히 **구제도감(救濟都監)**을 설치하여 이들을 치료하고, 또한 시신과 유골은 거두어 묻어서 비바람에 드러나지 않게 할 것이며, 근신(近臣)을 나누어 보내어 동북도(東北道)와 서남도(西南道)의 굶주린 민(民)을 진휼하라."라고 하였다.
>
> – 『고려사』 –

| **6** | 단원 통합 > 한성(서울) | 오답률 31% | 답 ② |

| **정답해설** | 제시된 자료는 장수왕이 백제의 수도인 한성을 공격하여 함락시키고 개로왕을 죽게 한 내용이다(475). 따라서 밑줄 친 '이 지역'은 한성(현재의 서울)이다. ② 69% 고려 문종 때 (현재의 서울에) 남경이 설치되었다.
| **오답해설** | ① 10% 1176년 공주 명학소에서 망이, 망소이가 반란을 일으켰다.
③ 9% 지눌의 수선사 결사는 현재 전라남도 순천의 송광사를 중심으로 이루어졌다.

④ 12% 고려 태조가 북진 정책의 전진 기지로 삼은 곳은 서경(현재의 평양)이다.

| **7** | 근현대 > 개항기 > 고종 재위기의 사실 | 오답률 29% | 답 ① |

| **정답해설** | 조선군과 미군이 전투를 벌인 사건은 신미양요(1871)이다. 당시는 고종(1863~1907)이 재위하던 시기였다. ① 71% 고종의 재위 기간인 1871년에 양반에게도 군포를 부과하는 호포법이 실시되었다.
| **오답해설** | ② 11% 정조 때 육의전을 제외한 시전상인들의 금난전권이 폐지되었다(1791, 신해통공).
③ 10% 영조 때 균역법이 실시되면서 국가의 군포 수입을 보충하기 위해 결작세가 신설되었다.
④ 8% 인조 때 영정법이 제정되어 전세가 1결당 4~6두씩 고정 과세되었다.

| **8** | 고대 > 정치 > 4세기~7세기까지의 역사적 사실 | 오답률 29% | 답 ④ |

| **정답해설** | 제시된 사건의 발생 시기는 각각 낙랑군 축출(313), 광개토대왕릉비 건립(414), 살수대첩의 승리(612), 안시성 전투 승리(645), 고구려의 멸망(668)이다. ④ 71% 신라가 매소성에서 당군을 격파한 것은 675년이다.
| **오답해설** | ① 6% 백제 침류왕이 불교를 수용하였다(384).
② 9% 고구려 영양왕 때 수의 요서 지방을 선제공격하였다(598).
③ 14% 백제 의자왕 때 신라 대야성을 공격하여 함락시켰다(642).

| **9** | 중세 > 문화 > 『제왕운기』 | 오답률 41% | 답 ③ |

| **정답해설** | 제시된 내용 중 '중국의 역사와 동국(우리 민족)의 역사를 비교하여 요점을 수록한 것'과 '읊조림에 따라'라는 내용을 통해 이 책이 중국과 우리의 역사를 다루었고 서사시로 작성되었음을 확인할 수 있다. 밑줄 친 '이 책'은 충렬왕 때 이승휴가 편찬한 『제왕운기』이다. ③ 59% 『제왕운기』는 원 간섭기에 중국과 구별되는 우리 역사의 독자성을 강조한 역사서이다("요동에는 별천지가 있으니, 중국과는 확연하게 구분되도다").
| **오답해설** | ① 14% 고려 말에 저술된 이제현의 『사략』에는 성리학적 유교 사관이 반영되어 대의, 명분, 의리, 정통을 강조하였다.
② 7% 조선 성종 때 편찬된 『동국통감』은 국왕, 훈신, 사림의 역사의식이 모두 반영되었다고 평가된다.
④ 20% 조선 세종 때 권제 등이 편찬한 『동국세년가』는 단군 조선에서 고려 말까지의 역사를 노래 형식(= 영사체)으로 정리하였다.

| 10 | 근현대 > 현대 > 해방 이후의 경제 | 오답률 62% | 답 ④ |

| **정답해설** | 제시된 그래프는 1945년 8월~1946년 1월까지의 식료품, 연료, 곡물의 물가 지수를 보여주고 있다. ④ 38% 미군정은 1946년 1월 25일 '미곡 수집령'을 제정하여 1946년 2월부터 미곡 수집제를 실시하였다. 한편 토지 개혁은 소련 군정 아래의 38선 이북 지역에서 1946년 3월에 실시되었다. 따라서 미곡 수집제의 폐지와 토지 개혁 시행 등을 주장하는 시위는 1946년 1월까지의 사회적 모습에 해당하지 않는다.

| **오답해설** | ①② 10% 32% 물가 지수가 상승했다는 것은 수요의 증가(해외로부터 귀환인이 급증하여)와 생산의 감소(38도선 분할 점령 이후 식료품 부문의 생산이 크게 위축됨)로 추정할 수 있다.
③ 20% 미군정은 재정 적자를 충당하기 위해 화폐를 대량으로 발행하여 화폐 가치의 하락과 물가 상승이 나타났다.

| 11 | 고대 > 정치 > 진성여왕 대의 역사적 사실 | 오답률 19% | 답 ③ |

| **정답해설** | 제시된 사료는 진성여왕 때 일어난 원종과 애노의 난(889)을 보여준다. ③ 81% 최치원은 진성여왕 재위(887~897) 때, 시무책 10여 조를 건의하였다.

| **오답해설** | ① 5% 발해의 멸망(926): 고려 태조, 신라 경애왕
② 3% 국학의 설치(682): 신문왕
④ 11% 청해진의 설치(828): 흥덕왕

| 12 | 단원 통합 > 독도에 대한 기록 | 오답률 42% | 답 ① |

| **오답해설** | ㄹ. 일본은 1905년 독도를 '주인 없는 땅'으로 규정하고 시마네현 고시를 발표하여 독도를 다케시마로 규정, 일본의 시마네현에 강제로 편입시켰다. 따라서 일본의 시마네현 고시는 독도가 대한민국의 영토임을 입증할 수 있는 자료가 아니다.

| **더 알아보기** | 독도 관련 외국 기록

- 프랑스 당빌의 「조선왕국전도」(1737)에는 독도(우산도)가 조선의 영토로 그려져 있다.
- 1667년 일본에서 편찬된 「은주시청합기」에는 울릉도와 독도가 조선의 영토이며, 일본의 서북쪽 경계는 '은기도'를 한계로 한다고 명시하고 있다.
- 「해산조륙도」(1691, 이시가와 유센), 「삼국접양지도」(1785, 하야시 시헤이), 1696년 도쿠가와 막부 집정관의 언급, 「통항일람」(1853), 「조선국교제시말내탐서」(1870)에서는 독도가 조선의 영토임을 밝히고 있다.
- 1876년 일본 내무성은 전국의 지도를 제작하였다. 이 과정에서 시마네현에서 '울릉도와 독도를 시마네현에 포함시킬 것인가'에 대해 일본 정부에 질의하였다. 5개월의 조사 끝에 내무성은 '이 문제는 17세기에 끝난 문제이고, 울릉도와 독도는 일본과 관계가 없다.'고 결론을 내렸다. 그러나 영토 문제는 중요한 사항이라고 생각하여 최고 국가 기관인 태정관에 질의하였다. 1877년 3월 20일, 태정관은 '품의한 취지의 죽도(울릉도) 외 일도(一島)의 건은 일본과 관계 없다.'라는 최종 결론을 내렸다.

| 13 | 근현대 > 일제 강점기 > 동아일보 | 오답률 37% | 답 ② |

| **정답해설** | 제시된 내용 중 "민족적 경륜」을 실어", "일장기 말소 사건"을 통해 (가) 〈동아일보〉임을 알 수 있다. ② 63% 〈동아일보〉에서는 1931년부터 브나로드 운동이라는 농촌 계몽 운동을 전개하였다.

| **오답해설** | ① 9% 〈조선일보〉는 한글 보급 운동(문자 보급 운동) 과정에서 「한글원본」을 제작하였다.
③ 17% 천도교에서는 〈개벽〉, 〈신여성〉, 〈어린이〉 등의 잡지를 발행하였다.
④ 11% 신간회의 초대 회장이었던 이상재는 〈조선일보〉의 사장을 역임하였다.

| 14 | 고대 > 정치 > 김유신 | 오답률 30% | 답 ① |

| **정답해설** | 제시된 사료는 나당 연합을 성공시키고 돌아온 김춘추와 (가) 김유신의 대화이다. ① 70% 김유신은 황산벌에서 백제군(계백의 결사대)을 물리쳤다(660).

| **오답해설** | ② 7% 세속 오계를 제시한 인물은 원광이다.
③ 13% 진덕여왕을 이어 왕위에 오른 인물은 김춘추(무열왕)이다.
④ 10% 김춘추의 아들인 김인문은 당의 부대총관으로 백제 원정에 종군하였다.

| 15 | 근대 태동기 > 사회 > 서얼과 기술직 중인 | 오답률 29% | 답 ③ |

| **정답해설** | (가) 서얼, (나) (기술직) 중인이다. ③ 71% 정조 때 규장각 검서관으로 임용된 유득공, 박제가, 이덕무 등은 서얼 출신이다.

| 16 | 근대 태동기 > 사회 > 동학 | 오답률 43% | 답 ② |

| **정답해설** | 제시된 자료는 동학(최제우 창도, 1860)의 인내천 사상('사람이 곧 하늘이라')을 보여준다. ② 57% 동학의 2대 교주인 최시형이 「동경대전」과 「용담유사」를 완성하였다.

| **오답해설** | ① 7% 순조 즉위 이후 신유박해(1801) 등을 통한 대대적인 천주교 탄압이 있었다.
③ 9% 세도 정치의 폐해와 평안도에 대한 지역 차별에 저항하며, 홍경래의 지휘 아래 평안도에서 대규모 반란이 일어났다(1811, 홍경래의 난).
④ 27% 진주민란(1862)은 동학과는 관련이 없다.

17 근현대 > 현대 > 1980년대의 경제   오답률 34%   답 ②

| 정답해설 | 1978년 12월 이란의 석유 수출 금지로부터 제2차 석유 파동이 시작되었고, 1996년 12월에 우리나라가 경제협력개발기구(OECD)에 가입하였다. ② 66% 1980년대 중반에 우리나라는 저금리, 저유가, 저달러의 3저 호황을 경험하였다.

| 오답해설 | ① 17% 1972년 제3차 경제개발 5개년 계획이 실시되었다.

③ 13% 1965년부터 전투 부대를 베트남에 파병하였고, 1966년 브라운 각서가 체결되었다.

④ 4% 1965년 한·일 기본 조약(한·일 협정)이 체결되었다.

오답률 TOP 1
18 근현대 > 일제 강점기 > 치안유지법   오답률 66%   답 ④

| 정답해설 | 제시된 사료는 1925년 제정되어 해방 전까지 적용된 치안유지법이다. ④ 34% 치안유지법이 적용된 시기에 학도 지원병 제도가 실시되었다(1943년 육군 특별 지원병 임시 채용 규칙의 제정, 1944년부터 실시).

| 오답해설 | ① 25% 1912년 조선 태형령이 공포되었다.

② 21% 1924년 경성 제국 대학이 설립되었다.

③ 20% 1920년 평양에서 물산 장려 운동이 시작되었다.

19 근대 태동기 > 사회 > 향촌 사회의 변화   오답률 37%   답 ③

| 정답해설 | 제시된 내용 중 "향전"(鄕戰)을 통해 조선 후기임을 알 수 있다. 향전은 조선 후기의 구향(기존 사족)과 신향 사이의 향촌 주도권 다툼을 의미한다. ③ 63% 경재소는 선조 36년(1603) 폐지되었고 조선 후기의 향회(유향소의 후신)는 수령에 대해 세금을 자문하는 기구로 그 위상이 하락하였다.

| 더 알아보기 | 조선 후기 향촌 사회의 변화

- 양반층의 지위 유지 노력
  - 조선 후기에는 양반의 수가 급증하고 이와 함께 경제적으로 몰락하는 양반이 늘어나면서 향촌 사회에서 양반이 지녔던 권위가 점차 약화됨
  - 이에 사족은 문중을 중심으로 서원 및 사우를 건립하고 동족 마을을 형성하거나, 촌락 단위로 동약을 실시하여 자신들의 지위를 유지하고자 함
- 부농층의 성장
  - 부농층은 경제력을 바탕으로 양반 신분을 획득하고(신향) 관권과 결탁하여 지방 사족(구향)에게 대항함 → 향전 발생
  - 부농층은 수령과 결탁해 지방 양반들의 모임인 향회에 참여하고 향임직에도 진출함 → 부농층의 영향력 확대
  - 한편 수령과 향리의 권한이 강화되고, 향회는 수령의 세금 부과에 대한 자문 기관으로 위상이 약화됨 → 정부의 향촌 통제력 강화

오답률 TOP 3
20 근현대 > 일제 강점기 > 대일선전포고문   오답률 56%   답 ④

| 정답해설 | 제시된 자료는 대한민국 임시 정부에서 1941년 12월 공포한 「대일선전포고문」이다. ④ 44% 「대한민국 건국 강령」은 1941년 11월 제정되었다.

| 오답해설 | ① 11% 김원봉이 이끌던 조선 의용대 일부 병력이 한국광복군에 편입되었다(1942).

② 15% 영국군의 요청에 따라 한국광복군이 인도, 미얀마 전선에 파견되었다(1943).

③ 30% 조선 의용대 화북 지대가 조선 독립 동맹에 편입되어 조선 의용군으로 개편되었다(1942).

2019 4월 6일 시행 국가직 9급 (나책형)

합격예상 체크

〈국가직 연도별 합격선〉

2019 합격기준

연도	점수
2025	90
2024	90
2023	95
2022	95
2021	90
2020	85
2019	95
2018	80

맞힌 개수	/20문항	점수	/100점

➡ ☐ 합격 ☐ 불합격

취약영역 체크

문항	정답	영역	문항	정답	영역
1	③	우리 역사의 기원과 형성 > 선사 시대	11	③	단원 통합 > 단군에 대한 시대별 인식
2	④	우리 역사의 기원과 형성 > 국가의 형성	12	②	중세 > 문화
3	③	중세 > 정치	13	④	근현대 > 개항기
4	③	근현대 > 일제 강점기	14	①	고대 > 경제
5	④	근세 > 문화	15	③	단원 통합 > 우리나라 문화유산
6	①	중세 > 경제	16	④	근세 > 사회
7	①	근현대 > 개항기	17	①	근현대 > 개항기
8	④	고대 > 정치	18	②	근세 > 정치
9	③	근현대 > 일제 강점기	19	④	근현대 > 일제 강점기
10	①	근대 태동기 > 경제	20	②	근현대 > 현대

⬇ 영역별 틀린 개수로 취약영역을 확인하세요!

우리 역사의 기원	/2	고대	/2	중세	/3	근세	/3
근대 태동기	/1	근현대	/7	통합	/2		

➡ 나의 취약영역: _____

※ [정답해설]과 [오답해설] 선지의 50% 표시는 〈1초 합격예측 서비스〉를 통해 수집된 선지 선택률을 나타냅니다.

---

1 우리 역사의 기원과 형성 > 선사 시대 > 청동기 시대
오답률 19% 답 ③

| 정답해설 | ③ 81% 인천광역시 강화군 하점면 부근리에서는 청동기 시대의 탁자식(북방식) 고인돌이 발견되었다.

| 오답해설 | ① 4% 연천군 전곡리 유적은 구석기 시대 유적지이다.
② 11% 창원 다호리 유적에서 발견된 붓은 초기 철기 시대 유물이다.
④ 4% 신석기 시대 유적인 서울 암사동 유적에서는 빗살무늬 토기가 발견되었다.

2 우리 역사의 기원과 형성 > 국가의 형성 > 부여와 동예
오답률 16% 답 ④

| 정답해설 | (가) 부여, (나) 동예와 관련된 사료이다. ④ 84% (나) 동예에서는 다른 부족의 영역을 침범하면 책화라 하여 노비나 소, 말로 변상하였다.

| 오답해설 | ① 7% 고구려에서는 5부가 있었으며, 태조왕 이후 계루부에서 왕위를 차지하였다.
② 4% 삼한에서는 정치적 지배자로 신지, 읍차 등이 있었다.
③ 5% 삼한에서는 죄를 지은 사람이 소도에 들어가면 잡아가지 못하였다.

3 중세 > 정치 > 인종 때의 역사적 사실
오답률 37% 답 ③

| 정답해설 | 제시된 사료는 이자겸 등의 주장으로, 금과 사대 관계를 체결했던 고려 중기 (가) 인종 때의 사실이다. ③ 63% 인종 때 묘청 등은 서경 천도 운동을 추진하면서 서경에 대화궁을 짓고 칭제건원(황제를 칭하고 독자적 연호를 사용하자)을 주장하였다.

| 오답해설 | ① 14% 도병마사가 도평의사사로 개편된 것은 충렬왕 때이다.
② 11% 성리학을 처음 소개한 인물은 충렬왕 때 안향이며, 신진 사대부들은 성리학을 적극적으로 수용하면서 『소학』과 『주자가례』를 보급하였다.
④ 12% 몽골의 침략에 대응하기 위해 강화도로 천도(도읍을 옮김)한 것은 최우 집권 시기이다(고종 19년, 1232).

4 근현대 > 일제 강점기 > 3·1 운동 이후 역사적 사실
오답률 35% 답 ③

| 정답해설 | ㉠ 1919년의 독립만세운동은 3·1 운동이다. ③ 65% 1912년 임병찬이 독립의군부를 조직하였다.

| 오답해설 | ① 15% 1923년 암태도 소작쟁의가 일어났다.
② 12% 1926년 정우회 선언이 발표되었다.
④ 8% 1923년 조선 민립대학 기성회가 창립되었다.

| 5 | 근세 > 문화 > 성종 대의 서적 | 오답률 27% | 답 ④ |

| 정답해설 | 밑줄 친 '성상(聖上)'은 『경국대전』을 반포한 성종이다.
④ 73% 성종 시기에는 『국조오례의』가 편찬되었다.
| 오답해설 | ① 10% 『동국병감』은 문종 때 편찬되었다.
② 6% 『동몽선습』은 중종 때 박세무가 편찬한 아동 교육서이다.
③ 11% 『삼강행실도』는 설순 등이 세종 때 편찬하였다.

오답률 TOP1

| 6 | 중세 > 경제 > 전시과 | 오답률 59% | 답 ① |

| 정답해설 | 제시된 사료는 경종 때 제정된 (가) 시정 전시과이다.
① 41% 시정 전시과는 4색 공복을 반영한 관품과 인품을 고려하여 문반, 무반, 잡업으로 나누고 지급 결수를 정하였다.
| 오답해설 | ② 7% 문종 때 마련된 경정 전시과에서는 산관이 지급 대상에서 제외되었으며 무반의 차별 대우가 개선되었다.
③ 18% 과전법에서는 전임 관료와 현임 관료를 대상으로 경기 지방에 한하여 토지를 지급하였다.
④ 34% 태조 때의 역분전은 고려의 건국 과정에서 충성도와 공로에 따라 차등 지급되었다.

| 더 알아보기 | 역분전·시정 전시과

> **역분전**
> 태조 23년(940)에 처음으로 역분전(役分田) 제도를 설정하였는데, 삼한을 통합할 때 조정의 관료와 군사에게 그 관계(官階)의 높고 낮음을 논하지 않고 그 사람의 성품과 행동의 착하고 악함과 공로의 크고 작음을 참작하여 차등을 두고 주었다.
>
> **시정 전시과**
> 경종 원년(976) 11월에 비로소 직관(職官)·산관(散官) 각 품(品)의 전시과를 제정하였는데 관품(官品)의 높고 낮은 것은 논하지 않고 다만 인품(人品)만 가지고 전시과의 등급을 결정하였다.
> 자삼(紫衫) 이상은 18품(品)으로 나누었다. 1품은 전지(田地)와 시지(柴地) 각각 110결, 2품은 전지와 시지 각각 105결, 3품은 전지와 시지 각각 100결 …(하략)…

오답률 TOP1

| 7 | 근현대 > 개항기 > 1895년 ~ 1908년 사이의 사실 | 오답률 59% | 답 ① |

| 정답해설 | 을미사변은 1895년, 을사늑약은 1905년, 서울 진공 작전은 1908년에 해당한다. ① 41% (가) 황국중앙총상회가 조직된 것은 1898년이다.
| 오답해설 | ② 13% 105인 사건은 1911년에 해당한다.
③ 18% 함경도 관찰사 조병식의 방곡령 선포는 1889년에 해당한다.
④ 28% 보안회의 창설은 1904년에 해당한다.

| 8 | 고대 > 정치 > 발해 무왕 시기의 역사적 사실 | 오답률 32% | 답 ④ |

| 정답해설 | 제시된 사료의 내용 중 '흑수말갈에 대한 공격', 일본에 보낸 국서의 내용 중 "고구려의 옛 땅을 회복하고, 부여의 옛 습속을 지니고 있다"는 것을 통해 (가) 발해 무왕임을 알 수 있다.
④ 68% 무왕 때 장문휴의 수군이 당의 등주를 공격하였다.
| 오답해설 | ① 11% 고왕(대조영)은 당으로부터 '발해 군왕'에 봉해진 후 국호를 진국에서 발해로 바꾸었다.
② 3% 9세기 초 신라 헌덕왕 때 급찬 숭정을 발해에 사신으로 보냈다(812). 당시 발해는 정왕에서 희왕으로 가는 교체기였다.
③ 18% 문왕(대흠무)은 대흥, 보력이라는 독자적인 연호를 사용하였다.

| 9 | 근현대 > 일제 강점기 > 한국 독립군 | 오답률 36% | 답 ③ |

| 정답해설 | 사도하자 전투에서 승리한 부대는 지청천의 한국 독립군이다. ③ 64% 한국 독립군은 한국 독립당의 산하 부대로 쌍성보 전투, 경박호 전투, 대전자령 전투, 동경성 전투에서도 승리하였다.
| 오답해설 | ① 14% 양세봉은 조선 혁명군 사령관이었다.
② 10% 미쓰야 협정이 체결된 것은 1925년이며, 한국 독립군은 주로 1930년대 초에 활약하였다.
④ 12% 조선민족전선연맹의 김원봉은 중국 국민당의 지원을 받아 1938년 조선 의용대를 창설하였다.

| 10 | 근대 태동기 > 경제 > 임진왜란 이후의 경제 | 오답률 30% | 답 ① |

| 정답해설 | ① 70% 신해통공(1791)이 반포되어 육의전을 제외한 시전상인들의 금난전권이 폐지되었다.
| 더 알아보기 | 서유구의 『임원경제지』: 견종법의 보급

> 다음해 청명(淸明)과 곡우(穀雨) 사이에 작은 보습[鑱]으로 이 이랑에다 고랑을 내는데, 너비 1척, 깊이 1척이다. 이렇게 한 이랑, 즉 1묘(畝)마다 고랑[畎] 3개와 두둑[伐] 3개를 만들면, 두둑의 높이와 너비는 고랑의 깊이와 너비와 같아진다. 그 뒤 고랑에 거름 재를 두껍게 펴고, 구멍 뚫린 박에 조를 담고서 파종한다. 파종 간격은 일정해야 하며 덮어주는 흙의 두께는 손가락 하나의 두께만큼으로 한다.

| 11 | 단원 통합 > 단군에 대한 시대별 인식 | 오답률 24% | 답 ③ |

| 정답해설 | ③ 76% 이규보의 『동명왕편』은 고구려의 시조인 동명왕(주몽)에 관해 쓴 장편 서사시이다.
| 오답해설 | ① 4% 이승휴의 『제왕운기』에서는 우리 역사를 단군부터 서술하였고 고구려, 부여, 삼한, 옥저, 예맥과 이 나라들을 통합한 삼국은 모두 단군의 후예라고 보았다. 또한 요동 동쪽을 중국과 다른 세계로 인식하고, 우리 민족 문화의 독자성을 강조하였다.

② 15% 홍만종의 『동국역대총목』은 우리 역사의 시원을 단군으로 규정하고, 단군 – 기자 – 마한 – 통일 신라를 정통 국가로 보았다.
④ 5% 「기미독립선언서」에는 단기(檀紀)를 기준으로(B.C 2333년 기준) 하여 연도를 '조선 건국 4252년'(B.C 2333년 + 1919년 = 4252년)이라고 표기하였다.

| 12 | 중세 > 문화 > 『삼국유사』 | 오답률 31% | 답 ② |

| 정답해설 | 제시된 사료는 일연의 『삼국유사』이다. ② 69% 『삼국유사』는 불교 중심의 고대 민간 설화를 수록하였다.
| 오답해설 | ① 1% 각훈의 『해동고승전』은 우리나라 고승들의 전기를 기록한 문헌이다.
③ 21% 서거정의 『동국통감』에는 고조선부터 고려 말까지의 역사가 정리되어 있다.
④ 9% 김부식 등이 편찬한 『삼국사기』는 유교적 합리주의 사관에 기초하여 기전체로 서술되었다.

| 더 알아보기 | 『삼국유사』

- 사찬(私撰) 사서이며, 설화를 중심으로 정리한 기사 본말체적 야사집임
- 각종 신화 및 설화, 토속 신앙, 불교 사상 등 고기(古記)의 기록을 원형 그대로 수록함
- 불교적 가치관이 중심을 이루고 있으나, 효와 같은 유교적 내용을 포함함
- 서술 범위를 삼국에 한정하지 않고 단군에서 후삼국까지의 역사를 서술하고 있음. 특히 단군 신화와 향가 14수가 수록되어 있다는 점에서 역사적 의의가 큼

| 13 | 근현대 > 개항기 > 동학 농민 운동 | 오답률 19% | 답 ④ |

| 정답해설 | (가) 전주화약(1894. 5. 8.)이다. 청군·일본군의 개입으로 사태가 악화되자 조선 정부와 농민군 사이에는 전주화약이 체결되었고, 이후 농민군은 전라도 일대에 집강소를 설치하였다. 그러나 조선 정부의 철군 요구에도 불구하고 일본이 경복궁을 점령하고 내정 간섭을 강화하자, 동학 농민군이 재봉기하였다.
이후 ④ 81% 남접군과 북접군이 논산에 집결하여 관군 및 일본군에 맞섰으나 공주 우금치 전투에서 대패하였다.
| 오답해설 | ① 5% 1894년 4월 7일, 황토현 전투가 발발하였다.
② 3% 1894년 1월 10일, 고부민란이 발생했는데 조병갑의 횡포는 고부민란의 발생 계기이다.
③ 11% 고부민란 직후, 정부가 조병갑을 징죄하고 안핵사 이용태를 파견하였으나 안핵사 이용태는 조사 과정에서 당시 고부민란에 참여한 농민을 색출·탄압하였다.

| 14 | 고대 > 경제 > 신라 중대의 경제 상황 | 오답률 36% | 답 ① |

| 정답해설 | 9주 5소경이 설치된 것은 7세기 말 신문왕 시기이며, 대공의 난(768)은 혜공왕 때 일어난 사건이다. ① 64% 백성에게 정전을 처음으로 지급한 것은 722년 신라 중대 성덕왕 때의 일이다.
| 오답해설 | ② 18% 신라 지증왕 때 시장을 감독하는 관청인 동시전을 신설하였다(509).
③ 9% 고구려 고국천왕 때 백성의 구휼을 위하여 진대법을 제정하였다(194).
④ 9% 신라 소성왕 때 청주(菁州)의 거로현을 국학생의 녹읍으로 삼았다(799).

오답률 TOP 3
| 15 | 단원 통합 > 우리나라 문화유산 | 오답률 49% | 답 ③ |

| 정답해설 | ③ 51% 익산 미륵사지 석탑에서 백제 무왕의 왕후(사택적덕의 딸)가 넣은 사리기가 발견되었다.
| 더 알아보기 | 「미륵사지 출토 금제 사리봉안기」

우리 백제 왕후께서는 좌평(佐平) 사택적덕(沙乇(宅)積德)의 따님으로 지극히 오랜 세월에 선인(善因)을 심어 이번 생에 뛰어난 과보(果報)를 받아 만민(萬民)을 어루만져 기르시고 삼보(三寶)의 동량(棟梁)이 되셨기에 능히 정재(淨財)를 희사하여 가람(伽藍)을 세우시고, 기해년(己亥年, 639) 정월 29일에 사리를 받들어 맞이하셨다.
원하옵나니, 영원토록 공양하고 다함이 없이 이 선(善)의 근원을 배양하여. 대왕 폐하의 수명은 산악과 같이 견고하고 치세는 천지(天地)와 함께 영구하며, 위로는 정법을 넓히고 아래로는 창생을 교화하게 하소서.
또 원하옵나니, 왕후의 신심은 수경(水鏡)과 같아서 법계를 비추어 항상 밝히시며, 금강 같은 몸은 허공과 나란히 불멸하시어 7세의 구원까지도 함께 복리를 입게 하시고, 모든 중생과 함께 불도를 이루게 하소서.

| 16 | 근세 > 사회 > 서원 | 오답률 11% | 답 ④ |

| 정답해설 | 제시된 사료의 "주세붕"을 통해 (가) 서원임을 알 수 있다(주세붕이 세운 최초의 서원인 백운동 서원). ④ 89% 서원은 성리학 연구와 선현의 제사를 위해 설립된 사립 교육기관이었다.
| 오답해설 | ① 3% 향교에 대한 설명이다. 향교는 부·목·군·현에 각각 하나씩 설치되었으며, 지역의 인구에 따라 정원이 배정되었다. 또한 향교의 교육을 위해 중앙에서 교수나 훈도를 파견하였다.
② 3% 초등 교육 기관인 서당에서는 선비와 평민의 자제에게 『천자문』 등을 가르쳤다.
③ 5% 성균관의 성적 우수자에게 문과의 초시를 면제해 주었다.

| 17 | 근현대 > 개항기 > 근대 조약 | 오답률 36% | 답 ① |

| **정답해설** | (가) 조·일 무역 규칙에서는 양곡의 무제한 유출과 무항세 조항이 규정되었다. (나) 2차 수신사로 일본에 갔던 김홍집은 황준헌의 『조선책략』을 조선으로 가져왔다. 『조선책략』의 유포는 조·미 수호 통상 조약 체결에 영향을 주었다. 청의 알선으로 체결된 조·미 수호 통상조약(1882)에서는 거중조정, 최혜국 대우 조항, 관세 부과 등이 규정되었다.

| 18 | 근세 > 정치 > 조선 시대의 관청과 관직 | 오답률 27% | 답 ② |

| **정답해설** | 이조좌랑은 정6품 관직으로서, 이조정랑(정5품)과 함께 이조전랑으로 불렸다. ② 73% 이조전랑은 삼사의 관리를 추천하고 자신의 후임을 추천할 수 있는 등 조선 시대 요직이었다.
| **오답해설** | ① 5% 승정원은 왕명을 출납하면서 왕의 비서기관의 업무를 하였다.
③ 7% 사헌부의 관원들은 관리 감찰을 담당하였고, 사간원 관원들은 왕의 정책을 간쟁하였다. 사헌부와 사간원은 함께 양사로 불리며 서경권을 담당하였다.
④ 15% 교서관은 서적 출판 및 간행의 업무를 담당하였다.

| 19 | 근현대 > 일제 강점기 > 박은식 | 오답률 44% | 답 ② |

| **정답해설** | 제시된 사료는 박은식의 「유교구신론」 중 일부이다.
② 56% 박은식은 '나라는 형(形)이고 역사는 신(神)'이라고 주장하였다.
| **오답해설** | ① 13% 정인보는 '조선얼'을 강조하며 문일평, 안재홍 등과 함께 '조선학 운동'을 펼쳤다.
③ 12% 김구는 주석, 부주석 체제하인 1940년대 충칭의 대한민국 임시 정부에서 주석을 역임하였다.
④ 19% 신채호는 『독사신론』(1908)에서 민족을 역사 서술의 주체로 설정하고 사대주의를 비판하였다. 『독사신론』은 민족주의 사학의 기틀을 마련했다고 평가된다.

| 20 | 근현대 > 현대 > 해방 이후의 역사적 사실 | 오답률 37% | 답 ② |

| **정답해설** | 제시된 사건의 순서는 (나) 조선 건국 준비 위원회의 결성(1945. 8. 15.) → (다) 모스크바 3국 외상회의 개최(1945. 12.) → (가) 좌우합작 7원칙의 발표(1946. 10.) → (라) 김구와 김규식은 남북 협상(남북 요인 회담)을 북측(김일성, 김두봉)에 제의(1948. 2. 16.)

2018 국가직 9급 (다책형)

4월 7일 시행

합격예상 체크

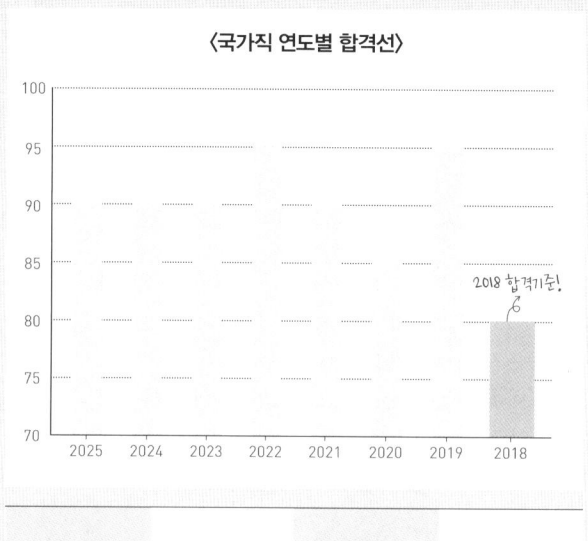

〈국가직 연도별 합격선〉

2018 합격기준

| 맞힌 개수 | /20문항 | 점수 | /100점 |

➡ ☐ 합격 ☐ 불합격

취약영역 체크

문항	정답	영역	문항	정답	영역
1	①	단원 통합 > 시대별 지방 행정 제도	11	④	근세 > 문화
2	②	중세 > 정치	12	②	고대 > 정치
3	①	고대 > 정치	13	②	고대 > 정치
4	③	근현대 > 현대	14	④	고대 > 정치
5	③	중세 > 문화	15	②	근현대 > 개항기
6	①	근대 태동기 > 정치	16	③	근세 > 문화
7	①	근세 > 문화	17	④	근현대 > 일제 강점기
8	③	근현대 > 일제 강점기	18	②	근현대 > 현대
9	④	근현대 > 개항기	19	②	중세 > 문화
10	②	근현대 > 일제 강점기	20	③	단원 통합 > 해외견문록

⬇ 영역별 틀린 개수로 취약영역을 확인하세요!

| 우리 역사의 기원 | –/0 | 고대 | /4 | 중세 | /3 | 근세 | /3 |
| 근대 태동기 | /1 | 근현대 | /7 | 통합 | /2 | | |

➡ 나의 취약영역: _____

※ [정답해설]과 [오답해설] 선지의 50% 표시는 〈1초 합격예측 서비스〉를 통해 수집된 선지 선택률을 나타냅니다.

---

1 단원 통합 > 시대별 지방 행정 제도   오답률 23%   답 ①

| 정답해설 | ① 77% 통일 신라 시대의 촌의 행정은 촌주가 담당하였다.

| 오답해설 | ② 2% 발해의 모든 지역에 지방관을 파견한 것은 아니며, 촌락의 수령(首領)은 토착 촌락민의 유력자가 임명되었다.
③ 6% 면리제의 확립은 조선 시대에 해당되는 내용이다.
④ 15% 사심관 제도는 고려 시대에 해당되는 내용이다.

2 중세 > 정치 > 서희의 활동   오답률 11%   답 ②

| 정답해설 | 제시된 사료는 거란의 1차 침략(성종, 993)과 관련된 내용이다. (갑) 거란(요)의 장군 소손녕, (을) 서희이다. ② 89% 고려는 서희의 외교 담판을 통해 강동 6주를 차지할 수 있었다.

3 고대 > 정치 > 광개토대왕   오답률 5%   답 ①

| 정답해설 | 제시된 사료 중 '영락'은 광개토대왕 때의 연호이며, ㉠ 광개토대왕의 (고구려) 군대가 신라에 침입한 왜군을 격퇴한 내용(400)이다. ① 95% 이 사건 이후 고구려는 신라에 대한 내정 간섭을 강화하였다.

| 오답해설 | ② 1% 백제 근초고왕이 평양성을 공격하여 고구려 고국원왕이 전사하였다(371).
③ 2% 신라 진흥왕은 관산성 전투에서 백제 성왕을 살해하였다(554).
④ 2% 고구려군이 신라에 침입한 왜군을 격퇴하는 과정에서 왜의 연합군인 가야도 공격을 받아, 금관가야 중심의 전기 가야 연맹이 해체되었다.

4 근현대 > 현대 > 이승만, 김구   오답률 24%   답 ③

| 정답해설 | (가) 이승만의 정읍 발언(1946. 6. 3.) 중 일부이며, (나) 김구의 「삼천만 동포에게 읍고함」(1948. 2.) 중 일부이다. ③ 76% (나) 김구를 비롯한 임시 정부 세력은 조직적인 반탁 운동을 전개하려는 목적에서 탁치(신탁 통치)반대 국민총동원위원회를 결성하였다(1945. 12. 28.).

| 오답해설 | ① 3% (가) 이승만 세력은 5·10 총선거에 적극 참여하였다.
② 13% 반탁 운동을 전개하던 이승만은 좌우 합작 7원칙을 지지하지 않았다.
④ 8% 남조선 과도입법의원의 의장을 지낸 인물은 김규식이다.

| 5 | 중세 > 문화 > 팔관회 | 오답률 52% | 답 ③ |

| 정답해설 | (가) 팔관회이다. ③ 48% 팔관회는 서경(10월 15일), 개경(11월 15일)에서 두 차례 개최되었다. 정월 보름에 전국적으로 개최된 것은 연등회에 해당한다.

| 6 | 근대 태동기 > 정치 > 정조의 업적 | 오답률 46% | 답 ① |

| 정답해설 | 제시된 사료는 정조의 '만천명월주인옹자서(萬川明月主人翁自序)' 중 일부이다. 정조는 왕으로서의 초월적 존재를 부각시키기 위해, 스스로를 '만 갈래 냇물에 비치는 밝은 달과 같은 존재'라고 규정하였다. ① 54% 정조 때 서호수는 『해동농서』를 편찬하였다.

| 오답해설 | ② 12% 현종 때의 갑인예송(2차 예송)에서 남인들은 왕권을 강조하며, 기년복을 주장하여 승리했다.
③ 16% 숙종 때 이순신에게 현충이라는 시호를 내리고, 강감찬 사당을 건립하였다.
④ 18% 효종 때 처음으로 설점수세제를 실시하였다.

오답률 TOP 1

| 7 | 근세 > 문화 > 중종의 업적 | 오답률 65% | 답 ① |

| 정답해설 | 제시된 사료는 『이륜행실도』(1518) 중 일부이므로 밑줄 친 '국왕'은 중종이다. ① 35% 중종 때 풍기군수 주세붕이 백운동 서원을 세웠다.

| 오답해설 | ② 5% 김시습의 『금오신화』는 15세기에 저술된 한문 소설이다.
③ 28% 『국조오례의』와 『동국여지승람』은 15세기 성종 때 편찬되었다.
④ 32% 집현전은 15세기 세종 때 만들어졌다.

| 8 | 근현대 > 일제 강점기 > 국가총동원법 | 오답률 32% | 답 ③ |

| 정답해설 | 제시된 사료는 1938년 4월 공포된 국가총동원법 중 일부이다. ③ 68% 1938년 2월 육군특별지원병령을 제정하여 지원병을 선발하였다. 지원병제는 국가의 모든 인력과 물자를 동원하고자 한 국가총동원법이 발표되기 이전에 만들어진 제도이다.

| 오답해설 | ① 5% 일제는 1939년 국민징용령을 공포하여 강제적인 노무 동원을 실시하였다.
② 6% 일제는 1941년 금속류회수령을 제정하여 주요 군수 물자를 공출하였다.
④ 21% 일제는 1941년 물자통제령을 공포하여 배급제를 확대하였다.

| 9 | 근현대 > 개항기 > 동학 농민 운동 | 오답률 37% | 답 ④ |

| 정답해설 | 첫 번째 사료는 고부 민란 이후 안핵사 이용태가 농민군을 탄압하는 내용이며, 두 번째 사료는 동학 농민군이 전라도 일대를 장악한 모습을 보여 준다. 따라서 ④ 63% 안핵사 이용태의 탄압에 저항하여 백산에서 전봉준이 보국안민을 위해 궐기하라는 통문을 보낸 사실은 (가)에 해당한다.

| 10 | 근현대 > 일제 강점기 > 임시 토지 조사국 | 오답률 53% | 답 ② |

| 정답해설 | 제시된 사료는 1912년 공포된 토지조사령 중 일부이고 (가) 1910년 설립된 임시 토지 조사국이다. 임시 토지 조사국은 1910년 설립되어 1918년 폐지되었다. ② 47% 이광수의 「무정」은 1917년 〈매일신보(每日申報)〉에 연재되었다.

| 오답해설 | ① 14% 조선청년연합회는 1920년 조직되었다.
③ 18% 연초 전매령은 1921년 제정되었다.
④ 21% 의열단은 1919년 만주 길림에서 김원봉, 윤세주 등이 설립한 단체이다.

| 11 | 근세 > 문화 > 혼일강리역대국도지도 | 오답률 34% | 답 ④ |

| 정답해설 | 밑줄 친 '이 지도'는 태종 때 이회 등이 제작한 혼일강리역대국도지도이다. 이 지도는 필사본이 일본에 현존하고 있고, 세계 지도 중 동양에서는 가장 오래된 것이다. 유럽·아프리카는 그려져 있으나 아메리카 대륙은 당시 발견되지 않아 빠져 있다. ④ 66% 최초로 백리 척을 사용하여 지도의 과학화에 기여한 것은 영조 때 정상기가 제작한 '동국지도'(1750년대 제작)이다.

| 12 | 고대 > 정치 > 신문왕의 업적 | 오답률 25% | 답 ② |

| 정답해설 | 김흠돌 등의 반역을 진압하고, 달구벌로의 천도를 시도한 왕은 신문왕이다. ② 75% 신문왕은 국학을 설치하여 유학을 교육하였다.

| 오답해설 | ① 15% 녹읍이 부활된 것은 경덕왕 때이다.
③ 7% 통일 이후인 효소왕 때 수도에 서시(西市)와 남시(南市)가 설치되었다.
④ 3% 소지 마립간 때 (수도를 중심으로) 사방에 우역이 설치되었다.

| 13 | 고대 > 정치 > 발해의 역사 | 오답률 16% | 답 ② |

| 정답해설 | 중국과 러시아는 발해의 역사를 자국사에 편입시키려하고 있다. ② 84% 이를 비판할 수 있는 근거는 상경성에서 출토된 온돌장치로, 이를 통해 발해가 고구려의 주거 문화를 계승한 것을 알 수 있다. 발해의 문화는 전통적인 고구려 문화의 토대 위에 당의 문화를 흡수하여 재구성한 것이다.

| 14 | 고대 > 정치 > 문무왕의 업적 | 오답률 36% | 답 ④ |

| 정답해설 | 백제 부흥 운동을 주도하던 흑치상지 등은 당에 항복하였으나, ④ 64% 임존성에서 저항하던 지수신은 끝까지 항복하지 않았다. 그러나 흑치상지(黑齒常之) 등의 임존성 공격으로 버티지 못하고 663년 고구려로 달아났으며, 임존성도 함락되었다.

| **15** | 근현대 > 개항기 > 농광 회사 | 오답률 52% | 답 ② |

| **정답해설** | 제시된 사료의 '이 회사'는 1904년 설립된 농광 회사이다. ② [48%] 농광 회사는 일본의 황무지 개간권 요구에 대항하여, 개간 사업을 목적으로 설립된 근대적 농업 회사이다.
| **오답해설** | ① [17%] 시전 상인은 외국 상인과의 상권 경쟁을 위해 황국중앙총상회를 결성하였다(1898). 척식 회사를 세운 적은 없다.
③ [33%] 역둔토나 국유 미간지를 약탈하러 설립했던 회사는 동양 척식 주식회사이다(1908).
④ [2%] 백목전 상인들은 종로 직조사를 설립하였다(1900).

오답률 TOP 3

| **16** | 근세 > 문화 > 조선의 성리학 | 오답률 57% | 답 ③ |

| **정답해설** | 제시된 사실을 순서대로 나열하면 ㄹ. 16세기 초 조광조의 활동 (중종, 16세기 초) → ㄴ. 서경덕의 태허설(중종, 1544) → ㄷ. 기대승과 이황의 사단칠정 논쟁의 시작(명종, 1559) → ㄱ. 이이의 주기론(선조, 16세기 말)이다.

| **17** | 근현대 > 일제 강점기 > 조선의 생활 모습 | 오답률 25% | 답 ④ |

| **정답해설** | 일제 강점기의 의생활은 한식과 양식이 혼합된 형태로, '모던 보이', '모던 걸'이 등장하고 신여성의 상징으로 단발머리가 유행하였다. 식생활에서는 과자, 빵을 비롯한 서양 음식이 들어왔으나 상류층에 한정되어 있었고, 중·일 전쟁 이후에는 식량 부족 현상에 따라 기근에 시달렸다. 주택의 경우 상류층은 문화 주택, 중류층은 개량 한옥, 하류층은 영단 주택이 등장하였다. ④ [75%] 영단 주택은 상류층이 아닌, 노동자들의 집단 거주지였다.

오답률 TOP 1

| **18** | 근현대 > 현대 > 1960년대의 역사적 사실 | 오답률 65% | 답 ② |

| **정답해설** | (가) 1962년 김종필-오히라 메모, (나) 1966년 브라운 각서이다. 따라서 1962년~1966년 사이의 역사적 사실을 고르면 된다. ② [35%] 울산 정유공장은 1964년 준공되었다.
| **오답해설** | ① [19%] 충주 비료공장은 1961년 준공되었다.
③ [14%] 1970년~1973년까지 마산에 수출 자유 지역이 건설되었다.
④ [32%] 경부 고속 국도는 1970년 개통되었다.

| **19** | 중세 > 문화 > 진화, 이규보 | 오답률 49% | 답 ② |

| **정답해설** | 진화(陳澕)는 무신정권 시대(신종~고종 연간)의 문신으로서, 이규보와 같은 시대를 살았다. 사료의 "서쪽 송나라가 이미 기울고"를 통해 남송 시대임을 파악하고, "하늘의 동쪽에서 태양이 떠오르네"를 통해 주체적인 의식이 성장한 고려 후기임을 파악할 수 있다. 따라서 ② [51%] 이규보의 「동명왕편」은 고려 무신 정권기에 편찬된 역사서이다.

| **20** | 단원 통합 > 해외견문록 | 오답률 46% | 답 ③ |

| **정답해설** | 제시된 견문록은 순서대로 ㄹ. 『해동제국기』(신숙주, 1471, 성종 2년) → ㄱ. 『표해록』(최부, 1488, 성종 19년) → ㄴ. 『열하일기』(박지원, 1780, 정조 4년) → ㄷ. 『서유견문』(유길준, 1895, 고종 32년)이다.

지방직 9급

해설 & 기출분석 REPORT

지방직 기출 POINT

Point 1 국가직에 비해 지식형(단답형) 문제의 비중이 높다.
Point 2 최근 시험에서는 고대사, 조선 전기의 역사, 근현대사의 출제 비중이 높았다.
Point 3 변별력 확보를 위해 1~2 문항 정도가 어렵게 출제되었다.
Point 4 순서 나열형 문제가 3문제 출제되었다.

2026년 지방직 시험 대비전략

기출문제는 곧 출제 예상문제다.

Point 1 지방직은 국가직과 유사한 형태로 출제되며 비교적 평이하게 출제되므로, 빈출 주제를 중심으로 반복 학습이 필요하다.
Point 2 생소한 사료 문제에 대비하기 위한 사료 분석 연습이 필요하며, 유네스코 문화유산 등의 시사적 내용도 반드시 정리해 두어야 한다.

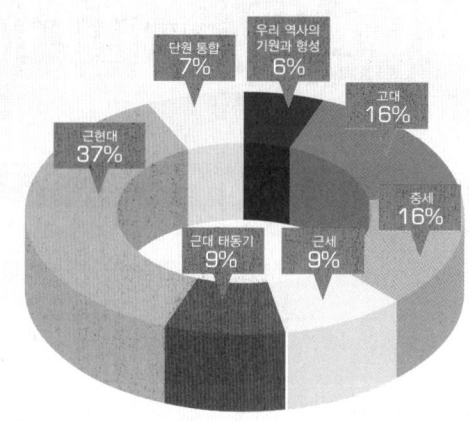

▲ 최근 8개년 평균 출제비중

연도	총평	우리 역사의 기원과 형성	고대	중세	근세	근대 태동기	근현대	통합
2025	• 김구의 『나의 소원』은 생소한 사료였으나 전체적으로 쉽게 출제됨 • 순서형 문제가 5문항 출제되었고, 유네스코 문화유산(남한산성, 가야 고분군)을 고르는 문제가 출제됨	10% (2문항)	15% (3문항)	15% (3문항)	10% (2문항)	5% (1문항)	40% (8문항)	5% (1문항)
2024	• 「기미 독립 선언서」 공약 3장 사료를 알아야 정답을 고를 수 있는 문제가 출제됨 • 근우회의 활동을 고르는 문제가 가장 고난도의 문제였음	10% (2문항)	10% (2문항)	15% (3문항)	0% (0문항)	10% (2문항)	40% (8문항)	15% (3문항)
2023	• 의병장 곽재우에 대한 문제가 처음 출제됨 • 조선 시대의 과거 시험에 대해 상세히 알아야 풀 수 있는 문제가 출제됨(문과 시험 주관 부처, 식년시 실시 주기 등)	5% (1문항)	10% (2문항)	15% (3문항)	15% (3문항)	10% (2문항)	40% (8문항)	5% (1문항)
2022	• 쉽게 출제되었지만 의병 출신인 안중근의 『동양평화론』을 고르는 문제는 상대적으로 난도가 높았음 • 우리 역사의 기원과 형성 파트는 출제되지 않음	0% (0문항)	20% (4문항)	20% (4문항)	15% (3문항)	5% (1문항)	35% (7문항)	5% (1문항)
2021	• 고민이 필요한 문제가 없었을 정도로 쉬운 시험이었음 • 단편적 지식을 묻는 문제가 다수 출제되었음	5% (1문항)	20% (4문항)	25% (5문항)	5% (1문항)	10% (2문항)	35% (7문항)	0% (0문항)
2020	• 지엽적인 문제가 전혀 없었음 • 단원 통합 문제가 2문항(덕수궁, 유네스코 문화유산) 출제됨	5% (1문항)	15% (3문항)	15% (3문항)	10% (2문항)	10% (2문항)	35% (7문항)	10% (2문항)
2019	기존 출제 경향과 비슷하였으나, 생소한 사료(세종 때 여자 종의 출산 휴가 연장)와 『향약집성방』과 『의방유취』의 선·후 관계 파악 등이 체감 난도를 높임	5% (1문항)	20% (4문항)	10% (2문항)	15% (3문항)	5% (1문항)	40% (8문항)	5% (1문항)
2018	• 남북 정상 회담(4·27 판문점 선언 발표)이 열린 직후라는 이슈를 반영하여, 7·4 남북 공동 성명이 출제되었음 • 약 2문제(환구단의 설치 시점을 묻는 문제, 임진왜란 당시 선조의 환궁과 칠천량 해전이 포함된 순서 나열 문제)를 제외한다면 평이한 문제가 다수 출제됨	5% (1문항)	15% (3문항)	15% (3문항)	5% (1문항)	15% (3문항)	30% (6문항)	15% (3문항)

2025 6월 21일 시행 지방직(= 서울시) 9급 (Ⓑ책형)

합격예상 체크

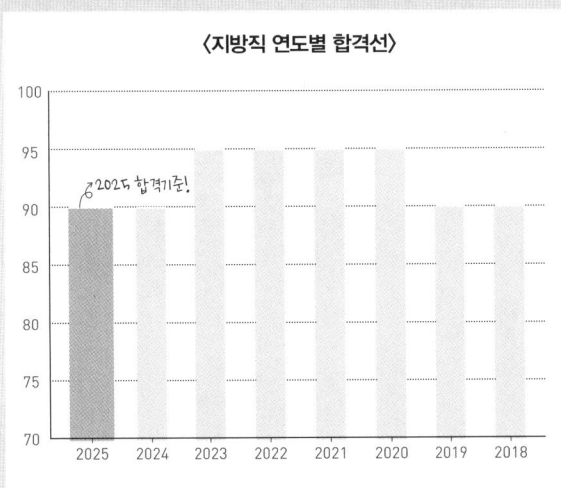

〈지방직 연도별 합격선〉
2025 합격기준

| 맞힌 개수 | /20문항 | 점수 | /100점 |

➡ ☐ 합격 ☐ 불합격

취약영역 체크

문항	정답	영역	문항	정답	영역
1	①	우리 역사의 기원과 형성 > 선사 시대	11	③	근세 > 문화
2	②	우리 역사의 기원과 형성 > 국가의 형성	12	①	근현대 > 개항기
3	③	고대 > 정치	13	②	근현대 > 개항기
4	④	고대 > 정치	14	①	근현대 > 일제 강점기
5	③	고대 > 정치	15	③	근현대 > 일제 강점기
6	③	중세 > 정치	16	④	단원 통합 > 유네스코 세계 문화유산
7	①	중세 > 정치	17	①	근현대 > 일제 강점기
8	②	근세 > 문화	18	②	근현대 > 현대
9	④	중세 > 문화	19	②	근현대 > 개항기
10	①	근대 태동기 > 정치	20	④	근현대 > 개항기

⬇ 영역별 틀린 개수로 취약영역을 확인하세요!

| 우리 역사의 기원 | /2 | 고대 | /3 | 중세 | /3 | 근세 | /2 |
| 근대 태동기 | /1 | 근현대 | /8 | 통합 | /1 | | |

➡ 나의 취약영역: _____

※ [정답해설]과 [오답해설] 선지의 50% 표시는 〈에듀윌 합격예측 풀서비스〉를 통해 수집된 선지 선택률을 나타냅니다.

---

1 우리 역사의 기원과 형성 > 선사 시대 > 신석기 시대
오답률 18% 답 ①

| 정답해설 | 신석기 시대에는 ㄱ. 갈돌과 갈판을 사용하여 곡물이나 열매를 갈았다. 또한 ㄷ. 뼈바늘과 가락바퀴를 사용하여 옷이나 그물을 제작(원시적 수공업)하였다.

| 오답해설 | ㄴ. 청동기 시대에는 반달 돌칼을 사용하여 벼 등 농작물을 수확하였다.
ㄹ. 철기 시대에는 벼농사를 널리 짓게 되었다.

2 우리 역사의 기원과 형성 > 국가의 형성 > 부여
오답률 26% 답 ②

| 정답해설 | 제시된 내용은 『삼국지』 위서 동이전의 부여 사료 중 일부이다. 부여는 왕의 권력이 약했기 때문에 농사가 잘 되지 않으면 왕을 바꾸거나 죽이기도 하였다. ② 74% 부여에서는 마가(馬加), 우가(牛加) 등 가축의 이름을 딴 관리가 있었다.

| 오답해설 | ① 10% 동예와 옥저에서는 후, 읍군, 삼로 등의 군장이 있었다.
③ 8% 동예에서는 사람이 질병으로 죽으면 살던 집을 버리고 다시 새 집을 지었다.
④ 8% 동예에서는 다른 읍락을 침범하면 노비, 소, 말 등으로 배상하게 하였다(책화).

3 고대 > 정치 > 발해
오답률 29% 답 ③

| 정답해설 | 제시된 사료는 발해 무왕(대무예)이 일본에 보낸 국서 중 일부이다. ③ 71% 신라에서는 집사부의 장관인 시중이 왕명을 받들어 행정을 총괄하였다.

| 오답해설 | ① 9% (장문휴의) 산둥반도 등주 공격은 발해 무왕(대무예, 719~737) 때 일어난 사건이다. 무왕은 돌궐, 일본(무왕 때 외교 관계 수립, 727)과 우호 관계를 유지하면서 당나라와 신라를 견제하였다. 흑수 말갈 문제로 당과 대립하다가 장문휴를 파견하여 산둥반도 등주를 공격(732)하였고, 이듬해 당과 신라의 연합 공격도 격퇴하였다.
② 12% 선왕 때 발해의 지방 행정 제도가 5경 15부 62주로 완성되었다.
④ 8% 발해에서는 무왕 때 연호 '인안'을 사용하였고, 문왕 때 국왕을 '황상'이라고 표기하였다.

| 더 알아보기 | 발해 무왕이 일본에 보낸 국서

무예는 황송스럽게도 열국(列國)을 맡아 외람되게 여러 번(蕃)을 함부로 총괄하며, 고(구)려의 옛 땅을 회복하고 부여의 습속(習俗)을 가지고 있습니다. 그러나 다만 너무 멀어 길이 막히고 끊어졌습니다. 어진 이와 가까이 하며 우호를 맺고 옛날의 예에 맞추어 사신을 보내어 이웃을 찾는 것이 오늘에야 비롯하게 되었습니다.

---

4 고대 > 정치 > 법흥왕 | 오답률 28% | 답 ④

| 정답해설 | 제시된 사료는 법흥왕 때 이차돈의 순교(이 사건을 계기로 불교 공인)를 보여 주고 있다. ④ 72% 국호를 '신라'로 정하고, 우산국을 정벌한 것은 지증왕 때이다.

| 오답해설 | 제시된 사료는 법흥왕 때 이차돈의 순교(이 사건을 계기로 불교 공인)를 보여 주고 있다. 법흥왕 때 ① 11% 율령을 반포(520)하고, 상대등을 설치(531)하였다. 또한 ② 8% 병부를 설치(517)하고, 금관가야 병합(532) 및 ③ 9% '건원'이라는 독자적 연호를 사용(536)하였다.

| 더 알아보기 | 법흥왕의 업적

❶ 4년(517) 여름 4월 처음으로 병부(兵部)를 설치하였다.
❷ 7년(520) 봄 정월 율령(律令)을 반포하고 처음으로 모든 관리의 공복(公服)을 만들어 붉은색과 자주색으로 위계를 정하였다.
❸ 9년(522) 봄 3월 가야국(加耶國) 왕이 사신을 보내 혼인을 청하였으므로, 왕이 이찬(伊飡) 비조부(比助夫)의 누이를 그에게 보냈다.
❹ 11년(524) 가을 9월 왕이 나아가 남쪽 변경의 개척지를 순행하였는데 가야국 왕이 찾아와 만났다.
❺ 18년(531) 봄 3월 담당 관청(有司)에 명하여 제방을 수리하게 하였다. 여름 4월에 이찬 철부(哲夫)를 상대등(上大等)으로 삼아 나라의 일을 총괄하게 하였다. 상대등의 관직은 이때 처음 생겼으니, 지금(고려)의 재상(宰相)과 같다.
❻ 19년(532) 금관국(金官國)의 왕 김구해(金仇亥)가 왕비와 세 아들, 즉 큰아들은 노종(奴宗)이라 하고, 둘째 아들은 무덕(武德)이라 하고, 막내 아들은 무력(武力)이라 하였는데, (이들과) 함께 나라의 재산(國帑)과 보물을 가지고 와 항복하였다. 왕이 예로써 그들을 대우하고 높은 관등을 주었으며 본국을 식읍(食邑)으로 삼도록 하였다. 아들 무력은 벼슬이 각간(角干)에 이르렀다.
❼ 23년(536) 처음으로 연호를 칭하여 건원(建元) 원년이라 하였다.
― 『삼국사기』 ―

---

5 고대 > 정치 > 고구려의 역사적 사건 | 오답률 33% | 답 ③

| 정답해설 | 태학은 소수림왕 때 설립(372)되었으며, 장수왕 때 평양으로 천도(427)하였다. 따라서 372~427년 사이의 역사적 사실을 고르면 된다. ③ 67% 광개토 대왕 때 후연을 격파하고 요동 지역을 차지하였다(407).

| 오답해설 | ① 8% 태조왕 때 동옥저를 정벌(56)하였다.
② 4% 고국원왕 때 전연의 침입으로 도성이 함락(342)되었다.
④ 21% 장수왕은 백제의 수도인 한성을 함락하고, 개로왕을 살해하였다(475).

---

6 중세 > 정치 > 태조 | 오답률 29% | 답 ③

| 정답해설 | 사심관 제도를 실시한 (가) 왕은 고려 태조이다. ③ 71% 광종은 국왕의 권위를 높이기 위하여 황제라 칭하고, 광덕·준풍 등의 연호를 사용하여 자주성을 표현하였다. 이를 위해 개경을 황도(皇都), 서경을 서도(西都)로 불렀다.

| 오답해설 | 태조는 ① 11% 호족을 통제하기 위해 기인 제도를 시행하고, ② 9% 대광현 등 발해 유민을 수용하였다. 또한 ④ 9% 후대 왕들이 지켜야 할 훈요 10조를 남겼다.

---

7 중세 > 정치 > 거란의 1차 침략(서희의 외교 담판) | 오답률 19% | 답 ①

| 정답해설 | 거란의 1차 침략(성종, 993) 당시 서희의 외교 담판 사료이다. 이에 해당하는 시기는 ① 81% (가) '고려 건국(태조, 918)~귀주 대첩(현종, 1019)'이다.

| 오답해설 | ② 10% (나) 귀주 대첩(현종, 1019)~무신정변(의종, 1170)
③ (다) 6% 무신정변(의종, 1170)~개경 환도(원종, 1270)
④ (라) 3% 개경 환도(원종, 1270)~위화도 회군(우왕, 1388)

---

8 근세 > 문화 > 『삼강행실도』 | 오답률 23% | 답 ②

| 정답해설 | 훈민정음을 창제한 국왕은 세종이다. ② 77% 『삼강행실도』는 세종 때 설순이 편찬한 윤리, 의례서로, 백성들이 유교 윤리를 쉽게 알 수 있도록 중국 및 우리나라의 효자, 충신, 열녀들의 사례를 모아 글과 함께 그림으로 제작되었다.

| 오답해설 | ① 9% 『경국대전』은 성종 때 반포된 조선 시대 기본 법전이다. 이·호·예·병·형·공전의 6전 체제로 구성되었으며 유교적 법치 국가의 토대를 마련하였다.
③ 9% 『국조오례의』는 5가지 국가 의식(길례·가례·군례·흉례·빈례)을 체계화하기 위해 성종 때 편찬(1474)되었다.
④ 5% 『동국여지승람』은 성종 때 각 도(道)의 지리, 풍속 등을 정리한 관찬 지리지이다.

---

9 중세 > 문화 > 지눌 | 오답률 22% | 답 ④

| 정답해설 | 제시된 자료의 '수선사 결성', '돈오점수'를 통해 (가) 인물이 지눌임을 알 수 있다. 지눌은 ④ 78% 정혜쌍수라는 실천 수행 방법을 제시하였다.

| 오답해설 | ① 11% 의천은 교종을 중심으로 선종을 통합한 (해동) 천태종을 창시하였다.
② 4% 고려 말 보우는 임제종을 도입하여 당시 불교계를 개혁하려 하였다.
③ 7% 교종의 입장에서 선종을 통합한 종파는 천태종이다.

| **10** | 근대 태동기 > 정치 > 영조 | 오답률 23% | 답 ① |

| **정답해설** | 탕평비(蕩平碑)를 세운 왕은 영조이다. 영조는 탕평의 의지를 보여주고자 성균관 앞에 탕평비를 세웠다. 영조는 ① 77% 균역법을 시행하여 1년에 2필씩 납부하던 군포를 1필로 줄여주었다.
| **오답해설** | ② 9% 정조는 사도 세자를 장헌 세자로 추존하고, 묘소를 수원으로 옮기면서 격을 높이기 위해 화성을 건설(1794)하였다.
③ 7% 정조는 젊고 유능한 관리를 재교육하기 위해 '초계문신 제도'를 시행하였다.
④ 7% 『대전회통』은 흥선 대원군 섭정 시기에 편찬된 법전이다.

| **11** | 근세 > 문화 > 이황 | 오답률 36% | 답 ③ |

| **정답해설** | (가) 인물은 이황이다. 이황은 『성학십도』를 통해 군주 스스로 성리학을 익혀 올바른 정치를 해야 한다고 강조하였다. 그는 기대승과 사단칠정 논쟁을 벌이기도 하였으며, 그의 학문은 일본으로 전해져 일본 성리학 발전에 영향을 주었다(일본에서는 이황을 '동방의 주자'라고 불렀다). 한편 그의 사상은 ③ 64% 유성룡 등에게 이어져 영남 학파가 형성되었다.
| **오답해설** | ① 14% 박지원은 『과농소초』(『한민명전의』 편)에서 (토지 소유의 상한선이 적용된) 한전론을 주장하여, 점차 토지 소유를 균등하게 하려고 하였다.
② 17% 율곡 이이의 학문은 김장생 등에게 이어져 기호 학파가 형성되었다.
④ 5% 정약용은 마을 단위로 토지를 공동 소유하고, 공동 경작하는 여전론을 주장하였다.

오답률 TOP 3

| **12** | 근현대 > 개항기 > 정미 7조약 | 오답률 41% | 답 ① |

| **정답해설** | 시정 개선에 관하여 통감의 지도를 받고, 통감이 추천한 일본인을 한국 관리로 임명할 것이 규정된 조약은 정미 7조약(1907, 한일 신협약)이다. ① 59% 1907년 헤이그 특사 사건을 계기로 고종이 강제 퇴위당하고, 순종의 즉위 이후 정미 7조약(한일 신협약)이 체결되었다.
| **오답해설** | ② 14% 정미 7조약의 비밀 부수 조항으로서 대한 제국 군대의 해산이 규정되었다. 이후 대한 제국 군대가 해산되었고, 해산 군인들이 의병 세력에 합류하게 되었다(정미 의병).
③ 11% 안중근 의사가 1909년 하얼빈 역에서 이토 히로부미를 저격하였다.
④ 16% 1909년 일제는 한반도 남부의 의병 세력을 대대적으로 토벌(남한 대토벌 작전)하였다. 그 결과 항일 의병 운동 세력은 만주, 연해주 등으로 이주하여 국외 항일 무장 운동을 전개하였다.

| **13** | 근현대 > 개항기 > 조일 통상 장정 | 오답률 36% | 답 ② |

| **정답해설** | 제시된 사료는 조일 통상 장정(1883) 중 일부이다. 강화도 조약 이후 조일 수호 조규 부록, 조일 무역 규칙 등이 체결되어 일본의 경제적 침략은 가속화되었다. 조일 무역 규칙에서는 무관세, 무항세 및 개항장에서 쌀과 잡곡을 무제한 수출할 수 있도록 허용되었다. 한편, 조일 무역 규칙은 1883년 조일 통상 장정으로 개정되면서 관세가 설정되었으나, ② 64% (조미 수호 통상 조약의 영향으로) 최혜국 대우가 추가되었다. 특히 방곡령 선포가 규정되었으나, 방곡령 공포 1개월 전에 반드시 일본 영사관에 통보해야 한다는 단서 조항을 두었다.
| **오답해설** | ① 9% 1884년 갑신정변의 결과 한성 조약(조-일), 텐진 조약(청-일)이 체결되었다.
③ 9% 1882년 임오군란 이후 (조선과 일본 사이에) 제물포 조약이 체결되어 일본 경비병의 공사관 주둔이 명시되었다.
④ 18% 1876년 강화도 조약 이후 부산 외 2곳(원산, 인천)에 개항장이 설치되었다.

| **14** | 근현대 > 일제 강점기 > 김구 | 오답률 14% | 답 ① |

| **정답해설** | 제시된 사료는 김구의 『나의 소원』 중 일부이다. 김구는 ㄱ. 대한민국 임시 정부의 주석을 지냈고, ㄴ. 1931년 상하이에서 한인 애국단을 조직하였다.
| **오답해설** | ㄷ. 김원봉은 1938년 조선 의용대를 창설하여 항일 무장 투쟁을 전개하였다.
ㄹ. 양세봉은 조선 혁명군을 지휘하여 (중국 의용군과 함께) 영릉가 전투, 흥경성 전투를 승리로 이끌었다.
| **더 알아보기** | 김구, 『나의 소원』

> 만일 우리의 오늘날 형편이 초라한 것을 보고 자굴지심(自屈之心)을 발하여, 우리가 세우는 나라가 그처럼 위대한 일을 할 것을 의심한다면 그것은 스스로 모욕하는 일이다. 우리 민족의 지나간 역사가 빛나지 아니함이 아니나 그것은 아직 서곡이었다. 우리가 주연 배우로 세계 역사의 무대에 나서는 것은 오늘 이후다. 삼천만의 우리 민족이 옛날의 그리스 민족이나 로마 민족이 한 일을 못한다고 생각할 수 있겠는가. 내가 원하는 우리 민족의 사업은 결코 세계를 무력으로 정복하거나 경제력으로 지배하려는 것이 아니다. 오직 사랑의 문화, 평화의 문화로 우리 스스로 잘 살고 인류 전체가 의좋게 즐겁게 살도록 하는 일을 하자는 것이다. 어느 민족도 일찍이 그러한 일을 한 이가 없었으니 그것은 공상이라고 하지 말라. 일찍이 아무도 한 자가 없기에 우리가 하자는 것이다. 이 큰 일은 하늘이 우리를 위하여 남겨놓으신 것임을 깨달을 때에 우리 민족은 비로소 제 길을 찾고 제 일을 알아본 것이다.
> 나는 우리나라의 청년남녀가 모두 과거의 조그맣고 좁다란 생각을 버리고, 우리 민족의 큰 사명에 눈을 떠서 제 마음을 닦고 제 힘을 기르기로 낙을 삼기를 바란다. 젊은 사람들이 모두 이 정신을 가지고 이 방향으로 힘을 쓸진대 30년이 못하여 우리 민족은 괄목상대(刮目相對)하게 될 것을 나는 확신하는 바이다.

| 15 | 근현대 > 일제 강점기 > 3·1 운동 | 오답률 24% | 답 ③ |

| **정답해설** | 제시된 사료는 1919년 3·1 운동을 촉발한 「기미 독립 선언문」이다. ③ 76% 일제는 3·1 운동 이후 무단 통치에서 문화 통치로 식민 지배 정책을 바꾸었다.

| **오답해설** | ① 6% 1923년 진주에서 백정들이 조선 형평사를 조직하고 평등한 대우를 요구하였다(형평 운동). 형평 운동은 백정의 인권 운동에서 점차 각종 파업이나 소작 쟁의에 참여하는 등 민족 해방 운동으로 발전하였다.
② 5% 1929년 광주 학생 항일 운동이 발생한 후 신간회에서 진상 조사단을 파견하였다.
③ 13% 1926년 6·10 만세 운동 준비 단계에서 민족주의 계열(천도교)과 사회주의 계열이 연대하였다(사전에 발각됨).

오답률 TOP 1
| 16 | 단원 통합 > 유네스코 세계 문화유산 | 오답률 66% | 답 ④ |

| **정답해설** | ㄴ. 남한산성, ㄹ. 가야 고분군은 2025년 8월 현재 유네스코 세계 문화유산으로 등재되어 있다.

| **오답해설** | ㄱ. 경복궁(조선의 궁궐 중에는 창덕궁이 등재), ㄷ. 석촌동 고분군(백제 역사 유적 지구는 한성 백제 시대의 유물, 유적은 포함되지 않음)은 등재 되어 있지 않다.

| 17 | 근현대 > 일제 강점기 > 한국광복군 | 오답률 38% | 답 ① |

| **정답해설** | (가)는 한국광복군이다. ① 62% 지청천이 지휘하는 한국 독립군은 중국 호로군과 함께 쌍성보 전투, 경박호 전투, 사도하자 전투, 동경성 전투, 대전자령 전투에서 승리하였다.

| **오답해설** | 한국광복군은 ③ 7% 1940년 중국 충칭에서 중국 국민당 정부의 지원을 받아 창설되었고, ② 14% 1942년 김원봉 등 조선 의용대 일부가 합류하였다. 한편 ④ 17% 1943년 한영 군사 협정에 따라 영국군과 함께 인도, 미얀마 전선에 파견되었고, 미국 OSS 부대(현재 CIA 전신)의 지원을 받아 국내 진입 작전을 추진하였으나 실행되지 못했다.

| 18 | 근현대 > 현대 > 한미 상호 방위 조약 | 오답률 35% | 답 ② |

| **정답해설** | 제시된 내용 중 '상호 합의에 의해 미합중국(미국)의 육, 해, 공군이 대한민국 영토에 주둔할 수 있다.'는 것을 통해 1953년 10월 1일 체결된 한미 상호 방위 조약임을 알 수 있다. ② 65% 1965년부터 베트남에 한국군 전투 부대가 파병되었다.

| **오답해설** | ① 15% 1953년 7월 27일 판문점에서 정전 협정이 체결되었다.
③ 11% 1953년 6월 이승만 대통령은 거제도 수용소의 반공 포로를 석방하였다.
④ 9% 1950년 9월 15일 유엔군 총사령관 맥아더가 인천 상륙 작전을 감행하였다.

오답률 TOP 2
| 19 | 근현대 > 개항기 > 대한 제국 | 오답률 51% | 답 ② |

| **정답해설** | 제시된 사료 중 '지계아문'(1901)을 통해 (가) 국가가 대한 제국임을 알 수 있다. 대한 제국은 1897년 선포되어 1910년 강점 이전까지 존재하였다. ② 49% 「교육 입국 조서」는 1895년에 반포되었다.

| **오답해설** | ① 12% 대한 제국의 고종 황제는 광무라는 연호를 사용하였다(순종 때는 융희).
③ 11% 대한 제국의 광무개혁은 구본신참을 원칙으로 점진적으로 추진되었다.
④ 28% 1899년 우리나라 최초로 전차가 부설(서대문~청량리)되었다.

| 20 | 근현대 > 개항기 > 통상 수교 거부 정책을 강화한 사건 | 오답률 30% | 답 ④ |

| **정답해설** | 제시된 사건의 순서는 다음과 같다. (라) 제너럴셔먼호 사건(1866. 7.) - (나) 병인양요(1866. 9.) - (다) 오페르트 도굴 사건(1868) - (가) 신미양요(1871)이다.

2024 6월 22일 시행 지방직(= 서울시) 9급 (ⓒ책형)

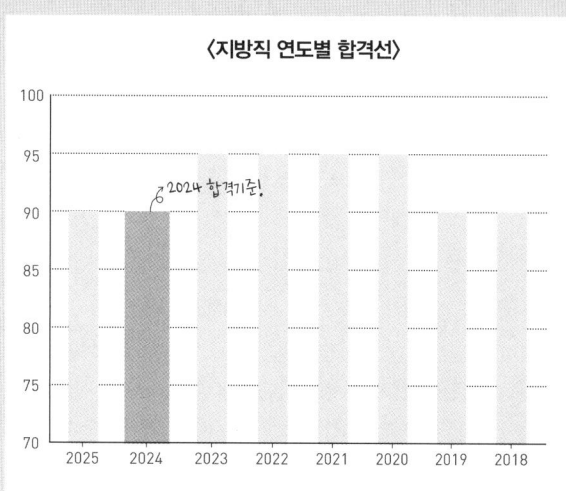

취약영역 체크

문항	정답	영역	문항	정답	영역
1	②	우리 역사의 기원과 형성 > 선사 시대	11	③	중세 > 정치
2	①	우리 역사의 기원과 형성 > 국가의 형성	12	②	근대 태동기 > 정치
3	①	고대 > 정치	13	②	단원 통합 > 영주 부석사 무량수전, 보은 법주사 팔상전
4	④	고대 > 문화	14	②	단원 통합 > 조선 시대 조세 제도
5	④	중세 > 정치	15	①	근대 태동기 > 문화
6	③	중세 > 문화	16	④	근현대 > 일제 강점기
7	③	근현대 > 개항기	17	③	근현대 > 개항기
8	①	근현대 > 일제 강점기	18	①	단원 통합 > 시대별 민중 봉기
9	①	근현대 > 일제 강점기	19	②	근현대 > 개항기
10	②	근현대 > 개항기	20	③	근현대 > 현대

▶ 영역별 틀린 개수로 취약영역을 확인하세요!

| 우리 역사의 기원 | /2 | 고대 | /2 | 중세 | /3 | 근세 | –/0 |
| 근대 태동기 | /2 | 근현대 | /8 | 통합 | /3 | | |

➡ 나의 취약영역: _____

※ [정답해설]과 [오답해설] 선지의 50% 표시는 〈에듀윌 합격예측 풀서비스〉를 통해 수집된 선지 선택률을 나타냅니다.

---

1 우리 역사의 기원과 형성 > 선사 시대 > 신석기 시대
오답률 11% 답 ②

| 정답해설 | 신석기 시대에는 가락바퀴와 뼈바늘로 옷이나 그물을 제작하였고(원시적 수공업), 동물 뼈나 조개껍데기로 된 목걸이나 팔찌를 만들어 사용하였다. 또한 일부 지역에서는 농경이 시작되어 조, 피, 수수 등의 잡곡을 재배하였다. ② 89% 청동기 시대에는 군장이 죽으면 그의 권력을 상징하는 고인돌을 만들었다.

2 우리 역사의 기원과 형성 > 국가의 형성 > 고조선
오답률 22% 답 ①

| 정답해설 | 제시된 내용은 고조선의 8조법이다. ① 78% 동맹은 고구려의 제천 행사이다.
| 오답해설 | 고조선에서는 ② 6% 상, 대부, 장군 등의 관직이 있었다. 한편 ③ 11% 위만은 준왕을 몰아내고 왕이 되었고(위만 조선의 성립, 기원전 194), ④ 5% 우거왕 때 중국의 한과 한반도 남부 사이에서 중계 무역을 하였다.

3 고대 > 정치 > 백제
오답률 22% 답 ①

| 정답해설 | 제시된 사료는 (가) 백제의 정사암 회의이다. 백제에서는 ① 78% 6좌평과 16관등 제도가 있었다.
| 오답해설 | ② 6% 고구려 소수림왕 때 유학 교육 기관인 태학이 설립되었다(372).
③ 7% 발해 무왕 때 인안이라는 독자적 연호를 사용하였다.
④ 9% 신라에서는 골품에 따라 관등이나 관직 승진에 제한이 있었다.

4 고대 > 문화 > 혜초, 『왕오천축국전』
오답률 21% 답 ④

| 정답해설 | ④ 79% 혜초는 중앙아시아와 인도 지역의 다섯 천축국을 순례하고 각국의 지리, 풍속, 산물 등에 관한 기행문『왕오천축국전』을 남겼다.『왕오천축국전』은 중국의 둔황 막고굴에서 발견되었으며, 현재 프랑스 국립 도서관에 보관되어 있다.

| 5 | 중세 > 정치 > 화통도감 | 오답률 19% | 답 ④ |

| **정답해설** | 최무선의 건의로 1377년(우왕 3년) ④ 81% 화통도감이 설치되었다.

| **오답해설** | ① 11% 교정도감은 1209년(희종 5년) 최충헌이 설치한 최고 권력 기구였다.
② 3% 대장도감은 1236년(고종 23년) 재조대장경(팔만대장경)을 조판하기 위해 강화에 설치되었다.
③ 5% 식목도감은 법제와 격식을 관장하는 기구였다.

| **더 알아보기** | 화통도감

> 최무선은 항상 중국 강남(江南)에서 오는 상인이 있으면 곧바로 만나보고 화약 만드는 법을 물었다. 어떤 상인 하나가 대강은 안다고 대답하자, 자기 집에 데려다가 의복과 음식을 주고 수십 일 동안 물어 대강의 요령을 터득했다. 도당(都堂)에 말하여 시험해 보자고 하였으나, 모두 믿지 않았으며 심지어 최무선이 남을 속이는 자라는 험담까지 하였다. 최무선이 여러 해를 두고 건의하니 결국 그 성의에 감동해 화약국(火藥局)을 설치하였다. 최무선을 제조(提調)로 삼아 마침내 화약을 만들어 내게 되었다. …(중략)… (화약이) 완성되자, 보는 사람이 모두 놀라고 감탄하였다. 또 전함(戰艦)의 제도를 연구하고 도당에 말해서 만드는 것을 감독하였다.
> ― 『태조실록』 ―

| 6 | 중세 > 문화 > 『직지심체요절』 | 오답률 18% | 답 ③ |

| **정답해설** | (가) 『직지심체요절』(정식 명칭 : 『백운화상초록불조직지심체요절』)은 청주 흥덕사에서 1377년 금속 활자로 인쇄, 간행된 것으로, 독일 구텐베르크가 인쇄한 책보다 70여 년 앞서 간행되었다. 또한 ③ 82% 현존하는 가장 오래된 금속 활자본으로, 유네스코 세계 기록유산으로 등록되어 있다. 현재 프랑스 국립 도서관에 소장되어 있다.

| **오답해설** | ① 5% 최윤의 등이 지은 의례서를 인쇄한 『상정고금예문(고금상정예문)』은 현재 전해지지 않는다.
② 11% 재조대장경(팔만대장경)은 몽골의 침략을 부처님의 힘을 통해 물리치고자 목판으로 제작되었다. 현재 유네스코 세계 기록유산으로 등재되어 있다.
④ 2% 세종 때 우리 풍토에 알맞은 약재와 치료 방법을 정리하여 『향약집성방』을 편찬(1433)하였다.

| 7 | 근현대 > 개항기 > 병인양요 | 오답률 17% | 답 ③ |

| **정답해설** | ③ 83% 신미양요 당시(1871) 어재연이 강화도 광성보 전투에서 전사하였다.

| **오답해설** | 흥선 대원군은 국내에서 활동하는 프랑스 선교사들을 통해 프랑스를 끌어들여 러시아의 남하를 저지하고자 했다. 그러나 소기의 성과를 거두지 못하자 ④ 7% 1866년 대대적인 천주교 박해를 시작하였고, 많은 천주교도와 프랑스 선교사 9명이 순교하였다(병인박해). 병인박해를 명분으로 1866년 ① 5% 프랑스 함대는 강화부를 점령하고, 통상을 요구했다(병인양요). 흥선 대원군은 훈련대장 이경하 휘하에 순무영을 설치하고, 문수산성(한성근), 정족산성(양헌수)에서 프랑스군에 항전하였다. ② 5% 당시 프랑스군은 외규장각을 방화하고, 『조선왕조의궤』 등을 약탈하였다.

| 8 | 근현대 > 일제 강점기 > 한인 애국단 | 오답률 19% | 답 ① |

| **정답해설** | 밑줄 친 '이 의거'는 김구가 조직한 한인 애국단 소속 윤봉길의 상하이 홍커우 공원 의거이다. ① 81% 한인 애국단 단원인 이봉창은 도쿄에서 일왕에게 수류탄을 던졌으나 실패하였다.

| **오답해설** | ② 4% 임병찬은 고종의 밀명을 받아 (대한) 독립 의군부를 결성하였다.
③ 10% 의열단은 신채호의 「조선 혁명 선언」을 활동 지침으로 삼았다.
④ 5% 신민회는 일제가 날조한 105인 사건으로 해산되었다.

| 9 | 근현대 > 일제 강점기 > 3·1 운동, 공약 3장 | 오답률 39% | 답 ① |

| **정답해설** | 제시된 사료는 ① 61% 3·1 운동 당시 작성된 공약 3장이다.

| **더 알아보기** | 「3·1 독립 선언서(기미 독립 선언서)」 일부(현대어 번역)

> 우리는 오늘 조선이 독립한 나라이며, 조선인이 이 나라의 주인임을 선언한다. 우리는 이를 세계 모든 나라에 알려 인류가 모두 평등하다는 큰 뜻을 분명히 하고, 우리 후손이 민족 스스로 살아갈 정당한 권리를 영원히 누리게 할 것이다. 이 선언은 오천 년 동안 이어 온 우리 역사의 힘으로 하는 것이며, 이천만 민중의 정성을 모은 것이다. 우리 민족이 영원히 자유롭게 발전하려는 것이며, 인류가 양심에 따라 만들어 가는 세계 변화의 큰 흐름에 발맞추려는 것이다. 이것은 하늘의 뜻이고 시대의 흐름이며, 전 인류가 함께 살아갈 정당한 권리에서 나온 것이다. 이 세상 어떤 것도 우리 독립을 가로막지 못한다. 낡은 시대의 유물인 침략주의와 강권주의에 희생되어, 우리 민족이 수천 년 역사상 처음으로 다른 민족에게 억눌리는 고통을 받은 지 십 년이 지났다. 그동안 우리 스스로 살아갈 권리를 빼앗긴 고통은 헤아릴 수 없으며, 정신을 발달시킬 기회가 가로막힌 아픔이 얼마인가. 민족의 존엄함에 상처받은 아픔 또한 얼마이며, 새로운 기술과 독창성으로 세계 문화에 기여할 기회를 잃은 것이 얼마인가.

| 10 | 근현대 > 개항기 > 동학 농민 운동 | 오답률 25% | 답 ② |

| **정답해설** | 제시된 사료 중 고부성 격파, 조병갑 등을 통해 동학 농민 운동에 관한 내용임을 확인할 수 있다. 동학 농민 운동 과정에서 전주 화약이 체결된 이후 ② 75% 농민군은 개혁 기관인 집강소를 설치하고 폐정 개혁을 시도하였다.

| **오답해설** | ① 5% 갑신정변(1884) 직후, 급진 개화파 세력은 혜상공국 폐지 등을 포함한 정강 14조를 발표하였다.
③ 12% (신식 군대인) 별기군에 비해 차별을 받던 구식 군인들은 1882년 임오군란을 일으켰다.
④ 8% 정미의병 당시 전국 연합 의병 부대인 13도 창의군이 조직되고 1908년 서울 진공 작전이 추진되었다.

| 11 | 중세 > 정치 > 성종, 최승로 시무 28조 | 오답률 30% | 답 ③ |

| **정답해설** | 제시된 사료는 성종에게 올린 최승로의 시무 28조 중 일부이다. 성종 때 ③ 70% 전국 주요 지역에 12목을 설치하였다.
| **오답해설** | ① 6% 현종 때 개경에 나성을 축조하였다.
② 11% 경종 때 전시과 제도를 처음 실시하였다(시정 전시과).
④ 13% 광종은 노비안검법을 시행하여 호족 세력을 약화시켰다.

| 12 | 근대 태동기 > 정치 > 광해군 | 오답률 44% | 답 ② |

| **정답해설** | 밑줄 친 '왕'은 광해군이다. 광해군은 명과 후금 사이에서 중립 외교(명과의 관계를 유지하면서도 후금과도 친선을 도모)를 전개하였다. 명의 지원병 요청에 응하여 강홍립의 출병이 있었으나, (후금에 항복하여) 곧 후금과 화의를 맺게 되었다. ② 56% 광해군 때 허준이『동의보감』을 편찬하였다.
| **오답해설** | ① 25% 숙종 때 (잉류 지역을 제외하고) 전국에 대동법이 실시되었다(1708).
③ 9% 현종 때 자의 대비 조씨의 복상 문제로 2차례의 예송 논쟁이 있었다.
④ 10% 숙종 때 청과 국경을 정하기 위해 백두산정계비를 세웠다(1712).

오답률 TOP 1

| 13 | 단원 통합 > 영주 부석사 무량수전, 보은 법주사 팔상전 | 오답률 56% | 답 ② |

| **정답해설** | ② 44% (가) 영주 부석사 무량수전은 고려 시대 건축물이며 배흘림 기둥과 주심포 양식으로 단아하면서도 세련된 아름다움을 담고 있다. (나) 보은 법주사 팔상전은 우리나라에 남아 있는 조선 시대 건축물 중 유일한 5층 목탑이다.

| **더 알아보기** | 영주 부석사 무량수전, 보은 법주사 팔상전

| 영주 부석사 무량수전 | 보은 법주사 팔상전 |

| 14 | 단원 통합 > 조선 시대 조세 제도 | 오답률 33% | 답 ② |

| **정답해설** | 제시된 내용의 순서는 다음과 같다. (다) 조선 건국 초, 1결(300두)당 1/10세 → (라) 세종 때 제정된 공법(풍흉의 정도에 따라 1결당 최고 20두~최하 4두) → (나) 인조 때 제정된 영정법(풍흉과 관계없이 1결당 4~6두) → (가) 영조 때 균역법 시행에 따른 군포 보충 정책인 결작(1결당 2두)

| 15 | 근대 태동기 > 문화 > 박제가 | 오답률 25% | 답 ① |

| **정답해설** | 제시된 사료는 박제가의『북학의』중 일부이다. 중상주의 실학자 박제가는 ① 75% 청과의 통상과 수레의 이용을 주장하였다.
| **오답해설** | ② 9% 정제두는 양명학을 연구하였고, 그의 제자들이 강화 학파를 형성하였다.
③ 11% 중농주의 실학자 이익은 영업전(한 가정의 생계를 유지할 수 있는 최소 규모의 토지)의 매매를 법으로 제한하자는 한전론을 주장하였다.
④ 5% 김석문(『역학도해』), 홍대용(『의산문답』) 등은 지전설을 주장하여 중국 중심의 세계관을 비판하였다.

오답률 TOP 2

| 16 | 근현대 > 일제 강점기 > 근우회 | 오답률 54% | 답 ④ |

| **정답해설** | 제시된 사료는 여성계 민족 유일당 단체인 근우회(1927)의 창립 취지문이다. ④ 46% 근우회는 봉건적 인습 타파, 여성 노동자의 임금 차별 철폐 등을 주장했다.
| **오답해설** | ① 7% 일제 강점기인 1922년 조선 호적령을 공포하였다(1923년 7월 1일부터 시행). 대한민국 정부 수립 이후에도 호주제가 유지되었고, 1999년 여성 단체 연합이 호주제 폐지 운동 본부를 발족하면서 본격적인 호주제 폐지 운동이 시작되었다. 그 결과 2005년 헌법 재판소의 헌법 불합치 결정에 따라 2008년 1월 1일부터 폐지되었다.
② 44% 「여권통문(여학교설시통문)」은 1898년 9월 1일 서울 북촌 양반 여성들이 주축이 되어 발표한 우리나라 최초의 여성 인권 선언이다.
③ 3% 천도교 소년회의 방정환을 중심으로 어린이날을 제정하고(1923년 5월 1일), 잡지 〈어린이〉를 창간하였다.

| **더 알아보기** | 근우회 행동 강령

1. 여성에 대한 사회적·법률적 일체 차별 철폐
2. 일체 봉건적인 인습(因襲)과 미신(迷信) 타파
3. 조혼(早婚) 방지 및 결혼의 자유
4. 인신매매 및 공창(公娼) 폐지
5. 농촌 부인의 경제적 이익 옹호
6. 부인 노동의 임금 차별 철폐 및 산전 산후 임금 지불
7. 부인 및 소년공의 위험 노동 및 야업 폐지

| 17 | 근현대 > 개항기 >「대한국 국제」 | 오답률 48% | 답 ③ |

| **정답해설** | 제시된 법령은 1899년에 반포된 「대한국 국제」이다. 갑신정변 발생(1884) - (가) - 갑오개혁 실시(1894) - (나) - 독립 협회 해산(1898) - (다) - 러·일 전쟁 발발(1904) - (라) - 을사늑약 체결(1905)이다. 따라서 (다)를 정답으로 고르면 된다.

| 18 | 단원 통합 > 시대별 민중 봉기 | 오답률 42% | 답 ④ |

| **정답해설** | 제시된 사건의 순서는 다음과 같다. (다) 원종과 애노의 난(889) → (가) 김사미·효심의 난(1193) → (라) 홍경래의 난(1811) → (나) 진주 농민 봉기(1862)이다.

오답률 TOP3

| 19 | 근현대 > 개항기 > 조·청 상민 수륙 무역 장정과 시모노세키 조약 사이의 역사적 사실 | 오답률 53% | 답 ② |

| **정답해설** | (가) 조·청 상민 수륙 무역 장정(1882), (나) 청·일 전쟁의 강화 조약인 시모노세키 조약(1895) 중 일부이다. ② 47% 한·청 통상 조약은 1899년에 체결되었다.

| **오답해설** | ① 24% 영국은 러시아의 남하를 저지하기 위해 1885년 거문도를 불법으로 점령하였다.
③ 16% 김옥균 등 급진 개화파는 1884년 갑신정변을 일으켰다.
④ 13% 1894년 청과 일본 사이에 전쟁이 발발하였다.

| 20 | 근현대 > 현대 > 농지 개혁법 | 오답률 30% | 답 ③ |

| **정답해설** | 제시된 사료는 1949년 6월 제정된 농지 개혁법이다. ③ 70% 농지 개혁법은 유상 매수, 유상 분배의 방식으로 시행되었다.

| **오답해설** | ① 10% 한국 민주당과 지주층의 반발로 농지 개혁법 입법 과정이 지연되었으나, 중단된 것은 아니다.
② 7% 1970년부터 시작된 새마을 운동에서 주택 개량, 도로 및 전기 확충 등을 추진하였다.
④ 13% 농지 개혁법의 결과 자작농이 증가하고 소작농이 감소하였다.

2023 6월 10일 시행 지방직(= 서울시) 9급 (Ⓑ책형)

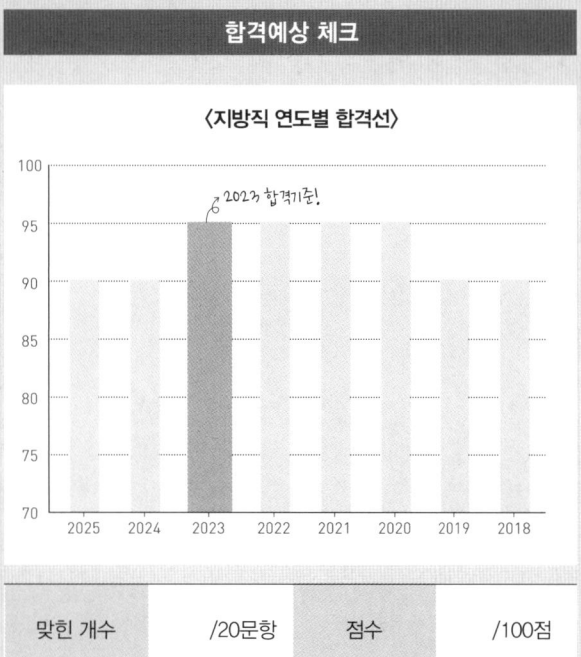

문항	정답	영역	문항	정답	영역
1	①	우리 역사의 기원과 형성 > 선사 시대	11	①	중세 > 문화
2	③	중세 > 정치	12	④	근대 태동기 > 정치
3	②	근현대 > 개항기	13	①	단원 통합 > 강화도의 역사
4	②	근현대 > 개항기	14	③	근대 태동기 > 정치
5	③	고대 > 정치	15	②	근세 > 문화
6	①	고대 > 문화	16	④	근현대 > 일제 강점기
7	③	근세 > 정치	17	④	중세 > 문화
8	④	근현대 > 개항기	18	③	근현대 > 일제 강점기
9	④	근세 > 정치	19	④	근현대 > 일제 강점기
10	④	근현대 > 현대	20	④	근현대 > 현대

▼ 영역별 틀린 개수로 취약영역을 확인하세요!

| 우리 역사의 기원 | /1 | 고대 | /2 | 중세 | /3 | 근세 | /3 |
| 근대 태동기 | /2 | 근현대 | /8 | 통합 | /1 | | |

➡ 나의 취약영역: _____

※ [정답해설]과 [오답해설] 선지의 50% 표시는 〈에듀윌 합격예측 풀서비스〉를 통해 수집된 선지 선택률을 나타냅니다.

1
우리 역사의 기원과 형성 > 선사 시대 > 구석기 시대
오답률 7% | 답 ①

정답해설 | 밑줄 친 아슐리안 계통의 주먹도끼는 구석기 시대 유적지인 경기도 연천군 전곡리 유적에서 발견되었다. ① 93% 구석기 시대 사람들은 동굴이나 바위 그늘, 강가의 막집에서 살았다.

오답해설 | ② 3% 움집은 신석기 시대부터 사용된 주거 형태이다.
③ 3% 신석기 시대 농경이 시작되면서 수확물을 저장할 토기가 만들어졌다.
④ 1% 청동기 시대에는 구릉에 마을을 형성하고, 다른 부족의 침략을 막기 위해 도랑(환호)을 파고 목책을 둘렀다.

2
중세 > 정치 > 삼별초
오답률 28% | 답 ③

정답해설 | 고려 정부의 개경 환도(1270)를 반대하면서 항몽 투쟁을 전개한 군사 조직은 (가) 삼별초이다. ③ 72% 삼별초는 최우 정권 때 도적을 잡기 위해 설치한 야별초에서 시작되었다. 이후 야별초가 확대되면서 좌별초, 우별초로 분리되었다. 한편 몽골에 포로로 잡혔다가 돌아온 사람들을 중심으로 신의군이 조직되었다. 좌별초, 우별초, 신의군을 합쳐 삼별초로 불렀다.

오답해설 | ① 8% 훈련도감은 포수, 사수, 살수의 삼수병으로 편제되었고, 직업 군인으로 구성되었다.

② 14% 별무반은 고려 숙종 때 윤관의 건의로 여진 정벌을 위해 편성된 부대이다. 별무반은 신기군(기병), 신보군(보병), 항마군(승려)으로 구성되었다.
④ 6% 주진군은 양계 지방에서 국경 방어를 담당한 상비군이었다.

3
근현대 > 개항기 > 최익현
오답률 21% | 답 ②

정답해설 | 제시된 사료는 왜양일체론(저들이 왜인이라고는 하나 실은 양적입니다.)을 포함된 최익현의 5불가소 중 일부이다.

오답해설 | ① 6% 박규수는 박지원의 손자이다. 진주 농민 봉기(1862) 때 안핵사로 파견되었고, 당시 삼정이정청 설치를 건의하였다. 제너럴셔먼호 사건(1866) 당시 평안도 관찰사였다.
③ 10% 김홍집은 2차 수신사로 일본에 건너가 황쭌셴의 『조선책략』을 국내에 가지고 들어왔다. 또한 1, 2차 갑오개혁~을미개혁 당시, 조선 정부를 이끌었던 인물이다.
④ 5% 김윤식은 온건 개화파를 대표하는 인물 중 한 명이다.

4
근현대 > 개항기 > 〈독립신문〉
오답률 20% | 답 ②

정답해설 | ② 80% 〈독립신문〉은 1896년 서재필이 정부의 지원을 받아 창간하였다. 한글판을 통해 서양의 문물과 제도를 소개하였고, 영문판을 발간하여 국내 사정을 외국인에게 전달하였다.

| 오답해설 | ① 5% 1898년 8월 창간된 〈제국신문〉은 일반 대중을 대상으로 한글로 발간되었다.
③ 10% 〈한성순보〉는 1883년 박문국에서 발간한 우리나라 최초의 근대 신문으로, 순한문으로 발간되었으며, 관보적 성격을 띠었다.
④ 5% 1898년 9월 간행된 〈황성신문〉은 유학자들의 계몽을 목적으로 삼았고, 국한문 혼용체로 발행되었다.

---

5 | 고대 > 정치 > 근초고왕, 진흥왕 | 오답률 24% | 답 ③

| 정답해설 | (가) 근초고왕 때 고흥이 『서기』를 편찬하였고(375), (나) 진흥왕 때 거칠부가 『국사』를 편찬하였다(545). ③ 76% 진흥왕은 화랑도를 국가적 조직으로 개편하였다.
| 오답해설 | ① 7% 성왕은 사비로 천도하고, 국호를 남부여로 고쳤다(538).
② 10% 침류왕은 동진의 마라난타로부터 불교를 받아들여 공인하였다(384).
④ 7% 법흥왕은 병부를 설치하여 군권을 장악하였다(517).

---

6 | 고대 > 문화 > 고대의 유물 | 오답률 33% | 답 ①

| 정답해설 | ① 67% 사택지적비를 통해 백제 귀족사회에서 유행한 도가 사상을 확인할 수 있다. 백제가 영산강 유역까지 영역을 확장한 것은 근초고왕 시기로 의자왕 때 건립된 사택지적비와는 연관이 없다.
| 오답해설 | ② 17% 임신서기석에는 신라의 두 화랑이 유학 공부에 전념할 것과 국가에 충성할 것을 맹세한 내용이 적혀있다.
③ 7% 충주 고구려비를 통해 5세기 고구려가 남한강 유역까지 영토를 확보했음을 알 수 있다.
④ 9% 호우명 그릇은 신라에 침략한 왜를 격퇴한 광개토대왕을 신라에서 제사 지낼 때 사용했던 제기(祭器)이다.

---

7 | 근세 > 정치 > 곽재우 | 오답률 27% | 답 ③

| 정답해설 | 곽재우는 임진왜란 때 경상도 의령에서 거병한 의병장이다. 항상 붉은 옷을 입고 다녔기 때문에 '홍의장군(紅衣將軍)'이라고 불렸고, 익숙한 지리를 이용한 기습 작전으로 일본군에게 타격을 주었다. ③ 73% 행주대첩을 승리로 이끈 인물은 권율이다.

---

8 | 근현대 > 개항기 > 국채 보상 운동 | 오답률 22% | 답 ④

| 정답해설 | 제시된 사료 중 '국채 1,300만 원'을 갚자는 내용을 통해 국채 보상 운동임을 알 수 있다. ④ 78% 국채 보상 운동은 일본의 차관 제공에 의한 경제적 예속화를 벗어나고자 한 운동이었다. 김광제, 서상돈 등을 중심으로 국채 보상 기성회를 조직하여 1907년 대구에서 시작하였다. 모금을 위해 금연 운동이 전개되었고, 부녀자들은 비녀와 가락지까지 내어 호응하였다. 특히 〈대한매일신보〉 등 언론 기관의 적극적인 후원이 있었으나, 일본의 방해로 결국 실패하였다.
| 오답해설 | ① 4% 1923년 진주에서 이학찬 등은 백정들에 대한 사회적 차별을 타파하기 위해 조선 형평사를 창립하였다(형평 운동).
② 15% 1920년 조만식 등은 평양에서 조선 물산 장려회 발기인 대회를 개최하고 1923년에는 전국적인 조직으로 확대하였다. 물산 장려 운동에서는 국산품 애용(내 살림 내 것으로), 근검풍토 조성, 경제 진흥, 실업자 구제 등을 실천 과제로 내세웠다. 그러나 사회주의자들은 민족 기업의 성장이 무산(無産) 대중(=노동자, 농민)과는 관계없다는 이유로 반대했으며, 총독부의 탄압도 가중되어 결국 실패하였다.
③ 3% 일제 강점기 개신교에서는 신사 참배 거부 운동을 전개하였다.

오답률 TOP 1

9 | 근세 > 정치 > 과거 제도 | 오답률 62% | 답 ④

| 정답해설 | ④ 38% 『경국대전』에 따르면 문과 시험 업무는 (가) 예조에서 주관하고, 정기 시험인 식년시는 (나) 3년마다 실시하는 것이 원칙이었다.

---

10 | 근현대 > 현대 > 좌우 합작 7원칙 이후의 사실 | 오답률 26% | 답 ④

| 정답해설 | 제시된 사료는 1946년 10월 발표된 좌우 합작 7원칙 중 일부이다. ④ 74% 제1차 미·소 공동 위원회는 1946년 3월 덕수궁에서 개최되었다.
| 오답해설 | ① 11% 1960년 3·15 부정 선거에 대항하여 4·19 혁명이 일어났다.
② 8% 1948년 9월, 친일파를 청산하기 위해 반민족 행위 처벌법(반민법)이 제정되었다.
③ 7% 1948년 5·10 총선거를 통해 제헌 국회가 구성되었다(1948. 5. 31.). 이후 1948년 7월 20일 국회에서 실시한 정·부통령 선거에서 대통령 이승만, 부통령 이시영이 선출되었다.

---

11 | 중세 > 문화 > 의천 | 오답률 29% | 답 ①

| 정답해설 | 밑줄 친 '그'는 의천이다. 의천은 국청사를 중심으로 해동 천태종을 창시하였다. 천태종은 교종(특히 화엄종)을 중심으로 선종을 통합한 종파이다. ① 71% 천태종의 통합 이론으로는 교관겸수가 강조되었는데, 이론적인 교리 공부와 실천적인 수행을 아우를 것을 주장한 것이다.
| 오답해설 | ② 7% 지눌은 참선과 독경은 물론 노동에도 힘쓰자고 주장하면서 수선사 결사를 제창하였다.
③ 12% 각훈은 삼국 시대 이래 고승들의 전기를 기록한 『해동고승전』을 편찬하였다.
④ 10% 요세는 백련사 결사를 통해 극락왕생을 기원하는 참회와 염불 수행을 강조하였다.

12 근대 태동기 > 정치 > 임진왜란~병자호란 사이의 역사적 사실
오답률 29% 답 ④

| 정답해설 | (가) 임진왜란(1592)과 병자호란(1636) 사이의 역사적 사실을 묻는 문제이다. ④ 71% 병자호란 이후인 1637년(인조 15년) 소현 세자와 봉림 대군 등은 청나라에 인질로 끌려갔다가 1645년 귀국하였다.

| 오답해설 | ① 8% 1623년 인조반정이 발생하였다.
② 7% 광해군 재위 시기인 1614년 영창 대군이 사망하였다.
③ 14% 광해군은 국제 정세의 변화 속에서 명과 후금 사이에 중립 외교를 실시하여 명과의 관계를 유지하면서도 후금과도 친선을 도모하였다. 이후 명의 후금 정벌을 위한 출병 요청에 응하여 강홍립의 출병이 있었으나 곧 항복(1619)하였고, 그 결과 후금과 화친을 맺게 되었다.

13 단원 통합 > 강화도의 역사
오답률 19% 답 ①

| 정답해설 | ① 81% 외규장각은 강화도에 설치된 것이 맞지만, 동학 농민 운동은 고부(현재 전북특별자치도 정읍시) 등 전라, 충청 지방에 관련 유적이 남아있다.

| 오답해설 | ② 7% 강화도로 천도하여 몽골에 저항했던 시기, 고려의 궁궐터(고려 궁지)가 현재 확인된다.
③ 5% 강화도 부근리의 고인돌 유적은 청동기 문화를 대표한다.
④ 7% 어재연 장군은 신미양요(1871, 미군의 강화도 침략) 당시, 광성보 전투에서 전사하였다.

14 근대 태동기 > 정치 > 붕당의 형성과 변화
오답률 31% 답 ③

| 정답해설 | ③ 69% 인조반정 이후 서인이 권력을 주도하고 남인이 정국에 참여하였다.

| 오답해설 | ① 9% 선조 때 신진 사림은 동인, 기성 사림은 서인으로 분열하였다.
② 11% 광해군 때는 북인이 집권하였다.
④ 11% 숙종 때 경신환국(1680) 과정에서 서인은 노론(송시열 중심)과 소론(윤증 중심)으로 갈라졌다.

15 근세 > 문화 > 세종 시기의 문화유산
오답률 34% 답 ②

| 정답해설 | ② 66% 1377년(우왕 3년) 최무선(崔茂宣)의 건의로 화약 및 화기의 제조를 담당하는 화통도감이 설치되었다.

| 오답해설 | 세종 때 ① 16% 금속활자인 갑인자를 제작하였고, ③ 10% 역법서인 『칠정산』을 편찬하였다. 또한 ④ 8% 혼의, 간의 등을 제작하여 천체를 관측하였다.

16 근현대 > 일제 강점기 > 신간회
오답률 30% 답 ④

| 정답해설 | 제시된 사료는 신간회의 강령이다. 1920년대 이후 일부 민족주의자들(이광수, 최린 등)이 일제에 타협적인 태도를 보이자, 비타협적 민족주의자들은 이를 비판하면서 사회주의 세력과 연대하여 항일 운동을 강화하고자 하였다. 한편 1926년 6·10 만세 운동을 준비하다가 사전에 발각되어 큰 타격을 받은 사회주의 계열은 정우회를 조직하고 비타협적 민족주의 세력과의 제휴를 선언하였다(정우회 선언). 이를 계기로 1927년 민족유일당 단체인 신간회가 결성되었다. ④ 70% 신간회에서는 광주 학생 항일 운동 당시 김병로를 단장으로 조사단을 파견하는 등 활발한 활동을 전개하였다.

| 오답해설 | ① 10% 조선 민립대학 기성회는 1922년 11월, 민립대학 설립을 위해 이상재(李商在) 등이 중심이 되어 만든 단체이다.
② 8% 신한청년당에서는 김규식을 파리 강화 회의에 대표로 파견하였다.
③ 12% 사회주의 세력과 천도교 세력이 결합하여 6·10 만세 운동을 사전에 계획하였으나 일제에 발각되었다.

오답률 TOP 2
17 중세 > 문화 > 이규보
오답률 56% 답 ④

| 정답해설 | 제시된 사료는 이규보의 『동명왕편』(명종 23년, 1193)이다. 이규보는 고구려 건국 설화를 민족 자주적 입장에서 5언시로 표현하였다(일종의 영웅 서사시). ④ 44% 『동명왕편』에서는 동명왕의 신이한 사적이 『삼국사기』에 생략되어 있음을 비판하고, 고구려 건국 설화를 원형대로 서술하였다.

| 오답해설 | ① 10% 평가를 강조한 강목체 사서의 대표적 사례는 안정복의 『동사강목』이다.
② 12% 이승휴의 『제왕운기』는 단군부터 고려 충렬왕까지의 역사를 서사시로 기록하고 있다. 또한 중국 신화 시대부터 원의 성장까지의 중국사도 서사시로 서술하였다.
③ 34% 일연은 『삼국유사』에 단군 신화와 더불어 민간에서 전승되는 자료(민간 설화)를 광범위하게 수록하였다.

18 근현대 > 일제 강점기 > 1910년대 항일 운동
오답률 32% 답 ③

| 정답해설 | 대한 독립 의군부(1912)는 임병찬이 고종의 밀지를 받아 조직하였고, 복벽주의(고종 복위)를 추구하였다. 이들은 대규모 의병 전쟁을 준비하였고, 일본의 총리대신과 조선 총독에게 국권 반환 요구서를 보내려 하였으나 실패하였다.

| 오답해설 | ① 11% 중국 화북 지방의 사회주의자들을 중심으로 1942년 조선 독립 동맹이 결성되었다(주석 김두봉).
② 15% 1923년부터 1925년까지 만주에서 3부(참의부, 정의부, 신민부)가 결성되었다.
④ 6% 양세봉이 지휘하는 조선 혁명군은 중국 의용군과 연합하여 1932년 영릉가 전투에서 일본군에 승리하였다.

19 근현대 > 일제 강점기 > 백남운 오답률 39% 답 ③

| 정답해설 | 제시된 사료는 사회경제사학자 백남운의 『조선 사회 경제사』 중 일부이다. ③ 61% 백남운은 마르크스 유물 사관을 한국사에 최초로 적용한 학자이다.

| 오답해설 | ① 8% 민족주의 사학자 박은식은 국혼을 강조하였다.
② 12% 정인보는 신채호의 민족주의 사학을 계승하여 조선의 얼을 강조하였다.
④ 19% 이병도, 손진태 등은 진단 학회를 조직하여 문헌 고증을 중시하는 실증주의 사학을 정립하였다.

20 근현대 > 현대 > 6·25 전쟁 오답률 27% 답 ④

| 정답해설 | ④ 73% 1950년 1월 10일 발표된 애치슨 선언은 미국이 한반도를 미국 태평양 지역 방어선에서 제외한다는 내용이었다. 당시 김일성은 '남한을 미국의 태평양 방위선에서 제외하였으므로, 남한을 침공하여도 미국의 무력 지원은 없을 것'이라고 판단하였다. 즉, 애치슨 선언은 6·25 전쟁(1950. 6. 25.~1953. 7. 27.)의 배경이 되었다.

| 오답해설 | ① 3% 1950년 9월 15일, 맥아더 장군의 지휘로 국군과 유엔군이 인천 상륙 작전을 감행하였다.
② 16% 6·25 전쟁 중이던 1952년 대통령 직선제를 포함한 발췌 개헌안이 국회에서 통과되었다.
③ 8% 이승만 정부는 1953년 6월 북한 송환을 거부하는 반공 포로를 석방하였다.

2022 6월 18일 시행 지방직(= 서울시) 9급 (Ⓐ책형)

취약영역 체크

문항	정답	영역	문항	정답	영역
1	②	고대 > 정치	11	①	근현대 > 개항기
2	②	고대 > 정치	12	④	중세 > 정치
3	③	고대 > 정치	13	③	근현대 > 일제 강점기
4	①	근세 > 정치	14	②	근현대 > 현대
5	③	근세 > 사회	15	④	고대 > 정치
6	①	중세 > 정치	16	③	중세 > 정치
7	①	근현대 > 현대	17	②	근세 > 문화
8	②	중세 > 문화	18	④	근현대 > 개항기
9	③	단원 통합 > 고려·조선 시대의 역사서	19	②	근현대 > 현대
10	④	근대 태동기 > 정치	20	④	근현대 > 일제 강점기

▼ 영역별 틀린 개수로 취약영역을 확인하세요!

우리 역사의 기원	–/0	고대	/4	중세	/4	근세	/3
근대 태동기	/1	근현대	/7	통합	/1		

➡ 나의 취약영역: _____

※ [정답해설]과 [오답해설] 선지의 50% 표시는 〈에듀윌 합격예측 풀서비스〉를 통해 수집된 선지 선택률을 나타냅니다.

---

1 고대 > 정치 > 김유신 　오답률 22%　답 ②

| **정답해설** | 당과 신라는 백제 정벌 때 기벌포에서 합류하기로 하였으나, 황산벌 전투에서 계백이 이끄는 결사대의 강력한 저항으로 신라군이 고전하여 약속 날짜를 지키지 못하였다. 제시된 자료는 당시 신라의 김유신과 당의 소정방 사이의 갈등을 보여주고 있으며, 밑줄 친 '그'는 김유신이다. ② 78% 김유신은 김춘추(후에 태종 무열왕)의 왕위 계승을 지원하였다.

| **오답해설** | ① 10% 을지문덕은 살수에서 수의 군대를 물리쳤다(살수 대첩, 612).
③ 4% 장보고는 청해진을 설치하고(828) 해상 무역을 전개하였다.
④ 8% 진흥왕 때 이사부, 사다함 등이 대가야를 정벌하였다(562).

---

2 고대 > 정치 > 지증왕 　오답률 23%　답 ②

| **정답해설** | 제시된 자료는 신라 지증왕 때 이사부가 우산국(현재의 울릉도)을 정벌한 내용이다(512). ② 77% 지증왕 때 국호를 '신라'로 확정하고 '왕'의 호칭을 사용하였다.

| **오답해설** | ① 7% 원성왕 때 독서삼품과(788)를 실시하였으나 관료 임용 제도로 정착되지는 못하였다.
③ 11% 신문왕은 관료전을 지급하고 녹읍을 폐지하였다.
④ 5% 발해 무왕은 장문휴를 보내 당의 등주를 공격하였다.

---

3 고대 > 정치 > 발해 　오답률 27%　답 ③

| **정답해설** | 첫 번째 사료의 "솔빈부의 말", 두 번째 사료의 "남으로는 신라와 서로 접한다."를 통해 밑줄 친 '이 나라'가 발해임을 알 수 있다. ③ 73% 발해 선왕 때 지방을 5경 15부 62주로 편성하였다.

| **오답해설** | ① 7% 백제 고이왕 때 중앙에 6좌평 제도가 마련되었다.
② 8% 통일 신라 신문왕 대에 중앙군인 9서당과 지방군인 10정이 편성되었다.
④ 12% 고구려에서는 제가 회의를 통해 국가의 중대사를 결정하였다.

---

4 근세 > 정치 > 세종 　오답률 23%　답 ①

| **정답해설** | 『농사직설』은 세종 때 편찬된 농서이다. ① 77% 세종 때 공법(전분6등법, 연분9등법)을 제정하여, 1결당 최고 20두~최하 4두씩의 전세를 징수하였다.

| **오답해설** | ② 4% 조선 개창 이후 태조 때 한양으로 천도하였으며, 정종 때 개경으로 천도하였다. 이후 태종 때 다시 한양으로 도읍을 옮겼다.
③ 12% 성종 때 『경국대전』을 완성·반포하였다.
④ 7% 중종은 조광조를 등용하여 개혁 정치를 실시하였다.

| 5 | 근세 > 사회 > 서얼 | 오답률 9% | 답 ③ |

| 정답해설 | ③ 91% 제시된 사료의 "금고(禁錮, 사회적 차별)", "어머니가 첩이라는 이유만으로 이들의 벼슬길을 막아"라는 표현을 통해 밑줄 친 '이들'이 서얼임을 알 수 있다.

| 6 | 중세 > 정치 > 광종 | 오답률 18% | 답 ① |

| 정답해설 | 광종은 왕권을 강화하면서 대상 준홍과 좌승 왕동을 역모죄로 숙청(960)하였으며, 쌍기의 건의를 받아들여 과거제를 시행(958)하였다. ① 82% 광종은 노비안검법을 실시하였다(956).
| 오답해설 | ② 6% 공민왕은 신돈을 등용하고 전민변정도감을 설치하여 개혁을 추진하였다.
③ 4% 경종 때 전시과를 처음 시행하였다(시정 전시과).
④ 8% 성종은 12목을 설치하고 지방관을 파견하였다.

| 7 | 근현대 > 현대 > 4·19 혁명 | 오답률 25% | 답 ① |

| 정답해설 | ① 75% 제시된 사료는 4·19 혁명 당시 발표된 「대학교수단 4·25 선언문」(1960. 4. 25.)이다.
| 더 알아보기 | 「대학 교수단 4·25 선언문」(1960. 4. 25.) 중요 내용 발췌

> 이번 4·19 참사는 우리 학생 운동 사상 최대의 비극이요, 이 나라 정치적 위기를 초래한 중대 사태이다. 이에 대해 철저히 반성하고 바로잡지 않으면 이 민족의 불행한 운명은 도저히 만회할 길이 없다. 우리 전국 대학교 교수들은 이 비상시국에 대처하여 양심의 호소로서 다음과 같이 우리의 소신을 선언한다.
> 1. 마산, 서울 기타 각지의 데모는 주권을 빼앗긴 국민의 울분을 대신하여 궐기한 학생들의 순수한 정의감의 발로이며 불의에는 언제나 항거하는 민족정기의 표현이다.
> 3. 합법적이요, 평화적인 데모 학생에게 총탄과 폭력을 기탄없이 남용하여 공전(空前)의 민족 참극을 빚어낸 경찰은 자유와 민주를 기본으로 한 대한민국의 국립 경찰이 아니라 불법과 폭력으로 권력을 유지하려는 일부 정치 집단의 사병(私兵)이다.
> 5. 3·15 선거는 부정 선거다. 공명선거에 의하여 정·부통령을 재선거하라.
> 9. 모든 구금된 학생은 무조건 즉시 석방하라. 설령 파괴와 폭행이 있었더라도 이는 동료의 피살에 흥분된 비정상 상태하의 행동이요, 파괴와 폭동이 그 본의가 아닌 까닭이다.

| 8 | 중세 > 문화 > 고려 시대의 정치·문화 | 오답률 26% | 답 ② |

| 정답해설 | 하남 하사창동 철조 석가여래 좌상, 논산 관촉사 석조 미륵보살 입상 등은 고려 전기를 대표하는 불상이다. ② 74% 고려 시대 초기에는 지방 세력인 호족이 존재하였다.
| 오답해설 | ① 13% 신라 진덕 여왕까지는 성골 출신들이 왕위를 계승하였다.
③ 8% 조선 후기 세도 정치 시기(순조~철종)에는 안동 김씨, 풍양 조씨 등 특정 가문이 권력을 장악하였다.
④ 5% 선조 즉위 이후 성리학에 투철한 사림들이 권력을 독점하였다.

| 9 | 단원 통합 > 고려·조선 시대의 역사서 | 오답률 17% | 답 ③ |

| 정답해설 | ㄴ. 이규보의 「동명왕편」은 고구려 계승 의식을 강조하였다.
ㄹ. 유득공의 『발해고』에서 남북국이라는 용어가 처음 사용되었다.
| 오답해설 | ㄱ. 김부식의 『삼국사기』에는 단군 신화가 수록되어 있지 않다.
ㄷ. 안정복의 『동사강목』은 강목체 형식의 편년체로 서술되었다.

| 10 | 근대 태동기 > 정치 > 영조 | 오답률 27% | 답 ④ |

| 정답해설 | 제시된 사료의 "균역법", "청계천 준설"을 통해 밑줄 친 '나'가 영조임을 알 수 있다. ④ 73% 영조 때 홍봉한 등이 한국학 백과사전인 『동국문헌비고』를 편찬하였다.
| 오답해설 | ① 14% 정조 때 왕의 친위 부대인 장용영이 창설되었다.
② 5% 효종 때 2차례에 걸쳐 나선 정벌이 단행되었다.
③ 8% 순조 때 홍경래의 난이 발생하였다(1811).
| 더 알아보기 | 나선 정벌

- 1차(효종 5, 1654): 헤이룽강 유역에 침입한 러시아 세력을 변급이 격퇴하였다.
- 2차(효종 9, 1658): 신류가 조총군을 이끌고 러시아군을 격퇴하였다.

| 11 | 근현대 > 개항기 > 을미사변과 러·일 전쟁 사이 시기의 일 | 오답률 39% | 답 ① |

| 정답해설 | 을미사변은 1895년에 발생하였으며, 러·일 전쟁은 1904년에 발발하였다. ① 61% 1897년에 독립문이 건립되었다.
| 오답해설 | ② 21% 을사늑약이 체결된 후 1906년에 통감부가 설치되었다.
③ 13% 1908년에 동양 척식 주식회사가 설립되었다.
④ 5% 흥선 대원군 섭정 시기인 1868년에 경복궁이 중건되었다.

| 12 | 중세 > 정치 > 우왕 | 오답률 33% | 답 ④ |

| 정답해설 | 제시된 자료의 밑줄 친 '왕'은 고려 우왕이다. 우왕은 공민왕이 죽은 후 이인임의 추대로 왕위에 올랐다. ④ 67% 1388년(우왕 14)에 이성계는 위화도에서 회군한 후 최영을 제거하고 권력을 장악하였다.
| 오답해설 | ① 13% 세종 1년(1419)에 이종무는 왜구의 근거지인 쓰시마섬(대마도)을 정벌하였다.
② 10% 삼별초는 원종의 개경 환도 명령을 거부하고 대몽 항쟁을 전개하였다(1270~1273).
③ 10% 공민왕 때 쌍성총관부를 공격하여 철령 이북 지역을 수복하였다(1356).

| 더 알아보기 | 우왕 대의 주요 사건

- 이인임 축출: 우왕이 즉위한 이후, 이인임 등의 권문세족이 전횡을 일삼자 최영, 이성계 등이 이인임을 제거하였다.
- 철령위 설치 통보: 우왕이 친원 정책을 표방하면서 명(明)의 감정을 자극하였다. 이에 명은 쌍성총관부가 있던 철령 이북의 땅을 차지하고자 이곳에 철령위(鐵嶺衛) 설치를 통보해 왔다.
- 요동 정벌: 당시 최고 집권자였던 최영은 요동 정벌을 단행하였다.
- 위화도 회군(1388): 이성계는 위화도에서 회군하여 최영을 제거한 뒤, 우왕을 폐위시켰다.

13 근현대 > 일제 강점기 > 물산 장려 운동   오답률 28%   답 ③

| 정답해설 | 제시된 자료는 1920년대 초에 전개된 물산 장려 운동의 포스터이다. ③ 72% 물산 장려 운동에 대해 일부 사회주의자들은 부르주아(자본가) 계급을 위한 운동이라고 비판하였다.

| 오답해설 | ① 4% 물산 장려 운동은 일제의 간섭과 물산 장려 운동 자체의 한계(일본 제품과의 품질 및 가격 경쟁력 약화, 저생산성 등)로 중단되었다.
② 17% 물산 장려 운동은 1920년 회사령 폐지 이후 전개되었다.
④ 7% 물산 장려 운동은 한국인들이 만든 물품을 사용하여 우리 민족 경제의 자립을 추구하는 운동이었다.

14 근현대 > 현대 > 유신 헌법   오답률 34%   답 ②

| 정답해설 | 제시된 사료 중 통일 주체 국민 회의에서 대통령을 선출한다는 내용을 통해 유신 헌법(7차 개헌)임을 알 수 있다. ② 66% 1980년 10월 27일 공포된 8차 개헌에서는 대통령의 임기를 7년으로 규정하고 중임할 수 없도록 명시하였다.

| 오답해설 | ①③④ 9% 21% 4% 유신 헌법에는 대통령이 국회를 해산할 수 있고, 국정 전반에 걸쳐 필요한 긴급 조치를 행사할 수 있다고 명시되어 있었다. 또한 유신 헌법 제103조에는 "대법원장인 법관은 대통령이 국회의 동의를 얻어 임명한다."라고 규정되어 있어 대통령이 사법부를 장악할 수 있었다.

15 고대 > 정치 > 삼국의 역사적 사실   오답률 23%   답 ④

| 정답해설 | 제시된 사건의 순서는 (라) 고구려의 평양 천도(427) → (다) 백제의 웅진 천도(475) → (가) 신라의 한강 유역 확보(553) → (나) 관산성 전투(554)이다.

오답률 TOP 2
16 중세 > 정치 > 강조   오답률 49%   답 ③

| 정답해설 | 제시된 사료의 (가)는 강조이다. 강조는 거란의 2차 침입(현종 1, 1010) 때 통주에서 패하여 포로가 되었다. 당시 거란(요)의 성종이 자신의 신하가 되어 달라고 권유하였으나, 강조는 이를 거절하여 결국 처형되었다. ③ 51% 강조는 정변을 일으켜 목종을 폐하고 현종을 옹립하였다. 강조의 정변은 거란의 2차 침입의 원인이 되었다.

| 오답해설 | ① 12% 인종 때 김부식이 묘청의 난을 진압하였다.
② 18% 숙종 때 윤관은 여진 정벌을 위해 별무반 편성을 건의하였다.
④ 19% 거란의 1차 침입 당시 서희는 외교 담판을 통해 강동 6주를 획득하였다.

17 근세 > 문화 > 이이   오답률 41%   답 ②

| 정답해설 | 『성학집요』를 저술한 인물은 율곡 이이이다. ② 59% 이이는 『동호문답』에서 대공수미법을 제시하였다.

| 오답해설 | ① 20% 이황이 예안향약을 만들었다. 예안은 현재의 안동에 해당한다.
③ 14% 중종 때 풍기 군수 주세붕은 백운동 서원을 건립하였다(최초의 서원).
④ 7% 1차 왕자의 난 때 정도전, 남은 등이 죽임을 당했다.

오답률 TOP 1
18 근현대 > 개항기 > 안중근   오답률 68%   답 ④

| 정답해설 | 제시된 사료는 1910년 안중근의 최후 진술 중 일부이다.
ㄷ. 안중근은 하얼빈 의거(1909, 이토 히로부미 사살) 이후 체포되어 1910년 뤼순 감옥에서 순국하였는데, 옥중에서 『동양평화론』을 집필하였으나 완성하지는 못하였다.
ㄹ. 안중근은 1909년 연해주에서 동의단지회(同義斷指會)에 참여하는 등 의병 투쟁을 전개하였다.

| 더 알아보기 | 안중근의 최후 진술

내가 이토를 죽인 이유는 이토가 있으면 (이토가) 동양의 평화를 어지럽게 하고 한·일 간이 멀어지기 때문에 한국의 의병 중장의 자격으로 죄인을 처단한 것이다. …(중략)… 오늘날 인간은 모두 법에 따라 생활하고 있는데, 현실적으로 사람을 죽인 자가 벌을 받지 않고 살아 남을 도리는 없는 것이다. 그렇다면 나는 어떤 법에 의해 처벌되어야 하는가의 문제가 남아 있는데, 이에 대해 나는 (내가) 한국의 의병이며 지금은 적군의 포로가 되어 있으니 당연히 만국공법에 의해 처리되어야 할 것이라고 생각한다.

19	근현대 > 현대 > 반민족 행위 처벌법(반민법)
	오답률 32% 답 ②

| 정답해설 | 제시된 사료는 1948년 9월에 제정된 반민족 행위 처벌법(반민법) 중 일부이다. 반민법은 제헌 헌법을 근거로 제헌 국회에서 제정하였고, 이 법률을 근거로 반민특위와 특별 재판부 등을 설치하였다. 이후 노덕술과 같은 친일 경찰, 친일 관료, 친일 문인(이광수, 최남선 등) 등이 체포되었다. ② 68% 농지 개혁법은 반민법 제정 이후인 1949년 6월에 제정되었다.

20	근현대 > 일제 강점기 > 김원봉, 신채호
	오답률 37% 답 ④

| 정답해설 | 제시된 사료는 의열단의 (가) 김원봉이 (나) 신채호에게 부탁하여 작성된 『조선 혁명 선언』(1923, 의열단의 강령)이다. ④ 63% (가) 김원봉은 황포 군관 학교에서 훈련받은 후 독립군 간부를 양성하기 위해 조선 혁명 간부 학교를 설립하였다. (나) 신채호는 『독사신론』을 저술하여 민족주의 역사학의 기틀을 제시하였다.

| 오답해설 | ① 15% 김원봉은 1938년에 조선 의용대를 결성하였다. 국혼을 강조한 역사가는 박은식이다.

② 9% 신흥 무관 학교 설립은 이회영, 이동녕 등과 관련이 있다. 조선 형평사는 1923년 진주에서 이학찬 등이 백정들에 대한 사회적 차별을 타파하기 위해 설립한 단체이다.

③ 13% 조선 건국 동맹은 여운형을 중심으로 조직되었다. 백남운 등의 사회 경제 사학자들은 식민 사학의 정체성론을 반박하였다.

2021

6월 5일 시행
지방직(= 서울시) 9급 (Ⓐ책형)

합격예상 체크

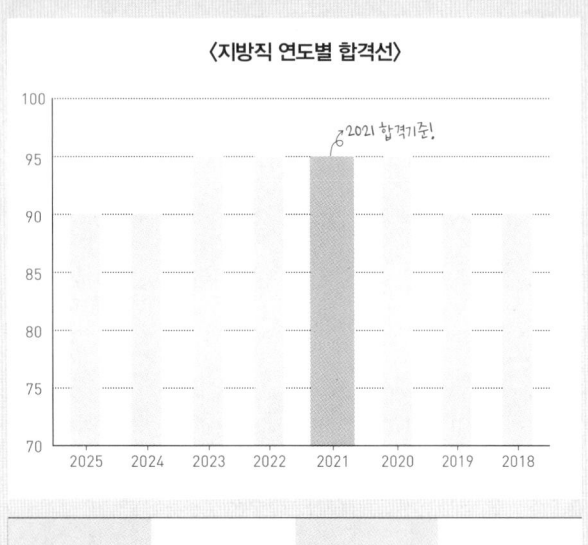

〈지방직 연도별 합격선〉

맞힌 개수 /20문항   점수 /100점

➡ □ 합격 □ 불합격

취약영역 체크

문항	정답	영역	문항	정답	영역
1	③	우리 역사의 기원과 형성 > 국가의 형성	11	②	중세 > 문화
2	①	고대 > 정치	12	②	고대 > 정치
3	④	중세 > 정치	13	③	근대 태동기 > 정치
4	①	중세 > 정치	14	②	근현대 > 개항기
5	①	근세 > 정치	15	②	근현대 > 일제 강점기
6	②	고대 > 정치	16	③	근현대 > 개항기
7	③	고대 > 문화	17	④	근현대 > 일제 강점기
8	③	근대 태동기 > 문화	18	④	근현대 > 개항기
9	③	중세 > 정치	19	①	근현대 > 현대
10	④	중세 > 정치	20	②	근현대 > 현대

➡ 영역별 틀린 개수로 취약영역을 확인하세요!

| 우리 역사의 기원 | /1 | 고대 | /4 | 중세 | /5 | 근세 | /1 |
| 근대 태동기 | /2 | 근현대 | /7 | 통합 | –/0 | | |

➡ 나의 취약영역: _____

※ [정답해설]과 [오답해설] 선지의 50% 표시는 〈1초 합격예측 서비스〉를 통해 수집된 선지 선택률을 나타냅니다.

---

1 우리 역사의 기원과 형성 > 국가의 형성 > 부여
오답률 14%   답 ③

| **정답해설** | 제시된 사료 중 "영고", "의복은 흰색을 숭상"을 통해 부여에 대한 내용임을 알 수 있다. ③ 86% 부여에서는 가축 이름을 딴 부족장인 마가, 우가, 저가, 구가 등이 있었다.

| **오답해설** | ① 6% 옥저에서는 사람이 죽으면 뼈만 추려 가족 공동 무덤인 목곽에 안치하였다.
② 4% 옥저와 동예에서는 후, 읍군, 삼로 등의 군장이 자기 영역을 다스렸다.
④ 4% 삼한에서는 천신을 섬기는 제사장인 천군이 있었다.

2 고대 > 정치 > 금관가야
오답률 16%   답 ①

| **정답해설** | 수로(首露, 김수로왕)는 금관가야의 시조이다. ① 84% 금관가야는 현재의 김해 지방을 중심으로 해상 교역을 통해 우수한 철을 수출하면서 발전하였다.

| **오답해설** | ② 13% 신라 이사금 시대에는 박, 석, 김씨가 교대로 왕위를 계승하였다.
③ 1% 고구려는 지방에 경당을 설치하여 학문과 무예를 가르쳤다.
④ 2% 백제에서는 정사암 회의를 통해 재상을 선발하였다.

3 중세 > 정치 > 식목도감
오답률 13%   답 ④

| **정답해설** | ④ 87% 중서문하성의 재신(2품 이상)과 중추원의 추밀(2품 이상)은 도병마사와 식목도감(각종 제도와 격식을 만드는 임시 기구)에서 중요한 일을 논의하였다. 이것을 '재추합좌'라고 한다.

| **오답해설** | ① 5% 삼사는 회계 기관, ② 6% 상서성은 정책 집행 기관, ③ 2% 어사대는 감찰 기관이다.

4 중세 > 정치 > 거란
오답률 32%   답 ①

| **정답해설** | 발해를 멸망시키고, 고려를 여러 차례 침략한 민족은 거란이다. ① 68% 현종 때 거란은 강조의 정변을 명분으로 고려를 침략하였다(거란의 2차 침략, 1010).

| **오답해설** | ② 22% 여진, ③④ 3% 7% 몽골에 대한 설명이다.

5 근세 > 정치 > 사헌부
오답률 13%   답 ①

| **정답해설** | ① 87% 사헌부와 사간원의 관리들은 서경(조선 시대 5품 이하 관료에 대한 인사 검증)의 권한이 있었다. 또한 사헌부는 시정(時政)을 논하고, 관리를 감찰하며 풍속의 교정을 담당하였다.

| **오답해설** | ② 3% 교서관은 경서 인쇄 등, ③ 3% 승문원은 외교 문서, ④ 7% 승정원은 왕명 출납을 담당한 기관이었다.

| 6 | 고대 > 정치 > 연개소문 | 오답률 33% | 답 ② |

| 정답해설 | 제시된 사료는 연개소문이 보장왕에게 도교를 수용해야 한다고 주장하는 내용이다. 연개소문은 불교와 결탁한 귀족 세력의 영향력을 약화시키기 위해 당에서 보낸 숙달 등 도사 8명을 맞아들여 도교를 장려하였다(643, 보장왕 2). ② 67% 연개소문은 천리장성의 축조를 담당하면서 세력을 키워, 영류왕을 죽이고 보장왕을 옹립하였다(연개소문의 정변, 642).

| 오답해설 | ① 22% 김춘추는 648년에 당나라와 동맹을 체결하였다(나·당 연합).
③ 8% 을지문덕은 수나라의 군대를 살수에서 격퇴하였다(살수대첩, 612).
④ 3% 장수왕은 남진 정책을 추진하여 백제의 수도인 한성을 점령하였다(475).

| 더 알아보기 | 연개소문의 도교 수용

보장왕 2년(643) 3월 연개소문(淵蓋蘇文)이 왕에게 아뢰기를, "삼교(三敎)는 비유하자면 솥의 발과 같아서 하나라도 없어서는 안 됩니다. 지금 유교와 불교는 모두 흥하는데 도교는 아직 성하지 않으니, 이른바 천하의 도술(道術)을 갖추었다고 할 수 없습니다. 엎드려 청하오니 당(唐)나라에 사신을 보내 도교를 구하여 와서 나라 사람들을 가르치게 하소서."라고 하였다. 대왕이 매우 그러하다고 여기고 표(表)를 올려서 (도교를) 요청하였다. 태종(太宗)이 도사(道士) 숙달(叔達) 등 8명을 보내고, 이와 함께 노자(老子)의 『도덕경(道德經)』을 보내주었다. 왕이 기뻐하여 불교 사찰을 빼앗아 이들을 머물도록 하였다.

– 『삼국사기』 –

| 7 | 고대 > 문화 > 원광 | 오답률 25% | 답 ③ |

| 정답해설 | 제시된 사료는 (가) 원광의 세속 5계에 대한 내용이다. ③ 75% 원광은 진평왕의 요청으로 수나라에 군사를 청하는 글인 「걸사표」를 지어 바쳤다.

| 오답해설 | ① 14% 원효는 모든 것이 한마음에서 나온다는 일심 사상을 제시하였다.
② 8% 의상은 화엄 사상을 연구하여 「화엄일승법계도」를 작성하였다.
④ 3% 혜초는 인도와 중앙아시아 여러 나라를 여행한 후 『왕오천축국전』을 저술하였다.

| 더 알아보기 | 원광의 「걸사표」

왕(진평왕)이 고구려가 영토를 자주 침범함을 불쾌히 여겨, 수나라에 군사를 청하여 고구려를 치려고 원광에게 「걸사표(乞師表)」를 지으라 하였다. 원광이 가로되, "자기가 살려고 남을 멸하는 것은 승려의 도리가 아니나, 제가 대왕의 땅에 살며 대왕의 곡식을 먹고 있으니 어찌 감히 명령에 따르지 않겠습니까?"라고 하였다. …(중략)… 33년(611)에 왕이 수나라에 사신을 보내어 표문을 바치고 출병을 청하니, 수나라 양제가 이를 받아들이고 군사를 일으켰다.

– 『삼국사기』 –

오답률 TOP 1
| 8 | 근대 태동기 > 문화 > 박제가, 한치윤 | 오답률 49% | 답 ③ |

| 정답해설 | ③ 51% 『북학의』는 박제가, 『해동역사』는 한치윤의 저서이다.

| 더 알아보기 | 박제가의 『북학의』

- 상공업의 발달, 청과의 통상 강화와 선진 문화 수입, 수레와 선박의 이용 등을 역설하였다.
- 생산과 소비와의 관계를 우물물에 비유하면서 생산을 자극하기 위해서는 절약보다 소비를 권장해야 한다고 주장하였다.
- 양반의 상업 종사, 세계 무역 참여, 기하학과 과학 기술에 정통한 중국 흠천감의 서양인 선교사들을 초빙하여 과학 기술을 가르치게 하자고 주장하였다.

| 9 | 중세 > 정치 > 12세기~13세기 주요 사건 | 오답률 21% | 답 ③ |

| 정답해설 | 제시된 사건의 순서는 (라) 이자겸의 난(1126) → (가) 무신정변(1170) → (나) 최충헌의 권력 장악(1196) → (다) 몽골의 1차 침략 당시(1231) 충주성 전투이다.

오답률 TOP 2
| 10 | 중세 > 정치 > 서경 | 오답률 45% | 답 ④ |

| 정답해설 | 제시된 사료는 태조의 훈요 10조 중 일부이며, (가)는 서경(현재의 평양)이다. ④ 55% 동녕부는 원(元)이 자비령 이북을 통치하기 위해 '서경'에 설치한 기관이다(원종 11, 1270).

| 오답해설 | ① 19% 고려 고종 때 몽골의 침입을 불교의 힘으로 막아보고자 강화도에 대장도감을 설치하여 재조대장경(팔만대장경)을 만들었다.
② 16% 지눌은 수선사(현재의 전라남도 순천시 송광사)에서 결사 운동을 펼쳤다.
③ 10% 망이·망소이는 공주 명학소에서 봉기하였다(1176).

오답률 TOP 3
| 11 | 중세 > 문화 > 『삼국사기』 | 오답률 35% | 답 ② |

| 정답해설 | 제시된 사료는 김부식이 『삼국사기』를 인종에게 바치면서 올린 「진삼국사기표」 중 일부이다(인종 23, 1145). ② 65% 『삼국사기』는 유교적인 합리주의 사관에 따라 기전체로 서술되었다.

| 오답해설 | ① 7% 일연의 『삼국유사』는 불교를 중심으로 신화와 설화를 정리한 역사서이다.
③ 18% 서거정의 『동국통감』은 단군조선을 우리 역사의 시작으로 본 통사이다.
④ 10% 진흥왕의 명을 받아 거칠부가 『국사』를 편찬하였다(545).

| 12 | 고대 > 정치 > 신문왕 | 오답률 27% | 답 ② |

| 정답해설 | 제시된 사료는 신문왕 때 완성된 감은사와 대왕암에 관한 내용이다. ② 73% 신문왕은 국학을 설립하여 유학을 교육하였다(신문왕 2, 682).
| 오답해설 | ① 7% 법흥왕은 '건원'이라는 독자적인 연호를 사용하였다(536).
③ 11% 성덕왕은 백성에게 처음으로 정전을 지급하였다(722).
④ 9% 무열왕은 진골 출신으로서 처음 왕위에 올랐다.

| 13 | 근대 태동기 > 정치 > 정조 | 오답률 20% | 답 ③ |

| 정답해설 | 제시된 자료 중 "초계문신제", "서얼 출신을 규장각 검서관으로 등용"을 통해 밑줄 친 '왕'이 정조임을 알 수 있다. ③ 80% 정조는 신해통공(1791)을 실시하여, 6의전을 제외한 시전상인들의 금난전권을 폐지하였다.
| 오답해설 | ① 3% 철종 11년(1860)에 최제우가 동학을 창시하였다.
② 14% 고종 2년(1865, 흥선 대원군의 섭정 시기)에 『대전회통』이 편찬되었다.
④ 3% 순조 11년(1811)에 홍경래의 난이 발생하였다.

| 14 | 근현대 > 개항기 > 흥선 대원군 | 오답률 6% | 답 ② |

| 정답해설 | 고종이 즉위한 후 고종의 아버지인 (가) 흥선 대원군이 섭정하였다. ② 94% 흥선 대원군은 만동묘를 철폐하고 서원을 대폭 줄이는 정책을 추진하였다.
| 오답해설 | ① 3% 고종은 대한 제국 시기인 1899년에 「대한국 국제」를 만들어 공포하였다.
③ 1% 급진 개화파(김옥균, 박영효, 홍영식, 서광범, 서재필 등)는 우정총국 개국 축하연을 이용해 정변을 일으켰다. 이 사건을 갑신정변(1884)이라고 한다.
④ 2% 제2차 수신사 김홍집은 황쭌셴의 『조선책략』을 국내에 소개하였다(1880).

| 15 | 근현대 > 일제 강점기 > 대한민국 임시 정부 | 오답률 31% | 답 ② |

| 정답해설 | (가)는 3·1 운동 이후 조직된 대한민국 임시 정부이다. ② 69% 상하이에서 조직된 대한민국 임시 정부는 국내와의 연락을 위해 교통국과 연통제를 설치하였다.
| 오답해설 | ① 13% 신한 혁명당 인사들을 중심으로 1917년 「대동단결선언」을 발표하였다.
③ 11% 신민회 회원인 이동녕, 이회영 등은 서간도(남만주) 삼원보에 한인 자치 기구인 경학사를 결성하고, 군인 양성을 위한 신흥 강습소를 설립하였다. 신흥 강습소는 이후 신흥 무관 학교로 발전하였다.
④ 7% 의열단은 「조선 혁명 선언」(신채호, 1923)을 강령으로 삼아 의열 투쟁을 전개하였다.

| 16 | 근현대 > 개항기 > 제너럴 셔먼호 사건과 신미양요 사이 시기의 사건 | 오답률 11% | 답 ③ |

| 정답해설 | ③ 89% 제너럴 셔먼호 사건(1866)과 신미양요(1871) 사이의 역사적 사실은 오페르트 도굴 사건(1868)이다.
| 오답해설 | ① 2% 홍범 14조 반포(1894), ② 7% 운요호 사건(1875), ④ 2% 임오군란(1882)이다.

| 17 | 근현대 > 일제 강점기 > 신간회 | 오답률 21% | 답 ④ |

| 정답해설 | 정우회 선언을 계기로 비타협적 민족주의 세력과 사회주의 세력이 결합한 단체는 신간회(1927~1931)이다. ④ 79% 1929년에 광주 학생 항일 운동이 일어나자, 신간회는 광주 학생 항일 운동의 진상을 조사하고, 이를 알리는 대규모 민중 대회를 준비하였으나 사전에 발각되어 실패하였다.
| 오답해설 | ① 7% 1920년대 초 조선 물산 장려회에서 물산 장려 운동을 본격적으로 추진하였다.
② 7% 민립대학 설립 운동은 조선 민립대학 기성회에서 추진하였다.
③ 7% 〈동아일보〉는 문맹 퇴치와 미신 타파를 목적으로 1931년부터 브나로드 운동을 전개하였다.

| 18 | 근현대 > 개항기 > 을사늑약 | 오답률 32% | 답 ④ |

| 정답해설 | 제시된 사료는 1905년에 체결된 을사늑약(제2차 한·일 협약)이다. ④ 68% 을사늑약의 체결로 대한 제국의 외교권은 일본으로 넘어갔다.
| 오답해설 |
① 8% 조선 총독부는 1910년 한·일 병합 조약 이후에 설치되었다.
② 19% 1907년 일본은 헤이그 특사 사건을 빌미로 고종을 강제 퇴위시키고 순종을 즉위시킨 후에 한·일 신협약(정미 7조약)을 강제로 체결하였다.
③ 5% 조·일 통상 장정(1883)에서 방곡령이 규정되었는데, 방곡령 시행 1개월 전에 일본에 미리 통보해야 한다는 내용이 실려 있다.

| 더 알아보기 | 을사늑약에서 이사관의 역할

> 을사늑약 이후 제정된 '통감부 및 이사청관제'에서 '이사관'의 업무는 통감의 지휘 감독을 받아, 영사 사무와 제2차 한·일 협약(을사늑약) 및 법령에 기초하여 사무를 관장한다고 규정되어 있다. 또한 '이사관'은 "안녕질서를 유지하기 위해 긴급히 필요하다고 판단되면 제국군대 사령관에 출병을 요청할 수 있다."는 조항이 있다.

| 19 | 근현대 > 현대 > 미·소 공동 위원회 | 오답률 19% | 답 ① |

| 정답해설 | (가) 미·소 공동 위원회이다. 모스크바 3국 외상 회의(1945. 12.)의 결정에 따라 미·소 공동 위원회가 2차례 개최되었다 (1차 - 1946. 3., 2차 - 1947. 5.). ① 81% 그러나 한국의 임시 정부 수립을 협의할 정당 및 사회 단체에 대한 미국과 소련의 의견 차이로 아무런 성과 없이 모두 결렬되었다.
| 오답해설 | ② 4% 1944년 국내에 설립된 조선 건국 동맹은 1945년 8월 15일에 조선 건국 준비 위원회로 개편되었다.
③ 3% 제헌의회에서는 1948년 7월 17일 제헌 헌법을 제정·공포하였다.
④ 12% 1947년 11월 유엔총회에서 '유엔 감시하의 남북한 총선거를 통해 정부를 수립한다.'고 결의하였다.

| 20 | 근현대 > 현대 > 4·19 혁명과 유신 헌법 사이 시기 | 오답률 21% | 답 ② |

| 정답해설 | ② 79% 4·19 혁명(1960)과 유신 헌법 공포(1972. 12. 27.) 사이의 역사적 사실은 1972년 7·4 남북 공동 성명 발표이다.
| 오답해설 | ① 10% 반민족 행위 처벌법은 1948년 9월에 제정되었다.
③ 3% 남북한 유엔 동시 가입은 1991년 9월에 해당한다.
④ 8% 5·18 민주화 운동은 1980년 5월 18일에 해당한다.

2020 6월 13일 시행 지방직(= 서울시) 9급 (Ⓓ책형)

합격예상 체크

〈지방직 연도별 합격선〉

2020 합격기준!

2025	2024	2023	2022	2021	2020	2019	2018
90	90	95	95	95	95	90	90

| 맞힌 개수 | /20문항 | 점수 | /100점 |

➡ □ 합격 □ 불합격

취약영역 체크

문항	정답	영역	문항	정답	영역
1	④	고대 > 정치	11	②	근대 태동기 > 문화
2	②	근현대 > 일제 강점기	12	②	근현대 > 개항기
3	①	중세 > 정치	13	③	근세 > 정치
4	①	근현대 > 일제 강점기	14	③	단원 통합 > 유네스코 세계 유산
5	④	단원 통합 > 덕수궁	15	②	근현대 > 개항기
6	①	우리 역사의 기원과 형성 > 국가의 형성	16	②	근현대 > 일제 강점기
7	③	중세 > 정치	17	④	근현대 > 현대
8	②	근세 > 정치	18	①	중세 > 정치
9	③	고대 > 정치	19	①	근대 태동기 > 정치
10	④	고대 > 정치	20	③	근현대 > 현대

⬇ 영역별 틀린 개수로 취약영역을 확인하세요!

| 우리 역사의 기원 | /1 | 고대 | /3 | 중세 | /3 | 근세 | /2 |
| 근대 태동기 | /2 | 근현대 | /7 | 통합 | /2 | | |

➡ 나의 취약영역: _____

※ [정답해설]과 [오답해설] 선지의 50% 표시는 〈1초 합격예측 서비스〉를 통해 수집된 선지 선택률을 나타냅니다.

---

1 | 고대 > 정치 > 진흥왕의 업적 | 오답률 26% | 답 ④

정답해설 | 제시된 사료는 진흥왕 때 역사서 『국사』를 편찬(545)한 내용이다. ④ 74% 진흥왕 때 한강 유역을 장악한 후 북한산 순수비를 건립하였다.

오답해설 | ① 6% 성덕왕 21년에 정전이 지급되었다(722).
② 18% 신문왕 2년에 국학이 설치되었다(682).
③ 2% 선덕여왕 때 천문 관측 시설인 첨성대가 건립되었다.

2 | 근현대 > 일제 강점기 > 박은식 | 오답률 34% | 답 ②

정답해설 | 제시된 내용은 박은식에 대한 설명이다. ② 66% 박은식은 『한국통사』를 저술하여(1915년 상하이에서 초판 간행) 일본의 침략을 폭로하였다.

오답해설 | ① 7% 김구는 1931년 상하이에서 한인 애국단을 조직하였다.
③ 13% 이병도, 손진태 등은 1934년 진단학회를 조직하였다.
④ 14% 신채호는 김원봉의 요청으로 1923년 의열단의 강령인 「조선혁명선언」을 작성하였다.

3 | 중세 > 정치 > 광종의 업적 | 오답률 15% | 답 ①

정답해설 | 제시된 자료는 광종 때의 역사적 사실이다. ① 85% 광종은 호족 세력의 약화와 왕권 강화를 위해 노비안검법을 시행하였다.

오답해설 | ② 3% 전시과 제도가 처음 실행된 것은 경종 때이다 (시정 전시과).
③④ 4% 8% 국자감 설립, 12목 설치 및 지방관 파견은 성종의 업적이다.

4 | 근현대 > 일제 강점기 > 근우회 | 오답률 17% | 답 ①

정답해설 | ① 83% 제시된 사료는 여성계 민족 유일당 단체인 근우회 취지문 중 일부이다. 근우회는 신간회의 자매단체로 1927년 조직되었다.

| 5 | 단원 통합 > 덕수궁 | 오답률 29% | 답 ④ |

| 정답해설 | ④ 71% 덕수궁의 옛 이름은 경운궁이며 중화전, 함녕전, 석조전 등의 건물이 있다.
| 더 알아보기 | 덕수궁

> 덕수궁은 원래 월산대군의 집터였던 것을 임진왜란 이후 선조의 임시거처로 사용하여 정릉동 행궁으로 불리다가 광해군 때에 경운궁으로 개칭되었다. 이후 1907년 순종에게 양위한 고종이 이곳에 머무르게 되면서 고종의 장수를 빈다는 의미에서 덕수궁(德壽宮)이라 다시 바꾸었다. 1897년(광무 1) 고종이 러시아 공사관에서 이곳으로 거처를 옮긴 이후, 중화전을 비롯하여 정관헌, 돈덕전, 즉조당, 석어당, 경효전, 준명전, 흠문각, 함녕전, 석조전 등을 건축하였다.

| 6 | 우리 역사의 기원과 형성 > 국가의 형성 > 옥저 | 오답률 19% | 답 ① |

| 정답해설 | 밑줄 친 '이 나라'는 옥저이다. ① 81% 옥저에서는 혼인 풍습으로 민며느리제가 있었다.
| 오답해설 | ② 2% 위만 집권 이후의 고조선에서 볼 수 있는 모습이다.
③ 5% 천군은 삼한의 제사장이다.
④ 12% 마가와 우가는 부여의 제가였다.

| 7 | 중세 > 정치 > 별무반 | 오답률 9% | 답 ③ |

| 정답해설 | 제시된 사료는 윤관이 숙종에게 별무반 설치를 건의하는 내용이다. ③ 91% 별무반은 여진족에 대처하기 위해 숙종 9년(1104) 조직되었고, 신기군, 신보군, 항마군으로 구성되었다.
| 오답해설 | ① 2% 거란족의 침략을 방어하기 위해 정종 2년(947)에 광군(光軍)이 설치되었다.
② 5% 강감찬이 거란족(요) 소배압의 침략(거란의 3차 침략)을 귀주 대첩(1019)으로 막아냈다.
④ 2% 응양군·용호군 2군과 신호위·좌우위 등의 6위는 고려의 중앙군이다.

| 8 | 근세 > 정치 > 명종 대의 사실 | 오답률 31% | 답 ② |

| 정답해설 | '임꺽정의 난'은 명종 때의 사실이다. ② 69% 명종 즉위 이후 (명종의 어머니인) 문정왕후가 수렴청정을 하였고 '보우'를 등용하는 등 불교를 숭상하였다.
| 오답해설 | ① 11% 선조 때 동인과 서인의 붕당이 형성되었다.
③ 10% 중종 5년(1510)에 삼포에서 수천 명의 일본인이 난을 일으켰다(삼포왜란).
④ 10% 중종 때 조광조는 내수사 장리(고리대화)의 폐지, 도교 기구인 소격서의 폐지 등을 주장하였다.

| 9 | 고대 > 정치 > 대가야 | 오답률 31% | 답 ③ |

| 정답해설 | 현재의 '고령'에 있었던 '이 나라'는 대가야이다. ③ 69% 대가야는 전북특별자치도 남원, 장수 등 호남 동부 지역까지 세력을 확대하였다.
| 오답해설 | ① 12% 관산성 전투(554)에서 백제의 성왕이 전사하였다.
② 8% 신라 지증왕은 우산국(지금의 울릉도)을 정복하여 영토로 삼았다(512).
④ 11% 고구려 광개토대왕은 신라를 도와 낙동강 유역에 진출한 왜를 격파하였다(400).

오답률 TOP 1

| 10 | 고대 > 정치 > 발해 문왕 재위기의 신라의 역사 | 오답률 48% | 답 ④ |

| 정답해설 | 제시된 자료는 발해 문왕 시기(재위 737~793)의 업적이다. ④ 52% 발해 문왕 재위 시기에 통일 신라에서는 원성왕이 독서삼품과를 설치(788)하였다.
| 오답해설 | ① 15% 신문왕 때 녹읍이 폐지되었다(689).
② 19% 흥덕왕 때 장보고의 건의로 청해진이 설치되었다(828).
③ 14% 진성여왕 때 각간 위홍과 승려 대구에 의해 향가집인 『삼대목』이 편찬(888)되었으나 현재는 남아있지 않다.

오답률 TOP 2

| 11 | 근대 태동기 > 문화 > 박지원 | 오답률 40% | 답 ② |

| 정답해설 | 『양반전』 저술, 한전론(토지 소유의 상한선 제시) 주장, 중상주의 실학자로서 수레와 선박의 이용 강조 등은 박지원에 대한 설명이다. ② 60% 『과농소초』는 박지원이 정조의 명을 받아 편찬한 농서(農書)이다.
| 오답해설 | ① 25% 『북학의』는 박제가의 저서이다.
③ 5% 『의산문답』은 홍대용의 저서이다.
④ 10% 『지봉유설』은 이수광의 저서이다.

| 12 | 근현대 > 개항기 > 강화도 조약, 영선사 파견 | 오답률 23% | 답 ② |

| 정답해설 | 제시된 문제는 강화도 조약 체결(1876)과 청에 영선사 파견(1881) 사이의 일을 묻는 것이다. ② 77% 통리기무아문이 설치된 것은 1880년이다.
| 오답해설 | ① 12% 군국기무처는 1894년 제1차 갑오개혁 때의 초정부적 개혁 기구였다.
③ 6% 고종은 1894년 국정 개혁의 기본 방향을 담은 홍범 14조를 발표하였다.
④ 5% 대한국 국제는 대한 제국의 헌법으로서 1899년 공포되었다.

13 근세 > 정치 > 세종 시기의 역사적 사실 오답률 15% 답 ③

| 정답해설 | 제시된 사건은 이종무의 대마도 정벌(세종 원년, 1419)과 공법(전분 6등법, 연분 9등법)의 시행(세종 26년, 1444)이다. ③ 85% 『농사직설』의 편찬은 세종 11년(1429)에 해당한다.
| 오답해설 | ① 5% 과전법 공포(고려 공양왕, 1391)
② 4% 이시애의 반란(세조 13년, 1467)
④ 6% 정도전의 요동정벌 추진(조선 태조)

14 단원 통합 > 유네스코 세계 유산 오답률 18% 답 ③

| 정답해설 | ③ 82% 한양 도성은 유네스코 문화유산으로 등재되지 않았다.

| 더 알아보기 | 유네스코 지정 세계 문화유산(2025년 9월 기준)

- 고창·화순·강화의 고인돌 유적
- 해인사 장경판전
- 제주 화산섬과 용암 동굴
- 하회·양동 마을
- 산사, 한국의 산지승원
- 불국사·석굴암
- 조선 왕릉
- 한국의 갯벌 (서천, 고창, 신안, 보성–순천)
- 경주 역사 유적 지구
- 종묘
- 수원 화성
- 남한산성
- 한국의 서원
- 창덕궁
- 백제 역사 유적 지구
- 가야 고분군
- 반구천의 암각화

15 근현대 > 개항기 > 독립협회 오답률 16% 답 ②

| 정답해설 | 제시된 자료는 1897년 독립협회가 개최한 토론회의 내용을 발췌한 것이다. ② 84% 독립협회(1896~1898)는 민중 계몽을 위해 회보를 발간하고 최초의 근대적 민중 집회인 만민공동회를 개최하는 등 대규모 집회를 열었다.
| 오답해설 | ① 9% 1906년 설립된 대한 자강회는 헌정 연구회의 활동을 계승하여 월보를 간행하고 지회를 설치하였다.
③ 3% 1898년 조직된 황국협회는 보부상 중심의 단체로, 황권 강화를 통한 부국강병을 행동 지침으로 삼았다. 특히 독립협회 해산에 적극적으로 가담하였다.
④ 4% 일본이 황무지 개간을 구실로 토지를 약탈하려 하자, 1904년 보안회가 조직되어 대중적 반대 운동을 벌였다.

16 근현대 > 일제 강점기 > 이회영 오답률 26% 답 ②

| 정답해설 | 밑줄 친 '그'는 이회영이다. 이회영 등 6형제와 가족들은 가산(家産, 집안 재산)을 정리하고 서간도(남만주)로 이주하였다. ② 74% 이회영은 서간도에서 경학사를 조직하고, 신흥 강습소를 설립하였다.
| 오답해설 | ④ 6% 김구는 1935년 한국 국민당을 결성하였다. 조소앙의 삼균주의는 1941년 대한민국 임시 정부의 건국강령으로 채택되었으나, 그 이전인 1930년대에 정립되었다.

17 근현대 > 현대 > 제3차 개헌 오답률 29% 답 ④

| 정답해설 | 밑줄 친 '새 헌법'은 1960년 4·19 혁명 이후 마련된 제3차 개헌이다. ④ 71% 제3차 개헌에서는 내각책임제와 국회를 양원(민의원, 참의원)으로 구성하는 내용을 담고 있다.
| 오답해설 | ① 4% 제1차 개헌(발췌 개헌)은 임시 수도인 부산에서 개정되었다(1952).
② 18% 제2차 개헌은 사사오입의 논리로 통과되었다(1954).
③ 7% 제7차 개헌(유신헌법, 1972)에서는 통일 주체 국민 회의를 설치하여 대통령을 (통일 주체 국민 회의에서) 간접 선출하는 규정이 있었다.

오답률 TOP 2

18 중세 > 정치 > 홍건적의 2차 침략 오답률 40% 답 ①

| 정답해설 | 제시된 자료는 공민왕 때 홍건적의 2차 침략(1361)에 대한 내용이다. ① 60% 진포대첩은 우왕 6년(1380)에 발생하였다.
| 오답해설 | ② 9% 김윤후의 처인성 전투(몽골의 2차 침략)는 고종 19년(1232)에 발생하였다.
③ 24% 공민왕 5년(1356)에 기철이 제거되었고 쌍성총관부 관할 지역을 무력으로 수복하였다.
④ 7% 몽골 침략 시기에 팔만대장경(재조대장경, 1236~1251)을 만들었다.

19 근대 태동기 > 정치 > 경신환국, 갑술환국 오답률 32% 답 ①

| 정답해설 | (가) 경신환국(숙종 6년, 1680)의 결과이며, (나) 갑술환국(숙종 20년, 1694)과 관련된 내용이다. ① 68% 송시열과 김수항 등이 처형당한 것은 기사환국(숙종 15년, 1689)의 결과이다.
| 오답해설 | ② 17% 현종 때 서인과 남인은 두 차례의 예송 논쟁을 전개하였다[(1차–1659, 기해예송), (2차–1674, 갑인예송)].
③ 11% 서인 정치에 한계를 느낀 정여립이 모반을 일으켰다(정여립 모반 사건, 선조 22년, 1589)
④ 4% 청의 요구에 따라 효종 때 두 차례에 걸쳐(1차–1654, 2차–1658) 조총 부대를 모란강 상류 지역인 영고탑(寧古塔/寧安)으로 파견하였다(나선 정벌).

20 근현대 > 현대 > 해방 이후의 역사적 사건 오답률 20% 답 ③

| 정답해설 | 제시된 사건의 순서는 (다) 조선 건국 준비 위원회 조직(1945. 8. 15.) → (라) 제1차 미·소 공동 위원회 개최(1946. 3.) → (나) 좌우 합작 위원회 조직(1946. 7.) → (가) 5·10 선거를 통한 제헌국회 구성(1948)과 헌법의 공포(1948. 7. 17.)이다.

2019 6월 15일 시행 지방직 9급 (ⓒ책형)

합격예상 체크

〈지방직 연도별 합격선〉

2019 합격기준

| 맞힌 개수 | /20문항 | 점수 | /100점 |

➡ □ 합격   □ 불합격

취약영역 체크

문항	정답	영역	문항	정답	영역
1	③	우리 역사의 기원과 형성 > 국가의 형성	11	①	근세 > 정치
2	①	고대 > 정치	12	③	근현대 > 개항기
3	①	고대 > 경제	13	③	근현대 > 개항기
4	④	단원 통합 > 고려와 조선의 의서	14	②	근대 태동기 > 사회
5	①	고대 > 문화	15	①	근현대 > 일제 강점기
6	②	중세 > 정치	16	②	근현대 > 일제 강점기
7	①	중세 > 문화	17	①	근현대 > 일제 강점기
8	①	근세 > 정치	18	①	근현대 > 개항기
9	③	고대 > 문화	19	①	근현대 > 현대
10	②	근세 > 정치	20	①	근현대 > 현대

⬇ 영역별 틀린 개수로 취약영역을 확인하세요!

| 우리 역사의 기원 | /1 | 고대 | /4 | 중세 | /2 | 근세 | /3 |
| 근대 태동기 | /1 | 근현대 | /8 | 통합 | /1 | | |

➡ 나의 취약영역: _____

※ [정답해설]과 [오답해설] 선지의 50% 표시는 〈1초 합격예측 서비스〉를 통해 수집된 선지 선택률을 나타냅니다.

---

1 우리 역사의 기원과 형성 > 국가의 형성 > 옥저와 부여
오답률 18% 답 ③

| 정답해설 | (가) 옥저의 민며느리제, (나) 부여의 제천행사인 영고에 관한 사료이다. ③ 82% 부여에는 가(加)들이 다스리는 독자적 행정구역인 사출도가 있었다.

| 오답해설 | ① 8% 무천은 동예의 제천 행사이다.
② 8% 고구려 태조왕(재위 53~146)부터 계루부가 왕위를 독점하였다.
④ 2% 삼한에서는 철이 많이 생산되어 낙랑과 왜에 수출하였다.

---

2 고대 > 정치 > 고국원왕과 광개토대왕 사이의 사실
오답률 15% 답 ①

| 정답해설 | (가) 백제 근초고왕이 평양성을 공격하는 과정에서 고구려 고국원왕이 전사하였다(371). (다) 고구려 광개토대왕은 신라에 침입한 왜군을 격퇴하였다(400). ① 85% (나) 소수림왕 때 태학을 설립하고(372), 율령을 반포하였다(373).

| 오답해설 | ② 6% 5세기 장수왕 때 평양으로 도읍을 옮기고(427), 백제의 수도였던 한성을 함락시켰다(475).
③ 3% 3세기 동천왕 때 관구검이 이끄는 위나라 군대의 침략을 받았다(246).

④ 6% 영양왕이 직접 말갈 병사를 거느리고 수의 요서지방을 공격하였다(598).

---

3 고대 > 경제 > 통일 신라의 경제 상황
오답률 12% 답 ①

| 정답해설 | ① 88% 조선 후기에는 시비법과 이앙법의 발달로 광작(1인당 경작 면적을 증가시키는 현상)이 행해지기도 하였다.

| 오답해설 | ② 3% 통일 신라 시대에 작성되었던 신라 촌락 문서(민정문서)를 통해 촌락의 토지 결수, 인구 수, 소와 말의 수 등이 파악되었음을 알 수 있다.
③ 4% 성덕왕 22년(723) 어아주, 조하주 등 고급 비단을 생산하여 당에 보낸 사실이 『삼국사기』에 수록되어 있다.
④ 5% 효소왕 4년(695) 시장의 업무를 관장하기 위하여 서시전과 남시전이 설치되었다.

---

4 단원 통합 > 고려와 조선의 의서(醫書)
오답률 36% 답 ④

| 정답해설 | 제시된 의서의 편찬 순서는 ㄷ. 『향약구급방(鄕藥救急方)』(고려 고종, 1236년으로 추정됨) → ㄹ. 『향약집성방(鄕藥集成方)』(조선 세종, 1433) → ㄱ. 『의방유취(醫方類聚)』(조선 세종, 1445) → ㄴ. 『동의보감(東醫寶鑑)』(조선 광해군, 허준, 1610 완성)이다.

| 5 | 고대 > 문화 > 삼국의 문화 | 오답률 24% | 답 ④ |

| 정답해설 | ④ 76% 사신도가 그려진 강서대묘는 굴식돌방무덤으로 축조되었다.
| 오답해설 | ① 1% 선덕여왕 때 천체 관측을 위해 첨성대를 축조하였다.
② 15% 백제 무왕 때인 639년에 목탑 양식이 반영된 미륵사지 석탑이 건립되었다.
③ 8% 대가야 출신인 우륵은 가야금을 신라에 전파하였다.

| 6 | 중세 > 정치 > 태조의 업적 | 오답률 27% | 답 ② |

| 정답해설 | 제시된 사료는 태조의 '훈요 10조' 중 일부이다. ② 73% 태조는 혼인 정책(결혼 정책)과 사성 정책을 통해 호족을 포섭하였다.
| 오답해설 | ① 15% 정종 때 광군 30만을 조직하여 거란의 침략에 대비하였다.
③ 6% 기인 제도와 사심관 제도는 태조 때 시행된 것이 맞지만, 과거제는 광종 때 시행되었다.
④ 6% 성종 때 물가 조절을 위해 상평창을 설치하였다.

| 7 | 중세 > 문화 > 고려의 승려 | 오답률 20% | 답 ③ |

| 정답해설 | ㉠ 의천: 『교장(속장경)』의 목록인 『신편제종교장총록』을 편찬하였다.
㉡ 보우: 원에서 선종 종파인 임제종을 들여와서 불교를 개혁하고자 하였다.
㉢ 요세: 강진에서 백련사 결사를 개창하고, 법화 신앙을 내세웠다.
㉣ 지눌: 『목우자수심결』을 지어 선(禪) 수행의 요체가 될 핵심 내용을 정리하였다.

| 8 | 근세 > 정치 > 세종의 업적 | 오답률 18% | 답 ① |

| 정답해설 | 제시된 사료는 세종이 여비(女婢, 여자 노예)의 출산 전·후 휴가를 늘려주는 조치를 시행한 내용이다. ① 82% 세종 때는 사형 판결에 삼복법(三覆法)을 엄격하게 적용하였다.
| 오답해설 | ② 7% 태종 때 주자소를 설치하여 계미자를 주조하였다.
③ 6% 세조 때 국방력 강화를 위해 진관 체제를 실시하였다.
④ 5% 정종 때 도평의사사를 개편하여 의정부를 설치하였다.

| 9 | 고대 > 문화 > 자장 | 오답률 32% | 답 ③ |

| 정답해설 | 선덕여왕에게 황룡사 9층 목탑을 세우도록 건의한 인물은 자장이다. ③ 68% 자장은 선덕여왕 때 대국통으로 있으면서 계율을 지키는 일에 힘을 보탰다(신라 계율종 개창).
| 오답해설 | ① 5% 원효는 일심 사상과 화쟁 사상을 주장하여 불교 교리의 대립을 극복하고자 하였다.
② 13% 의상은 통일 이후의 사회 갈등을 통합으로 이끄는 화엄 사상을 강조하였다. 한편 의상의 화엄 사상은 왕권 전제화에 기여했다고 평가된다.
④ 14% 원광은 화랑도의 계율인 세속오계를 만들었고, 진평왕의 요청으로 걸사표(수나라가 고구려에 군사적 공격을 요청하는 글)를 작성하였다.

| 10 | 근세 > 정치 > 임진왜란 | 오답률 24% | 답 ② |

| 정답해설 | 제시된 사료는 '성혼'(중종 30년, 1535 ~ 선조 31년, 1598)의 『우계집』 중 ② 76% 임진왜란 때 (일본군에게 점령당했던) 한양의 참혹상을 서술한 부분이다.

| 11 | 근세 > 정치 > 정도전 | 오답률 18% | 답 ① |

| 정답해설 | 제시된 사료는 조선 태조 때 정도전과 남은이 요동정벌을 추진하던 상황을 보여준다. ① 82% 충선왕이 상왕으로 물러난 후 설립한 '만권당'에서 원의 학자들(대표적 인물: 조맹부)과 교류한 대표적 인물은 '이제현'이다.
| 오답해설 | ②③④ 6% 6% 6% 정도전은 맹자의 역성혁명론을 조선 건국에 적용하였고, 한양 도성의 성문 및 경복궁 등 궁궐 이름을 지었다. 또한 조선 최초의 사찬 법전인 『조선경국전』을 편찬하였으며, 『경제문감』을 저술하여 재상 중심의 정치를 주장하였다.

| 12 | 근현대 > 개항기 > 조·일 무역 규칙(1876)과 조·일 통상 장정(1883) 사이의 경제 상황 | 오답률 23% | 답 ③ |

| 정답해설 | (가) 1876년 체결된 조·일 무역 규칙이며, (나) 1883년 개정된 조·일 통상 장정의 내용이다. 따라서 1876년~1883년 사이의 역사적 사실을 고르는 문제이다. ③ 77% 임오군란(1882) 이후 체결된 조·청 상민 수륙 무역 장정에서는 양화진에 청국인 상점을 허용하는 내용을 규정하였다.
| 오답해설 | ① 6% (1904년 제1차 한·일 협약으로 대한 제국의 재정 고문이 된) 메가타는 1905년부터 화폐 정리 사업을 시작하였다.
② 6% '혜상공국 폐지' 내용은 갑신정변(1884) 직후 발표된 정강 14조에 수록되어 있다.
④ 11% 1889년 함경도에서 방곡령을 선포하였으나 실패하였다.

| 13 | 근현대 > 개항기 > 대한 제국 시기의 정책 | 오답률 34% | 답 ③ |

| 정답해설 | ③ 66% 대한 제국은 1897년 수립되었고, 『독립신문』은 1896년 창간되었다. 따라서 『독립신문』의 창간은 대한 제국 시기에 추진된 정책에 해당하지 않는다.
| 더 알아보기 | 광무개혁

- 전국의 광산·철도·홍삼 제조·백동화 주조·수리 관계 사업을 궁내부의 내장원으로 이관함

- 상세(商稅)를 징수하고, 상무사를 조직하여 영업세 징수를 맡김. 이어 황실 직영의 방직 공장·유리 공장·제지 공장 등을 설립함
- 근대적 토지, 지세 제도 마련: 양전 사업과 지계의 발급
- 1901년 금본위제 화폐 제도를 채택하고 중앙은행의 창립을 추진함
- 상공학교와 광무학교를 설립함
- 잠업 시험장(1900)과 양잠 전습소(1901)를 설립하여, 양잠 기술을 발전시키려 함
- 서울의 친위대를 2개 연대로 증강하고, 시위대를 증강하는 한편, 호위대를 개편·증강함. 이어 지방의 진위대를 증강시켜 6개 연대 규모로 통합·개편함
- 블라디보스토크와 간도 지방에 각각 해삼위 통상 사무관과 간도 관리사를 파견함
- 한·청 통상 조약을 체결하여 중국과 대등한 관계를 표방함(1899)

14 근대 태동기 > 사회 > 천주교 오답률 36% 답 ②

| 정답해설 | ② 64% 윤지충 사건(어머니의 위패를 폐하고 제사를 지내지 않았다 하여 사형을 당한 사건)을 계기로 발생한 박해는 신해박해(정조, 1791)이다.

| 더 알아보기 | 천주교의 박해

시기		박해	내용
정조		추조 적발 사건 (1785)	• 형조(추조)에서 천주교 비밀 신앙 집회를 발각한 사건 • 역관 김범우 유배(고문 후유증으로 사망), 이승훈·권일신·정약종 등 방면
		반회 사건 (1787)	남인(이승훈·정약용 등)이 예배 도중 발각
		신해박해 (진산 사건, 1791)	• 윤지충의 모친 신주 소각 사건 → 윤지충, 권상연 사형 • 정조는 시파와 연결된 천주교에 비교적 관대
세도 정치	순조	신유박해 (1801)	• 벽파(노론 강경파)가 시파를 축출하기 위한 정치적 박해 • 이승훈·이가환·정약종, 주문모 신부(청) 등 3백여 명 처형 • 정약용·정약전 등이 강진과 흑산도로 유배 • 시파 세력의 위축·실학의 쇠퇴 • 황사영의 백서(帛書) 사건 → 처형 → 천주교를 더욱 탄압하는 계기가 됨
	헌종	기해박해 (1839)	• 프랑스 신부 처형(모방·샤스탕·앵베르) → 정하상 순교 • 척사윤음(斥邪綸音)의 반포 • 오가작통법을 이용하여 박해
		병오박해 (1846)	김대건 신부 처형
	고종	병인박해 (1866)	• 최대의 박해(흥선 대원군: 처음에는 비교적 관대하였음) • 프랑스 신부(9명)와 남종삼 등 수천 명 처형 → 프랑스의 침입(병인양요)

오답률 TOP 1
15 근현대 > 일제 강점기 > 대한민국 건국 강령 오답률 61% 답 ④

| 정답해설 | 제시된 사료는 1941년 대한민국 임시 정부에서 발표한 '대한민국 건국 강령'이다. ④ 39% 대한민국 임시 정부의 직할 부대인 한국광복군은 미군전략정보국(OSS) 지원 아래 국내진공작전을 추진하였으나, 실행되지 못했다.

| 오답해설 | ① 28% 1948년 5·10 총선거를 통해 구성된 제헌국회에서는 이승만을 대통령, 이시영을 부통령으로 선출하였다.
② 5% 대한독립군단은 자유시 참변(1921)을 겪고 러시아 적군에 무장해제를 당하였다.
③ 28% 1946년 7월, 여운형, 김규식 등 중도 세력을 중심으로 좌우 합작 위원회가 구성되었고, 1946년 10월 좌우 합작 7원칙을 발표하였다.

16 근현대 > 일제 강점기 > 의열단 오답률 23% 답 ②

| 정답해설 | 제시된 자료는 「조선혁명선언」(1923, 신채호) 중 일부이며 의열단의 강령이다. ② 77% 의열단은 한국 독립당, 조선 혁명당 등과 함께 민족 혁명당(1935)을 결성하였다.

| 오답해설 | ① 6% 1929년에 일어난 원산 노동자 총파업은 의열단과는 관련이 없다.
③ 9% 김좌진의 북로 군정서군, 홍범도의 대한 독립군 등 독립군 연합부대는 청산리 전투에서 일본군에게 대승을 거두었다.
④ 8% 1931년 김구는 임시 정부 활동에 활기를 불어넣고자 한인 애국단을 결성하였다.

오답률 TOP 2
17 근현대 > 일제 강점기 > 전시 동원 체제 오답률 39% 답 ①

| 정답해설 | ① 61% ㉠ 일제는 1943년 학도지원병 제도를 실시하여 학생들을 전쟁에 동원시켰다. ㉡ 정신대는 1944년 여자정신근로령을 제정하여 만들었으며, 12세 이상 40세 미만의 한국 여성을 강제 동원하였다.

| 오답해설 | ② 10% 지원병 제도가 먼저 이루어졌으며, 징병제는 패망 직전(1943년 법령 제정, 1944년 실시) 시행되었다.
③ 22% 일제는 1939년 국민징용령을 제정하여 한국인의 노동력을 수탈하였다.
④ 7% 1940년대 전시 통제 경제가 실시되면서, 식량 배급 제도 및 물자 공출 제도가 강행되었다.

오답률 TOP 3

18 근현대 > 개항기 > 고종 대의 사실 　오답률 38%　답 ③

| 정답해설 | 원납전은 흥선 대원군이 섭정할 때(당시 왕은 고종), 경복궁 중건을 위해 강제로 거둔 기부금이다. ③ 62% 흥선 대원군 섭정 시기(고종) 삼군부가 부활되어 군정(軍政)을 담당하였고, 삼수병을 강화하였다.

| 오답해설 | ① 6% 김정희의 「세한도」는 헌종 10년(1844)에 그려졌다.
② 19% 삼정이정청은 철종 13년(1862)에 설치되었다.
④ 13% 세도 정치 시기(순조~철종)에는 비변사 당상들이 중요한 권력을 장악하였다.

19 근현대 > 현대 > 농지개혁 　오답률 33%　답 ①

| 정답해설 | ① 67% 농지개혁을 통해 농지를 분배받은 농민은 평년 생산량의 30%를 5년간 상환하였다.

| 오답해설 | ② 10% 농지개혁은 농림부가 분배 업무를 주관하였다. 중앙토지행정처(1948. 3.)는 미군정 시기에 존속한 기구이다.
③ 8% 신한공사는 농지개혁법이 제정(1949. 6.)되기 이전인 1948년 3월 폐지되었다.
④ 15% 농지개혁 대상 토지 중 농지 이외의 임야는 제외되었다.

20 근현대 > 현대 > 베트남 파병 　오답률 19%　답 ③

| 정답해설 | 밑줄 친 파병은 베트남 파병이다. 미국의 요청으로 대한민국 정부는 1965년부터 전투 부대를 베트남에 파병하였다. 이후 ㄴ. 미국은 한국군의 증파를 요구하는 대가로 한국군의 현대화, 차관 제공 등을 약속한 브라운 각서(1966)를 체결하였다. 또한 ㄷ. 베트남 파병을 통한 달러 유입은 1960년대 경제 개발 계획 추진에 기여하였다.

| 오답해설 | ㄱ. 발췌 개헌안은 대통령 직선제를 핵심 내용으로, 1952년 통과되었다(제1차 개헌).
ㄹ. 한·미 상호 방위 원조 협정은 1950년 1월 26일 발효된 한국 정부와 미국 정부 사이의 경제 및 군사원조에 관한 협정이다.

2018

5월 19일 시행
지방직 9급 (Ⓑ책형)

합격예상 체크

〈지방직 연도별 합격선〉

2018합격기원

| 맞힌 개수 | /20문항 | 점수 | /100점 |

➡ ☐ 합격 ☐ 불합격

취약영역 체크

문항	정답	영역	문항	정답	영역
1	③	우리 역사의 기원과 형성 > 선사 시대	11	①	근대 태동기 > 정치
2	②	고대 > 문화	12	②	근현대 > 개항기
3	③	중세 > 정치	13	③	근현대 > 일제 강점기
4	③	근현대 > 일제 강점기	14	④	근대 태동기 > 문화
5	①	고대 > 정치	15	①	근세 > 정치
6	②	고대 > 정치	16	③	중세 > 정치
7	①	단원 통합 > 시대별 관직과 제도	17	①	단원 통합 > 김구
8	④	단원 통합 > 시대별 건축물	18	④	근현대 > 일제 강점기
9	④	근대 태동기 > 문화	19	④	근현대 > 개항기
10	①	중세 > 문화	20	②	근현대 > 현대

⬇ 영역별 틀린 개수로 취약영역을 확인하세요!

| 우리 역사의 기원 | /1 | 고대 | /3 | 중세 | /3 | 근세 | /1 |
| 근대 태동기 | /3 | 근현대 | /6 | 통합 | /3 | | |

➡ 나의 취약영역: _____

※ [정답해설]과 [오답해설] 선지의 50% 표시는 〈1초 합격예측 서비스〉를 통해 수집된 선지 선택률을 나타냅니다.

---

1 우리 역사의 기원과 형성 > 선사 시대 > 유물과 사회 모습
오답률 17% | 답 ③

| 정답해설 | ㄴ. 붉은 간 토기는 청동기 시대의 토기이고, 거친무늬 거울은 청동기 시대에 의식용으로 쓰여졌다.
ㄹ. 눌러찍기무늬 토기는 신석기 시대 토기이고 가락바퀴나 뼈바늘을 이용하여 옷이나 그물을 만들었다.
| 오답해설 | ㄱ. 슴베찌르개는 구석기 시대 후기에 사용된 이음도구이다. 한편 벼농사가 처음 시작된 시기는 청동기 시대이며, 신석기 시대에는 나무로 만든 농기구를 사용하였다.
ㄷ. 반달 돌칼은 청동기 시대의 대표적인 석기 농기구이다. 청동기 시대에는 계급(지배·피지배 관계)이 발생하였다.

2 고대 > 문화 > 선종과 탑비
오답률 33% | 답 ②

| 정답해설 | 개인적 정신 세계를 추구하는 경향이 강하고, 성주나 장군으로 자처하던 자들(호족)의 호응을 얻은 것은 선종 불교이다. ② 67% 쌍봉사 철감선사탑에는 쌍봉사를 창건한 선종 승려 도윤(道允, 798~868)의 유골이 안치되어 있고, 신라 하대 승탑의 전형적 양식인 8각 원당형으로 만들어졌다.
| 오답해설 | ① 9% 성덕 대왕 신종은 경덕왕 때 제작되기 시작하여 혜공왕 때 완성되었다.

③ 9% 경천사지 10층 석탑은 대리석으로 제작되었으며, 원의 라마교의 영향을 받은 것으로 알려져 있다.
④ 15% 삼국 시대에는 미륵보살 반가상이 많이 만들어졌는데, 이 중에서도 탑 모양의 관을 쓰고 있는 금동 미륵보살 반가상과 삼산관(三山冠)을 쓰고 있는 금동 미륵보살 반가상이 가장 유명하다.

3 중세 > 정치 > 서경
오답률 38% | 답 ③

| 정답해설 | 밑줄 친 '이곳'은 서경(현재의 평양)이다. 고려 정종 때 서경으로 천도 계획을 세웠으나 실행되지 못하였고, 문종 때 서경 주변에 서경기(西京畿) 4도를 설정하였다(1062). ③ 62% 조위총은 정중부 등의 타도를 외치며 서경에서 반란을 일으켰다(조위총의 난, 1174).
| 오답해설 | ① 7% 청주 흥덕사에서 현존 세계 최고(最古)의 금속활자본인 『직지심체요절』이 간행되었다.
② 11% 지눌은 순천 송광사를 중심으로 수선사 결사 운동을 전개하였다.
④ 20% 서북면도순검사(西北面都巡檢使)였던 강조가 개경으로 쳐들어와 김치양 일파를 제거하였다. 또한 목종을 폐위시키고 현종을 옹립하였다(강조의 정변, 1009).

| 4 | 근현대 > 일제 강점기 > 물산 장려 운동 | 오답률 16% | 답 ③ |

| 정답해설 | 제시된 사료의 "조선 사람은 조선 사람이 만든 물건만 쓰고 살자."를 통해, 밑줄 친 '운동'은 물산 장려 운동임을 알 수 있다. ③ 84% 물산 장려 운동은 1920년 조만식 등에 의해 평양에서 시작되어 전국적으로 확대되었다.

| 오답해설 | ① 5% 조선 총독부는 일본 자본의 한반도 진출을 쉽게 하기 위해 1920년 (허가제의) 회사령을 폐지하고, 회사 설립 기준을 신고제(계출제)로 바꾸었다.
② 2% 원산 노동자 총파업은 1929년에 시작되었다.
④ 9% 조선 노농 총동맹은 1924년 조직된 노동자·농민 조직이었다.

오답률 TOP 3

| 5 | 고대 > 정치 > 삼국 통일 과정 | 오답률 48% | 답 ① |

| 정답해설 | 문무왕의 즉위(661)와 기벌포 전투(676) 사이의 역사적 사실을 고르는 문제이다. ㄱ. 신라가 안승을 고구려왕(보덕국왕)으로 봉했다(674). ㄴ. 당나라가 신라에 계림대도독부를 설치하였으며(663), 문무왕을 계림주대도독으로 임명하였다.

| 오답해설 | ㄷ. 신라는 황산벌 전투(660)에서 백제군을 물리치고 사비성을 함락시켰다(백제의 멸망).
ㄹ. 고구려 마지막 왕이었던 보장왕은 당에 의해 요동도독 조선군왕에 봉해진 후(677), 비밀리에 고구려 부흥을 꾀하였다.

| 6 | 고대 > 정치 > 삼국의 정치 제도 | 오답률 33% | 답 ② |

| 오답해설 | ㄴ. 고구려의 수도는 5부로 구성되었으며, 지방은 5부(部: 욕살) 아래 성(長: 처려근지, 도사)과 말단의 촌으로 구성되었다.
ㄹ. 신라의 10정은 통일 이후 정비된 지방 군대이다.

| 7 | 단원 통합 > 시대별 관직과 제도 | 오답률 29% | 답 ① |

| 정답해설 | ① 71% 대대로는 고구려의 국정을 총괄하는 일종의 수상이었고, 대내상은 발해 최고 통치 기구인 정당성의 장관으로, 국정을 총괄하였다.

| 오답해설 | ② 14% '중정대'는 발해의 관리 감찰 기구이며, '승정원'은 조선 시대 왕의 비서 기관이었다.
③ 13% '2성 6부'는 고려의 중앙 정치 기구이며, '5경 15부 62주'는 발해의 지방 행정 제도이다.
④ 2% '기인 제도'는 고려 시대의 지방 세력 통제책(일종의 인질 제도)이며, '녹읍'은 신라의 관료에게 지급되었던 토지이다.

| 8 | 단원 통합 > 시대별 건축물 | 오답률 42% | 답 ④ |

| 정답해설 | ④ 58% 덕수궁 석조전은 1910년 완공된 르네상스식 건물이다.

| 더 알아보기 | 서양식 근대 건축물

- 독립문(1896, 1897 완공, 프랑스 개선문 모방)
- 명동 성당(1898, 중세 고딕 양식)
- 덕수궁 석조전(1910, 르네상스식 건물)

| 9 | 근대 태동기 > 문화 > 서유구 | 오답률 47% | 답 ④ |

| 정답해설 | 제시된 내용과 관련된 인물은 풍석 서유구이다. ④ 53% 서유구는 『임원경제지』를 통해 종래의 조선 농학(農學)과 박물학(博物學)을 집대성하였다.

| 오답해설 | ① 7% 『색경』은 박세당이 저술한 농서로 『농가집성』을 비판하였다.
② 12% 『산림경제』는 홍만선이 편찬한 농서로 농예·의학을 중심으로 저술하였다.
③ 28% 『과농소초』는 박지원의 농서로 농업 생산력을 높이는 데 관심을 가졌다.

| 더 알아보기 | 서유구의 둔전론

서유구의 둔전론은 국가 주도의 시범 농장을 일부 설치하여, 소작농을 안정시키는 것이다. 하지만 전면적인 지주제 철폐를 주장한 것은 아니다.

오답률 TOP 1

| 10 | 중세 > 문화 > 고려의 국가 제사 | 오답률 49% | 답 ① |

| 정답해설 | ① 51% 환구단(원구단)은 고려 성종 2년(983) 정월에 처음 설치되었다. 조선 초에 제천 의례가 억제되자 폐지되었고, 세조 2년(1456)에 일시적으로 제도화하여 환구단을 설치(1457)하고 제사를 드리게 되었다. 그러나 세조 10년(1464)에 실시된 제사를 마지막으로 환구단에서의 제사는 중단되었고 고종이 황제로 즉위(1897)하면서 환구단이 다시 설치되었다.

| 11 | 근대 태동기 > 정치 > 북벌 운동 | 오답률 37% | 답 ① |

| 정답해설 | 밑줄 친 '대의(大義)'는 북벌 운동이다. 병자호란(1636) 당시 인조는 굴욕적으로 항복하였다. ① 63% 이후 효종 때에 복수설치(오랑캐에게 당한 치욕을 갚는다)를 위한 북벌 운동이 추진되면서 남한산성을 복구하고, 어영청(북벌 운동의 중심 기구)을 확대하였다.

| 오답해설 | ② 9% 숙종 때 훈련별대와 정초군을 통합하여 금위영을 창설하였다.
③ 4% 광해군은 명과 후금 사이에서 실리를 추구하는 중립 외교를 추진하였다.
④ 24% 인조 때 호위청, 총융청, 수어청 등의 부대를 창설하여 국방력을 강화하였다.

| 12 | 근현대 > 개항기 > 대한 제국 | 오답률 32% | 답 ② |

| 정답해설 | 대한 제국은 1897년 선포되었다. ② 68% 대한 제국 시기에는 양지아문을 설치하여, 양전 사업(토지 조사 사업)을 시행하였다. 이후 지계아문을 통해 근대적 토지 소유권 문서인 지계를 발

급하였으나, 전국적으로 발급되지는 못하였다.
| 오답해설 | ① 5% 임오군란(1882) 직후 권력을 잡은 흥선 대원군은 별기군을 폐지하고, 5군영을 복구하였다.
③ 13% 통리기무아문을 설치(1880)하여 개화 정책을 추진하였다.
④ 14% 제1차 갑오개혁(1894) 당시 '신식화폐발행장정'을 공포하여 은 본위 화폐 제도를 표방하였다.

13 근현대 > 일제 강점기 > 의열단 오답률 34% 답 ③

| 정답해설 | ㉠ 의열단이다. ③ 66% 김원봉 등 의열단 일부 구성원은 황푸 군관 학교(중국 정부의 사관학교)에 입교하여 군사 교육을 받았으며(1925), 중국 국민당의 북벌(北伐)에 합류하였다(1927). 이러한 활동은 1932년 난징에서 조선 혁명 간부 학교를 창설하는 과정에서 중국 국민당의 지원을 받을 수 있었던 계기가 되었다.
| 오답해설 | ① 5% 신한 혁명당 인사들은 공화주의를 표방하는 대동단결선언을 작성하여 발표하였다.
② 17% 한인 애국단 소속 이봉창은 도쿄에서 일왕이 탄 마차 행렬에 폭탄을 던졌으나 실패하였다(1932).
④ 12% 노인단 소속 강우규는 3·1 운동 이후 새로 부임하는 사이토 총독에게 폭탄을 투척하는 의거를 일으켰다.

14 근대 태동기 > 문화 > 『동사강목』 오답률 25% 답 ④

| 정답해설 | ④ 75% 안정복의 『동사강목』은 마한을 중시하고 삼국을 무통(無統, 정통이 없는 시대)으로 보는 입장에서 우리 역사의 독자적 정통론을 내세웠다. 또한 단군에서 고려까지의 역사를 치밀하게 정리하여 고증사학의 토대를 마련하였다고 평가된다.
| 오답해설 | ① 4% 『동사』는 남인 입장에서 북벌 운동과 붕당 정치를 비판한 사서이다.
② 2% 『여사제강』은 서인의 북벌 운동을 합리화하였다.
③ 19% 『해동역사』는 500여 종의 외국 자료를 인용하여 문헌적 고증을 바탕으로 저술된 기전체 형식의 사서로, 민족사 인식의 폭을 넓히는 데 이바지하였다.

15 근세 > 정치 > 임진왜란 오답률 30% 답 ④

| 정답해설 | 제시된 사건의 순서는 ㄷ. 권율의 행주대첩(1593. 2.) → ㄴ. 선조의 한성 환도(1593. 10.) → ㄹ. 원균의 칠천량 해전 패배(1597. 7.) → ㄱ. 이순신의 명량해전(1597. 9.)이다.

16 중세 > 정치 > 문산계, 무산계 오답률 24% 답 ③

| 정답해설 | 고려 성종 시기에는 당나라의 문산계 및 무산계 관제를 도입하여 중앙의 관계와 향직을 정비하였다. ③ 76% 중앙의 문·무관에게는 문산계를 부여하고, 향리·노병(老兵)·탐라의 지배층·여진의 추장·공장(수공업자) 등에게는 무산계를 주었다.

17 단원 통합 > 김구 오답률 37% 답 ①

| 정답해설 | 밑줄 친 '그'는 김구이다. 김구는 1923년 국민 대표 회의 당시 임시 정부 고수파로서, 국민 대표 회의 해산을 명하는 내무부령을 공포하고 1935년 한국 국민당을 결성하였다. ① 63% 해방 이후 김구는 통일 정부 수립 운동을 전개하였고, 평양에서 열린 남북 협상 회의(1948. 4.)에 참여하였다.
| 오답해설 | ② 12% 김원봉은 조선 민족 혁명당을 조직하고(1937), 조선 의용대(1938)를 이끌었다.
③ 22% 여운형은 안재홍과 함께 조선 건국 준비 위원회(1945. 8. 15.)를 주도적으로 조직하였다.
④ 3% 이승만이 대통령 직선제를 골자로 발췌 개헌안을 국회에 제출하였다(1952).

18 근현대 > 일제 강점기 > 한국 독립군 오답률 26% 답 ③

| 정답해설 | 제시된 자료의 ㉠은 지청천이 지휘하는 한국 독립군이다. ③ 74% 한국 독립군은 한국 독립당 산하의 군사 조직이었다.
| 오답해설 | ① 1% 박용만은 1914년 하와이에서 대조선 국민군단을 창설하였다.
②④ 9% 16% 양세봉이 지휘하는 조선 혁명군(1929)은 중국 의용군과 연합하여 영릉가 전투(1932)와 흥경성 전투(1933)에서 일본군을 격퇴하였다.

19 근현대 > 개항기 > 정미 7조약 오답률 33% 답 ④

| 정답해설 | 대한 제국의 군대를 해산시킨 협약은 정미 7조약(1907, 한·일 신협약)이다. ④ 67% 정미 7조약에서는 통감이 추천하는 일본인을 한국 관리로 임명한다는 내용이다.
| 오답해설 | ① 20% 고종은 을사늑약(1905)의 부당성을 호소하기 위해 1907년 헤이그에 특사(이상설, 이준, 이위종)를 파견하였다.
② 10% 최익현은 을사늑약 이후 거병한 을사의병장 중 한 명이다.
③ 3% 제1차 한·일 협약(1904)이 체결된 이후 재정 고문으로 들어온 메가타는 화폐 정리 사업(1905)을 실시하였다.

오답률 TOP 1
20 근현대 > 현대 > 7·4 남북 공동 성명 오답률 49% 답 ②

| 정답해설 | 제시된 사료에서 "자주적", "평화적"이라는 통일 원칙이 제시되어 있는 것으로 보아 '합의문'은 1972년 발표된 7·4 남북 공동 성명임을 알 수 있다. ② 51% 7·4 남북 공동 성명에는 남북 조절 위원회를 구성하기로 합의한 내용이 포함되어 있다.
| 오답해설 | ① 19% 남북 기본 합의서가 발표(1991. 12. 13.)된 직후 한반도 비핵화 선언(1991. 12. 31.)이 발표되었다.
③ 24% 분단 후 최초로 열린 남북 정상 회담(김대중 – 김정일)의 결과 6·15 남북 공동 선언(2000)이 발표되었다.
④ 6% 금강산 관광은 (해로를 통해) 1998년부터 시작되었다.

서울시 9급

해설 & 기출분석 REPORT

서울시 기출 POINT

2020년도 시험부터 서울시 출제처가 인사혁신처로 변경되어, 지방직과 동일한 시험지로 시행하게 됨

※ 단, 기술직 등 일부 직렬의 일부 과목은 서울시 자체 출제로 시행됨

Point 1 서울시 자체 시험은 지엽적인 문제가 많이 출제되기 때문에 기본서의 정독이 반드시 필요하다. 특히 9급공무원 타 직렬의 고난도 문항을 대비할 수 있는 좋은 문제이므로 꼼꼼히 정리하는 것이 필요하다.

Point 2 서울시 자체 출제 문제는 다른 시험에 비해 근현대사의 출제 비중이 높으며, 역사적 사건의 선후 관계를 나열하는 문제가 다수 출제된다.

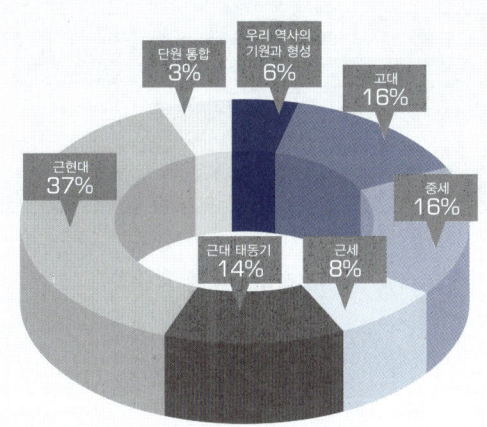

▲ 최근 8개년 평균 출제비중

연도	총평	우리 역사의 기원과 형성	고대	중세	근세	근대 태동기	근현대	통합
2025 (자체)	• 오페르트 도굴 사건을 사료 문제로 출제한 것이 독특했음 • 전체적으로 평이했으나, 순서형 문제가 6문항 출제되었다는 점이 특징임	10% (2문항)	10% (2문항)	20% (4문항)	10% (2문항)	10% (2문항)	40% (8문항)	0% (0문항)
2024 (자체)	• 조선 후기 노비 제도 문제에서는 노비 세습제 폐지와 노비 제도 폐지를 '구분'하는 것이 중요했음 • 「조선의 농민 및 노동자의 임무에 관한 테제」(일명: 12월 테제)는 처음 출제되는 개념이었음 • 민족 혁명당 사료는 처음 출제되었고, 가장 높은 난도의 문제였음	5% (1문항)	15% (3문항)	20% (4문항)	0% (0문항)	20% (4문항)	40% (8문항)	0% (0문항)
2023 (자체)	• 동학농민운동 당시, 폐정개혁안 12조의 구체적 내용을 묻는 문제가 출제됨 • 임진왜란의 주요 사건의 순서를 나열하는 고난도 문제가 출제됨	5% (1문항)	15% (3문항)	15% (3문항)	15% (3문항)	10% (2문항)	40% (8문항)	0% (0문항)
2022 (자체)	• 근현대사의 비중이 높게 출제됨 • 일제 강점기의 의식주 변화에 대한 문제는 생소했음 • 빈출 주제는 아니지만 연해주 동포들의 강제 이주에 대한 문제가 출제됨	5% (1문항)	20% (4문항)	10% (2문항)	10% (2문항)	15% (3문항)	40% (8문항)	0% (0문항)
2021 (자체)	• 긴급 조치와 3·1 민주구국선언문을 연결하는 문제와 충주성 전투와 가장 먼 사건을 고르는 문제는 고난도 문제였음 • 순서 나열형 문제가 4문항 출제되어 체감 난도가 높았음	5% (1문항)	15% (3문항)	25% (5문항)	5% (1문항)	15% (3문항)	35% (7문항)	0% (0문항)
2020 (자체)	• 단원별로 고른 출제 비중을 보였고, 전반적으로 쉽게 풀 수 있었음 • 조선 시대의 출제 비중이 높았음	10% (2문항)	15% (3문항)	15% (3문항)	10% (2문항)	20% (4문항)	30% (6문항)	0% (0문항)
2019	• 대동여지도 목판본의 실존 여부를 묻는 문제를 제외하고는 문제 자체 난도가 낮았음 • 신라의 승려 원측과 태종 때 발행된 저화에 대한 문제 출제가 특이점임	5% (1문항)	20% (4문항)	20% (4문항)	5% (1문항)	15% (3문항)	30% (6문항)	5% (1문항)
2018	• 단답형(역사적 사실의 암기 여부를 묻는 문제) 비중이 매우 높았음 • 한일 기본 조약(한일 협정)의 부속 조약 내용을 묻는 문제와 유수부(留守府) 체제의 완성 시기(정조)를 묻는 문제는 생소했음	5% (1문항)	15% (3문항)	20% (4문항)	10% (2문항)	5% (1문항)	35% (7문항)	10% (2문항)
2018 기술직	• 근대 태동기의 문화사 비중(백과사전, 의서, 이익, 허균을 묻는 문제)이 다른 시험에 비해 높았음 • 그동안 출제되지 않았던 북한 정권 수립 과정이 출제됨	5% (1문항)	15% (3문항)	0% (0문항)	5% (1문항)	20% (4문항)	45% (9문항)	10% (2문항)

2025

6월 21일 시행 서울시 9급 (Ⓑ책형)

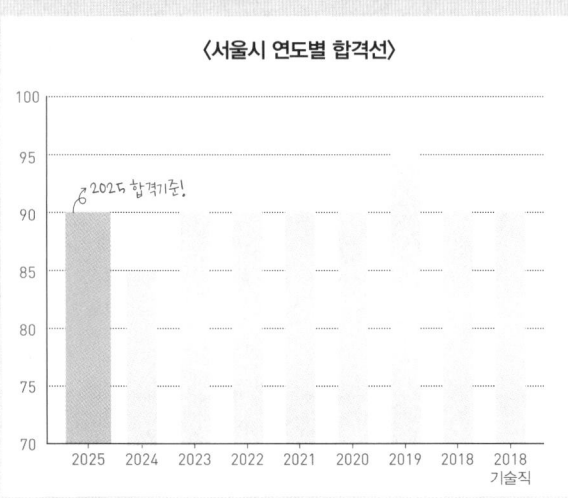

문항	정답	영역	문항	정답	영역
1	②	우리 역사의 기원과 형성 > 선사 시대	11	①	근대 태동기 > 정치
2	②	우리 역사의 기원과 형성 > 국가의 형성	12	②	근현대 > 일제 강점기
3	③	고대 > 정치	13	③	고대 > 정치
4	④	중세 > 정치	14	③	근현대 > 개항기
5	①	중세 > 정치	15	②	근현대 > 개항기
6	④	근세 > 정치	16	①	근현대 > 개항기
7	①	근세 > 정치	17	③	근현대 > 현대
8	④	중세 > 정치	18	③	근현대 > 개항기
9	②	중세 > 경제	19	④	근현대 > 일제 강점기
10	④	근대 태동기 > 경제	20	③	근현대 > 현대

▼ 영역별 틀린 개수로 취약영역을 확인하세요!

| 우리 역사의 기원 | /2 | 고대 | /2 | 중세 | /4 | 근세 | /2 |
| 근대 태동기 | /2 | 근현대 | /8 | 통합 | –/0 | | |

➡ 나의 취약영역: _____

맞힌 개수 /20문항 점수 /100점

➡ ☐ 합격 ☐ 불합격

※ 해당 회차는 <1초 합격예측 서비스>의 데이터 누적 기간이 충분하지 않아 오답률, 선지 선택률 기재를 생략하였습니다.

---

1 우리 역사의 기원과 형성 > 선사 시대 > 초기 철기   답 ②

| 정답해설 | 초기 철기 시대 유적인 창원 다호리 고분군에서 붓이 발견되어 ㄱ. 문자(한자)가 전래되어 사용되었음을 확인할 수 있다. 또한 쇠낫 등을 통해 ㄷ. 철제 농기구를 사용하여 농사를 지었음을 알 수 있다.
| 오답해설 | ㄴ. 오수전은 중국에서 제작(한 무제 때 처음 제작)된 화폐이다.
ㄹ. 고인돌은 청동기 시대의 대표적 무덤이다.

2 우리 역사의 기원과 형성 > 국가의 형성 > 부여   답 ②

| 정답해설 | 제시된 사료는 『삼국지』 위지 동이전의 부여 관련 내용이다. ② 고구려에서는 집집마다 부경이라는 작은 창고가 있었다.
| 오답해설 | 부여에서는 ① 매년 12월 영고라는 제천 행사를 열었으며, ③ 도둑질한 자에게 12배로 배상(1책 12법)하게 하였다. 또한 ④ 여러 가(加)들이 별도로 사출도를 주관하였다.

3 고대 > 정치 > 백제   답 ③

| 정답해설 | ③ 백제 동성왕 때 신라와 결혼 동맹(493)을 맺어 고구려에 대항하였다.
| 오답해설 | ① 고이왕 때 6좌평, 16관등을 정비하고 백관의 공복을 제정(260)하였다.
② 근초고왕 때 고구려의 평양성을 공격하여 고국원왕을 전사시켰다(371).
④ 성왕 때 사비로 천도하고, 국호를 남부여라 하였다(538).

| 더 알아보기 | 백제와 신라의 관계

433년	백제 비유왕과 신라 눌지 마립간 사이의 나제 동맹 체결
455년	장수왕이 백제를 침범하자 신라 눌지 마립간이 구원병 파견
493년	백제 동성왕이 신라 소지 마립간 때 이(벌)찬 비지의 딸과 혼인함(결혼 동맹)
553년	신라 진흥왕이 백제가 차지했던 한강 하류를 점령하여 나제 동맹은 결렬됨
554년	백제 성왕이 신라를 공격하다 관산성 전투에서 전사

| 4 | 중세 > 정치 > 태조 | 답 ④ |

| 정답해설 | 제시된 사료 중 '신라가 (스스로) 멸망', '천하를 통일' 등을 통해 (가) 태조임을 알 수 있다. 태조는 ④ 『정계』, 『계백료서』를 지어 관리가 지켜야 할 규범을 제시하였다(현재 전하지는 않음).
| 오답해설 | ① 정종은 광군사를 설치하고 광군 30만을 조직(947)하여 거란의 침입에 대비하였다.
② 광종은 쌍기의 건의에 따라 과거 제도를 실시(958)하여 신진 관리를 채용하였다.
③ 광종은 불법으로 노비가 된 자를 조사하는 노비안검법을 실시(956) 하였다.

| 5 | 중세 > 정치 > 고려 시대 주요 사건 | 답 ① |

| 정답해설 | 제시된 사건의 순서는 다음과 같다. ② 이자겸의 난(1126) - ④ 묘청의 서경 천도 운동(1135, 묘청이 서경에서 반란을 일으킨 시점 기준) - ③ 망이·망소이의 난(1176) - ① 만적의 난(1198)

| 6 | 근세 > 정치 > 삼사 | 답 ④ |

| 정답해설 | 제시된 내용은 모두 맞는 지문이다.
ㄱ. 사헌부는 관리들의 비리를 감찰하는 기관이다.
ㄴ. 사간원의 관리들은 (사헌부의 관리와 함께 대간을 구성하여) 국왕에게 간쟁하고 봉박, 서경권을 행사하였다.
ㄷ. 홍문관은 경연을 주관하며 왕의 자문을 담당하였다.
ㄹ. 사헌부, 사간원, 홍문관을 합쳐 '삼사'라고 하여 권력의 독점이나 부정을 방지하려 하였다.

| 7 | 근세 > 정치 > 태종 | 답 ① |

| 정답해설 | 6조 직계제 시행, 호패법 실시, 창덕궁 건립은 태종 때의 역사적 사실이다. ① 태종은 사병을 혁파하여 왕권을 강화하였다.
| 오답해설 | ② 비변사는 중종 때인 1510년 삼포 왜란을 계기로 처음 설치(임시 기구)되었고, 명종 때인 1555년 을묘왜변을 계기로 상설 기구가 되었다. 임진왜란 이후 고위 관원들이 합의하는 기구의 필요성이 증대되자 비변사의 구성원이 3정승을 비롯한 고위 관원들로 확대되고 기능이 강화되었다.
③ 성종 때 『경국대전』을 반포하여 성리학적 통치 체제를 정비하였다.
④ 세종은 집현전을 확대·개편하여 학문과 문화를 발전시켰다.

| 더 알아보기 | 조선 초기 왕들의 업적

태조	• 국호를 조선으로 정하고 한양으로 천도, 경복궁 건립 • 정도전: 재상 중심의 정치, 『불씨잡변』(불교 비판)
태종	• 왕권 강화: 6조 직계제 실시, 사병 혁파 • 호패법 실시, 신문고 설치, 창덕궁 건립
세종	집현전 확대·개편(경연 담당), 의정부 서사제 실시
세조	6조 직계제 실시, 집현전과 경연 폐지, 『경국대전』 편찬 시작
성종	『경국대전』 완성(성리학적 통치 질서 완성), 홍문관 설치(경연 담당)

| 8 | 중세 > 정치 > 지방 행정 제도 | 답 ④ |

| 정답해설 | ④ 성종은 최승로의 건의(시무 28조)를 받아들여 전국 주요 지역에 12목을 설치하고, 지방관을 파견하였다.
| 오답해설 | ① 우리 역사에서 전국 모든 지역에 지방관을 파견한 것은 조선 태종 때이다.
② 계수관은 경(京)·목(牧)·도호부(都護府)에 파견된 지방관이다.
③ 조선 시대에는 전국을 8도로 구획하여 관찰사를 파견하였다.

| 9 | 중세 > 경제 > 전시과 | 답 ② |

| 정답해설 | (가) 시정 전시과, (나) 개정 전시과, (다) 경정 전시과이다. ② 개정 전시과에서는 산관과 현직 관리를 모두를 대상으로 토지가 지급되었다.
| 오답해설 | ① 시정 전시과에서는 인품과 4색 공복을 기준으로 토지를 지급하였다.
③ 경정 전시과에서는 개정 전시과보다 무반에 대한 대우가 상승하였다.
④ 개정 전시과와 경정 전시과에서는 지급 대상을 18과로 구분하였다.

| 10 | 근대 태동기 > 경제 > 균역법 | 답 ④ |

| 정답해설 | 영조 때 백성들의 군포 부담을 줄이기 위해 균역법을 실시하여 1년에 2필씩 받던 군포를 1필로 줄였다. 균역법 실시 후 부족한 군포는 토지 소유자에게 결작(1결당 2두)을 부과하고, ㄹ. 일부 상류층에게는 선무군관포 1필을 징수하였다. 또한 ㄴ. 어장세, 염전세, 선박세 등 잡세 수입을 국가 재정으로 편입시켜 보충하였다.
| 오답해설 | ㄱ. 인조 때 영정법을 실시하여 토지 1결당 4~6두 씩 토지세를 부과하였다.
ㄷ. 대동법 시행 이후 정부는 공인을 통해 필요한 물품을 조달받았다.

11 근대 태동기 > 정치 > 숙종　　　답 ①

| 정답해설 | ① 현종 때 효종의 정통성과 관련하여 서인과 남인 사이에 2차례의 예송 논쟁이 전개되었다. 1659년 효종의 사망 시(1차 예송, 기해예송)와 1674년 효종 비의 사망 시(2차 예송, 갑인예송)에 두 차례에 걸쳐 일어났다. 이때 인조의 계비 자의 대비의 복제가 쟁점이 되었다. 서인은 효종이 장자가 아님을 강조하며, 왕과 사대부에게 동일한 예법이 적용되어야 한다는 입장에서 1차 예송 때는 1년 복(기년복)과 2차 예송 때는 9개월 복(대공복)을 주장하였다. 한편 남인은 왕에게는 일반 사대부와 다른 예법이 적용되어야 한다는 입장에서 3년 설과 1년 설을 각각 주장하여 대립하였다. 기해예송에는 정통성을 인정하지 않았으나(서인의 1년복 주장 수용) 갑인예송에서는 정통성을 인정하였다(남인의 1년복 주장 수용).

| 오답해설 | ② 서인은 남인 허적이 역모를 꾸몄다고 고발하여 정계에서 축출하였다(경신환국).
③ 장희빈이 낳은 왕자를 원자로 정하는 과정에서 서인이 몰락하고 남인이 집권하였다(기사환국).
④ 폐위된 인현 왕후 복위 과정에서 남인이 몰락하고 노론과 소론이 집권하였다(갑술환국).

12 근현대 > 일제 강점기 > 대한민국 임시 정부　　　답 ②

| 정답해설 | 대한민국 임시 정부는 상하이 시기(1919~1932, 윤봉길 상하이 의거 전까지), 각 지역을 이동하던 시기(1932~1940), 충칭 시기(1940~해방)로 구분할 수 있다. ② 1941년 11월 삼균주의를 바탕으로 발표된 「대한민국 건국 강령」은 충칭 시기에 해당한다.

| 오답해설 | ① 1932년 4월 윤봉길은 상하이 사변 승리와 일본 왕의 생일(천장절) 축하 기념식이 열리던 훙커우 공원에서 폭탄을 던졌다. 그 결과 일본군 사령관 시라카와 등이 사망하는 등 많은 일본인이 부상했다. 당시 중국 장제스는 "중국의 백만 대군이 하지 못한 일을 조선의 한 청년이 해냈구나"라고 감탄하면서 임시 정부를 적극 지원하게 되었다. 그러나 일본의 압력으로 임시 정부는 상하이를 떠날 수밖에 없었다.
③ 임시 사료 편찬회를 통해, 1919년 9월 23일 「한일 관계 사료집」을 편찬하였다.
④ 워싱턴에 구미 위원부가 설치(1919년 9월)되어, 대미 외교 활동을 전개하였다.

13 고대 > 정치 > 소수림왕　　　답 ③

| 정답해설 | 〈보기 1〉은 고구려 소수림왕(371~384) 시기 불교 수용 관련 사료이며, 〈보기 2〉의 연표는 다음과 같다. 따라서 소수림왕 재위 시기인 ③이 정답이다.
진대법 시행(고국천왕, 194) - ㉠ - 낙랑군 축출(미천왕, 313) - ㉡ - 고국원왕 전사(371) - ㉢ - 영락 연호 사용(광개토 대왕, 영락 1년 기준 391년) - ㉣ - 평양 천도(장수왕, 427)

14 근현대 > 개항기 > 화폐 정리 사업　　　답 ③

| 정답해설 | 〈보기〉의 내용은 재정 고문 메가타가 주도한 화폐 정리 사업이다. 화폐 정리 사업은 기존 백동화를 질에 따라 갑, 을, 병으로 구분하고 ③ 일본 제일은행이 발행한 화폐로 교환하였다. 따라서 일본 제일은행은 중앙은행의 역할을 하게 되었고, 제일은행권은 법정 화폐가 되었다. 특히 병종으로 판정된 화폐는 교환이 불가하여, 조선 상공인들과 은행은 자산 가치가 급격하게 하락하였다. 그러나 일본 상인들은 화폐 정리 사업 정보를 미리 듣고 조선의 농산물로 교환하였다. 그 결과 대한 제국에서는 통화량이 줄어드는 등 극심한 금융 공황이 일어나 많은 조선 상인이 도산하고, 농촌 경제는 파탄에 이르렀다.

| 오답해설 | ① 1904년 창립된 보안회는 일제의 황무지 개간권 요구를 철회시켰다.
② 강화도 조약의 부속 조약인 조일 수호 조규 부록이 체결된 후, 개항장에서 일본 화폐가 처음으로 유통되었다.
④ 일제는 동양 척식 주식회사를 설립(1908)하였고, 토지 조사 사업(1910~1918) 이후 조선인으로부터 약탈한 토지를 관리하였다.

15 근현대 > 개항기 > 오페르트 도굴 사건　　　답 ②

| 정답해설 | 〈보기 1〉의 내용 중 '흥선 대원군 부친의 유품들을 수중에 넣는다.'를 통해 1868년 발생한 오페르트 도굴 사건임을 알 수 있으며, 〈보기 2〉의 연표는 다음과 같다. 제너럴셔먼호 사건(1866. 7.) - ㉠ - 병인양요(1866. 9.) - ㉡ - 신미양요(1871) - ㉢ - 강화도 조약(1876) - ㉣ - 임오군란(1882)

16 근현대 > 개항기 > 「대한국 국제」　　　답 ①

| 정답해설 | 〈보기〉는 1899년 공포된 「대한국 국제」이다. ① 1901년 지계아문을 설치하여 (근대적 토지 소유권 문서인) 지계(地契)를 발급하였다.

| 오답해설 | ② 박문국에서 1883년 (최초의 근대적 신문인) 〈한성순보〉를 발간하였다.
③ 우편 제도가 도입되어, 1884년 우정국이 설치되었다.
④ 1885년 최초의 서양식 병원인 광혜원이 설립되었다(이후 제중원으로 명칭 변경).

17 근현대 > 현대 > 좌우 합작 7원칙　　　답 ③

| 정답해설 | 좌우 합작 7원칙은 1947년 10월 발표되었다. ③ 김구의 「삼천만 동포에게 읍고함」은 1948년 2월에 발표되었다.

| 오답해설 | ① 이승만의 정읍 발언: 1946년 6월
② 제1차 미소 공동 위원회 개최: 1946년 3월
④ 조선 건국 준비 위원회의 조선 인민 공화국 선포: 1945년 9월 6일

| 18 | 근현대 > 개항기 > 러시아 | 답 ③ |

| 정답해설 | 〈보기〉의 밑줄 친 '이 나라'는 러시아이다. 영국은 러시아를 견제하기 위해 조선의 거문도를 불법 점령(1885, 거문도 사건)하였고, 명성 황후 시해 사건(을미사변) 이후 고종은 러시아 공사관으로 처소를 옮겼다(1896, 아관파천). 한편 일본은 한반도에서의 주도권을 차지하기 위해 러시아와 전쟁(1904~1905, 러일 전쟁)을 치렀다. ③ 러시아는 절영도의 조차를 요구하였으나, 독립 협회의 반대 운동으로 절영도 조차 요구를 좌절시켰다.

| 오답해설 | ① 1866년 프랑스는 병인양요를 일으켜 강화도를 침략하였다.
② 1871년 미국은 강화도를 침략하였다(신미양요).
④ 일본은 황무지 개간권을 요구하였으나, 보안회의 저항으로 저지되었다.

| 19 | 근현대 > 일제 강점기 > 6·10 만세 운동 | 답 ④ |

| 정답해설 | 〈보기〉 중 '융희 황제(순종)에 대해 통곡' 등을 통해 6·10 만세 운동(1926)임을 알 수 있다. 1926년 순종의 인산일인 6월 10일을 목표로 대규모의 만세 운동이 계획되었다. 6·10 만세 운동은 전문학교와 고등 보통학교의 학생, 사회주의 세력과 연계한 천도교 계열에서 각각 추진되었다. 그러나 사회주의 세력과 천도교 계열이 준비한 계획은 사전에 일제에 발각되었으나, 학생들의 만세 시위는 예정대로 진행되었다. 따라서 6·10 만세 운동은 학생 운동이 대중적 차원의 민족 운동으로 발전하게 된 계기가 되었다. 한편 6·10 만세 운동 준비 단계에서 ④ 사회주의 계열과 민족주의 계열(천도교)이 연대하였다. 이러한 경험은 1927년 민족 유일당 단체인 신간회가 창립될 수 있는 배경이 되었다.

| 더 알아보기 | 6·10 만세 운동 격문

슬프도다. 이천삼백만 형제자매들이여, 오늘에 있어 융희황제(隆熙皇帝)에 대해 궁검(弓劍)을 사이에 두고 통곡한다는 것이 과연 어떠한 감동에서 나온 것인가. 사선(死線)에 함몰된 비애로써 우리 모두 울어보자. 그러나 눈물로써 사선을 탈출할 수 없으므로, 정의의 결합을 한층 강고히 하여 평화적 요구를 더욱더 강력하게 하자. 이천삼백만 민족의 마음과 힘이 하나가 되면 광폭한 총검도 무서울 것이 못된다. (중략) 식민지에 있어서는 민족해방(民族解放)이 곧 계급해방(階級解放)이고 정치적 해방이 곧 경제적 해방이라는 것을 알지 않으면 안 된다. 즉, 식민지 민족이 모두가 무산계급이며 제국주의가 곧 자본주의이기 때문이다. 그러므로 현재 우리는 당면한 적인 정복국(征服國)의 지배계급으로부터 정치적 또는 경제적인 모든 권리를 탈환하지 않으면 사선에서 탈출하는 것은 불가능하다. 형제여! 자매여! 눈물을 그치고 절규하자! 전 세계의 피압박민족과 무산자대중은 모두 함께 정의의 깃발을 들고 우리와 함께 보조(步調)를 맞춰 나갈 것이며, 붕괴하고 있는 제국주의의 하나인 일본지배 계급도 운명이 다하고 있다는 것은 지자(智者)가 아닐지라도 누구라도 알 수 있다.

| 20 | 근현대 > 현대 > 제1공화국 시기 역사적 사실 | 답 ③ |

| 정답해설 | 제시된 사건의 순서는 다음과 같다. ㄷ. 발췌 개헌(제1차 개헌, 1952) - ㄱ. 사사오입 개헌(제2차 개헌, 1954) - ㄴ. 진보당 사건(1958) - ㄹ. 3·15 부정 선거(1960)

2024 6월 22일 시행 서울시 9급 (ⓒ책형)

합격예상 체크

〈서울시 연도별 합격선〉

2024 합격기준: 85

| 맞힌 개수 | /20문항 | 점수 | /100점 |

□ 합격 □ 불합격

취약영역 체크

문항	정답	영역	문항	정답	영역
1	③	고대 > 정치	11	③	근대 태동기 > 정치
2	①	고대 > 정치	12	④	근대 태동기 > 사회
3	①	고대 > 정치	13	①	근현대 > 개항기
4	③	중세 > 정치	14	②	근현대 > 개항기
5	②	우리 역사의 기원과 형성 > 국가의 형성	15	①	근현대 > 개항기
6	④	중세 > 경제	16	③	근현대 > 일제 강점기
7	①	중세 > 정치	17	④	근현대 > 일제 강점기
8	②	중세 > 정치	18	①	근현대 > 현대
9	④	근대 태동기 > 문화	19	②	근현대 > 현대
10	④	근대 태동기 > 정치	20	①	근현대 > 현대

⬇ 영역별 틀린 개수로 취약영역을 확인하세요!

| 우리 역사의 기원 | /1 | 고대 | /3 | 중세 | /4 | 근세 | –/0 |
| 근대 태동기 | /4 | 근현대 | /8 | 통합 | –/0 | | |

➡ 나의 취약영역: _____

※ 해당 회차는 〈1초 합격예측 서비스〉의 데이터 누적 기간이 충분하지 않아 오답률, 선지 선택률 기재를 생략하였습니다.

---

1 고대 > 정치 > 4세기~6세기 역사적 사실 답 ③

| 정답해설 | 제시된 사건의 순서는 다음과 같다. ㄷ. 4세기 중엽 근초고왕 – ㄱ. 장수왕, 475년 한성 점령 – ㄴ. 진흥왕, 553년 백제가 차지했던 한강 하류 지역을 점령하고 신주(新州) 설치 – ㄹ. 진흥왕, 대가야 멸망(562)

2 고대 > 정치 > 원종과 애노의 난 이후의 역사적 사실 답 ①

| 정답해설 | 〈보기〉의 사건은 889년(진성 여왕 3년) 원종과 애노의 난이다. ① 견훤은 927년 경주를 침략하고, 경순왕을 옹립하였다.
| 오답해설 | ② 당 고종은 674년 당과 적대적이었던 문무왕의 관작을 삭탈하고, (문무왕의 동생) 김인문을 신라왕으로 책봉하였다.
③ 백제 의자왕이 신라의 서쪽 지역을 공격하여, 642년 대야성 등 40여 성을 함락시켰다.
④ 780년 김지정의 난 때, 혜공왕이 피살되면서 무열왕계가 단절되었다.

3 고대 > 정치 > 발해의 역사 답 ①

| 정답해설 | 다음 사건의 순서는 다음과 같다. ㄱ. 8세기 초 무왕 – ㄴ. 8세기 중·후반 문왕 – ㄷ. 9세기 초 선왕 이후

4 중세 > 정치 > 무신정변 이후의 역사적 사실 답 ③

| 정답해설 | 무신정변(1170) 이후 ㄴ. 정중부 등 일부 무신들은 왕실과 혼인을 시도하였고(최충헌은 실제 왕실과 통혼함), ㄷ. 최우 집권 시기에는 서방이 설치(1227)되어 행정 실무 능력을 갖춘 문신들이 등용되었다.
| 오답해설 | ㄱ. 최충헌은 교정도감을 설치하여 권력 기관으로 삼았다.
ㄹ. 논산 개태사(開泰寺)는 고려 태조 왕건이 일리천 전투 이후, 후삼국 통일을 기념하기 위해 세운 사찰이다(936~940).

5 우리 역사의 기원과 형성 > 국가의 형성 > 부여 답 ②

| 정답해설 | 제시된 사료는 부여의 풍습이다. 부여에서는 ② 국왕을 중심으로 마가, 우가, 저가, 구가 등이 국가의 주요 정책을 논의하였다.

| 오답해설 | ① 삼한에서는 국읍에 천군을 두어 천신에 대한 제사를 주관하게 하였다.
③ 옥저의 혼인 풍습으로 민며느리제가 있었다.
④ 고구려는 왕 아래 상가, 대로, 패자, 고추가 등의 관료 조직이 있었다.

---

6   중세 > 경제 > 고려의 경제 상황   답 ④

| 정답해설 | ④ 호장은 지방 관청의 실무 행정을 담당하면서 외역전을 받았다.

| 오답해설 | ① 전민변정도감에서는 토지와 노비 소유권의 소송 등을 처리하였다.
② 응방은 고려의 매(해동청)를 원에 보내는 역할을 하였으나, 고려 왕실의 자금원(資金源)이었다(예: 충렬왕이 응방을 통해 민간에서 은과 모시를 징발하여 국제 교역에 활용하고자 함).
③ 전시과는 관료에게 전지와 시지를 지급하는 토지 제도이다.

---

7   중세 > 정치 > 몽골의 제1차 침략(충주성 전투)과 공민왕의 반원 정책 사이의 역사적 사실   답 ①

| 정답해설 | 〈보기 1〉은 몽골의 제1차 침략 당시(1231) 충주성 전투, 〈보기 2〉는 공민왕 5년(1356) 원의 연호인 지정을 쓰지 않겠다는 교지(반원 자주 정책의 의지)이다. 따라서 몽골의 침략~공민왕 사이의 역사가 아닌 ① 화통도감의 설치(우왕 3년, 1377)를 정답으로 고르면 된다.

| 오답해설 | ② 정동행성은 1280년(충렬왕 6년), 여·몽 연합군의 2차 일본 정벌을 위해 설치되었다.
③ 원 간섭기에는 새로운 지배 세력으로 권문세족이 출현했다.
④ 『삼국유사』, 『제왕운기』는 충렬왕 때 편찬되었다.

| 더 알아보기 | **공민왕의 반원 자주 의식**

> 공민왕 5년(1356) 6월, 원나라 연호인 지정을 쓰지 않고 교지를 내렸다. "크게 생각하건대 태조께서 나라를 세우시고, 여러 성인들이 종묘사직을 지켜왔다. 그러나 요사이 나라 풍속이 크게 바뀌어 오직 권세만 추구하게 되었다. 기철 등이 군주를 놀라게 하여 나라 법을 혼란에 빠트려 관리 선발, 인사이동을 마음대로 하였다. 또 다른 사람의 땅과 노비도 함부로 빼앗는다. 이것이 과인이 덕이 없는 탓인가 기강이 서지 아니하여 통제할 방법이 없음인가? 깊이 그 까닭을 생각하니 늘 슬프게 되노라."
> - 『고려사』 -

---

8   중세 > 정치 > 고려의 정책   답 ②

| 정답해설 | 제시된 사료는 고려 성종에게 올린 최승로의 시무 28조 중 일부이다. ② 오가작통제와 호패법은 조선 시대 시행된 제도이다.

| 오답해설 | 고려 시대에는 ① 5도 양계를 기틀로 한 지방 제도가 마련되었고(현종 때 완성), ③ (모든 군현에 지방관이 파견되지 못하여) 지방관이 파견되는 주현과 파견되지 않은 속현으로 구분되었다. 한편 ④ 향·부곡·소의 행정은 향리가 담당하였다.

---

9   근대 태동기 > 문화 > 조선 후기의 학문   답 ④

| 정답해설 | 홍대용의 『의산문답』은 조선 후기에 저술되었다. ④ 조선 후기 이긍익은 『연려실기술』을 저술하여, 조선 시대 각종 야사를 원문 그대로 정리하였고, 별집에는 문예·천문·지리·역대 고전 등을 항목별로 수록하였다.

| 오답해설 | ① 중국이 세계의 중심이라는 세계관을 거부하고 지구 자전설을 주장한 인물은 김석문, 홍대용 등이다.
② 정약용은 『기기도설』을 참고하여 거중기를 제작하였다.
③ 박지원은 청에 다녀와서 쓴 『열하일기』를 통해 청 문물을 소개하였다.

---

10   근대 태동기 > 정치 > 세도 정치   답 ④

| 정답해설 | (가) 세도 정치는 순조, 헌종, 철종 시기 특정 가문이 권력을 독점했던 정치 형태를 말한다. ④ 노비종모법은 노비의 수를 줄이기 위해 영조 때 제정되었다.

| 오답해설 | ① 1860년(철종 11년) 최제우가 창시한 동학은 인간주의, 평등주의를 제시하였고 농촌 사회를 중심으로 교세가 확장되었다.
② 세도 정치 시기에는 부유한 농민이 군역을 면제받기 위해 양반 신분을 위조하거나 사들이는 일이 많아졌다. 그 결과 군정의 문란이 더욱 심화되었다.
③ 세도 정치 시기에는 1811년 평안도에서의 홍경래의 난, 1862년 삼남 지방을 중심으로 확산한 임술 농민 봉기 등 다수의 민중 봉기가 발생하였다.

---

11   근대 태동기 > 정치 > 조선과 후금과의 관계   답 ③

| 정답해설 | ③ 후금은 국내의 식량 문제를 해결하고 명과의 전쟁에 투입할 물자를 확보하기 위해 (조선 정부가) 압록강과 두만강 부근에서 시장을 열어 교역할 것을 요구하였다.

| 오답해설 | ① 정묘호란의 결과 후금과 조선은 형제 관계를 맺었다.
② 용골대는 병자호란 직전 조선이 청과 군신 관계를 맺을 것을 요구하는 사신으로 왔으며, 이후 병자호란 때 병력을 이끌고 참전하였다.
④ 청의 군신 관계 요구를 거부한 조선은 청에 전쟁을 선포하였으나, 명과 연합하여 선전 포고한 것은 아니다.

12. 근대 태동기 > 사회 > 조선 후기 노비제 　답 ④

| 정답해설 | ④ 노비 세공제가 폐지된 것은 1886년(고종 23년)이며, 1894년 제1차 갑오개혁에서 노비 제도가 폐지되었다.

| 오답해설 | ① 균역법이 실시된 이후 공노비의 신공은 점차 감소하였다. 1755(영조 31년)에 노(奴 = 남자 노예)는 1필, 비(婢 = 여자 노예)는 반 필씩 바치도록 하였다. 또한 1774(영조 50년)에는 비(여자 노예)의 신공을 폐지하였다.

② ①과 같이 공노비의 신공이 줄어들면서(공노비 신공과 양인의 군역 부담이 같아짐) 공노비 유지의 실익이 없어져, 1801년 공노비 66,000여 명을 해방했다.

③ 영조 때 노비종모법을 통해 노비의 해방과 양인의 확대가 이루어졌다.

13. 근현대 > 개항기 > 독립 협회, 헌의 6조 　답 ②

| 정답해설 | 제시된 사료는 독립 협회가 주도한 관민 공동회에서 채택된 헌의 6조 중 일부이다. ② 태양력 사용, 연호를 건양으로 제정, 단발령 시행 등은 을미개혁 때 추진된 내용이다.

| 오답해설 | 독립 협회는 ① 〈독립신문〉을 발간하고, 독립문, 독립관 등을 건립하였고, ④ 만민 공동회를 개최하여 러시아의 내정 간섭을 규탄하였다. 한편 헌의 6조에는 ③ 중대한 범죄는 공판하되 피고의 인권을 존중할 것, 칙임관(고위 관료)을 임명할 때는 정부에 그 뜻을 물어서 중의(여러 사람의 의견)를 따를 것 등이 포함되었다.

14. 근현대 > 개항기 > 러시아 　답 ②

| 정답해설 | 제시된 사료는 이만손이 주도한 「영남 만인소」 중 일부이며, (가)는 러시아이다. ② 러시아와 일본은 러·일 전쟁 강화 조약인 포츠머스 조약을 체결하였다.

| 오답해설 | ① 영국은 러시아의 남하를 저지하기 위해, 1885년 거문도를 불법 점령하였다.

③ 프랑스는 1866년 병인양요 당시, 외규장각의 문서와 문화재를 약탈하였다.

④ 미국은 제너럴셔먼호 사건을 구실로 광성보를 공격하였다(신미양요, 1871).

| 더 알아보기 | 「영남 만인소」

> 김홍집이 가져온 황쭌셴의 『조선책략』이 유포되는 것을 보니 울음이 북받치고 눈물이 흐릅니다. …(중략)… 『조선책략』의 요점은 '러시아를 막는 것' 보다 급한 것이 없다고 하고, 러시아를 막기 위해서는 '중국과 친하고, 일본과 맺고, 미국과 이어져야 한다.'는 것보다 급한 것이 없다고 하였습니다. …(중략)… 러시아는 본래 우리와는 혐의가 없는 나라입니다. 공연히 남의 이간을 듣고 배척하였다가 이것을 구실 삼아 분쟁을 일으키면 어떻게 구제하시겠습니까? 하물며 러시아·미국·일본은 같은 오랑캐들이어서 후박(厚薄)을 두기 어렵습니다.
>
> ― 『일성록』 ―

15. 근현대 > 개항기 > 을사늑약, 「시일야방성대곡」 　답 ③

| 정답해설 | 제시된 사료는 을사늑약 체결(1905. 11.) 직후, 〈황성신문〉 등에서 발표된 장지연의 「시일야방성대곡」이다. ③ 러·일 전쟁은 1904년 2월 8일 일본의 선제공격으로 시작했다.

| 오답해설 | ① 1907년 헤이그에서 열린 제2차 만국 평화 회의에 이상설, 이준, 이위종 등 특사가 파견되었다.

② 을사늑약 체결 이후, 1906년 이토 히로부미가 초대 통감으로 부임하였다.

④ 일본은 1907년 정미 7조약(한·일 신협약)의 비밀 부수 각서를 근거로 대한 제국 군대를 해산하였다.

16. 근현대 > 일제 강점기 > 민족 해방 운동 　답 ③

| 정답해설 | ㄴ. 임병찬 등은 고종의 밀칙(= 밀명)을 받아 1912년 대한 독립 의군부를 조직하였다.

ㄷ. 신채호는 1923년 (의열단 강령으로 발표한) 「조선 혁명 선언」에서 민중의 직접 혁명론을 주장하였다.

| 오답해설 | ㄱ. 「조선의 농민 및 노동자의 임무에 관한 테제」(일명: 12월 테제)는 1928년 12월 코민테른(공산주의 인터내셔널의 약칭, Communist International)에서 결정된 사항이다. 참고로 코민테른은 마르크스·레닌주의에 기초하여 여러 국가의 공산당 중심 혁명 운동을 지도하던 조직이다. 12월 테제에서 결정된 내용은 조선 공산당은 종전과 같은 인텔리(= 지식인) 중심의 조직 운영을 탈피하여, 공장과 농촌으로 들어가 노동자와 빈농을 조직화해야 하며, 민족 개량주의자들을 근로 대중으로부터 고립시켜야 한다는 것이다. 따라서 민족 유일당 운동과는 관계가 없다.

ㄹ. 「대한민국 건국 강령」은 조소앙의 삼균주의를 바탕으로 하였다.

17. 근현대 > 일제 강점기 > 민족 혁명당 　답 ④

| 정답해설 | 제시된 사료는 1935년 7월 창립된 민족 혁명당의 정치 강령이다. ④ 김구 등 임시 정부를 고수하려는 세력은 민족 혁명당에 참가하지 않았고, 별도로 한국 국민당을 창당하였다.

| 오답해설 | ① 민족 혁명당에는 김원봉 등 의열단 세력을 중심으로, 조선 혁명당, 한국 독립당 등이 참여하였다.

② 민족 혁명당은 민족주의 계열(조소앙, 지청천 등)과 사회주의 계열(의열단 등)이 난징에서 창립한 중국 관내 최대 규모의 통일 전선 정당이었다.

③ 민족 혁명당은 민주 공화국 수립, 토지 국유화 등을 내걸고 항일 운동을 전개하였다.

| 더 알아보기 | 민족 혁명당

> 우리 당은 혁명적 수단을 가지고 원수 일본의 침략 세력을 무찌르고 5천 년 독립하여 온 국가의 땅과 주권을 회복하고 정치·경제·교육의 평등에 기초를 둔 진정한 민주 공화국을 건설하고, 국민 전체의 생활 평등을 확보하며, 나아가 세계 인류의 평등과 행복을 촉진함.

```
강령
1. 원수 일본의 침략 세력을 무찌르고 우리 민족의 자주독립을 완성한다.
2. 봉건 세력 및 모든 반혁명 세력을 숙청하고 민주 집권의 정권을 수립한다.
3. 소수의 사람이 다수의 사람을 착취하는 경제 제도를 소멸하고 국민 생활이 평등한 제도를 확립한다.
4. 1군(郡)을 단위로 하는 지방 자치제를 시행한다.
5. 민중 무장을 시행한다.
6. 국민은 모든 선거 및 피선거권을 가진다.
7. 국민은 언론, 집회, 출판, 결사, 신앙의 자유를 가진다.
8. 여자와 남자는 모든 부분에서 동등하게 한다.
9. 토지는 국가 소유로 하고 농민에게 나누어 준다.
10. 대규모의 생산 기관이나 독립 기업을 국가 경영으로 한다.
11. 국민의 모든 경제 활동은 국가의 계획에 따라 통제한다.
12. 노동·농민 운동의 자유를 보장한다.
13. 누진율의 세금 관련 규칙을 실시한다.
14. 의무 교육과 직업 교육은 국가의 경비로써 시행한다.
15. 양로, 육영, 구제 등 공공 기관을 설립한다.
16. 국가 반역자의 모든 재산과 국내에 있는 적 일본의 공공, 사유 재산을 몰수한다.
17. 자유, 평등, 서로 도움의 원칙에 따라 세계의 압박받는 민족 해방 운동과 연결 협조한다.
```

18 근현대 > 현대 > 제헌 헌법 공포 이후의 역사적 사실 답 ①

| 정답해설 | 제시된 자료는 1948년 7월 17일 공포된 제헌 헌법 중 일부이다. ① 제주 4·3 사건은 1948년 4월 3일에 발생하였다.

| 오답해설 | ② 1948년 9월 공포된 반민족 행위 처벌법(반민법)에 근거하여, 1948년 10월 반민 특위(반민족 행위 특별 조사 위원회)가 구성되었다.

③ 1948년 9월 9일, 북한에 조선 민주주의 인민 공화국이 수립되었다.

④ 1949년 6월 농지 개혁법이 제정되었고, 1950년 3월부터 '유상 매수, 유상 분배'를 원칙으로 농지 개혁이 시행되었다.

19 근현대 > 현대 > 1970년대~1980년대 역사적 사실 순서 나열 답 ②

| 정답해설 | 〈보기〉의 사건 순서는 다음과 같다. ㄷ. 부·마 민주 항쟁(1979. 10. 16.~1979. 10. 20.) - ㄴ. 12·12 군사 반란(1979. 12. 12.) - ㄱ. 5·18 민주화 운동(1980. 5. 18.) - ㄹ. 4·13 호헌 조치(1987. 4. 13.)

20 근현대 > 현대 > 통일을 위한 노력 답 ①

| 정답해설 | 〈보기〉의 사건을 시간 순으로 나열하면 ㄹ. 남북 조절 위원회 설치(1972. 11. 30.) → ㄷ. 남북 동시 유엔 가입(1991. 9. 18.) → ㄱ. 남북 기본 합의서 채택(1991. 12. 13.) → ㄴ. 6·15 남북 공동 선언(2000. 6. 15.)이다. 따라서 세 번째에 해당하는 사건은 'ㄱ. 남북 기본 합의서 채택(1991. 12. 13.)'이다.

2023 6월 10일 시행 서울시 9급 (®책형)

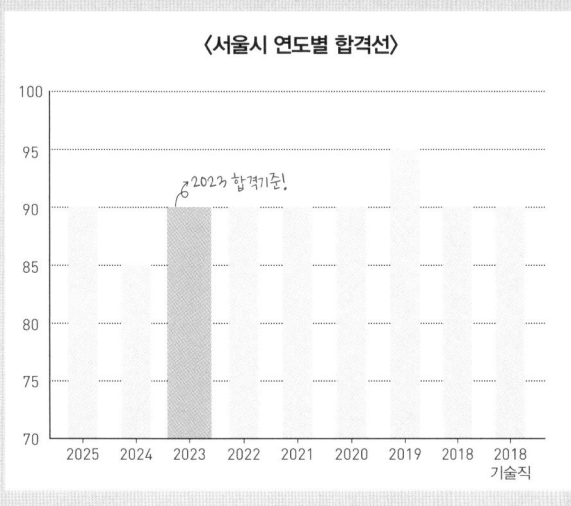

1. 우리 역사의 기원과 형성 > 선사 시대 > 청동기 시대
오답률 14% 답 ①

정답해설 | ① 86% 청동기 시대에도 반달 돌칼, 바퀴날 도끼, 홈자귀 등 석기 농기구가 사용되었다.

오답해설 | ② 0% 청동기 시대에는 (청)동검, 청동 거울, 청동 방울 등을 제작하였다.
③ 12% 청동기 시대에는 생산력이 발전하면서 사유재산제와 계급이 발생하였다.
④ 2% 청동기 시대에는 민무늬 토기, 미송리식 토기, 붉은 간 토기 등이 사용되었다.

2. 고대 > 문화 > 고대의 유물
오답률 25% 답 ④

정답해설 | ④ 75% 「무구정광대다라니경」은 현존하는 세계 최고(最古)의 목판 인쇄물로 불국사 3층 석탑(석가탑)에서 발견되었다.

오답해설 | ① 3% (가) 무령왕릉은 중국 남조의 영향을 받은 벽돌무덤이다.
② 11% (나) 발해의 영광탑은 당의 영향을 받아 만들어진 5층 벽돌탑이다.
③ 11% (다) 고구려의 강서 대묘에는 도교의 영향을 받은 사신도 벽화가 그려져 있다.

3. 중세 > 정치 > 정방
오답률 19% 답 ④

정답해설 | ④ 81% 최우(= 최이, 집권 시기 1219~1249)는 자기 집에 정방을 설치(고종 12년, 1225)하여 인사권을 장악하였다.

오답해설 | ① 11% 교정도감은 1209년(희종 5년) 최충헌이 설치한 최고 권력 기구이다.
② 6% 도방은 1179년(명종 9년) 경대승이 처음 조직한 사병 집단이다.
③ 2% 중방은 고려 시대 상장군과 대장군의 회의 기관이다. 무신 정권 초기인 정중부 · 이의민 집권 시기에는 정치의 중심 기구가 되었다.

4. 근세 > 문화 > 『칠정산』 내외편
오답률 17% 답 ④

정답해설 | ④ 83% ㉠은 『칠정산』 내외편이다. 중국 역법은 중국 수도인 북경을 중심으로 하였다. 북경과 한양은 경도 및 위도가 달랐으므로 태양이 뜨고 지는 시각, 달이 뜨고 지는 시각 등이 달라 예보가 자주 틀렸다. 전통 사회에서는 일식이나 월식과 같은 천문 현상이 제왕의 권위와 정치의 잘잘못을 평가하는 민감한 사안이었다. 이에 우리 실정에 맞는 역법을 갖추려는 세종의 자주적인 의지와 노력에 힘입어 『칠정산』 내외편이 탄생하였다. 『칠정산(七政算)』은 1444년(세종 26년)에 이순지와 김담(金淡)이 우리나라 역대의

역법(曆法)을 정리하고, 중국 및 아라비아의 역법을 참고하여 만든 것으로 내편(內篇)과 외편(外篇)으로 이루어졌다. 내편은 원나라의 수시력(授時曆)을 이해하기 쉽게 해설하면서 서울(한양)을 기준으로 해와 달, 행성들의 운행을 정리하였고, 외편은 서역(西域)의 회회력법(回回曆法)을 연구하여 해설하였다.

| 오답해설 | ① 3% 『향약채취월령』은 세종 10년(1428) 유효통 등이 왕명으로 편찬하기 시작하여 세종 13년(1431)에 완성하였다. 우리나라 약초의 적절한 채취시기를 월령으로 만든 책이다.
② 8% 『의방유취』는 당·송·원·명의 중국 의서와 국내 의서 153종을 망라하여 편찬한 동양 최대의 의학 백과사전이다(세종 27년, 1445).
③ 6% 세종 때 정초, 변효문 등이 편찬한 『농사직설』은 우리나라에서 편찬된 최초의 농서로서, 중국의 농업 기술을 수용하면서 우리 실정에 맞는 독자적인 농법을 정리하였다. 특히 씨앗의 저장법, 토질의 개량법, 모내기법(이앙법) 등 농민들이 실제 경험한 농사법을 종합했다는 점에서 의의가 있다.

---

5 근대 태동기 > 정치 > 정조 오답률 25% 답 ③

| 정답해설 | 친위부대인 장용영을 통해 밑줄 친 '이 왕'이 정조임을 알 수 있다. ㄴ. 정조는 상공업을 진흥시키기 위해 통공정책(1791, 신해통공)을 단행하였다.
ㄷ. 정조는 젊은 관료들을 재교육하기 위해 초계문신제를 실시하였다.

| 오답해설 | ㄱ. 영조는 탕평의 의지를 반영하여 성균관 입구에 탕평비를 설치하였다(영조 18년, 1742).

오답률 TOP2

6 근현대 > 일제 강점기 > 전시 동원 체제 오답률 45% 답 ④

| 정답해설 | 제시한 보기 중 '금붙이, 쇠붙이가 밥그릇마저 모조리 긁어 갔다.'라는 내용을 통해 '전시 동원 체제'(1938년 국가총동원법 발표 이후)임을 알 수 있다. ④ 55% 어업령(1911), 삼림령(1911), 광업령(1915) 등은 1910년대 무단 통치 시대에 제정된 법령이다.

| 오답해설 | ① 3% 1943년 조선 식량 관리령을 제정하여 곡물을 강제로 공출하였다.
② 13% 1944년 여자 정신 근로령(여자 정신대 근무령)을 통해 한국 여성에 대한 강제 동원이 이루어졌다.
③ 29% 기업 정비령(1942) 및 기업 허가령(1941)을 시행하여 기업 통제를 강화하였다.

---

7 근현대 > 현대 > 광복 이후 사건 오답률 19% 답 ②

| 정답해설 | 제시된 사건의 순서는 다음과 같다. ㄱ. 카이로 선언(1943. 12. 1.) → ㄹ. 얄타회담(1945. 2. 4.~1945. 2. 11.) → ㄷ. 포츠담 선언(1945. 7. 26.) → ㄴ. 모스크바 3국 외상 회의(1945. 12. 16.~1945. 12. 25.) → ㅁ. 5·10 선거(1948. 5. 10.)

---

8 근대 태동기 > 문화 > 정약용 오답률 22% 답 ④

| 정답해설 | 제시된 사료는 정약용의 여전론이다. ④ 78% 정약용은 목민관(수령)의 수신 교과서인 『목민심서』를 저술하였다.

| 오답해설 | ① 8% 박제가는 『북학의』를 저술하였다.
② 5% 이익은 백과사전인 『성호사설』을 저술하였다.
③ 9% 유형원은 『반계수록』을 저술하였다.

---

9 근현대 > 개항기 > 갑신정변 오답률 31% 답 ①

| 정답해설 | 밑줄 친 '이 사건'은 갑신정변(1884)이다. ① 69% 임오군란을 진압한 청은 조선과 조·청 상민 수륙 무역 장정을 체결하였다.

| 오답해설 | ② 12% 갑신정변은 우정총국 개국(낙성) 축하연을 기회로 김옥균 등 급진 개화파가 일으킨 사건이다.
③ 11% 급진 개화파는 청과 종속 관계를 청산하여 자주독립을 확고히 하고자 하였다. 급진 개화파들은 정강 14개조를 발표하고 개혁을 추진하려 하였으나 청군의 개입으로 3일 만에 실패하였다.
④ 8% 갑신정변 이후, 조선과 일본 사이에는 한성 조약이 체결되었고 청과 일본 사이에는 톈진 조약이 체결되었다. 톈진 조약을 통해 일본과 청은 향후 조선으로 군대 파견할 때, 상대국에게 알리도록 하였다.

---

10 근세 > 경제 > 과전법 오답률 34% 답 ②

| 정답해설 | 조준의 토지 개혁 상소문이 제출된 후, 1391년 과전법이 공포되었다. 과전법은 신진 사대부의 경제적 기반을 확보하고, 농민 생활 안정을 통해 국가 재정을 확충하려는 목적으로 시행되었다. ② 66% 과전법은 전·현직 관리를 18과로 구분하여 최고 150결에서 10결까지 경기 지역의 토지'만' 수조권을 차등 지급하였으며 농민의 경작권을 법적으로 보장하였다. 한편 과전법에서 주목되는 토지로 수신전(남편 죽은 후 부인에게 지급)과 휼양전(부모 죽은 후 어린 자손들에게 지급)이 있었는데, 이 토지들은 실질적으로 세습되었다.

| 오답해설 | ① 9% 과전법은 전지만 지급하였다. 한편 전시과에서는 전지와 시지를 지급하였다.
③ 14% 과전법을 통해 전·현직 관리 모두에게 토지가 지급되었다.
④ 11% 조선 후기 영정법이 시행(인조 13년, 1635)되면서 토지에 부과되는 세금을 4~6두로 고정하였다.

| 11 | 고대 > 정치 > 백제의 제도 | 오답률 25% | 답 ② |

| **정답해설** | 정사암 회의는 백제의 귀족 회의체이다. ② 75% 백제에서는 전국을 5방으로 나누고, 그 책임자를 '방령'이라 불렀다.
| **오답해설** | ① 2% 고구려는 지방을 5부로 나누고 그 책임자로 욕살을 파견하였다. 그리고 그 휘하의 각 성에는 처려근지가 파견되어 통치를 담당하였다.
③ 3% 신라에서는 각 주에 정을 두고, 진골 출신의 장군이 지휘하였다.
④ 20% 고구려는 제5관등(『한원』 기준 조의두대형) 이상의 귀족들이 제가 회의에 참여하였다.

| 12 | 중세 > 경제 > 고려의 화폐 | 오답률 14% | 답 ④ |

| **정답해설** | 해동통보는 고려 숙종 때 설치된 주전도감에서 발행된 화폐이다. ㄴ, ㄹ. 주전도감에서는 동전인 해동중보, 삼한통보, 해동통보와 은병(활구)을 발행하였으나 널리 유통되지는 못했다.
| **오답해설** | ㄱ. 조선통보는 세종 5년(1423), 인조 11년(1633) 발행된 화폐이다.
ㄷ. 십전통보는 효종 2년(1651) 김육의 건의로 제작된 화폐이다.

| 13 | 근현대 > 개항기 > 폐정개혁안 12조 | 오답률 40% | 답 ② |

| **정답해설** | ㄷ, ㅁ. 헌의 6조의 조항이다.
| **더 알아보기** | 폐정개혁안 12조

1. 동학도(東學徒)는 정부와의 원한(怨恨)을 씻고 서정(庶政)에 협력한다.
2. 탐관오리(貪官汚吏)는 그 죄상을 조사하여 엄징(嚴懲)한다.
3. 횡포(橫暴)한 부호(富豪)를 엄징한다.
4. 불량한 유림(儒林)과 양반의 무리를 징벌한다.
5. 노비 문서(奴婢文書)를 소각한다.
6. 7종의 천인 차별을 개선하고, 백정이 쓰는 평량갓(平凉笠)은 없앤다.
7. 청상과부(靑孀寡婦)의 개가(改嫁)를 허용한다.
8. 무명(無名)의 잡세는 일체 폐지한다.
9. 관리 채용에는 지벌(地閥)을 타파하고 인재를 등용한다.
10. 왜(倭)와 통하는 자는 엄징한다.
11. 공사채(公私債)를 막론하고 기왕의 것을 무효로 한다.
12. 토지는 평균하여 분작(分作)한다.

| 14 | 근현대 > 일제 강점기 > 한국광복군 | 오답률 25% | 답 ③ |

| **정답해설** | 제시된 내용 중 '충칭', '이범석(한국광복군 참모장)', 'OSS 특별 훈련' 등을 통해 ③ 75% 한국광복군을 묻는 문제임을 알 수 있다.
| **오답해설** | ① 11% 조선 의용군은 1942년 화북 지방 사회주의자들이 조직한 조선 독립 동맹의 군사 조직이다. 대표적 인물로는 김두봉과 김무정이 있다.
② 8% 한인 애국단은 1931년 김구가 설립한 단체로서, 이봉창 의거, 윤봉길 의거(상하이 홍커우 공원 의거) 등을 주도하였다.
④ 6% 1936년 조직된 동북 항일 연군은 기존의 동북 인민 혁명군(1933)을 확대한 항일 무장 단체이다.

| 15 | 근현대 > 일제 강점기 > 황국 신민 서사 발표 이후의 정책 | 오답률 20% | 답 ③ |

| **정답해설** | 제시된 사료는 1937년 조선 총독부가 제정한 황국 신민 서사이다. 따라서 1937년 이후 역사적 사실을 정답으로 고르면 된다. ③ 80% 조선 사상범 예방 구금령(1941)을 제정·공포하여 항일 세력들을 탄압하였다.
| **오답해설** | ① 3% 일제는 근대적 토지 소유권의 확립을 명목으로 임시 토지 조사국을 설치(1910)하였다. 이후 토지 조사령(1912)을 공포하는 등 토지 조사 사업(1910~1918)을 실시하였다. 그러나 실제로는 토지 수탈을 통한 지세(地稅)의 안정적 확보가 토지 조사 사업의 근본적 목적이었다.
② 8% 일제는 항일 세력과 사회주의자들을 탄압하기 위해 1925년 치안유지법을 공포하였다.
④ 9% 일제는 자국의 안정적 식량 공급을 위해 1920년부터 산미 증식 계획을 추진하였다. 계획 이후 밭을 논으로 개량하는 등 미(米) 단작화(쌀농사 일변도) 현상이 가속화되면서 어느 정도의 증산은 있었으나, 증산량 이상을 일본으로 수탈하였다. 쌀 증산에도 불구하고 한국인의 미곡 소비량은 크게 줄어들었기 때문에 만주에서 대량으로 잡곡을 들여와 이를 해결하려 했다.

| 16 | 고대 > 경제 > 장보고 | 오답률 17% | 답 ③ |

| **정답해설** | 견(대)당매물사를 통해 ㉠이 장보고임을 알 수 있다.
③ 83% 장보고는 산동반도 적산 지방에 적산법화원(赤山法華院)을 건립하였다.
| **오답해설** | ① 5% 김대문은 『화랑세기』를 저술하였으나 현재 전하지 않는다.
② 6% 발해 무왕 때 장문휴는 당의 등주를 공격하였다.
④ 6% 822년(헌덕왕 14년) 3월 신라 웅천주(熊川州: 지금의 충청남도 공주)의 도독(都督)이었던 김헌창은 신라 조정에 항거해 새로운 정부를 수립하고 국호를 '장안(長安)', 연호를 '경운(慶雲)'이라 하였다.

| **더 알아보기** | 장보고

장보고는 일찍이 당나라에 건너가 무령군 소장(武寧軍小將)이 되었으나 신라에서 잡혀간 노비(奴婢)의 비참한 처우에 분개하여 사직하고 귀국했다. 청해진 대사가 되자 해적을 소탕한 후, 당·일본에 파견한 무역선인 교관선과 교역 사절단인 견당매물사와 회역사를 이용하여 동아시아 해상무역을 독점하였다. 일본 승려 엔닌(圓仁)의 『입당구법순례기』에도 장보고와 적산 법화원(장보고가 중국에 세운 절)이 소개되어 있다.
한편 837년(희강왕 3년) 왕위 계승 다툼에서 밀려난 우징(신무왕)이 청해진에 오자 이듬해 우징과 함께 반란을 일으켜 839년 민애왕을 죽이고 신무왕을 왕위에 오르게 하여 감의군사(感義軍使)가 되었다. 신무왕이 죽고 문성왕이 즉위하자 진해장군(鎭海將軍)이 되었다. 845년(문성왕 7년) 딸을 왕의 차비(次妃)로 보내려 했으나 군신들의 반대로 좌절되었다. 846년(문성왕 8년) 그의 세력에 불안을 느낀 조정에서 보낸 자객 염장(閻長)에게 살해되었다. 이후 청해진은 염장이 관리하다가 폐지되었고, 주민들은 벽골군(현재 전북특별자치도 김제)에 강제 이주되었다.

17 근현대 > 개항기 > 1904년의 사건   오답률 39%   답 ①

| 정답해설 | 제시된 자료는 러·일 전쟁 직후 체결된 한·일 의정서(1904. 2. 23.)이다. ① 61% 1904년 일본이 제물포에 있던 러시아 군함을 공격하면서 러·일 전쟁이 발발하였다(1904. 2. 8.).

| 오답해설 | ② 16% 일본은 러·일 전쟁 중 독도를 강탈하여 시마네현에 편입시켰다(1905. 2.).

③ 12% 일본은 1907년 한·일 신협약(정미 7조약) 체결 직후, 대한 제국 군대를 해산시켰다.

④ 11% 일본은 헤이그 특사 파견을 빌미로 1907년 고종을 강제 퇴위시켰다.

오답률 TOP3
18 중세 > 문화 > 균여 활동 시기의 사실   오답률 43%   답 ③

| 정답해설 | 제시된 인물은 균여이다. 균여는 광종 때 창건된 귀법사의 주지를 맡았으며, 화엄 교학을 정비하였다. 또한 「보현십원가」를 지어 불교의 대중화에 이바지하였다. ③ 57% 광종 때 승려 혜거는 중국에서 수용한 법안종을 중심으로 선종을 통합하고자 하였다.

| 오답해설 | ① 8% 거란(요)은 강조의 정변을 빌미로 고려를 침략하였다(거란의 2차 침략, 현종 1년, 1010).

② 20% 의천은 흥왕사에 교장도감(선종 3년, 1086)을 설치하고, 주석서인 『교장(속장경)』을 간행하였다.

④ 15% 현화사는 고려 현종 때 창건된 것으로 알려졌다.

오답률 TOP1
19 근세 > 정치 > 임진왜란   오답률 46%   답 ①

| 정답해설 | 제시된 사건의 순서는 다음과 같다. ㄴ. 한산도 대첩(1592. 7. 8.) → ㄹ. 진주 대첩(1592. 10. 5.~1592. 10. 11.) → ㄱ. 조명 연합군의 평양성 탈환(1593. 1. 6.~1593. 1. 9.) → ㄷ. 행주대첩(1593. 2. 12.)

20 근현대 > 일제 강점기 > 대한민국 임시정부 3차 개헌 이전의 활동   오답률 28%   답 ①

| 정답해설 | 대한민국 임시정부는 1927년 3차 개헌을 통해 국무위원 중심의 집단 지도 체제를 채택하였다. ① 72% 1925년 대한민국 임시정부에서는 대통령 이승만을 탄핵하고, 박은식을 임시 대통령으로 추대했다.

| 오답해설 | ② 18% 1941년 11월, 조소앙의 삼균주의에 기초한 대한민국 건국 강령을 발표하였다.

③ 8% 김구는 1931년 상하이에서 한인 애국단을 조직하였다.

④ 2% 김구를 중심으로 1935년 한국 국민당을 조직하여 정당 정치를 운영하였다.

2022 6월 18일 시행 서울시 9급 (Ⓐ책형)

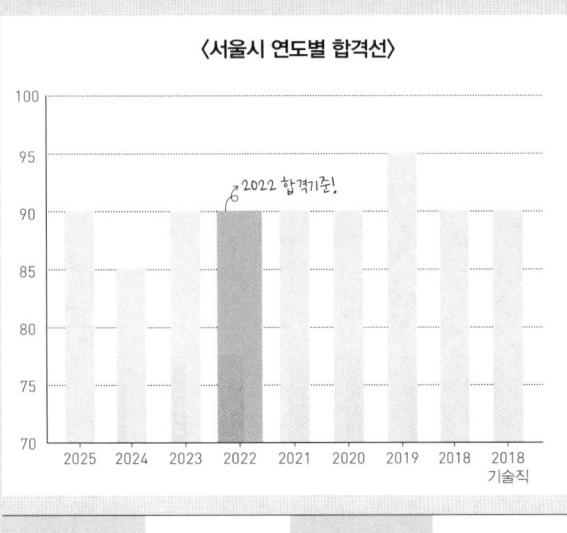

합격예상 체크

| 맞힌 개수 | /20문항 | 점수 | /100점 |

☐ 합격 ☐ 불합격

취약영역 체크

문항	정답	영역	문항	정답	영역
1	④	우리 역사의 기원과 형성 > 국가의 형성	11	④	근대 태동기 > 문화
2	③	고대 > 정치	12	②	근현대 > 개항기
3	②	근현대 > 일제 강점기	13	①	중세 > 정치
4	①	근현대 > 현대	14	④	고대 > 정치
5	①	중세 > 문화	15	④	근대 태동기 > 경제
6	③	근세 > 정치	16	②	근대 태동기 > 문화
7	①	근현대 > 개항기	17	①	근현대 > 현대
8	②	근현대 > 일제 강점기	18	③	고대 > 정치
9	③	근세 > 정치	19	④	근현대 > 일제 강점기
10	③	근현대 > 개항기	20	②	고대 > 정치

▼ 영역별 틀린 개수로 취약영역을 확인하세요!

| 우리 역사의 기원 | /1 | 고대 | /4 | 중세 | /2 | 근세 | /2 |
| 근대 태동기 | /3 | 근현대 | /8 | 통합 | -/0 | | |

➡ 나의 취약영역: _____

※ [정답해설]과 [오답해설] 선지의 50% 표시는 ⟨1초 합격예측 서비스⟩를 통해 수집된 선지 선택률을 나타냅니다.

---

1 우리 역사의 기원과 형성 > 국가의 형성 > 청동기 시대
오답률 10% 답 ④

| 정답해설 | 밑줄 친 '이 시대'는 청동기 시대이다. 청동기 시대에는 고인돌, 반달 돌칼, 민무늬 토기가 제작되었다. ④ 90% 슴베찌르개(이음 도구, 창의 역할)는 구석기 시대 후기의 유물이다.

2 고대 > 정치 > 법흥왕
오답률 22% 답 ③

| 정답해설 | ⟨보기⟩의 "병부와 상대등의 설치", "금관가야 정복" 등을 통해 법흥왕의 업적임을 알 수 있다. ③ 78% 법흥왕은 백관의 공복을 제정하여(520) 귀족을 관료로 등급화시켰다.

| 오답해설 | ① 7% 진흥왕은 백제 성왕과 함께 고구려가 장악했던 한강 유역을 차지하였다.
② 8% 지증왕 때 우산국을 정복(512)하였으며, 이때부터 독도가 우리 영토로 편입된 것으로 본다.
④ 7% 통일 신라까지 포함하여 문무왕 때 삼국 통일을 완성하면서 대동강~원산만까지 영토를 확대하였다.

3 근현대 > 일제 강점기 > 1920년대 '문화 통치'
오답률 22% 답 ②

| 정답해설 | ② 78% 1920년대 '문화 통치' 시기에 시행된 산미 증식 계획으로 한반도에서의 식량 증산이 곧 일본으로의 식량 유출로 이어져 식량 수탈이 더욱 강화되었다.

| 오답해설 | ① 5% 일제는 1910년대 토지 조사 사업(1910~1918)을 통해 근대적 토지 소유권을 확립하고 식민지 지주 소작제를 수립하였다.
③④ 12% 5% 1930년대에 전쟁이 확대되면서 일제는 전쟁에 필요한 물자를 조달하기 위해 군수 공업 중심의 공업화 정책을 추진하였고, 우리 민족을 일본 국민으로 동화시키기 위해 민족 말살 정책을 추진하였다.

4 근현대 > 현대 > 6·25 전쟁
오답률 30% 답 ①

| 정답해설 | 제시된 사건의 순서는 ㄱ. 유엔군 인천 상륙 작전(1950. 9. 15.) → ㄴ. 중국군의 참전(1950. 10. 25.) → ㄷ. 휴전 회담 시작(개성, 1951. 7. 10.) → ㄹ. 반공 포로 석방(1953. 6. 18.)이다.

| 더 알아보기 | 6·25 전쟁의 주요 사건 전개 과정

> 북한의 남침(1950. 6. 25.) → 국군, 낙동강 방어선까지 후퇴 → 인천 상륙 작전(1950. 9. 15.) → 서울 탈환(1950. 9. 28.) → 38도선 돌파(1950. 10. 1.)

→ 평양 탈환(1950. 10. 19.) → 중국군 참전(1950. 10. 25.) → 흥남 철수 작전(1950. 12.) → 1·4 후퇴(서울 재철수, 1951. 1. 4.) → 서울 재수복(1951. 3. 14.)

오답률 TOP 3

| 5 | 중세 > 문화 > 고려의 교육 제도 | 오답률 50% | 답 ① |

| 정답해설 | ① 50% 숙종 때 국자감 내에 서적포를 설치하여 여러 책을 출판·인쇄하였다(1101).
| 오답해설 | ② 15% 예종 때 국자감 내에 7재를 설치하여 관학을 진흥시키고자 하였다.
③ 17% 예종은 장학 재단인 양현고를 설치하였다.
④ 18% 충렬왕 원년(1275) 국자감에서 '국학'으로 개칭되었다. 1298년 잠깐 왕위에 오른 충선왕이 관제를 개혁하면서 '성균감'으로 고쳤다가 1308년에 다시 '성균관'이 되었다. 한편 공민왕 5년(1356)에 성균관을 '국자감'으로 복칭하였으나 공민왕 11년(1362)에 '성균관'으로 다시 개칭되어 조선 왕조까지 계속되었다.

| 6 | 근세 > 정치 > 과거 제도 | 오답률 20% | 답 ③ |

| 정답해설 | ③ 80% 조선 시대에도 음서(문음)가 있었으나 대상자가 축소되었고, 음서로 관직에 오른 사람은 고위 관직에 진출하기 어려웠다.
| 오답해설 | ① 3% 소과(생진과, 사마시)의 1차 시험(초시)은 각 도별 인구 비율로 합격자를 할당하였다.
② 5% 문과(대과)의 정기 시험에서는 현직 관원들도 응시할 수 있었고 합격자는 1~4등급의 품계를 올려주었다.
④ 12% 무과 식년시는 3년에 한 번씩 시행되었고 서얼도 응시할 수 있었다.

| 7 | 근현대 > 개항기 > 독립 협회 | 오답률 35% | 답 ① |

| 정답해설 | 제시문은 독립신문에 대한 내용으로, ㉠ 독립 협회(1896~1898)이다. ① 65% 전제 황권 강화를 표방한 대한국 국제(1899)는 대한 제국에서 공포하였다.
| 오답해설 | ②③④ 21% 12% 2% 독립 협회는 한러 은행 폐쇄, 러시아의 저탄소 설치를 위한 절영도 조차 요구의 좌절 등 반러 운동을 적극적으로 전개하였다. 또한 독립문·독립관·독립공원 등을 조성하였고, 정치·사회적 주제의 각종 토론회를 주최하였다.

| 8 | 근현대 > 일제 강점기 > 연해주 지역 | 오답률 37% | 답 ② |

| 정답해설 | 제시된 자료는 연해주 동포의 중앙아시아로의 강제 이주에 대한 내용이다. 1937년 소련의 스탈린은 연해주의 한인들이 소련 침략을 계획한 일본과 결탁할 수 있다는 명분으로 한인(고려인) 약 172,000명을 카자흐스탄, 우즈베키스탄 등으로 강제 이주시켰다. ② 63% 1905년 이후 연해주에서는 한인 집단촌(대표적: 블라디보스토크의 신한촌)이 형성되었고, 항일 의병 운동 및 독립운동이 활발하게 전개되었다.
| 오답해설 | ① 25% 경신참변(간도 참변)은 간도에서 발생하였다.
③ 7% 1923년 관동대지진과 한국인 학살은 일본에서 일어났다.
④ 5% 태평양 전쟁 발발 이후 한국 청년들은 중국에서 한국광복군에 합류하거나 미군에 입대하여 일본군과 싸웠다.

| 9 | 근세 > 정치 > 세조 | 오답률 22% | 답 ③ |

| 정답해설 | 진관 체제, 직전법, 보법 실시는 세조의 업적이다. ③ 78% 세조는 조카인 단종을 몰아내고 왕위를 차지한 후 왕권을 안정시키고 중앙 집권 체제를 강화하였다.
| 오답해설 | ① 10% 태종 때 경복궁의 이궁으로 창덕궁을 건설하였다.
② 7% 세종 때 이종무를 파견하여 왜구의 소굴인 쓰시마섬(대마도)을 정벌하였다.
④ 5% 성종 때 『경국대전』을 반포하고 『동국통감』을 편찬하였다.

| 10 | 근현대 > 개항기 > 군국기무처 | 오답률 8% | 답 ③ |

| 정답해설 | ③ 92% 1894년 6월 25일에 설립된 군국기무처는 1차 갑오개혁을 추진했던 개혁 기구이다.
| 오답해설 | ① 2% 교전소는 1897년 3월에 신구 법전의 절충과 새로운 법규 작성을 위해 설립되었다.
② 3% 집강소는 전주 화약 이후 폐정개혁안을 실현하기 위해 동학 농민군이 설치한 개혁 기구이다.
④ 3% 1862년 임술 농민 봉기 이후 삼정의 폐단을 시정하기 위해 삼정이정청을 설치하였으나 실효를 거두지는 못하였다.

오답률 TOP 1

| 11 | 근대 태동기 > 문화 > 『일성록』 | 오답률 57% | 답 ④ |

| 정답해설 | ④ 43% 『일성록』은 조선 후기의 국정 운영 내용을 매일 정리한 기록물로, 국왕의 일기 형식으로 작성되었다. 1760년(영조 36)에 당시 세손이었던 정조가 처음 기록하기 시작하여 1910년(융희 4년)까지 약 151년간 저술되었으며, 2011년 유네스코 세계 기록 유산으로 등재되었다.

| 12 | 근현대 > 개항기 > 『조선책략』 | 오답률 27% | 답 ② |

| 정답해설 | 제시된 사료는 황쭌셴(황준헌)의 『조선책략』 일부이다. 『조선책략』은 1880년에 2차 수신사 김홍집이 일본에서 가져와 소개한 책으로, 조·미 수호 통상 조약 체결의 배경이 되었다. 『조선책략』의 유포로 인해 이만손 등이 영남 만인소를 올리는 등 유생들의 저항이 계속되자, 고종은 척사윤음을 내려 유생들의 불만을 달래고자 하였다. ② 73% 제물포 조약은 임오군란(1882) 이후 조선과 일본 사이에 체결된 조약이다.

| **13** | 중세 > 정치 > 고려의 중앙 정치 제도 | 오답률 33% | 답 ① |

| **정답해설** | ① 67% 중서문하성과 추밀원(중추원, 추부)의 2품 이상 고위 관료의 합좌 기구(재추 합좌 기구)인 식목도감은 법제 및 격식 제정에 관한 문제를 담당하였다. 고려 시대에는 삼사가 곡식이나 화폐 출납을 담당하는 회계·재정 기구였다.

| **14** | 고대 > 정치 > 고구려의 역사적 사실 | 오답률 27% | 답 ④ |

| **정답해설** | 제시된 사건의 순서는 ㄹ. 위(魏)의 침략과 환도성 함락(동천왕, 246) → ㄷ. 낙랑군·대방군 축출(미천왕, 313~314) → ㄴ. 백제 근초고왕의 평양성 공격(고국원왕, 371) → ㄱ. 평양 천도(장수왕, 427)이다.

| **15** | 근대 태동기 > 경제 > 대동법 | 오답률 27% | 답 ④ |

| **정답해설** | 제시된 사료는 방납의 폐단에 대한 내용으로, 방납의 폐단을 시정하기 위해 대동법을 실시하였다.
ㄴ. 대동법은 현물로 내는 공납 대신 토지 결수에 따라 쌀, 무명, 동전 등으로 납부하게 한 제도이다.
ㄷ. 대동법 시행 이후 정부에 관수품을 조달하는 상인인 공인이 출현하였다.
| **오답해설** | ㄱ. 인조 때 실시된 영정법은 풍흉에 관계없이 토지 1결당 4~6두의 세금을 걷는 전세 제도이다.

오답률 TOP2

| **16** | 근대 태동기 > 문화 > 호락논쟁 | 오답률 55% | 답 ② |

| **정답해설** | ㄱ, ㄷ, ㄹ. 호론에 대한 설명이며, ㄴ. 낙론에 대한 설명이다.
| **더 알아보기** | 노론 내부의 호락논쟁

구분	호론(湖論)	낙론(洛論)
지역	충청도	서울, 경기
인물	한원진	이간
내용	• 인물성 이론 • 청을 오랑캐로 규정	• 인물성 동론 • 청의 본성은 중화와 같다고 평가
영향	위정척사 사상	북학 사상, 실학 운동

| **17** | 근현대 > 현대 > 6월 민주 항쟁 | 오답률 22% | 답 ④ |

| **정답해설** | 제시된 사료는 6·10 대회 선언문(1987)이다. ④ 78% 이후 6·29 선언이 발표되었고 제9차 개헌(대통령 직선제, 임기 5년 단임제)이 이루어졌다.
| **오답해설** | ① 0% 1965년에 한·일 국교 정상화가 이루어졌다(한·일 협정, 한·일 기본 조약).
② 15% 1960년 4·19 혁명의 결과 3차 개헌(내각 책임제, 양원제)이 이루어졌다.
③ 7% 제2공화국(장면 내각)에서 장기적인 경제 발전을 위해 경제 개발 5개년 계획을 수립하였으나 실시되지는 못하였다.

| **18** | 고대 > 정치 > 진흥왕 | 오답률 9% | 답 ③ |

| **정답해설** | 제시된 사료는 진흥왕 12년(551)에 신라가 백제와 연합하여 고구려를 공격한 내용이다. ③ 91% 선덕 여왕 때 자장의 건의로 황룡사 9층 목탑이 건립되었다.
| **오답해설** | ① 5% 진흥왕은 대가야를 정벌하여 가야 연맹을 소멸시켰다(562).
② 2% 진흥왕 때 화랑도가 국가적 조직으로 개편되었다.
④ 2% 진흥왕 때 거칠부가 『국사』를 편찬하였다(545).

| **19** | 근현대 > 일제 강점기 > 일제 강점기의 사회·문화 | 오답률 30% | 답 ④ |

| **정답해설** | 모두 일제 강점기에 해당하는 내용이다.
ㄱ. 음식 조리에 왜간장(일본식 제조 방법으로 만들어진 간장), 조미료 등을 사용하였다.
ㄴ. 도시의 인구 증가로 토막(土幕)집이 등장하였다.
ㄷ. 일제는 몸뻬를 보급하였고 여성의 노동력을 수탈하였다.
ㄹ. 경성의 북촌에는 조선인, 남촌(혼쵸도리)에는 일본인이 주로 거주하였다.

| **20** | 고대 > 정치 > 발해 | 오답률 20% | 답 ② |

| **정답해설** | ㉠ 발해이다. ② 80% 발해는 당으로부터 해동성국으로 불렸다.
| **오답해설** | ① 7% 궁예는 후고구려를 세운 후 마진, 태봉으로 국호를 변경하였다.
③ 8% 견훤은 백제의 부흥을 표방하면서 완산주(전주)에서 후백제를 건국하였다(900).
④ 5% 패강진은 782년(신라 선덕왕 3)에 지금의 황해도 평산 지역에 설치된 군진이다.

2021 6월 5일 시행 서울시 9급 (Ⓐ책형)

합격예상 체크

〈서울시 연도별 합격선〉

2021 합격기준

| 맞힌 개수 | /20문항 | 점수 | /100점 |

□ 합격 □ 불합격

취약영역 체크

문항	정답	영역	문항	정답	영역
1	④	우리 역사의 기원과 형성 > 선사 시대	11	④	근현대 > 개항기
2	①	근현대 > 현대	12	④	고대 > 정치
3	①	근대 태동기 > 정치	13	①	중세 > 정치
4	③	근현대 > 개항기	14	②	근현대 > 일제 강점기
5	④	고대 > 정치	15	①	근대 태동기 > 정치
6	②	고대 > 문화	16	③	중세 > 문화
7	①	근현대 > 일제 강점기	17	②	중세 > 정치
8	④	중세 > 정치	18	③	근세 > 정치
9	②	근현대 > 현대	19	②	근대 태동기 > 문화
10	②	중세 > 정치	20	③	근현대 > 개항기

⬇ 영역별 틀린 개수로 취약영역을 확인하세요!

| 우리 역사의 기원 | /1 | 고대 | /3 | 중세 | /5 | 근세 | /1 |
| 근대 태동기 | /3 | 근현대 | /7 | 통합 | –/0 | | |

➡ 나의 취약영역: _____

※ [정답해설]과 [오답해설] 선지의 50% 표시는 〈1초 합격예측 서비스〉를 통해 수집된 선지 선택률을 나타냅니다.

---

1 우리 역사의 기원과 형성 > 선사 시대 > 신석기 시대
오답률 1%   답 ④

| 정답해설 | 제시된 내용은 신석기 시대에 대한 설명이다. ④ 99% 빗살무늬 토기는 신석기 시대의 대표적인 토기이다.

| 오답해설 | ① 1% 고인돌은 청동기 시대 대표적인 무덤이다.
② 0% 세형동검은 초기 철기 시대 유물이며 한국식 동검으로도 불린다.
③ 0% 거친무늬 거울은 청동기 시대 유물이다.

2 근현대 > 현대 > 제8차, 제9차 개헌
오답률 17%   답 ①

| 정답해설 | ① 83% 제8차 개헌은 대통령 선거인단을 통한 '대통령 간선제(임기 7년 단임제)', 제9차 개헌은 '대통령 직선제(임기 5년 단임제)'를 채택하였다.

3 근대 태동기 > 정치 > 영조
오답률 16%   답 ①

| 정답해설 | 밑줄 친 '이 법'은 영조 때 제정된 균역법(군포 2필 → 1필)이다. ① 84% 영조 때 『속대전』을 편찬하였다.

| 오답해설 | ② 8% 정조 때 『대전통편』을 편찬하였다.

③ 6% 고종(흥선 대원군 섭정 시기) 때 『대전회통』을 편찬하였다.
④ 2% 성종 때 『경국대전』을 편찬하였다.

4 근현대 > 개항기 > 동학 농민 운동, 청·일 전쟁
오답률 24%   답 ③

| 정답해설 | 청·일 전쟁은 1894년 6월 23일에 발발하였다. ③ 76% 따라서 전주 화약(1894. 5. 8.)과 삼례 2차 봉기(동학 농민군의 재봉기, 1894. 9.) 사이에 해당한다.

5 고대 > 정치 > 장수왕
오답률 21%   답 ④

| 정답해설 | 제시된 자료는 고구려 장수왕("고구려 왕 거련")이 백제의 수도인 한성을 함락하고 개로왕을 죽인 내용이다(475). ④ 79% 장수왕 때 고구려는 중국의 남북조와 동시에 교류하였다.

| 오답해설 | ① 2% 백제 성왕이 관산성 전투에서 신라군에게 살해되었다(554).
② 13% 신라 법흥왕 때 '건원'이라는 연호를 사용하였다(536).
③ 6% 고구려 영양왕 때 을지문덕이 살수에서 수의 군대를 물리쳤다(살수대첩, 612).

| 6 | 고대 > 문화 > 발해 문화의 고구려 계승 | 오답률 5% | 답 ② |

| **정답해설** | ② 95% 발해 문화가 고구려를 계승하였음을 보여주는 문화유산은 ㄱ. 온돌 장치, ㄷ. 굴식 돌방무덤이다.
| **오답해설** | ㄴ, ㄹ. 벽돌무덤과 주작대로는 당 문화의 영향을 받았다.

| 7 | 근현대 > 일제 강점기 > 1930년대 이후 항일 운동 | 오답률 20% | 답 ① |

| **정답해설** | ① 80% (가) 한국광복군은 미 전략 사무국(OSS)과 협력하여 국내 진공 작전을 계획하였지만, 실행하지는 못했다.
| **오답해설** | ② 6% 1938년에 중국 한커우에서 창설된 조선 의용대는 중국 관내 최초의 한인 무장 부대로, 중국 국민당 정부의 지원을 받았다.
③ 8% 양세봉이 지휘한 조선 혁명군은 중국 의용군과 연합하여 영릉가 전투, 흥경성 전투에서 일본군을 격퇴하였다.
④ 6% 지청천이 지휘한 한국 독립군은 중국 호로군과 함께 쌍성보 전투, 경박호 전투, 사도하자 전투, 대전자령 전투, 동경성 전투 등에서 일본군을 격퇴하였다.

| 8 | 중세 > 정치 > 이의민 | 오답률 17% | 답 ④ |

| **정답해설** | ④ 83% 경주의 노비 출신인 이의민은 무신정변에 참여한 후 중랑장, 장군 등으로 승진하였다.

오답률 TOP 1
| 9 | 근현대 > 현대 > 유신 헌법 시기의 민주화 운동 | 오답률 59% | 답 ② |

| **정답해설** | 제시된 자료는 유신 헌법(1972. 12. 공포~1980. 10. 제8차 헌법 공포 전)에서 규정된 대통령의 긴급 조치권에 관한 내용이다. 긴급 조치는 1974년 1호를 시작으로 1975년 9호까지 발표되었다. ② 41% 반(反)유신 운동의 일환으로 각계 지도층 인사들이 명동 성당에서 「3·1 민주 구국 선언」을 발표하였다(1976).
| **오답해설** | ① 12% 1969년 3선 개헌 반대 운동이 일어났다.
③ 28% 1987년 5월 27일에 민주헌법쟁취 국민운동본부가 결성되어, 1987년 6월 민주 항쟁을 주도하였다.
④ 19% 신민당(신한 민주당)은 1985년 당론으로 직선제 개헌을 채택하였다. 이후 1986년부터 직선제 개헌을 위한 1천만 명 개헌 서명 운동을 전개하였다.

| 10 | 중세 > 정치 > 광종 | 오답률 10% | 답 ② |

| **정답해설** | 제시된 사료는 광종 때 시행된 노비안검법에 대한 내용이다. ② 90% 광종은 광덕, 준풍 등의 독자적 연호를 사용하였다.
| **오답해설** | ① 1% 3대 정종, 17대 인종 때 서경 천도를 추진하였다.
③ 6% 성종은 12목을 설치하여 지방관을 파견하고 향리 제도를 마련하였다.
④ 3% 태조는 기인 제도를 최초로 실시하여 호족들을 통제하였다.

| 11 | 근현대 > 개항기 > 대한국 국제와 헌의 6조 | 오답률 44% | 답 ④ |

| **정답해설** | (가) 1899년에 공포된 대한국 국제 중 일부이며, (나) 1898년에 독립 협회가 발표한 헌의 6조 중 일부이다. ④ 56% 대한국 국제는 독립 협회 해산(1898. 12.) 이후에 공포되었다.
| **오답해설** | ① 4% 대한국 국제에서는 입법·사법·행정의 모든 권력이 황제에게 있음을 규정하였다.
② 14% 헌의 6조에서는 정부의 예산과 결산을 인민에게 공표할 것을 명시하였다.
③ 26% 고종 황제는 헌의 6조를 재가하고, 조칙 5조를 반포하였다.

| 12 | 고대 > 정치 > 4세기~5세기의 역사적 사실 | 오답률 13% | 답 ④ |

| **정답해설** | (가) 고국원왕의 전사(371), (나) 광개토대왕의 신라에 침입한 왜 격퇴(400)에 해당한다. ④ 87% 소수림왕은 372년에 태학을 설립하고, 373년에 율령을 반포하였다.
| **오답해설** | ① 3% 장수왕은 국내성에서 평양성으로 천도하였다(427).
② 5% 미천왕은 낙랑군을 축출하고 대동강 유역을 차지하였다(313).
③ 5% 영양왕은 수의 요서 지역을 선제공격하였다(598).

| 13 | 중세 > 정치 > 견훤 | 오답률 32% | 답 ① |

| **정답해설** | (가) 견훤은 공산 전투(927)에서 고려에 승리하였으나, 고창 전투(930)에서는 고려에 패배하였다. ① 68% 후백제의 견훤은 오월, 후당 등에 사신을 보내 교류하였다.
| **오답해설** | ② 12% 궁예는 송악에서 철원으로 도읍을 옮겼다(905).
③ 17% 궁예는 기훤, 양길의 휘하에서 세력을 키웠고 901년 후고구려를 건국하였다.
④ 3% 태조 왕건은 예성강을 중심으로 성장한 해상 세력이다.

| 14 | 근현대 > 일제 강점기 > 1919년 이후의 역사적 사실 | 오답률 19% | 답 ② |

| **정답해설** | 제시된 사건의 순서는 ㄴ. 2·8 독립 선언(1919) → ㄱ. 〈동아일보〉, 〈조선일보〉 창간(1920) → ㄷ. 6·10 만세 운동(1926) → ㄹ. 한글 맞춤법 통일안 제정(1933)이다.

| 15 | 근대 태동기 > 정치 > 예송 논쟁, 환국 | 오답률 18% | 답 ① |

| **정답해설** | 제시된 사건의 순서는 ㄱ. 갑인예송(제2차 예송, 현종 15, 1674) → ㄷ. 경신환국(숙종 6, 1680) → ㄹ. 기사환국(숙종 15, 1689) → ㄴ. 갑술환국(숙종 20, 1694)이다.

| 16 | 중세 > 문화 > 고려 시대 회화 | 오답률 41% | 답 ③ |

| **정답해설** | ㄴ. 부석사 조사당 벽화는 12세기~13세기 작품으로 추정된다.
ㄷ. 예성강도는 이령이 1124년(인종 2)에 사신 이자덕을 따라 송에 갔다가 송 휘종의 요청으로 그린 그림이다. 현재 전하지는 않는다.
| **오답해설** | ㄱ. 고사관수도는 15세기 강희안의 작품이다.
ㄹ. 송하보월도는 15세기 말~16세기 초 이상좌의 작품이다.

오답률 TOP 3

| 17 | 중세 > 정치 > 충주 전투 | 오답률 50% | 답 ② |

| **정답해설** | 제시된 사료는 몽골의 제1차 침략 당시 발생한 충주 전투(1231)에 대한 내용이다. ② 50% 광명·계발의 난은 1200년의 일로, 당시 진주의 공·사노비와 합주의 부곡민이 합세하였다.
| **오답해설** | ① 13% 몽골의 제2차 침략 당시 김윤후는 처인성에서 몽골 장수 살리타를 사살하였다(1232).
③ 20% 최우는 수도를 강화도로 옮기고(1232) 주민을 산성과 섬으로 피난시켰다.
④ 17% 몽골의 제3차 침략 당시 경주의 황룡사와 황룡사 9층탑이 소실되었다(1238).

| 18 | 근세 > 정치 > 조선 전기의 군사 제도 | 오답률 35% | 답 ③ |

| **정답해설** | 제시된 자료는 세조 때 처음 실시된 보법에 대한 내용이다. ③ 65% 세조 때 지방군은 지역 단위의 방어 체제인 진관 체제로 조직되었다.
| **오답해설** | ① 13% 5군영은 선조 때 훈련도감 설치를 시작으로 하여 숙종 때 금위영이 창설되면서 완성되었다.
② 13% 2군 6위는 고려 시대의 중앙군이다.
④ 9% 임진왜란 중 속오군을 편성하여(선조 27, 1594) 양반부터 노비까지 속오군에 편입시켰다.

| 19 | 근대 태동기 > 문화 > 박지원 | 오답률 48% | 답 ② |

| **정답해설** | 제시된 사료는 박지원이 「한민명전의」에서 주장한 '한전론'(토지 소유의 상한선 설정)이다. ② 52% 박지원은 「양반전」, 「호질」 등을 지어 놀고먹는 양반을 비판하였다.
| **오답해설** | ① 5% 박제가는 『북학의』를 저술하여 청 문물의 수용을 역설하였다.
③ 23% 이익은 화폐 제도의 문제점을 지적하며 폐전론을 주장하였다.
④ 20% 정약용은 여전론을 주장하여 마을 단위로 토지를 공동 경작·분배할 것을 제안하였다.

오답률 TOP 2

| 20 | 근현대 > 개항기 > 홍범 14조 | 오답률 51% | 답 ③ |

| **정답해설** | 제시된 사료는 1894년 12월(양력 1895년 1월)에 발표된 홍범 14조이다. ③ 49% 홍범 14조를 바탕으로 추진된 제2차 갑오개혁 때 의정부를 내각으로 개편하고, 지방 제도를 8도 체제에서 23부로 개편하였다.
| **오답해설** | ① 11% 1895년 을미개혁 당시 지방에 진위대를 설치하고 건양이라는 연호를 사용하였다.
② 31% 갑신정변 당시 급진 개화파는 정강 14조를 발표하여 내각 제도 수립, 인민 평등권 확립, 조세 개혁 등을 제시하였다.
④ 9% 동학 농민군은 전주 화약 이후 전라도 53군에 집강소를 설치하였다.

2020

6월 13일 시행
서울시 9급 (Ⓓ책형)

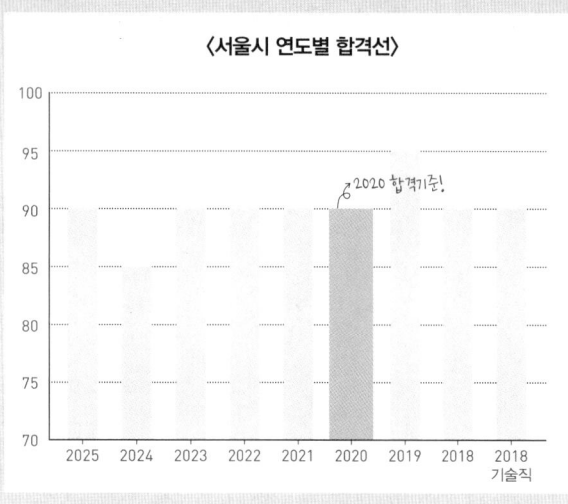

취약영역 체크

문항	정답	영역	문항	정답	영역
1	①	근대 태동기 > 경제	11	③	중세 > 경제
2	④	중세 > 정치	12	③	고대 > 정치
3	①	중세 > 정치	13	②	고대 > 정치
4	②	고대 > 문화	14	①	근현대 > 개항기
5	③	근현대 > 현대	15	④	우리 역사의 기원과 형성 > 선사 시대
6	②	근대 태동기 > 문화	16	①	우리 역사의 기원과 형성 > 국가의 형성
7	④	근대 태동기 > 정치	17	④	근현대 > 일제 강점기
8	①	근세 > 문화	18	④	근현대 > 일제 강점기
9	③	근대 태동기 > 경제	19	③	근세 > 정치
10	②	근현대 > 개항기	20	②	근현대 > 개항기

⬇ 영역별 틀린 개수로 취약영역을 확인하세요!

| 우리 역사의 기원 | /2 | 고대 | /3 | 중세 | /3 | 근세 | /2 |
| 근대 태동기 | /4 | 근현대 | /6 | 통합 | –/0 | | |

➡ 나의 취약영역: _____

※ [정답해설]과 [오답해설] 선지의 50% 표시는 <1초 합격예측 서비스>를 통해 수집된 선지 선택률을 나타냅니다.

---

1 근대 태동기 > 경제 > 광업 오답률 15% 답 ①

| **정답해설** | ① 85% 조선 후기에도 잠채(정부의 허가를 받지 않고 몰래 채굴하는 행위)는 사라지지 않았다.
| **더 알아보기** | 조선 후기의 광업

- 민영 수공업이 발달하자 그 원료인 광물의 수요가 급증하여 광업이 활성화됨
- 특히 청과의 무역이 확대되면서 은의 수요가 증가함
- 개인의 광산 개발을 금지하던 정부도 17세기 이후 개인에게 광산 채굴을 허용하고 세금을 받는 정책으로 전환함
- 민영 광업은 자본주인 물주(物主)가 시설과 자금을 대고 덕대(德大)가 전문적으로 경영하는 형태(자본과 경영의 분리)였음
- 광산 작업 과정은 분업에 토대를 둔 협업으로 진행됨
- 한편 광산 개발을 하면 큰 이익을 얻을 수 있었기 때문에, 몰래 광산을 개발하는 잠채가 유행함

---

2 중세 > 정치 > 지방 제도 오답률 14% 답 ④

| **오답해설** | ㄱ. 양계 지역은 군사 책임자인 병마사가 관할하였다.
| **더 알아보기** | 고려의 지방 제도

- 5도
  - 일반 행정 구역인 5도에는 안찰사가 파견되어 각 지역을 순찰함
  - 도 아래에는 주·부·군·현과 특수 행정 구역인 향·부곡·소 등이 존재함
  - 수령이 파견되는 주현보다 파견되지 않는 속현이 더 많았음
- 양계(동계, 북계)
  - 북방의 국경 지대에는 양계를 설치하여 군사 책임자인 병마사를 파견함
  - 국방상의 요충지에는 진을 설치함
- 각 지역의 향리는 조세·공물 징수와 노동력 징발 등 행정 실무를 담당함

| 3 | 중세 > 정치 > 최충헌 | 오답률 8% | 답 ① |

| 정답해설 | 제시된 사료는 '만적의 난'에 관한 내용이며 만적은 ⊙ 최충헌의 가노(家奴, 집안 노비)였다. ① 92% 최충헌은 무신정권의 최고 권력 기구인 교정도감을 설치하여 국정을 장악하였고, 경대승 사후에 폐지되었던 도방을 부활시켜 군사적 기반을 강화하였다.

| 오답해설 | ② 2% 광종은 노비안검법을 실시하여 억울하게 노비가 된 자를 해방하였다.
③ 2% 묘청은 서경길지설을 제시하며 서경 천도를 적극 추진하였다.
④ 4% 이자겸은 예종, 인종에게 딸들을 시집보내 권력을 잡았고, 1126년에 척준경과 함께 난을 일으켰다.

| 4 | 고대 > 문화 > 원효 | 오답률 30% | 답 ② |

| 정답해설 | 제시된 내용 중 "화쟁국사(和諍國師)로 추앙받았다"를 통해 밑줄 친 '그'가 원효임을 알 수 있다. ② 70% 원효는 『대승기신론소』를 저술하였다.

| 오답해설 | ① 5% 각훈은 『해동고승전』을 저술하였다.
③ 3% 혜초는 인도 등에 다녀와 『왕오천축국전』을 저술하였다.
④ 22% 의상은 화엄 사상의 핵심을 정리한 『화엄일승법계도』를 저술하였다.

| 5 | 근현대 > 현대 > 대한민국 정부의 개헌 | 오답률 11% | 답 ③ |

| 정답해설 | 〈보기〉의 개헌 순서는 ㄷ. 발췌 개헌(제1차 개헌, 1952) → ㄱ. 3선 개헌(제6차 개헌, 1969) → ㄹ. 유신 헌법(제7차 개헌, 1972) → ㄴ. 제9차 개헌(1987)이다.

| 6 | 근대 태동기 > 문화 > 박제가 | 오답률 13% | 답 ② |

| 정답해설 | 제시된 사료는 박제가가 소비를 강조한 『북학의』 내용의 일부이다. ② 87% 중상주의 실학자 박제가는 상공업 육성, 선박, 수레 등 청의 발전된 기술을 적극적으로 수용하자고 주장하였다.

| 오답해설 | ① 4% 유형원, ③ 8% 정약용, ④ 1% 유득공에 대한 내용이다.

| 7 | 근대 태동기 > 정치 > 정조의 업적 | 오답률 14% | 답 ④ |

| 정답해설 | 〈보기〉의 정책은 정조 때 채제공의 건의로 시행된 신해통공(1791, 육의전을 제외한 시전상인들의 금난전권 폐지)이다. ④ 86% 정조 때는 인재를 양성하기 위한 초계문신제가 시행되었다.

| 오답해설 | ① 7% 영조 때 법령을 정비하여 『속대전』을 편찬하였다(1746).
② 3% 숙종 때 청과 국경선을 정하고 백두산정계비를 세웠다(1712).
③ 4% 인조 때 조세 제도를 개편하여 영정법을 시행하였다(1635).

| 8 | 근세 > 문화 > 『향약집성방』 | 오답률 5% | 답 ① |

| 정답해설 | ① 95% 제시된 내용은 세종 15년(1433)에 편찬된 『향약집성방』에 대한 설명이다. 『향약집성방』은 세종의 명으로 기존의 『향약제생집성방』을 증보하여 편찬하였고, 우리 풍토에 맞는 약재와 치료 방법을 정리한 책이다.

| 오답해설 | ② 3% 『동의보감』은 허준이 광해군 2년(1610)에 완성한 의서(醫書)이다.
③ 1% 『금양잡록』은 성종 때 강희맹이 금양(현재의 경기도 시흥시·과천시, 서울시 금천구) 지방의 농법을 정리한 농서(農書)이다.
④ 1% 『칠정산』은 세종 때 이순지 등이 편찬한 역법서(曆法書)이다.

| 9 | 근대 태동기 > 경제 > 대동법 | 오답률 7% | 답 ③ |

| 정답해설 | 〈보기 1〉은 광해군 때 이원익이 대동법 실시를 건의하는 내용이다. ㄴ, ㄷ. 대동법은 경기도에서 처음 시행되었으며(1608), 과세 기준을 가호(家戶)에서 토지 결수로 바꾸었다.

| 오답해설 | ㄱ. 대동법 시행 이후에도 별공, 진상 등의 현물 징수는 계속 존재하였다.
ㄹ. 풍흉의 정도에 따라 조세 액수를 조정한 것은 공법(전분 6등법, 연분 9등법)이다.

오답률 TOP 1

| 10 | 근현대 > 개항기 > 을사늑약 | 오답률 50% | 답 ② |

| 정답해설 | 제시된 〈보기〉의 사료는 〈황성신문〉 등에서 발표된 장지연의 「시일야방성대곡」 일부이다. 「시일야방성대곡」은 을사늑약(1905)을 계기로 발표되었다. ② 50% 일본은 러·일 전쟁에서 승리한 이후, 대한 제국의 외교권을 박탈하고 통감부를 설치하는 내용이 담긴 을사늑약(제2차 한·일 협약) 체결을 강요하였다. 이로써 대한 제국은 일본의 보호국으로 전락하였다.

| 오답해설 | ① 1% 아관파천(1896) 이후, 친러 내각이 수립되어 러시아의 영향력이 강화되었고 열강의 이권 침탈이 심해졌다.
③ 7% 1907년 일본은 헤이그 특사 사건을 문제 삼아 고종을 강제로 퇴위시켰고, 순종 즉위 이후 정미 7조약(한·일 신협약)을 체결하도록 하여 대한 제국의 군대를 해산시켰다.
④ 42% 1910년 총리대신 이완용과 조선 통감 데라우치 사이에 한·일 병합조약이 체결되어 국권을 상실하였다.

| 11 | 중세 > 경제 > 전시과 | 오답률 23% | 답 ③ |

| 정답해설 | (가) 역분전, (나) 시정 전시과, (다) 개정 전시과, (라) 경정 전시과이다. ③ 77% (다) 개정 전시과가 적용되던 시기에는 산관(散官)에게도 토지가 지급되었다.

| 12 | 고대 > 정치 > 삼국 시대의 역사적 사건 | 오답률 7% | 답 ③ |

| **정답해설** | 〈보기〉의 순서는 ㄷ. 낙랑 축출(미천왕, 313) → ㄹ. 웅진 천도(문주왕, 475) → ㄱ. 독자적 연호 건원(建元) 사용(법흥왕, 536) → ㄴ. 대가야 멸망(진흥왕, 562)이다.

| 13 | 고대 > 정치 > 신문왕의 업적 | 오답률 17% | 답 ② |

| **정답해설** | 제시된 사료는 '만파식적(萬波息笛)'의 고사로, 신문왕 때 신라의 안정된 모습을 반영하고 있다. ② 83% 신문왕은 지방 제도로 9주 5소경을 설치하였다.
| **오답해설** | ① 3% 경덕왕 때 녹읍이 부활하였다(경덕왕 16년, 757).
③ 8% 성덕왕 때 정전이 지급되었다(성덕왕 21년, 722).
④ 6% 문무왕 때 안승을 보덕국왕에 임명하는 등 고구려 부흥 운동을 지원하였다.

| 14 | 근현대 > 개항기 > 강화도 조약 | 오답률 27% | 답 ① |

| **정답해설** | 제시된 사료는 1876년 체결된 강화도 조약의 일부이다. ① 73% 만동묘는 흥선 대원군 집권 시기(1863~1873)에 철폐되었다.
| **오답해설** | ② 10% 이범윤은 간도 시찰원으로 파견되었고(1902), 이후 간도 관리사로 임명되었다(1903).
③ 9% 개화 정책을 추진하기 위한 개혁 기구인 통리기무아문이 설치되었다(1880).
④ 8% 이만손 등 영남 유생들이 만인소를 올렸다(1881).

| 15 | 우리 역사의 기원과 형성 > 선사 시대 > 신석기 | 오답률 7% | 답 ④ |

| **정답해설** | 제시된 유물들은 신석기 시대의 토기들이다. ④ 93% 신석기 시대에는 갈돌과 갈판 등 간석기를 사용하였다.
| **오답해설** | ① 0% 세형동검, 잔무늬 거울 등은 초기 철기 시대의 유물이다.
② 2% 고인돌과 돌널무덤은 청동기 시대의 대표적 무덤이다.
③ 5% 공주 석장리 유적과 청원 두루봉 동굴 유적은 구석기 시대의 대표적 유적이다.

오답률 TOP 2
| 16 | 우리 역사의 기원과 형성 > 국가의 형성 > 부여 | 오답률 40% | 답 ① |

| **정답해설** | 제시된 사료는 부여의 제천 행사인 '영고'이다. ① 60% "남에게 상처를 입힌 자는 곡식으로 갚게 했다."는 내용은 고조선의 8조법 중 하나에 해당한다.

| 17 | 근현대 > 일제 강점기 > 백남운 | 오답률 24% | 답 ④ |

| **정답해설** | 제시된 사료는 백남운의 『조선사회경제사』 중 일부이다. ④ 76% 백남운은 한국사의 발전 과정을 사회경제 사학의 관점에서 서술하였고, 식민 사학의 정체성론을 비판하였다.
| **오답해설** | ① 6% 민족주의 사학자들은 '민족정신'을 강조하였고, 우리의 고유한 특색과 전통을 발굴하였다.
② 6% 신채호와 박은식의 사학을 계승한 인물은 정인보이다.
③ 12% 이병도 등 실증주의 사학자들은 역사학의 주관적 해석을 배제하고 문헌 고증을 중시하였다.

오답률 TOP 3
| 18 | 근현대 > 일제 강점기 > 항일운동 단체 | 오답률 38% | 답 ④ |

| **정답해설** | 〈보기〉의 순서는 ㄹ. 대한 광복회(1915) → ㄴ. 의열단(1919) → ㄷ. 참의부(1923) → ㅁ. 근우회(1927) → ㄱ. 조선 의용대(1938)이다.

오답률 TOP 3
| 19 | 근세 > 정치 > 조선 전기의 역사적 사건 | 오답률 38% | 답 ③ |

| **정답해설** | 〈보기〉의 순서는 ㄷ. 계유정난(단종 1년, 1453) → ㄹ. 무오사화(연산군 4년, 1498) → ㄱ. 기묘사화(중종 14년, 1519) → ㄴ. 을묘왜변(명종 10년, 1555)이다.

| 20 | 근현대 > 개항기 > 동학 농민 운동 | 오답률 22% | 답 ② |

| **정답해설** | ㄱ. 무명의 잡다한 세금은 일체 거두지 않는다. → 제1차 갑오개혁의 '탁지아문으로 재정을 일원화할 것'으로 반영
ㄹ. 젊어서 과부가 된 여성의 재혼을 허용한다. → '과부의 재가허용, 연좌제의 폐지 등 봉건적 악습을 폐지'하는 것으로 반영
| **오답해설** | ㄴ. 토지 제도 개혁은 갑오개혁에 반영되지 않았다.
ㄷ. 갑오개혁은 일본의 간섭 아래 진행되었기 때문에 '왜와 통하는 자는 엄중히 징벌한다'와 같은 반일적 내용은 포함되지 않았다.

2019 6월 15일 시행 서울시 9급 (Ⓐ책형)

합격예상 체크

〈서울시 연도별 합격선〉

2019 합격기준

맞힌 개수 /20문항   점수 /100점

➡ ☐ 합격 ☐ 불합격

취약영역 체크

문항	정답	영역	문항	정답	영역
1	②	우리 역사의 기원과 형성 > 국가의 형성	11	③	근대 태동기 > 경제
2	②	고대 > 정치	12	①	근대 태동기 > 문화
3	④	고대 > 정치	13	③	단원 통합 > 고려와 조선의 의서
4	③	고대 > 사회	14	④	근대 태동기 > 문화
5	②	고대 > 문화	15	③	근현대 > 개항기
6	①	중세 > 정치	16	④	근현대 > 개항기
7	④	중세 > 정치	17	④	근현대 > 개항기
8	②	중세 > 문화	18	③	근현대 > 일제 강점기
9	①	중세 > 사회	19	④	근현대 > 현대
10	①	근세 > 정치	20	②	근현대 > 현대

⬇ 영역별 틀린 개수로 취약영역을 확인하세요!

| 우리 역사의 기원 | /1 | 고대 | /4 | 중세 | /4 | 근세 | /1 |
| 근대 태동기 | /3 | 근현대 | /6 | 통합 | /1 | | |

➡ 나의 취약영역: _____

※ [정답해설]과 [오답해설] 선지의 50% 표시는 〈1초 합격예측 서비스〉를 통해 수집된 선지 선택률을 나타냅니다.

---

1 우리 역사의 기원과 형성 > 국가의 형성 > 고조선
오답률 2%   답 ②

| 정답해설 | ② 98% 진대법(194)은 고구려 고국천왕 때 빈민 구제를 위해 제정되었다.
| 오답해설 | ① 1% 위만은 중국의 진(秦)·한(漢) 교체기에 무리 1,000여 명을 이끌고 고조선으로 들어왔고, 준왕의 신임을 받아 서쪽 변경을 수비하는 임무를 맡았다. 위만은 이주민 세력을 통솔하며 세력을 키웠고, 고조선의 수도인 왕검성에 쳐들어가 준왕을 몰아내고 왕이 되었다(B.C. 194).
③ 0% 고조선에는 사회의 기본 질서를 유지하는 범금 8조(8조법)가 있었다.
④ 1% 고조선은 랴오닝 지방을 중심으로 성장하여 점차 주변 지역을 통합하면서 한반도 북부까지 세력을 확대하였다. 이러한 사실은 비파형 동검이나 고인돌의 분포를 통해 짐작할 수 있다.

2 고대 > 정치 > 백제의 발전
오답률 16%   답 ②

| 정답해설 | 제시된 내용의 순서는 ㄱ. 6좌평제와 16관등제 및 백관의 공복 제정(고이왕, 260) → ㄴ. 고구려의 평양성 공격(근초고왕, 371) → ㄹ. 불교를 받아들여 통치 이념을 정비(침류왕, 384) → ㄷ. 지방에 22담로 설치(무령왕, 6세기 초)이다.

| 더 알아보기 | 고이왕의 관제 정비

내신좌평을 두어 왕명 출납을, 내두좌평은 물자와 창고를, 내법좌평은 예법과 의식을, 위사좌평은 숙위 병사를, 조정좌평은 형벌과 송사를, 병관좌평은 지방의 군사에 관한 일을 각각 맡게 한다. …(중략)… 왕이 영(令)을 내려 6품 이상은 자줏빛 옷을 입고 은꽃으로 장식하고, 11품 이상은 붉은 옷을, 16품 이상은 푸른 옷을 입게 하였다.

- 『삼국사기』 -

3 고대 > 정치 > 금관가야
오답률 17%   답 ④

| 정답해설 | 제시된 사료는 금관가야의 건국 시조인 (김)수로왕 설화이다. ④ 83% 금관가야에서는 철기를 만들 때 사용하는 덩이쇠를 화폐와 같은 교환 수단으로 이용하기도 하였다.
| 오답해설 | ① 2% 백제는 침류왕 때 동진의 마라난타로부터 불교를 받아들여 왕실의 권위를 높였다(384).
② 2% 정사암 회의는 백제의 귀족 회의체이다.
③ 13% 화백 회의는 신라의 귀족 회의체이다.

| 4 | 고대 > 사회 > 발해의 사회 모습 | 오답률 12% | 답 ③ |

| 정답해설 | ③ 88% 발해는 당, 신라, 거란, 일본 등과 무역하였는데 당과의 무역 비중이 가장 컸다.

오답률 TOP1

| 5 | 고대 > 문화 > 삼국의 사회·문화 | 오답률 49% | 답 ② |

| 정답해설 | ② 51% 당나라에 가서 유식론(唯識論)을 발전시킨 원측(진평왕 35, 613~효소왕 5, 696)은 신라의 승려이다.

| 더 알아보기 | 신라의 불교를 통한 왕권 강화

- 진종 사상은 불교를 통한 왕권 강화를 위하여 국왕을 부처와 동일시하고, 진흥왕을 전륜성왕(轉輪聖王)으로 숭배하는 사상이다. 이는 진평왕 때 성골 성립의 근거가 되었다.
- 진흥왕은 동륜과 금륜 두 아들이 있었는데, 장남 동륜이 죽자 그의 아들 백정이 있었음에도 거칠부의 지지로 차남 금륜이 진지왕으로 즉위하였다. 그러나 진지왕은 즉위 4년 만에 폐위되고 백정이 진평왕으로 즉위하였다. 진평왕은 즉위의 정당성과 정통성을 재규정하기 위하여 자신의 가계를 성골이라 명명하고 다른 귀족과의 차별화를 시도하였다.

| 6 | 중세 > 정치 > 군사 제도 | 오답률 31% | 답 ① |

| 정답해설 | ① 69% 북방의 양계(동계, 북계) 지역에는 주진군이 설치되어 운영되었다.

| 7 | 중세 > 정치 > 성종의 업적 | 오답률 17% | 답 ④ |

| 정답해설 | 제시된 사료는 최승로의 시무 28조 중 일부이며, 최승로의 건의를 받은 국왕은 성종이다. ④ 83% 성종은 연등회를 축소하고 팔관회를 폐지하여 국가적인 불교 행사를 억제하였다.
| 오답해설 | ① 4% 호족과의 혼인 정책은 태조, ② 7% 노비안검법 시행은 광종, ③ 6% 양현고를 설치하고 보문각과 청연각을 세워 관학을 진흥시킨 것은 예종의 업적이다.

| 8 | 중세 > 문화 > 불교계의 동향 | 오답률 33% | 답 ② |

| 정답해설 | ② 67% 고려 전기에 만들어졌던 대장경 판목(초조대장경)은 몽골의 침입으로 소실되었다.

| 9 | 중세 > 사회 > 만적의 난 | 오답률 32% | 답 ① |

| 정답해설 | 제시된 내용은 최충헌 집권 시기(1196~1219)에 일어난 '만적의 난'(1198) 사료이다. 따라서 무신정권 시기의 시대 상황이 아닌 것을 고르는 문제이다. ① 68% 최충의 9재 학당은 문종(1046~1083) 때 설립되었으며, 9재 학당(문헌공도) 등 사학 12도가 융성했던 시기는 고려 중기이다.
| 오답해설 | ② 18% 무신정권 시기에는 경주 일대에서 김사미·효심의 난(1193)과 같은 신라 부흥 운동이 일어났다.

| 10 | 근세 > 정치 > 태종의 업적 | 오답률 19% | 답 ① |

| 정답해설 | ① 81% 태종은 1401년 사섬서를 설치하고, 지폐인 저화를 발행하였다.
| 오답해설 | ② 4% 상평통보는 인조 때 처음 발행되었고, 숙종 때 발행된 상평통보가 전국적으로 유통되면서 화폐 경제를 촉진하였다.
③ 10% 대한 제국은 광무개혁을 통해 지계를 발급하여 근대적 토지 소유권 제도를 확립하고자 하였다.
④ 5% 세종은 공법(연분 9등법, 전분 6등법)을 시행하여 조세 제도를 개편하였다.

| 11 | 근대 태동기 > 경제 > 대동법 | 오답률 32% | 답 ③ |

| 정답해설 | 제시된 사료는 방납의 폐단을 지적한 내용이며, 이를 해결하기 위해 대동법이 실시되었다. ③ 68% 대동법 시행 이후 왕실과 관청에서 필요한 물품을 조달해주던 상인인 공인이 등장하였다.

| 12 | 근대 태동기 > 문화 > 정약용과 이익 | 오답률 25% | 답 ① |

| 정답해설 | ㄱ. 정약용의 여전론, ㄴ. 이익의 한전론이다.
ㄱ. 여전론은 여(閭)를 단위로, 여민(閭民)들이 토지를 공동으로 경작하며 노동량에 따라 수확량을 분배받는 일종의 공동 농장 제도였다.
ㄴ. 이익의 한전론은 '영업전(한 가족이 생계를 유지할 수 있는 최소 규모의 토지)'의 매매를 법으로 금지하여, 최소한의 농민 생활을 보장하는 것이 핵심이었다.

| 13 | 단원 통합 > 고려와 조선의 의서 | 오답률 25% | 답 ③ |

| 정답해설 | 제시된 의서의 순서는 ㄹ.『향약구급방(鄕藥救急方)』(고려 고종, 1236~1251) → ㄷ.『의방유취(醫方類聚)』(조선 세종, 1445) → ㄱ.『동의보감(東醫寶鑑)』(조선 광해군, 허준, 1610 완성) → ㄴ.『마과회통(麻科會通)』(조선 정조, 정약용, 1798)이다.

| 14 | 근대 태동기 > 문화 > 지도 편찬 | 오답률 29% | 답 ④ |

| 정답해설 | ④ 71% 일제 강점기에 최남선 등은「대동여지도」의 판목을 흥선 대원군이 압수하여 소각했다고 주장하였으나, 1995년 국립중앙박물관 수장고에서 대동여지도의 판목이 다수 발견되어 그의 주장이 허구임이 입증되었다.

15 근현대 > 개항기 > 위정척사 운동 오답률 41% 답 ③

| 정답해설 | ③ 59% 영남 유생들의 만인소(영남 만인소)를 주도한 인물은 이만손이며, 기정진은 1860년대 이항로와 함께 통상 반대 운동을 전개한 인물이다.
| 오답해설 | ① 4% 최익현(호-면암)은 1870년대에 왜양일체론을 내세우면서 강화도 조약 체결을 반대하였다.
② 11% 이항로(호-화서)는 1860년대에 척화주전론을 주장하면서 통상 반대 운동을 전개하였다.
④ 26% 1881년 홍재학은 「만언척사소」를 통해 주화 매국의 신료를 처벌하고, 서양의 물품과 서적을 불태울 것을 주장하였다.

16 근현대 > 개항기 > 미국과의 관계 오답률 17% 답 ④

| 정답해설 | 1883년 (가) 미국에 민영익 등의 보빙사를 파견하였다.
④ 83% 미국은 1896년 운산 금광 채굴권을 차지하였다.
| 오답해설 | ① 10% 1895년 러시아, 프랑스, 독일은 (청·일 전쟁의 결과로 일본이 획득한) 요동반도를 청에 돌려주도록 일본을 압박하였다. 이것을 삼국간섭이라고 한다.
② 4% 1903년 러시아는 용암포를 강제 점령하고 조차를 요구하였다(용암포 사건).
③ 3% 1885년 영국은 러시아의 남하 정책을 저지하고자 거문도를 불법으로 점령하였다(1887년 영국군 철수).

17 근현대 > 개항기 > 한일 신협약(정미 7조약) 오답률 32% 답 ④

| 정답해설 | 제시된 사료는 1907년 체결된 한·일 신협약(정미 7조약)이다. ④ 68% 만국 평화 회의에 이상설 등 헤이그 특사가 파견된 것은 한·일 신협약 체결 이전이다.
| 오답해설 | ①② 18% 6% 한·일 신협약 이후 이른바 차관 정치가 시작되었고, 한·일 신협약의 비밀 부수 협약으로 대한 제국 군대가 해산되었다.
③ 8% 1909년 사법권, 1910년 경찰권이 박탈되었다.

18 근현대 > 일제 강점기 > 국내 항일 민족 운동 오답률 21% 답 ③

| 정답해설 | 〈보기〉에 제시된 사건 순서는 ㄴ. 3·1 운동(1919) → ㄱ. 물산 장려 운동(1920) → ㄹ. 6·10 만세 운동(1926) → ㄷ. 광주 학생 항일 운동(1929)이다.

19 근현대 > 현대 > 4·19 혁명 오답률 19% 답 ④

| 정답해설 | 제시된 사료는 1960년 4·19 혁명 당시, 서울대학교 문리과대학 학생들의 선언문이다. ④ 81% 조봉암 등이 진보당을 결성한 시기는 1956년 11월이다. 따라서 4·19 혁명 이전의 사실이다.
| 오답해설 | ① 3% 4·19 혁명의 결과 1960년 4월 26일 이승만 대통령이 하야하였다.
② 2% 이승만 하야 이후 허정의 과도 내각이 구성되었다. 이후 개헌(양원제, 내각 책임제)이 이루어졌고, 총선거에서 민주당이 승리하면서 장면 정권이 수립되었다.
③ 14% 4·19 혁명 이후 통일 운동이 활발해지면서 1960년 9월 '민족자주통일중앙협의회'가 조직되었다.

20 근현대 > 현대 > 유신 헌법과 유신 체제 오답률 35% 답 ②

| 정답해설 | 제시된 내용은 1972년 10월 제정되고 1972년 11월 국민투표로 확정된 유신 헌법의 일부이다. ② 65% 유신 체제에 반대하는 재야인사들은 명동성당에 모여 '3·1 민주구국선언'을 발표(1976)하였다.
| 오답해설 | ① 17% 1964년 굴욕적인 한일회담에 반대하는 학생 시위가 전개되었다. 이것을 6·3 시위라고 한다.
③ 9% 친일파 청산을 위해 1948년 10월 반민족행위특별조사위원회를 설치하였다.
④ 9% 1961년 5·16 군사 정변 이후 민생안정을 명분으로 농가 부채 탕감, 화폐 개혁 등을 실시하였다.

2018 6월 23일 시행 서울시 9급 (Ⓑ책형)

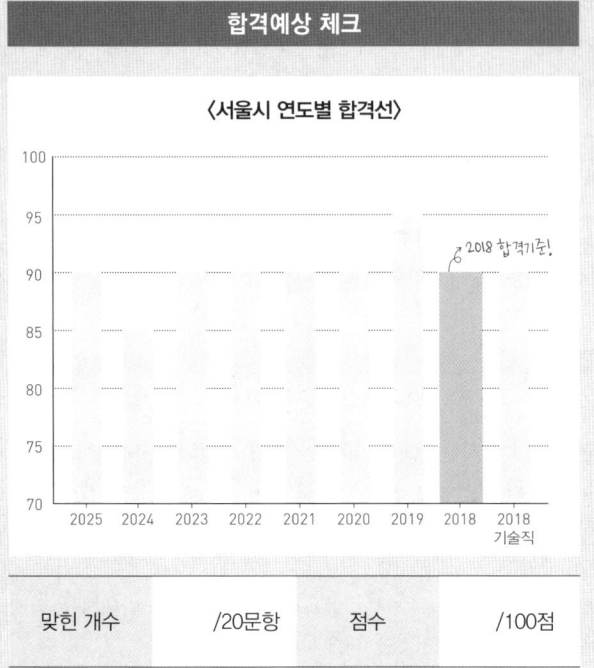

문항	정답	영역	문항	정답	영역
1	④	근현대 > 현대	11	④	단원 통합 > 조선 시대의 대외 관계
2	④	중세 > 경제	12	②	근현대 > 개항기
3	③	근대 태동기 > 정치	13	②	단원 통합 > 조선 시대의 신분 제도
4	①	우리 역사의 기원과 형성 > 선사 시대	14	④	근현대 > 개항기
5	④	고대 > 정치	15	④	근세 > 문화
6	②	중세 > 문화	16	④	근현대 > 현대
7	①	근세 > 문화	17	④	고대 > 사회
8	④	고대 > 경제	18	③	근현대 > 일제 강점기
9	①	중세 > 사회	19	②	중세 > 정치
10	②	근현대 > 개항기	20	②	근현대 > 현대

▼ 영역별 틀린 개수로 취약영역을 확인하세요!

| 우리 역사의 기원 | /1 | 고대 | /3 | 중세 | /4 | 근세 | /2 |
| 근대 태동기 | /1 | 근현대 | /7 | 통합 | /2 | | |

➡ 나의 취약영역: _____

※ [정답해설]과 [오답해설] 선지의 50% 표시는 〈1초 합격예측 서비스〉를 통해 수집된 선지 선택률을 나타냅니다.

오답률 TOP 3

1 근현대 > 현대 > 한·일 기본 조약   오답률 42% 답 ④

| 정답해설 | ④ 58% 1965년 체결된 한·일 기본 조약(한·일 협정)은 다음과 같은 부속 협정을 포함하고 있으며 그 내용은 청구권·경제 협력에 관한 협정, 재일교포의 법적 지위와 대우에 관한 협정, 어업에 관한 협정, 문화재·문화 협력에 관한 협정 등이다.

| 오답해설 | ① 8% 한·일 기본 조약 체결 과정에서 일본군 위안부(일본군 성노예)에 관한 어떠한 논의도 이루어지지 않았다.
② 15% 한·일 기본 조약 체결 논의 과정에서 '굴욕적 대일 외교'에 반대하는 6·3 시위(1964)가 일어났다. 6·10 민주 항쟁(1987)은 6·29 민주화 선언을 이끌어 낸 민주화 운동이다.
③ 19% 한·일 기본 조약 협의 과정에서 당시 대한민국에서는 (중앙정보부장) 김종필이 특사로 파견되었다. 이후락은 7·4 남북 공동 성명(1972)을 논의하는 과정에서 북한에 밀사로 파견된 인물이다.

2 중세 > 경제 > 경제 생활   오답률 34% 답 ④

| 정답해설 | ㄱ. 성종은 철전(鐵錢)인 건원중보를 만들어 전국적으로 유통시키려 하였으나 성공하지 못하였다.
ㄴ. 고려 후기에 관청 수공업이 쇠퇴하면서 사원 수공업과 민간(민영) 수공업이 점차 발달하였다.
ㄷ. 예성강 어귀의 벽란도는 고려 시대 최대의 국제 무역항이었다.
ㄹ. 원 간섭 시기에는 원의 지폐인 보초가 들어와 유통되기도 하였고, 이는 고려 왕실의 원나라 왕래 혹은 사신 파견 등의 소요 경비로 사용되었다.

오답률 TOP 2

3 근대 태동기 > 정치 > 국방 정책   오답률 44% 답 ③

| 정답해설 | 제시된 내용의 순서는 ㄷ. 효종 때 조선에 표류한 하멜이 훈련도감에 소속되어 서양식 무기를 제조 → ㄴ. 숙종 때 금위영이 설치(1682)되어 5군영 체제 완성 → ㄹ. 영조 때 수도 방어를 강화하기 위해 '수성윤음'을 반포(1751) → ㄱ. 세종 때 개성 유수부, 인조 때 강화 유수부, 정조 때 수원 유수부 및 광주 유수부가 설치되면서 서울 주변의 4유수부가 서울을 엄호하는 체제의 완성이다.

| 4 | 우리 역사의 기원과 형성 > 선사 시대 > 구석기 시대 | 오답률 3% | 답 ① |

| 정답해설 | ① 97% 구석기 시대 사람들은 이동 생활을 하면서 동굴이나 바위그늘 혹은 막집을 지어 거주하였다. 이들은 언어와 불을 사용하였다.
| 오답해설 | ② 1% 단양 수양개 유적, 연천 전곡리 유적, 공주 석장리 유적은 구석기 시대 대표적 유적이지만, 조, 피, 수수 등을 재배하는 밭농사는 신석기 시대부터 시작되었다.
③ 0% 고인돌과 돌널무덤은 청동기 시대의 대표적 무덤이다.
④ 2% 주먹 도끼와 가로날 도끼는 구석기 시대 유물이지만, 민무늬 토기는 청동기 시대의 대표적 토기이다.

| 5 | 고대 > 정치 > 통일 신라의 특징 | 오답률 13% | 답 ④ |

| 정답해설 | ④ 87% 통일 후 신라는 넓어진 영토를 관리하기 위해 9주 5소경 체제로 지방 행정 제도를 정비하였다. 특히 군사·행정적으로 중요한 곳에는 특별 행정 구역인 5소경을 설치해 지방 세력을 통제하고자 하였다.
| 오답해설 | ① 4% 9서당은 통일 후 정비된 신라의 중앙군 체제로, 신라, 백제, 고구려, 보덕국, 말갈족 출신들을 모두 포함하여 조직되었다.
② 6% 천태종은 고려 시대 의천이 교종과 선종을 통합한 종파이다.
③ 3% 신라 중대에는 무열왕의 직계 자손들이 왕위를 계승하였다(중대: 무열왕~혜공왕).

| 6 | 중세 > 문화 > 고려의 문화 특징 | 오답률 17% | 답 ② |

| 정답해설 | ② 83% 고려는 서양에서의 금속 활자 인쇄 시작 시기보다 200여 년이나 앞선 시기에 『상정고금예문』(1234, 현재 전하지 않음)을 인쇄하였고 유네스코 세계 기록유산으로 등록된 『직지심체요절』(1377, 현존 세계 최고(最古)의 금속 활자)을 인쇄하였다.
| 오답해설 | ① 10% 고려의 귀족 문화를 대표하는 자기는 청자이며, 상감청자는 12세기 중엽부터 유행하였다.
③ 5% 팔만대장경(재조대장경)은 몽골의 침략을 막기 위한 염원에서 만들어졌다(최우~최항 집권 시기).
④ 2% 고려에서는 유교와 불교문화가 융합된 독특한 문화가 발전하였다.

| 7 | 근세 > 문화 > 조선 전기의 서적 | 오답률 32% | 답 ① |

| 정답해설 | ① 68% 『본조편년강목』(이칭, 『본국편년강목』)은 고려 충숙왕 4년(1317)에 민지가 편찬한 역사서이며, 현존하지 않는다.
| 오답해설 | ② 7% 『의방유취』: 세종 때 편찬된 의학 백과사전이다.
③ 21% 『삼국사절요』: 성종 때 노사신, 서거정 등이 편찬한 역사서이다.
④ 4% 『농사직설』: 세종 때 정초 등이 우리 환경에 맞는 농법을 수록한 농서이다.

| 8 | 고대 > 경제 > 통일 신라의 경제 제도 | 오답률 20% | 답 ④ |

| 정답해설 | 제시된 내용의 순서는 ㄹ. 관료전 지급(신문왕 7, 687) → ㄴ. 녹읍 폐지(신문왕 9, 689) → ㄷ. 정전 지급(성덕왕 21, 722) → ㄱ. 녹읍 부활(경덕왕 16, 757)이다.

| 9 | 중세 > 사회 > 무신정권기의 봉기 | 오답률 8% | 답 ① |

| 정답해설 | ① 92% 조위총의 난(1174)은 무신정권에 반발하며 발생한 난이다. 무신집권기 백제 부흥을 명분으로 일어난 난은 이연년의 난(1237)이 대표적이다.
| 오답해설 | ② 3% 망이·망소이의 난은 공주 명학소에서 일어났다(1176). 당시 무신정권은 이들을 회유하기 위해 명학소를 충순현으로 승격시켰다.
③ 3% 김사미와 효심 등은 신라 부흥을 내걸고 반란을 일으켰다(1193).
④ 2% 사노비 만적은 노비 해방을 내세우며 반란을 모의하였다(1198).

| 10 | 근현대 > 개항기 > 19세기의 역사적 사실 | 오답률 21% | 답 ② |

| 정답해설 | 〈보기〉의 사건 순서는 ㄴ. 전주화약(1894. 5.) → ㄹ. 군국기무처 설치(1894. 6.) → ㄷ. 홍범 14조 발표(1894. 12.) → ㄱ. 아관 파천(1896)이다.

| 11 | 단원 통합 > 조선 시대의 대외 관계 | 오답률 16% | 답 ④ |

| 정답해설 | ④ 84% 조선 후기, 조선이 청과의 외교와 무역에서 '은화'를 사용함에 따라 많은 은이 필요했기 때문에 은광이 활발하게 개발되었다. 한편 조선 상인들은 일본으로부터 은을 수입하고 청으로 수출하여 이익을 남기는 중계 무역을 하였다.
| 오답해설 | ① 3% 세종 때 최윤덕, 김종서의 활약으로 북방의 여진족을 몰아내고 4군 6진을 개척하였다.
② 7% 왜란이 끝난 후 일본은 조선에 국교 재개를 요청하였다.
③ 6% 조선 후기 북벌운동의 한계를 느낀 일부 지식인들은 (청의 선진 문물을 받아들이자는) 북학 운동을 전개하였다.

12 근현대 > 개항기 > 병인양요, 신미양요   오답률 32%   답 ②

| 정답해설 | ② 68% 미국 상선 제너럴 셔먼호는 조선에 통상을 요구하다 거절당하자, 대동강으로 들어와 평양 주민을 약탈하고 사람들을 죽였다. 이에 분노한 평양 관민은 평안도 관찰사 박규수의 지휘 아래, 제너럴 셔먼호를 화공(火攻)으로 침몰시켰다(1866, 제너럴 셔먼호 사건).

| 오답해설 | ① 8% 신미양요 당시 어재연이 이끄는 조선군은 광성보에서 미군을 상대로 격렬한 항전을 벌였지만 패하고 말았다.
③ 7% 병인양요 당시 양헌수 부대는 삼랑성(정족산성)에서 프랑스군을 격퇴하였다.
④ 17% 박규수는 화공 작전을 펴서 제너럴 셔먼호를 공격하였다.

13 단원 통합 > 조선 시대의 신분 제도   오답률 26%   답 ②

| 정답해설 | ② 74% 서얼은 법적으로 문과 응시가 금지되었으나, 무과나 잡과를 통해 관직에 진출할 수 있었다.

14 근현대 > 개항기 > 근대 교육 기관   오답률 32%   답 ③

| 정답해설 | ③ 68% 고종의 교육입국조서(1895)에 따라 설립된 대표적 관립 학교는 한성 사범 학교이다. 경신 학교는 1886년 선교사 언더우드가 설립한 학교이다.

| 더 알아보기 | 개신교 선교사가 설립한 학교

학교	설립연도	설립자
배재 학당	1885	아펜젤러
이화 학당	1886	스크랜턴
경신 학교	1886	언더우드
정신 여학교	1887	엘러스
숭실 학교	1897	베어드

15 근세 > 문화 > 이황   오답률 19%   답 ③

| 정답해설 | 『성학십도』를 집필한 인물은 이황이다. ③ 81% 이황은 기(氣)보다는 이(理)를 중시하였고(주리론), 예안향약을 만들었다.

| 오답해설 | ① 5% 『동몽선습』은 박세무가 저술한 아동용 수신 교과서이다.
② 7% 이황의 학설을 따르는 이들은 처음에는 동인을 형성하였고, 이후 남인으로 분화되었다.
④ 7% 이황은 『주자대전』의 중요 부분을 발췌하여 『주자서절요』를 편찬하였다. 『주자문록』은 기대승이 편찬하였다.

16 근현대 > 현대 > 민주화 운동   오답률 16%   답 ④

| 정답해설 | ④ 84% 1997년 12월 대통령 선거에서 야당 후보였던 김대중이 당선되면서, 여야의 평화적 정권 교체가 실현되었다(1998년부터 김대중 정부-국민의 정부 출범).

| 오답해설 | ① 2% 1954년 사사오입 개헌은 이승만의 장기 집권을 위한 개헌이었다.
② 2% 유신 헌법은 삼권이 모두 집중된 강력한 대통령제를 지향하였고, 긴급조치권 등이 신설되어 인권 탄압을 가능하게 하였다.
③ 12% 1987년 6월 민주 항쟁으로 대통령 직선제 개헌을 쟁취하였으나, 야권 후보의 분열(김영삼, 김대중, 김종필 독자 출마)로 노태우가 당선되었다. 이로써 군사 정권을 종식시키지 못하였다. 한편 문민정부(김영삼 정부)의 출범은 1993년에 해당한다.

17 고대 > 사회 > 빈공과   오답률 14%   답 ④

| 정답해설 | ④ 86% 신라 하대의 인물들인 김운경, 최치원, 최언위, 최승우는 모두 당의 빈공과(외국인 대상의 과거 시험)에 합격했다는 공통점이 있다.

| 더 알아보기 | 6두품 출신의 도당 유학생

> 김운경이 빈공과에 처음으로 합격한 뒤에, 소위 빈공자(빈공과에 합격한 사람)는 매월 특별 시험을 보아 그 이름을 발표하는데, 김운경 이후 당나라 말기까지 과거에 합격한 사람은 58명이었고 5대에는 32명이나 되었다. 그 중 대표적인 사람은 …… 최치원, 최신지(최언위), 박인범, 최승우 등이다.
> ─『동사강목』─

18 근현대 > 일제 강점기 > 지청천   오답률 16%   답 ③

| 정답해설 | 제시된 사료에서 "대전자령 공격"을 통해 관련 인물이 한국 독립군을 이끈 지청천임을 알 수 있다. ③ 84% 1931년 만주 사변 이후 한국 독립군은 중국 호로군과 연합하여 쌍성보 전투, 경박호 전투, 동경성 전투, 사도하자 전투, 대전자령 전투 등에서 혁혁한 전과를 올렸다.

| 오답해설 | ① 2% (화북) 조선 독립 동맹의 주석으로 선출된 인물은 김두봉이다.
② 9% 양세봉은 조선 혁명군을 이끌고 영릉가 전투, 흥경성 전투에서 대승을 거두었다.
④ 5% 김원봉은 1938년 조선 의용대를 결성하고 대적 심리전 등에서 크게 활약하였다.

| 19 | 중세 > 정치 > 금(金)과의 관계 | 오답률 16% | 답 ② |

| 정답해설 | 빈칸의 '국가'를 상국으로 대우하는 일(사대 관계를 맺는 일)에 "이자겸, 척준경이 찬성"했다는 내용을 확인할 수 있다. 따라서 빈칸의 나라는 여진족이 세운 금(金)임을 알 수 있다. ② 84% 묘청 일파는 서경 천도 운동을 추진하면서 금(金)을 정벌하고, 칭제건원(황제국을 표방하고, 독자적 연호를 사용)을 주장하였다.
| 오답해설 | ① 7% 현종은 거란(요)의 2차 침략 당시 나주까지 피난하였다.
③ 4% 고려는 몽골족과 함께 강동성에 포위된 거란족을 격파하였다(강동의 역, 1219).
④ 5% 정종은 거란족의 침략을 방어하기 위해 광군을 설치하였다.

오답률 TOP 1

| 20 | 근현대 > 현대 > 통일을 위한 노력 | 오답률 49% | 답 ② |

| 정답해설 | (가) 1972년 발표된 7·4 남북 공동 성명이며, (나) 2000년 6·15 남북 공동 선언 중 일부이다. 따라서 1972년부터 2000년 사이의 역사적 사실을 고르는 문제이다.
ㄱ. 1998년부터 금강산 관광이 시작되었다.
ㄴ. 1972년 7·4 남북 공동 성명 직후 남북 관계를 개선·발전시키며 통일 문제를 해결할 목적으로 남북 조절 위원회가 설치되었다.
ㄹ. 1991년 9월, 남과 북이 동시에 유엔에 가입하였다.
| 오답해설 | ㄷ. 2000년 6·15 남북 공동 선언의 결과 경의선과 동해선 철도가 연결되었다.

2018 3월 24일 시행 서울시 기술직 9급 (Ⓐ책형)

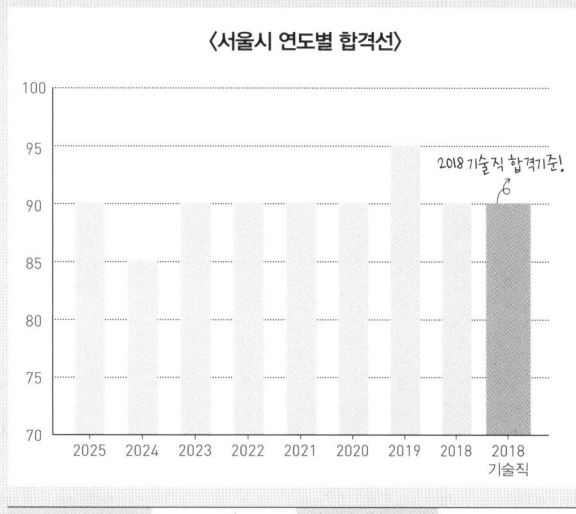

문항	정답	영역	문항	정답	영역
1	①	근현대 > 일제 강점기	11	④	근현대 > 일제 강점기
2	③	우리 역사의 기원과 형성 > 선사 시대	12	④	근대 태동기 > 문화
3	①	근대 태동기 > 문화	13	③	근대 태동기 > 문화
4	②	근현대 > 일제 강점기	14	①	근세 > 문화
5	②	근현대 > 개항기	15	①	단원 통합 > 고려·조선의 지방 제도
6	④	근현대 > 개항기	16	②	근현대 > 일제 강점기
7	①	근현대 > 일제 강점기	17	②	근현대 > 현대
8	③	고대 > 정치	18	④	고대 > 정치
9	③	단원 통합 > 조선 시대의 서적	19	③	고대 > 정치
10	④	근현대 > 개항기	20	②	근대 태동기 > 정치

▶ 영역별 틀린 개수로 취약영역을 확인하세요!

| 우리 역사의 기원 | /1 | 고대 | /3 | 중세 | –/0 | 근세 | /1 |
| 근대 태동기 | /4 | 근현대 | /9 | 통합 | /2 | | |

▶ 나의 취약영역: _____

※ [정답해설]과 [오답해설] 선지의 50% 표시는 〈1초 합격예측 서비스〉를 통해 수집된 선지 선택률을 나타냅니다.

---

1 근현대 > 일제 강점기 > 치안 유지법   오답률 34%   답 ①

| 정답해설 | 제시된 〈보기〉는 1925년 공포된 <u>치안 유지법</u>이다. ① 66% 김상옥의 종로경찰서 폭탄 투척 사건(1923)은 치안 유지법 제정 이전에 해당한다.

| 오답해설 | ② 12% 조선 공산당은 1925년 처음 만들어졌고, 일제 강점기에 총 4차례 설립과 해체가 반복되었다.
③ 8% 수양동우회 사건은 1937년~1938년까지 진행되었다.
④ 14% 조선어 학회 사건은 1942년에 발생하였다.

2 우리 역사의 기원과 형성 > 선사 시대 > 신석기 시대   오답률 6%   답 ③

| 정답해설 | 서울 암사동 유적, 제주 고산리 유적, 양양 오산리 유적, 부산 동삼동 유적은 대표적인 신석기 시대 유적지이다. ③ 94% 신석기 시대 유적지는 강가나 바닷가에 있어 조개무지(패총)가 많이 발견된다.

| 오답해설 | ① 4% 청동기 시대부터는 (반지하형) 움집을 청산하고, 지상 가옥에서 거주하기 시작하였다.
② 2% 철기 시대에는 벼농사를 위한 각종 수리 시설이 축조되었다.
④ 0% 청동기 시대부터는 (전쟁에서) 마을을 보호하기 위한 방어 시설이 발전하였다.

오답률 TOP 2
3 근대 태동기 > 문화 > 백과사전   오답률 56%   답 ①

| 정답해설 | 제시된 백과사전의 편찬 순서는 ㄱ.『대동운부군옥』(권문해, 선조) → ㄴ.『지봉유설』(이수광, 광해군) → ㄷ.『성호사설』(이익, 영조) → ㄹ.『오주연문장전산고』(이규경, 헌종)이다.

4 근현대 > 일제 강점기 > 1920년대 문화   오답률 32%   답 ②

| 정답해설 | 자료에 제시된 영화는 <u>1926년 나운규가 제작한 '아리랑'</u>이다. ② 68% 1920년대에는 사회주의 사상이 지식인들 사이에 유행하면서 사회주의 사상이 반영된 문학적 흐름이 나타났다. 그 결과 박영희, 김기진 등을 중심으로 '카프(KAPF; 조선프롤레타리아 예술가동맹, 1925)'라는 단체가 결성되었다.

| 오답해설 | ① 12% 1934년 다산 서거 99주년 기념 사업을 계기로 조선학 운동이 본격화되었다. 역사학에서의 조선학 운동은 안재홍, 정인보, 문일평 등 비타협적 민족주의 사학자들에 의해 주도되었는데, 신채호 등의 민족주의 사학을 계승하되 이전 민족주의 사학의 한계를 인식하고, 민족의 고유성, 특수성과 세계성을 동시에 추구하였다.
③ 11% 1930년대 중반 일본 대중음악(엔카)의 영향을 받은 트로트 양식이 정립되었다.

④ ⑨% 1940년 일제는 조선 영화령을 공포하여 전시 체제의 옹호와 선전 수단으로 영화를 활용하였다.

| 5 | 근현대 > 개항기 > 러·일 전쟁 | 오답률 24% | 답 ② |

| 정답해설 | 제시된 사건의 순서는 ㄴ. 대한 제국의 중립 선언(1904. 1. 21.) → ㄱ. 일본이 인천 앞바다에 있던 두 척의 러시아 군함을 격침(1904. 2. 9.) → ㄷ. 일본의 러시아에 대한 선전 포고(1904. 2. 10.) → ㄹ. 한·일 의정서(1904. 2. 23.) 체결이다.

| 6 | 근현대 > 개항기 > 홍범도 | 오답률 41% | 답 ④ |

| 정답해설 | 제시된 사료에서 "비록 글을 배우지 못했다."는 평민의 병장임을 의미하고, "1907년 의병을 일으켰다."는 정미의병에 참여한 것임을 알 수 있다. 이를 통해 밑줄 친 '그'는 홍범도임을 짐작할 수 있다. ④ 59% '허위'는 13도 창의군을 이끌고 서울 진공 작전을 전개하였으나 실패하였다(1908).
| 오답해설 | ①② 3% 8% 홍범도는 함경도 갑산의 산포수를 중심으로 의병을 조직하여, 1907년 12월 삼수 전투에서 일본군(함흥·북청·갑산 지역) 수비대를 궤멸시켰다.
③ 30% 1920년 홍범도는 대한 독립군을 이끌고, 북로 군정서 등과 연합하여 청산리 전투에서 일본군을 격퇴하였다.

| 7 | 근현대 > 일제 강점기 > 의열단 | 오답률 17% | 답 ① |

| 정답해설 | 제시된 〈보기〉는 의열단의 강령인 '조선혁명선언'이다.
① 83% 의열단 단원 김익상은 1921년 조선 총독부에 투탄 의거를 한 후 상해로 건너가 오성륜, 이종암과 함께 일본 육군대장 다나카 기이치를 저격하였으나 실패하였다(황포탄 의거).
| 오답해설 | ② 5% 한인 애국단 단원 이봉창은 일본 동경에서 일왕 히로히토에게 폭탄을 던졌으나 실패하였다(1932).
③ 5% 흑색공포단 단원 백정기, 이강훈, 원심창이 상해 육삼정(六三亭)에서 일본공사 아리요시 아키라(有吉明)를 암살하려 하였으나 실패하였다.
④ 7% 한인 애국단 단원 윤봉길은 상해 홍커우(홍구) 공원에서 폭탄을 던져 일본 대장 시라카와 요시노리(白川義則) 등을 폭사시켰다.

| 8 | 고대 > 정치 > 고구려 | 오답률 9% | 답 ③ |

| 정답해설 | 제시된 사건의 순서는 ㄴ. 위(魏)의 장군 관구검의 침략(3세기 동천왕, 관구검기공비에는 244년, 『삼국사기』에는 246년으로 기록되어 있음) → ㄷ. 백제 근초고왕의 평양성 공격 과정에서 고국원왕의 전사(371) → ㄹ. 장수왕의 광개토대왕릉비 건립(414) → ㄱ. 장수왕의 평양 천도(427)이다.

| 9 | 단원 통합 > 조선 시대의 서적 | 오답률 8% | 답 ③ |

| 오답해설 | ㄴ. 서거정이 편찬한 『동문선』(성종)은 우리나라 역대의 빼어난 시문을 모아 편찬한 책이며, 우리글의 독자성을 강조하고 있다. 우리 풍토에 맞는 약재와 치료법을 정리한 책은 『향약집성방』(세종)이다.
ㄷ. 이제마는 『동의수세보원』에서 사상의학(태양·소양·태음·소음)을 확립하여, 사람의 체질에 따른 치료 방법을 제시하였다. 중국 및 일본의 자료 500여 권을 참고하여 편찬된 역사서로서, 민족사 인식의 폭을 넓혔다고 평가되는 것은 한치윤의 『해동역사』이다.

| 10 | 근현대 > 개항기 > 외국과의 조약 | 오답률 16% | 답 ④ |

| 정답해설 | (가) 강화도 조약, (나) 조청 상민 수륙 무역 장정이다. 강화도 조약 제1관에서 "조선국은 ㉠ 자주국이며, 일본국과 평등한 권리를 가진다."는 내용을 확인할 수 있다. 한편 조청 상민 수륙 무역 장정에서는 "이 수륙 무역 장정은 중국이 ㉡ 속방(屬邦)을 우대하는 뜻에서 상정한 것이고, 각 대등 국가 간의 일체 동등한 혜택을 받는 예와는 다르다."로 규정되어 있다.

| 11 | 근현대 > 일제 강점기 > 신간회 | 오답률 32% | 답 ④ |

| 정답해설 | 제시된 〈보기〉의 단체는 신간회이다. 신간회는 비타협적 민족주의 계열과 사회주의 계열이 합작하여 만들어진 단체이며, 1927년 창립되어 1931년까지 활동하였다. ④ 68% 따라서 신간회 활동 시기에 발생하지 않은 사실은 1923~1924년까지 진행된 암태도 소작 쟁의이다.
| 오답해설 | ① 8% 광주 학생 독립운동(광주 학생 항일 운동)은 1929년에 일어났다.
② 4% 원산 총파업은 1929년에 발생하였다.
③ 20% 1930년 단천 산림 조합 시행령 반대 운동이 일어났다.

| 12 | 근대 태동기 > 문화 > 이익 | 오답률 17% | 답 ④ |

| 정답해설 | 제시된 〈보기〉는 이익의 토지 개혁론인 '한전론' 중 일부이다. ④ 83% 이익의 『성호사설』은 천지·만물·인사·경사·시문 등 5개 부분으로 나누어 우리나라 및 중국 문화를 백과사전식으로 소개·비판한 책이다.
| 오답해설 | ① 15% 정약용은 『목민심서』 등을 저술하였고 실학을 집대성하였다고 평가받는다.
② 1% 유득공의 『발해고』는 발해사를 통일 신라와 대등하게 우리 역사로 체계화시켰다고 평가된다.
③ 1% 이중환의 『택리지』는 각 지역의 자연환경과 물산, 풍속, 인심 등을 서술하고 어느 지역이 살기 좋은 곳인가를 정리하였다.

| 13 | 근대 태동기 > 문화 > 허균 | 오답률 36% | 답 ③ |

| **정답해설** | 제시된 〈보기〉에서 저자는 "노비나 서얼이어서 어진 인재를 버려두고, 어머니가 개가(다시 시집갔다고)했으므로 재능을 쓰지 않는 것"을 비판하고 있다. 따라서 ③ 64% 양반 중심의 성리학적 신분 제도를 비판한 허균의 『유재론(遺才論)』임을 짐작할 수 있다.

오답률 TOP 3
| 14 | 근세 > 문화 > 조선 전기의 건축물 | 오답률 53% | 답 ① |

| **정답해설** | ㄱ. 무위사 극락전은 1430년(세종 12년) 건축되었다.
ㄹ. 15세기 건축물인 해인사 장경판전은 1995년 12월에 유네스코 세계 유산으로 등록되었다.
| **오답해설** | ㄴ, ㄷ. 17세기에는 불교의 사회적 지위가 제고되어 사원 건축물도 많이 세워졌는데, 김제 금산사 미륵전, 구례 화엄사 각황전, 보은 법주사 팔상전 등 규모가 큰 다층 건물이 많이 세워졌다.

| 15 | 단원 통합 > 고려·조선의 지방 제도 | 오답률 37% | 답 ① |

| **정답해설** | ① 63% 조선에서 지방관은 행정 및 사법권뿐 아니라 군사권까지 담당하였다.
| **더 알아보기** | 수령 7사

수령 7사는 수령이 해야 할 일곱 가지 일로서 그 내용은 다음과 같다. 농상성(農桑盛, 농상을 성하게 함), 호구증(戶口增, 호구를 늘림), 학교흥(學校興, 학교를 일으킴), 군정수(軍政修, 군사 행정을 잘 다스림), 부역균(賦役均, 역의 부과를 균등하게 함), 사송간(詞訟簡, 소송을 간명하게 함), 간활식(奸猾息, 교활하고 간사한 것을 그치게 함)이다.

| 16 | 근현대 > 일제 강점기 > 카이로 회담 | 오답률 26% | 답 ② |

| **정답해설** | ② 74% 제2차 세계 대전 중 미국·영국·중국의 정상은 카이로 회담(1943. 11.)에서 '조선 인민의 노예 상태에 유의하여 적당한 시기(혹은 절차)를 거쳐 독립을 시켜야 한다.'고 선언함으로써 처음으로 우리나라의 독립을 결의했다.
| **오답해설** | ① 11% 포츠담 선언(1945. 7.)에서는 일본의 무조건 항복을 요구하였고, '카이로 선언의 조항은 이행될 것'이라고 밝힘으로써 우리나라의 독립을 재확인하였다.
③④ 5% 10% 얄타 회담(1945. 2.)에서 소련의 대일 참전을 결정하였다. 또한 미국의 루즈벨트 대통령은 조선에 대해 20~30년간의 신탁 통치 안건을 처음 제시했다.

오답률 TOP 1
| 17 | 근현대 > 현대 > 북한 정권의 수립 과정 | 오답률 63% | 답 ② |

| **정답해설** | 제시된 〈보기〉의 순서는 ㄱ. 북조선 임시 인민 위원회 성립(1946. 2.) → ㄷ. 토지 개혁 실시(1946. 3.) → ㅁ. 북조선 노동당 결성(1946. 8.) → ㄴ. 조선 인민군 창설(1948. 2.) → ㄹ. 최고 인민 회의 대의원 선거(1948. 8. 25.) → ㅂ. 조선 민주주의 인민 공화국 성립(1948. 9. 9.)이다.

| 18 | 고대 > 정치 > 진성여왕 시기의 역사적 사실 | 오답률 17% | 답 ④ |

| **정답해설** | 원종과 애노의 난은 진성여왕 3년(889)에 일어났다. 한편 ④ 83% 진성여왕 때 각간 위홍과 대구화상이 향가집 『삼대목』을 편찬하였으나(888), 지금은 전해지지 않는다.
| **오답해설** | ① 6% 경덕왕 때 관직과 주현의 이름을 중국식 한자로 바꾸었다.
② 4% 신문왕은 관료전을 지급하고 녹읍을 폐지하였다.
③ 7% 장보고는 흥덕왕에게 건의하여, 해적 소탕을 위한 청해진을 설치하였다.

| 19 | 고대 > 정치 > 문왕 시기의 역사적 사실 | 오답률 20% | 답 ③ |

| **정답해설** | 수도를 중경에서 상경으로, 다시 동경으로 옮기고 대흥, 보력 등 독자적 연호를 사용한 왕은 발해 문왕이다. ③ 80% 문왕은 전륜성왕(불교적 성왕)을 자처하고, 황상(皇上)의 칭호를 사용하였다.
| **오답해설** | ① 7% 무왕은 산동 지방에 장문휴의 수군을 보내 당을 공격하였다.
② 11% 선왕 이후 발해는 당으로부터 '해동성국'으로 불렸다.
④ 2% 고왕은 동모산에 진(震, 이후 발해로 개칭)을 건국하였다.

| 20 | 근대 태동기 > 정치 > 비변사 | 오답률 20% | 답 ② |

| **정답해설** | 명칭은 '변방의 방비를 담당하는 곳'이지만, 국가의 중대사 등을 담당했던 기구는 비변사이다. ② 80% 조선 후기 비변사의 영향력이 확대되면서 의정부와 6조 중심 행정 체계가 약화되었다.
| **오답해설** | ① 2% 흥선 대원군은 왕권을 강화하기 위해 비변사를 혁파하였다.
③④ 1% 17% 비변사는 삼포왜란(1510)을 계기로 설치되었으며(임시 기구), 을묘왜변(1555, 16세기 중엽) 이후 상설 기구가 되었다.

어제의 비 때문에
오늘까지 젖어있지 말고,
내일의 비 때문에
오늘부터 우산을 펴지 마라.

– 이수경, 『낯선 것들과 마주하기』, 한울

계리직 9급

해설 & 기출분석 REPORT

계리직 기출 POINT

2024년도 시험부터 한국사가 검정시험으로 대체 시행됨

Point 1 9급공무원 시험 중 가장 난도가 높은 시험이며, 생소한 사료와 지엽적 문제가 다수 출제되었다.

Point 2 계리직 기출문제를 꼼꼼히 분석한다면, 인사혁신처 문제(국가직, 지방직)의 고난도 문제를 적절하게 대비할 수 있을 것이다.

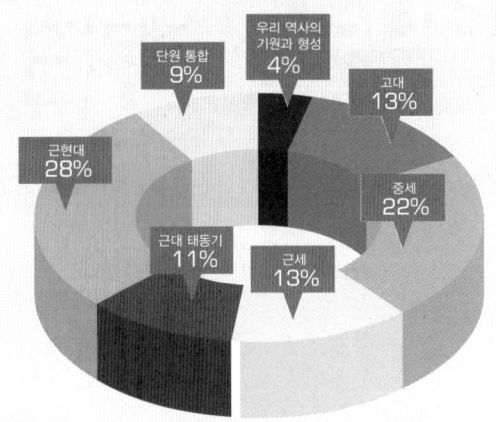
▲ 최근 3개년 평균 출제비중

연도	총평	우리 역사의 기원과 형성	고대	중세	근세	근대 태동기	근현대	통합
2023	• 소현세자의 죽음과 관련된 사료가 처음 출제됨 • 단답형 문제가 한 문제도 출제되지 않았고, 모든 문제가 사료 제시형, 순서 나열형 문제였음	6% (1문항)	11% (2문항)	28% (5문항)	11% (2문항)	11% (2문항)	33% (6문항)	0% (0문항)
2022	• 세종 때 시행된 공법에 관한 지엽적 내용을 묻는 고난도 문제가 출제됨 • 6·3 시위와 한·일 협정 사이의 역사적 사실을 묻는 문제는 고난도 문제가 출제됨	0% (0문항)	17% (3문항)	28% (5문항)	17% (3문항)	11% (2문항)	21% (4문항)	6% (1문항)
2021	• 강화도, 서울의 역사를 묻는 지역사 문제가 출제됨 • 생소한 사료(『삼국지』 위서 동이전의 예왕지인)와 지엽적 문제(임진왜란의 벽제관 전투)가 출제되어 수험생들의 체감 난도가 높아짐	6% (1문항)	11% (2문항)	11% (2문항)	11% (2문항)	11% (2문항)	28% (5문항)	22% (4문항)

2023

6월 3일 시행
계리직 9급 (Ⓑ책형)

합격예상 체크

〈계리직 연도별 합격선(상용한자 제외)〉

2023: 약 78 (2023 합격기준)
2022: 약 72
2021: 약 78

※ 18문항 만점(100점) 기준으로 문항당 5.55점을 적용하여 합격선을 산출하였습니다.

맞힌 개수	/18문항	점수	/100점

➡ □ 합격 □ 불합격

취약영역 체크

문항	정답	영역	문항	정답	영역
1	①	근세 > 문화	11	②	고대 > 정치
2	③	근대 태동기 > 정치	12	④	고대 > 문화
3	②	근대 태동기 > 문화	13	①	중세 > 정치
4	③	근현대 > 개항기	14	④	중세 > 정치
5	②	근현대 > 개항기	15	①	중세 > 정치
6	④	근현대 > 개항기	16	④	중세 > 문화
7	④	근현대 > 개항기	17	③	중세 > 문화
8	④	근현대 > 일제 강점기	18	④	근세 > 문화
9	①	근현대 > 현대			
10	②	우리 역사의 기원과 형성 > 국가의 형성			

⬇ 영역별 틀린 개수로 취약영역을 확인하세요!

| 우리 역사의 기원 | /1 | 고대 | /2 | 중세 | /5 | 근세 | /2 |
| 근대 태동기 | /2 | 근현대 | /6 | 통합 | –/0 | | |

➡ 나의 취약영역: _____

※ 해당 회차는 〈1초 합격예측 서비스〉의 데이터 누적 기간이 충분하지 않아 오답률, 선지 선택률 기재를 생략하였습니다.

---

1 근세 > 문화 > 조선 시대 교육 제도 답 ①

| 정답해설 | ㄱ. 성균관은 조선 왕조 최고의 교육 기관이다.
ㄴ. 기술교육은 '잡학'이라 불렸으며, 해당 관서에서 가르쳤다. (예) 외국어 교육 – 사역원)

| 오답해설 | ㄷ. 훌륭한 유학자들을 제사 지내고, 성리학을 연구하는 사립 교육 기관은 서원이다.
ㄹ. 국가에서는 전국의 모든 군현에 향교를 설치하여 종6품의 교수나 종9품의 훈도를 파견하기도 하였다.

2 근대 태동기 > 정치 > 소현 세자 답 ③

| 정답해설 | 제시된 사료에서 '본국에 돌아온 지 얼마 되지 않아', '약물에 중독되어 죽은 사람과 같았다.' 등의 내용을 통해 괄호 안 인물이 소현 세자임을 알 수 있다. ③ 소현 세자는 1644년 북경(北京)에 들어가 70여 일을 머물면서 독일인 신부 아담 샬(Schall, J. A.)과 교류하였고, 천문·수학 및 천주교 서적, 여지구(輿地球)·천주상(天主像)을 전래하는 등 서양 문물을 적극적으로 수용하려 하였다.

| 오답해설 | ① 효종과 송시열 등 서인은 청에 복수하고 치욕을 갚기 위해 북벌을 주장하였다.
② 홍대용은 청을 왕래하며 얻은 경험으로 『의산문답』을 저술하였다.
④ 숙종 때 안용복은 에도 막부로부터 울릉도와 독도가 조선 영토임을 확인하는 문서를 받아왔다.

3 근대 태동기 > 문화 > 이중환, 『택리지』 답 ②

| 정답해설 | 제시된 사료는 살기 좋은 곳(可居地)의 요건을 제시한 이중환의 『택리지』이다. ② 『택리지』는 우리나라 각 지역의 인문 지리적 특징을 정리한 지리서이다.

| 오답해설 | ① 최초로 100리 척을 사용한 지도는 정상기의 동국지도이다.
③ 한백겸의 『동국지리지』는 중국의 역사서를 참고하여 지리적 관점에서 우리 역사를 체계화시켰다(역사 지리지의 효시).
④ 영조 때 편찬된 『여지도서』는 군현별로 채색 읍(邑)지도를 첨부하여 읍의 형편을 일목요연하게 파악할 수 있게 하였다.

4 근현대 > 개항기 > 흥선 대원군의 정책 답 ③

| 정답해설 | 제시된 보기 중 흥선 대원군의 정책은 ㄱ. 서원 철폐, ㄴ. 호포제 시행, ㄷ. 경복궁 중건을 위한 원납전 징수이다.

| 오답해설 | ㄹ. 『대전통편』은 정조 때 편찬된 법전이며, 흥선 대원군 때는 『대전회통』이 편찬되었다.

5   근현대 > 개항기 > 서재필   답 ②

| **정답해설** | 제시된 사료는 서재필이 간행한 〈독립신문〉 창간호 중 일부이다.
① 아관파천은 1896년 2월 11일 고종이 러시아 공사관으로 피신한 사건으로 이범진, 이완용 등이 주도하였다.
③ 헌정 연구회는 독립협회를 계승한 단체로 1905년 이준, 윤효정 등이 설립한 정치단체이다. 입헌 정치 체제의 수립을 지향하였다.
④ 국채보상운동은 1907년 대구에서 서상돈, 김광제의 주도로 시작되었다. 서재필과는 관련이 없다.

| **더 알아보기** | 〈독립신문〉 창간호 논설

> 우리가 〈독립신문〉을 오늘 처음으로 출판하는데 조선 속에 있는 내외국 인민에게 우리 주의를 미리 말씀하여 아시게 하노라. 우리는 첫째 편벽되지 아니한 고로 무슨 당에도 상관이 없고 상하 귀천을 달리 대접 아니하고 모두 조선 사람으로만 알고 조선만 위하며, 공평이 인민에게 말할 터인데 우리가 서울 백성만 위할 게 아니라 조선 전국 인민을 위하여 무슨 일이든지 대언하여 주려 함. 정부에서 하시는 일을 백성에게 전할 터이요, 백성의 정세를 정부에 전할 터이니 만일 백성이 정부 일을 자세히 알고 정부에서 백성에 일을 자세히 아시면 피차에 유익한 일 많이 있을 터이요, 불평한 마음과 의심하는 생각이 없어질 터이옴. 우리가 이 신문 출판하기는 취리(取利)하려는 게 아닌 고로 값을 헐하도록 하였고 모두 언문으로 쓰기는 남녀 상하 귀천이 모두 보게 함이요, 또 귀절을 떼어 쓰기는 알아보기 쉽도록 함이라.

6   근현대 > 개항기 > 을사늑약 이후 역사적 사실   답 ④

| **정답해설** | 제시된 사료는 1905년 11월 체결된 을사늑약이다. ④ 1905년 7월, 일본 제일은행권을 본위 화폐로 삼는 화폐 정리 사업이 시작되었다.

| **오답해설** | ① 1909년 일본과 청은 간도 협약을 체결하였다.
② 을사늑약이 체결된 이후, 민종식, 최익현, 신돌석 등이 각각 의병 부대를 조직하였다(을사의병).
③ 1906년 3월, 통감 이토 히로부미는 '한국의 안전과 부원개발(富源開發)을 위하여 차관을 도입할 필요가 있다.'라고 주장하면서, 시정 개선 및 기업자금 명목으로 일본 흥업은행(興業銀行)에서 1,000만 엔의 차관을 도입하도록 조치하였다.

7   근현대 > 개항기 > 주시경   답 ②

| **정답해설** | 1910년 초판이 간행된 『국어문법』은 주시경(1876~1914)의 저서이다. ② 주시경은 1907년 대한 제국 학부 소속으로 설립된 국문 연구소에서 활동하였다.

| **오답해설** | ① 조선어 연구회에서 1926년 가갸날을 제정하였다.
③ 1942년 조선어 학회 사건으로 장지연, 최현배, 이희승, 이극로 등이 구속되었다.
④ 조선어 학회에서는 1933년 한글 맞춤법 통일안을 제정하였다.

8   근현대 > 일제 강점기 > 6·10 만세 운동   답 ④

| **정답해설** | 제시된 자료는 순종 황제의 장례일(인산일)에 일어난 6·10 만세 운동과 관련된다. ④ 6·10 만세 운동은 사회주의자들과 (천도교 계통) 민족주의자들이 함께 준비하였으나 사전에 발각되었다.

| **오답해설** | ① 3·1 운동 이후 임시정부 수립 운동이 촉발되었다.
② 신간회는 광주 학생 항일 운동 현장에 조사단을 파견하였다.
③ 물산 장려 운동은 관세 철폐에 직면하여 자구책으로 실시된 측면이 있다.

| **더 알아보기** | 6·10 만세 운동 격려문

> 대한 독립운동자여 단결하라!
> 일체 납세를 거부하자! / 일본 물자를 배척하자! / 조선인 관리는 일체 퇴직하라!
> 일본인 공장의 직공은 총파업하라! / 일본인 지주에게 소작료를 바치지 말라!
> 일본인 교원에게는 배우지 말자! / 일본 상인과의 관계를 단절하자!
> 언론, 출판, 집회의 자유를! / 군대와 헌병을 철거하라! / 투옥 혁명수를 석방하라!
> 보통 교육은 의무 교육으로! / 교육 용어는 조선어로! / 동양 척식 주식회사는 철폐하라!
> 일본 이민제를 철폐하라!

9   근현대 > 현대 > 여운형   답 ①

| **정답해설** | 제시된 사료는 여운형이 해방 전 조선 총독에게 요청한 5개 항이다. ① 여운형은 좌우 합작 운동을 주도하다가 1947년 7월 혜화동에서 암살당했다.

| **오답해설** | ② 안재홍은 만민공생의 신민주주의를 제창하였다.
③ 송진우는 한민당을 창당하고, 훈정론(미군이 2년 정도 머무를 것)을 주장하였다.
④ 박헌영은 해방 직후 조선공산당을 재건하고, 8월 테제를 발표하였다.

10   우리 역사의 기원과 형성 > 국가의 형성 > 부여   답 ②

| **정답해설** | 사료 중 '은나라 역법으로 정월이 되면'을 통해 부여의 제천 행사인 영고에 대한 내용임을 확인할 수 있다. ② 부여에서는 남녀가 간음하거나 부인이 투기가 심하면 사형에 처하였다.

| **오답해설** | ① 고구려에서는 돌을 쌓아 봉분을 만들고, 무덤 둘레에 소나무와 잣나무를 심었다.
③ 삼한에서는 국읍마다 천군이 있고, 별읍에는 소도라는 신성 구역이 설치되었다.
④ 동예에서는 산천의 경계를 중시하여 함부로 침범하면 우마 등으로 배상하게 하였다. 이것을 책화라고 한다.

| 11 | 고대 > 정치 > 4세기~6세기 사건 순서 나열 | 답 ② |

| 정답해설 | 제시된 사건의 순서는 다음과 같다. ㄴ. 고국원왕의 전사(371) - ㄹ. 광개토대왕, 왜구 격퇴(400) - ㄷ. 한성 함락, 개로왕의 죽음(475) - ㄱ. 진흥왕, 대가야 정벌(562)

| 12 | 고대 > 문화 > 원효 | 답 ④ |

| 정답해설 | 제시된 사료에서 '아들 총', '무애라는 이름을 붙이고 노래를 지어(무애가)'를 통해 괄호 안 인물이 원효임을 알 수 있다. ④ 원효는 종파 간 대립을 극복하기 위해 일심 사상과 화쟁 사상을 제창하였다.
| 오답해설 | ① 의상은 화엄종의 중심 사찰인 부석사를 창건하였다.
② 원광은 화랑도의 계율인 세속 5계를 제시하고, 호국 불교의 전통을 세웠다.
③ 자장은 황룡사에 9층 목탑을 세울 것을 선덕 여왕에게 건의하였다.

| 13 | 중세 > 정치 > 후백제의 견훤 | 답 ① |

| 정답해설 | 제시된 사료 중 '무진주(현재의 광주광역시)를 습격하였다.'라는 내용을 통해 괄호 안 인물이 견훤임을 알 수 있다. ① 견훤은 900년 완산주를 도읍으로 삼아 후백제를 건국하였다.
| 오답해설 | ② 궁예는 스스로 미륵불이라고 칭하면서 통치를 정당화하였다.
③ 왕건은 서해안의 해상 세력으로 활동하던 가문에서 태어났다.
④ 822년(헌덕왕 14년) 김헌창은 웅주에서 국호를 장안, 연호를 경운으로 정하고 반란을 일으켰다(김헌창의 난).

| 14 | 중세 > 정치 > 광종과 성종 사이의 역사적 사실 | 답 ④ |

| 정답해설 | (가) 광종 958년 과거제의 실시, (나) 성종 982년 최승로의 시무 28조 건의 사이의 역사적 사실을 고르는 문제이다. ④ 경종 때 처음으로 전시과가 제정되었다(시정전시과, 경종 원년, 976).
| 오답해설 | ① 광군사는 거란족의 침략을 막기 위해 947년(정종 2년)에 설치되었다.
② 국자감은 992년(성종 11년)에 설립되었다.
③ 노비안검법은 956년(광종 7년)에 시행되었다.

| 15 | 중세 > 정치 > 숙종 | 답 ① |

| 정답해설 | 주전도감은 고려 숙종 때 설치된 화폐 주조 기구이다. ① 숙종 때 김위제의 건의로 남경이 건설되었다.
| 오답해설 | ② 예종 때 처음으로 감무가 파견되었다.
③ 예종 때 장학 재단인 양현고가 설치되었다.
④ 태조는 『정계』와 『계백료서』를 지었다.

| 16 | 중세 > 문화 > 『제왕운기』 | 답 ② |

| 정답해설 | 제시된 사료에서 중국과 동국(우리나라)의 역사를 풍영(諷詠, 시가를 읊조림)으로 시를 지었다는 내용을 통해 괄호 안에 들어갈 말이 이승휴의 『제왕운기』임을 알 수 있다. ② 『제왕운기』에서는 단군을 민족 시조로 삼고 고구려, 부여, 삼한, 예맥, 옥저 등과 이들을 통합한 삼국이 모두 단군의 후예라고 보았다.
| 오답해설 | ①④ 마한, 통일 신라를 정통국가로 서술하였고, 편년체와 강목체를 결합한 역사서는 안정복의 『동사강목』이다.
③ 『삼국유사』는 불교사를 중심으로 설화와 야사를 많이 서술하였다.

| 17 | 중세 > 문화 > 의천 | 답 ③ |

| 정답해설 | 문종의 넷째 아들이며, 대각국사라는 시호를 받은 인물은 의천이다. ③ 의천은 송, 요, 일본에서 장소(章疏)를 수집하여 『속장경(교장)』을 간행하였다.
| 오답해설 | ① 의천은 지혜로 사물을 관조하는 지관을 중시하였다.
② 의천은 선종 6년(1089) 제관이 저술한 『천태사교의』를 해인사에서 간행하였다.
④ 의천은 이론 연마와 수행을 함께 강조하는 교관겸수를 주장하였다.

| 18 | 근세 > 문화 > 세종 | 답 ④ |

| 정답해설 | 제시된 사료는 세종 때 편찬된 『칠정산』에 대한 내용이다. ④ 세종 때는 『향약채취월령』, 『의방유취』 등 의서가 편찬되었다.
| 오답해설 | ① 세조는 『월인석보』를 편찬하여 간행하였다.
② 중종 때 연장자와 연소자, 친구 사이의 윤리를 정리한 『이륜행실도』가 편찬되었다.
③ 성종 때 『국조오례의』, 『경국대전』 등을 완성하였다.

2022 5월 14일 시행 계리직 9급 (Ⓐ책형)

합격예상 체크

〈계리직 연도별 합격선(상용한자 제외)〉

2022 합격기준

※ 18문항 만점(100점) 기준으로 문항당 5.55점을 적용하여 합격선을 산출하였습니다.

| 맞힌 개수 | /18문항 | 점수 | /100점 |

➡ ☐ 합격 ☐ 불합격

취약영역 체크

문항	정답	영역	문항	정답	영역
1	①	고대 > 정치	11	④	근대 태동기 > 정치
2	③	고대 > 문화	12	②	근대 태동기 > 문화
3	③	고대 > 정치	13	①	근세 > 문화
4	②	중세 > 정치	14	④	단원 통합 > 덕수궁
5	①	중세 > 경제	15	①	근현대 > 일제 강점기
6	④	중세 > 정치	16	②	근현대 > 일제 강점기
7	①	중세 > 정치	17	①	근현대 > 현대
8	②	중세 > 정치	18	③	근현대 > 현대
9	③	근세 > 경제			
10	②	근세 > 사회			

⬇ 영역별 틀린 개수로 취약영역을 확인하세요!

| 우리 역사의 기원 | –/0 | 고대 | /3 | 중세 | /5 | 근세 | /3 |
| 근대 태동기 | /2 | 근현대 | /4 | 통합 | /1 | | |

➡ **나의 취약영역**: _____

※ 해당 회차는 〈1초 합격예측 서비스〉의 데이터 누적 기간이 충분하지 않아 오답률, 선지 선택률 기재를 생략하였습니다.

---

1 고대 > 정치 > 소지 마립간 답 ①

| 정답해설 | 우역을 처음 설치한 시기는 신라 소지 마립간 때이다.
① 소지 마립간 때 처음으로 수도에 시장을 개설하였다.
| 오답해설 | ② 백제 성왕 때 중앙 관서를 22부로 정비하고 수도를 5부, 지방을 5방으로 편제하였다.
③ 신라 지증왕 때 우산국(현재의 울릉도)을 정복하여 영토로 편입하였다.
④ 통일 신라 신문왕 때 전국을 9주 5소경으로 새롭게 정비하였다.

2 고대 > 문화 > 고분과 벽화 답 ③

| 정답해설 | ㄴ. 쌍영총: 기마 인물도 및 사신도, ㄷ. 무용총: 무용도·수렵도, ㄹ. 각저총: 씨름도 등의 벽화가 확인된다.
| 오답해설 | ㄱ. 호우총, ㅁ. 천마총은 돌무지덧널무덤으로 축조되어 벽화가 없는 구조이다.

3 고대 > 정치 > 안동 도호부 설치와 발해 건국 사이 시기의 일 답 ③

| 정답해설 | (가) 안동 도호부 설치(668), (나) 발해의 건국(698)에 대한 내용이다. ③ 국학은 682년 통일 신라 신문왕 때 설치된 유학 교육 기관이다.
| 오답해설 | ① 성덕왕 때 일반 백성들에게 정전을 지급하였다(722).
② 원성왕 때 독서삼품과를 실시하였다(788).
④ 경덕왕 때 관료전이 폐지되고 녹읍이 부활하였다(757).

4 중세 > 정치 > 후삼국의 통일 과정 답 ②

| 정답해설 | 제시된 사건의 순서는 ㄱ. 견훤의 후백제 건국(900) → ㄴ. 궁예가 국호를 '태봉', 연호를 '수덕만세'로 정함(911) → ㄹ. 왕건의 고려 건국(918) → ㄷ. 견훤이 금성을 함락하고 신라 경애왕을 죽임(927)이다.

5 중세 > 경제 > 전시과와 과전법 답 ①

| 정답해설 | 괄호의 토지 제도는 전시과이다. ① 고려 말 조준, 정도전 등의 급진파 신진 사대부들은 전시과 제도를 개혁하기 위해 과전법 실시를 주도하였다.

| **6** | 중세 > 정치 > 무신정권 | 답 ④ |

| **정답해설** | 제시된 사료는 무신정권 시기에 살았던 이규보의 『동국이상국집』중 일부이다. 사료의 "오랑캐"는 몽골군이다. 강화 천도 이후에 몽골군이 강화도 맞은편에 나타나 고려를 위협하자, 이규보는 몽골군이 바다를 건너지 못할 것이라는 내용의 시를 지었다. ④ 야별초는 최우 집권 시기에 설치된 사병 조직으로, 처음에는 나라 안의 도적을 막는 역할을 담당하였다. 이후 야별초는 좌별초와 우별초로 분리되었고, 신의군(몽골의 포로가 되었다가 돌아온 사람들을 중심으로 조직)과 함께 삼별초를 구성하였다.
| **오답해설** | ① 숙종 때 별무반이 조직되었고, 예종 때 윤관이 별무반을 이끌고 여진족을 정벌하였다(9성 축조).
② 고려 태조는 거란이 보낸 사신들을 유배보냈고, 선물로 보낸 낙타를 만부교 아래에 묶어 굶겨 죽였다(만부교 사건).
③ 거란의 2차 침략 당시 현종은 나주로 피난했다.

| **7** | 중세 > 정치 > 무신정권 | 답 ① |

| **정답해설** | 밑줄 친 내용은 무신정권 시기에 해당한다. ㄱ. 정방은 최우가 설치한 인사 담당 기구였으며, ㄴ. 교정도감은 최충헌이 설치한 기구로, 무신정권기의 최고 권력 기구였다.
| **오답해설** | ㄷ. 충렬왕 때 도병마사가 도평의사사로 개편되었다.
ㄹ. 정치도감은 충목왕 때의 개혁 기구이다.

| **8** | 중세 > 정치 > 광종 | 답 ② |

| **정답해설** | 귀법사를 창건(주지 – 균여)하고 개경을 황도(皇都), 서경을 서도(西都)라고 한 국왕은 고려 광종이다. ② 광종은 지배층의 위계질서를 확립하기 위하여 백관의 공복(자색, 단색, 비색, 녹색)을 정하였다.
| **오답해설** | ① 경종 때 처음 전시과를 시행하였다(시정 전시과).
③ 정종(3대)은 광군을 조직하여 거란의 침입에 대비하였다.
④ 왕규의 난은 혜종 때 일어났으며, 정종(= 왕요)이 즉위한 후 왕규를 제거하였다.

| **9** | 근세 > 경제 > 공법 | 답 ③ |

| **정답해설** | 제시된 내용은 세종 때 제정된 공법이다. ③ 이적동세(다른 면적이라도 같은 세금을 징수)는 공법 이전에도 적용되었다.
| **오답해설** | ① 공법은 토지 등급(전분6등법)과 작황 정도(연분9등법)에 따라 전세를 차등 징수하는 제도이다(1결당 최고 20두, 최하 4두).
② 공법은 전라도에서 먼저 시행된 후 점차 전국적으로 확대되었다.
④ 공법의 시행으로 농민들의 전세 부담이 낮아졌다.

| **10** | 근세 > 사회 > 노비 | 답 ② |

| **정답해설** | ② 조선 시대에는 중앙 관청에 소속된 공노비 중 일부는 유외잡직(관품에 들어가지 못하는 잡직)과 같은 하급 기술 관직에 임명되기도 하였다.
| **오답해설** | ① 노비종모법(영조 때 『속대전』에 등재), ③ 속오군, ④ 공노비의 일부 속량(양인으로 신분 상승)은 조선 후기에 해당한다.

| **11** | 근대 태동기 > 정치 > 규장각 | 답 ④ |

| **정답해설** | 제시된 자료는 정조 때 시행한 초계문신 제도에 대한 내용으로, 괄호 안에 들어갈 기구는 규장각이다. ④ 규장각은 창덕궁 후원에 설치되었으며, 역대 왕들의 글·글씨 등과 중국 및 우리나라 서적을 이곳에 보관하였다.
| **오답해설** | ① 세종 때 경복궁에 집현전을 설치하여 경연을 주관하고 학문 및 정책 연구를 수행하도록 하였다.
② 승정원은 왕명 출납을 담당하는 국왕의 비서 기관이었다.
③ 홍문관은 삼사 중 하나로 국왕의 자문에 응하고 경연을 주관하였다.

| **더 알아보기** | 초계문신제

> 정조 5년(1781)에 확립된 초계문신 제도는 37세 이하 당하관 중 가장 우수하다고 인정된 문신을 선발하여 40세까지 재교육한 제도이다. 초계문신으로 뽑히면 규장각(창덕궁 후원에 설치)에서 재교육을 받으며 국왕 측근에서 인재로 양성되었다. 초계문신에게는 신분 보장과 잡무가 면제되는 특전이 주어졌으며, 국왕이 매달 직접 지도하였다. 정조때 10회에 걸쳐 138명이 초계문신으로 선발되었으며, 이들 중에서 반 이상이 고위 관직에 진출하였고, 각신으로도 18명이나 진출하였다. 또한 노론·소론·남인 계열의 우수한 인재들을 함께 선발하여 그들 사이의 학문적 교류와 동류의식을 강화시켰다.

| **12** | 근대 태동기 > 문화 > 조선 후기의 문화 | 답 ② |

| **정답해설** | 제시된 작품은 조선 후기 김홍도의 씨름도(왼쪽)와 「새참」(오른쪽)이다. ②『촌담해이』는 성종 때 강희맹이 말년에 노인들과 나눈 이야기를 모은 책이며, 『필원잡기』는 성종 때 서거정이 편찬한 수필집이다.

| **13** | 근세 > 문화 > 『양화소록』 | 답 ① |

| **정답해설** | ① 세조 때 강희안이 편찬한 『양화소록』은 꽃과 나무의 재배와 이용에 관하여 서술한 농서이다.

| 14 | 단원 통합 > 덕수궁 | 답 ④ |

| 정답해설 | 제시된 자료는 덕수궁에 대한 내용이다. 광해군 때부터 경운궁으로 불리다가 1907년 퇴위한 고종의 장수를 기원하는 의미로 덕수궁으로 개칭되었다. ④ 고종은 러시아 공사관에서 경운궁으로 환궁한 후 대한 제국을 선포하고 광무개혁을 추진하였다.

| 오답해설 | ① 창덕궁과 창경궁은 도성의 동쪽에 위치하여 동궐로 불렸다.
② 창덕궁의 후원은 전통 정원 조경의 자연미와 인공미가 조화를 이루었다고 평가된다.
③ 흥선 대원군은 왕권을 강화하기 위해 경복궁을 중건하였다.

| 15 | 근현대 > 일제 강점기 > 산미 증식 계획 | 답 ③ |

| 정답해설 | 제시된 내용 중 "식량 생산을 대폭 늘려 일본으로 더 많은 쌀을 가져가고"를 통해 산미 증식 계획에 대한 설명임을 알 수 있다. ③ 1910년대 토지 조사 사업을 통해 전국 토지의 토지 대장, 지적도, 등기부가 작성되었다.

| 16 | 근현대 > 일제 강점기 > 1920년대 대중 운동 | 답 ② |

| 정답해설 | 제시된 사료는 1920년대 일명 '문화 통치'에 대한 내용이다. ② 1930년대에 빈농을 주체로 한 토지 혁명을 주장하는 혁명적(적색) 농민 조합 운동이 일어났다.

| 오답해설 | ① 1920년에 조선 노동 공제회가 설립되었다.
③ 1924년에 조선 청년 총동맹이 결성되었다.
④ 1923년에 조선 형평사가 설립되었다.

| 17 | 근현대 > 현대 > 6·3 시위와 한·일 기본 조약 사이 시기의 일 | 답 ① |

| 정답해설 | (가) 1964년 6·3 시위(항쟁), (나) 1965년 6월 한·일 기본 조약(한·일 협정) 체결에 관한 내용이다. ① 박정희 정부는 6·3 시위를 무력화시키기 위해 계엄령을 선포하고, 1964년 8월에 1차 인민 혁명당 사건을 조작·발표하였다.

| 오답해설 | ② 1965년 8월에 국회에서 베트남 전쟁에 대한 전투 부대 파병 동의안이 통과되었다.
③ 장면 내각은 1961년 3월에 반공법(반공을 위한 특별법)과 데모 규제법(집회와 시위운동에 관한 법) 제정을 추진하였으나, 국민들의 거센 반대(2대 악법 반대 투쟁)로 법안 통과를 보류하였다.
④ 유신 헌법 공포 이후인 1974년 1월에 긴급조치 1호가 발동되었다.

| 더 알아보기 | 인민 혁명당 사건

1964년 8월 중앙정보부가 국가 변란을 기도한 대규모 지하 조직인 인민 혁명당(약칭 인혁당)이 '북괴의 지령'을 받고 한·일 회담 반대 운동을 '배후 조종'한 것으로 발표한 사건이다(1차 인혁당 사건).
유신 선포 이후 유신 체제에 대한 저항이 거세지자, 박정희 정부는 1974년 4월 전국 민주 청년 학생 총연맹(이하 민청학련) 사건의 배후로 '인민 혁명당 재건 위원회'를 지목하였다. 당시 중앙정보부는 과거 인민 혁명당 조직을 재건하려는 세력과 재일 조총련의 조종을 받은 일본 공산당 세력 등이 정부 전복 후 공산 계열의 노농정권 수립을 위한 과도적 통치기구로서 민족 지도부의 결성을 계획하였다는 '인혁당 재건위 사건'을 발표하였다. 이후 1974년 7월 서도원, 도예종, 송상진, 우홍선, 하재완, 이수병, 김용원, 여정남 등 8인에 대하여 사형이 선고되었고, 다음 해 4월 대법원 확정 직후 사형이 집행되었다(2차 인혁당 사건).
2002년에 의문사진상규명위원회는 2차 인혁당 사건을 중앙정보부 조작 사건이라고 발표하였으며, 2007년에 서울중앙지방법원은 2차 인혁당 사건 관련 8인에 대해 무죄를 선고했다.

| 18 | 근현대 > 현대 > 6·25 전쟁 | 답 ③ |

| 정답해설 | 제시된 사실의 순서는 ㄴ. 인천 상륙 작전(1950. 9. 15.), 서울 수복(1950. 9. 28.) → ㄷ. 흥남 철수(1950. 12.) → ㄱ. 정전 협정 체결(1953. 7.) 및 포로 송환이다.

2021 3월 20일 시행 계리직 9급 (Ⓑ책형)

합격예상 체크

〈계리직 연도별 합격선(상용한자 제외)〉

※ 18문항 만점(100점) 기준으로 문항당 5.55점을 적용하여 합격선을 산출하였습니다.

| 맞힌 개수 | /18문항 | 점수 | /100점 |

➡ □합격 □불합격

취약영역 체크

문항	정답	영역	문항	정답	영역
1	②	근대 태동기 > 사회	11	④	우리 역사의 기원과 형성 > 국가의 형성
2	정답없음	근현대 > 개항기	12	③	고대 > 정치
3	④	근현대 > 개항기	13	④	고대 > 정치
4	①	근현대 > 일제 강점기	14	②	중세 > 사회
5	③	근현대 > 일제 강점기	15	②	근세 > 문화
6	④	근현대 > 현대	16	③	근세 > 정치
7	②	단원 통합 > 시기별 지방 제도	17	②	근대 태동기 > 문화
8	①	단원 통합 > 시기별 교육 기관	18	③	단원 통합 > 서울의 역사
9	③	단원 통합 > 강화도의 역사			
10	①	중세 > 문화			

➡ 영역별 틀린 개수로 취약영역을 확인하세요!

| 우리 역사의 기원 | /1 | 고대 | /2 | 중세 | /2 | 근세 | /2 |
| 근대 태동기 | /2 | 근현대 | /5 | 통합 | /4 | | |

➡ 나의 취약영역: _____

※ 해당 회차는 〈1초 합격예측 서비스〉의 데이터 누적 기간이 충분하지 않아 오답률, 선지 선택률 기재를 생략하였습니다.

---

1 근대 태동기 > 사회 > 홍경래의 난 답 ②

| 정답해설 | 제시된 사료 중 가산, 선천, 곽산 등 청천강 이북을 점령했다는 내용을 통해 밑줄 친 '반란'이 홍경래의 난(1811)임을 알 수 있다. ㄱ, ㄷ. 홍경래의 난은 평안도에 대한 지역적 차별이 원인이 되어 발생하였다. 당시 지역의 무반 출신, 광산 노동자, 영세 농민, 중소 상인 등이 가담하여 청천강 이북을 장악하였으나, 결국 관군에게 진압되었다.

| 오답해설 | ㄴ. 이괄의 난(1624)은 인조반정(1623) 이후 논공행상에 대한 불만으로 이괄이 난을 일으킨 사건이다.
ㄹ. 정묘호란(1627) 때 후금이 평안도 의주와 안주를 연이어 점령하여 조정에 큰 위협이 되었다.

2 근현대 > 개항기 > 근대 시설 정답 없음

※ 문제 오류로 정답 없음 처리하였습니다.

| 오답해설 | ㄱ. 1884년 우정총국이 설치되어 근대적 우편 제도가 시작되었으나, 전신은 1885년 서울과 인천(제물포) 사이에 최초로 개통되었다.
ㄴ. 갑오개혁 이후 내무아문 산하로 위생국을 신설(1894)하였으며, 특히 대한 제국 시기에는 각종 전염병이 유행하여 '전염병 예방 규칙'(1899)을 공포하기도 하였다.
ㄷ. 한성 전기 회사는 1898년에 설립되어 1899년 전차를 개통(서대문~청량리)하였다.
ㄹ. 경인선(1899)은 광무개혁 시기, 경부선(1905)은 러·일 전쟁 중에 개통되었다. 경의선은 1906년에 개통되었으며, 청·일 간 간도 협약은 1909년에 체결되었다.

3 근현대 > 개항기 > 갑신정변 답 ④

| 정답해설 | 제시된 사료의 "개화당"(급진 개화파)을 통해 밑줄 친 '정변'이 갑신정변(1884)임을 알 수 있다. ④ 갑신정변 주도 세력은 혜상공국 폐지 등이 포함된 정강 14조를 발표하였다.

| 오답해설 | ① 1882년 조·미 수호 통상 조약 체결 이후 박정양을 주미공사(주미전권대신)로 파견하였다(1887).
② 조선 정부는 개화 정책을 추진하기 위한 개혁 기구로 통리기무아문을 설치하였다(1880).
③ 1882년 임오군란 이후 조선과 일본 사이에 제물포 조약이 체결되었다.

제7차 개헌(1972)	대통령 간선제(임기 6년, 무제한 연임 가능, 통일 주체 국민 회의)	유신 헌법, 박정희 종신 집권 가능
제8차 개헌(1980)	대통령 간선제(7년 단임, 대통령 선거인단)	국가 보위 비상 대책 위원회 주도
제9차 개헌(1987)	대통령 직선제(5년 단임)	여야 합의에 의한 개헌, 현행 헌법

4 근현대 > 일제 강점기 > 조선 혁명군   답 ①

| 정답해설 | 제시문의 (가)는 조선 혁명군이다. 국민부 산하 조선 혁명군은 남만주 일대에서 활약하였다. ① 조선 혁명군은 중국 의용군과 연합하여 영릉가 전투, 흥경성 전투에서 일본군을 격퇴하였다.

| 오답해설 | ② 동북 항일 연군은 조국 광복회 국내 지부의 도움을 받아 함경남도 갑산군 보천보를 습격하여 일제의 경찰 주재소와 면사무소를 파괴하였다(1937).
③ 지청천의 한국 독립군은 중국 호로군과 연합하여 쌍성보 전투, 대전자령 전투 등에서 일본군을 상대로 대승을 거두었다.
④ 김좌진의 북로 군정서군, 홍범도의 대한 독립군 등 독립군 연합 부대는 청산리 일대에서 일본군과 10여 회의 전투를 벌여 승리하였다(1920, 청산리 대첩).

5 근현대 > 일제 강점기 > 조선농지령   답 ③

| 정답해설 | ③ 1930년대 일제의 농촌 진흥 운동 과정에서 조선농지령이 제정(1934)되었다.
국권 피탈은 1910년, 3·1 운동은 1919년, 신간회 해산은 1931년, 조선어 학회 사건은 1942년, 8·15 해방은 1945년의 일이다.

| 더 알아보기 | 조선농지령

제3조 임대인이 마름 등 소작지의 관리자를 둘 때는 조선 총독이 정하는 바에 의하여 부윤, 군수에게 신청한다.
제4조 부윤, 군수 또는 도사가 마름·기타 소작지의 관리자가 부당하다고 인정할 때는 부·군·도의 소작 위원회의 의견을 듣고 임대인에게 그 변경을 명령할 수 있다.
제7조 소작자의 임대차 기간은 3년을 내려갈 수 없다. 단, 영년작물(오랫동안 생육이 계속되는 작물) 재배를 목적으로 하는 임대차는 7년을 내려갈 수 없다.

6 근현대 > 현대 > 시기별 정치·경제 발전   답 ④

| 정답해설 | ④ 대통령 직선제 개헌은 1987년 10월 제9차 개헌에 해당한다.

| 더 알아보기 | 헌법 개정의 역사

구분	주요 내용	비고
제1차 개헌(1952)	대통령 직선제	발췌 개헌
제2차 개헌(1954)	헌법 공포 당시의 대통령(이승만)에 대한 대통령 중임 제한 철폐	사사오입 개헌, 이승만의 장기 집권 의도
제3차 개헌(1960)	의원 내각제, 양원제	부통령제 폐지, 민주당 정권 수립
제4차 개헌(1960)	3·15 부정 선거 관련자 처벌	소급 특별법 제정
제5차 개헌(1962)	대통령 직선제, 국회 단원제	5·16 정변 이후, 공화당 정권 수립 의도
제6차 개헌(1969)	대통령의 3선 연임 허용	3선 개헌, 박정희 장기 집권 의도

7 단원 통합 > 시기별 지방 제도   답 ②

| 정답해설 | 제시된 내용은 ㄱ. 고조선(8조법), ㄴ. 고려(성종, 최승로의 시무 28조), ㄷ. 신라(골품제), ㄹ. 일제 강점기(1919년 3·1 운동)에 해당한다. ② 고려 성종 때 지방에 12목을 설치하고 목사를 파견하였다.

| 오답해설 | ① 고구려는 지방에 5부를 설치하고 장관으로 욕살을 두었다.
③ 조선 시대에는 전국에 8도를 설치하고 관찰사를 파견하였다.
④ 제2차 갑오개혁 때 8도를 23개의 부로 개편하고 관찰사를 파견하였다. 이후 아관파천 시기에 13도제를 시행하였다.

8 단원 통합 > 시기별 교육 기관   답 ①

| 정답해설 | ① 국학은 통일 신라의 교육 기관으로 신문왕 2년(682)에 설치되었다. 고구려는 소수림왕 때(372) 태학을 설치하였고, 백제의 교육 기관은 현재 전하지 않는다.

| 오답해설 | ② 고려 시대에는 관학 교육 기관으로 중앙에 국자감, 지방에 향교가 설치되었다. 또한 문종 때 최충의 9재 학당이 설립되는 등 사학(私學)도 발전하였다.
③ 조선 시대에는 선현에게 제사를 지내는 서원이 지방 유생들의 고등 교육도 담당하였다.
④ 제1차 갑오개혁 시기에 신교육을 전담할 정부 부처로 학무아문을 설치하였다.

9 단원 통합 > 강화도의 역사   답 ③

| 정답해설 | 부근리 고인돌 유적, 정족산성, 초지진 등은 모두 (가) 강화도의 문화유산이다. ③ 을사늑약 이후 최익현은 전북특별자치도 태인에서 의병을 일으켰다.

| 오답해설 | ① 고려 최우 집권기에 항몽 투쟁을 위해 강화도로 천도하였다(1232).
② 1866년 병인양요 때 프랑스군이 외규장각 도서(조선 왕조 의궤)를 약탈하였다.
④ 1907년 군대 해산에 반발하여 강화도 진위대의 군인들이 봉기하였다.

10. 중세 > 문화 > 『삼국유사』 답 ①

| 정답해설 | 제시된 사료는 『삼국유사』 기이편 서문이다. ① 현재 향가는 『삼국유사』에 14수, 『균여전』에 11수 등 총 25수가 전하고 있다.

| 오답해설 | ② 『삼국사기』는 유교 역사서의 관례에 따라 기전체 형식을 적용하였다.
③ 『삼국사기』 열전에는 고구려인·백제인보다 신라인의 비중이 높다.
④ 김부식은 『삼국사기』에서 "신라는 한결같은 마음으로 중국을 섬겨 사신의 배와 조공의 배가 서로 마주칠 정도로 연달았는데도 법흥이 스스로 연호를 칭했으니 이해할 수 없다."라고 서술하는 등 신라의 독자적 연호 사용에 대해 비판적으로 평가하였다.

11. 우리 역사의 기원과 형성 > 국가의 형성 > 부여 답 ④

| 정답해설 | 제시된 사료는 부여에 관한 내용이다. ④ 부여에는 가(加)들의 독자적 행정 구역인 사출도가 있었으며, 매년 12월에 제천 행사인 영고를 개최하였다.

| 오답해설 | ① 고구려에서는 매년 10월에 동맹이라는 제천 행사를 열었다.
② 동예에서는 단궁, 과하마, 반어피 등의 특산물이 생산되었고, 10월에 무천이라는 제천 행사가 열렸다.
③ 삼한에서는 해마다 씨를 뿌린 후 5월과 추수를 마친 10월에 계절제를 열어 하늘에 제사를 지냈다.

| 더 알아보기 | 부여

> 그 나라의 노인들은 자기네들이 옛날에 다른 곳에서 망명한 사람들이라고 말한다. 지금 부여의 창고에는 옥(玉)으로 만든 벽(璧)·규(珪)·찬(瓚) 등 여러 대를 전해 오는 물건이 있어서 대대로 보물로 여기는데, 노인들은 '선대(先代)의 왕께서 하사하신 것이다.'라고 하였다. 그 도장에 '예왕지인(濊王之印)'이란 글귀가 있고, 나라 가운데에 예성(濊城)이란 이름의 옛 성이 있으니, 아마도 본래 예맥(濊貊)의 땅이었는데, 부여가 그 가운데에서 왕(王)이 되었으므로, 자기들 스스로 '망명해 온 사람'이라고 말하는 이유가 여기에 있는 듯하다.
>
> - 『삼국지』 위서 동이전 -

12. 고대 > 정치 > 신라의 발전 과정 답 ③

| 정답해설 | 제시된 사건의 순서는 ㄹ. 지증왕 때 실직주 설치(505) → ㄷ. 법흥왕 때 병부 설치(517) → ㄱ. 진흥왕 때 대가야 병합(562) → ㄴ. 선덕 여왕 때 황룡사 9층 목탑 건립(7세기 중반)이다.

13. 고대 > 정치 > 발해 고왕(대조영) 답 ④

| 정답해설 | 제시된 자료 중 아들이 왕위에 올라 연호를 인안으로 고쳤다는 내용을 통해 괄호 안의 인물이 무왕의 아버지인 고왕(대조영)임을 알 수 있다. ④ 대조영은 천문령 전투에서 당의 군대를 물리치고 동모산에서 진국(이후 발해)을 건국하였다.

| 오답해설 | ① 선왕은 5경 15부 62주의 지방 행정 제도를 확립하였다.
② 무왕은 장문휴를 시켜 당의 등주를 공격하였다.
③ 문왕은 3성 6부의 중앙 관제를 마련하고 지방 행정 조직을 정비하였다.

14. 중세 > 사회 > 가족 제도와 여성의 지위 답 ②

| 정답해설 | ② 고려 시대 여성들은 가족 제도, 상속 제도에 있어서 남성과 대등한 위치를 가졌으나, 관직 진출과 같은 사회 진출은 거의 불가능하였다.

15. 근세 > 문화 > 조선 전기의 문화 예술 답 ②

| 정답해설 | 제시된 그림은 15세기 조선 세종 때 안평대군의 꿈 이야기를 바탕으로 안견이 그린 「몽유도원도」이다. ② 「용비어천가」는 조선 왕조의 창업을 찬양한 서사시로, 1447년(세종 29)에 편찬되었다.

| 오답해설 | ① 자연을 벗 삼아 사는 모습을 노래한 「청산별곡」은 고려 가요이다.
③ 정조는 강화도에 외규장각을 설치하고(정조 6, 1782), 왕실의 행사를 기록한 의궤 등을 보관하였다.
④ 조선 후기에 중인·서얼 등의 시사를 중심으로 위항 문학이 유행하였다.

16. 근세 > 정치 > 벽제관 전투 답 ③

| 정답해설 | ③ (다) 제시된 내용은 명과 왜군의 벽제관 전투(1593. 1. 27.)이다. 김시민의 진주 대첩은 1592년 10월의 일이며, 권율의 행주 대첩은 1593년 2월에 해당한다.

| 더 알아보기 | 임진왜란의 전개 과정

왜군의 침략(1592. 4. 13.)	1차 진주 대첩(1592. 10. 김시민 전사)
부산진 전투(정발)	평양성 탈환(조·명 연합군, 1593. 1. 9.)
동래성 전투(송상현)	
상주 전투(이일)	벽제관 전투(여석령 전투, 1593. 1. 27.): 명군과 왜군의 교전 → 왜군 승리
충주 탄금대 전투(신립, 1592. 4. 28.)	
한양 함락(1592. 5. 2.)	행주 대첩(권율, 1593. 2.)
옥포 해전(수군의 첫 승리, 1592. 5. 7.)	2차 진주 대첩(1593. 6.)
사천 해전(1592. 5. 29. 거북선을 이용하여 승리한 최초의 전투)	훈련도감 설치(1593. 8.)
	선조의 환도(1593. 10.)
평양성 함락(1592. 6. 14.)	이몽학의 난(1596. 7.)
선조, 의주 도착(1592. 6. 22.)	정유재란 후 칠천량 해전(원균의 패전, 1597. 7. 15.)
한산도 대첩(1592. 7.)	직산 전투(1597. 9. 7.)
이치 전투(권율, 1592. 7.)	명량 대첩(1597. 9. 16.)
금산 전투(1592. 7.~8. 고경명, 조헌, 영규 전사)	노량 해전(1598. 11. 이순신 전사)

| 17 | 근대 태동기 > 문화 > 정약용 | 답 ② |

| 정답해설 | 제시된 사료는 정약용의 『목민심서』 중 일부이다. ② 정약용은 조세 제도 개혁 등을 통한 농민 생활 안정을 위해 정전제를 주장하였다.
| 오답해설 | ① 송시열은 노론의 중심인물로, 대의 명분을 중요시하였다.
③ 유형원은 자영농 육성을 위해 신분에 따라 토지를 재분배하자는 균전론을 제시하였다.
④ 박지원과 박제가는 연행(청나라에 다녀옴) 경험을 바탕으로 상공업 진흥과 기술 발전을 제안하였다.

| 18 | 단원 통합 > 서울의 역사 | 답 ③ |

| 정답해설 | 제시된 내용 중 운종가(현재의 종로)는 한양 도성의 중심 상업 지역이었고, 숭례문은 한양 도성의 남문이었다. 따라서 제시된 자료는 한양(현재의 서울)에 대한 내용이다. ③ 한양에는 국가의 허가를 받아 영업하는 육의전이 번성하였다.
| 오답해설 | ① 통일 신라 수도인 금성(현재의 경주)에 동시, 서시, 남시가 개설되었다.
② 건원중보(성종), 해동통보(숙종)는 고려 시대의 화폐이다.
④ 개성 부근의 예성강 하류에 위치한 벽란도는 고려 시대 최대 무역항이었다.

법원직 9급

해설 & 기출분석 REPORT

법원직 기출 POINT

Point 1 법원직 문제는 비교적 평이하게 출제된다. 따라서 지엽적 내용보다는 빈출 주제를 중심으로 반복하여, 실전에서 실수하지 않는 것이 중요하다.

Point 2 최근에는 일제 강점기, 현대사의 출제 비중이 높아졌다. 따라서 근현대사를 집중하여 공부하는 것이 필요하다.

Point 3 법원직 문제는 단답형 문제는 거의 출제되지 않고, 사료 제시형 문제가 다수 출제된다. 따라서 기본서의 사료나 타 직렬에서 출제된 기출문제의 사료 분석이 필요하다.

2026년 법원직 시험 대비전략

기본서와 타 직렬 기출문제를 활용하여 다양한 사료를 검토해야 하며, 사진/지도/도표 등의 자료를 꼼꼼하게 학습해야 한다.

Point 1 각 단원별 빈출 주제에 대한 꼼꼼한 확인이 필요하다.

Point 2 사료 제시형 문제가 다수 출제되므로 사료를 다양하게 검토하는 것이 필요하다.

Point 3 사진/지도/도표 등의 문제가 2~3문항 정도는 출제되기 때문에 기본서에 수록된 자료를 꼭 검토해야 한다.

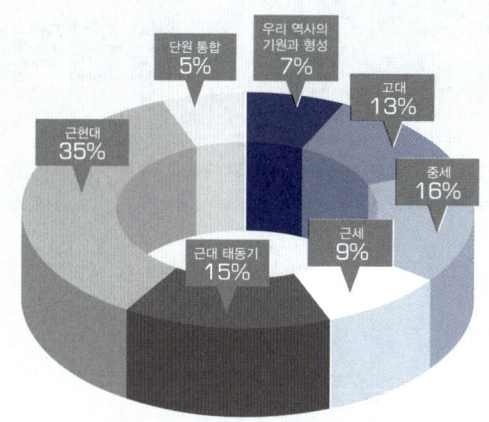

▲ 최근 8개년 평균 출제비중

연도	총평	우리 역사의 기원과 형성	고대	중세	근세	근대 태동기	근현대	통합
2025	• 을미의병, 3·1운동, 김대중 대통령 취임사 등 생소한 사료가 출제되었음 • 체감 난도가 높아졌으며, 사료도 길어져 충분히 변별력을 확보할 수 있는 시험이었음	4% (1문항)	12% (3문항)	20% (5문항)	8% (2문항)	12% (3문항)	44% (11문항)	0% (0문항)
2024	• 2023년 9월 유네스코 세계 문화유산으로 등재된 가야 고분군을 제시하고, 가야에 관한 문제를 출제하였음 • 4세기 중엽 백제, 6세기 중엽 신라의 영토를 지도로 제시한 문제는 새로운 유형이었음	4% (1문항)	20% (5문항)	24% (6문항)	4% (1문항)	20% (5문항)	24% (6문항)	4% (1문항)
2023	• 수령 7사의 구체적 내용을 묻는 고난도 문제가 출제됨 • 순서형 문제가 6문제 출제됨	4% (1문항)	16% (4문항)	16% (4문항)	12% (3문항)	12% (3문항)	36% (9문항)	4% (1문항)
2022	• 전년도에 비해 근현대사 출제 비중이 줄어듦(14문항 → 6문항) • 순서형 문제가 총 7문제 출제되어 체감 난도가 상대적으로 높았음	8% (2문항)	12% (3문항)	20% (5문항)	20% (5문항)	8% (2문항)	24% (6문항)	8% (2문항)
2021	• 기존의 출제 경향과는 다르게 근현대사의 출제 비중이 매우 높았음(14문항) • 사진/지도/도표를 활용한 문제가 총 3문항이 출제됨	12% (3문항)	8% (2문항)	12% (3문항)	4% (1문항)	8% (2문항)	56% (14문항)	0% (0문항)
2020	• 귀속 재산 처리법을 제외한다면, 문제 대부분이 쉽게 풀 수 있도록 출제됨 • 고려, 조선 시대 문제가 총 12문항 출제되어 비중이 매우 높았음	8% (2문항)	8% (2문항)	20% (5문항)	8% (2문항)	20% (5문항)	28% (7문항)	8% (2문항)
2019	• 하얼빈에서 순국한 남자현에 대한 문제는 생소한 내용이었음 • 사진/지도를 활용한 문제가 총 6문항이 출제되었지만, 난도는 낮았음	4% (1문항)	4% (1문항)	8% (2문항)	12% (3문항)	20% (5문항)	40% (10문항)	12% (3문항)
2018	• 이상설의 활동을 묻는 문제는 고난도 문제였음 • 두 사건 사이의 역사적 사실을 고르는 문제 및 순서 나열 문제가 총 6문항 출제되어 체감 난도가 높았음	4% (1문항)	20% (5문항)	16% (4문항)	0% (0문항)	20% (5문항)	32% (8문항)	8% (2문항)

2025 6월 21일 시행 법원직 9급 (①책형)

합격예상 체크

| 맞힌 개수 | /25문항 | 점수 | /100점 |

➡ ☐ 합격   ☐ 불합격

취약영역 체크

문항	정답	영역	문항	정답	영역
1	②	근현대 > 현대	14	①	근세 > 문화
2	③	고대 > 문화	15	③	근대 태동기 > 경제
3	①	근현대 > 개항기	16	④	근현대 > 개항기
4	②	중세 > 정치	17	④	중세 > 정치
5	④	근현대 > 일제 강점기	18	③	근대 태동기 > 정치
6	①	중세 > 정치	19	②	중세 > 경제
7	④	근현대 > 현대	20	②	근현대 > 현대
8	③	근현대 > 현대	21	①	근현대 > 일제 강점기
9	②	고대 > 정치	22	④	고대 > 정치
10	③	근대 태동기 > 정치	23	②	중세 > 정치
11	④	우리 역사의 기원과 형성 > 국가의 형성	24	③	근현대 > 현대
12	①	근현대 > 개항기	25	①	근세 > 정치
13	③	근현대 > 현대			

⬇ 영역별 틀린 개수로 취약영역을 확인하세요!

| 우리 역사의 기원 | /1 | 고대 | /3 | 중세 | /5 | 근세 | /2 |
| 근대 태동기 | /3 | 근현대 | /11 | 통합 | – /0 | | |

➡ 나의 취약영역: _____

※ 해당 회차는 〈1초 합격예측 서비스〉의 데이터 누적 기간이 충분하지 않아 오답률, 선지 선택률 기재를 생략하였습니다.

---

1 근현대 > 현대 > 제헌 국회 선거(5·10 총선거)   답 ②

| 정답해설 | 밑줄 친 '이 선거'는 1948년 5월 10일 실시된 제헌 국회 구성을 위한 국회의원 선거이다(5·10 총선거, 우리나라 역사상 최초로 실시된 보통 선거). ② 당시 김구, 김규식 등 남북 협상파는 통일 국가 수립을 주장하면서 선거 불참을 선언하였다.
| 오답해설 | ① 제헌 국회 국회의원의 임기는 2년이었다.
③ 이승만은 1948년 7월 20일 제헌 국회에서 대통령으로 선출되었다.
④ 당시 선거권은 만 21세 이상이었으며, 피선거권은 만 25세였다.

2 고대 > 문화 > 대가야의 문화유산   답 ③

| 정답해설 | 고령군은 (가) 대가야의 중심 지역이었다. ③ 고령군 지산동 고분군은 대가야 시대의 가장 대표적 유적이다.
| 오답해설 | ① 산수문전(산수무늬 벽돌)은 백제의 도교 문화유산이다.
② 임신서기석은 신라의 화랑들이 국가에 충성을 맹세하고 유교 경전을 학습할 것을 다짐한 내용이 수록되어 있다.
④ 금동 연가 7년명 여래 입상은 고구려의 불상으로, 북조의 문화적 영향을 받았다고 평가된다.

| 더 알아보기 | 가야 고분군(2023년 유네스코 문화유산 등재)

가야 고분군은 1~6세기에 걸쳐 한반도 남부에 존재했던 '가야'의 7개 고분군으로 이루어졌다. 등재된 고분군은 다음과 같다. 김해 대성동 고분군, 함안 말이산 고분군, 합천 옥전 고분군, 고령 지산동 고분군, 고성 송학동 고분군, 남원 유곡리 및 두락리 고분군, 창녕 교동과 송현동 고분군이다.

3 근현대 > 개항기 > 을미의병   답 ①

| 정답해설 | 제시된 사료 중 '8월 20일 사변'(을미사변, 1895년 8월 20일 발생)이 키워드이다. 따라서 을미의병에 대한 지문인 '① (유인석 등) 양반 유생이 주도하였다.'가 정답이다.
| 오답해설 | ② 초대 통감 이토 히로부미를 사살(1909, 하얼빈 의거)한 인물은 안중근이다.
③ 정미의병은 1908년 서울 진공 작전을 전개하였다.
④ 을사의병은 외교권 박탈 등을 규정한 을사늑약에 항의하면서 일어났다.

| 더 알아보기 | 을미의병

"이번에 춘천(春川) 등지에서 백성들이 소란을 피운 것은 단발(斷髮) 때문이 아니라 대체로 8월 20일 사변 때 쌓인 울분이 가슴에 가득 차서 그것을 계기로 폭발한 것을 묻지 않고도 분명히 알 수 있다. 지금 이미 국적(國賊)이 법에 의해 처단되고 나머지 무리들도 차례로 다스릴 것이니 지난번에 교화하기 어렵던 백성들도 아마 틀림없이 알고는 옛날의 울분을 쾌히 풀 것이다. 해당 지방에 주둔하는 군대는 반드시 먼저 이 조칙(詔勅)을 춘천부(春川府)에 모여 있는 백성들에게 보여 각각 귀화하여 생업에 안착하도록 하고, 그 두목 이하에 대해서는 모두 내버려두고 묻지 않음으로써 모두 함께 유신(維新)하도록 하며 너희 군대의 대소 무관(武官)과 병졸(兵卒)들은 즉시 환군하라." 하였다. 또 조령을 내리기를, "국적을 잡아서 이미 중형에 처하였으니 귀신과 사람의 울분을 시원히 풀었다. 좌우 감옥서(左右監獄署)에 현재 갇혀 있는 죄인은 모두 즉시 석방하여 널리 용서하는 은전(恩典)을 보여 주어라." 하였다.

– 『고종실록』 고종 33년(1896), 2월 –

---

4 중세 > 정치 > 특수 행정 구역 답 ②

| 정답해설 | (가)는 공주 명학소, (나)는 충주 다인철소이다. 고려 시대 향·부곡·소 등 특수 행정 구역의 거주민들은 ② 일반 군현의 백정(일반 평민)보다 세금 부담이 훨씬 컸다.

| 오답해설 | ① 고려 초기의 도호부는 군사적 특수 지역에 설치되었다.
③ 통일 신라 시대 5소경은 현재의 원주(북원경), 청주(서원경) 등에 설치되었다.
④ 서해도, 교주도, 양광도 등 5도에는 지역 순찰을 위해 안찰사가 파견되었다.

---

5 근현대 > 일제 강점기 > 3·1 운동 답 ④

| 정답해설 | '고종의 인산일(1919년 3월 3일)을 이틀 앞 둔 날'을 통해 '이 사건'이 3·1 운동임을 알 수 있다. 거족적 민족 항쟁인 3·1 운동은 ④ 대한민국 임시 정부가 수립되는 계기가 되었다.

| 오답해설 | ①② 1929년 광주 학생 항일 운동 당시, 신간회에서 조사단을 파견하였다. 한편 광주 학생 항일 운동은 광주에서 시작되어 전국으로 확산되었으며, 3·1 운동 이후 최대 규모의 민족 항쟁으로 평가된다.
③ 1926년 6·10 만세 운동, 정우회 선언 등은 민족 유일당 운동을 추진하는 계기가 되었다.

---

6 중세 > 정치 > 몽골의 2차 침략(1232) 답 ①

| 정답해설 | 제시된 사료는 몽골의 2차 침략(1232) 때 처인성 전투에서 몽골 장군 살리타이를 사살한 김윤후에 관한 내용이다. 1232년은 최우의 집권(1219~1249) 시기이다. ① 최충헌 집권(1196~1219) 시기 사병 조직인 도방을 부활시켜 조직을 확대(1200)하였다.

| 오답해설 | 최우는 ② 자기 집에 정방을 설치(1225)하여 인사권을 장악하였고, ④ 서방을 설치(1227)하여 능력 있는 문신을 등용하여 정치적 자문을 받았다. 한편 ③ 몽골과의 장기전을 준비하면서 강화도로 천도(1232)하였다.

---

7 근현대 > 현대 > 제8차 개헌 헌법 답 ④

| 정답해설 | 제시된 사료 중 '대통령 선거인단'을 통해 1980년 10월 27일 공포된 제8차 개헌 헌법임을 알 수 있다. 제8차 개헌 헌법은 1980년 10월 27일~1987년 10월 29일 제9차 개헌 공포 이전까지 적용되었다. 따라서 제5공화국 시기에 일어난 사실인 ④ '언론사에 보도지침이 하달되었다.'가 정답이다.

| 오답해설 | ① 1972년 10월 유신이 단행되었다(유신 헌법이 적용된 이후를 제4공화국이라고 함).
② 1965년부터 베트남에 전투 병력이 파병되었다(제3공화국).
③ 1995년 김영삼 정부 시기 지방 자치제가 전면적으로 실시되었다.

| 더 알아보기 | 보도지침

전두환 정부는 언론을 통제하기 위해 문화공보부 내에 홍보조정실(이후 홍보정책실로 개편)이라는 상설 기구를 설치했다. 정부의 대(對) 언론 창구를 문화공보부로 일원화하고, 언론 협조 체제 구축을 꾀하는 등 언론 조정 체제를 갖출 목적으로 만든 것이다. 홍보정책실은 언론사에 "협조 요청 지침"을 보냈는데 이것이 곧 언론사의 보도 내용을 (정부가) 통제하는 '보도지침'으로 작용했다.

---

8 근현대 > 현대 > 4·19 혁명, 6월 민주 항쟁 답 ③

| 정답해설 | 첫 번째는 4·19 혁명(1960), 두 번째는 6월 민주 항쟁(1987)에 관한 내용이다. 1960년 4·19 혁명의 결과 이승만이 하야하고, 허정의 과도 내각에서 제3차 개헌(내각 책임제, 양원제)이 이루어졌다(이후 제2공화국 출범). 한편 1987년 6월 민주 항쟁의 결과 6·29 선언이 발표되어 대통령 직선제 개헌이 이루어졌다(제9차 개헌). 따라서 두 민주화 운동의 공통점은 ③이 정답이다.

---

9 고대 > 정치 > 신문왕 답 ②

| 정답해설 | 제시된 사료는 신문왕 때 관료전을 지급하고 녹읍을 폐지한 내용이다. 신문왕은 ② 즉위 직후 (김)흠돌의 난을 진압하고, 왕권 전제화 정책을 추진하였다.

| 오답해설 | ① 문무왕은 삼국 통일을 완성하였다.
③ 진흥왕 때 단양 (신라) 적성비를 세웠다.
④ 법흥왕 때 국정을 총괄하는 상대등을 설치하였다.

---

10 근대 태동기 > 정치 > 비변사 답 ③

| 정답해설 | 밑줄 친 '이 기구'는 비변사이다. 비변사는 ③ 1510년 삼포 왜란을 계기로 처음 설치되었고(임시 기구), 1555년 을묘왜변을 계기로 상설 기구가 되었다. 임진왜란 이후 고위 관원들이 합의하는 기구의 필요성이 증대되자 비변사의 구성원이 3정승을 비롯한 고위 관원들로 확대되고 기능이 강화되었다. 전란이 끝난 뒤에도 폐허의 복구와 사회경제적 변동에 효율적으로 대처하고 붕당 간의 이해관계를 조정하기 위해 비변사의 구성과 기능은 그대로 유지되었다. 그 결과 왕권이 약화되고 6조 중심의 행정 체계도 유명무실해졌다. 특히 세도 정치 시기에는 외척들의 권력 기반이 되었기 때문

에 흥선 대원군 때 왕권 강화 정책의 일환으로 폐지되었다.

| 오답해설 | ① 이조 전랑은 3사 관리의 추천권을 가지고 있었다.
② 사간원은 사헌부, 홍문관과 함께 3사로 불렸다.
④ 정조 때 박제가, 유득공, 이덕무 등 서얼 출신 학자들이 규장각 검서관에 등용되었다.

---

11 우리 역사의 기원과 형성 > 국가의 형성 > 고조선   답 ④

| 정답해설 | 제시된 사료는 『한서 지리지』에 수록된 고조선 8조법 중 일부이다. 고조선은 ④ 지리적 이점을 이용하여 (漢나라와 한반도 남부 사이에서) 중계 무역으로 이익을 차지하였고, 한나라와 대립하였다. 이후 한(漢) 무제가 고조선을 침략하였고, 결국 수도인 왕검성이 함락되면서 멸망(기원전 108)하였다.

| 오답해설 | ① 고구려에서는 국가의 중대사를 제가 회의에서 논의하였다.
② 부여에서는 가축 이름을 딴 제가(마가, 우가, 구가, 저가)가 별도로 사출도를 다스렸다.
③ 동예에서는 읍락을 함부로 침범하면 노비, 소, 말로 배상하게 하였다(책화).

---

12 근현대 > 개항기 > 독립 협회   답 ①

| 정답해설 | 제시된 사료는 백정 출신 박성춘의 관민 공동회 연설 중 일부이다. 따라서 밑줄 친 '이 단체'는 독립 협회(1896~1898)이다. 독립 협회는 영은문 자리에 독립문을 건립하고, 모화관을 헐어 독립관을 건축하였다. 또한 민중 계몽 운동과 함께 만민 공동회를 개최하였다. 만민 공동회는 우리나라 최초의 근대적 민중 집회였으며, 이는 개화 세력과 민중의 결합을 의미했다. 독립 협회에서는 특히 러시아의 이권 침탈 저지에 노력하였다. 대표적 사례로 한러 은행을 폐쇄하고, ① 절영도 조차 요구를 저지한 것을 들 수 있다. 또한 관민 공동회를 개최(1898. 10.)하여 헌의 6조를 채택하였고, 중추원 신관제를 반포(1898. 11.)하였다. 이것은 역사상 최초의 의회 설립 단계까지 갔던 의회 설립 운동이었다.

| 오답해설 | ② 보안회는 일제의 황무지 개간권 요구를 저지하였다.
③ 나철 등이 조직한 자신회는 을사오적(이완용, 박제순, 이지용, 권중현, 이근택)을 처단하기 위한 목표를 가졌다.
④ 대한 자강회는 고종의 강제 퇴위를 반대하는 시위를 주도하였다.

---

13 근현대 > 현대 > 김대중 정부(국민의 정부)   답 ③

| 정답해설 | 제시된 자료 중 '처음으로 민주적 정권 교체가 실현'을 통해 김대중 대통령 취임사(1998)임을 알 수 있다. 김대중 정부 때는 ③ 2000년 6·15 공동 선언이 채택되었다. 6·15 공동 선언에서는 남북 문제를 자주적으로 해결하며, 남측의 연합 제안과 북측의 낮은 단계 연방 제안의 상호 공통점을 인정하기로 합의하였다. 또한 비전향 장기수 문제 해결 및 사회, 문화, 체육 등 여러 분야에 교류와 협력을 합의하였다.

| 오답해설 | ① 노무현 정부 때 개성 공업 지구가 조성(개성 공단, 2000년 합의, 2004년 입주)되었다.
② 박정희 정부 때 1972년 7·4 남북 공동 성명이 발표되었다.
④ 노태우 정부 때 1991년 9월, 남북한이 동시에 유엔에 가입하였다.

---

14 근세 > 문화 > 4부 학당, 향교   답 ①

| 정답해설 | (가)는 4부 학당, (나)는 향교이다. ① 4부 학당(동학, 서학, 남학, 중학)은 조선 시대 중등 교육 기관이며, 한성에 설립되었다.

| 오답해설 | ②③ 서원은 풍기 군수 주세붕에 의해 처음 세워졌고(백운동 서원), 흥선 대원군 때 전국에 47개소만 남기고 폐지되었다.
④ 성균관에 입학하기 위해서는 원칙적으로 생원 또는 진사의 지위를 지녀야 했다.

---

15 근대 태동기 > 경제 > 균역법   답 ③

| 정답해설 | 군포를 1필로 줄였던 정책은 균역법이다. 영조 때 균역법 실시 이후 부족한 군포를 충당하기 위해서 지주에게 결작(1결당 2두씩)을 부과하였다. 결작 외의 군포 보충 방법으로는 ㄴ. 일부 상류층에게 선무군관포를 징수하였고, ㄹ. 어염선세 등을 국가 재정에 편입시켰다.

| 오답해설 | ㄱ. 흥선 대원군 섭정 시기 경복궁 중건 비용을 충당하기 위해 원납전(강제 기부금)을 징수하였다.
ㄷ. 진주 농민 봉기 이후 삼정을 개혁하기 위해 삼정이정청이 설치되었으나 실효를 거두지는 못했다.

---

16 근현대 > 개항기 > 미국   답 ④

| 정답해설 | 제시된 내용 중 『조선책략』에 따라 서양과 통교하려 한다.'는 문장을 통해 조선과 통상 조약을 체결한 나라는 미국이다(서구 열강 중 최초로 근대적 조약 체결). 미국은 ④ 러시아와 일본의 포츠머스 조약(러일 전쟁 강화 조약)을 중재하였다.

| 오답해설 | ① 일본은 운요호 사건을 일으켰고, 이를 계기로 1876년 강화도 조약이 체결되었다.
② 청일 전쟁이 일본의 승리로 끝나고 1895년 시모노세키 조약이 체결되었다. 시모노세키 조약에서는 (일본으로의) 랴오둥반도(요동 반도) 할양 문제가 쟁점이 되었다. 이후 일본의 청나라에 대한 영향력 확대를 우려한 러시아, 프랑스, 독일 세 나라는 삼국 간섭을 통해 일본을 압박하였다. 결국 일본은 삼국 간섭에 굴복하여 랴오둥반도를 청에 반환하였다.
③ 강화도에 보관되어 있던 외규장각 도서(『조선왕조의궤』)는 1866년 병인양요 때 프랑스가 약탈하였다가, 2011년 임대 형태로 반환되었다.

---

17 중세 > 정치 > 최우   답 ④

| 정답해설 | 정방은 무신 정권 시기 최우가 설치(1225)한 인사 담당 기구이다. 최우 집권 시기(1219~1249)에는 ④ 이연년 형제의 난

(1237)이 전라도 담양에서 일어났다.

| **오답해설** | ① 무신정변(1170) 직후 의종이 폐위되고 명종이 즉위하였다.
② 최충헌 집권 시기 교정도감이 처음 설치(1209)되었다.
③ 도방은 경대승 집권 시기 처음 조직되었다.

18 근대 태동기 > 정치 > 광해군~인조 시기 역사적 사실   답 ③

| **정답해설** | 제시된 사건의 순서는 다음과 같다.
ㄴ. 1618년 광해군 때 강홍립의 군대가 명에 파견되었다.
ㄷ. 1623년 서인 세력은 인조를 왕으로 옹립하는 인조반정을 일으켰다.
ㄹ. 1629년 가도에 주둔하던 명의 모문룡이 제거되었다.
ㄱ. 1637년 병자호란 이후 조선과 청은 군신 관계를 맺었다(삼전도의 굴욕).

19 중세 > 경제 > 고려의 토지 제도   답 ②

| **정답해설** | 역분전은 (가) 태조, 시정 전시과는 (나) 경종, 개정 전시과는 (다) 목종, 경정 전시과는 (라) 문종이다. ② 4색 공복 제도는 광종 때 제정되었다.

| **오답해설** | ① 태조는 후대 왕이 꼭 지켜야 할 10가지(훈요 10조)를 남겼다.
③ 목종은 강조의 정변으로 폐위되었다.
④ 문종은 이자연의 세 딸(인예 태후·인경 현비·인절 현비)과 혼인하였다.

20 근현대 > 현대 > 제2차 개헌, 혁명 공약   답 ②

| **정답해설** | (가)는 제2차 개헌(사사오입 개헌, 1954), (나)는 1961년 5·16 군사 정변 직후 발표된 혁명 공약 6개조 중 일부이다. 따라서 1954~1961년 사이의 역사적 사실이 아닌 것을 고르면 된다. ② 1968년 국민 교육 헌장이 제정되었다.

| **오답해설** | ① 1958년 진보당 사건이 일어났다.
③④ 4·19 혁명 이후 4월 26일 이승만 대통령이 하야하였고, 허정의 과도 정부가 수립되어 내각 책임제를 중심으로 개헌을 단행(제3차 개헌, 1960. 6.)하였다. 이후 국회의원 총선거를 실시하여 민주당이 민의원, 참의원에서 다수를 차지하였다. 이후 국회에서 대통령에 윤보선, 국무총리에 장면을 선출(간접 선출, 1960. 8.)하였다.

21 근현대 > 일제 강점기 > 한국 독립군   답 ①

| **정답해설** | 만주 사변(1931) 이후 만주를 점령한 일제의 수탈이 심해지자, 간도 지방을 중심으로 반일 감정이 높아졌다. 이 무렵 북만주에서는 지청천이 한국 독립군을, 남만주에서는 양세봉이 조선 혁명군을 조직하여 활동하였다. 이들은 항일이라는 공동 목표를 달성하기 위해 중국군과 연합하여 독립 전쟁을 전개(한중 연합 작전)하였다. ① 지청천의 한국 독립군은 중국 호로군과 연합하여 쌍성보 전투, 사도하자 전투, 동경성 전투, 대전자령 전투 등에서 크게 승리하였다.

| **오답해설** | ② 양세봉의 조선 혁명군은 중국 의용군과 연합하여 영릉가, 흥경성 등에서 일본군을 무찔렀다.
③ 동북 항일 연군 내 한인들은 조국 광복회를 조직(1936)하였다.
④ 조선 의용군은 1942년 화북 지방 사회주의자들이 조직한 조선 독립 동맹의 군사 조직이다.

22 고대 > 정치 > 원종과 애노의 난, 김헌창의 난, 김지정의 난   답 ④

| **정답해설** | 제시된 사건의 순서는 다음과 같다. (다) 김지정의 난(혜공왕, 780) - (나) 김헌창의 난(헌덕왕, 822) - (가) 원종과 애노의 난(진성 여왕, 889)이다.

23 중세 > 정치 > 최승로 시무 28조, 서경 천도 운동   답 ②

| **정답해설** | (가)는 성종 때 최승로가 건의한 시무 28조(982)이며, (나)는 인종 때 묘청의 서경 천도 운동(1135, 묘청이 서경에서 반란을 일으켰던 시점 기준)이다. 따라서 982~1135년 사이에 일어난 역사적 사실을 고르면 된다. ② 강감찬은 현종 때 귀주에서 거란의 대군을 물리쳤다(귀주 대첩, 1019).

| **오답해설** | ① 최충헌 집권 시기(1196~1219)에 만적이 신분 해방 운동을 시도하였다(만적의 난, 1198).
③ 광종 때 노비안검법이 시행(956)되어 양민의 수가 늘어났다.
④ 충렬왕 때 기존의 도병마사가 도평의사사로 개편(1279)되었다. 이후 도평의사사는 중앙의 최고 권력 기관으로 기능하였다.

24 근현대 > 현대 > IMF 구제 금융 사태   답 ③

| **정답해설** | ③ IMF 구제 금융 사태는 김영삼 정부(1993. 2.~1998. 2.) 시기에 발생(1997. 12.)하였다. 김영삼 정부에서는 ③ 1996년 경제 협력 개발 기구(OECD)에 가입하였다.

| **오답해설** | ① 박정희 정부 시기인 1970년 전태일 분신 사건이 일어났다.
② 이명박 정부 시기인 2008년 다문화 가족 지원법이 제정되었다.
④ 김대중 정부 시기인 2000년 국민 기초 생활 보장법을 제정하였다.

25 근세 > 정치 > 임진왜란   답 ①

| **정답해설** | 제시된 사건의 순서는 다음과 같다. (가) 충주 탄금대 전투(1592. 4.) - (나) 한산도 대첩(1592. 7.) - (다) 행주 대첩(1593. 2.) - (라) 선조의 환도(1593. 10.)

2024

6월 22일 시행
법원직 9급 (①책형)

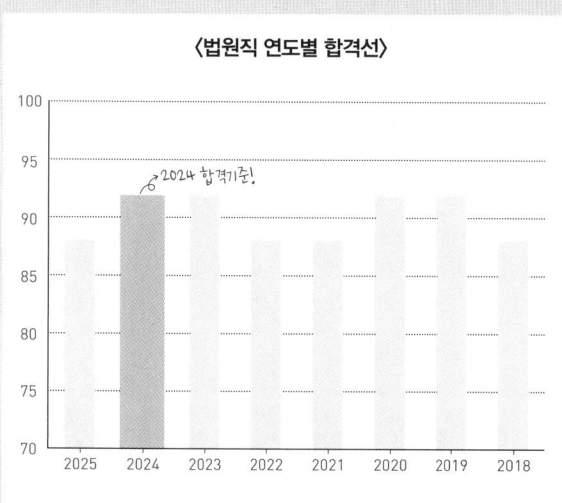

문항	정답	영역	문항	정답	영역
1	①	고대 > 정치	14	②	중세 > 정치
2	③	근현대 > 일제 강점기	15	④	근현대 > 개항기
3	①	단원 통합 > 평양성 전투, 윤집의 척화론 사이의 역사적 사실	16	②	중세 > 정치
4	③	근대 태동기 > 경제	17	②	고대 > 정치
5	③	중세 > 정치	18	②	고대 > 정치
6	③	고대 > 정치	19	①	중세 > 문화
7	③	근세 > 정치	20	③	근현대 > 개항기
8	③	우리 역사의 기원과 형성 > 국가의 형성	21	③	근현대 > 개항기
9	④	고대 > 정치	22	②	근현대 > 일제 강점기
10	②	근대 태동기 > 정치	23	①	근대 태동기 > 사회
11	④	근대 태동기 > 사회	24	②	중세 > 정치
12	④	근현대 > 개항기	25	①	근대 태동기 > 정치
13	①	중세 > 정치			

➡ 영역별 틀린 개수로 취약영역을 확인하세요!

| 우리 역사의 기원 | /1 | 고대 | /5 | 중세 | /6 | 근세 | /1 |
| 근대 태동기 | /5 | 근현대 | /6 | 통합 | /1 | | |

➡ 나의 취약영역: _____

| 맞힌 개수 | /25문항 | 점수 | /100점 |

➡ ☐ 합격 ☐ 불합격

※ 해당 회차는 〈1초 합격예측 서비스〉의 데이터 누적 기간이 충분하지 않아 오답률, 선지 선택률 기재를 생략하였습니다.

---

1 고대 > 정치 > 4세기~6세기 사이의 역사적 사실   답 ①

| 정답해설 | (가) 4세기 중반, 백제의 최전성기 지도이며, (나) 6세기 후반 이후, 신라의 영토를 보여준다. ① 태조왕은 56년(태조왕 4년) (동)옥저를 복속하였다.

| 오답해설 | ② 『삼국사기』에는 576년(진흥왕 37년) 여성 중심의 원화제(源花制)를 폐지하고 남성 중심의 화랑도를 창설하였다고 기록되어 있으나, 실제로 원화를 화랑으로 개편한 것은 562년(진흥왕 23년) 이전으로 보고 있다.
③ 장수왕은 5세기 남진 정책을 추진하였다.
④ 지증왕은 503년, 신라를 국호로 공식화하였으며, '왕(王)'의 명칭을 처음 사용하였다.

2 근현대 > 일제 강점기 > 대한민국 임시 정부   답 ③

| 정답해설 | 제시된 사료 중 삼균 제도 등을 통해, (가) 대한민국 임시 정부의 건국 강령임을 알 수 있다. ③ 조선 의용대 화북 지대는 1942년 조선 독립 동맹에 편입된 후 조선 의용군으로 개편되었다.

| 오답해설 | 대한민국 임시 정부는 ① 1940년 충칭에서 한국광복군을 창설하였다. 또한 ② 1941년 12월 태평양 전쟁 발발 직후, 대일 선전 성명을 발표하였다. 한편 ④ 충칭 정부 시기에는 김원봉 등 민족 혁명당과 사회주의 계열 인사가 다수 합류하였다.

3 단원 통합 > 평양성 전투, 윤집의 척화론 사이의 역사적 사실   답 ①

| 정답해설 | (가) 임진왜란 당시, 조·명 연합군의 평양성 전투(선조 26년, 1593. 1.), (나) 병자호란 직전(인조 14년, 1636) '윤집의 척화론' 사료이다. ① 광해군 때 강홍립이 이끄는 조선군은 후금에 항복하였다(1619).

| 오답해설 | ② 1592년 6월, 신립 장군은 충주에서 일본군에 패배하였다.
③ 남한산성에서 항전했던 인조는 1637년 1월, 삼전도에서 청에 굴욕적인 항복을 하였다.
④ 세종 때 이종무 등이 왜구의 약탈을 근절하고자, 대마도를 정벌하였다(세종 1년, 1419).

| 4 | 근대 태동기 > 경제 > 균역법 | 답 ③ |

| 정답해설 | 제시된 시(詩)는 군역 제도의 모순을 보여준다. 영조 때 군역 제도를 개혁하기 위해 균역법을 시행(1년에 부담하는 군포를 2필에서 1필로 줄임)하였다. 균역법 시행 이후 ③ 부족한 군포는 <u>부유한 양민에게 선무군관포를 징수하고</u>, 지주에게 결작(1결당 2두)을 부과하는 방법 등으로 해결하였다.

| 오답해설 | ① 신문왕은 왕권을 강화하기 위해 관료전을 지급하고 녹읍을 폐지하였다.
② 인조 때 영정법을 시행하여 풍흉과 관계없이 1결당 4~6두를 고정으로 과세하였다.
④ 토지 소유자에게 공납을 쌀, 옷감, 동전으로 징수한 제도는 대동법이다.

| 5 | 중세 > 정치 > 노비안검법, 노비환천법 사이의 사실 | 답 ③ |

| 정답해설 | (가) 광종 때 시행된 노비안검법(광종 7년, 956), (나) 성종 때 최승로가 건의(성종 1년, 982)한 노비환천법에 관한 사료다. 따라서 (가)와 (나) 사이의 역사적 사실은 ③ 경종 때 전시과가 처음 제정되었음을 정답으로 고르면 된다.

| 오답해설 | ① 목종 때 강조가 정변을 일으켰다. 그 결과 목종을 폐위하고 현종이 옹립되었다.
② 거란의 제2차 침략 당시 개경이 함락되었다. 이때 현종은 나주까지 피신하였다.
④ 태조는 공신들에게 역분전을 지급하였다.

| 6 | 고대 > 정치 > 가야 | 답 ③ |

| 정답해설 | 제시된 내용은 2023년 9월, 유네스코 세계 문화유산에 등재된 가야 고분군에 대한 자료이다. 가야는 낙동강 하류 변한 지방에서 성장했으며, 철기를 생산하여 주변국에 수출하면서 발전하였다. 한편 현재의 김해 지방에서 성장한 금관가야를 중심으로 전기 가야 연맹이 결성되었다. ③ 골품에 따라 관등이나 관직 승진에 제한이 있었던 나라는 신라이다.

| 더 알아보기 | 가야 고분군(2023년 9월 등재)

> 한반도에 존재했던 고대 문명 '가야'를 대표하는 7개 고분군으로 이루어진 연속유산으로, 전북특별자치도 남원 유곡리와 두락리 고분군, 경북 고령 지산동 고분군, 경남 김해 대성동 고분군, 경남 함안 말이산 고분군, 경남 창녕 교동과 송현동 고분군, 경남 고성 송학동 고분군, 경남 합천 옥전 고분군이 포함되었다.
> 「가야 고분군」은 "주변국과 자율적이고, 수평적인 독특한 체계를 유지하며 동아시아 고대 문명의 다양성을 보여주는 중요한 증거가 된다는 점에서 '탁월한 보편적 가치'(Outstanding Universal Value)가 인정된다."라는 평가를 받았다.

| 7 | 근세 > 정치 > 제1차 왕자의 난과 이종무의 대마도 정벌 사이의 역사적 사실 | 답 ③ |

| 정답해설 | (가) 정도전, 남은 등이 처형된 제1차 왕자의 난(태조 7년, 1398), (나) 이종무의 대마도 정벌(세종 1년, 1419)과 관련된 사료다. ③ 태종 때 6조 직계제가 시행되어 왕권을 강화하였다.

| 오답해설 | ① 세조 때 집현전과 경연이 폐지되었다.
② 성종 때 홍문관이 경연을 담당하였다.
④ 1388년 위화도 회군이 단행되어 우왕이 폐위되고 창왕이 즉위하였다.

| 8 | 우리 역사의 기원과 형성 > 국가의 형성 > 삼한 | 답 ③ |

| 정답해설 | 제시된 사료에서 삼한의 군장인 신지와 읍차, 삼한의 제사장 천군을 확인할 수 있다. ③ 삼한은 마한의 목지국을 중심으로, 여러 개의 소국으로 구성된 연맹체였다.

| 오답해설 | ① 동예에는 무천이라는 제천 행사가 있었다.
② 신라는 귀족 회의체인 화백 회의에서 중요한 일을 결정하였다.
④ 부여에는 각 부족장의 독자적 행정 구역인 사출도가 있었다.

| 9 | 고대 > 정치 > 광개토 대왕 | 답 ④ |

| 정답해설 | 제시된 사료는 영락 10년(400) 고구려 광개토 대왕이 신라에 침략한 왜를 격퇴한 내용이다. 광개토 대왕은 ④ 요동과 만주 일대를 장악하였다.

| 오답해설 | ① 고구려 소수림왕은 태학을 설립(372)하고, 율령을 반포(373)하였다.
② 백제 근초고왕은 마한을 병합하고, 평양을 공격하였다.
③ 신라 내물 마립간 때 마립간이라는 왕호를 처음 사용하였다.

| 10 | 근대 태동기 > 정치 > 서인과 남인 | 답 ② |

| 정답해설 | 제시된 자료는 현종 때 일어난 예송 논쟁 당시 (가) 서인과 (나) 남인의 입장을 서술하고 있다. 서인은 효종이 적장자가 아님을 근거로 왕과 사대부에게 같은 예가 적용되어야 한다고 주장하면서, 1차 예송(기해예송) 때는 1년 복(기년복)과 2차 예송(갑인예송) 때는 9개월 복(대공설)을 주장하였다. 한편 남인은 왕에게는 일반 사대부와 다른 예가 적용되어야 한다고 주장하며, 3년 복(1차 예송)과 1년 복(2차 예송)을 주장하였다. ② 서인은 경신환국을 통해 정권을 장악하였다.

| 오답해설 | ① 북인은 인조반정으로 몰락하였다.
③ 서인은 경신환국을 계기로 노론과 소론으로 분화되었다.
④ 송시열은 서인과 노론을 대표하는 인물이었다.

11 근대 태동기 > 사회 > 천주교 박해   답 ④

| 정답해설 | 제시된 사건의 순서는 다음과 같다. (다) 신해박해(정조 15년, 1791) – (나) 신유박해(순조 1년, 1801) – (가) 황사영 백서 사건

| 더 알아보기 | 황사영 백서 사건

> 천주교 지도자였던 황사영은 순조 1년(1801) 신유박해의 전말과 그 대응책을 흰 비단(백서)에 적어 중국 베이징의 구베아 주교에게 밀서로 보냈다. 그 내용은 첫째, 종주국인 청나라 황제에게 요청하여 조선도 서양인 선교사를 받아들이도록 강요할 것, 둘째 서양의 배 수백 척과 군대 5~6만 명을 조선에 보내어 신앙의 자유를 허용하도록 하는 방안 등이 기술되어 있었다. 이 백서는 결국 발각되어 천주교에 대한 박해가 더욱 심해지는 계기를 제공하였다.

12 근현대 > 개항기 > 일본, 청, 미국   답 ④

| 정답해설 | (가) 일본, (나) 청, (다) 미국이다. ④ 갑신정변 이후, 청과 일본은 톈진 조약을 체결하였다.

| 오답해설 | ① 청은 임오군란을 진압한 이후 흥선 대원군을 자국으로 납치하였다.
② 일본은 조선과 1876년 강화도 조약을 체결하였다.
③ 영국은 러시아의 남하를 저지하기 위해 1885년 거문도를 불법 점령하였다.

| 더 알아보기 | 톈진 조약의 주요 내용

> 1. 중국은 조선에 주둔하는 군대를 철수하고, 일본국은 조선에서 공사관을 호위하던 군대를 철수한다.
> 1. 장래 조선국에 변란이나 중대한 사건이 일어나 중국과 일본 양국이나 혹은 어떤 한 나라가 파병이 필요할 때는 우선 상대국에 공문을 보내 통지해야 하며, 사건이 진정되면 곧 철수하여 다시 주둔하지 않는다.

13 중세 > 정치 > 사심관 제도와 기인 제도   답 ①

| 정답해설 | 제시된 사료는 고려 태조 때의 사심관 제도이다. 사심관 제도는 ① 기인 제도와 함께 대표적인 호족 통제 정책이었다.

| 오답해설 | ② 고려 태조는 북진 정책을 추진하여 청천강~영흥만까지 영토를 확대하였다.
③ 지눌은 정혜쌍수를 통해 선종과 교종의 통합을 추구하였다.
④ 신라 하대 원성왕 때 능력 중심의 관료 임용 제도인 독서삼품과를 실시(788)하였으나, 진골 귀족들의 반발로 제도로서 정착되지 못했다.

| 더 알아보기 | 기인 제도

> 건국 초에 향리의 자제를 뽑아 서울에 볼모로 삼고, 또한 출신지의 일에 대하여 자문에 대비하게 하였는데, 이를 기인이라 한다.
>   - 『고려사』 -

14 중세 > 정치 > 대간   답 ②

| 정답해설 | (가) 대간(대성, 성대)은 중서문하성의 3품 이하인 낭사와 (관리 감찰 기구인) 어사대의 관원이 모여 구성하였다. 대간은 왕의 잘못을 논하는 간쟁과 잘못된 왕명을 시행하지 않고 되돌려 보내는 봉박, 관리의 임명에 동의하는 서경권을 가지고 있었다. ② 중서문하성의 재신과 중추원의 추밀이 참여한 식목도감은 법제와 격식을 제정하는 기구다.

15 근현대 > 개항기 > 1894~1895년의 역사적 사실   답 ④

| 정답해설 | 제시된 사건의 순서는 다음과 같다. (나) 고부 농민 봉기 당시, 농민군은 고부의 만석보를 허물었다. – (가) 전주 화약 체결 이후, 전라도 각지에 집강소를 설치하였다. – (다) 1895년 청·일 전쟁이 일본의 승리로 끝난 후 시모노세키 조약이 체결되었다.

16 중세 > 정치 > 고려의 주요 역사적 사실   답 ②

| 정답해설 | 제시된 사건의 순서는 다음과 같다. (나) 교장도감, 천태종 개창 등은 12세기 초, 의천에 관한 내용이다. – (가) '우리 고향을 현으로 승격'했다는 내용을 통해 (명학소에서 충순현으로 승격) 망이·망소이의 난(1176)임을 알 수 있다. – (다) 14세기 중엽 공민왕 때 성균관 대사성으로 이색을 임명한 내용이다.

17 고대 > 정치 > 대조영, 발해   답 ②

| 정답해설 | 첫 번째 사료는 『구당서』의 발해 사료이며 (가) 대조영이다. 두 번째 사료는 유득공의 『발해고』 중 일부이며 (나) 발해이다. ㄷ. 발해는 926년 거란(요)의 침략으로 멸망하였다.

| 오답해설 | ㄱ. 대조영은 고구려의 왕족 출신은 아니다.
ㄴ. 당의 산둥반도를 공격한 것은 무왕(대무예)이다.
ㄹ. 통일 신라 신문왕 때 중앙군 9서당, 지방군 10정이 편성되었다.

18 고대 > 정치 > 진성 여왕   답 ②

| 정답해설 | 제시된 내용은 진성 여왕 3년(889)에 일어난 ㄹ. 원종과 애노의 난 사료이다. 진성 여왕 때는 ㄱ. 896년 적고적(赤袴賊)의 난도 발생하였다.

| 오답해설 | ㄴ. 김헌창의 난은 822년 신라 헌덕왕 때 일어났다.
ㄷ. 만적은 1198년(신종 1년, 최충헌 집권 시기) 신분 해방을 주장하였다.

| 더 알아보기 | 적고적의 난

> 도적들이 나라의 서남쪽에서 봉기하였다. 그들은 바지를 붉게 물들여 스스로 남들과 다르게 하였기 때문에 사람들은 적고적이라고 불렀다. 그들은 주와 현을 도륙하고, 도읍의 서부 모량리(牟梁里)까지 와서 사람들을 위협하고 노략질하고 돌아갔다.
>   - 『삼국사기』 신라 본기 진성 여왕 -

| 19 | 중세 > 문화 > 의천 | 답 ① |

| **정답해설** | 밑줄 친 '후(煦)'는 '의천'이다. 의천은 문종의 넷째 아들이며, 송에 유학을 다녀와 (해동) 천태종을 창시하였다. 천태종은 화엄종을 중심으로 교종을 통합한 후, 선종까지 통합한 종파였다.
① 교관겸수는 천태종의 통합 이론이다.
| **오답해설** | ② 혜초는 인도와 중앙아시아 여러 지역을 여행하고 『왕오천축국전』을 남겼다.
③ 혜심은 유·불 일치설을 주장하였다.
④ 지눌은 수선사 결사를 조직하였다.

| 20 | 근현대 > 개항기 > 개항기 주요 사건 | 답 ③ |

| **정답해설** | 제시된 사건의 순서는 다음과 같다. (나) 병인양요, 정족산성 전투(1866, 양헌수) - (가) 오페르트 도굴 사건(1868) - (다) 신미양요(1871, 어재연 전사) - (라) 강화도 조약(1876)이다.

| 21 | 근현대 > 개항기 > 국권 침탈 과정 | 답 ③ |

| **정답해설** | (가) 1904년 제1차 한·일 협약, (나) 1905년 을사늑약(제2차 한·일 협약, 1905. 11.), (다) 포츠머스 강화 조약(1905. 9.)이다. ③ 일본이 독도를 강탈한 것은 러·일 전쟁 중인 1905년 2월의 일이다. 따라서 (다) 포츠머스 강화 조약 이전이다.
| **오답해설** | ① 제1차 한·일 협약으로 대한 제국에 들어온 재정 고문 메가타는 1905년부터 화폐 정리 사업을 시작하였다.
② 을사늑약으로 대한 제국의 외교권을 박탈한 일본은 1909년 청과 간도 협약을 체결하였다.
④ 제시된 조약은 (가) - (다) - (나) 순서로 체결되었다.

| 22 | 근현대 > 일제 강점기 > 1910년대의 모습 | 답 ② |

| **정답해설** | 제시된 법령은 회사령(1910~1920)이다. 따라서 1910년~1920년 사이의 역사적 사실인 ② 1915년 설립된 대한 광복회의 활동을 정답으로 고르면 된다.
| **오답해설** | ① 1941년 일제는 제3차 조선 교육령을 일부 개정하여 심상 소학교의 명칭을 국민학교로 개칭하였다.
③ 치안 유지법은 1925년 제정되어 해방 직전까지 적용되었다.
④ 농촌 진흥 운동은 1932년부터 시작된 조선 총독부의 관제 운동이었다.

| 23 | 근대 태동기 > 사회 > 홍경래의 난 | 답 ① |

| **정답해설** | 제시된 사료는 1811년에 일어난 홍경래의 난이다. 홍경래의 난은 서북 지방(평안도)에 대한 지역적 차별과 삼정의 문란에 반발하여 일어났다. 홍경래를 중심으로 영세 농민, 중소 상인, 광산 노동자 등이 참여하였다. 한때 가산, 선천, 정주 등 청천강 이북 지역을 장악하였으나, 5개월 만에 진압되었다. ① 19세기(순조, 헌종, 철종)에는 왕실과 혼인을 맺은 일부 가문(세도 가문)이 정권을 장악하였다.
| **오답해설** | ② 정조 때 유득공, 박제가 등 서얼들을 규장각 검서관으로 등용하였다.
③ 광해군 때 경기도에서 대동법을 처음 시행하여 호를 기준으로 과세하던 공납을 토지를 기준으로 징수하였다.
④ 정조는 신해통공(1791)을 공포하여 육의전을 제외한 시전 상인들의 금난전권을 폐지하였다.

| 24 | 중세 > 정치 > 최충헌, 이의민 | 답 ② |

| **정답해설** | ② 최충헌은 교정도감을 설치하여 국정을 장악하였다(희종 5년, 1209).
| **오답해설** | ① 최충헌의 아버지는 상장군 최원호이며, (최충헌의 집안인) 우봉 최씨는 대대로 고위직 장군을 배출한 가문이다. 한편 하층민(= 노비) 출신 최고 권력자는 이의민이다.
③ 최충헌은 이의민을 제거하고, 명종에게 개혁안인 봉사 10조를 올렸다.
④ 최우는 정방을 통해 인사권을 장악하였다.

| 25 | 근대 태동기 > 정치 > 정조 | 답 ① |

| **정답해설** | 제시된 자료 중 '현륭원(사도 세자의 무덤)을 수원에 봉안', '배다리의 제도로 개정' 등을 통해 밑줄 친 국왕이 정조임을 알 수 있다. ① '영조'는 성균관 입구에 (자신이 직접 쓴 글을 새긴) 탕평비를 세웠다.
| **오답해설** | ② 정조 때 왕의 친위 부대인 장용영이 설치되었다.
③ 정조 때 무예 훈련 교범서인 『무예도보통지』를 간행하였다.
④ 정조 때 신진 인물이나 중·하급 관리 가운데 능력 있는 자들을 규장각에서 재교육시키는 초계문신 제도를 시행하였다

2023 6월 24일 시행 법원직 9급 (①책형)

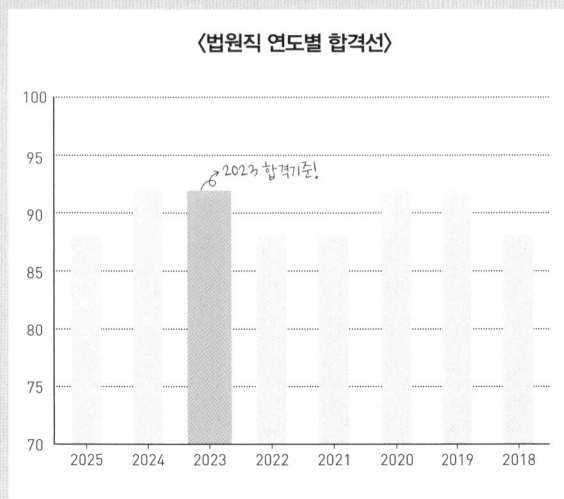

문항	정답	영역	문항	정답	영역
1	②	근현대 > 개항기	14	③	고대 > 정치
2	②	근현대 > 일제 강점기	15	④	우리 역사의 기원과 형성 > 국가의 형성
3	④	중세 > 정치	16	④	중세 > 정치
4	③	근현대 > 개항기	17	①	근현대 > 일제 강점기
5	③	중세 > 정치	18	②	고대 > 문화
6	②	근대 태동기 > 문화	19	④	근세 > 경제
7	③	단원 통합 > 강화도의 역사	20	③	근대 태동기 > 문화
8	③	근현대 > 일제 강점기	21	②	근세 > 정치
9	②	근현대 > 개항기	22	①	중세 > 정치
10	②	고대 > 정치	23	④	고대 > 정치
11	④	근세 > 정치	24	③	근현대 > 현대
12	②	근현대 > 현대	25	②	근대 태동기 > 정치
13	④	근현대 > 현대			

우리 역사의 기원	/1	고대	/4	중세	/4	근세	/3
근대 태동기	/3	근현대	/9	통합	/1		

※ 해당 회차는 〈1초 합격예측 서비스〉의 데이터 누적 기간이 충분하지 않아 오답률, 선지 선택률 기재를 생략하였습니다.

---

1 근현대 > 개항기 > 독립 협회 답 ②

| 정답해설 | 제시된 내용은 독립 협회에서 결의한 헌의 6조(1898) 중 일부이다. ㄱ. 독립 협회는 「구국 운동 상소문」(구국 운동 선언 상소, 1898. 2.)을 고종에게 올렸고, ㄹ. 러시아의 내정 간섭과 이권 침탈에 반대하였다. 그 결과 한·러 은행을 폐쇄하고 러시아의 절영도 조차 요구를 좌절시켰다.
| 오답해설 | ㄴ. 대한 자강회는 고종의 강제 퇴위 반대 운동을 전개하다가 해산되었다(1907).
ㄷ. 보안회는 일제의 황무지 개간권 요구에 반대하였다.

2 근현대 > 일제 강점기 > 토지 조사 사업 실시 시기의 모습 답 ②

| 정답해설 | 제시된 법령은 1912년 공포된 토지 조사령이다. 따라서 토지 조사 사업(1910~1918) 시기 역사적 사실을 고르는 문제이다.
② 대한 광복군 정부는 1914년 러시아 연해주에서 조직된 항일 운동 단체이다.
| 오답해설 | ① 국민부가 주도하여 1929년 조선 혁명당이 결성되었다.
③ 「신여성」(1923년 발간), 「삼천리」(1929년 발간)는 1920년대에 간행된 잡지이다.
④ 소련은 1937년 중일전쟁 직후, 연해주의 한인들을 중앙아시아로 강제 이주시켰다.

3 중세 > 정치 > 중세의 주요 사건 답 ④

| 정답해설 | 제시된 사건의 순서는 다음과 같다. (다) 이자겸의 난(1126) - (나) 김부식, 묘청의 난 진압(1136) - (가) 무신정변(1170)

4 근현대 > 개항기 > 영남만인소, 「격고팔도열읍」 사이의 사실 답 ③

| 정답해설 | (가) 영남만인소(이만손, 1881) (나) 을미의병장 유인석의 「격고팔도열읍」(檄告八道列邑, 1895. 12.)이다. 따라서 1881년~1895년 12월 사이의 역사적 사실을 고르는 문제이다. ㄴ. 교육 입국 조서는 2차 갑오개혁 때 발표되었다.(1895. 2.)
ㄷ. 영국이 거문도를 불법적으로 점령한 사건(거문도 사건)은 1885년 일어났다.
| 오답해설 | ㄱ. 관민 공동회는 1898년 개최되었다.
ㄹ. 나철은 1909년 단군교를 창시하였고, 1910년 대종교로 개칭하였다.

| 더 알아보기 | 유인석, 「격고팔도열읍」(檄告八道列邑, 1895. 12.)

아, 우리 8도의 동포들은 차마 망해 가는 나라를 내버려 두려 하는가. 너희 할아버지와 아버지가 500년 왕조의 남겨진 백성이 아닌 자가 없는데, 나라와 집안을 위해 어찌 한두 사람의 의사(義士)가 없단 말인가. 참혹하고 슬프다. 이것이 운(運)인가 명(命)인가 …(중략)…
아, 저 섬나라 오랑캐(島夷)의 수령은 조약과 신의의 법리로도 애초에 말할 것조차 없거니와, 생각하건대 저 국적(國賊)들의 머리부터 발끝까지의 머리카락이 누구로부터 나온 것인가. 원통함을 어찌할까. 국모(國母)의 원수를 생각하며 이미 이를 갈았는데, 참혹함이 더욱 심해져 임금께서 머리를 깎이시고 의관을 찢기는 지경에 이른데다가 또 이런 망극한 화를 당하였으니, 천지가 뒤집어져 우리가 각기 하늘에서 부여받은 본성을 보전할 길이 없게 되었다. 우리 부모로부터 받은 몸을 금수로 만드니 이 무슨 일인가. 우리 부모로부터 받은 머리카락을 깎았으니 이 무슨 변괴인가. …(중략)…
이에 감히 먼저 의병을 일으키고서 마침내 사람들에게 이를 포고하노라. 위로 공경(公卿)에서부터 아래로는 백성들에 이르기까지 어느 누가 애통하고 절박한 마음이 없겠는가. 지금은 참으로 위급 존망의 때이니, 각자 거적에서 잠을 자고 창을 베개 삼으면서 모두 끓는 물과 불 속으로 나갈지어다. …(후략)

– 『의암집』 –

5 중세 > 정치 > 고려 시대 중앙·지방 제도   답 ③

| 정답해설 | 제시된 자료 중 '중방 서리', '도병마녹사'는 고려의 직책이며, 원종은 고려의 왕이다. ㄱ. 고려 시대에는 주현(지방관이 파견된 지역)보다 속현(지방관이 파견되지 않은 지역)이 많았고, ㄷ. 중서문하성의 낭사와 어사대의 관원들을 대간(=대성, 성대)이라고 불렀다.
| 오답해설 | ㄴ. 조선 시대에 모든 군현에 지방관이 파견되었다.
ㄹ. 조선 시대에는 전국을 8도로 나누고, 부·목·군·현에 지방관을 파견하였다.

6 근대 태동기 > 문화 > 조선 후기의 문화적 특징   답 ②

| 정답해설 | 제시된 내용 중 담배(임진왜란 이후 들어온 외래 작물), 전황(화폐 유통량 부족 현상)을 통해 조선 후기임을 알 수 있다. ㄱ. 조선 후기에는 문화 인식의 폭이 확대되어 여러 백과사전(=유서, 類書)이 편찬되었으며, ㄴ. 격식에 구애받지 않고 감정을 표현하는 사설시조가 유행하였다.
| 오답해설 | ㄷ. 태종 때 주자소를 설치하고, 계미자를 주조하였다.

7 단원 통합 > 강화도의 역사   답 ③

| 정답해설 | 몽골군의 침입, 최이(=최우)의 천도 논의 등을 통해 (가) 강화도임을 알 수 있다. ㄴ. 임진왜란 이후 『조선왕조실록』을 보관할 목적으로 강화도에 마니산 사고(이후 정족산 사고)를 설립하였다.
| 오답해설 | ㄱ. 동녕부는 서경(=현재의 평양)에 설치되었다.
ㄷ. 망이·망소이의 난은 1176년 공주 명학소에서 일어났다.

8 근현대 > 일제 강점기 > 조선어 학회   답 ③

| 정답해설 | (가)는 조선어 학회이다. ㄴ. 조선어 학회에서는 1933년 한글 맞춤법 통일안을 제정하였고, ㄷ. 『우리말 큰사전』 편찬을 준비하였으나, 1942년 조선어 학회 사건으로 실패하였다.
| 오답해설 | ㄱ. 국문 연구소는 1907년 대한 제국 학부 소속으로 만들어진 한글 연구 기관이다.
ㄹ. 천도교에서는 「개벽」, 「어린이」 등의 잡지를 발간하였다.

9 근현대 > 개항기 > 을사늑약 이후의 사건   답 ②

| 정답해설 | 제시된 자료는 프랑스 대통령에게 외교를 위한 공사관을 다시 설치해 달라고 요청하는 글이다. ② 일본은 1905년 을사늑약(1905. 11. 17.)을 체결한 이후, 대한 제국의 외교권을 박탈하고 중앙에는 통감부, 지방에는 이사청을 설치하였다.
| 오답해설 | ① 1905년 9월 5일, 러·일 전쟁 강화 조약인 포츠머스 조약이 체결되었다.
③ 1903년 러시아는 용암포와 압록강 하구를 점령하고 대한 제국에 조차를 요구하였다(용암포 사건).
④ 1904년 8월, 제1차 한·일 협약(한·일 외국인 고문 및 용빙에 관한 협정서)이 조인되었다.

| 더 알아보기 | 이사청

이사청은 을사늑약 이후, 일제가 설치한 통감부(統監府)의 지방 기관이다. 1905년 12월, 일왕의 칙령으로 「통감부급이사청관제(統監府及理事廳官制)」를 공포하여 중앙에 통감부를 설치하고 지방의 일본 영사관 자리에 이사청을 설치하였다(1906. 2.). 이후 서울과 지방에서 본격적인 한국 침탈(侵奪)을 시작하였다.

10 고대 > 정치 > 395~475년 사이의 역사적 사실   답 ②

| 정답해설 | (가) 영락 5년(광개토대왕, 395), (나) 장수왕, 한성 함락(475)과 관련된 자료이다. 따라서 395년~475년 사이의 역사적 사실을 고르는 문제이다. ② 427년 장수왕 때 고구려가 평양으로 천도하였다.
| 오답해설 | ① 517년 법흥왕 때 신라에 병부가 설치되었다.
③ 260년 고이왕 때 백제의 좌평 및 관등제의 골격이 마련되었다.
④ 371년 백제 근초고왕의 공격으로 고국원왕이 전사하였다.

11 근세 > 정치 > 수령 7사   답 ④

| 정답해설 | (가)는 수령 7사이다. 수령 7사는 수령이 꼭 해야 할 7가지 일로서, ㄴ. 농상성(農桑盛, 농상을 성하게 함), ㄱ. 호구증(戶口增, 호구를 늘림), 학교흥(學校興, 학교를 일으킴), 군정수(軍政修, 군사 행정을 잘 운영하는 일), ㄷ. 부역균(賦役均, 역의 부과를 균등하게 함), ㄹ. 사송간(詞訟簡, 소송을 간명하게 함), 간활식(奸猾息, 교활하고 간사한 것을 그치게 함)이다.

| 12 | 근현대 > 현대 > 한·미 상호 방위 조약 | 답 ② |

| 정답해설 | 제시된 사료는 1953년 10월 조인된 한·미 상호 방위 조약(발효 1954. 11. 18.)이다. 따라서 보기 중 6·25 전쟁 발발(1950)과 제2차 개정 헌법 공포(1954, 사사오입 개헌) 사이를 정답으로 고르면 된다.

| 더 알아보기 | 한·미 상호 방위 조약

1. 당사국 중 일국의 정치적 독립 또는 안전이 외부로부터 무력 공격에 의하여 위협받고 있다고 인정되면 언제든지 양국은 협의한다.
2. 각 당사국은 상대 당사국에 대한 무력 공격을 자국의 평화와 안전을 위태롭게 하는 것이라고 인정하고 공통의 위험에 대처하기 위하여 각자의 헌법 절차에 따라 행동한다.
3. 미국은 그들의 육·해·공군을 한국의 영토 내와 그 부근에 배치할 수 있는 권리를 가지며 한국은 이를 허락한다.

| 13 | 근현대 > 현대 > 김영삼 정부(문민 정부) | 답 ④ |

| 정답해설 | 금융 실명제는 1993년 김영삼 정부(문민 정부, 1993. 2.~ 1998. 2.) 때 처음 시작되었다. ④ 김영삼 정부 시기인 1996년, 경제 협력 개발 기구(OECD)에 가입하였다
| 오답해설 | ① 박정희 정부(유신 정부) 때인 1979년 YH 사건이 일어났다.
② 박정희 정부 시기인 1977년 제4차 경제 개발 5개년 계획이 추진되었다.
③ 김대중 정부(국민의 정부) 시기인 2000년, 국민 기초 생활 보장법이 시행되었다.

| 14 | 고대 > 정치 > 고대의 주요 사건 순서 | 답 ③ |

| 정답해설 | 제시된 사건의 순서는 다음과 같다. (다) 광개토대왕, 왜군 격퇴(400) - (나) 신문왕, 관료전 지급(687) - (라) 발해 선왕, '해동성국' - (가) 견훤, 후백제 건국(900)

| 15 | 우리 역사의 기원과 형성 > 국가의 형성 > 고조선 | 답 ④ |

| 정답해설 | 고조선에는 8개의 법(= 8조법; 8조 금법)이 있었다. ④ 고조선은 한 무제의 침략으로 기원전 108년 멸망하였다.
| 오답해설 | ① 고구려에는 서옥제라는 혼인 풍습이 있었다.
② 부여에서는 매년 12월, '영고'라는 제천 행사를 열었다.
③ 삼한에서는 목지국의 지배자가 왕으로 추대되었다.

| 16 | 중세 > 정치 > 성종 | 답 ④ |

| 정답해설 | 제시된 내용은 거란의 1차 침략(성종 12년, 993) 때 서희의 외교 담판에 대한 사료이다. ④ 성종 때는 중앙 관제를 2성 6부로 정비하였다.
| 오답해설 | ① 발해는 거란족의 침략으로 고려 태조 때인 926년 멸망하였다.

② 이자겸의 난은 인종 시기에 발생하였다(1126).
③ 문종 때 최충은 9재 학당을 설립하였다.

| 17 | 근현대 > 일제 강점기 > 정체성론 비판 | 답 ① |

| 정답해설 | '조선에서 봉건 제도의 존재를 부정'한 것은 일제 강점기 식민 사학자들의 정체성론이다. ① 백남운은 『조선 사회 경제사』, 『조선 봉건 사회 경제사』 등을 저술하여 정체성론을 비판하였다(사회경제사학).
| 오답해설 | ② 이병도, 손진태 등은 진단 학회를 결성하고, 『진단학보』를 발행하였다.
③ 조선사 편수회, 청구 학회 등은 식민 사학과 관련된 조직이다.
④ 민족주의 사학자 신채호는 〈대한매일신보〉에 「독사신론」을 연재하였다. 「독사신론」은 민족주의 사학의 기틀을 마련했다고 평가된다.

| 18 | 고대 > 문화 > 의상 | 답 ② |

| 정답해설 | 제시된 내용 중 '부석사', '관음 신앙 전파' 등을 통해 (가)가 의상임을 알 수 있다. ② 의상은 『화엄일승법계도』를 지어 화엄 사상을 정립하였다.
| 오답해설 | ① 원효는 무애가를 지어 불교 대중화에 이바지하였다.
③ 의천은 불교 교단을 통합하기 위해 교종을 중심으로 선종을 통합한 해동 천태종을 개창하였다.
④ 혜초는 인도와 중앙아시아를 여행하고, 『왕오천축국전』을 저술하였다.

| 19 | 근세 > 경제 > 세종 | 답 ④ |

| 정답해설 | 제시된 사료 중 '전품(田品) 6등급'은 토지의 비옥도에 따라 여섯 등급으로 나눈 전분 6등법이며, 세종 때의 공법에 관한 내용이다. ④ 고려 문종 때 설치된 경시서는 시전의 불법적 상행위를 감독하던 기구였다. 조선 시대에도 경시서의 명칭을 사용하다가, 세조 때 평시서로 개칭되었다.
| 오답해설 | ① 3포 왜란은 중종 때인 1510년 발생하였다.
② 벽란도는 고려 시대 최대의 무역항이다.
③ 『농가집성』은 효종 때 신속이 편찬한 농서이다.

| 20 | 근대 태동기 > 문화 > 이익 | 답 ③ |

| 정답해설 | 제시된 사료는 이익의 한전론이다. ③ 이익은 나라를 좀먹는 여섯 가지 폐단(양반 문벌 제도, 과거 제도, 노비 제도, 사치와 미신 숭배, 승려, 게으름)을 지적하였다.
| 오답해설 | ① 안정복은 『동사강목』을 통해 한국사의 독자적인 정통론을 체계화하였다.
② 정약용은 『목민심서』, 『경세유표』, 『흠흠신서』 등의 저술을 남겼다.

④ 유형원은 『반계수록』에서 신분에 따른 토지의 차등 분배가 전제된 균전론을 제시하였다.

| 21 | 근세 > 정치 > 갑자사화 | 답 ③ |

| 정답해설 | 제시된 사료는 연산군의 생모인 폐비 윤씨 사사(賜死) 사건과 관련된 내용이다. ③ 연산군은 갑자사화(연산군 10년, 1504)를 일으켜 사건과 관련된 훈구파와 사림파를 제거하였다.
| 오답해설 | ① 수양 대군은 단종을 내쫓고 왕위에 올랐다(세조 즉위).
② 기묘사화(중종 14년, 1519)에서는 조광조를 비롯한 많은 사림이 피해를 입었다.
④ 선조 때 이조 전랑 임명 문제를 둘러싸고, 사림은 동인과 서인으로 분열되었다.

| 22 | 중세 > 정치 > 태조 | 답 ① |

| 정답해설 | 제시된 사료는 태조(918~943)가 고려의 개국공신 박술희를 통해 훈요 10조를 구술한 내용이다. ① 927년 고려와 후백제 간 공산 전투가 있었다(태조 10년).
| 오답해설 | ② 광종 때 노비안검법이 시행되었다.
③ 궁예는 911년, 국호를 '마진'에서 '태봉'으로 바꾸고 연호를 '수덕만세'로 정하였다.
④ 성종 때 최승로는 「시무 28조」를 제시하였다.

| 23 | 고대 > 정치 > 562년~660년 사이의 역사적 사실 | 답 ④ |

| 정답해설 | (가) 대가야 정벌(진흥왕, 562), (나) 계백의 황산벌 전투(660)이다. ④ 살수 대첩은 612년에 고구려와 수나라 사이에 벌어진 전투로, 을지문덕이 지휘한 고구려군이 우중문과 우문술 등이 지휘한 수나라군을 크게 격파하였다.
| 오답해설 | ① 백제의 웅진 천도(문주왕, 475)
② 소수림왕의 불교 수용(372)
③ 신라군이 당군을 물리친 기벌포 전투(676)

| 24 | 근현대 > 현대 > 유신 헌법 | 답 ③ |

| 정답해설 | 제시된 사료는 유신 헌법(7차 개헌 헌법)이다. 유신 헌법은 1972년 10월 제정되어 1972년 12월 27일 시행되었고, 8차 개헌(1980. 10. 27.) 이전까지 적용되었다. ③ 1980년 5월 31일 국가보위 비상 대책 위원회(국보위)가 조직되었다.
| 오답해설 | ① 1971년 광주 대단지 사건이 일어났다.
② 1972년 7월 4일 7·4 남북 공동 성명이 발표되었다.
④ 1970년 전태일은 근로기준법 준수를 요구하며 분신하였다.

| 25 | 근대 태동기 > 정치 > 남인 | 답 ② |

| 정답해설 | 제시된 사료는 1차 예송 논쟁 때, 자의 대비의 3년 상복을 주장했던 남인과 관련된다. ② 남인은 기사환국(숙종 15년, 1689)을 통해 재집권하였다.
| 오답해설 | ① 서인은 경신환국 직후 노론과 소론으로 분열되었다.
③ 광해군 때 북인은 인목 대비의 폐위를 주장하였다.
④ 소론은 성혼의 학파를 중심으로 형성되었다.

2022 6월 25일 시행 법원직 9급 (①책형)

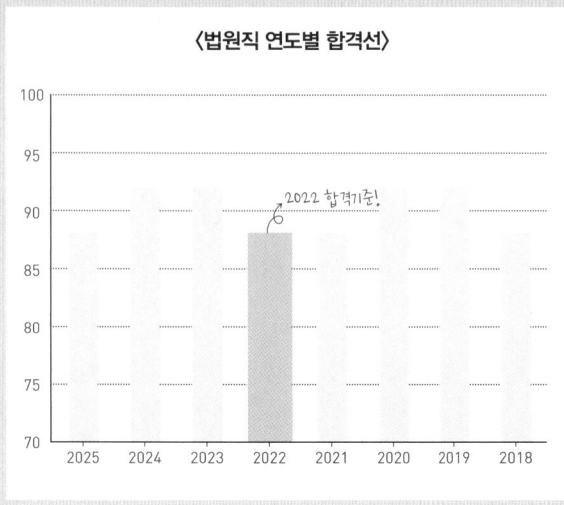

문항	정답	영역	문항	정답	영역
1	②	중세 > 정치	14	②	고대 > 정치
2	④	근세 > 정치	15	②	중세 > 사회
3	④	고대 > 정치	16	④	고대 > 문화
4	①	근현대 > 개항기	17	②	근대 태동기 > 정치
5	②	근현대 > 현대	18	④	근현대 > 개항기
6	①	단원 통합 > 토지 제도와 조세 제도	19	①	우리 역사의 기원과 형성 > 국가의 형성
7	①	근현대 > 개항기	20	②	근현대 > 일제 강점기
8	③	근세 > 정치	21	③	근대 태동기 > 정치
9	③	중세 > 정치	22	③	단원 통합 > 고려·조선 시대의 농서
10	①	근세 > 정치	23	③	중세 > 문화
11	①	중세 > 경제	24	②	근세 > 정치
12	①	근현대 > 일제 강점기	25	①	우리 역사의 기원과 형성 > 국가의 형성
13	②	근세 > 정치			

▼ 영역별 틀린 개수로 취약영역을 확인하세요!

| 우리 역사의 기원 | /2 | 고대 | /3 | 중세 | /5 | 근세 | /5 |
| 근대 태동기 | /2 | 근현대 | /6 | 통합 | /2 | | |

※ [정답해설]과 [오답해설] 선지의 50% 표시는 <1초 합격예측 서비스>를 통해 수집된 선지 선택률을 나타냅니다.

---

1 중세 > 정치 > 원 간섭기   오답률 9%   답 ②

| 정답해설 | (가) 원(元) 간섭기이다. ② 91% 정동행성 이문소는 원 간섭기의 대표적인 내정 간섭 기구였다. 처음에는 원나라와 관련된 범죄를 담당하였으나, 점차 친원 세력을 규합하고 대변하는 역할로 성격이 바뀌었다.
| 오답해설 | ① 3% 서경 유수 조위총은 무신정권 시기에 서경에서 반란을 일으켰다(1174).
③ 3% 공민왕은 홍건적의 2차 침략 당시 복주(현재의 안동)까지 피신하였다(1361).
④ 3% 삼별초는 원종(재위 1259~1274)의 개경 환도령에 반발하면서 강화도에서 항쟁을 시작하였다(1270). 이후 진도, 제주도로 거점을 이동하면서 항몽 투쟁을 전개하였으나 1273년에 여·몽 연합군에 의해 진압되었다.

---

2 근세 > 정치 > 유향소   오답률 31%   답 ④

| 정답해설 | 제시된 사료의 "좌수", "별감" 등을 통해 밑줄 친 '이 기구'가 유향소임을 알 수 있다. ④ 69% 전통적 공동 조직을 중심으로 삼강오륜 등의 유교 윤리를 가미한 조직은 향약이다.
| 오답해설 | ①②③ 0% 10% 21% 유향소는 향촌 사회의 풍속을 교화하고 수령을 보좌하며 향리를 규찰하는 역할을 담당하였다. 중앙 정부는 경재소를 통해 유향소를 통제하였다.

---

3 고대 > 정치 > 법흥왕   오답률 13%   답 ④

| 정답해설 | "이차돈", "신의 목을 베어" 등을 통해 법흥왕 때의 불교 공인(527)과 관련된 내용임을 알 수 있다. ④ 87% 법흥왕은 화백 회의의 수장으로 상대등을 설치하여 정치 조직을 강화하였다.
| 오답해설 | ① 5% 지증왕 때 이사부를 파견하여 우산국을 정복하였다(512).
② 5% 내물 마립간은 광개토대왕의 지원으로 왜군을 격파하였다(400).

③ 3% 진흥왕은 대가야를 정복하여 가야 연맹을 해체시켰다(562).

| 4 | 근현대 > 개항기 > 별기군 | 오답률 29% | 답 ① |

| 정답해설 | ① 71% 제시된 내용은 별기군 설치(1881)와 관련된 내용이다. 조선은 개항 후 개화 정책을 추진하기 위해 1880년에 통리기무아문을 설치하고 군제를 개혁하였으며, 이후 1881년에 기존 5군영을 2영(무위영, 장어영)으로 개편하고 신식 군대인 별기군을 설치하였다.
통리기무아문 설치(1880) → (가) → 기기창 설치(1883) → (나) → 군국기무처 설치(1894) → (다) → 원수부 설치(1899) → (라) → 통감부 설치(1906)이다.

오답률 TOP 1

| 5 | 근현대 > 현대 > 남북 기본 합의서와 6·15 남북 공동 선언 사이 시기의 일 | 오답률 57% | 답 ② |

| 정답해설 | (가) 1991년 12월 13일에 채택된 남북 기본 합의서(노태우 정부), (나) 2000년 6·15 남북 공동 선언(김대중 정부)이다. ② 43% 1998년에 해로를 통한 금강산 관광이 처음 시작되었다.
| 오답해설 | ① 23% 1972년 7·4 남북 공동 성명 이후 남북 조절 위원회가 설치되었다(박정희 정부).
③ 3% 2007년 제2차 남북 정상 회담에서 10·4 남북 공동 선언을 발표하였다(노무현 정부).
④ 31% 1985년에 남북 이산가족 상봉이 최초로 이루어졌다(전두환 정부).

| 6 | 단원 통합 > 토지 제도와 조세 제도 | 오답률 36% | 답 ① |

| 정답해설 | 제시된 사료의 순서는 (가) 역분전(고려 태조) → (나) 시정 전시과(고려 경종) → (다) 과전법(고려 공양왕) → (라) 공법(세종)이다.
| 더 알아보기 | 공법

1436년(세종 18)에 영의정 황희 등이 공법절목을 마련하였다. 이에 따르면 전국의 전지를 3등급으로 나누되, 경상도·전라도·충청도를 상등으로 하고 경기도·강원도·황해도를 중등으로 하며 평안도·함길도(현재의 함경도)를 하등으로 구분하였다. 이후 공법상정소를 설치하여 구체적인 보완책을 마련하고 1437년 7월에 공법을 공포하였다.

| 7 | 근현대 > 개항기 > 동학 농민 운동 | 오답률 31% | 답 ① |

| 정답해설 | (가) 백산 격문(1894. 3.)이며, (나) 동학 농민군의 재봉기 이후인 1894년 10월 16일 전봉준이 충청감사 박제순에게 보낸 글로, 골육상쟁을 피하고 항일 전선을 강화하기 위해 관군의 동참을 촉구하는 내용이다. ㄱ. 교정청 설치(1894. 6. 11.), ㄴ. 전주 화약(1894. 5. 7.)이다.
| 오답해설 | ㄷ. 고부 민란 직후(1894. 1.), ㄹ. 삼례 집회(1892)이다.

| 더 알아보기 | 전봉준이 충청감사 박제순에게 보낸 글

양호창의군(兩湖倡義軍)의 영수 전봉준이 삼가 호서순상(충청감사) 합하에게 글을 올립니다. …(중략)… 일본 오랑캐가 분란을 야기하고 군대를 출동하여 우리 국왕을 핍박하고 우리 백성들을 뒤흔들어 놓았으니 어찌 차마 말할 수 있겠습니까. 옛날 임진왜란 때 오랑캐가 왕릉을 능멸하고 궁궐을 불태웠으며, 국왕과 우리 부모들을 능욕하고 백성들을 살육하여 신민들의 공분을 샀으니 천고에 있지 못할 원한입니다. …(중략)… 지금 조정의 대신들은 망령되이 자신의 몸만 보전하고자 위로는 국왕을 협박하고 아래로는 백성들을 속이며 일본 오랑캐와 내통하여 남쪽 백성들의 원망을 샀습니다. 친병을 망동하여 선왕의 적자들을 해치고자 하니 실로 무슨 뜻이며, 마침내 무슨 일을 저지르려는 것입니까. 금일 우리가 하고자 하는 바는 실로 그것이 지극히 어렵다는 사실을 알지만, 일편단심은 죽음과도 바꿀 수 없으며, 신민으로서 두 마음을 품은 자들을 제거하여 선왕조가 오백 년 동안 길러준 은혜에 보답코자 하니, 엎드려 원컨대 합하도 깊이 반성하여 죽음으로써 뜻을 함께 한다면 천만다행일 것입니다.

| 8 | 근세 > 정치 > 태종 | 오답률 3% | 답 ③ |

| 정답해설 | 제시된 사료 중 "정몽주의 난을 진압하고 세자가 되었다."라는 내용을 통해 밑줄 친 '그'가 태종임을 알 수 있다. ㄴ, ㄹ. 태종은 호패법을 시행하였고, 6조 직계제를 실시하여 왕권을 강화하였다.
| 오답해설 | ㄱ. 영정법은 인조 때 도입된 전세 제도이다.
ㄷ. 『경국대전』은 성종 때 편찬되었다.

| 9 | 중세 > 정치 > 예종 | 오답률 36% | 답 ③ |

| 정답해설 | 고려 예종 때 윤관의 별무반을 파병하여 여진을 정벌하고 동북 9성을 축조하였다(예종 3, 1108). ③ 64% 예종 때 장학 재단인 양현고를 설치하여 관학을 진흥시키고자 하였다.
| 오답해설 | ① 3% 광종 때 독자적 연호인 광덕, 준풍을 사용하였다.
② 3% 성종 때 최승로는 시무 28조의 개혁안을 제시하였다.
④ 30% 숙종 때 의천 등의 건의를 받아들여 주전도감(화폐 주조 기구)을 설치하였다.

| 10 | 근세 > 정치 > 조광조의 개혁 정치 | 오답률 3% | 답 ① |

| 정답해설 | ① 97% 조광조는 중종 때 현량과를 실시하는 등 급진적 개혁을 추진하였다. 그러나 훈구 세력의 반발로 기묘사화가 발생하여 사사(賜死)되었다.
| 오답해설 | ② 0% 흥선 대원군 섭정 시기에 비변사가 폐지되었다.
③ 0% 고려 문종 때 최충은 9재 학당을 설립하였다.
④ 3% 철종 때 임술 농민 봉기(1862) 이후 안핵사 박규수의 건의로 삼정이정청이 설치되었다.

| 11 | 중세 > 경제 > 숙종 때 발행된 화폐 | 오답률 23% | 답 ① |

| 정답해설 | 제시된 내용의 "주전도감", "은병(활구)"을 통해 밑줄 친 '왕'이 고려 숙종임을 알 수 있다. ㄱ, ㄴ. 숙종은 의천의 건의를 받아 화폐 주조 기구인 주전도감을 설치한 후 해동통보, 해동중보, 삼한통보 등 동전과 은병(활구) 등을 제작하였다.

| 오답해설 | ㄷ. 원 간섭기에는 원의 화폐인 지원보초가 사용되었다.
ㄹ. 공양왕 때 저화로 불린 지폐가 발행되었으나 유통되지는 못하였다.

| 12 | 근현대 > 일제 강점기 > 형평 운동 | 오답률 6% | 답 ① |

| 정답해설 | ① 94% 백정들에 대한 사회적 차별 철폐를 위해 1923년 진주에서 조선 형평사가 조직되었다.

| 오답해설 | ② 3% 1894년 제1차 갑오개혁 때 공·사노비 제도가 철폐되었다.
③ 3% 무신정권 때 망이·망소이 난의 결과로 명학소가 충순현으로 승격되는 등 향·부곡·소 등의 특수 행정 구역이 점차 줄어들었으며, 이후 조선 태종 때 완전히 소멸하였다.
④ 0% 조선 순조 때 일어난 홍경래의 난(1811)은 평안도 지역에 대한 차별과 지배층의 수탈에 항거한 민란이었다.

오답률 TOP2
| 13 | 근세 > 정치 > 임진왜란 | 오답률 49% | 답 ② |

| 정답해설 | 임진왜란 때 건주의 여진족이 조선에 군대를 지원하겠다고 제안하였으나, 명과 조선 정부는 여진의 위험성을 우려해 거절하였다. ② 51% 임진왜란 때 일본은 조선의 많은 도공(陶工)과 활자 기술자 등을 포로로 잡아가 일본의 문화 발전을 이루었다. 이러한 사실 때문에 일본에서는 임진왜란을 '도자기 전쟁'이라 부르기도 한다.

| 오답해설 | ① 26% 세종 때 최윤덕, 김종서 등의 활약으로 4군 6진이 개척되었다.
③ 13% 세종 때 3포(부산포, 염포, 제포)가 개항되었고 왜관이 설치되었다.
④ 10% 몽골의 3차 침략 당시에 황룡사 9층 목탑이 소실되었다.

| 14 | 고대 > 정치 > 4~6세기 삼국 | 오답률 10% | 답 ② |

| 정답해설 | (가) 고구려 고국원왕의 전사(371), (나) 백제 성왕의 전사(관산성 전투, 554)와 관련된 사료이다. ② 90% 427년 장수왕 때 평양 천도가 이루어졌다.

| 오답해설 | ① 5% 6세기 후반에 수나라가 중원을 통일한 후 고구려를 압박하자, 고구려 영양왕은 요서 지역을 선제공격하였다. 이에 수 문제가 고구려를 공격하였으며, 이후 수 양제도 대규모 병력을 이끌고 고구려를 침공하였다.
③ 5% 660년에 백제가 나·당 연합군의 공격을 받아 멸망하였다.
④ 0% 신라는 675년 매소성 전투에서 당군을 격퇴하였다.

오답률 TOP3
| 15 | 중세 > 사회 > 향리 | 오답률 49% | 답 ② |

| 정답해설 | 제시된 사료의 "호장", "부호장"은 고려 시대 향리의 직책이다. ② 51% 고려 시대 향리는 속현(지방관이 파견되지 않은 지역)의 조세와 공물의 징수, 노역 징발 등 행정 실무를 담당하였다.

| 오답해설 | ① 16% 고려 시대 공신과 왕족의 자손, 5품 이상 관료의 자손 등에게 음서의 혜택이 부여되었다.
③ 5% 수군, 조례, 역졸, 조졸, 나장 등 칠반천역은 신량역천(법적 신분은 양인이지만 하는 일은 천하게 여겨졌던 사람들)의 대표적 사례이다.
④ 28% 조선 시대 향리는 수령의 행정 실무를 보좌하는 세습적인 아전으로 활동하였다.

| 더 알아보기 | 고려 시대의 향리 제도

> 성종 2년(983) 향리 직제를 개정하여 향리의 수장으로 호장·부호장을 두고, 그 밑에 일반 서무를 관장하는 호정·부호정·사 계열, 지방 주현군과 관련된 사병 계열, 그리고 조세·공부의 보관 및 운반과 관련된 창정의 사창 계열로 조직하였다.

| 16 | 고대 > 문화 > 도교가 반영된 문화유산 | 오답률 13% | 답 ④ |

| 정답해설 | (가) 도교로, 불로장생과 신선이 되기를 추구하는 종교이다. 7세기 고구려의 연개소문은 왕실 및 귀족과 연결된 불교를 탄압하기 위해 도교를 장려하였다. ④ 87% 백제 금동 대향로는 백제인의 도교적 이상세계를 형상화한 작품이다.

| 오답해설 | ① 5% 쌍봉사 철감선사 승탑으로, 승탑은 선종의 영향으로 제작되었다.
② 3% 백제 근초고왕 때 왜(倭)로 전해진 칠지도이다.
③ 5% 삼국 공통으로 제작되었던 금동 미륵보살 반가 사유상이다.

| 17 | 근대 태동기 > 정치 > 서인 | 오답률 31% | 답 ② |

| 정답해설 | (가) 서인으로, 이들은 훈련도감 등 5군영을 장악하여 자신들의 군사적 기반으로 활용하였다. ㄱ. 서인은 효종 때 북벌 운동의 핵심 세력이었으며, ㄹ. 현종 때 남인과 2차례의 예송 논쟁을 전개하였다.

| 오답해설 | ㄴ. 광해군 때 북인은 인목대비의 폐위를 주장하였다.
ㄷ. 조식·서경덕의 학통을 계승한 붕당은 북인이다.

| 18 | 근현대 > 개항기 > 개항 전후의 주요 사건 | 오답률 23% | 답 ④ |

| 정답해설 | 제시된 사건의 순서는 (라) 병인양요(1866) → (나) 오페르트 도굴 미수 사건(1868) → (다) 신미양요(1871) → (가) 운요호 사건(1875)이다.

| 19 | 우리 역사의 기원과 형성 > 국가의 형성 > 고구려 | 오답률 9% | 답 ① |

| **정답해설** | 제시된 사료의 "소노부(전 왕족)", "계루부(태조왕 이후의 왕족)", "절노부(왕비족)" 등을 통해 (가) 고구려임을 알 수 있다. ① 91% 고구려에는 혼인 풍속으로 서옥제가 있었다.

| **오답해설** | ② 3% 삼한에서는 신성 지역인 소도가 있었다.
③ 3% 부여에서는 12월(은력 정월)에 제천 행사인 영고를 개최하였다.
④ 3% 동예에서는 읍락의 경계를 중시하여 책화의 풍습이 있었다.

| 20 | 근현대 > 일제 강점기 > 3·1 운동 | 오답률 28% | 답 ② |

| **정답해설** | 제시된 자료의 "태황제(고종)의 인산날(1919. 3. 3.)", "만세 소리" 등을 통해 3·1 운동에 대한 내용임을 알 수 있다. ② 72% 3·1 운동은 대한민국 임시 정부 수립에 영향을 주었다.

| **오답해설** | ① 8% 신간회는 1927년에 설립된 민족 유일당 단체로, 광주 학생 항일 운동이 발생하자 이를 전국으로 확산시키려고 하였다.
③ 18% 1926년 6·10 만세 운동의 준비 과정에서 천도교(민족주의 계열)와 조선 공산당(사회주의 계열)이 연대하였으나, 사전에 일제에 발각되었다.
④ 2% 통학 열차 안의 한국인 학생과 일본인 학생의 충돌에서 시작된 민족 운동은 광주 학생 항일 운동(1929)이다.

| 21 | 근대 태동기 > 정치 > 영조, 정조 | 오답률 10% | 답 ③ |

| **정답해설** | (가) 영조는 이조 전랑의 권한을 약화시키고 탕평 의지를 널리 알리기 위해 성균관 앞에 탕평비를 세웠다. (나) 정조는 초계문신제를 시행하였고 신해통공(1791)을 통해 육의전을 제외한 시전 상인들의 금난전권을 폐지하였다. ③ 90% (나) 정조 때 『대전통편』을 편찬하여 법령을 정비하였다.

| **오답해설** | ① 5% 정조 때 장용영을 설치하였다.
② 3% 숙종 때 조선과 청의 국경을 정하여 백두산정계비를 세웠다(1712).
④ 2% 철종 때 임술 농민 봉기(1862) 이후 안핵사 박규수의 건의로 삼정이정청을 설치하였으나 실효를 거두지는 못하였다.

| 22 | 단원 통합 > 고려·조선 시대의 농서 | 오답률 36% | 답 ③ |

| **정답해설** | 제시된 농서의 도입 및 간행 순서는 (다) 이암이 원의 농서인 『농상집요』를 고려에 소개(충정왕 1, 1349) → (라) 세종 때 『농사직설』 편찬(세종 11, 1429) → (가) 성종 때 강희맹이 『금양잡록』 편찬(성종 23, 1492) → (나) 효종 때 신속이 『농가집성』 편찬(효종 6, 1655)이다.

| 23 | 중세 > 문화 > 『삼국유사』 | 오답률 8% | 답 ③ |

| **정답해설** | 밑줄 친 '이 책'은 『삼국유사』이다. ③ 92% 충렬왕 때 일연이 편찬한 『삼국유사』는 단군의 건국 이야기(단군 신화)를 수록하고 있다.

| **오답해설** | ① 5% 기전체로 서술된 대표적인 역사서는 김부식의 『삼국사기』이다.
② 0% 현존하는 가장 오래된 역사서는 『삼국사기』이다.
④ 3% 이제현의 『사략』에는 대의명분을 중시하는 성리학적 사관이 반영되어 있다.

| **더 알아보기** | 일연의 『삼국유사』

『삼국유사』는 전체 5권 2책으로 되어 있으며, 왕력(王歷)·기이(紀異)·흥법(興法)·탑상(塔像)·의해(義解)·신주(神呪)·감통(感通)·피은(避隱)·효선(孝善) 등 9편목으로 구성되어 있다.
[왕력]은 삼국·가락국·후고구려·후백제 등의 간략한 연표이다. [기이]은 고조선으로부터 후삼국까지의 단편적인 역사를 57항목으로 서술하였다. [흥법]에는 삼국의 불교 수용과 그 융성에 관한 내용, [탑상]에는 탑과 불상에 관한 내용, [의해]에는 신라의 고승들에 대한 전기를 중심으로 하는 서술, [신주]에는 신라의 밀교적 신이승들에 대한 항목, [감통]에는 불교 신앙의 신비로운 감응에 관한 항목, [피은]에는 특이한 삶을 살았던 인물의 행적, [효선]에는 부모에 대한 효도와 불교적인 선행에 대한 미담을 각각 수록하였다.

| 24 | 근세 > 정치 > 세조 | 오답률 25% | 답 ② |

| **정답해설** | 황보인, 김종서 등을 제거하고 집현전과 경연 기능을 폐지한 인물은 (가) 세조이다. ② 75% 세조는 『석보상절』을 한글로 번역하여 편찬하였다.

| **오답해설** | ① 5% 고려 공민왕은 신돈을 등용한 후 전민변정도감을 설치해 권문세족의 영향력을 약화시키려 하였다.
③ 10% 세종은 불교 종파를 선·교 양종으로 병합하였다.
④ 10% 선조 때 정여립의 모반 사건을 계기로 기축옥사가 일어났다(선조 22, 1589).

| 25 | 우리 역사의 기원과 형성 > 국가의 형성 > 고조선 | 오답률 13% | 답 ① |

| **정답해설** | 비파형 동검(왼쪽)과 북방식 고인돌(오른쪽)은 청동기 시대 (가) 고조선의 세력 범위를 알 수 있는 특징적 유물이다. ① 87% 고조선에는 상, 대부, 장군, 대신, 박사 등의 관직이 있었다.

| **오답해설** | ② 3% 옥저와 동예에서는 읍군, 삼로 등이 하호를 통치하였다.
③ 10% 고구려에서는 계루부 출신의 왕이 5부의 대가들과 함께 통치하였다.
④ 0% 옥저에서는 사람이 죽으면 가(假)매장한 다음, 나중에 뼈만 수습하여 목곽에 안치하는 가족 공동 무덤 풍습이 있었다.

2021

2월 27일 시행
법원직 9급 (①책형)

합격예상 체크

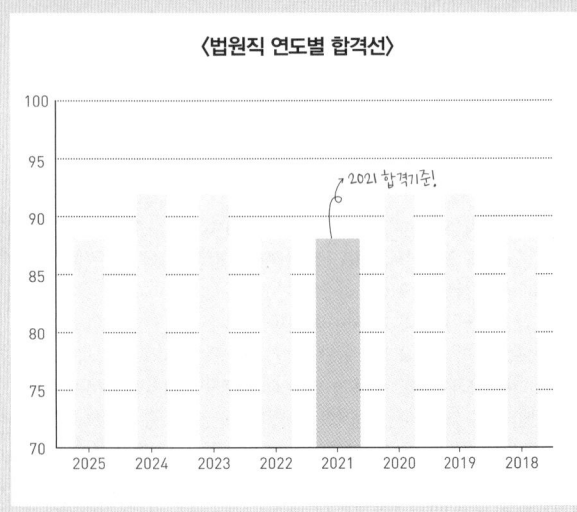

| 맞힌 개수 | /25문항 | 점수 | /100점 |

➡ ☐ 합격 ☐ 불합격

취약영역 체크

문항	정답	영역	문항	정답	영역
1	③	근현대 > 일제 강점기	14	①	고대 > 정치
2	③	근현대 > 개항기	15	③	근현대 > 개항기
3	③	근현대 > 현대	16	③	근현대 > 일제 강점기
4	①	근세 > 정치	17	②	근현대 > 개항기
5	①	우리 역사의 기원과 형성 > 선사 시대	18	②	고대 > 정치
6	④	우리 역사의 기원과 형성 > 국가의 형성	19	③	중세 > 정치
7	③	우리 역사의 기원과 형성 > 국가의 형성	20	③	근현대 > 현대
8	①	근현대 > 일제 강점기	21	①	중세 > 정치
9	②	근현대 > 현대	22	②	근현대 > 일제 강점기
10	③	근대 태동기 > 정치	23	②	근현대 > 일제 강점기
11	①	근현대 > 일제 강점기	24	③	근대 태동기 > 경제
12	②	근현대 > 현대	25	④	근현대 > 개항기
13	③	중세 > 경제			

⬇ 영역별 틀린 개수로 취약영역을 확인하세요!

| 우리 역사의 기원 | /3 | 고대 | /2 | 중세 | /3 | 근세 | /1 |
| 근대 태동기 | /2 | 근현대 | /14 | 통합 | –/0 | | |

➡ 나의 취약영역: _____

※ [정답해설]과 [오답해설] 선지의 50% 표시는 〈1초 합격예측 서비스〉를 통해 수집된 선지 선택률을 나타냅니다.

오답률 TOP 3

1 근현대 > 일제 강점기 > 국가 총동원법   오답률 48%   답 ③

| 정답해설 | 제시된 사료는 1938년 제정된 국가 총동원법 중 일부이다. ③ 52% 조선 사상범 예방 구금령은 1941년에 제정·공포되었다.

| 오답해설 |
① 15% 중·일 전쟁은 1937년에 발발하였다.
② 18% 백남운은 1933년에 『조선사회경제사』를 간행하였다.
④ 15% 양세봉의 조선 혁명군은 1932년에 영릉가 전투에서 승리하였다.

| 더 알아보기 | 조선 사상범 예방 구금령(1941)

> 조선 사상범 예방 구금령은 치안 유지법을 위반하여 형벌을 받은 사람을, 그 집행을 마치고 석방된 이후에도 필요한 경우 검찰과 경찰이 법원의 영장 없이 자의적으로 계속 구금하거나 일정하게 제재할 수 있도록 하는 내용이 담긴 반인권적 조치였다.

2 근현대 > 개항기 > 정미의병   오답률 31%   답 ③

| 정답해설 | 제시된 사료에서 "군사장", "동대문 밖" 등의 내용을 통해 서울 진공 작전(1908)에 대한 내용임을 알 수 있다. ③ 69% ㄴ. 13도 창의군 결성과 서울 진공 작전, ㄷ. 국제법상 교전 단체로의 인정 요구는 정미의병과 관련된 내용이다.

| 오답해설 | ㄱ. 고종이 아관 파천 이후 해산 권고 조칙을 내리자 대부분 해산한 것은 을미의병이다.
ㄹ. 을미의병에 대한 설명이다. 활빈당은 1900년경 조직되었다.

| **3** | 근현대 > 현대 > 이승만 정부 | 오답률 10% | 답 ③ |

| **정답해설** | 제시된 사료는 2차 개헌(사사오입 개헌, 1954)의 내용이다. ③ 90% 이승만 정부 시기(1948. 8. 15.~1960. 4. 26., 이승만의 하야)에 진보당 사건(1958)으로 조봉암이 처형되었다(1959년 사형 집행).

| **오답해설** | ① 1% 노태우 정부 때인 1990년 소련, 1992년 중국과 수교하였다.
② 6% 박정희 정부 때 일본과 국교 정상화를 추진하여, 1965년 한·일 협정(한·일 기본 조약)을 체결하였다.
④ 3% 김영삼 정부 시기인 1995년에 지방 자치제가 전면적으로 실시되었다.

| **4** | 근세 > 정치 > 기묘사화~인조반정 사이 시기 | 오답률 41% | 답 ① |

| **정답해설** | (가) 기묘사화(중종 14, 1519), (나) 인조반정(1623)에 해당한다. ① 59% 선조 때 동인은 정여립의 모반 사건(1589)과 정철의 건저의 사건(1591)을 통해 북인과 남인으로 분화되었다.

| **오답해설** | ② 6% 숙종 때 발생한 경신환국(1680) 이후 서인은 노론과 소론으로 분화되었다.
③ 15% 현종 때 발생한 제1차 예송(기해예송, 1659) 당시 서인의 1년복 주장이 받아들여졌다.
④ 20% 조광조가 주도한 위훈 삭제는 기묘사화의 원인이 되었다.

| **5** | 우리 역사의 기원과 형성 > 선사 시대 > 신석기 시대 | 오답률 5% | 답 ① |

| **정답해설** | 자료의 왼쪽은 가락바퀴, 오른쪽은 갈돌과 갈판으로 모두 신석기 시대의 유물이다. ① 95% 신석기 시대에는 처음으로 농경이 시작되었다.

| **오답해설** | ② 1% 청동기 시대에는 권력을 가진 지배자가 등장하였다.
③ 4% 구석기 시대에는 뗀석기를 주로 사용하였다.
④ 0% 구석기 시대에는 동굴이나 바위 그늘, 막집에 살았다.

| **6** | 우리 역사의 기원과 형성 > 국가의 형성 > 동예 | 오답률 11% | 답 ④ |

| **정답해설** | 밑줄 친 '이 나라'는 동예이다. ④ 89% 동예에서는 매년 10월에 제천 행사인 '무천'이 개최되었다.

| **오답해설** | ① 0% 부여는 1세기 초에 왕호를 사용하였다(연맹 왕국으로의 발전).
② 5% 민며느리제는 옥저의 혼인 풍습이다.
③ 6% 삼한에서는 마한의 목지국 지배자가 '마한왕', '진왕' 등으로 추대되어 삼한을 대표하였다.

| **7** | 우리 역사의 기원과 형성 > 국가의 형성 > 단군 신화 | 오답률 19% | 답 ③ |

| **정답해설** | ③ 81% 단군 신화의 "곰", "호랑이"를 통해 특정 동물을 자기 부족의 수호신으로 여기는 토테미즘을 확인할 수 있다.

| **8** | 근현대 > 일제 강점기 > 대한민국 임시 정부 | 오답률 24% | 답 ① |

| **정답해설** | ㄱ. 대한민국 임시 정부의 교통국과 연통제 조직이 일제에 발각되어 해체되었다.
ㄴ. 당시 대한민국 임시 정부의 대통령이었던 이승만의 외교 독립론에 대해 신채호 등 무장 투쟁론자들은 거세게 비판하였다.

| **오답해설** | ㄷ. 외교론을 비판했던 무장 투쟁론자들은 주로 창조파의 구성원이었다.
ㄹ. 1925년 이승만을 탄핵한 후, 제2차 개헌을 통해 국무령 중심의 내각 책임제로 개편하였다.

오답률 TOP 1

| **9** | 근현대 > 현대 > 조선 건국 준비 위원회 | 오답률 56% | 답 ② |

| **정답해설** | 제시된 사료는 1945년 8월 15일에 결성된 조선 건국 준비 위원회의 강령이다. ② 44% 조선 건국 준비 위원회는 1945년 9월 6일 조선 인민 공화국을 선포하고 해체되었다.

| **오답해설** | ① 14% 자유당은 1951년에 창당된 이승만 정부의 여당이다.
③ 18% 해방 이후 이승만이 귀국하여, 1945년 10월 독립 촉성 중앙 협의회를 결성하였다.
④ 24% 1948년 4월에 평양에서 김구, 김일성 등의 남북 정치 지도자들이 남북 협상을 개최하였다.

| **더 알아보기** | 조선 건국 준비 위원회 강령

> 조선 전 민족의 총의(總意)를 대표하여 이익을 보호할 만한 완전한 새 정권이 나와야 하며 이러한 새 정권이 확립되기까지의 일시적 과도기에 있어서 본 위원회는 조선의 치안을 자주적으로 유지하며 한 걸음 더 나가 조선의 완전한 독립 국가 조직을 실현하기 위하여 새 정권을 수립하는 산파적인 사명을 다하려는 의도에서 아래와 같은 강령을 내세운다.
>
> [강령]
> 우리는 완전한 독립 국가의 건설을 기함.
> 우리는 전 민족의 정치적, 경제적, 사회적 기본 요구를 실현할 수 있는 민주주의적 정권의 수립을 기함.
> 우리는 일시적 과도기에 있어서 국내 질서를 자주적으로 유지하며 대중 생활의 확보를 기함.

| **10** | 근대 태동기 > 정치 > 환국, 탕평 | 오답률 13% | 답 ③ |

| **정답해설** | 숙종 때는 여러 차례 (가) 환국이 발생하였고, 영조와 정조는 (나) 탕평책을 시행하였다. ㄴ. (나)에 들어갈 용어는 탕평책이며, ㄷ. 기사환국(1689)에 해당한다.

| 11 | 근현대 > 일제 강점기 > 중칭 시기 임시 정부 | 오답률 44% | 답 ① |

| **정답해설** | 제시된 사료는 1941년 12월에 발표된 대일 선전 포고이며, 당시 대한민국 임시 정부는 (가) 충칭에 있었다. (나) 류저우, (다) 창사, (라) 상하이에 해당한다.

| **더 알아보기** | 임시 정부의 이동

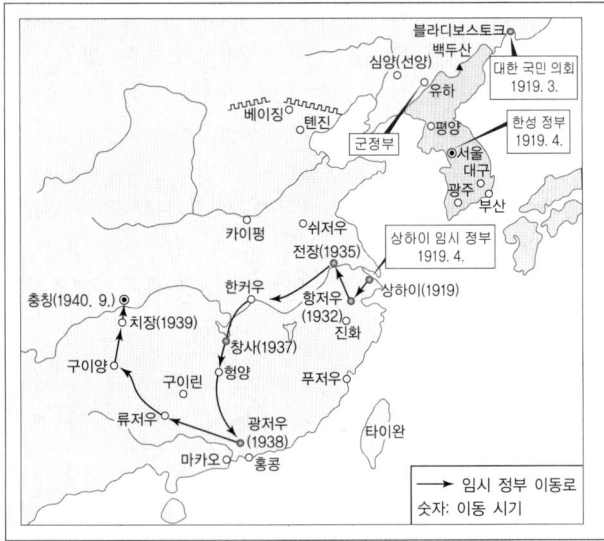

| 12 | 근현대 > 현대 > 제7차·제8차 개헌 | 오답률 27% | 답 ② |

| **정답해설** | ㉠ 유신 헌법(제7차 개헌), ㉡ 제5공화국 헌법(제8차 개헌)이다. ② 73% 유신 헌법에서는 대통령의 국회 해산권이 규정되었다.

| **오답해설** | ① 8% 1969년 3선 개헌(제6차 개헌)을 통해 대통령의 연임을 3회까지만 허용하였다.
③ 10% 대통령의 임기 5년과 단임제가 규정된 것은 제9차 개헌이다.
④ 9% 통일 주체 국민 회의에서 대통령을 선출한 것은 제7차 개헌(유신 헌법)의 내용이다. 제8차 개헌에서는 선거인단에서 대통령을 선출하였다.

| 13 | 중세 > 경제 > 고려의 경제 | 오답률 24% | 답 ③ |

| **정답해설** | 제시된 내용의 순서는 (나) 시정 전시과 제정(경종, 976) → (가) 은병 발행(숙종, 1101) → (다) 과전법 제정(공양왕, 1391)이다.

| 14 | 고대 > 정치 > 근초고왕 | 오답률 31% | 답 ① |

| **정답해설** | 제시된 지도는 4세기 백제 근초고왕의 영토 확장 및 해외 진출 등을 보여준다. ㄱ. 근초고왕 시기에는 마한의 나머지 지역을 통합하여 백제의 영토가 남해안에 이르렀으며, ㄴ. 왕위의 부자 상속이 확립되었다.

| **오답해설** | ㄷ. 성왕 때 중앙 관청을 22부로 확대하였다.
ㄹ. 3세기 고이왕 때 6좌평 제도와 16관등 제도가 마련되었다.

| 15 | 근현대 > 개항기 > 조·일 수호 조규 부록, 조·일 무역 규칙 | 오답률 21% | 답 ③ |

| **정답해설** | ③ 79% (ㄱ) 일본 화폐의 개항장 유통을 규정한 조·일 수호 조규 부록(1876. 7.), (ㄴ) 일본으로의 미곡 수출을 규정한 조·일 무역 규칙(1876. 7.)으로, 모두 강화도 조약 직후에 체결된 부속 조약이다.

| 16 | 근현대 > 일제 강점기 > 사회경제 사학 | 오답률 36% | 답 ③ |

| **정답해설** | ③ 64% 제시된 사료는 일제 강점기 사회경제사학자인 백남운의 『조선사회경제사』 중 일부이다. 사회경제사학자들은 세계사적 보편성과 일원론적 역사 발전 법칙이 우리의 역사에도 적용됨을 주장하면서 식민 사학의 정체성론을 비판하였다.

| **오답해설** | ① 10% 일선동조론은 '일본과 조선은 같은 혈통'이라는 이론으로, 식민사학자들이 주장하였다.
②④ 15% 11% 실증주의 사학을 제창한 이병도, 손진태 등은 1934년 진단학회를 설립하고 학술지인 〈진단학보〉를 발행하였다.

| 17 | 근현대 > 개항기 > 흥선 대원군의 정책 | 오답률 11% | 답 ② |

| **정답해설** | 제시된 사료는 (가) 흥선 대원군(1863~1873년 섭정)의 서원 철폐와 관련된 내용이다. ② 89% 흥선 대원군은 은결(토지 대장에서 누락되어 세금을 내지 않았던 토지)을 색출하고, 호포법(양반에게도 군포를 부과함)을 실시하였다.

| **오답해설** | ① 2% 개항 이후 조선 정부는 통리기무아문을 설치하고(1880), 일본에 조사 시찰단을 파견하였다(1881).
③ 5% 영조는 탕평파를 육성하여 탕평 정책을 폈으며(완론 탕평), 성균관 반수교에 탕평비를 건립하였다.
④ 4% 정조는 『대전통편』을 편찬하여 통치 체제를 정비하였다.

| 18 | 고대 > 정치 > 삼국의 역사적 사실 | 오답률 10% | 답 ② |

| **정답해설** | 제시된 사건의 순서는 (나) 온조왕의 백제 건국(B.C. 18) → (다) 고구려 태조왕의 동옥저 정벌(태조왕 4, 56) → (라) 신라 법흥왕의 율령 반포, 공복 제정(520) → (가) 백제 성왕과 신라 진흥왕의 고구려 공격(551)이다.

19 중세 > 정치 > 후삼국의 통일 과정 오답률 51% 답 ③

| 정답해설 | 첫 번째 내용은 고려의 건국(918), 세 번째 내용은 후백제의 멸망과 후삼국 통일(936)이다. ③ 49% 왕건은 903년에 후백제의 금성(현재의 전라남도 나주)을 함락시켰다.

| 오답해설 | ① 12% 고려군은 930년 고창 전투에서 후백제군을 격퇴하였다.
② 15% 경순왕은 935년 고려에 항복하였다.
④ 24% 발해의 세자 대광현은 934년(태조 17)에 발해 유민 수만 명을 이끌고 고려로 귀화하였다. 당시 태조는 대광현에게 '왕계'라는 이름을 하사하는 등 발해 유민을 포용하는 정책을 펼쳤다.

20 근현대 > 현대 > 김구 오답률 27% 답 ③

| 정답해설 | 제시된 사료는 1948년 2월 김구가 발표한 「삼천만 동포에게 읍고함」이다. ③ 73% 제2차 미·소 공동 위원회의 개최는 1947년 5월에 해당하며, 5·10 총선거는 1948년 5월 10일에 해당한다.

21 중세 > 정치 > 신진 사대부 오답률 9% 답 ①

| 정답해설 | (가) 신진 사대부이다. ① 91% 신진 사대부는 성리학을 통해 불교의 폐단을 지적하였다.
| 오답해설 | ②③④ 0% 5% 4% 권문세족과 관련된 설명이다.
| 더 알아보기 | 신진 사대부

- 공민왕의 개혁 정책을 뒷받침하는 세력으로 성장하였다.
- 성리학을 사상적 배경으로 받아들였고, 과거를 통해 중앙 관료로 진출하였다.
- 신분상 지방 향리의 자제가 많았고, 경제적으로는 지방의 중소 지주였다.
- 권문세족의 친원적·친불교적 성향을 반대하였고, 대외적으로는 친명 성향이었다.

22 근현대 > 일제 강점기 > 광주 학생 항일 운동 오답률 25% 답 ②

| 정답해설 | 제시된 사료는 1929년 광주 학생 항일 운동 당시의 격문이다. ② 75% 광주 학생 항일 운동은 전국으로 빠르게 확산되었고, 이듬해인 1930년 초까지 동맹 휴학 투쟁이 계속되었다. 이는 3·1 운동 이후 최대 규모의 민족 운동이었다.

| 오답해설 | ① 1% 1929년 원산 노동자 총파업은 일제 강점기 최대 규모의 노동 쟁의였다.
③ 2% 1920년 평양에서 조만식의 주도로 시작된 물산 장려 운동은 민족 산업의 보호와 육성을 위해 국산품 애용 등을 주장하였다.
④ 22% 1926년 6월 10일 순종의 국장일(인산일)에 학생들이 만세 시위를 벌이고 시민들이 가세하였다(6·10 만세 운동).

23 근현대 > 일제 강점기 > 1920년대 국외 항일 운동 오답률 9% 답 ②

| 정답해설 | 제시된 사건의 순서는 (나) 청산리 대첩(1920. 10.) → (다) 청산리 대첩 이후 간도 참변 발발(1920. 10.) → (가) 대한 독립 군단 결성과 자유시로의 이동(1920. 12.) → (라) 혁신의회(1928), 국민부(1929) 조직이다.

24 근대 태동기 > 경제 > 조선 후기의 경제 오답률 33% 답 ③

| 정답해설 | 제시된 자료는 박지원의 「허생전」으로, 조선 후기의 경제 상황을 보여준다. ③ 67% 조선 후기에는 민영 수공업이 일반화되었고, 상인 자본이 장인(수공업자)에게 자금과 물품을 미리 대고 생산을 하는 선대제 수공업이 발전하였다.

| 오답해설 | ① 8% 조선 후기에는 타조법이 일반적이었으나, 점차 도조법이 대두하였다.
② 11% 조선 후기에는 쌀의 상품화가 가장 활발하였다.
④ 14% 조선 후기에는 경영 전문가인 덕대가 상인 물주에게 자본을 조달받아 광산 노동자를 고용하는 형태로 운영되었다.

25 근현대 > 개항기 > 포츠머스 조약 오답률 16% 답 ④

| 정답해설 | 제시된 자료는 러·일 전쟁 이후에 일본과 러시아가 1905년 9월에 체결한 포츠머스 조약에 대한 내용이다. ④ 84% 대한 제국 설립은 1897년, 국권 강탈은 1910년에 해당한다.

| 더 알아보기 | 포츠머스 조약(1905. 9.)

> 조약은 15개 조항으로 구성되어 있다. 이 중 제2조에서 러시아는 일본이 한국에서 정치상·군사상 및 경제적 특수한 이익을 갖는다는 것을 승인하고, 일본 정부가 한국에서 필요하다고 인정하는 지도, 보호 및 감리의 조치에 대해 방해하거나 간섭하지 않을 것을 규정하였다.

2020 2월 22일 시행 법원직 9급 (①책형)

합격예상 체크

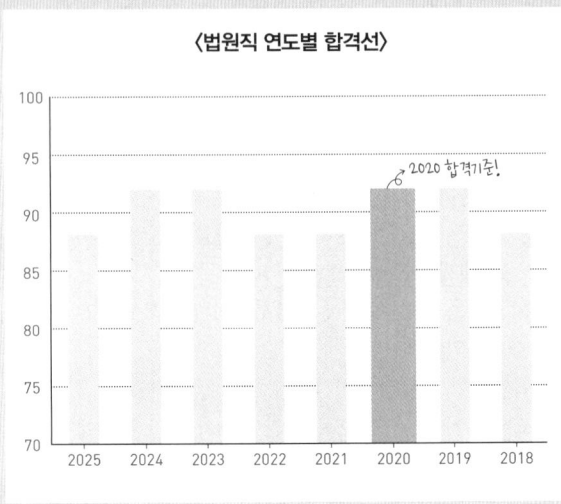

| 맞힌 개수 | /25문항 | 점수 | /100점 |

➡ □ 합격 □ 불합격

취약영역 체크

문항	정답	영역	문항	정답	영역
1	④	근현대 > 개항기	14	④	고대 > 정치
2	①	근대 태동기 > 사회	15	④	단원 통합 > 각 시대의 도자기
3	③	근현대 > 현대	16	③	중세 > 문화
4	②	중세 > 정치	17	④	근대 태동기 > 문화
5	②	근대 태동기 > 문화	18	①	우리 역사의 기원과 형성 > 국가의 형성
6	③	근현대 > 개항기	19	②	근현대 > 일제 강점기
7	①	근현대 > 현대	20	①	근현대 > 개항기
8	①	근대 태동기 > 사회	21	④	우리 역사의 기원과 형성 > 국가의 형성
9	②	근세 > 정치	22	②	근현대 > 현대
10	②	단원 통합 > 토지 제도의 변천	23	④	근세 > 문화
11	①	근대 태동기 > 정치	24	②	고대 > 정치
12	①	중세 > 정치	25	①	중세 > 정치
13	③	중세 > 경제			

⬇ 영역별 틀린 개수로 취약영역을 확인하세요!

| 우리 역사의 기원 | /2 | 고대 | /2 | 중세 | /5 | 근세 | /2 |
| 근대 태동기 | /5 | 근현대 | /7 | 통합 | /2 | | |

➡ 나의 취약영역: _____

※ [정답해설]과 [오답해설] 선지의 50% 표시는 〈1초 합격예측 서비스〉를 통해 수집된 선지 선택률을 나타냅니다.

---

1 근현대 > 개항기 > 개혁 정강 14조, 제1차 갑오개혁, 헌의 6조
오답률 35% 답 ④

| **정답해설** | 제시된 사료의 순서는 (다) 갑신정변 직후 발표된 개혁 정강 14조(1884) - (나) 제1차 갑오개혁(1894) - (가) 관민 공동회 당시 발표된 헌의 6조(1898)이다.

---

2 근대 태동기 > 사회 > 양반 수의 급증 오답률 24% 답 ①

| **정답해설** | 제시된 표는 조선 후기 양반의 수가 급증하고 있음을 보여준다. ① 76% 조선 후기에는 ㄱ. 납속책의 시행과 ㄴ. 공명첩 판매를 통해 양반의 수가 증가하였다.
| **오답해설** | ㄷ. 선무군관포는 균역법 시행 이후 부족한 군포 수입을 충당하기 위해 시행되었다.
ㄹ. 서원의 증가가 양반 수 증가의 원인은 아니다.

오답률 TOP 3

3 근현대 > 현대 > 7·4 남북 공동 선언과 남북 기본 합의서 사이 시기의 일 오답률 39% 답 ③

| **정답해설** | 7·4 남북 공동 선언은 1972년 7월 4일, 남북 기본 합의서는 1991년 12월 13일에 해당한다. ③ 61% 1991년 9월에 남북한이 동시에 유엔에 가입하였다.
| **오답해설** | ① 7% 2000년 6·15 남북 공동 선언 이후 그해 8월에 남북은 개성 공업 지구(개성 공단) 조성에 합의하였다. 이후 2003년 6월에 개성 공단이 착공되어 2004년 6월 시범 단지가 완공되었다.
② 16% 1998년부터 해로를 통한 금강산 관광이 시작되었다.
④ 16% 남북은 1991년 12월 31일에 한반도 비핵화 공동 선언을 체결하였다.

| 4 | 중세 > 정치 > 원 간섭기 | 오답률 16% | 답 ② |

| 정답해설 | 제시된 사료 중 "공녀", "원나라로 끌려가기를" 등의 내용을 통해 원 간섭기임을 알 수 있다. ② 84% 원 간섭기에 권문세족들은 정치적 권력을 이용하여 농민의 토지를 빼앗아 농장을 확대하였다.
| 오답해설 | ① 11% 몽골의 제2차 침략 때(고종, 1232) 김윤후가 적장 살리타를 사살하였다.
③ 5% 『삼국사기』는 인종 때인 1145년에 편찬되었다.
④ 0% 윤관의 여진 정벌은 예종 때인 1107년에 해당한다.

| 5 | 근대 태동기 > 문화 > 박제가 | 오답률 27% | 답 ② |

| 정답해설 | 제시된 사료는 박제가의 『북학의』 중 일부이다.
② 73% 박제가는 ㄱ. 수레와 선박 이용을 확대할 것과 ㄷ. 청에서 행해지는 국제 무역에 참여할 것을 주장하였다.
| 오답해설 | ㄴ. 유수원은 사농공상의 직업적 평등화와 전문화를 강조하였다.
ㄹ. 유형원은 자영농을 육성하여 군사 제도, 교육 제도 등을 개혁할 것을 주장하였다.

| 6 | 근현대 > 개항기 > 러시아 | 오답률 3% | 답 ③ |

| 정답해설 | 제시된 사료는 황쭌셴의 『조선책략』 중 일부이며 (가)는 러시아이다. ③ 97% 고종은 을미사변 이후 신변의 위협을 느껴 러시아 공사관으로 피신하였다(아관 파천, 1896).
| 오답해설 | ① 0% 영국은 러시아의 남하를 막기 위해 거문도를 불법 점령하였다(거문도 사건, 1885~1887).
② 3% 프랑스는 자국인 신부의 처형을 구실로 강화도를 침략하였다(병인양요, 1866).
④ 0% 서양 국가와 최초로 통상 조약을 체결한 나라는 미국이다(조·미 수호 통상 조약, 1882).

| 7 | 근현대 > 현대 > 이승만 정부 시기의 경제 | 오답률 8% | 답 ① |

| 정답해설 | 제시된 자료는 이승만 정부 시기인 1949년 12월에 제정된 귀속 재산 처리법이다. ① 92% 삼백 산업(제분·제당·면방직 공업)은 제1공화국인 이승만 정부 시기의 경제적 특징이다.
| 오답해설 | ② 3% 1993년에 금융 실명제가 실시되었다(김영삼 정부).
③ 5% 1977년에 수출 100억 달러를 달성하였다(박정희 정부).
④ 0% 1996년에 OECD 회원국으로 가입하였다(김영삼 정부).

오답률 TOP 1

| 8 | 근대 태동기 > 사회 > 조선 후기의 모습 | 오답률 58% | 답 ① |

| 정답해설 | 제시된 상소는 서얼에 대한 사회적 차별을 비판하는 내용으로, 서얼 차별에 대한 상소를 올릴 수 있을 만큼 서얼의 사회적 위상이 상승했던 조선 후기에 해당한다. ① 42% 조선 후기에는 청에 왕래했던 역관들이 외래문화 수용에 적극적이었으며, 이들 중 일부는 통상개화론자로 성장하였다(대표적 인물: 오경석).
| 오답해설 | ② 17% 포구에서 상품 매매를 중개하며 성장한 상인은 객주, 여각이다. 덕대는 민영 광산의 책임자이다.
③ 7% 혼일강리역대국도지도는 태종 때 이회 등이 편찬한 세계 지도이다(태종 2, 1402).
④ 34% 철종 때 기술직 중인들은 대규모 통청 운동을 전개하였으나, 통청에는 실패하였다.

| 9 | 근세 > 정치 > 사간원, 사헌부 | 오답률 12% | 답 ② |

| 정답해설 | 조선 시대에는 권력이 한쪽으로 집중되는 것을 막기 위해 ㄱ. 사간원, ㄷ. 사헌부와 같은 권력 견제 기구가 존재하였다.

| 10 | 단원 통합 > 토지 제도의 변천 | 오답률 34% | 답 ② |

| 정답해설 | 제시된 내용의 순서는 (나) 관료전 지급(신문왕 7, 687) - (가) 녹읍 폐지(신문왕 9, 689) - (라) 시정 전시과(경종 1, 976) - (다) 과전법(공양왕 3, 1391)이다.

| 11 | 근대 태동기 > 정치 > 영조 | 오답률 30% | 답 ① |

| 정답해설 | 균역법을 실시하고 가혹한 형벌을 금지한 왕은 영조이다. 영조는 ㄱ. 청계천을 정비(준설)하고, ㄴ. 『속대전』을 편찬하였다.
| 오답해설 | ㄷ. 『탁지지』 편찬, ㄹ. 초계문신제 실시는 정조 때의 사실이다.

| 12 | 중세 > 정치 > 묘청과 김부식 | 오답률 24% | 답 ① |

| 정답해설 | 제시된 사료는 신채호의 『조선사연구초』의 일부이며, (가) 묘청, (나) 김부식이다. ① 76% (가) 묘청은 칭제 건원(황제를 칭하고, 독자적 연호를 사용함)과 금(金)을 정벌할 것을 주장하였다. 한편 김부식은 당시의 대표적인 유학자로, 『삼국사기』를 편찬하였다.
| 오답해설 | ② 5% 공민왕 때 신돈을 등용하고 전민변정도감을 설치하였다.
③ 16% 김부식이 살았던 고려 중기는 성리학이 전래되기 이전이다(충렬왕 때 안향이 성리학을 최초로 소개함).
④ 3% 『삼국유사』는 충렬왕 때 일연이 편찬하였다.

| 13 | 중세 > 경제 > 고려의 토지 제도 | 오답률 7% | 답 ③ |

| 정답해설 | 제시된 내용의 순서는 (다) 역분전(태조) – (가) 시정 전시과(경종) – (라) 개정 전시과(목종) – (나) 경정 전시과(문종)이다.

| 14 | 고대 > 정치 > 백제 성왕 | 오답률 32% | 답 ④ |

| 정답해설 | 제시된 사료는 (가) 백제 성왕이 관산성 전투(554)에서 전사했음을 보여주고 있다. ④ 68% 성왕은 수도를 사비로 천도하고 국호를 남부여로 바꾸었다(538).

| 오답해설 | ① 5% 백제 비유왕과 신라 눌지 마립간이 나·제 동맹을 체결하였다(433).
② 5% 백제 무령왕은 지방의 22담로에 왕자와 왕족을 파견하였다.
③ 22% 신라 진흥왕은 화랑도를 국가적 조직으로 개편하였다.

| 15 | 단원 통합 > 각 시대의 도자기 | 오답률 36% | 답 ④ |

| 정답해설 | 제시된 문화재의 제작 시기 순서는 (라) 빗살무늬 토기(신석기 시대) – (가) 상감청자(12세기 중엽~원 간섭기 이전) – (나) 분청사기(원 간섭기~15세기) – (다) 청화 백자(15세기 중엽)이다.

| 16 | 중세 > 문화 > 관학 진흥책 | 오답률 21% | 답 ③ |

| 정답해설 | 제시된 사료 중 "최충의 9재 학당"(문헌공도), "사학 12도"를 통해 고려 중기 사학(私學)의 발전과 관련된 내용임을 알 수 있다. ③ 79% 사학의 발달로 관학이 침체되자, 예종은 국학에 양현고(일종의 장학 재단)를 설치하는 등 관학 진흥 정책을 추진하였다.

| 더 알아보기 | 고려의 관학 진흥책

숙종	국자감에 서적포 설치
예종	7재(유학재: 경덕재, 구인재, 대빙재, 복응재, 양정재, 여택재 / 무학재: 강예재)의 전문 강좌 설치, 양현고 설치, 청연각과 보문각 설치
인종	경사 6학 정비, 향교를 중심으로 지방 교육 강화
충렬왕	섬학전 설치, 국학에 대성전 신축, 경사교수도감 설치
공민왕	성균관을 순수 유학 교육 기관으로 개편

| 17 | 근대 태동기 > 문화 > 정약용 | 오답률 11% | 답 ④ |

| 정답해설 | 제시된 자료는 정약용의 토지 개혁론인 여전론이다.
④ 89% 정약용은 지방관의 수신 교과서인 『목민심서』를 저술하였다.

| 오답해설 | ① 5% 『열하일기』를 저술한 인물은 박지원이다.
② 5% 『반계수록』을 저술한 인물은 유형원이다.
③ 1% 『성호사설』을 저술한 인물은 이익이다.

| 18 | 우리 역사의 기원과 형성 > 국가의 형성 > 부여 | 오답률 1% | 답 ① |

| 정답해설 | 쑹화강 유역의 넓은 평야 지대에서 성장한 나라는 (가) 부여이다. ① 99% 부여에서는 매년 12월에 '영고'라는 제천 행사를 열었다.

| 오답해설 | ② 1% 서옥제는 고구려의 혼인 풍습이다.
③ 0% 동예의 특산물로 단궁, 과하마, 반어피가 있었다.
④ 0% 삼한에서는 신지, 견지, 부례, 읍차 등의 군장들이 있었다.

| 19 | 근현대 > 일제 강점기 > 1930년대 초 한·중 연합 작전 | 오답률 25% | 답 ③ |

| 정답해설 | ③ 75% 만주 사변(1931) 이후 한·중 연합군이 결성되었다. 지청천이 지휘하는 한국 독립군은 중국 호로군과 연합하여 쌍성보 전투(1932), 대전자령 전투(1933)에서 일본군을 격퇴하였고, 양세봉의 조선 혁명군은 중국 의용군과 연합하여 영릉가 전투(1932), 흥경성 전투(1933)에서 일본군에 승리하였다.

오답률 TOP 2

| 20 | 근현대 > 개항기 > 신민회 | 오답률 47% | 답 ① |

| 정답해설 | 자료의 시점이 1908년이며 "공화정체의 독립국을 목적"으로 했다는 내용을 통해 (가) 신민회(1907~1911)임을 알 수 있다. ① 53% 이회영, 이상룡 등 신민회 인사들은 서간도에 삼원보를 건설하는 등 해외 독립운동 기지 건설에 앞장섰다.

| 오답해설 | ② 14% 고종 황제의 강제 퇴위와 군대 해산에 반발하여 정미의병이 일어났다.
③ 30% 신민회는 공화국 건설을 목표로 하였다.
④ 3% 을사늑약 체결 이후, 조약을 주도한 5명의 대신(을사오적)을 암살하기 위해 나철, 오기호 등이 5적 암살단을 조직하였다(1906).

| 21 | 우리 역사의 기원과 형성 > 국가의 형성 > 고조선 | 오답률 32% | 답 ④ |

| 정답해설 | 제시된 내용은 고조선의 8조법 중 일부이다. ④ 68% 고조선에는 상, 대부, 장군, 박사 등의 관직이 있었다.

| 오답해설 | ① 5% 동예에서는 10월에 무천이라는 제천 행사를 개최하였다.
② 24% 부여와 고구려에서는 형사취수제의 풍습이 있었다.
③ 3% 고구려에서는 중대한 범죄자가 있으면 제가 회의를 열어 사형에 처하였다.

| 22 | 근현대 > 현대 > 제6차 개헌(3선 개헌) | 오답률 35% | 답 ④ |

| 정답해설 | ④ 65% 1969년 제6차 개헌은 대통령의 3선을 허용하는 내용이 핵심이었다.

| 더 알아보기 | 헌법 개정의 역사

구분	주요 내용	비고
제1차 개헌 (1952)	대통령 직선제	발췌 개헌, 이승만의 재선 의도
제2차 개헌 (1954)	헌법 공포 당시의 대통령(이승만)에 대한 중임 제한 철폐	사사오입 개헌, 이승만의 장기 집권 의도
제3차 개헌 (1960)	의원 내각제, 양원제	부통령제 폐지, 민주당 정권(장면 내각) 수립
제4차 개헌 (1960)	3·15 부정 선거 관련자 처벌	소급 입법 특별법 제정
제5차 개헌 (1962)	대통령 직선제, 국회 단원제	공화당 정권 수립 의도
제6차 개헌 (1969)	3선 개헌	박정희 장기 집권 의도
제7차 개헌 (1972)	대통령 간선제(임기 6년, 무제한 연임 가능, 통일 주체 국민 회의)	유신 헌법, 박정희 종신 집권 가능
제8차 개헌 (1980)	대통령 간선제(7년 단임, 선거인단), 행복 추구권 규정	국가 보위 비상 대책 위원회 주도
제9차 개헌 (1987)	대통령 직선제(5년 단임)	여야 합의에 의한 개헌, 현행 헌법, 헌법 재판소 설치

23 근세 > 문화 > 이황   오답률 17%   답 ④

| **정답해설** | 제시된 자료 중 "왕 스스로가 인격과 학식을 수양하기 위해 노력해야 한다는 점을 강조"하였다는 것과 일본에서 "동방의 주자"라고 불렸다는 점을 통해 밑줄 친 '그'가 이황임을 알 수 있다.
④ 83% 『성학십도』는 이황의 저술이다.
| **오답해설** | ① 4% 이이의 학통을 계승한 사람들이 기호학파를 형성하였다.
② 0% 정제두의 학통을 계승한 양명학자들이 강화학파를 형성하였다.
③ 13% 『성학집요』는 이이의 저술이다.

24 고대 > 정치 > 선덕여왕   오답률 18%   답 ②

| **정답해설** | 백제 의자왕의 신라 대야성 공격으로 대야성의 성주였던 품석과 그의 부인 고타소랑(김춘추의 딸)이 죽임을 당했다(642). 이에 김춘추는 당시의 왕인 선덕여왕에게 고구려와 군사 동맹을 맺을 것을 요청하였다. ② 82% 선덕여왕 때 자장의 건의로 황룡사 9층 목탑을 건립하였다.
| **오답해설** | ① 3% 진흥왕 때 한강 상류 지역을 장악하고, 단양 적성비를 건립하였다(551).
③ 12% 문무왕은 당과의 전쟁을 위해 고구려 부흥 운동을 지원하였다. 안승을 보덕국의 왕으로 세운 것이 대표적 사례이다(674).
④ 3% 법흥왕은 이차돈의 순교를 계기로 불교를 공인하였다(527).

25 중세 > 정치 > 광종   오답률 18%   답 ①

| **정답해설** | 제시된 사료는 (가) 광종 때 실시된 노비안검법에 관한 내용이다. ① 82% 광종은 ㄱ. 과거제를 실시하였고, 광덕·준풍과 같은 독자적 연호를 사용하였으며, ㄴ. 개경을 황도, 서경을 서도로 칭하였다.
| **오답해설** | ㄷ. 성종 때 의창(태조 때의 흑창 개편)과 물가 조절 기관인 상평창(개경, 서경, 12목에 설치)을 설립하였다.
ㄹ. 현종 때 5도 양계의 지방 행정 제도가 완성되었다.

2019 2월 23일 시행 법원직 9급 (①책형)

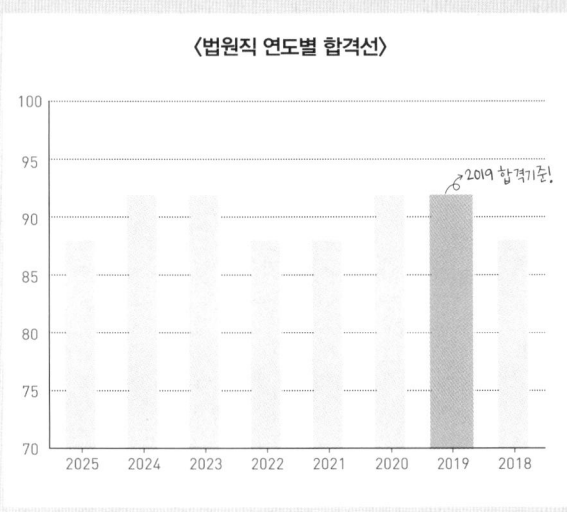

문항	정답	영역	문항	정답	영역
1	③	근현대 > 개항기	14	①	근현대 > 현대
2	①	근세 > 정치	15	④	고대 > 문화
3	③	근대 태동기 > 문화	16	②	근현대 > 일제 강점기
4	③	근대 태동기 > 문화	17	③	우리 역사의 기원과 형성 > 선사 시대
5	②	근현대 > 현대	18	④	단원 통합 > 동학
6	②	단원 통합 > 사림의 성장	19	①	근세 > 정치
7	③	근현대 > 개항기	20	②	근대 태동기 > 경제
8	①	근대 태동기 > 경제	21	④	근현대 > 현대
9	②	근현대 > 일제 강점기	22	④	근현대 > 일제 강점기
10	④	중세 > 경제	23	③	근세 > 정치
11	③	중세 > 정치	24	④	근대 태동기 > 정치
12	②	근현대 > 현대	25	①	근현대 > 일제 강점기
13	④	단원 통합 > 고대와 중세의 탑			

▼ 영역별 틀린 개수로 취약영역을 확인하세요!

| 우리 역사의 기원 | /1 | 고대 | /1 | 중세 | /2 | 근세 | /3 |
| 근대 태동기 | /5 | 근현대 | /10 | 통합 | /3 | | |

➡ 나의 취약영역: _____

맞힌 개수 /25문항 점수 /100점

➡ ☐ 합격 ☐ 불합격

※ [정답해설]과 [오답해설] 선지의 50% 표시는 〈1초 합격예측 서비스〉를 통해 수집된 선지 선택률을 나타냅니다.

---

1 근현대 > 개항기 > 헌의 6조   오답률 23%   답 ③

| 정답해설 | ③ 77% 제시된 자료는 1898년에 발표된 독립 협회의 헌의 6조이다.

2 근세 > 정치 > 태종과 세조 사이 시기의 일   오답률 12%   답 ①

| 정답해설 | (가) 태종의 6조 직계제, (나) 세조의 6조 직계제이다.
① 88% 세종 때 4군 6진을 개척하였다.
| 오답해설 | ② 5% 16세기 중앙 집권 체제가 약화되면서 대립이 만연하여 군포 징수제가 점차 확산되었다.
③ 5% 명종 때 직전법을 폐지하고 관리들에게 녹봉만 지급하였다.
④ 2% 성종 때 홍문관을 두고 주요 관원들을 경연에 참여하게 하였다.

3 근대 태동기 > 문화 > 이익   오답률 37%   답 ③

| 정답해설 | 제시된 개혁안은 이익의 한전론이다. 이익은 한전론에서 영업전(한 가정의 생계를 유지할 수 있는 최소한의 토지)의 매매를 법으로 금지할 것을 제시하였다. ③ 63% 이익의 학통을 계승한 사람들을 성호학파라고 한다.
| 오답해설 | ① 16% 정약용은 토지 개혁론으로 일종의 공동 농장 제도인 여전론을 제시하였다.
② 13% 이익은 남인 출신 중농주의 실학자이다.
④ 8% 『열하일기』를 저술한 인물은 박지원이다.

오답률 TOP 1

4 근대 태동기 > 문화 > 조선 후기의 문화   오답률 72%   답 ③

| 정답해설 | 청화 백자가 유행한 시기는 조선 후기이다. 조선 후기에는 판소리, 잡가, 가면극 등 서민 문화가 유행하였고 박지원의 「양반전」, 「허생전」 등 위선적인 양반 생활을 풍자한 한문 소설도 유행하였다. 또한 김제 금산사 미륵전, 보은 법주사 팔상전, 논산 쌍계사 등이 건축되었다. ③ 28% 황진이는 조선 전기인 16세기의 여류 문인이다.

| 5 | 근현대 > 현대 > 좌우 합작 위원회 | 오답률 15% | 답 ② |

| **정답해설** | 제시된 사료는 좌우 합작 위원회가 1946년 10월에 발표한 좌우 합작 7원칙 중 일부이다. ② 85% 1946년 7월에 결성된 좌우 합작 위원회는 여운형(중도 좌파)과 김규식(중도 우파) 등이 주도하였다.

| **오답해설** | ① 3% 좌우 합작 위원회는 이승만의 정읍 발언(남한만의 단독 정부 수립)을 반대하고, 좌우 합작으로 통일 정부 수립을 추진하였다.
③ 3% 박헌영의 조선 공산당과 김성수 등의 한국 민주당(한민당)은 좌우 합작 위원회에 참여하지 않았다.
④ 9% 좌우 합작 위원회는 모스크바 3국 외상 회의에서 결정된 미·소 공동 위원회의 속개를 요청하였다.

| 6 | 단원 통합 > 사림의 성장 | 오답률 10% | 답 ② |

| **정답해설** | 제시된 사건의 순서는 (나) 성종 때 지방 사림을 대거 등용 → (다) 사화(연산군~명종) → (가) 정여립의 모반 사건(1589, 선조) → (라) 환국 이후의 일당 전제화(숙종)이다.

| 7 | 근현대 > 개항기 > 제2차 갑오개혁 | 오답률 32% | 답 ③ |

| **정답해설** | 밑줄 친 '개혁'은 제2차 갑오개혁이다. ③ 68% 제2차 갑오개혁에서는 ㄴ. 재판소 등을 설치하여 사법권을 독립시켰고, ㄷ. 8도를 23부 337군으로 개편하였다.

| **오답해설** | ㄱ. 제1차 갑오개혁 때 과거제를 폐지하였다.
ㄹ. 을미개혁 때 중앙군이 친위대로 지방군이 진위대로 개편되었다.

| 8 | 근대 태동기 > 경제 > 조선 후기의 경제 | 오답률 22% | 답 ① |

| **정답해설** | 제시된 자료는 흥선 대원군 섭정 시기 동포법(호포법) 실시에 관한 내용이다. ① 78% 조선 후기에는 ㄱ. 도조법(정액 지대제)이 유행하였고, ㄴ. 밭농사에서는 견종법이 유행하였다.

| **오답해설** | ㄷ. 삼한통보는 고려 숙종 때 주전도감에서 발행된 화폐이다.
ㄹ. 관영 수공업의 발달은 조선 전기 수공업의 특징이다.

| 9 | 근현대 > 일제 강점기 > 대한민국 임시 정부 | 오답률 9% | 답 ② |

| **정답해설** | 대한민국 건국 강령(1941)을 발표한 세력은 대한민국 임시 정부이다. ② 91% 대한민국 임시 정부의 직할 부대인 한국광복군은 미국 전략 정보처(OSS)와 협력하여 국내 진공 작전을 추진하였으나, 실행하지는 못했다.

| **오답해설** | ① 3% 동북 항일 연군과 조국 광복회 국내 지부가 연합하여 보천보 전투를 승리로 이끌었다(1937).
③ 3% 조선 의용군은 화북 지방 사회주의자들이 결성한 조선 독립 동맹 산하의 군사 조직이다.
④ 3% 중·일 전쟁(1937) 직후, 김원봉의 조선 민족 혁명당을 중심으로 조선 민족 전선 연맹을 결성하였다(좌익 계열의 연합 단체).

| 10 | 중세 > 경제 > 전시과 | 오답률 9% | 답 ④ |

| **정답해설** | (가) 전시과이다. ④ 91% 문종 때 개편된 경정 전시과에서는 지급 대상을 현직 관리로 제한하였다.

| **오답해설** | ① 3% 전시과는 경종 때 처음으로 만들어졌다(시정 전시과).
② 3% 양반전(문무 관료에게 지급되는 과전)은 반납이 원칙이었다.
③ 3% 목종 때 개편된 개정 전시과에서는 토지 지급 기준에서 인품이 삭제되었다.

| 11 | 중세 > 정치 > 강동 6주 | 오답률 4% | 답 ③ |

| **정답해설** | ③ 96% (가) 지역은 거란의 1차 침략 당시 서희의 외교 담판으로 획득한 강동 6주이다.

| **오답해설** | ① 2% 김종서는 두만강 유역에 6진을 설치하였다.
② 2% 공민왕 때 쌍성총관부 관할 지역을 무력으로 수복하였다.
④ 0% 윤관은 별무반을 이끌고 여진족을 축출한 후 동북 9성을 축조하였다.

| 12 | 근현대 > 현대 > 민주화 운동 | 오답률 4% | 답 ② |

| **정답해설** | (나) "계엄령을 해제하고 신군부 퇴진하라."는 1980년 5·18 민주화 운동의 구호이다. ② 96% 종신 집권이 가능한 대통령제로의 개헌은 1972년 제7차 개헌으로 유신 헌법의 내용에 해당한다.

| **오답해설** | ① 0% (가) 1960년 4·19 혁명 당시 구호이며, 이는 이승만이 하야하는 계기가 되었다.
③ 2% (다) 1964년 6·3 항쟁 당시 구호로, 굴욕적인 한·일 회담에 반대하고 정권의 퇴진을 요구하였다.
④ 2% (라) 1987년 6월 민주 항쟁 당시 구호로, 이한열 등의 희생을 통해 직선제 개헌(제9차 개헌)에 성공했다.

오답률 TOP 2

| 13 | 단원 통합 > 고대와 중세의 탑 | 오답률 57% | 답 ④ |

| **정답해설** | 제시된 문화재의 제작 순서는 (나) 미륵사지 석탑(7세기, 백제 무왕) → (가) 신라 중대 불국사 3층 석탑(석가탑) → (다) 신라 하대 쌍봉사 철감선사 승탑 → (마) 월정사 8각 9층 석탑(송의 영향을 받은 고려 전기 석탑) → (라) 경천사지 10층 석탑(원의 영향을 받은 고려 후기 석탑)이다.

| **14** | 근현대 > 현대 > 박정희 정부 | 오답률 12% | 답 ① |

| **정답해설** | 수출 100억불이 달성된 시기는 1977년이다. ① 88% 중화학 공업을 적극 육성한 것은 1970년대 박정희 정부가 추진했던 경제 정책이다.
| **오답해설** | ② 8% 김영삼 정부 시기인 1996년에 경제 협력 개발 기구(OECD)에 가입하였다.
③ 2% 1950년대 이승만 정부 시기에는 삼백 산업(제분·제당·면방직 산업)이 발전하였다.
④ 2% 한-칠레 자유 무역 협정(FTA)이 체결(2004년 4월 1일 발효)된 이후, 세계 여러 나라와 자유 무역 협정을 체결하였다.

| **15** | 고대 > 문화 > 돌무지덧널무덤 | 오답률 10% | 답 ④ |

| **정답해설** | ④ 90% 제시된 무덤 양식은 돌무지덧널무덤으로, 무덤 구조상 도굴이 어려워 많은 양의 부장품이 출토되었다.
| **오답해설** | ① 0% 중국 남조의 영향을 받은 대표적 무덤은 무령왕릉과 같은 백제의 벽돌무덤이다.
② 2% 고구려의 초기 무덤 형태는 돌무지무덤이다.
③ 8% 천마도는 벽화가 아니라 마구 장식 그림인 '장니'이다.

| **16** | 근현대 > 일제 강점기 > 토지 조사 사업 | 오답률 21% | 답 ② |

| **정답해설** | 제시된 사료는 1912년에 공포된 토지 조사령으로, 일제의 토지 조사 사업(1910~1918)과 관련된다. 일제는 근대적 토지 소유권을 확립한다는 명분으로 토지 조사 사업을 시행하였는데 그 결과 조선 총독부의 지세 수입이 증가하였고 일본인의 토지 소유가 확대되었다. 또한 농민의 경작권이 부정되어 많은 농민이 기한부 소작농으로 전락하였다. ② 79% 토지 조사 사업의 결과로 농민의 관습적 경작권은 부정되었다.

| **17** | 우리 역사의 기원과 형성 > 선사 시대 > 청동기 시대 | 오답률 20% | 답 ③ |

| **정답해설** | 제시된 자료는 청동기 시대의 석기 농기구인 반달 돌칼이다. ③ 80% 청동기 시대에는 계급 사회가 성립되었다.
| **오답해설** | ① 20% 농경이 시작된 것은 신석기 시대이다.
② 0% 불교의 수용은 고대 국가의 특징이다.
④ 0% 구석기 시대 사람들은 주로 동굴이나 막집에서 생활하였다.

| **18** | 단원 통합 > 동학 | 오답률 45% | 답 ④ |

| **정답해설** | 제시된 자료는 동학(이후 천도교)의 인내천 사상이다.
ㄷ. 동학은 인내천 사상("사람이 곧 하늘")을 바탕으로 신분 차별을 하지 않았다.
ㄹ. 1920년대 천도교에서는 〈신여성〉, 〈어린이〉 등의 잡지를 발간하였다.
| **오답해설** | ㄱ. 중광단은 대종교에서 북간도에 설치한 무장 단체이다.
ㄴ. 임술 농민 봉기(1862)는 삼정의 문란이 가장 큰 원인이었다.

| **19** | 근세 > 정치 > 조선 건국 과정 | 오답률 13% | 답 ① |

| **정답해설** | 이성계의 위화도 회군은 1388년이며, 이성계의 즉위는 1392년에 해당한다. ① 87% 과전법의 실시는 1391년에 해당한다.
| **오답해설** | ② 5% 공민왕 때 전민변정도감을 설치하여 권문세족의 영향력을 약화하려 하였다.
③ 3% 제1차 왕자의 난(무인정사)은 1398년(태조 7)에 발생하였다.
④ 5% 태조 때 정도전과 남은 등은 요동 정벌을 추진하였다.

| **20** | 근대 태동기 > 경제 > 대동법 | 오답률 32% | 답 ② |

| **정답해설** | 방납의 폐단을 시정하기 위해 시행된 제도는 대동법이다. ② 68% 대동법의 시행으로 공인은 시장에서 많은 물품을 구매하였으며, 농민들도 대동세를 내기 위해서 토산물을 시장에 내다 팔아 쌀·베·돈을 마련하였다. 이 과정에서 물품의 수요와 공급이 증가하면서 상품 화폐 경제가 한층 발전하였다.
| **오답해설** | ① 13% 대동법의 시행으로 공납의 전세화(田稅化)가 촉진되었다.
③ 8% 인조 대에 영정법이 실시되어 토지 1결당 쌀 4~6두를 고정 과세하였다.
④ 11% 영조 때 균역법이 실시되어 농민들의 군포 부담이 2필에서 1필로 줄어들었다.

| **21** | 근현대 > 현대 > 6·15 남북 공동 선언 | 오답률 18% | 답 ④ |

| **정답해설** | ④ 82% 제시된 선언은 2000년 6·15 남북 공동 선언이므로, 시기적으로 (라)에 해당한다. 제시된 사건이 발생한 시기는 다음과 같다. 5·16 군사 정변(1961. 5. 16.) → 유신 헌법 공포(1972. 12. 27.) → 전두환 구속(1995) → 김대중 대통령 당선(1997. 12.) → 개성 공단 조성(개성 공단 조성 합의, 2000. 8.)

22 근현대 > 일제 강점기 > 신채호   오답률 25%   답 ④

| 정답해설 | 제시된 사료는 신채호가 1923년 발표한 「조선 혁명 선언」의 일부이다. ④ 75% 유물 사관을 바탕으로 식민사학의 정체성 이론을 반박한 것은 백남운 등의 사회경제사학자들이다.
| 오답해설 | ① 7% 신채호는 「독사신론」(1908, 〈대한매일신보〉에서 연재)을 통해 민족주의 사학의 기반을 마련하였다.
② 8% 신채호는 『을지문덕전』, 『이순신전』, 『최도통전(최영 장군의 전기)』 등을 저술하여 민족의 자주 정신을 일깨웠다.
③ 10% 신채호는 『조선상고사』에서 역사를 '아(我)와 비아(非我)의 투쟁'으로 정의하였다.

23 근세 > 정치 > 명종   오답률 28%   답 ③

| 정답해설 | 제시된 사료는 임꺽정의 난 등이 발생한 명종 시기의 사회적 모습이다. ③ 72% 명종 때 외척 간의 세력 다툼(소윤이 대윤을 탄압)으로 을사사화가 발생하였다.
| 오답해설 | ① 10% 중종 때 위훈 삭제 등 개혁 정책을 실시한 조광조 등의 사림이 제거되었다(기묘사화).
② 10% 현종 때 자의대비의 복상 문제로 두 차례의 예송이 전개되었다.
④ 8% 정여립 모반 사건은 선조 시기인 1589년에 발생하였다.

오답률 TOP3
24 근대 태동기 > 정치 > 정조   오답률 52%   답 ④

| 정답해설 | 밑줄 친 '왕'은 정조이다. ④ 48% 정조 때는 수령이 향약을 주관하여 그 권한이 강화되었는데, 이는 정조의 중앙 집권 강화 정책과 밀접한 관련이 있다.
| 오답해설 | ① 3% 북벌 운동이 전개된 것은 효종 때이다.
②③ 16% 33% 영조는 왕권을 강화하기 위해 산림의 존재를 부정하였고, 이조 전랑의 3사 관리 추천권(통천권)을 폐지하여 이조 전랑의 권한을 약화시켰다.

25 근현대 > 일제 강점기 > 독립운동가   오답률 45%   답 ①

| 정답해설 | ① 55% 1923년 종로 경찰서에 폭탄을 투척한 인물은 김상옥이다. 김익상은 1921년 조선 총독부에 폭탄을 투척한 인물이다.

2018 3월 3일 시행 법원직 9급 (①책형)

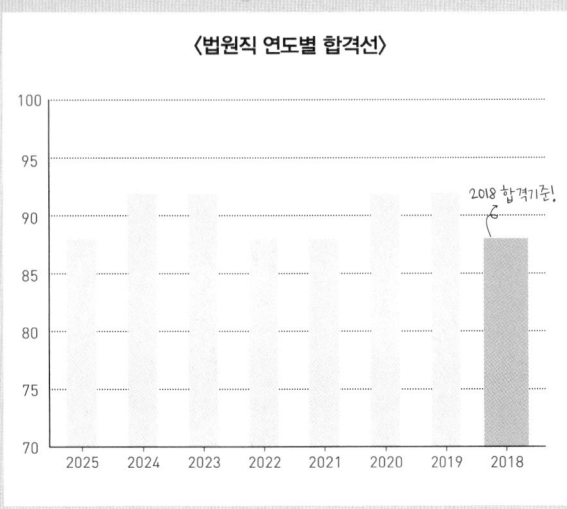

문항	정답	영역	문항	정답	영역
1	①	근현대 > 현대	14	①	근대 태동기 > 경제
2	③	근현대 > 현대	15	④	근현대 > 현대
3	④	중세 > 정치	16	②	중세 > 정치
4	④	근현대 > 개항기	17	④	근현대 > 개항기
5	③	중세 > 문화	18	③	근현대 > 현대
6	③	고대 > 문화	19	④	고대 > 정치
7	②	중세 > 정치	20	①	고대 > 정치
8	③	근현대 > 일제 강점기	21	④	단원 통합 > 이상설
9	②	근대 태동기 > 경제	22	③	우리 역사의 기원과 형성 > 선사 시대
10	③	고대 > 정치	23	①	근현대 > 일제 강점기
11	②	근대 태동기 > 정치	24	②	근대 태동기 > 사회
12	③	단원 통합 > 고려·조선의 지방 제도	25	③	고대 > 정치
13	③	근대 태동기 > 문화			

| 우리 역사의 기원 | /1 | 고대 | /5 | 중세 | /4 | 근세 | -/0 |
| 근대 태동기 | /5 | 근현대 | /8 | 통합 | /2 | | |

---

1 근현대 > 현대 > 남북 기본 합의서와 6·15 남북 공동 선언 사이 시기의 일   오답률 35%   답 ①

| 정답해설 | (가) 1991년 12월 13일 채택된 남북 기본 합의서, (나) 2000년 6·15 남북 공동 선언문의 일부이다. ① 65% 해로를 이용한 금강산 관광은 1998년부터 시작되었다.

| 오답해설 | ② 9% 개성 공단은 6·15 남북 공동 선언 이후 2000년 8월 사업 단지 조성에 합의하였다. 이후 2003년 6월 30일 착공하고 2004년 6월 시범 단지가 완공되었다.
③ 17% 최초의 남북 이산가족 상봉은 1985년에 이루어졌다.
④ 9% 경의선 철로 복원 사업은 2000년 9월부터 시작되었다.

2 근현대 > 현대 > 농지 개혁법   오답률 29%   답 ③

| 정답해설 | 제시된 사료는 1949년 6월에 제정된 농지 개혁법 중 일부이다. ③ 71% 농지 개혁법은 농지를 농민에게 적절히 분배할 목적으로 제정된 법률로, 농지 개혁법 시행 결과 자작농이 증가하였다.

| 오답해설 | ① 9% 농지 개혁법은 대한민국 정부 수립 이후 제정되었다.
② 16% 유상 매수·유상 분배 방식으로 농지 개혁이 시행되었다.
④ 4% 북한의 토지 개혁은 1946년 3월부터 실시되었다.

3 중세 > 정치 > 훈요 10조, 최승로의 시무 28조   오답률 14%   답 ④

| 정답해설 | (가) 고려 태조의 훈요 10조, (나) 최승로가 성종에게 건의한 시무 28조 중 일부이다. ④ 86% 고려 성종 때 국립 교육 기관으로 국자감을 설치하였다(성종 11, 992).

| 오답해설 | ① 7% 최승로의 시무 28조는 고려 성종 때 채택된 것으로, 태조의 훈요 10조 이후에 발표되었다.
② 7% 양현고는 예종이 관학 진흥을 위해 설치한 장학 재단이다 (예종 14, 1119).
③ 0% 광종 때 과거 제도가 처음 시행되었다(958).

| 4 | 근현대 > 개항기 > 오페르트 도굴 사건과 조·일 무역 규칙 사이 시기의 일 | 오답률 38% | 답 ④ |

| 정답해설 | 첫 번째 자료는 1868년 오페르트 도굴 사건(덕산묘소: 흥선 대원군의 아버지인 남연군의 묘가 있던 곳), 세 번째 자료는 1876년에 체결된 강화도 조약의 부속 조약인 조·일 무역 규칙(양곡의 무제한 수출 및 무항세 조항 등)에 관한 내용이다. ④ 62% 어재연이 활약한 신미양요는 1871년에 발생하였다.
| 오답해설 | ① 7% 이만손 등 영남 유생들은 1881년에 『조선책략』의 내용을 비판하며 영남 만인소를 올렸다.
② 25% 원산은 1880년, 인천은 1883년에 개항되었다.
③ 6% 정부는 개화 정책을 추진하기 위해 1880년에 통리기무아문을 설치하였다.

| 5 | 중세 > 문화 > 의천, 지눌 | 오답률 54% | 답 ③ |

| 정답해설 | (가) 의천의 교관겸수, (나) 지눌의 수선사 결사와 관련된 사료이다. ③ 46% 지눌은 선을 중심으로 교학을 포용하는 정혜쌍수를 주장하였다.
| 오답해설 | ① 24% 천태종의 신앙 결사인 백련 결사를 조직한 인물은 요세이다.
② 19% 법안종을 중심으로 선종을 통합하고자 한 인물은 혜거이다.
④ 11% 유·불 일치설을 주장한 인물은 혜심이다.

| 6 | 고대 > 문화 > 신라의 학문과 사상 | 오답률 36% | 답 ③ |

| 정답해설 | 제시된 내용의 순서는 (나) 7세기 인물인 원효[617(진평왕 39)~686(신문왕 6)] → (가) 8세기 중반 국학의 태학감으로의 개칭[경덕왕(재위 742~765)] → (다) 8세기 후반 독서삼품과 실시(원성왕 4, 788) → (라) 9세기 신라 하대의 인물인 최치원이다.

| 7 | 중세 > 정치 > 중서문하성, 삼사 | 오답률 21% | 답 ② |

| 정답해설 | 제시된 도표는 고려의 중앙 정치 제도로 (가) 중서문하성, (나) 삼사이다. ② 79% (가) 중서문하성은 국정을 총괄하고 정책을 심의·결정하는 최고 관서였다.
| 오답해설 | ① 9% 중서문하성의 3품 이하 관리인 낭사와 어사대의 관원을 대간이라 불렀다. 한편 승선은 중추원의 3품 관리로서 왕명 출납을 담당했다.
③ 7% 고려 시대 관리의 비리를 감찰한 것은 어사대이다. 삼사는 화폐와 곡식 출납을 담당한 회계 기구였다.
④ 5% 재신과 추밀의 합좌 기구는 도병마사와 식목도감이다.

| 8 | 근현대 > 일제 강점기 > 이광수의 「민족적 경륜」 | 오답률 39% | 답 ③ |

| 정답해설 | ③ 61% 제시된 사료는 1924년 이광수가 〈동아일보〉에 기고한 「민족적 경륜」의 일부이다.
| 더 알아보기 | 이광수의 자치 운동

1920년대 자치 운동은 일제의 지배를 인정하는 전제에서 조선인의 자치를 주장한 운동이다. 이광수는 〈개벽〉에 「민족 개조론」(1922)과 〈동아일보〉에 「민족적 경륜」(1924)을 발표하여 자치론을 뒷받침하였다.

| 9 | 근대 태동기 > 경제 > 대동법 | 오답률 25% | 답 ② |

| 정답해설 | 제시된 내용은 효종 때 김육이 (가) 대동법의 확대 시행을 주장한 글이다. ② 75% 대동법 시행 이후에 국가의 필요 물품을 조달하는 공인이 등장하였고, 이들의 활동은 상품 수요를 증가시켜 상품 화폐 경제가 성장하는 데 이바지하였다.
| 오답해설 | ① 9% 풍흉과 관계없이 1결당 쌀 4~6두의 전세를 징수한 것은 영정법이다(인조 13, 1635).
③ 5% 대동법 시행 이후에도 별공, 진상 등 현물 징수가 여전히 남아있었다.
④ 11% 선무군관포 징수는 균역법 시행에 따른 재정 부족을 해결하기 위해 실시되었다.

| 10 | 고대 > 정치 > 삼국 통일과 원종·애노의 난 사이 시기 | 오답률 23% | 답 ③ |

| 정답해설 | (가) 신라의 삼국 통일(676), (나) 진성여왕 때 원종과 애노의 난(889)이다. ③ 77% 궁예는 901년 송악에서 후고구려를 건국하였다.
| 오답해설 | ① 5% 장문휴는 8세기 초 발해 무왕 때 왕명에 따라 당의 산둥 반도 등주를 선제 공격하였다(732).
② 11% 신무왕은 장보고의 도움을 받아 왕위에 올랐다(839).
④ 7% 발해 문왕은 상경 용천부에서 동경 용원부로 수도를 옮겼다(785).

| 11 | 근대 태동기 > 정치 > 훈련도감 | 오답률 24% | 답 ② |

| 정답해설 | 제시된 사료는 임진왜란 중 서애 유성룡의 건의로 설치된 훈련도감(1593)에 관한 내용이다. ② 76% 훈련도감은 포수(총), 사수(활), 살수(칼)의 삼수병으로 편성되었으며, 이들은 급료를 받는 직업 군인이었다.
| 오답해설 | ① 4% 조선 전기의 중앙군 5위는 갑사와 정군으로 구성되었다.
③ 7% 제승방략 체제는 지방군 운영 제도이며 훈련도감은 중앙군으로 편성되었다.
④ 13% 조선 후기 지방군인 속오군은 양반부터 노비까지 편성되었다.

12 단원 통합 > 고려·조선의 지방 제도 오답률 33% 답 ③

| 정답해설 | (가) 고려, (나) 조선의 지방 행정 제도이다. ③ 67% 유향소는 조선 시대 지방 양반들로 구성된 자치 조직으로 수령 보좌, 향리 규찰, 풍속 교정 등을 담당하였다.

| 오답해설 | ① 25% 고려 시대 5도에는 안찰사가 파견되었고, 조선 시대 8도에는 관찰사가 파견되었다.
② 4% 고려 시대에는 모든 군현에 수령(지방관)을 파견하지 못했다.
④ 4% 수령은 국왕의 대리인으로 그 지역의 행정·사법·군사권을 행사하였다. 조선 시대의 향리는 행정 실무를 담당하면서 수령을 보좌하는 역할을 하였다.

13 근대 태동기 > 문화 > 유형원의 균전론 오답률 35% 답 ③

| 정답해설 | ③ 65% 유형원은 『반계수록』에서 (가) 균전론을 주장하였는데, 이는 관리, 선비, 농민 등에게 차등을 두어 토지를 분배하자는 것이었다.

| 오답해설 | ① 13% 이익은 '영업전'을 설정하여 최소한의 농민 생활을 보장하는 한전론을 주장하였다.
② 18% 유형원은 신분에 따른 차등적 토지 분배를 주장하였다.
④ 4% 정약용은 한 마을을 단위로 토지를 공동으로 소유하고, 공동으로 경작하는 여전론을 주장하였다.

14 근대 태동기 > 경제 > 이앙법 오답률 14% 답 ①

| 정답해설 | 제시된 농법은 모내기법(이앙법)이다. 조선 후기에 모내기법(이앙법)이 전국적으로 확대되면서 벼와 보리의 2모작이 가능해졌고, 광작(한 사람의 경작 면적이 넓어지는 현상)이 가능해지자 지주들은 노비를 늘리거나 머슴을 고용해 직접 경영하였다. ① 86% 그 결과 일부 농민들은 부농으로 성장할 수 있었으나, 상당수 농민이 임노동자(임금 노동자)로 몰락하면서 농민의 빈부 격차가 커지게 되었다.

15 근현대 > 현대 > 1960년대 ~ 1970년대 사건 오답률 53% 답 ④

| 정답해설 | 제시된 사건의 순서는 (나) 1965년 한·일 기본 조약(한·일 협정) 조인 → (가) 1966년 브라운 각서 체결 → (다) 1970년 전태일 열사의 분신자살 사건 → (마) 1971년 제7대 대통령 선거(박정희, 김대중의 직선제 선거) → (라) 1972년 7·4 남북 공동 성명 발표이다.

16 중세 > 정치 > 만적의 난 오답률 15% 답 ②

| 정답해설 | 제시된 내용은 최충헌 집권 시기(1196~1219)인 1198년에 일어난 만적의 난이다. ② 85% 만적은 개경에서 노비 해방(신분 해방)을 목적으로 반란을 계획하였으나 실패하였다.

| 오답해설 | ① 4% 서경 유수 조위총은 1174년에 반란을 일으켰다.
③ 2% 신종 5년(1202) 경주에서 신라 부흥을 명분으로 이비·패좌의 난이 일어났다.
④ 9% 공주 명학소에서 신분 차별에 반발하여 망이·망소이의 난이 일어났다(1176).

17 근현대 > 개항기 > 제2차 갑오개혁 이전의 정책 오답률 39% 답 ④

| 정답해설 | 제시된 사료는 1894년 12월 발표된 홍범 14조 중 일부이며, 제2차 갑오개혁과 관련된다. ④ 61% 제1차 갑오개혁 때 청의 연호를 폐지하고 개국 기년을 사용하였다.

| 오답해설 | ① 9% 한성 사범 학교는 홍범 14조 발표 이후인 1895년에 설립되었다.
② 19% 을미개혁(1895) 때 친위대와 진위대가 설치되었다.
③ 11% 아관 파천 이후인 1896년 8월에 지방 행정 체제를 23부에서 13도로 개편하였다.

18 근현대 > 현대 > 김구 오답률 5% 답 ②

| 정답해설 | 제시된 사료는 김구가 1948년 2월에 발표한 「삼천만 동포에게 읍고함」의 일부이다. ② 95% 김구 등 남북 협상파는 5·10 총선거에 불참했다.

| 오답해설 | ① 2% 송진우, 김성수 등은 1945년 9월에 한국 민주당을 결성하였다.
③ 3% 조선 건국 준비 위원회를 주도한 인물은 여운형과 안재홍이다.
④ 0% 제헌 국회에서 이승만이 대통령으로 당선되었다.

19 고대 > 정치 > 발해 무왕 오답률 21% 답 ④

| 정답해설 | 8세기 초 발해 무왕 때 장문휴의 수군이 당의 산동 반도 등주를 공격하였다. ④ 79% 무왕은 돌궐과 친교를 강화하고, 일본과 국교를 체결하면서 당과 신라를 견제하였다.

| 오답해설 | ① 10% '대흥'은 문왕 때 사용된 연호이며, 무왕은 '인안'을 사용하였다.
② 2% 문왕은 당의 제도를 받아들여 3성 6부의 중앙 관제를 정비하였다.
③ 9% 발해는 선왕 이후 전성기를 맞이하여 중국으로부터 '해동성국'이라고 불렸다.

| 20 | 고대 > 정치 > 충주 고구려비 | 오답률 37% | 답 ① |

| 정답해설 | 제시된 사료는 5세기 장수왕 때 건립된 것으로 추정되는 충주 고구려비 중 일부 내용이다.
ㄱ. 장수왕 재위 시기는 중국 남북조가 대립하던 때로, 장수왕은 남조 및 북조와 모두 교류하였다.
ㄴ. 장수왕은 평양으로 천도(427)하고 남하 정책을 추진하였다.

| 오답해설 | ㄷ. 6세기 백제 성왕 때 사비로 천도하였다(538).
ㄹ. 신라가 중국식 왕호를 사용한 것은 지증왕 때이다(503).

오답률 TOP 1
| 21 | 단원 통합 > 이상설 | 오답률 76% | 답 ④ |

| 정답해설 | 제시문이 설명하는 인물은 이상설이며, 1917년 순국하였다. ④ 24% 대한 국민 의회는 1919년 연해주에서 조직된 임시 정부로, 대통령에 손병희, 국무총리에 이승만이 추대되었다.

| 오답해설 | ①②③ 5% 24% 47% 이상설은 1906년 북간도 용정에 서전서숙을 건립하였고, 1910년 13도 의군 창립에 참여하였으며, 1911년 연해주에서 권업회를 조직하였다.

오답률 TOP 2
| 22 | 우리 역사의 기원과 형성 > 선사 시대 > 청동기 시대 | 오답률 57% | 답 ③ |

| 정답해설 | 제시된 자료는 고령 양전동 알터 바위그림(고령 장기리 유적)이며 청동기 시대에 조성되었다. ③ 43% 청동기 시대에는 사유 재산제와 계급이 발생하였다.

| 오답해설 | ① 20% 구석기 시대부터 석회암이나 동물의 뼈 등을 이용해 조각품을 만들었다.
② 30% 신석기 시대에 처음으로 농경이 시작되었다.
④ 7% 신석기 시대에 씨족을 단위로 부족 사회가 형성되었다.

| 23 | 근현대 > 일제 강점기 > 조선 혁명군 | 오답률 48% | 답 ① |

| 정답해설 | 중국 의용군과 연합한 부대는 조선 혁명군이다. ① 52% 양세봉이 지휘한 조선 혁명군은 중국 의용군과 연합하여 영릉가 전투, 흥경성 전투 등에서 승리를 거두었다.

| 오답해설 | ② 7% 조선 의용대의 주력 부대가 1940년대에 옌안으로 이동하였다(조선 의용대 화북 지대).
③ 18% 조선 혁명군은 남만주 지역에서 주로 활동하였으며, 비슷한 시기 북만주 지역에서는 한국 독립군이 활동하였다.
④ 23% 쌍성보 전투는 한국 독립군과 중국 호로군이 연합하여 일본군에 승리한 전투이다.

| 24 | 근대 태동기 > 사회 > 향전 | 오답률 54% | 답 ② |

| 정답해설 | 제시문의 "신향", "구향과 마찰" 등을 통해 조선 후기의 향전에 대한 내용임을 알 수 있다. ② 46% 수령과 결탁한 부농층은 향촌 사회에서 영향력을 확대하였으나, 향촌 사회의 주도권을 완전히 장악한 것은 아니었다.

오답률 TOP 3
| 25 | 고대 > 정치 > 고구려의 발전 | 오답률 55% | 답 ③ |

| 정답해설 | 제시된 사건의 순서는 (나) 태조왕(재위 53~146) → (다) 고국천왕(재위 179~197) → (가) 미천왕(재위 300~331)이다.

합격을 당기는 전략
기출회독 최종점검
문제풀이 집중훈련

정답과 해설

2026

에듀윌 9급공무원 8개년 기출문제집
한국사

고객의 꿈, 직원의 꿈, 지역사회의 꿈을 실현한다

에듀윌 도서몰
book.eduwill.net
- 부가학습자료 및 정오표: 에듀윌 도서몰 > 도서자료실
- 교재 문의: 에듀윌 도서몰 > 문의하기 > 교재(내용, 출간) / 주문 및 배송

에듀윌 직영학원에서 합격을 수강하세요

언제나 전문 학습 매니저와 상담이 가능한 안내데스크

고품질 영상 및 음향 장비를 갖춘 최고의 강의실

재충전을 위한 카페 분위기의 아늑한 휴게실

에듀윌의 상징 노란색의 환한 학원 입구

에듀윌 직영학원 대표전화

공인중개사 학원	02)815-0600	공무원 학원	02)6328-0600	편입 학원	02)6419-0600
주택관리사 학원	02)815-3388	소방 학원	02)6337-0600	부동산아카데미	02)6736-0600
전기기사 학원	02)6268-1400				

공무원학원 바로가기

꿈을 현실로 만드는
에듀윌

DREAM

공무원 교육
- 선호도 1위, 신뢰도 1위! 브랜드만족도 1위!
- 합격자 수 2,100% 폭등시킨 독한 커리큘럼

자격증 교육
- 9년간 아무도 깨지 못한 기록 합격자 수 1위
- 가장 많은 합격자를 배출한 최고의 합격 시스템

직영학원
- 검증된 합격 프로그램과 강의
- 1:1 밀착 관리 및 컨설팅
- 호텔 수준의 학습 환경

종합출판
- 온라인서점 베스트셀러 1위!
- 출제위원급 전문 교수진이 직접 집필한 합격 교재

어학 교육
- 토익 베스트셀러 1위
- 토익 동영상 강의 무료 제공

콘텐츠 제휴 · B2B 교육
- 고객 맞춤형 위탁 교육 서비스 제공
- 기업, 기관, 대학 등 각 단체에 최적화된 고객 맞춤형 교육 및 제휴 서비스

부동산 아카데미
- 부동산 실무 교육 1위!
- 상위 1% 고소득 창업/취업 비법
- 부동산 실전 재테크 성공 비법

학점은행제
- 99%의 과목이수율
- 17년 연속 교육부 평가 인정 기관 선정

대학 편입
- 편입 교육 1위!
- 최대 200% 환급 상품 서비스

국비무료 교육
- '5년우수훈련기관' 선정
- K-디지털, 산대특 등 특화 훈련과정
- 원격국비교육원 오픈

에듀윌 교육서비스 **AI 교육** AI 프롬프트 연구소/AI CLASS(ChatGPT/AICE/노션 AI/중개업 AI 등) **공무원 교육** 9급공무원/소방공무원/계리직공무원 **자격증 교육** 공인중개사/주택관리사/손해평가사/감정평가사/노무사/전기기사/경비지도사/검정고시/소방설비기사/소방시설관리사/사회복지사1급/대기환경기사/수질환경기사/건축기사/토목기사/직업상담사/청소년상담사/전기기능사/산업안전기사/산업위생관리기사/건설안전기사/위험물산업기사/위험물기능사/설비보전기사/에너지관리기사/유통관리사/물류관리사/행정사/한국사능력검정/한경TESAT/매경TEST/KBS한국어능력시험·실용글쓰기/국제무역사/무역영어 **어학 교육** 토익 교재/토익 동영상 강의 **금융/IT/비즈니스** 전산세무회계/ERP정보관리사/재경관리사/정보처리기사/컴퓨터활용능력/SQLD/ADsP **대학 편입** 편입 영어·수학/연고대/의약대/경찰대/논술/면접 **직영학원** 공무원학원/소방학원/공인중개사 학원/주택관리사 학원/전기기사 학원/편입학원 **종합출판** 공무원·자격증 수험교재 및 단행본 **학점은행제** 교육부평가인정기관 원격평생교육원(사회복지사2급/경영학/CPA) **콘텐츠 제휴·B2B 교육** 콘텐츠 제휴/기업 맞춤 자격증 교육/대학취업역량 강화 교육 **부동산 아카데미** 부동산 창업CEO/부동산 경매마스터/부동산 컨설팅 **주택취업센터** 실무 특강/실무 아카데미 **국비무료 교육(국비교육원)** 전기기능사/전기(산업)기사/소방설비(산업)기사/IT(빅데이터/자바프로그램/파이썬)/게임그래픽/3D프린터/실내건축디자인/웹퍼블리셔/그래픽디자인/영상편집(유튜브) 디자인/온라인 쇼핑몰광고 및 제작(쿠팡, 스마트스토어)/전산세무회계/컴퓨터활용능력/ITQ/GTQ/직업상담사

교육문의 **1600-6700** www.eduwill.net

• 2022 소비자가 선택한 최고의 브랜드 공무원·자격증 교육 1위 (조선일보) • 2023 대한민국 브랜드만족도 공무원·자격증·취업·학원·편입·부동산 실무 교육 1위 (한경비즈니스) • 2017/2022 에듀윌 공무원 과정 최종 환급자 수 기준 • 2023년 성인 자격증, 공무원 직영학원 기준 • YES24 공인중개사 부문, 2025 에듀윌 공인중개사 오시훈 필살키 부동산공법 (2025년 8월 월별 베스트) 그 외 다수 • YES24 한국산업인력공단 부문, 2025 에듀윌 산업전기사 필기 한권끝장 (2025년 7월 월별 베스트) 그 외 다수 • 교보문고 취업/수험서 부문, 2025 에듀윌 공기업 코레일 한국철도공사 실전모의고사 9+2+4회(2025년 2월 1일~2월 28일, 인터넷 월간 베스트) 그 외 다수 • 알라딘 시사/상식 부문, 2025 최신판 에듀윌 취업 공기업 기출 일반상식 (2025년 6월 5주 주별 베스트) 그 외 다수 • YES24 컴퓨터활용능력 부문, 2024 컴퓨터활용능력 1급 필기 초단기끝장(2023년 10월 3~4주 주별 베스트) 그 외 다수 • YES24 신규자격증 부문, 2025 에듀윌 SQL 개발자 SQLD 2주끝장+무료특강(2025년 7월 월별 베스트) 그 외 다수 • 인터파크 자격서/수험서 부문, 에듀윌 한국사능력검정시험 2주끝장 심화(1, 2, 3급) (2020년 6~8월 월간 베스트) 그 외 다수 • YES24 국어 외국어사전영어 토익/TOEIC 기출문제/모의고사 분야 베스트셀러 1위 (에듀윌 토익 READING RC 4주끝장 리딩 종합서, 2022년 9월 4주 주별 베스트) • 에듀윌 토익 교재 입문~실전 인강 무료 제공 (2022년 최신 강좌 기준/109강) • 2024년 종강반 중 모든 평가항목 정상 참여자 기준, 99% (평생교육원 기준) • 2008년~2024년까지 234만 누적수강학점으로 과목 운영 (평생교육원 기준) • 에듀윌 국비교육원 구로센터 고용노동부 지정 "5년우수훈련기관" 선정 (2023~2027) • KRI 한국기록원 2016, 2017, 2019년 공인중개사 최다 합격자 배출 공식 인증 (2025년 현재까지 업계 최고 기록)